Erhard und Andrea Gorys

Heiliges Land

Ein 10 000 Jahre altes Kulturland zwischen
Mittelmeer, Rotem Meer und Jordan

DUMONT
Kunst-Reiseführer

Die wichtigsten Orte auf einen Blick

★
Umweg lohnt

★★
keinesfalls versäumen

Inhalt

Natur – Kultur – Geschichte

Reiserouten

Natur – Kultur – Geschichte

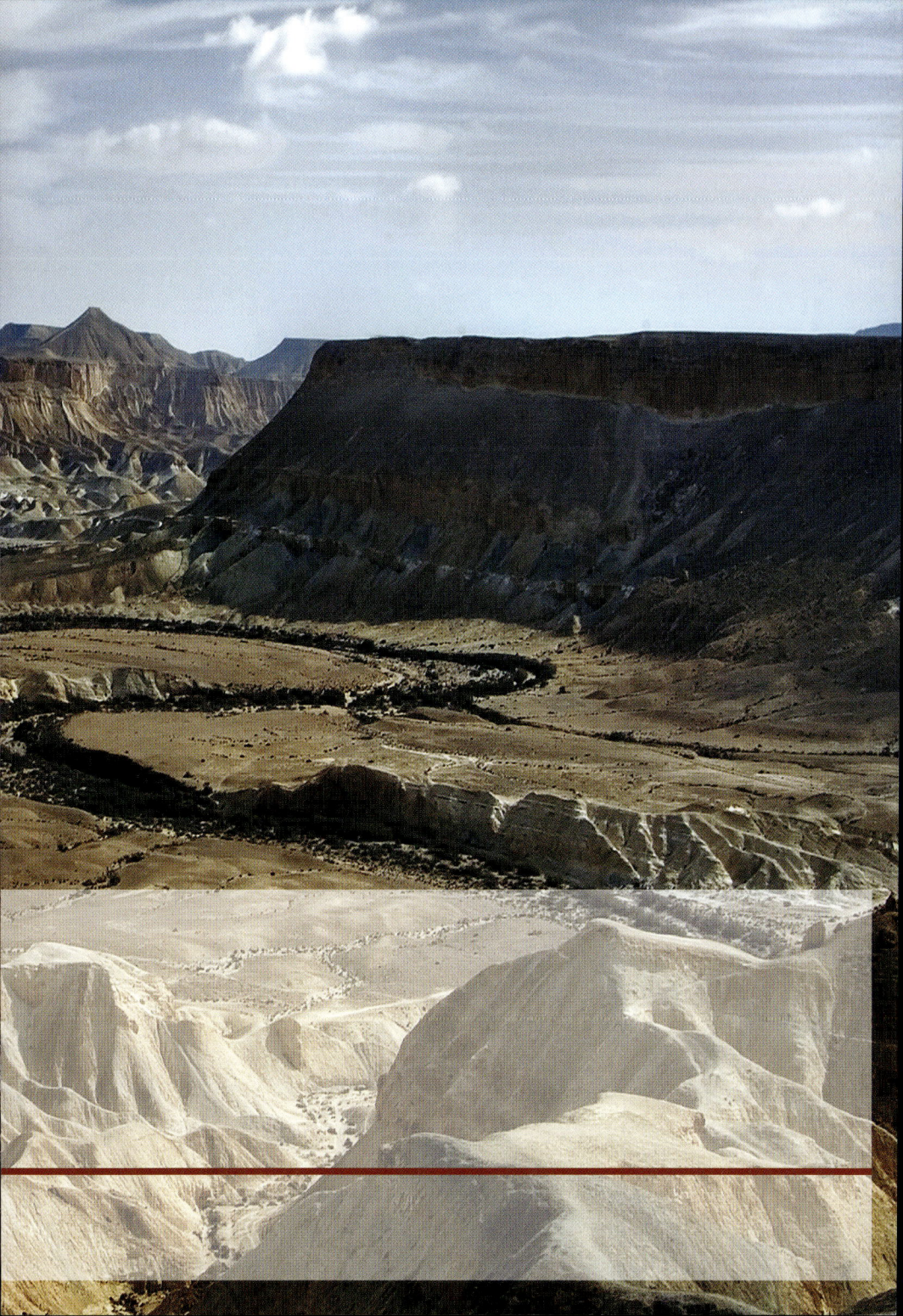

Lebens- und Wirtschaftsraum Heiliges Land

Geografie und Klima

Das Heilige Land ist heute weitgehend identisch mit dem Gebiet des Staates Israel einschließlich der seit 1967 unter israelischer Besatzung stehenden Territorien. Dazu gehören auch die unter Selbstverwaltung stehenden Palästinenser-Gebiete. Im Norden grenzt Israel an den Libanon, im Osten an Syrien und Jordanien, im Süden an Ägypten. Die größte Länge beträgt 420 km, die Breite zwischen 14 und 116 km.

Landschaften

Kaum eine Region der Erde vereint auf derart engem Raum so unterschiedliche Landschaften wie das Heilige Land. Im Norden erhebt sich das in Südsyrien bis über 2800 m ansteigende und bis in den Sommer hinein schneebedeckte Hermongebirge, das im Süden in die Golanhöhen übergeht, ein Hochplateau mit erloschenen Vulkankegeln, das in nordsüdlicher Richtung von 1200 auf 400 m abfällt. Zwischen Jordantal und Mittelmeer bildet das fruchtbare Bergland von Galiläa (Ha-Galil) den Nordteil Israels. Seine höchsten Erhebungen sind der Meron (1206 m) in Obergaliläa und der Tabor (588 m) in Untergaliläa. Die Jesreel-Ebene ('Emeq Yizreel) leitet zum Bergland von Shomron über, das im Ebal (Eval) 949 m und im Garizim 881 m erreicht und sich mit dem 546 m hohen Karmel (Har Karmel) in das Mittelmeer vorschiebt. Der Karmel trennt die Sebulon-Ebene im Norden von der Sharon-Ebene im Süden. An das Bergland von Shomron schließt sich südlich das Judäische Bergland (Har Yehuda) mit zahlreichen bis zu 1020 m hohen Kuppen an. Zum Toten Meer hin geht es in die Judäische Wüste (Midbar Yehuda) über, parallel zum Mittelmeer erstreckt sich die Shefela-Ebene. Den riesigen Südzipfel Israels bildet der Negev mit den Wüsten Zin (Midbar Zin) und Paran (Midbar Paran). Seine höchsten Erhebungen sind der Har Ramon (1035 m) und der Har Saggi (1006 m). Bei Elat geht der Negev in die Wüste Sinai über.

Die zum größten Teil wasserarmen Flüsse fließen in Ost-West-Richtung zum Mittelmeer ab, in West-Ost-Richtung zum Jordan, zum Toten Meer und zur Aravasenke. Nur der rund 260 km lange Jordan (hebräisch HaYarden), der größte Fluss des Heiligen Landes, fließt in Nord-Süd-Richtung. Er durchzieht das tiefstgelegene Tal unserer Erde, das sich vor etwa zwei Millionen Jahren durch Einbrechen der Erdkruste bildete. Im Huletal, das früher der flache, inzwischen weitgehend trockengelegte Hulesee bedeckte, vereinigen sich die drei Quellflüsse des Jordan, die alle im Gebiet des schneebedeckten Großen Hermon entspringen: Nahal Dan, Nahal Hermon und Nahal Snir. Die Stelle des Zusammenflusses liegt etwa 400 m über dem Mittelmeer.

Judäische Wüste

Bis zu seiner Mündung in das Tote Meer fällt der Fluss um 916 m, was ihm seinen Namen Yarden (›fällt [vom Dan] herab‹) gab. Der Jordan durchströmt den See Gennesaret, nimmt den Yarmuk, seinen größten Nebenfluss, auf und mäandert dann gemächlich dem Toten Meer zu. Im 105 km langen Jordantal, el-Ghor genannt, erreicht der Fluss eine Länge von fast 200 km.

Klima

Israel liegt im Übergangsbereich vom Mittelmeerklima zum Wüstenklima. In den Küstenebenen herrschen warme, trockene Sommer mit durchschnittlichen Temperaturen von etwa 30 °C und milde, niederschlagsreiche Winter, bei denen die Lufttemperatur um 17 °C liegen kann. Im Bergland ist mit heißen, niederschlagsfreien Sommern (bis 38 °C) zu rechnen und mit kühlen, regnerischen Wintern (um 12 °C); das untere Jordantal hat subtropisches Klima mit bis zu 40 °C. Das Wüstenklima im Ncgcv zcigt größere Schwankungen zwischen Tag- und Nachttemperatur als zwischen Sommer und Winter; hier regnet es nur zwei- oder dreimal im Februar/März. Die höchsten Temperaturen werden an der Südspitze des Toten Meeres und die niedrigsten am Hermon gemessen. Zwischen März und Oktober kann der gefürchtete Sharav (arabisch Hamsin), ein Wüstensturm, in weiten Teilen des Heiligen Landes die Temperaturen für vier bis fünf Tage auf weit über 40 °C treiben. Die Luftfeuchtigkeit liegt wegen der angrenzenden ausgedehnten Trockengebiete sehr niedrig, das Klima ist da-

»Iss im Schatten und sitz im Schatten.«
Babylonischer Talmud

11

Bananenblüte

her trotz der Hitze auch im Sommer gut verträglich. Die ideale Reisezeit sind die Monate September bis Mai, vor allem das zeitige Frühjahr.

Vegetation

Die landschaftlichen Besonderheiten und unterschiedlichen Klimazonen brachten eine Vielfalt an Pflanzen hervor, wie sie kaum anderswo in solcher Konzentration anzutreffen ist. Rund 2600 Arten, die 700 Gattungen der 120 Pflanzenfamilien angehören, verteilen sich auf drei große Vegetationszonen: die mediterrane, die irano-tauranische und die saharo-sindinische. Fast alle wild wachsenden Bäume und rund 70 Arten von Wildblumen stehen unter Naturschutz.

Die mediterrane Vegetationszone mit jährlichen Niederschlagsmengen von 350 mm und mehr umfasst etwa die Gebiete von Galiläa, Samaria und Judäa.

Die irano-tauranische Vegetationszone mit jährlichen Niederschlagsmengen von 150 bis 300 mm umfasst das untere Jordantal bis etwa 50 km südlich von Bet She'an, die Osthänge des Judäischen Berglandes und den nördlichen Teil des Negev um Be'er Sheva. Diese Zone dient hauptsächlich als Weideland, kann aber bei genügender Bewässerung auch mit Nutzpflanzen aller Art bebaut werden.

Die saharo-sindinische Vegetationszone, die das Gebiet um das Tote Meer, den südlichen Negev und die Aravasenke umfasst, ist ein reines Wüstengebiet mit Jahresniederschlägen zwischen 20 und 50 mm. Der Boden besteht aus nacktem Fels, Sanddünen und Salzsümpfen. In den Wadis (Trockentälern), die nur im Frühjahr Wasser führen, entsteht dann eine geringe Vegetation, die als Weideland dient. In den großen Oasen von Jericho, En Gedi am Toten Meer und Yotvata in der Aravasenke herrscht ein subtropisches bis tropisches Klima.

Tierwelt

Ein Großteil der einst zahlreichen, in der Bibel erwähnten Tierarten ist inzwischen ausgestorben oder nur noch im Zoo oder in Naturreservaten anzutreffen. An Großsäugern kommen in freier Wildbahn wenige Gazellen- und Antilopenarten vor. Dagegen leben hier zumindest zeitweise über 400 Vogelarten, vom Weißen Pelikan mit einer Flügelspannweite von rund 2 m bis zum 5 cm kleinen Palästinensischen Honigsauger. 500 Fischarten leben in den Meeren Israels und im See Gennesaret, dessen bekanntester Fisch der Petrusfisch ist. Vom Unterwasser-Observatorium Elat aus kann man die farbenprächtige und formenreiche Fauna des Roten Meeres bewundern: Feuer-, Igel-, Koffer- und Korallenfische. Von den rund 100 Schlangenarten des Landes sind sieben giftig, darunter die Palästinensische Viper des Negev.

Unter den Haustieren dominieren Rinder, Schafe, Ziegen und Hühner. Kamele (Dromedare) findet man nur noch im Negev und in der Aravasenke.

Dromedar im Negev

Bevölkerung

Der Staat Israel (mit Ost-Jerusalem, aber ohne das Westjordanland und den Gazastreifen) zählt rund 8 Millionen Einwohner, davon sind etwa 25 % Nichtjuden. Zur nichtjüdischen Bevölkerung gehören ca. 21 % Muslime, ca. 2 % Christen und etwas weniger als 2 % Drusen. Die durchschnittliche Bevölkerungsdichte Israels beträgt etwa 340 Einwohner/km^2 (Deutschland 230). Im Westjordanland und im Gazastreifen leben rund 4 Millionen Einwohner, davon sind 75 % Muslime, 17 % Juden und 8 % Christen (seit August 2005 gibt es keine Juden mehr im Gazastreifen). Im Westjordanland beträgt die durchschnittliche Bevölkerungsdichte 664 Einwohner/km^2, im Gazastreifen leben rund 4000 Einwohner/km^2.

Die meisten Juden in Israel stammen – unmittelbar oder in der zweiten bzw. dritten Generation – aus mehr als hundert Nationen mit achtzig verschiedenen Sprachen. Rund 1 Million kommen aus den Gebieten der ehemaligen Sowjetunion, 500 000 aus Marokko, je 250 000 aus Polen, Rumänien und dem Irak, je 150 000 aus dem Jemen und dem Iran, 130 000 aus Tunesien und Algerien. Die in Israel geborenen Juden nennt man Sabres wie die Kaktusfrüchte, die außen stachelig und innen süß sind.

Ihrer Herkunft nach bilden die Juden Israels zwei Gruppen: die Aschkenasim und die Sephardim. Letztere waren ursprünglich Einwanderer aus Spanien und Portugal, meist hochgebildete Geschäftsleute und Handwerker, Ärzte, Theologen und Philosophen. Heute werden alle Einwanderer aus Nordafrika, dem Irak, Jemen, Iran usw. zu den **Sephardim** gezählt; es handelt sich dabei eher um religiöse Menschen bäuerlicher Herkunft, denen eine Integration in die moderne israelische Gesellschaft schwerfällt.

Jekkes
Wegen ihrer ›preußischen‹ Ordnungsliebe werden die fast 1 Million deutschen Juden, die seit den 1930er-Jahren in Eretz Israel eingewandert sind, gern geneckt. Weil sie selbst bei größter Sommerhitze das Jackett (jiddisch: Jekke) tragen, nennen die anderen Israelis sie liebevoll ›Jekkes‹.

Vater und Sohn ins Gebet versunken

13

Aschkenasim sind mittel- und osteuropäische Juden, die vor allem seit Mitte des 19. Jh. ins Land strömten, Sümpfe, Brachland und Wüste in Kulturland verwandelten, Fabriken gründeten und schließlich den westlich orientierten jüdischen Staat schufen. Noch heute bestimmen die Aschkenasim Wirtschaft und Politik. Mit Ausnahme der osteuropäischen Chassidim, die in Jerusalems Stadtteil Mea Shearim ein Außenseiterdasein führen, und anderen ultraorthodoxen Gruppen, die in den besetzten Gebieten des Westjordanlandes auf den Golanhöhen neue Siedlungen gründen, sind die Aschkenasim nicht übermäßig religiös und eher einem westlich geprägten Lebensstil zugewandt.

Sprache

*»A mentsch lernt sich redn sejer fri – schwajgn sejer schpet (Der Mensch lernt sehr früh sprechen, schweigen aber sehr spät)«.
Jiddisches Sprichwort*

Die Israeliten sprachen ursprünglich einen altaramäischen Dialekt. Bei der Landnahme eigneten sie sich die mit dem Phönikischen verwandte kanaanitische Mundart an, die sie zum Hebräischen weiterentwickelten. Vom 1. und 2. Jh. an verlor das Hebräische seine Bedeutung als Alltagssprache und diente schließlich nur noch als Sprache des Gottesdienstes und der Gelehrten. Ab 1881 formte der russische Immigrant Eliezer Ben Yehuda (1858–1922) das Hebräische zu einer modernen Umgangssprache, dem Iwrit. Dieses Neuhebräische ist heute die offizielle Sprache Israels. Daneben sprechen viele ältere Juden Deutsch oder auch Jiddisch, ein aus Mittelhochdeutsch und Althebräisch zusammengesetztes Idiom der mittel- und osteuropäischen Juden. Englisch versteht fast jeder Israeli. Die orientalischen Juden sprechen vielfach noch Arabisch, das mit dem Hebräischen eng verwandt ist.

Ländliche Siedlungsformen

Neben dem traditionellen Dorf haben die jüdischen Einwanderer zwei besondere Siedlungsformen entwickelt: den Kibbuz und den Moschaw.

Der **Kibbuz:** Als sich zu Beginn des 20. Jahrhunderts die ersten jüdischen Einwanderer niederließen, um mit finanzieller Unterstützung des Jüdischen Nationalfonds Landwirtschaft zu betreiben, konnte das nur in Form von Gemeinschaftssiedlungen geschehen, weil die eigentlich dort ansässige arabische Bevölkerung diesem Ansinnen nicht nur freundlich gegenüberstand. Diese Kommunen sollten Großfamilien gleichen, deren Mitglieder kein Privateigentum besitzen, deren Entscheidungen ein gewählter Rat trifft und bei denen Ämter jeweils kurzfristig (meist nur für ein Jahr) übertragen werden. Jeder Kibbuznik hilft beim Aufbau und Unterhalt der Siedlung nach seinen Fähigkeiten. Er benötigt kein Geld, weil ihm alles Lebensnotwendige unentgeltlich zur Verfügung gestellt wird. Den ersten Kibbuz gründeten zwölf Siedler 1909 am Südende des See Gennesaret: **Deganya Alef.** Heute gibt es in Israel rund 270 Kibbuzim mit etwa 130 000 Angehörigen. Viele dieser Siedlungen unterhalten Industrieanlagen, Gäste-

häuser usw. und sind zu großem Wohlstand gelangt. Während die ersten Kibbuzniks noch mit dem Gewehr auf dem Rücken die Äcker bestellten und in Zelten kampierten, leben die Familien heute in Einfamilienhäusern, verfügen über moderne Gemeinschaftseinrichtungen und verleben ihren Urlaub in den Gästehäusern anderer Kibbuzim. Ihre Söhne und Töchter besuchen die Universitäten und bleiben dann oft in den großen Städten. Auch Privateigentum wird mittlerweile akzeptiert. Die Attraktivität der Kibbuzim hat aber nachgelassen, sodass heute – entgegen dem ursprünglichen Ideal – Lohnarbeiter eingestellt werden müssen.

Das ursprüngliche Konzept des Kibbuz verfolgen heute noch die seit 1967 in den von Israel besetzten Gebieten gegründeten Siedlungen orthodoxer bzw. ultraorthodoxer Juden, die hier gemäß ihrem Glauben Gottes Gebot der Landnahme beachten (Jos). Ringförmig umschließen diese Siedlungen palästinensische Städte und Dörfer. Sie liegen durchweg auf Anhöhen und gleichen mit ihren Beobachtungstürmen und dem schweren Mauerwerk antiken Festungen. Da sie meist auf Brachland oder kargem Weideland entstehen, sind für die Wasserversorgung und den Straßenbau hohe Investitionen erforderlich. Die jüdische Siedlungspolitik ist sowohl im Land selbst als auch international umstritten.

Der **Moschaw** basiert im Gegensatz zum Kibbuz auf Privateigentum; die Moschawim, die es seit 1921 gibt, sind keine Gemeinschafts-, sondern Familiensiedlungen. Jede Familie besitzt eigenes Land, ein eigenes Haus, eigenes Vieh und eigenes Gerät, nur Einkauf und Verkauf sowie meist auch das Kreditgeschäft werden genossenschaftlich abgewickelt. Außerdem sind die Siedler im Falle der Not

*Wassergarant
Golanhöhen*

*Die Golanhöhen sind
für Israel nicht nur
ein Sicherheits-, sondern auch ein Wassergarant, denn 30 % des
in Israel benötigten
Wassers kommen
von dort.*

15

zu gegenseitiger Hilfe verpflichtet. Zahlenmäßig haben die 454 Moschawim mit ihren 174 000 Angehörigen die Kibbuzim inzwischen weit überflügelt.

Staat und Regierung

Israel ist eine parlamentarische Demokratie. Eine schriftlich fixierte Verfassung gibt es bisher nicht, nur eine Anzahl von Grundgesetzen regelt Gesetzgebung, Verwaltung und Rechtsprechung. Die oberste parlamentarische Institution ist die **Knesset** (›Versammlung‹). Ihre 120 Abgeordneten werden alle vier Jahre nach Parteilisten und den Grundsätzen des reinen Verhältniswahlrechts gewählt. Staatsoberhaupt ist der Staatspräsident, Regierungschef der Ministerpräsident. Die Parteienlandschaft ist sehr zersplittert. Die wichtigsten **Parteien** sind die Arbeitspartei, der konservative Likudblock, die ultraorthodoxe Schas, der linksgerichtete Merezblock, die Einwandererpartei Israel b'Alija, die liberale Shinui, die Nationalreligiöse Siedlerpartei Mafdal, die Vereinigte Torah-Partei Jahadut Ha'torah, die Vereinigte Arabische Liste, schließlich noch die Partei russischer Einwanderer Israel Beitenu, die Nationale Einheit, die Arabisch-Kommunistische Partei Hadasch, der Parteibund israelischer Arbeiter Balad und die Partei der israelischen Gewerkschaft Am Echad. Die **Westbank** und der **Gazastreifen** sind teilautonom. Es gilt eine Interimsverfassung, das Parlament (Palästinensischer Legislativrat) besteht aus 88 direkt gewählten Mitgliedern und die Exekutive (Autonomiebehörde) aus Premier und 23 Ministern. Der Präsident wird direkt gewählt.

Militär

In keinem Land der Erde sieht man so viele Soldaten, männliche wie weibliche, oft mit umgehängter Maschinenpistole, durch die Straßen eilen oder im Café plaudern. Das Land befindet sich seit dem Tag seiner Gründung in einer Art permanentem Kriegszustand. Die Militärausgaben sind ungeheuer hoch, sodass der Verteidigungshaushalt mehr als ein Viertel des Bruttosozialprodukts beansprucht und die Israelis auch deswegen die höchsten Steuern der Welt zahlen müssen.

Junger Soldat

In Israel besteht für Juden allgemeine Wehrpflicht. Ausnahmen gibt es nur für verheiratete Frauen und für Frauen, die aus religiösen Gründen den Dienst mit der Waffe ablehnen. Männer, die sich religiösen Studien widmen, können vom Wehrdienst befreit werden. Angehörige der nichtjüdischen Bevölkerung, z. B. Muslime und Christen, sind von der Wehrpflicht befreit. Viele von ihnen gehen trotzdem freiwillig zum Militär, vor allem Drusen und Beduinen. Im Alter von 18 Jahren werden Männer für drei, Frauen für zwei Jahre zur Armee eingezogen. In Marine und Luftwaffe verlängert sich die Mindestdienstzeit um ein weiteres Jahr. Außerdem haben Männer bis zum Alter von 42 Jahren pro Jahr einen Monat Reservedienst zu leisten.

Wirtschaft

Das **Bruttosozialprodukt** beträgt je Einwohner etwa 28 900, in den Palästinensergebieten dagegen nur 1980 US-$. Die Inflationsrate liegt bei 3,5 %. Mit natürlichen Reichtümern ist Israel nicht gesegnet. Zwei Drittel des Landes bestehen aus Wüste und Bergen, **Bodenschätze** sind außer Magnesium, Brom und Phosphaten kaum vorhanden, Kohle und Erdöl fehlen. Der Wassermangel in vielen Teilen des Landes erfordert kostspielige Versorgungssysteme; Zugang zu Wasser und die Verfügungsgewalt darüber sind z. B. ein wesentlicher Faktor bei der Verhandlung über die Rückgabe der Golanhöhen. Wo es möglich ist, wird die Landwirtschaft jedoch intensiv betrieben; sie gilt als eine der modernsten der Welt. Zitrusfrüchte, frisches Obst sowie Schnittblumen sind wichtige Exportartikel. Die **Industrie** verarbeitet fast ausschließlich importierte Rohstoffe oder Halbfabrikate. Nur ein Fünftel der Produktion geht in den Export. Seit einigen Jahren gewinnt allerdings die Herstellung hochwertiger elektronischer Bauteile, medizinischer Geräte und Kunststoffartikel an Bedeutung. Rund 50 % des Exports geht in die Länder der EU. Seit 2000 ist Israel außerordentliches Mitglied der EU.

Konfliktpunkt Wasserversorgung

Im Streit zwischen Israel und Palästina spielt die Wasserversorgung eine zentrale Rolle. Das größte und damit wichtigste Grundwasserreservoir liegt im Westjordanland und steht seit 1967 unter israelischer Kontrolle. Mit diesem Reservoir wird ein Drittel des jährlichen Grundwasserbedarfs des ganzen Landes gedeckt. Das Wasser des Jordan, ebenfalls eine bedeutende Trinkwasserquelle, wird auch von Israel verwaltet. Somit sind die Palästinenser auf das Grundwasserreservoir der Westbank angewiesen, allerdings dürfen sie nur Brunnen bis zu einer Tiefe von 150 m bohren, israelischen Siedlern dagegen werden bei Bedarf von der Wasserverwaltung Brunnen mit bis zu einer Tiefe von 600 m genehmigt. Nach Angaben der israelischen Menschenrechtsorganisation B'Tselem entfallen 80 % der jährlichen Wasserentnahme auf Israel. Diese Ungleichheit und die Tatsache, dass mehr Grundwasser entnommen wird, als durch Regenfälle nachkommt, birgt Spannungen zwischen den Völkern und zwingt Israel zur Rekrutierung neuer Ressourcen, z. B. mithilfe von Entsalzungsanlagen an der Küste des Mittelmeers, die allerdings als Negativfolge viel Energie benötigen.

Religionen im Heiligen Land

Judentum

Die Religion der Juden geht auf Abraham, den Stammvater des Volkes, zurück. Von Jahwe, dem einen Gott, wurde das jüdische Volk auserwählt, Träger und Künder seiner Offenbarungen zu sein und dem Messias, dem Erlöser, den Weg zu bereiten. Den Namen Juden führten ursprünglich nur die Angehörigen des Stammes Juda; erst nach der Babylonischen Gefangenschaft ging er auf alle Mitglieder über.

49 % der jüdischen Bevölkerung Israels sind säkular (weltlich), 33 % traditionell (normalgläubig), 13 % orthodox (strenggläubig) und 4,5 % ultra-orthodox (extrem strenggläubig) eingestellt.

Das **Oberrabbinat,** Israels geistliche Führung, wird von je einem sephardischen und einem askenasischen Oberrabbiner gebildet.

Das Fundament des jüdischen Glaubens bildet der **Talmud,** eine Sammlung religiöser Lehren, Vorschriften und Überlieferungen, die sich auf die Thora, die fünf Bücher Mose (Pentateuch), gründen.

Die Schriftrolle der **Thora** ist auf zwei Stäbe gewickelt und von dem zumeist hölzernen, aufklappbaren Thorabehälter (Tiq) umgeben, belegt mit kostbarem Tuch und/oder kunstvoll verarbeitetem (Edel-)Metall. Nach oben hin schließt die Thorakrone ab; sogenannte Rimonim dienen als Griffe zum Öffnen des Behälters. Die Thora wird in einem reich geschmückten Thoraschrein aufbewahrt, der immer an der Jerusalem zugewandten Seite der Synagoge steht. Die in der Synagoge benutzte Thora muss immer mit der Hand geschrieben sein.

In den beiden ersten nachchristlichen Jahrhunderten wurde die Thora durch die **Mischna** ergänzt, die zahlreiche religiöse Vorschriften, Legenden und praktische Erläuterungen enthält. In den darauffolgenden Jahrhunderten kam die Gemara hinzu, eine Sammlung von Lebensweisheiten und Interpretationen der Mischna. Mischna und Gemara ergeben zusammen den Talmud, der in den Yeshivot (Talmud- schulen, Singular Yeshiva) diskutiert und weiterentwickelt wird (in Israel gibt es rund 7000 Synagogen und 458 Yeshivot). Eine stark mystisch geprägte Sonderentwicklung in der jüdischen Religion stellt die Kabbala dar. Vor allem in Südfrankreich und in Nordspanien for-

Jüdische Monatsnamen

Tishrei	Sept./Okt.	29 Tage
Heshvan	Okt./Nov.	29/30 Tage
Kislev	Nov./Dez.	30 Tage
Tevet	Dez./Jan.	29 Tage
Shevat	Jan./Feb.	30 Tage
Adar A	Feb./März	30 Tage im Schaltjahr
Adar B	Feb./März	29 Tage im Schaltjahr oder als Adar im normalen Jahr
Nissan	März/April	30 Tage
Iyar	April/Mai	29 Tage
Sivan	Mai/Juni	30 Tage
Tamuz	Juni/Juli	29 Tage
Av	Juli/Aug.	30 Tage
Elul	Aug./Sept.	29 Tage

mierte sich im ausgehenden 13. Jh. eine mystische jüdische Weltsicht, Kabbala (›Überlieferung‹), die im Gegensatz zum damals vorherrschenden Rationalismus stand. Das Buch »Zohar« (›Glanz‹) wurde Grundlage dieser neuen Richtung. Mit der Vertreibung der Juden aus Spanien (1492) kam diese esoterische Lehre auch ins Heilige Land, besonders in Zefat bildete sich ein neues Zentrum.

Die **Zeitrechnung** beginnt mit der Erschaffung der Welt, die man auf das Jahr 3761 festlegte. Der Kalender richtet sich nach Mondjahren zu je 354 Tagen; um ihn an das längere Sonnenjahr anzugleichen, werden jeweils innerhalb von 19 Jahren sieben zusätzliche Monate zu je 30 Tagen eingeschaltet.

Der gewöhnliche Feiertag ist der **Sabbat;** er beginnt am Freitag bei Sonnenuntergang und endet am Samstag ebenfalls bei Sonnenuntergang. Am Sabbat bleiben die meisten jüdischen Geschäfte und Restaurants sowie fast alle Theater, Kinos und Museen geschlossen, in den Hotels werden oft nur kalte Speisen gereicht, in vielen Städten ruht der Busverkehr.

Islam

Die zweitgrößte Bevölkerungsgruppe des Heiligen Landes gehört dem Islam an, den Mohammed (arabisch für ›der Gepriesene‹, um 570–632) um das Jahr 610 stiftete. Der Islam basiert auch auf Judentum und Christentum und sieht sich als Vollender dieser beiden Religionen. Die Gläubigen zählen die Erzväter und Jesus (Isa) zu den Propheten, als deren letzter und vollkommenster Mohammed gilt. Die Muslime glauben an Allah, den einen Gott, der das Schicksal des Menschen bestimmt; gute und schlechte Taten werden nach dem Jüngsten Gericht im Paradies oder in der Hölle vergolten.

Die Glaubens- und Rechtsquelle des Islam bildet der **Koran,** die göttliche Offenbarung, die Mohammed seinen Schreibern diktierte; ergänzt wird dieses heilige Buch durch die Sunna, eine umfangreiche Sammlung von Zitaten des Propheten und von Berichten über sein Leben, die erst seine Nachfolger zusammenstellten (nach ihr wird die Mehrzahl der Muslime als Sunniten bezeichnet). Die fünf Grundpflichten sind das Bekenntnis zum einen Gott und zur Prophetenschaft Mohammeds (Schahada), die täglichen Gebete (Salah), das Entrichten von Almosen und Abgaben (Zakat), das Fasten im Monat Ramadan (Sa'um) und die Wallfahrt nach Mekka (Hadsch). Darüber hinaus gibt es zahlreiche detaillierte Verhaltensregeln, die u. a. den Genuss von Alkohol und Schweinefleisch, das Glücksspiel und den Wucher verbieten.

Fünfmal täglich ruft der Muezzin zum Gebet in Richtung Mekka; entsprechend sind auch die Moscheen ausgerichtet (Kiblawand mit dem Mihrab, der Gebetsnische). Vor dem Gebet wäscht man Hände, Gesicht und Füße; deshalb gehört zu jeder Moschee ein Reinigungsbrunnen.

Der Ruf des Muezzin

»Allah ist der Größte! Ich bezeuge, dass es keinen Gott außer Allah gibt, und ich bezeuge, dass Mohammed Gottes Gesandter ist.«

Druse

Beim **Besuch einer Moschee** zieht man die Schuhe aus, Frauen bedecken außerdem den Kopf mit einem Tuch; freitags und an islamischen Feiertagen sollte man Moscheen den Muslimen überlassen.

Im Fastenmonat **Ramadan** bleiben die muslimischen Restaurants tagsüber geschlossen, denn von der Morgendämmerung bis zum Sonnenuntergang sind Essen, Trinken und Rauchen verboten.

Der Felsendom in Jerusalem ist das **bedeutendste Heiligtum** des Islam nach der Kaaba in Mekka und el-Haram mit Mohammeds Grab in Medina.

Die **Zeitrechnung** beginnt mit der Übersiedlung (Hidschra) Mohammeds von Mekka nach Medina am 16. Juli 622. Grundlage des Kalenders ist das kurze Mondjahr, das im Durchschnitt 354 Tage zählt, also 11 Tage weniger als das Sonnenjahr. Da ein Ausgleich durch Schaltjahre fehlt, schreitet die Zählung der Jahre schneller fort als bei der jüdischen und christlichen Zeitrechnung; die Termine der Feiertage und auch des Fastenmonats Ramadan rücken somit jährlich um etwa 11 Tage vor (s. S. 399).

Von der Mehrheit der Muslime, den Sunniten, spalteten sich bereits wenige Jahrzehnte nach Mohammeds Tod die Schiiten ab. Sie bestreiten die Rechtmäßigkeit der Kalifen als Stellvertreter und Nachfolger des Propheten, lehnen die Sunna ab, verehren ihre Führer (Imame) als direkte (leibliche) Nachkommen von Mohammeds Tochter Fatima wie Heilige und haben eine – dem eher nüchternen Islam ursprünglich fremde – ausgeprägte Mystik entwickelt.

Die **Drusen** gingen zu Anfang des 11. Jh. aus dem schiitischen Islam hervor. Ismail ed-Darasi erklärte den Fatimidenkalifen el-Hakim zur Inkarnation Gottes und musste vor den empörten Muslimen aus Ägypten nach Syrien fliehen. Die nach ihm benannte drusische Glaubenslehre, der nur ein gebürtiger Druse anhängen kann, wird von den Eingeweihten (Ukkal) geheim gehalten; sie enthält besonders viele mystische Züge. Heute leben die Drusen vor allem im Südlibanon, in Südsyrien, in Galiläa, auf dem Karmel und dem Golan.

Im Heiligen Land sind Patres und Nonnen vieler christlicher Konfessionen zu finden

Christentum

In Israel sind 30 christliche Konfessionen vertreten, denen rund 300 Gotteshäuser gehören. Die stärkste Gruppe bilden die Römisch-Katholischen, die hier meist ›Lateiner‹ genannt werden, weil sie sich bei der Feier der heiligen Messe und bei der Sakramentenspendung des römischen Ritus und vorwiegend der lateinischen Sprache bedienen. Der lateinische Patriarch hat seinen Sitz in Jerusalem; ihm unterstehen die Gebiete Palästina und Zypern mit rund 50 000 Gläubigen.

Seit 1217 wirkt der Franziskanerorden im Heiligen Land. 1342 beauftragte Papst Klemens VI. ihn mit der Wahrnehmung der lateinischen Interessen an den heiligen Stätten. Die Franziskaner bauten Kirchen, Pilgerherbergen und Schulen, führten und führen Ausgrabungen durch und bemühen sich, die heiligen Stätten zu erhalten. Im

19. und 20. Jh. traten weitere katholische Orden an ihre Seite: die Do-minikaner, die Benediktiner, die Jesuiten, die Basilianer usw.

Neben den Lateinern haben sich zahlreiche **Ostkirchen,** die sich einst von Rom gelöst hatten, wieder angeschlossen. Sie behielten ihre herkömmlichen Riten und Kultsprachen bei und besitzen auch eige-ne Hierarchien mit Bischöfen und Patriarchen.

Zu diesen **unierten Gemeinschaften** gehören: die Melchiten. Sie haben die byzantinische Liturgie in arabisch-griechischer Sprache. Ihr Oberhaupt ist der melchitische Patriarch von Antiochien, Ale-xandrien und Jerusalem, der abwechselnd in Damaskus und Kairo residiert und in Jerusalem durch einen Patriarchalvikar vertreten wird; … die Maroniten, die völlig mit Rom uniert sind. Ihr Patriarch resi-diert in Beirut. Die maronitische Liturgie wird in Syrisch-Arabisch gefeiert; … die katholischen Armenier. Sie zelebrieren ihre Liturgie, die stark der byzantinischen ähnelt, auf Armenisch. Ihr Patriarch hat seinen Sitz in Beirut; … die katholischen Syrer, die aus den Jakobi-ten hervorgingen und ihre Liturgie in altsyrischer Sprache feiern, so-wie die katholischen Griechen, die katholischen Kopten und die Chaldäer.

Zu den **von Rom getrennten Kirchen** zählen die Griechisch-Or-thodoxen, zu denen auch die Arabisch- und Russisch-Orthodoxen ge-hören. Sie folgen dem byzantinischen Ritus und unterstehen dem grie-chisch-orthodoxen Patriarchen von Jerusalem; … die überwiegende Mehrheit der Armenier; die Kopten, ägyptische Christen. Ihr Patri-arch hat seinen Sitz in Alexandrien; in Jerusalem wird er durch einen Bischof vertreten; … die Äthiopier oder Abessinier; die syrischen Ja-kobiten, die das Markuskloster in der Jerusalemer Altstadt als Bi-schofssitz haben; … die Evangelische Kirche Deutschlands, die im Heiligen Land durch einen Propst vertreten wird; … die Anglikani-sche Kirche, die durch einen Erzbischof mit Sitz in der Georgskathe-drale repräsentiert wird.

Die Griechisch-Orthodoxen

… sind die land-reichste Religionsge-meinschaft in Israel. Ihnen gehören riesige, meist auch wertvolle Areale. So stehen zum Beispiel das israeli-sche Parlament, die Knesset, ferner der Sitz des Staatspräsi-denten und die Resi-denz des Minister-präsidenten auf grie-chisch-orthodoxem Boden.

Die Russisch-Orthodoxen

… bilden zwei Lager: die sogenannte »rot-russische Kirche«, die dem Moskauer Patriar-chat untersteht, und die ursprünglich zarentreue »weiß-russische Kirche« mit Sitz in New York.

Bahai

Die Glaubenslehre des Bahaismus wurde ursprünglich in Persien ins Leben gerufen, aber ihr Gründer Baha Allah (›Glanz Gottes‹) wurde schon 1853 des Landes verwiesen. Seit 1868, als er nach Akko ver-bannt wurde, liegt ihr Weltzentrum im Heiligen Land, in Haifa. Die Religion baut auf den Lehren der Bibel und des Koran auf, bekennt sich zur Einheit Gottes und zu seinen Propheten und »verkündet die Notwendigkeit der Vereinigung der Menschheit und dass es niemandem außer dem verwandelnden Geist Gottes gelingen wird, sie her-beizuführen. Sie verurteilt alle Arten des Vorurteils und Aberglaubens und erklärt, dass die Absicht der Religion die Förderung der Freund-schaft und Eintracht ist«.

Schon seit 1955 werden Bahai-Anhänger in Persien verfolgt; das Zentrum der deutschen Gemeinde liegt im Taunus.

Bahai-Tempel in Haifa

Geschichtlicher Überblick

Vorgeschichte

Altpaläolithikum (Altsteinzeit, 300 000–70 000 v. Chr.)

Der frühe Mensch jagt im damals tropischen Mittelmeerklima mit Faustkeil und Steinaxt, später mit Dolch und Speer, die mit zugespitzten Feuersteinklingen versehen waren.

Jungpaläolithikum
(Spätere Altsteinzeit, 70 000–14 000 v. Chr.)

Das Klima wird trockener und kälter, und das Großwild verschwindet. In den Höhlen des Karmel, bei Nazaret und bei Ubeidiya südlich des Sees Gennesaret fand man Spuren des *Palaeanthropus palaestinensis*, eines Verwandten unseres Neandertalers. Dieser Mensch zeigt erste kulturelle Bemühungen: Er beerdigt seine Toten, gibt ihnen Gegenstände des täglichen Gebrauchs, Waffen und Schmuck mit auf den Weg ins Jenseits und umschließt die Gräber mit Steinkreisen.

Elfenbeinfigur aus der Kupfersteinzeit (Fundort nahe Be'er Sheva)

Mesolithikum (Mittlere Steinzeit, 14 000–8000 v. Chr.)

Der Mensch erfindet Bogen, Falle und Angel, gewinnt den Hund als Haus- und Jagdtier und formt erste kleine Menschen- und Tierfiguren. Er verlässt die Höhlen und baut sich auf Steinfundamenten Rundhäuser aus Ästen und Häuten. Im Wadi en-Natuf nordwestlich von Jerusalem fand man Mörser, Stößel und Sicheln aus Stein, was darauf hinweist, dass der Mensch seit etwa 10 000 v. Chr. neben Fleisch und Fisch auch wild wachsendes Getreide aß. Siedlungen dieser Natufien-Kultur wurden auch im Huletal, im Karmel und bei Jericho entdeckt. Der Natufien-Mensch schnitzt aus Tierknochen Harpunen, Nadeln und Schmuck.

Neolithikum (Jungsteinzeit, 8000–4000 v. Chr.)

Der Jäger und Sammler entwickelt sich zum Ackerbauern und Viehzüchter. Die Keramik wird erfunden, erste städtische Siedlungen entstehen (Jericho), der Handel weitet sich aus und überbrückt bereits größere Entfernungen. Mit dem Ackerbau entwickelt sich der Fruchtbarkeitskult; Stein- und Tonfiguren einer Muttergöttin sollen reichen Kindersegen und gute Ernten sichern.

Chalkolithikum (Kupfersteinzeit, 4000–3100 v. Chr.)

Der Mensch beginnt, Stein durch Kupfer zu ersetzen. In Nahal Mishmar am Toten Meer fand man neben verzierten Tongefäßen, Mahlsteinen und Weidenkörben zahlreiche Gegenstände aus Kupfer, deren Bedeutung zum Teil noch unklar ist. Ein Webstuhl und Stoffreste wurden entdeckt, auch die Töpferscheibe kommt allmählich in Gebrauch. Die viereckigen, lang gestreckten Häuser sind aus luftgetrockneten Lehmziegeln erbaut und oft verputzt und innen mit mehrfarbigen Fresken geschmückt (Tuleilat el-Ghassul bei Jericho). Knochen, Elfenbein, Schiefer, Perlmutt, Karneol und Türkis werden zu reizvollem Schmuck verarbeitet.

Kanaanitische Zeit

Frühe Bronzezeit (3100–2100 v. Chr.)

Der Mensch lernt, Kupfer mit Zinn zu legieren. Die dadurch entstehende Bronze ist härter als Kupfer und leichter zu verarbeiten, weil der Zinngehalt den Schmelzpunkt herabsetzt. Aber Zinn ist schon damals selten und daher kostbar; große Städte leben sogar vom Handel mit Bronze (z. B. Hazor). Die mächtigen Reiche am Nil, Euphrat und Tigris rücken durch die großen Karawanen näher zusammen – und zwischen ihnen liegt Kanaan. Bedrohungen und Übergriffe seitens der Nomaden und der Nachbarreiche führen zur Bildung von Stadtstaaten, die sich in Krisenzeiten zu militärischen Schutzbündnissen zusammenschließen. Trotzdem gelingt es den Ägyptern immer wieder, ihren Einfluss auf das wohlhabende Kanaan auszudehnen. Auf dem Tel Erani bei Lakhish fand man eine Tonscherbe mit der Kartusche eines Königs der 1. ägyptischen Dynastie (nach 3000 v. Chr.). Im Laufe der Zeit dringen die Ägypter bis Ashdod und schließlich (um 2300 v. Chr.) bis in die Höhe des Karmel vor. Im folgenden Jahrhundert, als Ägyptens Altes Reich zusammengebrochen war, ziehen die Akkader, die im Zweistromland ein Großreich gegründet hatten, bis nach Ägypten und zerstören auf ihrem Weg auch die Städte Kanaans. Von den frühbronzezeitlichen Städten wissen wir sehr wenig. Megiddo, Ai, Bet Yerah, Jericho, Bet She'an, Lakhish, Arad, Hazor, Sichem, Gezer und viele andere – sie alle sind stark befestigt und besitzen einen großen Palast, Tempel und Vorratshäuser. Alle liegen sie an wasserreichen Quellen.

Mittlere Bronzezeit (2100–1600 v. Chr.)

Gegen 2100 v. Chr. gehen die blühenden Stadtstaaten Kanaans aus noch unbekannten Gründen unter. In dieser Zeit dürfte von Norden und Osten her in immer neuen Wellen jenes Volk, das im Jahre 1955 v. Chr. mit der Zerstörung der Hauptstadt Ur auch das mächtige Reich der Sumerer zerschlägt, in das Land eingedrungen sein. Mit diesen Nomaden wandert möglicherweise auch **Abraham** aus dem Zweistromland ein. In der Zeit des Mittleren Reiches dehnen die ägyptischen Pharaonen ihren Herrschaftsbereich bis weit in das Land Ka-

Kanaanitische Gottheit

naan aus. Damals entstehen die ersten ägyptischen ›Ächtungstexte‹, Tonscherben und Tonfigürchen mit Verwünschungen bestimmter Könige, Städte oder Völker. Die Texte erwähnen u. a. die Siedlungen Afeq, Akko, Ashqelon, Bet She'an, Hazor, Jerusalem und Lais (Dan). Als 1785 v. Chr. das ägyptische Mittlere Reich zusammenbricht, verstärkt sich der Zustrom asiatischer Nomaden. Die indoiranischen Hyksos mit ihren schnellen, pferdebespannten Streitwagen sind wohl über Mesopotamien nach Westen vorgestoßen; unter ihrer Herrschaft blühen die Städte Kanaans wieder auf. Um 1650 v. Chr. fallen die Hyksos in das geschwächte Ägypten ein, reißen die Macht an sich und ernennen eigene Pharaonen. Vielleicht sind auch Jakob und seine Söhne unter den ›Einwanderern‹. Jakobs Stamm lässt sich im fruchtbaren Wadi Tumilat nieder, dem biblischen Land Gosen im östlichen Nildelta, in der Nähe der Hyksos-Hauptstadt Auaris.

Späte Bronzezeit (1600–1200 v. Chr.)

Bald nach 1600 v. Chr. beginnt der oberägyptische Fürst Kamose von Weset (Theben) aus den Kampf gegen die Hyksos. Sein Bruder und Nachfolger **Ahmose** (1552–27) erobert Auaris und verfolgt die Feinde bis tief in den Negev hinein. Ahmose gründet das Neue Reich, mit dem für die israelitischen Stämme im Nildelta eine lange Zeit der Unterdrückung beginnt (die Bibel spricht von 430 Jahren [Ex 12,40]). In Kanaan erstarken inzwischen die Stadtstaaten, vermutlich unter der Führung der aus Ägypten vertriebenen Hyksos. Aber die Ägypter versuchen immer wieder, ihren Machtbereich zu vergrößern; 1468 v. Chr. gelingt es Pharao Thutmosis III., durch die Eroberung der Stadt Megiddo das kanaanitische Städtebündnis zu sprengen und sich so ein starkes Bollwerk gegen die großen Reiche des Nordens und Ostens (Mitanni, Babylonier, Kassiter, Assyrer, Hethiter) zu schaffen. In den wichtigsten Zentren stationiert der Pharao Garnisonen, im übrigen verlässt er sich auf die Treue der von ihm eingesetzten oder bestätigten Vasallenfürsten. Den Städten geht es in dieser Zeit recht gut.

Mit Schlangen verziertes israelitisches Weihrauchgefäß

Als **Echnaton** (1364–47) durch seine religiösen Neuerungen eine Krise auslöst, kommt es in Kanaan zu heftigen Aufständen gegen die ägyptische Besatzungsmacht. Der Hethiterkönig **Šuppiluliuma** (1370–35) erkennt seine Chance und schürt die Rebellion. In dieser Zeit dringen mehr und mehr Nomaden über den Jordan nach Kanaan vor. Viele Vasallenfürsten berichten dem Pharao in den sogenannten Amarnabriefen von den Streitigkeiten und Kämpfen der Städte gegeneinander, vor allem aber über einfallende Nomaden. Es handelt sich dabei um israelitische Stämme, die nicht wie Jakob nach Ägypten gezogen waren oder sich bereits früher in Kanaan niedergelassen hatten. Wegen Unruhen im eigenen Land ziehen sich die Ägypter zurück, und die Städte Kanaans bleiben ihrem Schicksal überlassen.

Mit der Dynastie der Ramessiden erstarkt das ägyptische Reich noch einmal und versucht, seinen Herrschaftsbereich weit nach Norden über ganz Syrien auszudehnen. Dabei kommt es im Jahre 1285 v. Chr.

bei Kadesch am Orontes zum lange erwarteten Zusammenstoß der beiden Großreiche der Ägypter und Hethiter. Die gewaltige Schlacht endete unentschieden, der Vorstoß der Ägypter aber war gestoppt. 1269 v. Chr. schließen Ramses II. und der Hethiterkönig Hattušili III. einen ›ewigen Frieden‹ und bestimmen den Fluss el-Kelb nördlich von Beirut zur Grenze ihrer Interessenssphären. Von Gaza bis Bet She'an kontrollieren ägyptische Gouverneure das Land, »in dem Milch und Honig fließen« (Ex 3,8). Den Ägyptern ist nicht daran gelegen, Kanaan in ihr Reich einzugliedern. Sie begnügen sich mit erträglichen Tributzahlungen und überlassen im Übrigen die Regelung der inneren Angelegenheiten den Stadtfürsten. Die nunmehr überflüssigen Verteidigungsanlagen verfallen, in den Tempeln verehren die Kanaaniter ihre alten Gottheiten Baal, El und Aschera.

Erstes Reich Israel

Landnahme (ab 1250 v. Chr.)

Ramses II. war der größte Bauherr Ägyptens. Für den Ausbau seiner Residenz zwingt er die im Nildelta siedelnden Israeliten zu Frondiensten, worauf viele Ägypten wieder verlassen. Der **biblische Exodus unter Mose** ist wohl die literarische Zusammenfassung einer ganzen Reihe von Wanderungen, die sich ab 1250 v. Chr. vollziehen. Nach der Bibel entkommen die Israeliten unter Moses Führung auf geheimen Pfaden durch das Schilfmeer und weiter über den Sinai, entlang am Golf von Suez. Bei Refidim besiegen sie unter dem Feldherrn Josua die im Sinai und Negev herrschenden Amalekiter. Am Berg Horeb verkündet Mose das Gesetz der Israeliten, darunter die Zehn Gebote. Dann ziehen sie den Golf von Elat in den Negev hinauf, wo sie lange Zeit rasten. Vor den starken Festungen der Kanaaniter weichen die Israeliten nach Osten aus, durchziehen die Aravasenke und umgehen die Länder Edom und Moab, die ihnen den Durchzug verweigern. Schließlich kommen sie nach Jericho und erobern von hier aus unter Josuas Führung die Stadtstaaten Kanaans.

Die ›Hörner‹ des Moses haben ihren Ursprung in einer Fehlübersetzung: Gemeint waren eigentlich Strahlen, die von seinem Haupt ausgingen (Mosesfigur von Michelangelo, 1512, S. Pietro in Vincoli in Rom)

Die sogenannte **Landnahme** ist ein lang andauernder Vorgang, denn schon seit dem 14. Jh. v. Chr. waren israelitische Nomaden vom Osten her in Kanaan eingedrungen. Sie leben in den unbesiedelten Bergen und zogen im Spätsommer in die fruchtbaren Ebenen hinab, um ihre Herden auf den abgeernteten Feldern weiden zu lassen. Sie besuchen die Märkte der Städte und übernehmen Sprache und Kultur der Kanaaniter. Nach 1250 v. Chr. gesellen sich nun die israelitischen Stämme aus Ägypten zu ihnen. Kriege wird es anfangs kaum gegeben haben, da die Stämme der Streitwagenphalanx der Kanaaniter nichts Gleichwertiges entgegenzusetzen hatten. Erst als auch sie im Kulturland Fuß fassen, können sie daran denken, die stark befestigten Städte zu erobern. Die Schlacht an den Wassern von Merom im Norden Kanaans und die Einnahme der größten Stadt des Lan-

Moses erhält die Gesetzestafeln (Regensburger Penta-teuch, Buchmalerei, um 1300)

des, Hazor, gegen 1230 v. Chr. sind vorläufige Höhepunkte. Die Eroberung weiterer Kanaaniterstädte zieht sich noch über 200 Jahre hin, Jerusalem fällt sogar erst gegen 1000 v. Chr.

Die **zwölf Stämme Israels** (Simeon, Juda, Benjamin, Efraim, Gad, Manasse, Machir, Issachar, Sebulon, Naftali, Ascher, Dan; die Namen ändern sich z. T. später) werden von Ältestenräten geführt. Schon früh sind sie in einem sakralen Bund vereint, der den Gott Jahwe verehrt und sein Heiligtum in Schillo hat. Dieser Stämmebund nennt sich Israel – der Name erscheint erstmals um 1220 v. Chr. auf einer Stele des Pharao Merenptah und bedeutet sinngemäß ›gegen [den Gott] El‹. Die Heere der vereinigten Stämme befehligt ein Richter (1200–1025 v. Chr.), der ein Vorläufer der späteren Könige ist. Aus der Bibel sind uns die großen Richter Ehud, Barak (mit Debora), Gideon, Jiftach und Simson bekannt.

Politische Veränderungen im Mittelmeerraum zwingen die **Ägypter,** sich aus Kanaan zurückzuziehen. Die **Libyer,** vermutlich indogermanische Berberstämme, drängen in das Land am Nil und können nur mit großer Mühe bezwungen werden. Dann kommen, vermutlich aus dem Schwarzmeerraum, Seevölker, die den Balkan und die Ägäis überqueren, um 1200 v. Chr. das Hethiterreich zerschlagen (zur selben Zeit fällt auch Troja) und über das Meer nach Ägypten vordringen. 1177 v. Chr. gelingt es Ramses III., sie, obwohl sie mit Waffen aus Eisen kämpfen, die den Bronzewaffen der Ägypter überlegen sind, abzuwehren. In der südkanaanitischen Küstenebene lässt sich nun das Seefahrervolk der **Philister** nieder und gründet dort wohl mit ägyptischer Zustimmung einen Fünfstädtebund mit den Städten Gaza, Ashdod, Ashqelon, Gat und Ekron. Rasch dehnen sie ihren Machtbereich aus – die Selbstständigkeit der Stämme Israels ist gefährdet.

Etwa um das Jahr 1050 v. Chr. kommt es bei Afeq zu einem ersten großen Zusammenstoß zwischen Philistern und Israeliten. In einer zweiten Schlacht bei Eben-Ezer werden die inzwischen erstmals vereinigten israelitischen Stämme so vernichtend geschlagen, dass sogar die Bundeslade Beute der Sieger wird. Die Stämme geraten nun unter die Herrschaft der Philister, das Bundesheiligtum in Schillo wird in Schutt und Asche gelegt; an allen strategisch wichtigen Punkten richten die Sieger Garnisonen ein. Die Israeliten werden entwaffnet, ihnen wird sogar das Ausüben des Schmiedehandwerks untersagt.

In dieser Zeit ernennt der Prophet Samuel den benjaminitischen Hirten **Saul** zum Oberhaupt, er sammelt die kriegsfähigen Männer aller Stämme und schlägt die in das Ostjordanland eindringenden Ammoniter zurück. In dem alten Heiligtum von Gilgal bei Jericho, das an die Stelle des Bundesheiligtums von Schillo tritt, wird Saul zum König ausgerufen. Aus dem lockeren Verband der Stämme ist eine Einheit geworden – die **Zeit der Könige** (etwa 1020–587) beginnt. Saul überfällt die völlig überraschten Philister im westjordanischen Gebirge und baut seine Position aus; dann aber entzieht Samuel ihm die Königswürde, weil er neben der profanen die sakrale Position des Herrschers zu stark betont. Als Saul im nächsten Jahr (um 1007 v. Chr.)

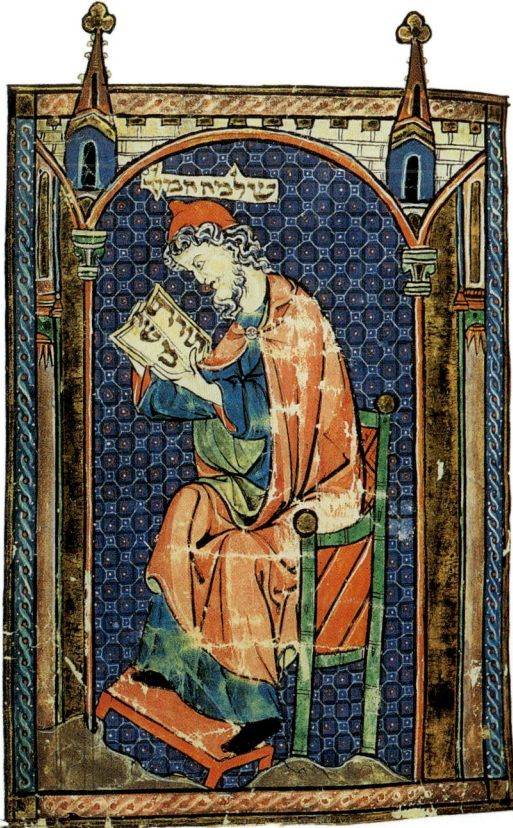

König Salomo liest die Thora (Nordfranzösische Buchmalerei, 13 Jh.)

in der Jesreel-Ebene zur Schlacht gegen die Philister antritt, folgt ihm nur ein Teil der Stämme. Schon beim ersten Ansturm werden seine Truppen versprengt und niedergemetzelt. Saul begeht Selbstmord – die Erhebung gegen die Philister ist vollkommen misslungen.

Waffenträger Sauls war der Judäer **David** aus Betlehem. Er zählt zu den engsten Vertrauten des Königs und genießt bald solche Achtung, dass er sich das Misstrauen seines Herrn zuzieht. Rechtzeitig flieht er in die westjordanischen Berge und sammelt eine Schar Abenteurer um sich, die von Beutezügen lebt. Dann tritt David als Söldnerführer in die Dienste der Philister, um sich den Nachstellungen Sauls zu entziehen. Diese überlassen ihm im südlichen Teil der Küstenebene Ländereien als Lehen, von wo aus er seine Raubzüge fortsetzt. Von der Schlacht gegen Saul schließt man ihn, Verrat befürchtend, aus; David muss nicht gegen sein eigenes Volk kämpfen. Gleich nach dem Tode Sauls zieht David nach Hebron, wo ihn die sechs Südstämme, die er mit Reichtümern aus den Beutezügen auf seine Seite gezogen

Bibel als historische Schriftquelle

Merkwürdig ist, dass keines der vielen Nachbarländer von dem neuen Reich Kenntnis genommen hat und dass Israel in keinem zeitgenössischen Bericht erwähnt wird. Ohne die Bibel wüssten wir nicht einmal von der Existenz Davids und Salomos.

hatte, zum ›König über das Haus Juda‹, das dem Sechsstämmeverband entsprach, salben. Sein Königtum ist rein weltlicher Art. Die Philister begrüßen diese Entscheidung, weil dies eine Teilung der Israeliten bedeutet. In Mahanajim, dem Hauptort des efraimitischen Siedlungsgebietes im Ostjordanland, wird nämlich Sauls einziger noch lebender Sohn **Eschbaal** zum Herrscher der Nordstämme mit dem Titel ›König von Israel‹ ernannt. Bald darauf wird er ermordet. David, der inzwischen mit Sauls Tochter Michal verheiratet ist, wird nun König von ganz Israel (1004 v. Chr.).

Diese Vereinigung können die Philister nicht dulden. Noch im selben Jahr stoßen sie mit einer starken Heeresmacht in die Refaim-Ebene vor und verhindern damit ein Zusammengehen der israelitischen Truppen. David stürzt sich von Süden her auf die überraschten Feinde und schlägt sie in die Flucht. Als die Philister daraufhin mit ihren gesamten Truppen in der Refaim-Ebene erscheinen, greift David sie diesmal, ebenso überraschend, von Norden her an. Der Sieg ist vollkommen, und der Fünfstädtebund hat fortan keine Bedeutung mehr. Ein wesentlicher Grund für die Erfolge Davids liegt in der Schwäche der benachbarten Großmächte: In Ägypten regieren zwei Priesterkönige, das Hethiterreich ist in zahlreiche Kleinfürstentümer zerrissen, die Assyrer kämpfen verzweifelt gegen die aus Arabien einbrechenden Aramäer. So kann sich erstmals im syrisch-palästinensischen Raum ein Großreich entwickeln, das sich von Hamath am Orontes bis zum Roten Meer erstreckt.

Noch während der Herrschaftszeit Davids kommt es zu heftigen Streitigkeiten um das Thronerbe, mehr als einmal muss er seine bewährte Söldnertruppe einsetzen. Schließlich bestimmt er auf Anraten des Hofpropheten Natan seinen Sohn Salomo zum Nachfolger. Dessen Mutter war die legendär schöne Batseba; David hatte ihren ersten Ehemann, den Hethiter Uria, ermorden lassen. Noch vor Davids Tod (um 968 v. Chr.) wird **Salomo** König, er gilt als weiser Herrscher, dem der Krieg verhasst ist. Sein Verdienst liegt vor allem in der umfangreichen Bautätigkeit, die er überall im Lande entfaltet. In Jerusalem lässt er nördlich der Davidstadt einen neuen Stadtteil mit umfangreichen Palastbauten und einem großen Tempel errichten, in dessen Allerheiligstem die Bundeslade aufgestellt wird. Er baut Hazor, Megiddo, Gezer und viele andere ehemals kanaanitische Städte wieder auf. Das Material (Zedern- und Zypressenholz) bezieht er im Austausch gegen Weizen, Öl und Kupfer aus dem phönikischen Tyros. Durch die Provinz Edom hat Salomo Zugang zum Roten Meer. Eine mit Hilfe des Königs Hiram von Tyros geschaffene Handelsflotte holt aus dem Lande Ofir (im Bereich des Roten Meeres) Gold, Edelhölzer und exotische Kostbarkeiten. Als Hafen für seine Flotte gründet Salomo die Stadt Ezjon-Geber, wo auch das Kupfererz aus den nahen Bergwerken von Timna verhüttet wird. Ein gut organisiertes Steuersystem (Naturalien) und der Handel mit den Nachbarländern verschaffen Salomo den Reichtum, der ihm weithin Bewunderung und Achtung einträgt.

Nach Salomons Tod (um 930 v. Chr.) versammeln sich die Ältesten in Sichem, um den ältesten Sohn Rehabeam zum König zu erheben. Die Nordstämme knüpfen aber an dessen Wahl Bedingungen: Minderung der Naturalabgaben und Wegfall der Frondienstpflicht für die Kanaaniter, die inzwischen an Einfluss gewonnen haben. Der Judäer Rehabeam lehnt ab, woraufhin die Nordstämme Jerobeam, den früheren Aufseher über die königlichen Güter, zum König des Nordstaates Israel wählen. Damit ist das Reich geteilt; Jerusalem ist fortan nur noch Hauptstadt von Juda, bleibt aber als Aufbewahrungsort der Bundeslade kultisches Zentrum.

Geteiltes Reich: Israel und Juda

Nordstaat Israel

Jerobeam I. (um 930–08) war in Sichem zum König von Israel ausgerufen worden, und Sichem wird seine erste Hauptstadt. Aus einer Phase, in der die Herrscher häufig, schnell und oft auch durch Gewalt wechseln, geht schließlich der Heerführer **Omri** als König (881–71) hervor. Er ist kein Israelit, sondern vermutlich ein Aramäer, der sich als Söldner emporgedient hat. Im Jahre 876 v. Chr. gründet Omri 10 km nordwestlich von Sichem auf einer Bergkuppe die neue Königsstadt Samaria, die bis zum Untergang des Nordreiches Residenz bleibt. Omri beendet die alten Grenzstreitigkeiten mit Juda und wendet sich verstärkt gegen seine landhungrigen Nachbarn im Nordosten, die Aramäer. Um die Beziehungen Israels zu den phönikischen Küstenstädten zu verbessern, verheiratet er seinen Sohn Ahab mit Isebel, der Tochter des Königs von Tyros.

Isebel bringt den phönikischen Baalkult nach Samaria, was die Kanaaniter sehr erfreut, die Israeliten aber empört. König **Ahab** (871–852) hat jedoch andere Sorgen. Inzwischen sind nämlich die Assyrer bis ans Mittelmeer vorgestoßen und bedrohen auch Israel. Ahab lässt die Befestigungen seiner Städte verstärken, Vorratshäuser, Pferdeställe und riesige Wasserversorgungsanlagen errichten. 868 schließt er mit Juda Frieden und verheiratet seine Schwester Atalja als Zeichen der Aussöhnung mit dem judäischen Kronprinzen Joram. 853 v. Chr. versucht der Assyrer Íalmanassar III., das gesamte syrisch-palästinensische Gebiet zu unterwerfen. Die bedrohten Königreiche verbünden sich unter der Führung des Herrschers von Damaskus und besiegen die Assyrer in der Schlacht bei Qarqar im Tal des Orontes.

Nach dem Tode Ahabs folgen nacheinander seine Söhne **Ahasja** (852–51) und **Joram** (851–45) auf dem Thron. 845 v. Chr. stürzt der Prophet Elischa die Omridendynastie und salbt **Jehu** zum neuen König von Israel. Dieser (845–18) lässt das Heiligtum des Baal in Samaria vernichten, und als 841 v. Chr. Íalmanassar III. zum vierten Mal in Syrien einmarschiert, unterwirft sich Jehu den Assyrern und leistet den geforderten Tribut.

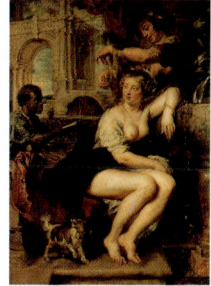

Peter Paul Rubens, »Batseba am Springbrunnen, den Brief Davids erhaltend« (um 1635)

Als Hosea 722 die Zahlungen einstellt, macht der Assyrerkönig Íalmanassar V. das Gebiet zu einer Provinz seines Landes und verschleppt 30 000 Israeliten nach Mesopotamien. Babylonier und Syrer siedeln sich an, die Bewohner Israels nennt man jetzt – nach der Provinz Samaria – Samariter.

Südstaat Juda

König des kleineren Juda ist nun Salomos Sohn **Rehabeam** (um 930–10). Gegen 926 v. Chr. dringen die Ägypter in Juda ein. Rehabeam erkauft jedoch die Schonung der judäischen Städte und verhindert die weitere Invasion mit einem großen Teil des Jerusalemer Tempel- und Palastschatzes. Rehabeams Sohn und Nachfolger **Abija** (910–08) fordert von Israel das Stammesgebiet von Benjamin als Vorfeld für seine unmittelbar an der Grenze gelegene Hauptstadt Jerusalem. Als dies nicht glückt, besticht sein Sohn den Aramäerkönig Benhadad I., Israel anzugreifen. Der Plan gelingt: Der israelitische König Baësa wirft seine Truppen nach Norden gegen die Aramäer, die Judäer rücken nach, nehmen die Stadt Rama und bauen die Städte Geba und Mizpa (ca. je 10 km von Jerusalem) als Grenzfestungen aus.

Nach dem Friedensvertrag 868 v. Chr. verheiratet der judäische König **Joschafat** (867–47) seinen Sohn Joram mit Atalja, der Schwester des israelitischen Herrschers Ahab – Juda und Israel sind Bundesgenossen. Als später Atalja – sie stammt aus der Dynastie Omris – die Regierungsgeschäfte übernimmt, lässt sie alle Angehörigen von Davids Geschlecht töten; nur ihr Enkel Joasch entgeht der Ermordung. Atalja fördert den Baalkult und fällt deshalb einer Verschwörung des Hohepriesters Jojada zum Opfer. Dieser lässt den erst siebenjährigen **Joasch** (839–01) zum König ausrufen und führt bis zu dessen Volljährigkeit die Regierungsgeschäfte. In der Herrschaftszeit Joaschs greifen die Aramäer Juda an, Joasch gelingt es jedoch, sie kurz vor der Eroberung Jerusalems mit einer Tributzahlung zum Abzug zu bewegen. König **Amazja** (800–786), Sohn des Joasch, greift das Nordreich an, aber das führt nur zu einer Niederlage und zur Plünderung der Schatzkammern des Jerusalemer Palastes und des Tempels. Die Judäer erheben daraufhin Amazjas Sohn **Ussia** (786–36) zu ihrem König. Dieser bringt seinem Reich eine lange Periode des Friedens und des Wohlstandes, auch wenn in seine Zeit das furchtbare Erdbeben des Jahres 763 v. Chr. fällt. Seit 756 ist Ussia leprakrank und wird von seinem Sohn Jotam vertreten, der als fleißiger Bauherr Erwähnung verdient. 742 übernimmt sein Enkel Ahas die Regierungsgeschäfte.

734 v. Chr. stößt der Assyrer Tiglatpileser III. bis Gaza vor. Israel und Aram beschließen, ihm gemeinsam entgegenzutreten. Da **Ahas** (742–26) einen Beitritt zu dem Bündnis ablehnt, belagern Israeliten und Aramäer 733 v. Chr. Jerusalem. In höchster Not bietet Ahas den Assyrern seine Unterwerfung an und fragt gleichzeitig um Hilfe gegen seine Feinde. Tiglatpileser schlägt die Truppen der Koalition und glie-

dert Israel und Aram in das assyrische Weltreich ein. Juda bleibt als tributzahlender Vasallenstaat bestehen.

Das judäische Reich beteiligt sich auch nicht an den Aufständen, die in den folgenden Jahren von Samaria und einigen Philisterstädten ausgehen. Erst nach dem Tode des Assyrerkönigs Sargon II. im Jahre 705 v. Chr. ändert sich das: König **Hiskia** (725–697) sichert sich die Waffenhilfe der Ägypter und nimmt Beziehungen zu Babylon auf, das sich ebenfalls aus dem assyrischen Großreich zu lösen versucht. Doch der neue Assyrerkönig Sanherib handelt schnell: Er unterwirft Babylon und marschiert im Jahre 701 v. Chr. gegen Palästina. Die rebellierenden phönikischen und philistäischen Städte hat er bald bezwungen, eine unbedeutende ägyptische Streitmacht rasch besiegt, schließlich besetzt er 46 judäische Städte und belagert Jerusalem. König Hiskia muss sich unterwerfen, aber Sanherib lässt sein Reich gegen Bezahlung hoher Tribute bestehen.

Als sich das assyrische Großreich nach dem Tode Assurbanipals im Jahre 626 v. Chr. aufzulösen beginnt, stellt der Herrscher Joschija die immer noch geleisteten Tributzahlungen ein und entfernt die Statuen und Bilder kanaanitischer und assyrischer Gottheiten aus dem Tempel von Jerusalem. Seitdem gilt er als Inbegriff des frommen Königs. Nach und nach besetzt er die assyrisch verwalteten Provinzen des einstigen Staates Israel.

Im Jahre 609 v. Chr. zieht Pharao Necho durch Palästina, um den Vormarsch der Babylonier, die das Weltreich der Assyrer zerschlagen hatten, aufzuhalten und zu verhindern, dass sie die bislang assyrischen Gebiete von Syrien und Palästina übernehmen. Bei Megiddo lockt er Joschija in einen tödlichen Hinterhalt. Der Pharao setzt dessen Sohn **Jojakim** (608–597) als Marionettenkönig über das alte Juda ein.

Im Jahre 605 v. Chr. werden die Ägypter bei Karkemisch von den Truppen des neubabylonischen Kronprinzen, des späteren Königs Nebukadnezar II., vernichtend geschlagen. Ägypten verliert Syrien, Palästina und Phönikien, Jojakim entrichtet seinen jährlichen Tribut nun an Babylon. Nebukadnezar ernennt einen jüngeren Sohn Joschijas, Mattanja, unter dem Namen Zedekia zum König. **Zedekia** (597–87) ist ein unentschlossener Herrscher. Anfangs folgt er dem Rat des Propheten Jeremia, dem König von Babylon zu dienen, um den Bestand des Staates nicht zu gefährden. Schließlich aber gibt er dem Drängen der babylonfeindlichen Partei nach und erklärt die Unabhängigkeit Judas. Daraufhin besetzen die Babylonier Juda und auch Jerusalem (587 v. Chr.). König Zedekia wird auf der Flucht gefasst und nach Babylon gebracht, wo er bald stirbt. Jerusalem wird geplündert, der Palast vernichtet, der Tempel und die Bundeslade zerstört. Die Stadtmauer wird geschleift, ein großer Teil der Bevölkerung niedergemetzelt und der Rest nach Babylon verschleppt. Jerusalem ist so verwüstet, dass man den Verwaltungssitz nach Mizpa verlegen muss. Später wird das kleine Restjuda zur Provinz Samaria geschlagen.

Perserherrschaft

Nach dem Tode Nebukadnezars 562 v. Chr. verfällt das neubabylonische Reich. Der Perserfürst **Kyros** zieht – als Befreier umjubelt – im alten Babel ein (539 v. Chr.). Die Übernahme durch die Perser vollzieht
sich ohne Auseinandersetzungen. Kyros, Großkönig und Begründer
des Weltreiches der Achämeniden, teilt sein Reich in sogenannte Sa-
trapien auf, denen jeweils ein Perser als Satrap vorsteht. Den Völkern
innerhalb des Reiches lässt er nicht nur ihre eigene Kultur, sondern er
ordnet sogar den Wiederaufbau aller von den Neubabyloniern zerstörten Heiligtümer auf Staatskosten an. Von den nach Babylon Verschleppten kehren vorerst nur wenige nach Jerusalem zurück.

Nach Kyros' Tod unterwirft sein Sohn **Kambyses** im Jahre 525 auch
Ägypten. Die Propheten Haggai und Sacharja drängen die Judäer, endlich den zerstörten Jerusalemer Tempel wiederaufzubauen. Den lei-
tenden Priester des Tempels ernennt man zum Hohepriester, zum religiösen Oberhaupt ganz Israels. Um 452 v. Chr. kommt es in Persien
zu Ausschreitungen gegen die Juden, und so kehren viele Nachkommen der vor rund hundert Jahren Deportierten nach Jerusalem zurück. Sie beginnen mit dem Wiederaufbau der Stadt und erneuern
auch die Befestigungen. Sanballat, persischer Statthalter in Samaria,
ordnet die Einstellung der Bauarbeiten an, weil er die Konkurrenz eines großen und starken Jerusalem fürchtet. Die zurückgekehrten Judäer aber nutzen ihre alten Beziehungen zum Hofe. Nehemia, Judäer
und Mundschenk des Großkönigs im Palast von Susa, erhält die Genehmigung zum Weiterbau und erreicht darüber hinaus die Trennung
Judas von Samaria. 445 v. Chr. wird er Statthalter in Jerusalem. Um
den Aufbau voranzutreiben, siedelt Nehemia ein Zehntel der Bevölkerung Judas nach Jerusalem um.

Hellenistische Zeit

Im Jahre 333 v. Chr. siegt **Alexander der Große** bei Issus über Darei-
os III. Kodomannos und zieht daraufhin an der phönikisch-philistäi-
schen Küste entlang nach Ägypten. Seine Heerführer Parmenion und
Perdikkas besetzen das Binnenland, wo lediglich die Stadt Samaria
gewaltsam bezwungen werden muss. 331 v. Chr. marschiert Alexander von Ägypten aus quer durch Palästina und wendet sich dem Zweistromland zu, um Persien einzunehmen. Nach Alexanders Tod (323
v. Chr.) teilen seine Feldherren, die Diadochen, das gewaltige Reich
unter sich auf. **Ptolemaios** erhält Ägypten, eignet sich sofort das benachbarte Palästina und Phönikien an und schlägt alle Rivalen zurück. Erst der Seleukide **Antiochos III.** kann 217 v. Chr. in Palästina
einmarschieren; und nach weiteren Auseinandersetzungen sind dann
Palästina und Phönikien im Besitz der Seleukiden.

Im Jahre 190 v. Chr. wird Antiochos III. im westlichen Kleinasien
von den Römern vernichtend geschlagen und zum Frieden von Apa-

mea gezwungen. Der Verfall des Reiches wird durch Streitigkeiten nach seinem Tod beschleunigt. Als sich **Antiochos IV. Epiphanes** (175–64) durchsetzen kann, lodert der alte Streit mit den Ptolemäern wieder auf.

Hasmonäerstaat

Das anfangs ungetrübte Verhältnis der Judäer zu den Seleukiden währt nicht lange; im Untergrund formiert sich Widerstand gegen die hellenistischen Machthaber. Als 166 v. Chr. in Modiim (Modeïn) ein seleukidischer Kommissar nichtjüdische Opfer verlangt, tötet der Priester Mattatias den Beamten. **Mattatias** flieht mit seiner Familie in die judäische Wüste, wo sich zahlreiche Widerständler um ihn scharen. Sie führen einen erbitterten Kleinkrieg gegen den Hellenismus, sie zerstören dessen Kultstätten, überfallen Verwaltungsstellen und töten abtrünnige Judäer. Als Mattatias 166 v. Chr. stirbt, übernimmt sein Sohn Judas, genannt Makkabäus (›Hammer‹), die Führung. Nach ihrem Vorfahren Hasmon nennen sie sich Hasmonäer. Man beschränkt sich nun nicht mehr auf kleinere Überfälle, sondern greift seleukidische Truppeneinheiten an.

Es gelingt, die überlegenen Machthaber zu schlagen und 165 v. Chr. erobert **Judas Makkabäus** den Tempel von Jerusalem zurück, 163 v. Chr. unternimmt er Kriegszüge nach Galiläa und in das Ostjordanland, nach Hebron und Ashdod. Aber alle Erfolge scheinen vergeblich, als noch im selben Jahr der Seleukidenfeldherr Lysias mit einer größeren Streitmacht die Aufständischen angreift. Lysias erobert einen Stützpunkt nach dem anderen und hätte schließlich auch Jerusalem eingenommen, wenn ihn nicht innenpolitische Gründe zur Rückkehr nach Antiochia gezwungen hätten. So bietet er Judas Makkabäus den Frieden an und sichert den Judäern sogar freie Ausübung ihrer Religion zu.

Damit hatte man das Hauptziel erreicht, aber Judas will mehr: die politische Unabhängigkeit der Judäer. Wieder kommt es zum Krieg, in dem er zunächst siegreich bleibt. 161 v. Chr. entsendet **Demetrios I. Soter** eine Streitmacht, die den Aufstand endlich niederwerfen soll. In der Entscheidungsschlacht bei Elasa im Norden von Jerusalem fällt Judas, seine Anhänger ziehen sich zurück. Unter der Führung von Judas' Bruder Jonatan überfallen sie gelegentlich kleinere Truppeneinheiten, ohne sich aber auf eine offene Feldschlacht einzulassen. Innere Schwierigkeiten im Seleukidenreich führen zu Verhandlungen, die den Kampf endlich beenden. Jonatan lässt sich in Michmas (12 km nordöstlich von Jerusalem) nieder und übt von hier aus eine provisorische Regierung über Juda aus.

153 v. Chr. erhebt sich ein gewisser **Alexander Balas,** der sich für einen Sohn Antiochos' IV. Epiphanes ausgibt, um an die Macht zu kommen. Demetrios verleiht daraufhin **Jonatan** das inzwischen verwaiste Amt des Hohepriesters in Jerusalem, ja er verschafft ihm sogar

die weltliche Stellung eines Unterkönigs. Trotz aller Zugeständnisse stellt sich Jonatan aber auf die Seite Alexanders. Demetrios fällt im Kampf gegen Alexander (150 v. Chr.), und dieser avanciert zum König der Seleukiden. Als Dank für seine Unterstützung ernennt er Jonatan zum Feldherrn und Teilherrscher im Reich. Als im Jahre 145 v. Chr. **Demetrios II.** im Jahre 145 v. Chr. Alexander Balas vom Thron vertreibt, gewinnt Jonatan durch reiche Geschenke die Gunst auch dieses Königs. Doch dann macht er einen entscheidenden Fehler: Er verbündet sich mit Diodotos Tryphon, der sich gerade anschickt, für Alexander Balas' unmündigen Sohn den Seleukidenthron zu erobern. In dessen Auftrag unterwirft Jonatan ganz Palästina bis zur ägyptischen Grenze. Als jedoch Diodotos Tryphon erkennt, dass Jonatan immer stärker wird, lockt er ihn nach Ptolemais (Akko) und lässt ihn 143 v. Chr. hinrichten.

Jonatans Nachfolge tritt sein Bruder **Simon** an, der sich sofort mit Demetrios II. verbündet, weitgehende Zugeständnisse erhält und für Juda eine gewisse Souveränität erlangt. Sein Staatsgebiet kann er bis an die Mittelmeerküste ausdehnen. Simons Schwiegersohn Ptolemaios ermordet den Herrscher, doch dessen Sohn Johannes reißt die Macht an sich und übernimmt als **Johannes Hyrkan I.** (135–04) alle Ämter und Würden des Vaters. Schon in seinem ersten Herrschaftsjahr gerät er in schwere Bedrängnis, als der Seleukide **Antiochos VII. Sidetes** Juda die Selbstständigkeit nehmen will und Jerusalem belagert. Gleichzeitig erheben sich allerdings wieder einmal die Parther, sodass Antiochos bereit war, den Status von Juda gegen eine erhebliche Zahlung zu bestätigen. Nach Antiochos' Tod (129 v. Chr.) vergrößert Johannes Hyrkan sein Reich durch zahlreiche Feldzüge in das Ostjordanland, den Negev und nach Samarien. 107 v. Chr. erobert er nach einjähriger Belagerung die Stadt Samaria und vernichtet sie. Das Reich Juda ist größer als je zuvor, doch er zieht sich den Hass seines Volkes zu, als er das Grab Davids plündert, um seine Söldnerheere finanzieren zu können.

Die Nachfolge Hyrkans soll seine Gemahlin antreten, aber durch familiäre Intrigen kommt es nicht dazu. Schließlich wird Hyrkans Sohn **Alexander Jannaios** (103–76) der Nachfolger auf dem Thron. Mit wechselndem Erfolg führt er zahlreiche Kriege, bis er ganz Palästina in seinem Reich vereinigt hat. Sogar das mächtige Gaza kann er durch Verrat in seinen Besitz bringen. Besonders zu schaffen machen ihm die Auseinandersetzungen zwischen den beiden Parteien der Schriftgelehrten, den Sadduzäern und den Pharisäern. Als die Pharisäer die Seleukiden um Hilfe bitten, kommt es zum Aufstand, den Alexander nach langem Kampf mit Mühe niederschlagen kann.

Als er 76 v. Chr. stirbt, regiert seine Witwe **Salome Alexandra** (76–67), die ihrem Sohn Hyrkan das Amt des Hohepriesters verleiht. Mit ihrem Tod endet eine neunjährige Periode des Friedens. Ihre Nachfolge tritt **Hyrkan** an, gegen den jedoch sein jüngerer Bruder **Aristobul** opponiert. Dieser besiegt mit seinen Anhängern die Streitkräfte des Königs und zwingt Hyrkan II., die Königswürde an ihn abzutreten.

Aber da ergreift **Antipater,** ein hoher Beamter in Idumäa, die Partei des Verlierers. Mit Hilfe der Nabatäer besiegt er die Truppen **Aristobuls II.** (67–63) und belagert den Usurpator in der Tempelfestung.

Seit 69 v. Chr. sind die Römer damit beschäftigt, das zusammenbrechende Seleukidenreich zu liquidieren. **Pompejus** entsendet seinen Legaten M. Aemilius Scaurus, der in Damaskus von dem Streit der beiden Brüder hört und sofort nach Jerusalem weiterreist. Sowohl Aristobul als auch Hyrkan versuchen, die Römer durch Bestechung auf ihre Seite zu ziehen. Scauros entscheidet sich für Aristobul und zwingt die Nabatäer zum Abzug.

Römerherrschaft

63 v. Chr. kommt Pompejus mit seinen Legionen nach Juda und verlangt von Aristobul die Unterwerfung. Noch während der Verhandlung schickt Pompejus seinen Feldherrn Gabinius nach Jerusalem, um die Tempelfestung einzunehmen. **Hyrkan II.** (63–40) wird als Hohepriester bestätigt, Aristobul dagegen gefangen genommen und nach Rom gebracht. Syrien und Palästina fasst man zur römischen Provinz Syria zusammen. Die hellenistischen Stadtgründungen im nördlichen Ostjordanland bilden den Zehnstädtebund, Samarien und die Küstenstädte unterstehen der Provinzregierung unmittelbar. Dem Hohepriester bleibt noch jenes Herrschaftsgebiet, dessen Bewohner am Jerusalemer Kult teilnehmen; das ist Juda, Galiläa und Peräa (im südlichen Ostjordanland). Nachdem man Hyrkan alle weltliche Macht entzogen hat, wird sein Territorium unter dem Statthalter Gabinius in fünf selbstständige Bezirke gegliedert: Jerusalem, Gazara, Jericho, Amathus (Peräa) und Sepphoris (Galiläa).

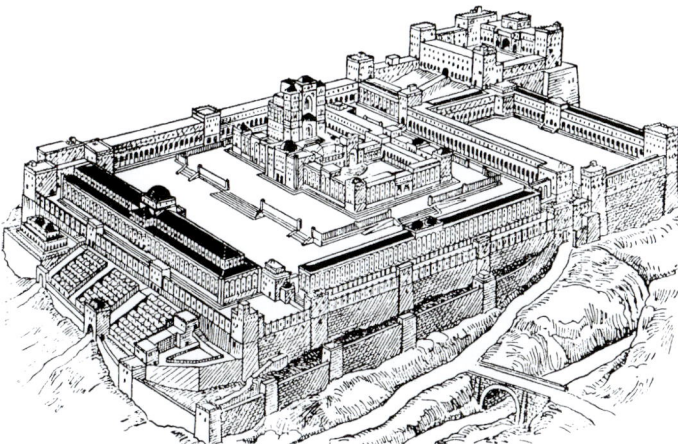

Rekonstruktion des herodianischen Tempels in Jerusalem, ganz hinten die Burg Antonia

Aber Rom ist noch keine fest gefügte Macht; Caesar, Crassus und Pompejus schließen sich zu einem **ersten Triumvirat** zusammen. Und schon beginnt in Palästina das Gerangel um die Herrschaft. Alexander, der ältere Sohn des Aristobul, zieht mit einer Truppe nach Jerusalem, um Hyrkan II. abzusetzen. Gabinius drängt ihn aber in die Burg Alexandreion ab und zwingt ihn zur Übergabe. Dann gelingt es Aristobul und seinem jüngeren Sohn Antigonos, aus Rom zu fliehen und mit einer Truppe nach Jerusalem zu marschieren, wo sie jedoch von Gabinius aufgegriffen und wieder nach Rom zurückgebracht werden. Als sich Gabinius auf einem Feldzug in Ägypten befindet, wiederholt Alexander seinen Marsch auf Jerusalem. Auch diesmal kommen ihm die Römer zuvor und vernichten seine Streitmacht am Tabor.

Im Jahre 54 v. Chr. wird M. Licinius Crassus Statthalter der Provinz Syria. Er plündert das Gebiet, darunter auch die Schätze des Jerusalemer Tempels, kräftig aus, um seinen Krieg gegen die Parther, in dem er schließlich stirbt, zu finanzieren. 49 v. Chr. überschreitet Caesar den Rubikon und vertreibt Pompejus aus Rom, der sich daraufhin in die östliche Hälfte des Reiches zurückzieht. Caesar entlässt Aristobul aus der Haft, damit dieser in Palästina, im Rücken des Rivalen, Unruhe stiften kann. Aber der Plan geht nicht auf, Aristobul wird noch in Rom vergiftet.

48 v. Chr. schlägt Caesar bei Pharsalos (Thessalien) die Truppen des Pompejus, der nach Ägypten flieht und dort ermordet wird. Hyrkan und der hinter ihm stehende Antipater suchen nun schnell die Gunst des siegreichen Caesar zu gewinnen. Als dieser nach Syria kommt, bestätigt er Hyrkan im erblichen Hohepriesteramt und ernennt ihn zum Bundesgenossen Roms, Antipater erhält das römische Bürgerrecht und die Würde des Prokurators über Judäa. Jerusalem wird wieder befestigt, genießt weitgehende Steuerfreiheit. Das Territorium von Judäa erweitert Caesar um Jaffa und einige Gebiete in der Jesreel-Ebene. Antipater macht seinen älteren Sohn Phasael zum Präfekten von Judäa und Peräa, sein jüngerer Sohn **Herodes** erhält Galiläa. 44 v. Chr. wird Caesar von Brutus und Cassius ermordet. Cassius, nun Statthalter von Syria, beutet die Provinz rücksichtslos aus. Antipater ist ihm ein willfähriger Untertan und zieht sich daher die Feindschaft der Jerusalemer zu; 43 v. Chr. wird er vergiftet.

42 v. Chr. besiegen Antonius und Octavian in der Schlacht bei Philippi die Caesarmörder Brutus und Cassius. Antonius erhält den Oberbefehl über das Ostreich und bestätigt Phasael und Herodes in ihren Ämtern. Im selben Jahr überfallen die Parther die römischen Ostprovinzen. Antigonos, Sohn des Aristobul, stellt sich sofort auf die Seite der Invasoren und dringt in Jerusalem ein. Unter dem Vorwand, den Streit schlichten zu wollen, locken die Parther Phasael und den Hohepriester Hyrkan in ihr Hauptquartier nördlich von Akko und nehmen sie dort gefangen. Antigonos setzen sie in Jerusalem als König und Hohepriester ein, dann liefern sie die beiden Gefangenen an ihn aus.

Herodes entkommt mit knapper Not aus Jerusalem und bringt seine Familie auf der Bergfestung Masada in Sicherheit. Er selbst reist auf abenteuerlichen Wegen nach Rom und überzeugt Antonius und Octavian durch reiche Geschenke, dass er der rechtmäßige Nachfolger des Antipater sei. Der Senat ernennt ihn daraufhin zum König von Judäa. Herodes landet in Ptolemaïs (Akko), um sich mit Billigung Roms sein Königreich zu erobern. Bis 38 v. Chr. bringt er ganz Galiläa und Judäa in seinen Besitz, im Jahre darauf nehmen römische Truppen für ihn auch Jerusalem ein. Antigonos wird in Antiochia enthauptet. Herodes ist nun unumstrittener Herrscher. Um seine Stellung zu festigen, lässt er 45 der 71 Mitglieder des Hohen Rates hinrichten und ersetzt sie durch ihm ergebene Ratsherren. Das Amt des Hohepriesters ist nun nicht mehr erblich und auch nicht mehr lebenslänglich, ihm genehme Personen werden mit der Würde betraut.

31 v. Chr. besiegt Octavians Feldherr Agrippa bei Actium (Westgriechenland) die Flotte des Antonius, der sich daraufhin nach Ägypten zurückzieht und – von Feinden bedrängt – dort das Leben nimmt. Da Herodes dem Antonius stets treu ergeben war und ihm auch die Königswürde verdankt, muss er nun die Rache Octavians fürchten. 30 v. Chr. lässt Herodes vorsorglich seinen potentiellen Nebenbuhler, den aus Babylon heimgekehrten Hyrkan, unter einem fadenscheinigen Vorwand hinrichten. Seine Frau Mariamme und deren Mutter Alexandra, eine Tochter Hyrkans, bringt er wegen ihrer Zugehörigkeit zur Familie der Hasmonäer auf die Festung Alexandreion und befiehlt dem Kommandanten, die beiden umzubringen, falls Octavian ihn aburteilen sollte. Dann begibt er sich zu Octavian, der gerade auf Rhodos weilt. Da Octavian in ihm einen verlässlichen Herrscher in dem kritischen Randgebiet seines Imperiums haben würde, bestätigt er ihn in der Königswürde. Außerdem überlässt er ihm die Küstenstädte, ganz Samarien und Gebiete im Ostjordanland mit Ausnahme der Dekapolis.

Als ›verbündeter König‹ untersteht Herodes fortan nicht mehr dem Statthalter von Syria, sondern unmittelbar Octavian, jetzt Kaiser Augustus, bzw. dem römischen Senat. Er braucht keine Abgaben zu leisten, hat dafür aber die Grenze des Imperiums gegen seine östlichen Nachbarn, die Nabatäer, zu verteidigen. Herodes ist ohne Zweifel der größte Baumeister seines Landes. Unter ihm kommt das zerstörte Samaria in hellenistischem Stil zu neuem Glanz; er nennt es nach Kaiser Augustus Sebaste (das griechische Wort für Augustus). An der Küste stampft er die Hafenstadt Caesarea aus dem Boden, er baut in Hebron und in Banyas, vor allem aber in Jerusalem, und lässt eine Reihe modernster Festungen, darunter das mächtige Herodeion, schaffen. Er gründet die Stadt Antipatris und stiftet auch außerhalb des Landes zahlreiche Gymnasien, Theater, Hippodrome, Thermen und Tempel. Herodes ermöglicht seinem Land eine lange Periode des Friedens, aber er herrscht mit brutaler Grausamkeit. Als Freund Roms und Förderer des Kaiserkults macht er sich bei seinen Untertanen verhasst. Das Klima ist vergiftet, jeder vermutet in jedem einen Spitzel

»Wo ist der neugeborene König der Juden? (…) Herodes erschrak und ganz Jerusalem mit ihm.«

Mt 2,3

*Maria und Jesus
(Ikone im Katharinen-
kloster auf dem Sinai,
um 1260)*

des Königs, dem Kaiser nicht treu ergebene Bürger werden umgebracht. Um diese Zeit müssen wohl die ›Weisen aus dem Morgenland‹
auf der Suche nach dem König der Juden gekommen sein.

Nach dem Tod des Herodes (4 v. Chr.) erben seine Söhne das Reich:
Archelaos erhält Judäa mit Idumäa und Samaria, **Herodes Antipas**
bekommt Galiläa und Peräa, und **Philippos** werden die Gebiete Tra-
chonitis, Batanaia und Auranitis zugewiesen. Die Tochter **Salome**
übernimmt Ashdod und Jamnia sowie Phasaelis im Jordangebiet. Den
Königstitel vergibt Augustus nicht. Archelaos erhält den Titel eines
Ethnarchen, Antipas und Philippos den von Tetrarchen.

Der Tod des Königs löst Aufstände aus, die P. Quinctilius Varus,
Statthalter der Provinz Syria, blutig unterdrückt. Archelaos vermag
das Land nicht zur Ruhe zu bringen, und Augustus verbannt ihn im
Jahre 6 n. Chr. nach Gallien. Das Gebiet des Archelaos wird einem
römischen Prokurator unterstellt, der in Caesarea residiert und im
ganzen Lande Truppen stationiert, auch in der Burg Antonia. 26–36
ist Pontius Pilatus Prokurator von Judäa.

Herodes Antipas regiert bis zum Jahre 39. Hauptstadt seines Herr-
schaftsgebietes ist seit dem Jahre 20 das von ihm gegründete und
prachtvoll ausgestattete Tiberias am See Gennesaret. Seine zweite
Frau, seine Stiefschwester Herodias, bringt aus ihrer früheren Ehe
eine Tochter namens Salome mit – jene Salome, die nach Mt 14,8 das
Haupt Johannes des Täufers verlangt. Historisch erwiesen ist nur, dass
Antipas den unbequemen Bußprediger Johannes verhaften und
schließlich auch hinrichten lässt.

Der dritte Sohn Philippos hat sich seine Residenz am Südwestfuß
des Hermon geschaffen und ihr den Namen Caesarea Philippi gege-
ben. Als er kinderlos stirbt, fällt sein Gebiet an die römische Provinz
Syria. Kaiser **Caligula** erhebt einen in Rom lebenden Enkel des He-
rodes, **Herodes Agrippa,** zum König und überträgt ihm das Gebiet
des Philippos. Daraufhin überredet die ehrgeizige Herodias ihren
Mann, vom römischen Kaiser ebenfalls den Königstitel zu erbitten.
Caligula lehnt ab und verbannt Herodes Antipas 39, wie zuvor schon
Archelaos, nach Gallien. Herodes Agrippa bekommt nun auch das
Territorium des Antipas, also Galiläa und Peräa, zugewiesen.

Caligula lässt sich als Gott verehren und befiehlt, in allen Heiligtümern des Imperiums sein Bild aufzustellen. Die Juden weigern sich,
den Jerusalemer Tempel auf diese Weise zu entweihen, woraufhin Petronius, der Statthalter von Syria, den kaiserlichen Willen durchsetzen soll. Seinen Truppen stellt sich jedoch eine riesige Menschen-
menge entgegen. Petronius bittet den Kaiser daraufhin um Aufschub,
was Caligula verweigert, woraufhin der Statthalter seine Soldaten auf
eigene Verantwortung wieder zurückbeordert. Auch Agrippa bittet
den Kaiser um Aufhebung des Befehls und zieht sich so dessen Zorn
zu. Bevor Caligula jedoch Strafmaßnahmen durchführen kann, wird
er von seiner Leibgarde ermordet. **Claudius,** der Anführer der Ver-
schwörer, nimmt 41 den Purpur und dankt Agrippa, der an dem Kom-
plott offensichtlich teilgenommen hat, durch Zuweisung von Judäa
mit Idumäa und Samaria. Das Reich Herodes' des Großen ist somit
bis auf die südlichen Küstenstädte wieder vereint. Agrippa fördert die
Jerusalemer Gemeinde und hält in Caesarea prunkvolle Spiele römischen Stils ab; im Jahre 44 stirbt er. Danach unterstellt Claudius das
Land als Provinz Judäa römischen Prokuratoren, die in Caesarea residieren.

Schon bald, nachdem Archelaos abgesetzt worden ist und Prokuratoren das Land beherrschen, haben sich einige Juden zusammengeschlossen, um die Römer abzuschütteln. Diese Männer nennen sich
Zeloten (aus dem Griechischen, ›Eiferer‹). Sie verüben zunächst nur
kleinere Überfälle auf die römische Besatzungsmacht, wachsen aber
schließlich zu einer großen Bewegung, als **Nero** (54–68) immer bru-
talere und korruptere Prokuratoren in Caesarea einsetzt. Im Mai 66
bricht in Jerusalem der Aufstand aus, der erste Jüdische Krieg gegen
Rom. An seiner Spitze steht Eleasar, ein Sohn des Hohepriesters. Die
Zeloten haben bald ganz Jerusalem in der Hand, und auch in anderen Städten vertreiben sie die Besatzer.

Im Herbst 66 trifft der Statthalter C. Cestius Gallus mit einer Legion vor Jerusalem ein, um den Aufstand niederzuwerfen. Die Truppen besetzen die Stadt, können aber nicht den stark befestigten Tempelberg erstürmen. Auf dem Rückmarsch nach Antiochia gerät die Legion in einen Hinterhalt, dem sie nur unter größten Verlusten entkommen kann. Die Aufständischen jubeln. Nero beauftragt daraufhin seinen Feldherrn T. Flavius Vespasian mit der Niederwerfung der Revolte. Vespasian rückt von Antiochia aus vor, sein Sohn Titus von Ägypten. In Ptolemaïs (Akko) vereinigen sich die drei römischen Legionen und die zahlreichen Hilfstruppen, etwa 60 000 Mann, und marschieren im Sommer 67 nach Galiläa, um zuerst die stärkste Festung dieses Landesteiles, Jotapata (heute Yodefat) einzunehmen. Die Verteidigung dieses Bollwerks leitet Josef ben Mattatias, ein dreißigjähriger Priester und Oberbefehlshaber der Aufständischen in Galiläa, der später als Flavius Josephus der größte jüdische Historiker seiner Zeit wird.

47 Tage brauchen die Römer, um Jotapata zu erobern. Sie töten alle Männer und verschleppen Frauen und Kinder in die Sklaverei. Vespasian lässt die Befestigungswerke schleifen und die Stadt in Schutt und Asche legen. Josephus versteckt sich in einer Höhle und ergibt sich schließlich den Römern, nachdem sie ihm sein Leben zugesichert hatten. Als er erfährt, dass man ihn zu Nero schicken will (was seinen sicheren Tod bedeutet hätte), prophezeit er Vespasian, dass dieser bald Kaiser werden wird. Der Feldherr glaubt daran und behält Josephus in seinem Gewahrsam.

Noch im selben Jahr erobert **Vespasian** die Stadt Tiberias, ganz Galiläa und die übrigen aufständischen Gebiete bis auf Jerusalem. Bei den Vorbereitungen zum Angriff auf die Stadt erreicht ihn die Nachricht, dass Nero abgesetzt worden ist und Selbstmord begangen hat; zunächst wartet er die weitere Entwicklung ab. Nach einigen glücklosen anderen Kandidaten rufen die syrischen Legionen schließlich Vespasian zum Kaiser aus und marschieren nach Rom. Vespasian gründet das flavische Kaiserhaus – die Prophezeiung des Josephus hat sich erfüllt. Er bekommt das römische Bürgerrecht und lebt im kaiserlichen Palast in Rom. Hier entstehen die berühmten Werke »Der Jüdische Krieg« und »Jüdische Altertümer«.

Im Frühjahr 70 eröffnet Vespasians Sohn Titus den Angriff auf Jerusalem. Im Herbst geht der Tempel in Flammen auf, Jerusalem gleicht einem Trümmerhaufen. Auch die Zeloten in den Festungen können sich nicht retten. Das Herodeion fällt zuerst, dann ergibt sich die Besatzung von Machaerus östlich des Toten Meeres. Masada aber können die Römer erst im Jahre 73 bezwingen. Vespasian macht Judäa zur kaiserlichen Provinz. Sein Statthalter, zugleich Kommandeur der X. Legion, residiert in Caesarea. Mit der Zerstörung des Jerusalemer Tempels haben die Juden ihr religiöses Zentrum verloren. So konstituiert sich in der Stadt Jamnia (heute Yavne, 20 km südlich von Tel Aviv) ein neuer oberster Rat, der sich aus 72 pharisäischen Schriftgelehrten zusammensetzt. Dieser hohe Rat legt das jüdische Gesetz aus und fällt

Die Menora des herodianischen Tempels als Kriegsbeute (Titusbogen in Rom)

gelegentlich auch Urteile. Jamnia entwickelt sich zum Zentrum jüdischer Gelehrsamkeit, zum geistigen Mittelpunkt der Juden in aller Welt.

Über die Jahrzehnte bis zur Regierung des Kaisers **Hadrian** (117–38) wissen wir nur wenig. 130 besucht Hadrian Judäa, möglicherweise auch Jerusalem. Er gibt jedenfalls Anweisung, die Stadt wieder aufzubauen und lässt an der Stelle des jüdischen Tempels ein Jupiter-Heiligtum errichten. Die Unterdrückung durch die Römer, die Entweihung des Tempelberges und das Verbot der Beschneidung, das einen Eingriff in alte jüdische Traditionen bedeutet, führen im Jahre 132 zum zweiten Jüdischen Krieg, dem Bar Kochba-Aufstand. Anführer war ein Mann namens Simeon mit dem Ehrennamen **Bar Kochba** (›Sternensohn‹). Die Aufständischen bemächtigen sich der Stadt Jerusalem und befreien von hier aus ganz Judäa, dem sie den Namen Israel geben. Sie prägen eigene Münzen mit hebräischer Aufschrift und führen eine neue Zeitrechnung ein. Die Römer werden der Situation im Lande nicht Herr, da Bar Kochba jeder offenen Schlacht ausweicht und sich auf eine Guerillataktik beschränkt. Hadrian beauftragt seinen Feldherrn Julius Severus mit der Niederwerfung des Aufstandes. Auch Severus vermeidet jede größere Auseinandersetzung und erobert die zahllosen Stützpunkte der Juden durch Einkesseln und Aushungern. 135 fällt der letzte Stützpunkt beim heutigen Ort Battir westlich von Betlehem. Simeon Bar Kochba kommt dabei ums Leben.

Israel ist wieder einmal verwüstet. Die gefangenen Aufständischen werden in Hebron, Gaza oder auf den Märkten Ägyptens als Sklaven verkauft. Judäa wird als Palaestina römische Provinz, Jerusalem zur Colonia Aelia Capitolina, die kein Jude betreten darf. Die rund 200 Jahre von 135 bis 324 zählen seltsamerweise zu den friedlichsten in

Cima de Conegliano, »Konstantin und Helena mit dem Kreuz« (1502)

der Geschichte des Heiligen Landes. Überall wird gebaut: Städte mit römischen Tempeln, Theatern, Thermen und Hippodromen entstehen, gepflasterte Straßen verbinden die Landesteile, Brücken überspannen Flüsse, kilometerlange Aquädukte leiten Trinkwasser in die Städte.

Unter Kaiser **Antonius Pius** (138–61) dürfen die Juden wieder ungestört ihre Religion ausüben und in den jüdischen Siedlungen die Verwaltung übernehmen und Recht sprechen. In dieser Zeit entstehen in vielen Orten, vor allem in Galiläa, Synagogen, Stätten der Andacht und des Studiums der jüdischen Lehre.

Byzantinerherrschaft

Ab 324 regiert Kaiser **Konstantin der Große** als Alleinherrscher über das Imperium Romanum. Nach dem Konzil von Nicaea – der Kaiser favorisiert das Christentum – lassen er und seine Mutter Helena die Wirkungsstätten Jesu mit herrlichen Kirchen versehen, Palästina wird zum Heiligen Land. Der nächste Förderer christlich-sakraler Baukunst ist Kaiser **Justinian** (527–65). Die wachsenden Pilgerströme schaffen eine Nachfrage nach vielerlei Waren, was den Bewohnern zu einem gewissen Wohlstand verhilft. Die Landwirtschaft wird intensiviert, christliche Orden bauen Klöster, Herbergen und Hospitäler. Auch die Juden, die nun die Minderheit im Heiligen Land bilden, profitieren von der langen Periode des Friedens und des Wohlstandes.

Im Jahre 529 erheben sich die Samariter gegen die Herrschaft des Justinian und zerstören zahlreiche Kirchen, zumeist solche der konstantinischen Epoche. Der Pestepidemie von 541/42, die sich von Ägypten über Palästina und Syrien bis Konstantinopel ausbreitet, fällt ein großer Teil der Bevölkerung zum Opfer.

614 dringen die Perser in Palästina ein und besetzen mit jüdischer Hilfe Jerusalem, wo sämtliche Kirchen in Flammen aufgehen. Nach ihrem Abzug im Jahre 627 bleiben für den Wiederaufbau der Kirchen und Klöster nur noch wenige Jahre: Jerusalem fällt 638 nach einjähriger Belagerung, und ein Jahr später haben die muslimischen Araber ganz Palästina besetzt.

Arabische Zeit

Der Kalif **Omar I.** (634–44) erobert die ganze Arabische Halbinsel, Syrien, das Zweistromland, große Teile Persiens und Ägyptens. Als Gründer des islamischen Weltreiches und tolerant wie auch die meisten seiner Nachfolger, gewährt Omar jedem Christen und Juden, der seine Herrschaft anerkennt und die Kopfsteuer zahlt, die Sicherheit seines Eigentums und Religionsfreiheit. Die meisten Christen sind über den Siegeszug des Islam nicht unglücklich, hat er doch die inneren Glaubenskämpfe beendet und die Abgaben verringert. Der Handel blüht, die Kirchen bleiben unangetastet.

Nach der Ermordung Omars (644) beginnt das Reich unter seinen schwächeren Nachfolgern zu zerfallen, religiöse Differenzen spalten den Islam in drei Richtungen (Sunniten, Schiiten und Charidschiten). Zur Ruhe kommt Palästina erst wieder, als Kalif Muawija I., Widersacher des Schiitenführers Ali, 660 die Dynastie der Omajjaden gründet. Von Damaskus aus herrscht er mit fester Hand über sein gewaltiges Reich. Er belagert Konstantinopel, bis sich die byzantinische Hauptstadt 678 gezwungen sieht, Tribut zu zahlen. Bis zum Jahre 700 bringt der Kalif **Abd el-Malik,** der Erbauer des Felsendomes, das ganze ehemals römische Nordafrika in seinen Besitz. Den Höhepunkt ihrer Machtentfaltung erreicht die Omajjaden-Dynastie unter **Walid I.** (705–15), der Spanien unterwirft und im Osten bis zum Indus vorstößt. 712 gründet der Statthalter Suleiman südöstlich des heutigen Tel Aviv die Stadt Ramla als Verwaltungshauptstadt der Provinz. In Palästina treten Walid I. und der später regierende **Hischam** (724–43) mit ihren märchenhaften ›Winterpalästen‹ in Erscheinung.

750 lösen die Abbasiden die Dynastie der Omajjaden ab. Sie residieren in Bagdad und lassen Paläste und Ländereien in Palästina verkommen. Das Herrscherhaus kann sich nicht lange halten, es zerfällt in lokale Dynastien, die allerdings die Oberhoheit der Kalifen vorerst noch formell anerkennen.

»Die Bestattung«
(Arabische Buch-
malerei, 1237)

43

905 setzen sich in Ägypten die schiitischen Fatimiden, die zu einer ernsten Bedrohung der Abbasiden werden, als sie ihre Herrschaft auf Palästina und Syrien ausdehnen können, durch. Die Byzantiner gehen nun erstmals wieder in die Offensive. 969 dringt der Feldherr und spätere Kaiser Nikephoros Phokas bis Syrien vor und nimmt das christliche Antiochia ein. Nach seiner Ermordung setzt sein Vetter Johannes, inzwischen Kaiser in Konstantinopel, die Angriffe fort und marschiert 975 in Palästina ein, erobert Galiläa und fast alle Küstenstädte, bricht den Feldzug aber ab, ohne Jerusalem für das byzantinische Reich eingenommen zu haben. Bald darauf stirbt der Kaiser. Sein Nachfolger **Basilios II.** schließt im Jahre 1001 einen Waffenstillstand mit den Fatimiden. Deren Kalif **Hakim** (996–1021) beschlagnahmt kirchliches Eigentum, lässt Kirchen niederbrennen, um darüber Moscheen zu errichten, und zwingt die Christen, zum Islam überzutreten. Als Hakim durch seinen persischen Vertrauten Darazi verbreiten lässt, er sei göttlichen Ursprungs, greifen ihn seine Glaubensbrüder öffentlich an. Daraufhin verbietet er das Ramadanfasten und die Pilgerfahrt nach Mekka. 1017 gewährt er den Christen wieder volle Religionsfreiheit und gibt ihnen den beschlagnahmten Grundbesitz zurück. Darazi verlässt nun den Kalifen und gründet im Libanon die Glaubensgemeinschaft der Drusen. Hakim wird 1021 ermordet.

Um die Mitte des 11. Jh. hat sich die Lage der Christen erheblich gebessert, ja, sie ist günstiger als je zuvor. Der Handel mit Konstantinopel und den italienischen Städten blüht, das Mittelmeer wird wieder von christlichen Schiffen beherrscht, der Pilgerstrom, vor allem aus Frankreich, schwillt gewaltig an. In Süditalien verdrängen inzwischen die Normannen die Byzantiner aus ihren letzten Bastionen, auf Sizilien lösen sie die islamischen Herrscher ab. Im Osten fallen Turkvölker nach Persien ein, schaffen ein starkes Reich und bedrängen die Byzantiner. Der Ost-West-Handel, der zuvor über Konstantinopel gelaufen war, verlagert sich dadurch nach Süden; die Waren aus Asien gelangen nun durch das Rote Meer und über Alexandria nach Italien. Nach dem Tod der byzantinischen Kaiserin Theodora im Jahre 1056 kommt es zu erheblichen inneren Wirren, die zum schnellen Zerfall des Reiches von Konstantinopel führen. Die Türken erobern Armenien und treiben damit einen gefährlichen Keil in die byzantinischen Besitzungen. Die Byzantiner, von einer langen Periode des Friedens und Reichtums verwöhnt, stellen mühsam ein Heer auf, das 1071 in der Schlacht von Mantzikert vernichtend geschlagen wird.

Im selben Jahr nehmen türkische Seldschuken unter **Atsiz ibn Abaq** Jerusalem kampflos ein und besetzen ganz Palästina. 1079 lässt der Seldschukenfürst **Tutusch** ihn ermorden und übernimmt ein Gebiet, das sich von Aleppo bis an die Grenzen Ägyptens erstreckt. Mit seinem Tod (1095) beginnt das Reich zu zerfallen: Jeder bekämpft jeden, fast jede Stadt hat ihren eigenen Herrscher, und aus Ägypten drängen die Fatimiden heran. Christliche Pilger werden überfallen und ermordet – Wallfahrten sind kaum noch möglich.

Zeit der Kreuzzüge

Erster Kreuzzug

Am 27. November 1095 hält Papst Urban II. auf dem Konzil zu Clermont jene denkwürdige Rede, die die Christen zur Befreiung des Heiligen Landes aufruft. Der byzantinische Kaiser **Alexios Komnenos** begrüßt diese Idee, sieht er in ihr doch die einzige Möglichkeit, das reiche Antiochia und die Wege dorthin wieder unter seine Kontrolle zu bringen. Entsprechend lässt er entlang der voraussichtlichen Marschroute der Kreuzfahrerheere riesige Vorratslager anlegen, vorsichtshalber aber auch mächtige Militäraufgebote postieren.

Die erste Kolonne von rund 20 000 Männern, Frauen und Kindern bricht schon im Frühjahr 1096 auf. Auf dem Marsch durch den byzantinischen Balkan kommt es trotz aller Vorkehrungen zu erheblichen Plünderungen und Verwüstungen. Alexios ist froh, als das Heer endlich über den Bosporus setzt. Bei Nicaea gerät es in einen Hinterhalt und wird vollständig vernichtet. Weitere ungeordnete Heerhaufen folgen. Als auch sie im Balkan zu plündern und zu morden beginnen, greift der Kaiser die Kreuzfahrer an und treibt sie zurück. Dann kommen die ersten großen und gut ausgerüsteten Heere: Gottfried von Bouillon, Herzog von Niederlothringen, und sein Bruder Balduin mit lothringischen und wallonischen Truppen, Bohemund von Tarent und sein Neffe Tankred mit ihren gefürchteten Normannen, Raimund IV. von Toulouse mit provenzalischen Rittern und Fußtruppen. Mit diplomatischem Geschick bringt Alexios sie dazu, ihm den Treueid zu leisten und ihn als obersten Herrscher über alle Länder anzuerkennen, die sie erobern würden. Zuletzt trifft der vierte große Kreuzfahrertrupp aus Flandern in Konstantinopel ein. Alle vier Heere mögen zusammen etwa 80 000 Mann stark gewesen sein. Nach langem, ergebnislosem Streit über die Führung ziehen sie durch Kleinasien weiter.

Als erstes wird das christlich-armenische Edessa am Euphrat erobert. Damit verschafft Balduin sich ein eigenes Fürstentum, das zugleich ein Bollwerk gegen Angriffe auf das Heilige Land darstellt. Bohemund gewinnt im Juni 1098 durch Verrat die alte hellenistische Metropole Antiochia, die er – ungeachtet seines Lehenseides – seiner Herrschaft unterstellt. Im Januar 1099 setzen die übrigen Heere, schon stark geschwächt, ihren Zug nach Jerusalem fort. Die Kreuzfahrer ziehen die Küste entlang: Am 14. Juli erstürmen sie die von fatimidischen Truppen verteidigte Heilige Stadt, das Ziel des Kreuzzuges ist erreicht. Die Fürsten beschließen, **Gottfried von Bouillon** zum König von Jerusalem zu krönen, aber Gottfried will nicht in der Stadt König sein, in der Christus gelitten hat – er begnügt sich mit dem Titel ›Beschützer des Heiligen Grabes‹. Im Sommer kommt es in der Ebene von Ashdod zum lange erwarteten Zusammenstoß zwischen den Kreuzfahrern und den ägyptischen Fatimiden: Die Christen können die völlig überraschten Truppen des Wesirs el-Afdal überrumpeln und in die Flucht schlagen.

Papst Urban II. ruft zum Kreuzzug auf

»Das gottlose Volk der Sarazenen bedrückt die heiligen Stätten (…) mit seiner Tyrannei. Bewaffnet euch mit dem Eifer Gottes, liebe Brüder, gürtet eure Schwerter an eure Seiten, (…) seid Söhne des Gewaltigen. Besser ist es, im Kampf zu sterben, als unser Volk und die Heiligen leiden zu sehen.«

Gottfried von Bouillon mit seinem Heer auf dem Ersten Kreuzzug ins Heilige Land (nach einem zeitgenössischen Holzschnitt)

Noch im selben Monat nimmt **Tankred** Galiläa in Besitz und vertreibt die dort lebenden Muslime. Gottfried ist nun mit seinem kleinen Restheer von 300 Rittern und 2000 Mann Fußvolk auf sich allein gestellt. Die stark befestigten Küstenstädte befinden sich weiterhin in der Hand der Fatimiden. Lediglich Jaffa haben sie den Kreuzfahrern kampflos überlassen, die starke feindliche Flotte macht den Ort allerdings für die Christen praktisch wertlos. Um Nachschub an Truppen und Material zu erhalten, muss sich Gottfried also den Häfen zuwenden. Da sein Heer zu schwach ist, sie zu belagern, verwüstet er ihr Hinterland und blockiert jede Landverbindung. Gleichzeitig durchbrechen Schiffe aus Italien die fatimidische Blockade. Im Juli 1100 stirbt Gottfried von Bouillon. Sein Bruder Balduin aus Edessa soll die Nachfolge antreten. Von der Jerusalemer Bevölkerung wird er mit Jubel begrüßt und am Weihnachtstag des Jahres 1100 in der Geburtskirche zu Betlehem feierlich zum König von Jerusalem gekrönt.

Königreich Jerusalem

Nachdem die Kunde von der ›Befreiung‹ Jerusalems in Westeuropa eingetroffen ist, brechen weitere Heere gen Osten auf. Alle drei Züge des Jahres 1101 werden jedoch bereits in Kleinasien aufgerieben: Der einzige Weg nach Jerusalem führt übers Meer, was die italienischen Städte zu ihrem Vorteil nutzen. Im Frühjahr 1101 trifft vor Jaffa eine große genuesische Flotte ein, mit der sich König Balduin zusammentut, um endlich die islamischen Küstenstädte zu erobern. Obwohl er zahlenmäßig unterlegen ist, gelingt ihm dies. Im folgenden Jahr verlässt ihn allerdings das Kriegsglück und die Christen werden vernichtend geschlagen. **Balduin,** der dem Gemetzel mit Mühe und Not entkommt, organisiert in Jaffa den weiteren Widerstand, für einen Gegenangriff sind seine Truppen jedoch zu schwach. Durch eine zufällig eintreffende Flotte von 200 englischen Schiffen mit Pilgern und Soldaten aus England, Frankreich und Deutschland kann er nun den Angriff wagen und überrumpelt die Fatimiden, die sich in heilloser Flucht nach Askalon retten. 1104 erobert Balduin mit Unterstützung der genuesischen Flotte die Hafenstadt Akko, den wetterunabhängigsten Hafen Palästinas, der nun zum Hauptumschlagsplatz für den Warenverkehr zwischen Damaskus und dem Westen avanciert. Auch ein weiterer Angriff der Fatimiden im folgenden Jahr wird abgewehrt.

1118 stirbt Balduin und wird in der Grabeskirche von Jerusalem an der Seite seines Bruders Gottfried beigesetzt. Zum Nachfolger bestimmt man seinen Vetter Balduin von Le Bourg, **Balduin II.** Zur gleichen Zeit bilden sich die ersten Ritterorden. Aus einem Hospiz zur Betreuung armer Pilger, das Bürger der italienischen Stadt Amalfi im Jahre 1070 in Jerusalem gegründet haben, entsteht der Orden der Hospitaliter. Seine Ritter legen die klösterlichen Gelübde ab und machen es sich zur Aufgabe, die Pilgerstraßen und Handelswege offenzuhalten. Ein anderer Orden hat seinen Sitz in der Aqsa-Moschee auf dem Jerusalemer Tempelberg und erhält daher den Namen Templerorden.

Diese beiden religiös-militärischen Orden sind unmittelbar dem Papst unterstellt und erhalten vom König und seinen Vasallen reiche Zuwendungen.

1131 stirbt Balduin II., bis 1143 regiert sein Schwiegersohn, Graf Foulques V. von Anjou, danach dessen Witwe Melisende und ihr minderjähriger Sohn Balduin III.

Zweiter Kreuzzug

1144 fällt Edessa. Diese Nachricht und ein Bittschreiben der Königin Melisende an den Papst führen zum Zweiten Kreuzzug. Der Zisterzienserabt und Kirchenlehrer **Bernhard von Clairvaux** (1091–1153) begeistert das Volk durch mitreißende Predigten für die Kreuzzugsidee und gewinnt auch den französischen Herrscher Ludwig VII. und den deutschen König **Konrad III.** 1147 bricht Konrad auf, und nach einem geglückten Beginn werden die Kreuzfahrer von den Seldschuken gezwungen, in Nicaea auf französische Verstärkung zu warten. Die deutschen Kreuzfahrer ziehen mit Ludwig VII. durch Kleinasien und erreichen im Frühjahr 1148 Palästina. In Akko entschließen sich Konrad, Ludwig, Melisende und ihr Sohn **Balduin III.**, zunächst Damaskus zu erobern. Während der Belagerung nähert sich jedoch ein großes türkisches Heer, vor dem die Kreuzfahrer – nun völlig aufgelöst – in Panik nach Galiläa fliehen. Der Zweite Kreuzzug ist ein völliger Fehlschlag, er hat dem militärischen Ruf der Franken unendlich geschadet und den Zusammenschluss der Muslime herbeigeführt.

1153 gelingt es Balduin III. endlich, das mächtige Askalon, den Ausgangspunkt für alle fatimidischen Feldzüge nach Palästina, zu erobern. Inzwischen hat **Nur ed-Din**, der Emir von Aleppo, das gesamte Gebiet von Edessa im Norden bis zum Ostjordanland im Süden unter seiner Herrschaft vereint, 1154 bringt er auch Damaskus in seinen Besitz. Mit den Franken handelt Nur ed-Din einen Waffenstillstand aus, der ihm freie Hand für weitere Kriegszüge gegen seine muslimischen Nachbarn lässt. 1162 stirbt Balduin III. in Beirut; die Nachfolge tritt sein Bruder Amalrich an.

Saladins Aufstieg

1169 reißt der kurdische Feldherr Nur ed-Dins, Schirkuh, die Herrschaft über Ägypten an sich und erhält den Titel eines Wesirs. Wenige Wochen danach stirbt er und überlässt die Würde seinem Neffen **Saladin.** Mit ihm wächst im Süden eine neue Macht heran. Nach dem Tod des Kalifen el-Adid gründet er die nach seinem Vater benannte Dynastie der Ajjubiden. Als Nur ed-Din in Damaskus stirbt, reißt Saladin die Macht an sich und herrscht fortan als Sultan über Ägypten und Syrien. Es folgen einige ruhige Jahre, in denen er seine Stellung festigt, aber dann erobert er, bis auf das Königreich Jerusalem, auch Palästina. Sein Territorium erstreckt sich vom Tigris bis zur Cyrenaica, seine Hauptstadt ist Damaskus.

Saladin erobert im Jahre 1187 Jerusalem (Französische Buchmalerei, um 1400)

1185 stirbt **Balduin IV.,** der Sohn Amalrichs. Eine Missernte zwingt die Franken, mit Saladin einen vierjährigen Waffenstillstand zu vereinbaren. Saladin kommt dieses Abkommen sehr gelegen, hat er doch wieder Streitigkeiten mit seinen Nachbarn auszufechten. **Balduin V.,** des verstorbenen Königs achtjähriger Neffe, stirbt bereits ein Jahr nach seiner Krönung. Daraufhin werden Sybille, Amalrichs Tochter, und ihr Gemahl Guido von Lusignan gekrönt. Die meisten Barone stellen sich allerdings gegen diese Wahl, und so ist das Königreich zerrissen. 1186 überfällt **Rainald von Châtillon,** Herr über das Ostjordanland, eine riesige Karawane, die schwer beladen durch sein Gebiet zieht. Saladin fordert Schadenersatz und die Freilassung der Gefangenen. Rainald lehnt ab. Daraufhin stellt Saladin ein Heer auf, das größer ist als alle, die er bisher befehligt hatte. An der Südspitze des See Gennesaret überschreitet er am 1. Juli 1187 den Jordan und nimmt nach nur einstündigem Kampf die Stadt Tiberias. Bei den Hörnern von Hattin kommt es am 4. Juli 1187 zu jener Schlacht, die den Untergang des christlichen Königreiches Jerusalem zur Folge hat. Guido und die Barone werden gefangen genommen. Saladin erobert innerhalb weniger Monate alle Burgen und Städte, am 2. Oktober 1187 schließlich auch Jerusalem. Er gewährt den christlichen Einwohnern freien Abzug und schont die Kirchen; schon wenige Tage nach der Einnahme der Stadt dürfen Pilger die Grabeskirche wieder besuchen.

Dritter Kreuzzug

Als die Nachricht von Saladins Siegen nach Westeuropa gelangt, beschließen Kaiser **Friedrich I. Barbarossa** sowie die Könige **Philipp**

August von Frankreich und **Richard Löwenherz** von England, einen neuen, den Dritten Kreuzzug zu beginnen. Der fast 70-jährige Friedrich Barbarossa bricht im Frühjahr 1189 mit dem größten Kreuzfahrerheer, das jemals durch den Balkan gezogen war, auf. Der Zug durchquert rasch Kleinasien und befindet sich unmittelbar vor Seleukia, als der Kaiser beim Überqueren des Flusses Kalykadnos ertrinkt. Mit seinem Tod zerfällt das Heer.

Philipp und Richard haben sich 1190 mit ihren Heeren eingeschifft, Philipp in Genua und Richard in Marseille. Nach einem Intermezzo auf Sizilien setzen die beiden Könige im Frühjahr 1191 ihren Kreuzzug fort. Philipp landet in Tyros und zieht nach Akko, das der inzwischen freigelassene König Guido belagert. Richards Flotte wird in einem schweren Sturm nach Zypern, das mit Saladin verbündet ist, verschlagen. Er erobert die Insel, und im Juni trifft er auch in Akko ein.

Am 12. Juli 1191 ergibt sich Akko, und König Philipp kehrt sofort nach Frankreich heim, während Richard versucht, Jerusalem zu erobern. Er zieht über Haifa und Caesarea bis Arsuf, wo ihn Saladins Heer erwartet. Die Schlacht endet mit einem Sieg der Christen, aber Saladin gelingt es, seine Truppen schnell wieder zu ordnen. Das Kreuzfahrerheer marschiert weiter nach Jaffa und befestigt es, im Winter wird Askalon wieder aufgebaut. Nach langem Streit, wer König von Jerusalem werden solle (obwohl es noch gar nicht erobert ist), sammelt man sich für den Sturm auf die Heilige Stadt. Saladin stößt seinerseits zur Küste vor und nimmt Jaffa. Richard gelingt es zwar, die Stadt zurückzuerobern, aber die Chancen für einen erfolgreichen Zug ins Landesinnere werden damit immer geringer. Als sich Saladin bereit erklärt, den Christen die Küstenstädte mit Ausnahme des strategisch wichtigen Askalon zu überlassen und ihnen freien Zugang zu den heiligen Stätten zu gewähren, unterzeichnet Richard Löwenherz am 2. September 1192 den Friedensvertrag. Damit ist der Dritte Kreuzzug beendet. Im folgenden Jahre stirbt Saladin. Zu dieser Zeit richten Kaufleute aus Bremen und Lübeck in Akko ein Hospiz für Pilger ein. Nach Ende des Unternehmens beschließen deutsche Ritter, diesem Hospiz zu dienen und gründen einen Ritterorden, der 1198 vom König und vom Papst anerkannt wird, der Deutschritterorden.

Expedition Friedrichs II.

Das palästinensische Königreich der Franken lebt in den folgenden Jahrzehnten im Frieden, denn Sultan el-Adil hat Mühe, das riesige Territorium seines Vaters Saladin zusammenzuhalten. Im Jahre 1210 werden der Ritter **Johann von Brienne** und seine Gemahlin **Maria von Montferrat** in Tyros gekrönt. Johann regiert nach besten Kräften und hält sich an den Waffenstillstand mit den Muslimen, zumal der rege Handelsverkehr mit ihnen seine Haupteinnahmequelle darstellt. 1225 verheiratet er seine Tochter Jolande mit Kaiser **Friedrich II.,** der in Rom weilt. In Tyros wird die vierzehnjährige Kaiserin daraufhin zur Königin von Jerusalem gekrönt.

Friedrich II. hat 1220 auf Drängen des Papstes Honorius gelobt, einen Kreuzzug in das Heilige Land zu führen, aber er findet immer neue Gründe, das Unternehmen zu verschieben. 1227 schifft er sich endlich mit einem großen Heer in Brindisi ein, verlässt aber nach einer Erkrankung die Flotte wieder. Der neue Papst Gregor IX. verhängt daraufhin den Kirchenbann über ihn. 1228 stirbt Jolande, und Friedrich segelt nach Osten; im Herbst trifft er in Akko ein, wo es die Barone, die Tempelritter und die Hospitaliter ablehnen, mit einem Exkommunizierten zusammenzuarbeiten. Nur sein Freund Hermann von Salza, Großmeister des **Deutschritterordens,** steht auf seiner Seite. Friedrich muss sich also auf sein diplomatisches Geschick verlassen. Die Muslime sind untereinander zerstritten, und so gelingt es dem Kaiser 1229 nach langen Verhandlungen mit Sultan el-Malik el-Kamil, einen zehnjährigen Friedensvertrag, durch den Jerusalem und Betlehem mit einem Korridor nach Jaffa, Nazaret und das westliche Galiläa einschließlich Montfort und Toron sowie Sidon zum Königreich kamen, abzuschließen. Friedrich II. hat damit Jerusalem und die heiligen Stätten kampflos zurückerobert. Doch die Kirche und die Barone werfen dem Kaiser vor, nicht das ganze Palästina gewonnen zu haben, und Gregor IX. erhält seinen Bann aufrecht. Am 17. März 1229 zieht Friedrich II. mit seinen italienischen Truppen und mit den deutschen Ordensrittern in Jerusalem ein. In der Grabeskirche setzt er sich selbst die Krone des Königs von Jerusalem aufs Haupt. Als er erfährt, dass inzwischen sein Schwiegervater Johann von Brienne an der Spitze eines päpstlichen Heeres in seine italienischen Territorien eingefallen ist, macht er sich auf den Heimweg. Er hinterlässt ein Königreich ohne sichere Grenzen und feste Verwaltung. Die Straße von Jerusalem nach Jaffa ist ständigen Überfällen ausgesetzt, Jerusalem eine offene Stadt, Galiläa von Nablus, Zefat und Banyas aus bedroht.

Ende des Kreuzfahrerreiches

1243 gelingt es den **Tempelrittern,** durch geschickte Verhandlungen mit den entzweiten muslimischen Fürsten Ismail von Damaskus und **Ajjub** von Ägypten den Tempelberg zurückzuerhalten. Auf Drängen der Tempelritter schließen sich die fränkischen Barone Ismail an, der ihnen für den Fall des Sieges einen Teil Ägyptens verspricht. Aber Ajjub findet in den aus Zentralasien in Nordsyrien eindringenden Türken starke Verbündete. Im Sommer 1244 fallen an die 10 000 choresmische Reiter in Galiläa ein, erobern Tiberias und verwüsten Jerusalem. Vor Gaza vereinigen sie sich mit dem ägyptischen Heer. Indessen marschieren die christlichen Truppen gemeinsam mit Ismails Streitmacht von Akko nach Gaza. Wenige Meilen vor der Stadt kommt es zur Schlacht. Innerhalb weniger Stunden vernichtet der ägyptische Befehlshaber **Baibars,** ein junger mameluckischer Emir, das zahlenmäßig überlegene christlich-arabische Heer. Ajjub erobert später Damaskus und macht sich zum Herrn über Syrien, 1247 nimmt er Tiberias, die Burg Belvoir und Askalon.

1260 ermordet Baibars den ägyptischen Sultan Qutuz und lässt sich selbst zum Sultan ausrufen. Um sein Reich zu festigen, zieht er von Kairo nach Damaskus, wobei er keinerlei Skrupel hat, Widersacher und Konkurrenten zu beseitigen. 1265 greift Baibars die Christen erneut an: Caesarea, Haifa und Arsuf werden erobert. Im nächsten Jahr erscheint er vor Akko, belagert vergeblich Montfort und hungert die riesige Burg Zefat aus. Während Baibars 1267 Akko belagert, bekämpfen sich vor dem Hafen venezianische und genuesische Galeeren. 1268 zieht der Sultan nach Jaffa, dessen Besatzung einem Waffenstillstandsabkommen vertraut und von Baibars überrumpelt wird. Am 18. Mai erstürmen die Mamelucken Antiochia, das 171 Jahre alte Fürstentum geht unter; die einstige Weltstadt erholt sich nie wieder.

1271 kommt Kronprinz **Edward von England** mit einem tausendköpfigen Heer nach Akko, um mit Unterstützung der Mongolen das Heilige Land zurückzuerobern. Er stellt entsetzt fest, dass die Venezianer Baibars mit Kriegsmaterial versorgen und die Genueser den ägyptischen Sklavenhandel beherrschen. Die Mongolen greifen wie versprochen an, aber ihre 10 000 Berittenen sind den Mamelucken nicht gewachsen und kehren daher wieder nach Norden zurück. Edward, der mit seinem winzigen Heer nur einige unbedeutende Vorstöße über den Berg Karmel wagt, ist deshalb froh, als er 1272 mit Baibars einen Friedensvertrag abschließen kann. Die Franken besitzen jetzt nur noch einen schmalen Küstenstreifen von Akko bis Sidon und das Recht, die Pilgerstraße nach Nazaret zu benutzen. 1277 stirbt Baibars.

1289 erobern die **Mamelucken** unter Sultan Qalawun die große Hafenstadt Tripolis. Der Bischof flieht nach Rom, um Hilfe zu holen, aber nur eine kleine Schar schlecht ausgerüsteter Männer folgt ihm. 1290 trifft dieser Trupp in Akko ein und beginnt sofort, die muslimischen Kaufleute der Stadt niederzumetzeln. Qalawun verlangt die Auslieferung der Schuldigen, und als die Christen ablehnen, greift er zu den Waffen. Sein plötzlicher Tod unterbricht zwar den Feldzug, im folgenden Frühjahr aber zieht sein Sohn el-Ashraf Khalil mit zwei Heeren nach Akko: Die Stadt erliegt dem gewaltigen Angriff, die Einwohner werden getötet oder versklavt, el-Ashraf lässt die Stadt planmäßig zerstören. Bald nach dem Fall Akkos ergibt sich Tyros, auch Sidon wird nach kurzer Verteidigung aufgegeben, dann folgen Beirut und Haifa. Im August fallen schließlich die Tempelritterburgen Tortosa und Atlit. Das Heilige Land ist verloren.

Osmanenherrschaft

Die Mamelucken verbessern die Straßenverbindungen zwischen Kairo und Damaskus, errichten Brücken und Karawansereien. In Gaza und Zefat residieren Vizekönige, während Jerusalem fortan als Verbannungsort reicher, aber in Ungnade gefallener Emire dient, die die Stadt mit herrlichen Palästen, Mausoleen, Moscheen, Medresen und Hospizen schmücken.

Heiliges Jahr

Seit 1475 feiert die Katholische Kirche alle 25 Jahre ein Heiliges Jahr, das aus den großen Ablassgewährungen der Kreuzzüge entstanden ist.

Im Jahre 1516 besiegt der türkische Sultan **Selim I.** (1512–20) bei Aleppo das Heer der Mamelucken, 1517 erobert er Jerusalem und Kairo. Damit beginnt die Ära der Osmanen, die bis 1917 währt. Selim und sein Sohn **Süleyman II.** ›**der Prächtige**‹ (1520–66) führen in Palästina ein straffes Verwaltungssystem ein und geben der Altstadt von Jerusalem ihr heutiges Aussehen. Süleyman ermuntert 1563 den aus Portugal stammenden Kaufmann Josef haNasi alias Don João Miguez und dessen Tante Dona Gracia dazu, Tiberias und Umgebung mit Juden, die der spanischen Inquisition entflohen sind, zu besiedeln. Nach Süleyman folgen schwache Sultane, denen die Kontrolle über ihre Provinzen entgleitet. Um 1660 baut der Drusenemir **Fakhr ed-Din** Akko wieder auf und macht die Stadt zur Residenz seiner autonomen Besitzungen. 1730–75 beherrscht der Beduinenscheich **Dahir el-Omar** von Akko aus Galiläa und später ganz Palästina. In Tiberias erneuert er die Stadtmauern und errichtet eine Festung. Sein Nachfolger, der Bosnier Ahmed Jezzar, vereitelt 1799 Napoleons Versuch, Akko einzunehmen und Palästina/Syrien zu unterwerfen. 1833 entreißt **Ibrahim Pascha,** Vizekönig von Ägypten, den Osmanen Palästina und Syrien. Unter dem Druck der Großmächte Großbritannien, Russland, Preußen und Österreich muss er 1840 die Gebiete wieder an die Türkei abtreten. Die Europäer verstärken nun ihren Einfluss; immer mehr Missionare und Kaufleute kommen ins Land. Aber die Zeit ist von Rivalitäten geprägt: Die Russen unterstützen die griechisch-orthodoxe Religionsgemeinschaft, die Franzosen die Katholiken, Preußen und Großbritannien vertreten protestantische Interessen.

Eine allmähliche **Übersiedlung von europäischen Juden** in das Heilige Land beginnt Mitte des letzten Jahrhunderts: 1848 bilden jüdische Emigranten aus Mittel- und Osteuropa in Jerusalem eine jüdische Gemeinde, 1874 nimmt der britische Palestine Exploration Fund seine Arbeit auf. 1878 gründen ungarische Juden Petah Tiqwa als Landwirtschaftssiedlung, 1882 kommt die erste große Einwanderungswelle (›Alijah‹) aus Russland und Polen. 1896 fordert der Wiener Journalist Theodor Herzl die Schaffung eines jüdischen Staates in Palästina. 1901 gründet Chaim Weizmann den Jüdischen Nationalfond, dessen Aufgabe es ist, in Palästina Grundbesitz zu erwerben. Der Bankier E. Rothschild gewährt den Siedlern finanzielle Hilfe.

Zwischen 1904 und 1914 folgt die zweite Alijah aus Osteuropa. 1909 gründen jüdische Immigranten die Stadt Tel Aviv, 1910/11 entstehen die ersten Kibbuzim. 1917/18 rücken britische Truppen in Palästina ein und stellen das Land unter Militärverwaltung. Am 2. November 1917 bestätigt der britische Außenminister Balfour den Beschluss seiner Regierung, in Palästina eine »nationale Heimstatt« für das jüdische Volk zu schaffen, wobei die Rechte nichtjüdischer Gemeinschaften nicht beeinträchtigt werden sollen (Balfour Declaration). 1919 vereinbaren der Emir Faisal und Chaim Weizmann, dass »das arabische und das hebräische Volk bei der Entwicklung eines arabischen Staates und Palästinas« möglichst eng zusammenarbeiten sollen. Nach Kriegsende leben ca. 60 000 Juden in Palästina.

Britisches Mandat

Am 25. April 1920 erhält Großbritannien auf der Friedenskonferenz von San Remo vom Völkerbund das Mandat über Palästina, eine Zivilverwaltung unter einem Hochkommissar wird geschaffen. In den 1920er-Jahren folgt die dritte Alijah aus Russland nach Palästina. Der von den Briten eingesetzte Großmufti von Jerusalem, Amin el-Husseini, ruft daraufhin zum ›Heiligen Krieg‹ gegen die Juden auf. Als Reaktion auf die Feindseligkeit gründen die Juden die militärische Organisation Haganah. Nach 1933 wandern rund 60 000 Juden aus Deutschland und Mitteleuropa in Palästina ein. 1936 schlagen britische Truppen einen arabischen Aufstand nieder. Den jüdischen Vorschlag, Palästina zwischen Juden und Arabern zu teilen *(Peel Report)*, weisen die Araber entschieden zurück; sie verlangen Unabhängigkeit unter der Regierung der arabischen Mehrheit. Bei Beginn des Zweiten Weltkrieges – inzwischen lebt schon über eine halbe Million Juden in Palästina – erschweren die Briten die jüdische Einwanderung und weitere Landkäufe *(White Paper)*. Die Haganah organisiert daraufhin die illegale Immigration und leistet passiven wie aktiven Widerstand gegen die Mandatsregierung. Nach Kriegsende setzen die USA eine Lockerung der Einwanderungsbestimmungen durch. 1947 beschließt die Vollversammlung der Vereinten Nationen die Teilung Palästinas in einen arabischen und einen jüdischen Staat bei wirtschaftlicher Einheit des Landes; Jerusalem soll unter internationale Verwaltung kommen. Die Araber lehnen diesen Beschluss ab.

Der moderne Staat Israel mit den palästinensischen Autonomiegebieten

Am 14. Mai 1948, einen Tag, bevor Großbritannien die Mandatsverwaltung niederlegt, proklamiert **David Ben Gurion** in Tel Aviv den souveränen Staat Israel. Chaim Weizmann wird erster Staatspräsident, Ben Gurion erster Ministerpräsident. Jordanien, Ägypten, Irak, Syrien und Libanon erklären dem neuen Staat daraufhin den Krieg; Jordanien rückt in das Westjordanland ein, Israel stößt auf ägyptisches Territorium vor. Die Frontlinie bei Feuereinstellung Anfang 1949 wurde zur Demarkationslinie zwischen den verfeindeten Staaten. 80 % der Araber sind schon zu Beginn der Kämpfe aus den israelischen Gebieten geflohen bzw. vertrieben worden. Die jüdische Bevölkerung auf mehr als 2 Millionen Menschen an, die aus über 100 Ländern kommen. 1956 verstaatlicht der ägyptische Präsident Nasser den Suezkanal. Während britisch-französische Luftlandetruppen den Kanal besetzen, rücken israelische Truppen auf die Sinaihalbinsel vor. Auf Druck der UNO müssen sie sich jedoch wieder zurückziehen.

1964 gründen Palästinaflüchtlinge die **PLO** (Palestine Liberation Organization). Da Israel die Rückkehr der Flüchtlinge nicht zulässt, wird die Palästinenserfrage zu einem bis heute ungelösten Problem.

Sechstagekrieg

Am 5. Juni 1967 kommt Israel den Kriegsvorbereitungen der arabischen Staaten Ägypten, Syrien, Irak, Jordanien, Saudi-Arabien und Libanon zuvor und besetzt im Sechstagekrieg den Gazastreifen, die Sinaihalbinsel bis zum Suezkanal, Westjordanien einschließlich Ost-Jerusalem sowie die Golanhöhen. Nachdem seine Kriegsziele erreicht sind, befolgt Israel am 10. Juni die vom Sicherheitsrat angeordnete Feuereinstellung. Die UN-Resolution von 1967 erlaubt es den Arabern, die Anerkennung Israels als Staat sowohl von der Räumung der besetzten Gebiete als auch von der Verwirklichung der Rechte der Palästinenser abhängig zu machen.

In der Folgezeit beginnen die Palästinenser, durch Anschläge in Israel und anderswo die Weltöffentlichkeit auf ihre Probleme aufmerksam zu machen. Israel antwortet mit Militäraktionen, darunter Luftangriffen auf Ägypten. Ägypten legt schließlich ein Angebot für Friedensverhandlungen vor, das Israel jedoch ablehnt. Am 6. Oktober 1973 stoßen daraufhin ägyptische Truppen auf die Sinaihalbinsel vor, und syrische Verbände nehmen die Golanhöhen. Israel holt zum Gegenschlag aus, kann die Ägypter aber nicht vom Sinai zurückdrängen. Am 25. Oktober erzwingen die USA und die UdSSR den Waffenstillstand und beenden damit den Yom Kippur-Krieg. 1974 verzichtet Jordanien auf seine Herrschaftsansprüche über das Westjordanland zugunsten der PLO. Im selben Jahr löst **Yitzhak Rabin** die Ministerpräsidentin Golda Meir ab (seit 1969 im Amt).

1975 schließen Israel und Ägypten ein Truppenentflechtungsabkommen, dem später auch Syrien beitritt. Am 26. März 1979 unterzeichnen der damalige Ministerpräsident Menachem Begin und der ägyptische Präsident Anwar el-Sadat in Washington einen Vertrag zwischen Israel und Ägypten, der den Rückzug Israels vom Sinai und die Übertragung von Autonomierechten an die Bevölkerung des Westjordanlandes und des Gazastreifens vorsieht (Camp-David-Abkommen).

Am 30. Juli 1980 erklärt die Knesset Jerusalem zur ›ewigen Hauptstadt Israels‹, was der UN-Sicherheitsrat verurteilt. 1981 beschließt die Knesset die Annexion der Golanhöhen. 1982 zieht sich Israel auf die im Friedensvertrag mit Ägypten vereinbarten Grenzen zurück; die Halbinsel Sinai wird wieder ägyptischer Hoheit unterstellt. Am 6. Juni 1982 rücken israelische Truppen in den Südlibanon ein. Im Jahr darauf wird Chaim Herzog Staatspräsident von Israel, **Yitzhak Schamir** Ministerpräsident. Die Parlamentswahlen vom Juli 1984 ergeben ein Patt zwischen Shamirs rechtskonservativem Likudblock und der sozialdemokratischen Maarach unter Peres. Beide Parteien entschließen sich zu einer Rotation nach zwei Jahren.

Im Dezember 1987 haben die Palästinenser begonnen, sich mit Unterstützung der PLO im Westjordanland und im Gazastreifen gegen die israelische Besatzungsmacht zu wehren; die Intifada beginnt. Am 15. November 1988 ruft der palästinensische Nationalrat in Algier einen unabhängigen Staat Palästina aus, dessen Präsident im April 1989

PLO-Chef **Jassir Arafat** wird. Die israelischen Parlamentswahlen im Juni 1992 gewinnt die Arbeitspartei; Yitzhak Rabin wird Ministerpräsident. Im Mai 1993 trifft Ezer Weizmann die Nachfolge von Chaim Herzog als Staatspräsident an.

Friedensprozess mit Hindernissen

Nach nahezu drei Jahrzehnten bitterer Feindschaft zwischen Israel und der PLO zeichnet sich im September 1993 überraschend die Bereitschaft zu gegenseitiger Anerkennung ab. Israel signalisiert, den Palästinensern in den besetzten Gebieten eine begrenzte Autonomie zugestehen zu wollen. Am 4. Mai 1994 unterzeichnen der israelische Ministerpräsident Yitzhak Rabin und PLO-Chef Jassir Arafat in Kairo ein Abkommen über die Teilautonomie für den Gazastreifen und die Stadt Jericho. Danach sind die Palästinenser in diesen Territorien künftig für Bildung, Steuern, Sozialfürsorge, Jugend und Sport sowie für die innere Sicherheit zuständig.

Ein weiteres Abkommen vom 29. August 1994 sieht die Ausweitung der Teilautonomie auf das gesamte Westjordanland vor. Am 26. Oktober 1994 beenden Israel und Jordanien den 46-jährigen Kriegszustand. Am 4. November 1995 wird Yitzhak Rabin in Tel Aviv von einem jüdischen Extremisten erschossen. Die Knesset wählt Rabins Stellvertreter **Shimon Peres** als Nachfolger. Am 20. Januar 1996 finden in den von Israel besetzten Gebieten die Wahlen zum Palästinenserrat statt, die Arafat mit großer Mehrheit gewinnt; er wird Präsident (›Rais‹) dieses Rates. Den von Peres und Arafat forcierten Friedensprozess stören die Hamas-Bewegung mit Bombenattentaten und die Hisbollah-Milizen mit Raketenangriffen aus dem Libanon. Peres antwortet mit Luftangriffen auf Südlibanon und erstmals seit 1982 auch wieder auf die libanesische Hauptstadt Beirut. In den Parlamentswahlen am 29. Mai 1996 siegt nicht der Favorit Peres, sondern mit 50,5 % der Stimmen der konservative **Benjamin Netanjahu.**

In der Folgezeit ist der Friedensprozess so gut wie gelähmt. Die im Autonomieabkommen vereinbarte Rückgabe palästinensischer Orte und Städte wird nicht zum Abschluss gebracht. Die israelische Regierung fördert sogar die Einrichtung neuer und den Ausbau bestehender jüdischer Siedlungen in den palästinensischen Gebieten.

Am 23. Oktober 1998 kommt es in Wye Plantation (USA) unter Vermittlung des amerikanischen Präsidenten Clinton und des jordanischen Königs Hussein II. zu einem Abkommen zur Fortsetzung des Nahost-Friedensprozesses. Es sieht den Rückzug der israelischen Truppen aus weiteren 13 % der besetzten Gebiete im Westjordanland sowie Sicherheitsgarantien der Palästinenser vor.

In vorgezogenen Parlamentswahlen 1999 siegt die Arbeitspartei mit ihrem Vorsitzenden Ehud Barak, der Netanjahu als Ministerpräsident ablöst. Barak will den arabisch-israelischen Konflikt endgültig beenden, scheitert aber bei den *final-status*-Fragen, die Jerusalem und den Frieden mit Syrien zum Inhalt haben. Dieses Scheitern verhilft der Li-

Tel Aviv

kud-Partei unter **Ariel Scharon,** einem ehemaligen Armeeoffizier, zum Aufstieg. Scharons Besuch des Tempelberges 2000 hat die Al-Aksa-Intifada zur Folge. Er wird 2001 zum Ministerpräsidenten gewählt und stellt die Sicherheit Israels vor jedes Abkommen mit Arafat. Mit verstärktem Siedlungsbau in der Westbank und der Errichtung eines Grenzwalls, der zum Teil aus 8 m hohen Betonmauern besteht, wendet sich Scharon gegen die Oslo-Verhandlungen, deren Leitlinie ›Land für Frieden‹ war. Die mittlerweile drei Jahre während Intifada führte zu einer sehr schlechten Wirtschaftslage des Landes. Mai 2004 erkennt Israel die von den USA, Russland, Europa und der UNO erarbeitete *roadmap* an. Dieser neue Friedensplan sieht die Existenz eines palästinensischen Staates neben Israel vor. In der ersten Phase soll Israel Siedlungen räumen, Militär zurückziehen und palästinensische Häftlinge freilassen. Am 11. November 2004 stirbt Arafat. Sein Nachfolger im Amt wird **Mahmud Abbas.** Scharon lässt 2005 den Gazastreifen räumen, um die großen Siedlungen in der Westbank zu halten.

Anfang 2006 löst **Ehud Olmert** den erkrankten Scharon ab. Im Januar finden auch palästinensische Parlamentswahlen statt, aus denen die Hamas als Siegerin hervorgeht. Neben der Gefährdung des Nahostfriedensprozesses führt dieser Wahlsieg auch zu einer tiefen politischen und finanziellen Krise. Die Hamas übernimmt im Gazastreifen die Macht, den Israel daraufhin abriegelt. Nach wiederholtem Raketenbeschuss startet Israel Ende Dezember 2008 eine dreiwöchige Militäroffensive. Ende Mai 2010 löst die Kaperung einer internationalen Gaza-Solidaritätsflotte mit Waffengewalt weltweite Empörung aus. Der tödliche Anschlag auf den Militärchef der Hamas Ahmad al-Dschabari führt im November 2012 zur »Operation Wolkensäule«. Die ständig aufflammenden Aggressionen zwischen Israelis und Palästinensern lassen eine Zweistaatenlösung immer wieder in weite Ferne rücken. Ein kleiner Erfolg für Palästina scheint die Anerkennung durch die UN-Vollversammlung als »Beobachterstaat« am 29. November 2012 zu sein.

Daten zur Geschichte

Paläolithikum: Handaxtkultur; Palaeanthropus palaestinensis.	300 000–14 000 v. Chr.
Mesolithikum: ab 10 000 Natufien-Kultur.	14 000–8000
Neolithikum: erste städtische Siedlungen.	8000–4000
Chalkolithikum: Ghassul-Kultur.	4000–3100
Frühe Bronzezeit: Protokanaanitische Periode; Bet Yerah-Kultur; äyptische/akkadische Einflüsse.	3100–2150

Mittlere Bronzezeit (2150–1500 v. Chr.)

Einwanderung der Kanaaniter.	ab 2150
Pharao Sesostris III. dringt bis Shekhem vor.	1800
Ägyptische Ächtungstexte.	19. Jh.
Hyksosherrschaft.	18./17. Jh.
Israelitische Stämme ziehen nach Ägypten.	17. Jh.

Späte Bronzezeit (1550–1200 v. Chr.)

Pharao Thutmosis III. erobert Megiddo und baut Kanaan als Bollwerk gegen die großen Reiche des Nordens und Ostens aus.	1468
Pharao Echnaton; Amarnabriefe.	14. Jh.
Zusammenstoß der Ägypter und Hethiter bei Kadesch am Orontes.	1285
Ramses II. und Hattusili III. schließen ›ewigen Frieden‹; die kanaanitischen Stadtstaaten bleiben abhängig von Ägypten; Blütezeit Kanaans.	1269
Auszug der Israeliten aus Ägypten.	seit 1250

Zeit der Richter (1200–1020 v. Chr.)

Landnahme durch die Israeliten.	
Ramses III. wehrt Ansturm der Seevölker ab; Philister lassen sich im südlichen Küstengebiet Kanaans nieder.	1177

Zeit der Könige (1020–587 v. Chr.)

Saul erhebt sich vergeblich gegen die Philister.	um 1020
David wird von den Stämmen zum König gesalbt und beendet die Philisterherrschaft.	um 1004
David erobert Jerusalem und macht es zur Hauptstadt des Reiches.	um 998
Salomo baut den Tempel in Jerusalem und erneuert die ehem. kanaanitischen Städte, größte Reichsausdehnung, legendäre Prachtentfaltung am Hof.	um 968–930

um 930	Zweiteilung in ein Nordreich Israel und ein Südreich Juda.
ab 9. Jh.	Israel und Juda sind den Assyrern tributpflichtig.
732 (722)	Israel unter assyrischer Herrschaft.
587	Nebukadnezar II. erobert Juda; babylonische Gefangenschaft.

Persische Herrschaft (538–332 v. Chr.)

539	Die Perser übernehmen das neubabylonische Reich; Rückkehr der Juden aus dem Exil.
515	Wiederaufbau des Tempels.

Hellenistische Zeit (332–63 v. Chr.)

332	Alexander der Große besetzt Palästina.
323	Hellenisierung unter den Ptolemäern und Seleukiden.
166–43	Aufstände der Makkabäer.
seit 143	Dynastie der Hasmonäer unter der Oberherrschaft der Seleukiden.

Römerherrschaft (63 v. Chr.–324 n. Chr.)

63	Pompejus unterstellt Palästina der römischen Provinz Syria.
37–4	Herodes der Große herrscht.
	Jesus Christus.
6. n. Chr.	Palästina wird größtenteils von römischen Prokuratoren verwaltet.
66–70	Erster Jüdischer Krieg gegen Rom, Zelotenaufstand.
70	Zerstörung Jerusalems durch Titus.
132–35	Zweiter Jüdischer Krieg gegen Rom, Bar Kochba-Aufstand.
136	Jerusalem wird zur Colonia Aelia Capitolina.
2.–4. Jh.	Blühende jüdische Siedlungen in Galiläa.

Byzantinische Herrschaft (324–638 n. Chr.)

306–37	Kaiser Konstantin der Große fördert das Christentum.
527–65	Unter Kaiser Justinian Blütezeit des Heiligen Landes; christliche Orden errichten Klöster.
614	Persereinfall, Zerstörung fast aller christlichen Bauten.

Früharabische Periode (638–1099)

638/39	Kalif Omar I. besetzt das Heilige Land.
1046	Fatimiden räumen den Christen größere Rechte ein.
1071	Die türkischen Seldschuken erobern Palästina; der Pilgerstrom versiegt.

Kreuzfahrerreich (1099–1291)

Kreuzfahrer erobern Jerusalem.	1099
Balduin I. wird in Betlehem zum König gekrönt.	1100
Gründung von Hospitaliter- und Templerorden.	1118–20
Saladin gründet die Dynastie der Ajjubiden.	1171
Schlacht bei Hattin: die Kreuzfahrer müssen fast ganz Palästina aufgeben.	1187
Richard Löwenherz versucht, das Kreuzfahrerreich zurückzugewinnen, muss sich jedoch mit dem freien Zugang zu christlichen Stätten begnügen.	1190
Kaiser Friedrich II. erreicht die Rückgabe West-galiläas sowie der Städte Jerusalem, Betlehem und Nazaret einschließlich eines Korridors nach Jaffa.	1228

Mamelucken (1265–1516)

Der Mameluckensultan Baibars drängt die Kreuzfahrer auf einen schmalen Küstenstreifen zwischen Akko und Sidon zurück.	1265–72
Mamelucken erobern Akko.	1291

Osmanen (1516–1917)

Palästina gerät unter türkische Herrschaft.	1516
Süleyman II. der Prächtige führt in Palästina ein straffes Verwaltungssystem ein und fördert den Zuzug von Juden.	1520–66
Der Beduinenscheich Dahir el-Omer beherrscht von Akko aus Galiläa und später ganz Palästina.	1730–75
ab 1840 Europäer verstärken ihren Einfluss.	ab 1840
1. Alijah (jüdische Einwanderungswelle).	1882–1904
2. Alijah.	1904–14
Britische Truppen besetzen Palästina.	1917/18

Britisches Mandat (1919–48)

3., 4., 5. und illegale Alijah.	
Arabischer Aufstand gegen jüdische Einwanderer.	1936

Staat Israel (seit 1948)

David Ben Gurion proklamiert den Staat Israel.	14. Mai 1948
Unabhängigkeitskrieg gegen Jordanien, Ägypten, Irak, Syrien und Libanon.	1948/49
Suezkrise.	1956

5.–10. Juni 1967	Sechstagekrieg führt zu Westjordanland- und Ostjerusalem-Besetzung.
6.–25. Oktober 1973	Yom Kippur-Krieg.
26. März 1979	Camp-David-Abkommen.
30. Juli 1980	Die Knesset erklärt Jerusalem zur ‹ewigen Hauptstadt Israels›.
1981	Israel annektiert die Golanhöhen.
1982	Rückgabe des Sinai an Ägypten; Libanon-Invasion durch Israel.
1987	Beginn der Intifada.
4. April 1994	Ministerpräsident Yitzhak Rabin und PLO-Chef Jassir Arafat unterzeichnen ein Abkommen über die Teilautonomie von Gaza und Jericho (4. April); Friedensabkommen mit Jordanien (26. Okt.).
4. November 1995	Yitzhak Rabin wird von einem jüdischem Extremisten ermordet, Shimon Peres wird sein Nachfolger.
20. Januar 1996	Jassir Arafat wird Präsident des Palästinenserrates.
März 1997	Der Baubeginn der jüdischen Siedlung Har Homa beendet den Friedensprozess.
6. Februar 2001	Ariel Scharon wird Ministerpräsident.
2003	USA, UN, EU und Russland legen die *road map* für den Frieden vor.
2004	Der internationale Gerichtshof in Den Haag erklärt Israels Grenzzaun für völkerrechtswidrig (Juli); Arafat stirbt in Paris (11. Nov.), sein Nachfolger als Präsident wird Mahmud Abbas.
August 2005	Rückzug der jüdischen Siedler aus dem Gazastreifen.
2006	Sieg der Hamas bei den palästinensischen Parlamentswahlen (Jan.); Sieg der Kadima-Partei bei den Parlamentswahlen (März), Ehud Olmert wird Ministerpräsident; Libanonkrieg (Sommer).
2007	Shimon Peres wird zum neuen Präsidenten Israels gewählt.
2008	Der Staat Israel feiert seinen 60. Jahrestag (14. Mai); Beginn eines dreiwöchigen Gaza-Kriegs (27. Dez.).
31. März 2009	Koalitionsregierung unter Benjamin Netanjahu.
31. Mai 2010	Israel verhindert mit Waffengewalt die Landung einer Gaza-Solidaritätsflotte, was weltweite Empörung und die Forderung nach Aufhebung der israelischen Gaza-Blockade nach sich zieht.
2011	In Tel Aviv demonstrieren über 300 000 Menschen für mehr soziale Gerechtigkeit, gegen Wohnungsnot und zu hohe Lebenshaltungskosten.
November 2012	Ein tödlicher Anschlag auf den Hamas-Militärchef im Gazastreifen führte zur israelischen »Operation Wolkensäule« mit etwa 180 Toten und über 1000 Verletzten.
29. November 2012	Die UN-Vollversammlung erkennt Palästina als Beobachterstaat an.

Galerie berühmter Persönlichkeiten

Josef Samuel Agnon (1888–1970)

Eigentlich J. S. Czaczkes. Schriftsteller. Geboren als Sohn eines Rabbiners im galizischen Buczacz, gestorben in Jerusalem. Agnon wanderte 1907 nach Palästina aus, wo seine Erzählungen und Gedichte Aufmerksamkeit erregten. 1913–24 lebte er in Deutschland, ging dann aber nach Jerusalem. In seinen Romanen und Novellen beschrieb Agnon das osteuropäische Judentum, aber auch das moderne Israel.

Zu seinen bedeutendsten Werken zählen »Die Aussteuer« (1934), »Nur wie ein Gast zur Nacht« (1939) und »Gestern, Vorgestern« (1945). 1966 erhielt Agnon mit Nelly Sachs als erster Schriftsteller der hebräischen Sprache den Nobelpreis für Literatur.

Josef Samuel Agnon

Jassir Arafat (1929–2004)

Palästinensischer Politiker, geboren in Jerusalem. Der Ingenieur Arafat gründete 1968 die Al Fatah, wurde 1969 Vorsitzender des Zentralkomitees der Palästinensischen Befreiungsorganisation (PLO) und versuchte seitdem, Autonomie für das Westjordanland und den Gazastreifen durch Verhandlungen zu erreichen. Seinen Bemühungen ist es zu verdanken, dass 1994 zwei Abkommen über eine Teilautonomie zustandekamen. Noch im selben Jahr erhielt Jassir Arafat gemeinsam mit dem israelischen Ministerpräsidenten Yitzhak Rabin und dem Außenminister Shimon Peres den Friedensnobelpreis.

Jassir Arafat

Hanan Ashrawi (*1946)

Politikerin und Professorin. Geboren in Nablus, in Ramallah aufgewachsen, als Christin erzogen. Seit der Verhaftung ihres Vaters, der bei der Gründung der PLO im Jahre 1964 mitwirkte, befasste sie sich mit politischen Fragen und studierte an der Amerikanischen Universität von Beirut englische Literatur. Nach dem Sechstagekrieg 1967 verwehrte ihr Israel die Rückkehr in die Heimat. Ein Stipendium ermöglichte ihr die Fortsetzung des Studiums in den USA. Dort wurde sie Sprecherin der General Union of Palestinian Students. 1973 durfte sie nach Ramallah zurückkehren, wo sie an der Bir Zeit-Universität einen Lehrstuhl für Anglistik übernahm und in der PLO für ein friedliches Zusammenleben von Palästinensern und Israelis wirkte.

1986 entkam Hanan Ashrawi nur knapp einem israelischen Attentats. Sie ist Generalbeauftragte der Unabhängigen Palästinensischen Kommission für Bürgerrechte in Jerusalem und lebt in Ramallah.

Ehud Barak (*1942)

Israelischer General und Politiker. Geboren in einem Kibbuz in der Nähe von Netanya als Sohn polnischer Einwanderer. Mit 17 Jahren trat er in die Armee ein und studierte nebenbei Mathematik, Physik und Systemanalyse. 1995 beendete er als Chef des Generalstabes seine militärische Laufbahn und wechselte in die Politik. Er trat der Arbeitspartei bei, wurde unter Rabin Innenminister, später unter Peres Außenminister. 1997 übernahm er den Parteivorsitz und wurde 1999 zum Ministerpräsidenten gewählt. Nach zwei Jahren löste ihn Ariel Sharon ab, von 2007 bis 2013 nahm Barak das Amt des Verteidigungsministers ein.

Menachem Begin (1913–92)

Politiker. Geboren im weißrussischen Brest-Litowsk, gestorben in Tel Aviv. 1942 wanderte der Rechtsanwalt nach Palästina aus, wo er ab 1943 die radikale jüdische Untergrundorganisation Irgun Zwai Leumi leitete, die gegen die britische Mandatsregierung und die Araber einen Guerillakrieg führte und die illegale jüdische Einwanderung organisierte. 1948 übernahm Begin den Vorsitz der Herut, einer rechtsgerichteten Partei, die 1973 mit anderen Parteien den Likudblock bildete. 1977–83 war Begin Ministerpräsident. 1978 erhielt er gemeinsam mit dem ägyptischen Staatschef Sadat den Friedensnobelpreis.

Schalom Ben-Chorin (1913–99)

Schriftsteller, Dichter und Religionswissenschaftler. Geboren in München, lebte seit 1935 in Jerusalem. Setzte sich in seinen Werken, die oft jüdisch-christliche Themen behandeln, für eine Annäherung zwischen israelischen Juden und Deutschen ein.

David Ben Gurion (1886–1973)

Eigentlich David Gruen. Politiker. Geboren im polnischen Plonsk, gestorben in Tel Aviv. 1906 ging Ben Gurion nach Palästina, wo er 1921 erster Generalsekretär der jüdischen Gewerkschaft Histadrut wurde (bis 1933). 1930 rief er die mit der Histadrut eng verbundene Mapai (Israelische Arbeitspartei), deren Vorsitzender er bis 1965 war, ins Leben. 1935 übernahm er die Leitung der Jewish Agency for Palestine, einer Vertretung der World Zionist Organization, die die britische Mandatsregierung und das jüdische Nationalkomitee beriet. Am 14. Mai 1948 rief Ben Gurion den Staat Israel aus, 1948–53 und 1955–63 war er Ministerpräsident und Verteidigungsminister.

Max Brod (links)

Max Brod (1884–1968)

Schriftsteller. Geboren in Prag, gestorben in Tel Aviv. Er war mit Franz Kafka befreundet, dessen literarischen Nachlass er verwaltete. 1939 emigrierte Brod nach Israel, wo er als Dramaturg am Habimah-Theater in Tel Aviv wirkte. Seine Hauptwerke sind »Tycho Brahes Weg zu Gott« (1916), »Reubeni, Fürst der Juden« (1925), »Galilei in Gefangenschaft« (1948) und »Streitbares Leben« (1960).

Moshe Dayan (1915–81)

Israelischer General und Politiker. Geboren in Deganya, gestorben in Tel Aviv. Als Generalstabschef (1953–58) leitete er die Operationen im Sinaikrieg (1956). 1959–64 wirkte er als Landwirtschaftsminister, 1967–74 als Verteidigungs- und 1977–79 als Außenminister.

Nahum Goldmann (1894–1982)

Politiker und Schriftsteller. Geboren in Wischnewo bei Minsk, gestorben in Bad Reichenhall. Goldmann kam 1910 mit seinen Eltern nach Deutschland, das er 1933 verlassen musste. 1935–40 war er Vertreter der Jewish Agency for Palestine beim Völkerbund, wurde 1951 Präsident des Jüdischen Weltkongresses und leitete 1956–68 die World Zionist Organization. Ab 1964 lebte er in Israel, wo er u. a. das Diasporamuseum in Tel Aviv gründete. Seine Autobiografie »Mein Leben als deutscher Jude« erschien 1980.

Theodor Herzl (1860–1904)

Schriftsteller. Geboren in Budapest, gestorben im niederösterreichischen Edlach. Unter dem Eindruck des Dreyfus-Prozesses setzte sich Herzl auf internationaler Ebene für die Gründung eines jüdischen Staates ein. 1896 erschien sein Buch »Der Judenstaat«, das die Entwicklung eines politischen Zionismus behandelte und 1897 zum Ersten Zionistischen Weltkongress in Basel führte. 1898 gelang es Herzl, den deutschen Kaiser bei dessen Jerusalem-Besuch für seine Idee vom Judenstaat zu interessieren.

1902 zeichnete er in seiner Utopie »Altneuland« das Bild eines jüdischen Zukunftsstaates. Herzl ist auf dem nach ihm benannten Herzl-Berg in Jerusalem beerdigt.

> *»Eine Nation, die von anderen als gleichberechtigt anerkannt werden will, kann es sich nicht leisten, die Gleichberechtigung der Frauen nicht anzuerkennen.«*
> *Theodor Herzl, 1897*

Chaim Herzog (1918–97)

Politiker und General. Geboren in Belfast. 1935 kam er nach Palästina und trat als 18-Jähriger der Haganah, einer paramilitärischen Organisation, aus der 1948 die israelische Armee entstand, bei. 1962 nahm er als hoher Offizier Abschied und wirkte 1962–72 als Generaldirektor eines Londoner Industrie-Unternehmens. 1975–78 war er Chefdelegierter Israels bei der UN. 1981–83 gehörte er als Abgeordneter der Arbeitspartei der Knesset an und war 1983–93 Staatspräsident.

Ephraim Kishon (1924–2005)

Schriftsteller. Geboren als Ferenc Hoffmann in Budapest, studierte Kunstgeschichte und wurde Lehrer. Mehrere Jahre Konzentrationslager unter ungarischer, deutscher und russischer Leitung überlebte er und emigrierte 1949 kurz nach Gründung des israelischen Staates nach Israel, wo er sich anfangs als Mechaniker durchschlug, bis er 1952 satirische Kurzprosa in Hebräisch zu schreiben begann. Er schrieb für die Presse, verfasste Romane, Hörspiele, Theaterstücke und Drehbücher. Mit seinen meisterhaften Satiren über das heutige Israel wurde Kishon vor allem in Deutschland bekannt.

Einige seiner wichtigsten Werke sind »Arche Noah, Touristenklasse« (1965), »Drehn Sie sich um, Frau Lot« (1965), »Der seekranke Walfisch« (1965), »Der Blaumilchkanal« (1972), »Kein Applaus für Podmanitzki« (1973) und »Total verkabelt« (1989).

Theodore (Teddy) Kollek (1911–2007)

Politiker und langjähriger Bürgermeister von Jerusalem. Geboren in Wien. 1934 musste er nach Palästina auswandern. 1952–65 wirkte er als Chef des Amtes des Ministerpräsidenten. 1965–93 war er Bürgermeister von Jerusalem, zunächst der israelischen Weststadt, ab 1967 des ganzen, wiedervereinigten Jerusalem. Meisterhaft verstand er es, zwischen den Interessen jüdischer und arabischer Bürger auszugleichen und von beiden Seiten akzeptierte Lösungen zu finden. 1985 erhielt Teddy Kollek den Friedenspreis des deutschen Buchhandels, am 30. 6. 1996 den Toleranzpreis der Stadt Münster.

Teddy Kollek

Else Lasker-Schüler (1869–1945)

Expressionistische Schriftstellerin (Lyrik, Dramen, Prosa) jüdischen Glaubens. Geboren in Wuppertal-Elberfeld, gestorben in Jerusalem. Ihre Hauptwerke entstanden in Deutschland, darunter die Dramen »Die Wupper« (1909) und »Ich und ich« (Nachlass), die Romane »Die Nächte Tino von Bagdads« (1907), »Mein Herz« (1912), »Der Prinz von Theben« (1914) und »Der Malik« (1919) sowie ihre Lyrik »Styx« (1902), »Der siebente Tag« (1905), »Hebräische Balladen« (1913) und »Theben« (1923). Unter der nationalsozialistischen Bedrohung emigrierte Else Lasker-Schüler 1933 zunächst in die Schweiz, 1938 nach Palästina, wo der Roman »Das Hebräerland« (1937) und der Lyrikband »Mein blaues Klavier« (1943) entstanden.

»Es ist ein Weinen in der Welt, als ob der liebe Gott gestorben wär.«
Else Lasker-Schüler (Anfang des Gedichts »Weltende«)

Moses Maimonides (1135–1204)

Eigentlich Rabbi Mose ben Maimon, auch Rambam genannt. Philosoph und Arzt. Geboren in Córdoba, gestorben in Kairo, bestattet vermutlich in Tiberias. Pogrome zwangen Maimonides' Familie, im Jahre 1148 Spanien zu verlassen. Er kam nach Fez in Marokko, ging 1165 nach Ägypten, wo er in Kairo das geistliche Oberhaupt der ägyptischen Juden und Leibarzt am Hofe Saladins wurde. Sein Hauptwerk »More Nevuchim« (›Führer der Unschlüssigen‹), eine Synthese aus aristotelischer Philosophie und jüdischer Gesetzesreligion, blieb nicht ohne Einfluss auf die christliche Religionsphilosophie von Albertus Magnus und Thomas von Aquin.

Golda Meir (1898–1978)

Eigentlich Golda Meyerson. Geboren in Kiew, gestorben in Jerusalem. 1906 kam sie mit ihren Eltern in die USA, ging 1921 nach Palästina und trat dort in die Mapai (Israelische Arbeiterpartei) und in die Gewerkschaftsorganisation Histadrut ein. 1946–48 war sie Vorsitzende der politischen Abteilung der Jewish Agency for Palestine und 1948 gehörte sie zu den Gründern des Staates Israel. 1948/49 wirkte sie als Botschafterin Israels in Moskau, 1949–56 leitete sie das Ministerium für Arbeit und soziale Sicherheit, 1956–65 das Außenministerium, 1966–68 wirkte sie als Generalsekretärin der Israelischen Arbeiterpartei Mapai und schließlich, 1969–74, auch als Ministerpräsidentin von Israel.

Golda Meir

Erich Mendelsohn (1887–1953)

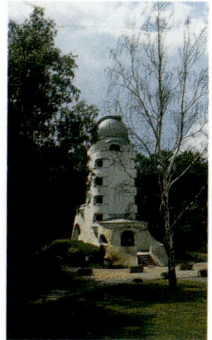

Architekt. Geboren im ostpreußischen Allenstein, gestorben in San Francisco. Er studierte an den Technischen Hochschulen München und Berlin und hinterließ dort schon bald erste Spuren (expressionistischer Einsteinturm in Potsdam). Mit Ludwig Mies van der Rohe und Walter Gropius gründete er 1924 den Berliner ›Ring‹, der zu einer führenden Vereinigung progressiver Architekten wurde. Fabriken und Kaufhäuser bilden im folgenden Jahrzehnt einen Schwerpunkt in seinem Werk.

1933 emigrierte er nach London und nahm schon bald Aufträge in Palästina an. Dort entwarf er die Hebräische Universität und das Hadassah-Klinikum auf dem Mount Skopus, die Bank Leumi in der Jaffa Road und die Villa Salman Schocken in Jerusalem sowie eine Villa für Chaim Weizman in Rehovot bei Tel Aviv. 1941 siedelte er nach New York, später nach San Francisco über.

Erich Mendelsohns Einsteinturm in Potsdam

Josef haNasi alias Don João Miguez (um 1515–79)

Kaufmann und Politiker. Er stammte aus einer reichen portugiesischen Bankiersfamilie, die um die Mitte des 16. Jh. als zwangsgetaufte Christen nach Istanbul kam, wo sie sich offen dem Judentum zuwandte. Don João Miguez, der sich von nun an Josef haNasi nannte, betätigte sich erfolgreich als Kaufmann. Schon bald wurde Sultan Süleyman II. auf ihn aufmerksam und betraute ihn mit wichtigen Staatsgeschäften. 1561 belehnte er ihn mit Tiberias und sieben Nachbarorten. Josef haNasi wollte Tiberias zur Hauptstadt eines ersten neuzeitlichen Judenstaates machen, immerhin wurde es Zufluchtsstätte für viele vertriebene Juden.

Unter Süleymans Nachfolger Selim II. (1566–74) leitete er bis zu dessen Tod die Außenpolitik des riesigen Osmanenreiches und stiftete in vielen Ländern, vor allem in Palästina, zahlreiche Synagogen und Talmudschulen.

Montefiore-Windmühle in Jerusalem

Sir Moses Chaim Montefiore (1784–1885)

Bankier und Philanthrop. Geboren in Livorno, aufgewachsen in London, gewann durch Einheirat in die Rothschild-Familie an Einfluss, wirkte an der Londoner Stock Exchange und wurde 1837 zum Sheriff, zum obersten Verwaltungsbeamten der City von London gewählt, woraufhin ihn die Königin in den Ritterstand erhob. Als erster Jude wurde Sir Montefiore Mitglied der Royal Society, der englischen Akademie der Wissenschaften. In Palästina unterstützte er die durch ein Erdbeben in Not geratene Bevölkerung von Zefat und Tiberias und half den verfolgten jüdischen Gemeinden in Damaskus, Konstantinopel und Sankt Petersburg. 1854 überwachte er nach einer Hungersnot in Palästina die Verwendung der britischen Hilfsgelder; mit eigenen Mitteln baute er Armenhäuser, stiftete Gewerbebetriebe und gründete 1857 Mischkenot Scha'ananim, das erste jüdische Wohnviertel außerhalb der Jerusalemer Altstadt. Im hohen Alter von 101 Jahren starb Sir Montefiore im englischen Seebad Ramsgate.

Benjamin Netanjahu (*1949)

Politiker und Staatsmann. Geboren in Tel Aviv, aufgewachsen in New York als Sohn eines Historikers an der Cornell University in Ithaca/New York. 1967 ging der 17-jährige Netanjahu nach Israel, um am Sechstagekrieg teilzunehmen. Danach studierte er in den USA Architektur. Auch im Yom-Kippur-Krieg 1973 kämpfte er wieder für Israel und studierte anschließend in den USA Betriebswirtschaft. 1976 ging er endgültig nach Israel. 1982 wurde er israelischer Vizebotschafter in Washington, 1984 Israels UNO-Botschafter, dann Staatssekretär im Außenministerium, schließlich Leiter der Staatskanzlei des Premier. 1993 übernahm er die Führung des Likudblocks, einer Parteienkoalition, die einen unabhängigen Staat Palästina, vor allem aber eine Teilung Jerusalems, ablehnt. Die Wahlen zum Regierungschef von 1996 gewann Netanjahu mit knappem Vorsprung vor Shimon Peres.

In der Folgezeit bekleidete er die Ämter des Außen- und des Finanzministers sowie des Oppositionsführers, bis er am 31. März 2009 erneut Ministerpräsident wurde.

Ehud Olmert (*1945)

Politiker. Geboren in Binyamina als Sohn russischer Einwanderer. Olmert diente als Offizier bei den israelischen Streitkräften. Er studierte Jura, Philosophie sowie Psychologie und praktizierte als Anwalt. 1973 nahm Olmert in der Knesset als Likud-Abgeordneter sein erstes Mandat wahr. 1993 gewann er die Bürgermeisterwahlen von Jerusalem. Als Verfechter der Idee eines Großisraels veranlasste er in seiner ersten Amtsperiode den Bau des Stadtviertels Har Homa am Südrand Jerusalems gegenüber von Betlehem und die Öffnung des antiken Tunnels unter dem Tempelberg. Im Februar 2003 kehrte Olmert als Industrie- und Handelsminister sowie stellvertretender Ministerpräsident in die Knesset zurück. Nach einem Schlaganfall von Ariel Scharon übernahm er am 4. Januar 2006 kommissarisch die Amtsgeschäfte. Bei den Parlamentswahlen im März 2006 wurde Olmert mit der noch von Scharon gegründeten Kadima-Partei im Amt bestätigt, trat jedoch im September 2008 nach Korruptionsvorwürfen als Ministerpräsident zurück.

Amoz Oz (*1939)

Schriftsteller. Geboren in Jerusalem. Oz war bis 2005 Professor für hebräische Literatur an der Universität von Be'er Sheva. Seine Erzählungen und Romane setzen sich kritisch mit der Entwicklung Israels, mit dem Kibbuzleben und dem Verhältnis zu den Arabern auseinander. Als Mitbegründer der in den 1970er-Jahren ins Leben gerufenen Friedensbewegung ›Peace Now‹ setzt er sich aktiv für eine Zwei-Staaten-Lösung ein. Neben anderen Auszeichnungen erhielt Amos Oz 1992 den Friedenspreis des deutschen Buchhandels, 2005 den Goethepreis der Stadt Frankfurt am Main, 2008 den Stefan-Heym-Preis der Stadt Chemnitz, den Heinrich-Heine-Preis der Stadt Düsseldorf und 2010 den Siegfried-Unseld-Preis. Er lebt in der israelitischen Stadt Arad in der Negev-Wüste.

Amoz Oz

Shimon Peres (*1923)

Politiker. Geboren als Schimon Persky in Polen. 1934 kam er mit seinen Eltern nach Palästina und trat schon früh der Mapai bei. 1959–65 war er stellvertretender Verteidigungsminister. Nach Gründung der Rafi wurde er ihr Generalsekretär, 1968 wechselte er zur Israelischen Arbeitspartei. 1969–77 wirkte er als Leiter verschiedener Ministerien, ab 1974 als Verteidigungsminister. 1984–86 und 1995–96 war er Ministerpräsident, 1986–88 und 1992–95 und 2001-02 Außenminister. 1994 erhielt er zusammen mit dem Ministerpräsidenten Itzhak Rabin und Jassir Arafat den Friedensnobelpreis. Im Juni 2007 wurde der 83-jährige Peres zum Staatspräsidenten gewählt.

Shimon Peres

Yitzhak Rabin (1922–95)

Politiker und General. Geboren in Jerusalem. Rabin trat 1940 der Palmach, einer Guerillagruppe der jüdischen Selbstverteidigungsorganisation Haganah bei. Als Generalstabschef (1964–68) leitete er 1967 im Sechstagekrieg die militärischen Operationen Israels. 1968–73 war Rabin Botschafter in Washington, 1974–77 Ministerpräsident, 1984–90 Verteidigungsminister, ab 1992 wieder Ministerpräsident. 1994 schloss er mit den Palästinensern das Gaza-Jericho-Abkommen, das eine Teilautonomie für beide Gebiete vorsieht. 1994 erhielt Rabin zusammen mit Außenminister Shimon Peres und Jassir Arafat den Frie-

Yitzhak Rabin

densnobelpreis. Bei einer Friedensdemonstration am 4. 11. 1995 wurde er von einem jüdischen Extremisten erschossen.

Yitzhak Schamir (1915–2012)

Politiker. Geboren im ostpolnischen Ruzinoy. 1977–80 war er als Mitglied der Herut, die sich 1973 mit anderen Parteien zum Likudblock zusammengeschlossen hatte, Präsident der Knesset. 1980–83 und 1984–86 wirkte er als Außenminister; 1983/84 sowie 1986–92 war er Ministerpräsident. Er galt als Gegner des Friedensprozesses mit den Palästinensern. Amtsnachfolger wurde 1992 Yitzhak Rabin. Ein Jahr später trat Schamir vom Parteivorsitz zurück. Der neue Likud-Vorsitzende Benjamin Netanjahu kritisierte ihn für sein nicht konsequentes Verhalten bezüglich der Palästinenserfrage.

Ariel Scharon (*1928)

General und Politiker. Geboren als Sohn von Einwanderern aus Brest-Litowsk im Moschaw Kfar Malal bei Tel Aviv. 1942 schloss sich der junge Scharon der Untergrundbewegung Hagana in ihrem Kampf gegen die britische Mandatsmacht an. 1953 gründete er zur Bekämpfung des ›palästinensischen Terrors‹ die Spezialtruppe ›Kommando 101‹. Im Yom-Kippur-Krieg 1973 gelang es General Scharon, den ägyptischen Vormarsch auf den Sinai zu stoppen. Im Jahre 1982 ordnete er als Verteidigungsminister den Einmarsch israelischer Truppen in den Libanon an; das Massaker von Milizionären an über tausend Palästinensern in den Lagern Sabra und Schatila bei Beirut wurde ihm angelastet. Scharon unterstützte die israelische Siedlungspolitik (›Vater der Siedlungen‹) und lehnte eine Teilung Jerusalems ab. 2001 trat er Baraks Nachfolge als Ministerpräsident an. 2005 setzte er trotz heftiger Proteste den Abzug der israelischen Siedler aus dem Gazastreifen und aus vier Siedlungen der nördlichen Westbank durch, ein erster Schritt gemäß *roadmap*. Seit dem 4. Januar 2006 liegt Scharon im Koma, sein Nachfolger im Amt wurde Ehud Olmert.

Ariel Scharon

Anna (Hannah) Ticho (1894–1980)

Malerin und Mäzenin. Geboren 1894 in Wien, gestorben 1980 in Jerusalem. Schon als Kind war Anna mit den Eltern nach Israel emigriert. 1912 heiratete sie ihren Cousin, den Augenarzt Dr. Albert Ticho, der nach Jerusalem gekommen war, um hier die Leitung einer Augenklinik zu übernehmen. Den Ersten Weltkrieg verbrachte das junge Paar in Damaskus. Später kehrten beide nach Jerusalem zurück und erwarben 1921 die schöne arabische Villa des Aga Rashid Nashashibi nahe der Jaffa Road. Im unteren Stockwerk richteten sie eine kleine Augenklinik ein, das obere diente als Wohntrakt und für Anna als Atelier. Dr. Ticho hatte sich schon bald im ganzen Mittleren Osten einen guten Ruf als Arzt erworben, Anna entwickelte sich zu einer bekannten Malerin und Mäzenin. Als ihr Mann eine große Spezialklinik übernahm, machte sie das Haus zum gesellschaftlichen Mittelpunkt der aus Deutschland und Österreich eingewanderten Juden. Neben Künstlern und Ärzten trafen sich hier Wissenschaftler, Schriftsteller und Politiker; auch Else Lasker-Schüler war häufig bei den Tichos zu Gast. 1960 starb Dr. Ticho; sie schmückte ihr Haus nun mit eigenen und erworbenen Bildern. Als sie 1980 ihrem Mann folgte, übernahm das Israel-Museum das prächtige ›Ticho House‹ als Museum mit über 2000 Gemälden und Zeichnungen. Und ganz im Sinne der Stifterin finden hier seitdem gesellige Abende mit Kammermusik, Ausstellungen und Literaturlesungen statt.

Chaim Weizmann (1874–1952)

Wissenschaftler und Politiker. Geboren im weißrussischen Motyli bei Pinsk, gestorben in Rehovot (Israel). Weizmann wirkte als Professor für Biochemie in Manchester und leitete 1916–19 die Laboratorien der britischen Admiralität. Herzls Idee von der Gründung eines Judenstaates beeindruckte ihn so, daß er 1917 zusammen mit Nahum Sokolow der britischen Regierung die Balfour-Erklärung abtrotzte. Der britische Außenminister Arthur James Balfour sicherte mit diesem Papier den Juden das Recht auf eine »nationale Heimstatt« in Palästina zu. 1920–31 und 1935–46 war Weizmann Präsident der World Zionist Organization, 1929 wurde er Leiter der Jewish Agency for Palestine. 1948–52 war er erster Staatspräsident von Israel. Das nach ihm benannte Institute of Science in Rehovot ist eine private naturwissenschaftliche Hochschule (seit 1949).

Ezer Weizmann (1924–2005)

Offizier und Politiker. Geboren in Tel Aviv. Neffe von Chaim Weizmann. 1966–69 war er stellvertretender Chef des israelischen Generalstabs, 1969/70 wirkte er als Transportminister und 1977–80 als Verteidigungsminister. 1993 trat er die Nachfolge von Chaim Herzog als Staatspräsident an. 1995 besuchte er als erstes israelisches Staatsoberhaupt die Bundesrepublik Deutschland.

Yigael Yadin (1917–84)

Politiker, General und Archäologe. Geboren in Jerusalem. Yadin studierte an der Jerusalemer Universität Archäologie und gehörte als aktives Mitglied der Haganah an. 1949–52 war er Chef des Generalstabs der israelischen Armee; danach führt er sein Studium zu Ende und wurde schließlich 1959 Professor für Archäologie. 1955–58 leitete er die Ausgrabungen in Hazor, 1960/61 untersuchte er die Bar-Kochba-Höhlen im Judäischen Bergland, 1963–65 legte er die Festung Masada frei und erforschte dann 1966/67 und 1971 den Tell Megiddo. 1977–81 war Yadin stellvertretender Ministerpräsident.

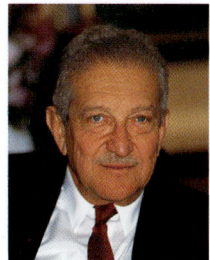

Ezer Weizmann

69

Reiserouten durch das Heilige Land

Jerusalem

Geschichte der Heiligen Stadt

Jerusalem (hebräisch Yerushalayim, arabisch el-Quds) ist die Tempelstadt Davids und Salomos, die Stätte der Passion und Auferstehung Christi und der Ort, von dem aus Mohammed seine Himmelsreise antrat. Sie birgt die heiligen Stätten dreier Religionen: die Tempelmauer der Juden, die Grabeskirche der Christen und den Felsendom der Muslime. Heute präsentiert sich Jerusalem als eine moderne, großzügig geplante Stadt mit etwa 790 000 Einwohnern (davon etwa ein Drittel Muslime und zwei Drittel Juden und andere Glaubensgemeinschaften). Wohl kaum eine andere Stadt der Welt bietet so extreme Kontraste hinsichtlich des Städtebaus, des Flairs der einzelnen Viertel und der Menschen, die hier leben oder die Stadt besuchen. Relikte von der Bronzezeit bis zur Gegenwart faszinieren den Besucher, der mindestens eine Woche benötigt, um auch nur das Allerwichtigste zu sehen, und noch nach mehrjährigem Aufenthalt nicht alles kennt.

Die bisher frühesten Siedlungsspuren fand man auf dem Ofel südlich der heutigen Altstadt, zwischen dem Tyropöontal und dem Kidrontal. Hier hatte sich im 4. Jahrtausend v. Chr. eine semitische Bevölkerung niedergelassen, die in den Tälern Ackerbau betrieb und über eine reichlich fließende Quelle am Osthang des Ofel verfügte (Gihonquelle). In den Tontafelarchiven von Ebla (Nordsyrien, ca. 2400 v. Chr.) lasen die Archäologen 1975 erstmals den in sumerischer Keilschrift geschriebenen Namen der Stadt: Urusalim. *Uru* bedeutet ›Stadt‹, *salim* entspricht ›Heil‹, also ›Stadt des Heils‹. Im 20. oder 19. Jh. v. Chr. lösten Kanaaniter, die von dem Zweistromland her in Palästina eingedrungen waren, die Urbevölkerung von Jerusalem ab. Sie wehrten sich gegen den zunehmenden Einfluss Ägyptens; in ägyptischen Texten erscheint der Name Jerusalem in der Form ›Auschamem‹ bzw. ›Ruschalimum‹, was dem präkanaanitischen ›Urusalim‹ entspricht. Mit den Kanaanitern kam wahrscheinlich auch Abraham in das Land und einmal sogar nach Jerusalem, das die Bibel kurz ›Salem‹ nennt (Gen 14,18).

Zur Zeit des Alten Testaments

Bei der Landnahme der Israeliten im 12. Jh. v. Chr. lag Jerusalem genau zwischen den Stammesgebieten Juda und Benjamin (Jos 15,8); keiner der beiden Stämme konnte die Stadt erobern (Jos 15,63). Die Israeliten nannten die kanaanitische Stadt Jebus und ihre Bewohner Jebusiter (Ri 19,10). Nachdem es dem Judäer David um 1004 v. Chr. gelungen war, die Herrschaft der Philister abzuschütteln, und Eschbaal, der König des Nordreiches, ermordet worden war, ließ David sich zum König salben. Als Hauptstadt des wiedervereinigten Reiches wählte er das kanaanitische (jebusitische) Jerusalem, das er aber erst gegen 998 v. Chr. erobern konnte. Er erklärte die Stadt, die er »Jeruschalajim« (ebenfalls ›Stadt des Heils‹) nannte, zu seinem persönlichen Be-

Cityplan Jerusalem s. hintere Innenklappe Altstadt Jerusalem S. 81 Kidrontal und Ölberg S. 130

Jerusalem ★★

Besonders sehenswert: Altstadtmauer, Zitadelle, Cardo maximus, Archäologisches Museum Wohl, Kirche St. Anna mit Betesda-Teich, Via dolorosa, Grabeskirche, Klagemauer, Holocaust Memorial Hall, Western Wall Tunnel, Aqsa-Moschee, Felsendom, Dormitiokirche, Abendmahlssaal, Gräber im Kidrontal, Mariengrab, Getsemanikirche, Dominus Flevit, Pater-Noster-Kapelle, Himmelfahrtskapelle, Rockefeller-Museum, Gartengrab, Königsgräber, Mea Shearim, Israel-Museum, Knesset und Menora, Herzl-Berg, Yad Vashem, Synagoge des Hadassah-Klinikums, Modell des antiken Jerusalem, En Kerem

◁ *Jerusalem, Außenmauer des Felsendom*

◁◁ *Jerusalem, Klagemauer und Felsendom*

**Jerusalems
Besiedlung…**

*… zur Zeit Davids
(um 1004–965 v. Chr.)*

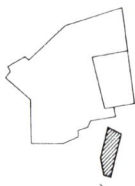

*… zur Zeit Salomos
(um 965–926 v. Chr.)*

sitz, ließ die zurückeroberte Bundeslade darin aufstellen und schuf damit das sakrale Zentrum des Zwölfstämmeverbandes. Die Stadt Davids lag am Osthang des Ofel. König Salomo (um 965–926) erweiterte sie nach Norden hin, wo er auf dem Berg Moria seinen Palast und den Tempel errichtete. Die ganze Stadt umgab er mit einer mächtigen Mauer. Die Pracht seines Hofes und die vielen Bauvorhaben im Lande erforderten hohe Steuern, was zu Rebellionen und nach seinem Tod zum Auseinanderbrechen des Reiches führte. Jerusalem war in der Folgezeit nur noch Hauptstadt des Südreiches Juda und in ständige Grenzkämpfe mit dem Nordreich Israel verwickelt. Königin Atalja (844–39) führte im Tempel den Baalkult ein, unter König Ahas (736–26) wurden auch assyrische Götter verehrt. Sein Sohn Hiskia (725–697) erneuerte den Jahweglauben und sicherte die Stadt durch neue Mauern und ein Wasserversorgungssystem. 587 v. Chr. eroberte der neubabylonische König Nebukadnezar II. Jerusalem, zerstörte Stadt und Tempel und verschleppte die Bewohner in das Zweistromland.

Nach dem Ende der Babylonischen Gefangenschaft bauten die Heimkehrer Jerusalem und den Tempel wieder auf. 445 v. Chr. errichtete Nehemia eine zweite Stadtmauer. 332 kam Jerusalem unter griechische Herrschaft und wurde unter den Ptolemäern hellenisiert. 198 v. Chr. begrüßte die Jerusalemer Bevölkerung die Seleukiden als Befreier, doch als deren kostspielige Kriege zu einer Erhöhung der Steuerlasten führten und Antiochos IV. sogar den Tempel entweihte, kam es 167 v. Chr. zum Aufstand. Antiochos' Heerführer Apollonios schlug die Revolte blutig nieder und zerstörte die Stadt. Dann baute er die Akra, einen befestigten Stadtteil für die hellenistische Bevölkerung Jerusalems. Antiochos verbot den jüdischen Kult und wandelte den Tempel in ein Zeusheiligtum um. Judas Makkabäus organisierte den Widerstand gegen die Seleukiden. 165 v. Chr. zog er in Jerusalem ein, belagerte die Akra und eroberte den Tempel zurück. In Erinnerung daran wird Chanukka, das ›Fest der Lichter‹ von Juden in aller Welt noch heute begangen.

Unter römischer und byzantinischer Herrschaft

69 v. Chr. übernahmen die Römer das zusammengebrochene Seleukidenreich. 63 v. Chr. öffneten die Jerusalemer den Truppen des Pompejus die Tore, den Tempelberg konnten die Römer jedoch erst nach dreimonatiger Belagerung bezwingen. 37 v. Chr. marschierte Herodes der Große mit Hilfe römischer Truppen in Jerusalem ein und ließ sich bald darauf zum König krönen. Er erweiterte den Tempelplatz, baute ein neues Heiligtum, den Zweiten Tempel, und errichtete sich am heutigen Jaffator eine prachtvolle Palastburg. Herodes Agrippa I. (41–44) erweiterte die Stadt nach Norden hin. Im Mai 66 brach in Jerusalem der erste jüdische Aufstand gegen Rom aus, woraufhin Titus im Frühjahr 70 mit vier Legionen angriff. Er benötigte fast ein halbes Jahr, bis er den Tempelberg erstürmt hatte und auch die stark befestigte Palastburg gefallen war. Jerusalem wurde vollständig zerstört. 130 be-

suchte Kaiser Hadrian Jerusalem und ordnete den Wiederaufbau an. Den Platz des zerstörten Tempels nahm nun ein Jupiterheiligtum ein. 132 brach der zweite Aufstand gegen Rom aus, den die Römer bis 135 niederschlugen. Jerusalem wurde zur Colonia Aelia Capitolina, deren Betreten den Juden bei Todesstrafe verboten war.

Unter Konstantin dem Großen entwickelte sich Jerusalem zu einer christlichen Stadt. Seine Mutter Helena, die Kaiserin Eudokia und Kaiser Justinian (527–65) förderten den Bau von Kirchen. 614 erschienen die Perser vor den Toren Jerusalems, belagerten es 21 Tage lang und richteten dann gemeinsam mit den jüdischen Bewohnern unter der christlichen Bevölkerung ein entsetzliches Blutbad an; sämtliche Kirchen gingen in Flammen auf. Aber schon bald änderten die Perser ihre Politik: die Christen durften nach Jerusalem zurückkehren, die Juden wurden aus der Stadt gewiesen. 627 besiegte Kaiser Herakleios die Perser, Jerusalem stand wieder unter byzantinischem Einfluss.

Die mittelalterliche Stadt

638 fiel die Stadt nach einjähriger Belagerung durch die Truppen des Kalifen Omar I. Die Muslime nannten sie el-Quds (›die Heilige‹). 660 ließ sich hier Muawija I. zum ersten Kalifen der Omajjaden ausrufen. Der Kalif Abd el-Malik (685–705) erbaute an der Stelle des Tempels die Qubbet es-Sakhra (Felsendom). 1009 befahl Kalif Hakim, die Grabeskirche zu zerstören, und beschlagnahmte das Eigentum der Christen. 1046 gestatteten die Fatimiden dem byzantinischen Kaiser Konstantin IX. jedoch, das Heiligtum wiederaufzubauen (im 11. Jh. lebten in Jerusalem übrigens mehr Christen als Muslime!). 1071 drangen seldschukische Türken bis Palästina vor und besetzten kampflos Jerusalem. Der Pilgerstrom der Christen versiegte. 1095 rief Papst Urban zum Kreuzzug auf. Am 14. Juli 1099 stürmte das christliche Heer unter Gottfried von Bouillon die Stadt; fast alle muslimischen und jüdischen Einwohner wurden ermordet. Der christliche Einfluss prägt bis heute zahlreiche Bauwerke Jerusalems. Nach der Schlacht bei Hattin ergab sich am 2. Oktober 1187 auch Jerusalem. Saladin schonte die Kirchen und gewährte schon wenige Tage nach der Einnahme der Stadt christlichen Pilgern den Besuch der Grabeskirche.

1191 und 1192 versuchte Richard Löwenherz vergeblich, nach Jerusalem vorzustoßen. Schließlich musste er sich damit zufrieden geben, dass Saladin ihm freien Zugang zu den heiligen Stätten anbot. 1229 schloss Kaiser Friedrich II. mit Sultan el-Kamil einen Vertrag, wonach Jerusalem und Betlehem mit einem Korridor nach Jaffa zum christlichen Königreich kamen. Am 17. März 1229 zog Friedrich in der Heiligen Stadt ein und setzte sich selbst in der Grabeskirche die Krone des Königs von Jerusalem aufs Haupt. Am 11. Juli 1244 durchbrachen 10 000 choresmische Türken die schwachen Verteidigungsanlagen der Stadt. Von nun an stand Jerusalem über 700 Jahre lang unter der Herrschaft der Muslime.

… zur Zeit Nehemias (um 533 v. Chr.)

… zur Zeit Alexander Jannois' (um 76 v. Chr.)

… zur Zeit Herodes' (um 4 v. Chr.)

… vor der Zerstörung (70 n. Chr.)

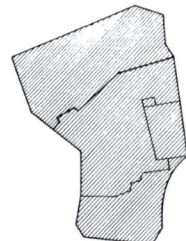

*Konrad von Grünen-
berg, Ansicht der
Grabeskirche (Buch-
malerei von 1487)*

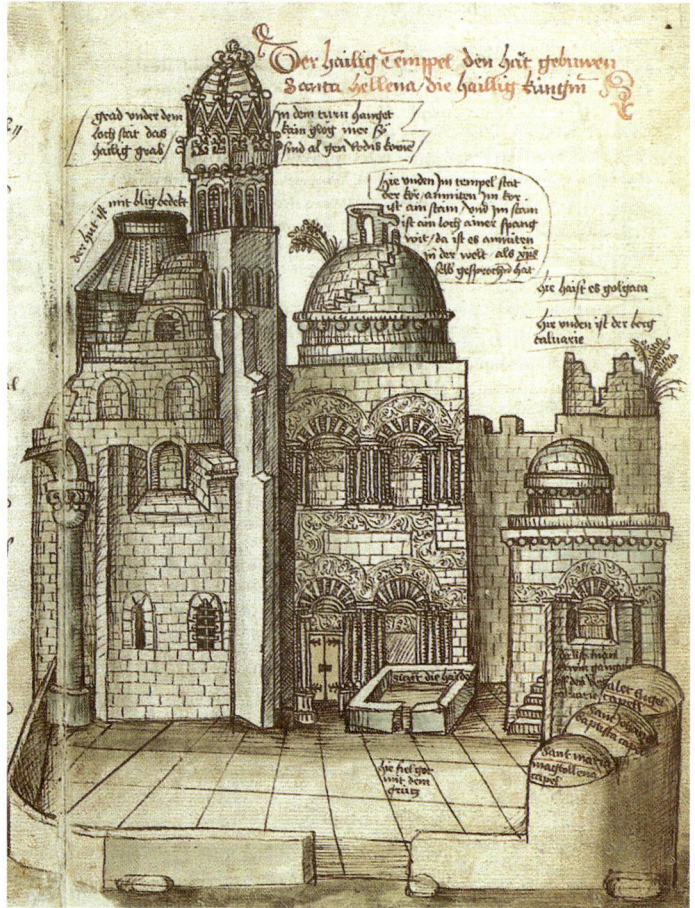

*»Weil die Grabeskir-
che zusammen mit
dem Felsendom und
der Westmauer die
drei bedeutendsten
Heiligtümer der drei
monotheistischen
Weltreligionen reprä-
sentiert, brauchen wir
dringend diesen Frie-
den. Jerusalem ist wie
eine Ellipse, in den
beiden Brennpunkten
liegen der Tempelberg
und die Grabeskirche.
Deshalb darf die Alt-
stadt von Jerusalem
(…) nicht noch einmal
geteilt werden. Nach
der politischen Auflö-
sung der Rechte von
beiden Völkern, Paläs-
tinensern und Israelis
im Osten und Westen
der Stadt, braucht Je-
rusalem wegen seiner
Heiligkeit eine spe-
zielle Verwaltung, die
auf internationalen
Garantien beruht, da-
mit für die drei Religi-
onsgemeinschaften
das Recht auf Zugang
zu ihren jeweiligen
heiligen Stätten ge-
wahrt bleibt.«
Papst Johannes Paul II.
am 6. November 2000*

Unter den Mameluckenkalifen diente die Stadt als Verbannungsort für in Ungnade gefallene Emire, die die Stadt mit prächtigen Palästen, Mausoleen, Medresen und Hospizen schmückten. Vom 13. Jh.
an ließen sich immer mehr Juden in der Altstadt nieder. 1335 kehrten auch die Franziskaner nach Jerusalem zurück, wo sie auf dem
Berg Zion ein Kloster errichteten und in der Grabeskirche Gottesdienst halten durften. 1517 entriss der türkische Sultan Selim I. den
Mamelucken Jerusalem und ganz Palästina. Sein Sohn Süleyman II.
erneuerte die Stadtmauer und stiftete zahlreiche Bauwerke und Brunnen. 1847 stellte Papst Pius IX. das Lateinische Patriarchat in Jerusalem wieder her, 1857 gründete Sir Montefiore die erste jüdische Siedlung außerhalb der Altstadtmauer, 1892 wurde die Bahnlinie nach Jaffa eröffnet. 1900 zählte die Stadt 60 000 Einwohner.

Am 11. Dezember 1917 rückten die Engländer unter General Allenby in Jerusalem ein; ab 1920 residierte hier der britische Hochkommissar für das Mandatsgebiet Palästina bis zum 14. Mai 1948. In den dann einsetzenden schweren Kämpfen zwischen Israelis und Jordaniern gelang es keiner der beiden Parteien, Jerusalem für sich zu gewinnen. Das Waffenstillstandsabkommen vom 15. Januar 1949 sah daher eine Teilung der Stadt vor: West-Jerusalem fiel an Israel, Ost-Jerusalem einschließlich der Altstadt an Jordanien; ein breiter Streifen Niemandsland war Demarkationslinie. Die einzige Verbindung zwischen West- und Ost-Jerusalem stellte das für Juden und Araber gesperrte, nur für christliche Pilger freigegebene Mandelbaumtor dar, das am heutigen Kikar Piqud HaMerkaz (Central Command Square) nordöstlich der Altstadt lag. Im Sechstagekrieg des Jahres 1967 besetzten die Israelis Ost-Jerusalem und erklärten 1980 das wiedervereinigte Jerusalem zur ›ewigen Hauptstadt Israels‹ (was die UNO bis heute nicht anerkennt). Seitdem entstehen auch in den östlichen Teilen der Stadt, in denen vorwiegend Muslime leben, jüdische Viertel.

> *»Zehn Maß Schönheit kamen in die Welt, Jerusalem nahm neun und der Rest der Welt eines.«*
> *Babylonischer Talmud*

Altstadt

Als Altstadt werden die vier Stadtteile innerhalb der Mauer Süleymans II. ›des Prächtigen‹ bezeichnet. Bis zur Zerstörung Jerusalems durch Titus im Jahre 70 n. Chr. gehörten auch der südliche Teil des Berges Zion (Oberstadt), die Stadt Davids auf dem Ofel (Unterstadt) und die Viertel nördlich der heutigen Mauern dazu. Zumindest auf dem Plan der Altstadt (S. 81) ist noch immer deutlich die Anlage der Aelia Capitolina, der Stadt des Kaisers Hadrian, zu erkennen: Der Suq Khan ez-Zeit, der dreifache Suq (Suq el-Lahhamin, Suq el-Altarin, Suq el-Khawayat) und die Habad Street folgen dem nordsüdlich verlaufenden Cardo maximus vom Damaskustor bis zum Zionstor, die David Street und die Tariq Bab es-Silsileh, die das Jaffator mit dem Tempelberg im Osten verbinden, entsprechen dem römischen Decumanus maximus. Die von diesem Straßenkreuz gebildeten vier Stadtteile werden nach ihren Bewohnern muslimisches, jüdisches, armenisches und christliches Viertel genannt.

Aussichtspunkt

Den schönsten und umfassendsten Blick über Jerusalem erhalten Sie von Armon Hanatziv südlich der Altstadt. Drei Fußgängerpromenaden, benannt nach Richard und Rhode Goldman, Walter und Elise Haas sowie Gabriel Sherover, erschließen die Hügelkette. Anfahrt mit dem Bus oder Taxi über die Hebron Road.

Altstadtmauer

Die etwa 12 m hohe, noch hervorragend erhaltene Stadtmauer wurde 1532–39 von Süleyman II. erbaut, geht aber im Wesentlichen auf die Stadtbefestigung der Colonia Hadrians zurück und ruht zum Teil auf byzantinischen Fundamenten. Ein Gang auf ihren Zinnen vom Jaffator zum Damaskustor und weiter bis zum Löwentor bzw. vom Jaffator bis zum Misttor bietet großartige Ausblicke (The Ramparts Walk). Beim **Jaffator (1),** Sha'ar Yafo und von den Arabern Bab el-Khalil (›Hebron-

The Ramparts Walk

So–Do, Sa 9–16, Fr 9–14 Uhr

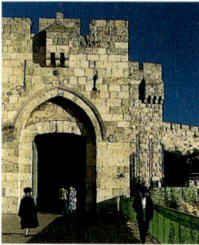

Jaffator

tor‹) genannt, begannen die alte Pilger-, Handels- und Heeresstraße zur Küste und die ›königliche Straße‹, die über König Davids Geburtsort Betlehem zu seinem Salbungsort Hebron führt. Unterhalb des Jaffatores verkehren zahlreiche Buslinien, hier beginnen die meisten Exkursionen in die Altstadt. Als Wilhelm II. 1898 Jerusalem besuchte, schlug man zwischen Tor und Zitadelle eine Bresche in die Mauer, um dem Kaiser eine würdige Einfahrt zu ermöglichen, denn das schmale, winkelförmige Tor war für repräsentative Fahrzeuge nicht passierbar.

Zitadelle

Zitadelle
www.towerofdavid.
org.il
So–Do 10–16, Sa
10–14, geführte
Touren auf Englisch
So und Do 11 Uhr

Unmittelbar am Jaffator erhebt sich die Zitadelle, eine Festung der Makkabäer, Palast Herodes' des Großen, römische Garnison, Kreuzfahrerburg und mameluckisch-osmanisches Bollwerk, heute Ausgrabungsstätte und Stadtmuseum. Der jetzige Bau el-Qal'a (›die Burg‹) stammt aus dem frühen 14. Jh. Die besonders verwundbare Nordwestecke der Stadt war schon in hellenistischer Zeit durch mächtige Wehranlagen gesichert. Bald nachdem Herodes König geworden war, begann er beim Jaffator mit dem Bau einer mächtigen und zugleich luxuriös ausgestatteten Stadtburg. 23 v. Chr. zog er aus der Burg Antonia am Nordrand des Tempelberges in die neue Festung um. Der römische Historiker Josephus hat sie genau beschrieben; viele der Einzelheiten konnten die Archäologen bei den Ausgrabungen der Jahre 1934–47 und 1968/69 bestätigen. Drei gewaltige Türme verstärkten im Norden und Westen die Festung. Der erste, der den Namen Hippikos trug, des im Krieg ge-

Zitadelle
1 Portal mit Brücke
2 Offene Moschee
3 Toranlage
4 Mameluckenhalle
5 Davidsturm
(Phasaelturm)
6 Ostturm
7 Südostturm
8 Mittelalterlicher
Bogen
9 Hasmonäische
Stadtmauern mit
zwei Türmen
10 Fundamentmauern
des herodiani-
schen Palastes
11 Nordwestturm
12 Moschee (Kreuz-
fahrerhalle)
13 Minarett
14 Jaffator

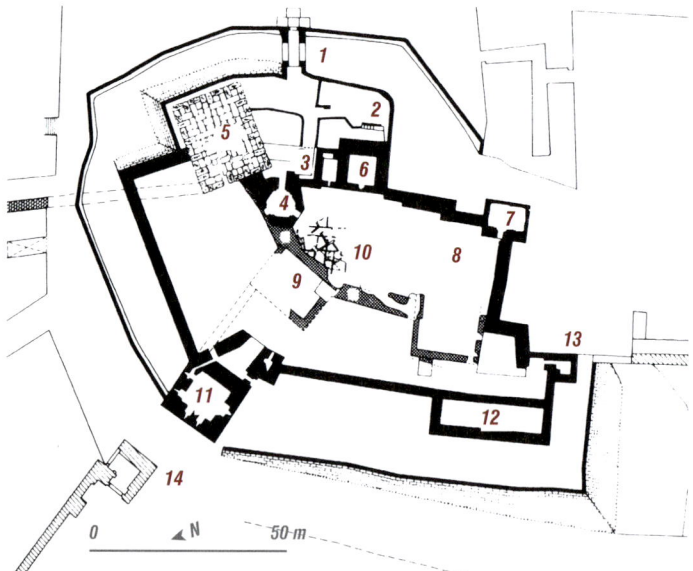

fallenen Freundes Herodes' des Großen, maß 12,5 m × 12,5 m und war insgesamt fast 40 m hoch. Auf einen 15 m hohen massiven Sockel setzten die Architekten eine 10 m hohe Zisterne und darüber einen mit Doppeldach versehenen, mehrgeschossigen Wohntrakt von 12 m Höhe. Den zweiten, insgesamt 45 m hohen Turm benannte Herodes nach seinem Bruder Phasael (heute Davidsturm). Auf einem massiven Steinkubus von 13,7 m Seitenlänge erhob sich eine 5 m hohe Säulenhalle, in deren Mitte ein Wohnturm aufragte, der in prächtige Räume unterteilt war und sogar ein Bad enthielt. Der dritte Turm hieß nach Herodes' Lieblingsfrau Mariamme, die er sechs Jahre zuvor hatte hinrichten lassen. Die Türme bestanden aus 2,50 m langen und 1,25 m hohen, weißen Marmorblöcken, die so genau behauen waren, dass man keinen Mörtel benötigte. Hölzerne Außentreppen, die im Notfall schnell abgerissen werden konnten, verliehen den drei Wehrtürmen mehr Sicherheit als steinerne Innentreppen. Südlich der Türme lag, umgeben von einer 5 m hohen Mauer, der eigentliche Palast, der prunkvollste Bau, der je in diesem Lande erschaffen worden war. Das Baumaterial, vom härtesten Granit bis zum edelsten Marmor, kam aus aller Herren Länder. Die großen Empfangs- und Speisesäle waren mit kostbaren Gemälden und Skulpturen geschmückt, Säulenhallen umgaben Parkanlagen mit Taubenschlägen, Teichen und bronzenen Wasserspeiern.

Beim Sturm auf Jerusalem im Jahre 70 n. Chr. zerstörte Titus den Palast bis auf die Grundmauern; nur die drei Türme ließ er ›als Denkmäler seines Glückes‹ stehen. Die Stelle des einstigen Palastes nahm fortan ein römisches Lager für die X. Legion ein. In byzantinischer Zeit diente das Lager zeitweise als Kloster. Die Kreuzfahrer errichteten im 12. Jh. eine Burg mit fünf Türmen und einem breiten Wehrgraben. Im 14. Jh. erneuerten die Mamelucken sie und stockten den Phasaelturm auf. Süleyman II. bezog die Zitadelle mit in die Stadtmauer ein.

Rundgang durch die Zitadelle, das heutige **Stadtmuseum:** Durch das mameluckisch-osmanische Portal gelangt man über den einstigen fränkischen Wehrgraben in einen großen Vorhof. In der offenen Moschee Süleymans südlich davon steht noch der alte Mihrab. Die in den Innenhof führende Toranlage erinnert an die mächtige Kreuzfahrerburg, die sechseckige Halle an ihrem Ausgang stammt aus mameluckischer Zeit. Der Davidsturm ist das letzte größere Relikt der herodianischen Burg. In ihm ist ein kleines Museum aller in Jerusalem vertretenen Religionsgemeinschaften eingerichtet, die durch je eine originalgetreu gekleidete Puppe repräsentiert werden. Auf dem Hof erkennt man zwei Türme und die Mauer der vorherodianischen Festung. Hier stießen die Archäologen auf acht Mauerschichten – die unterste fast 2800 Jahre alt –, die bis 9 m unter das Hofniveau reichen. Die Kreuzfahrerhalle im Südwesten verwandelte Saladin in eine Moschee; das kraftvolle Minarett stammt aus dem 16. Jh. Die dem Hinnomtal nach Süden folgende Mauer lässt noch deutlich die einzelnen Bauperioden erkennen: unten die mächtigen, sorgfältig behauenen Quader Herodes' des Großen, darüber die mittelalterliche Befestigung und oben das Mauerwerk Süleymans.

Das **Zionstor (3)**, hebräisch Sha'ar Ziyyon, arabisch Bab en-Nebi Daud (›Davidstor‹, weil die Muslime durch dieses Tor auch das von ihnen verehrte Grab Davids erreichen), verbindet den südlichen Teil des Berges Zion mit dem nördlichen. Es öffnet sich auf das armenische und das jüdische Viertel. In römischer Zeit war es das südliche Haupttor. An mehreren Stellen der Mauer sind römische und fränkische Architekturteile eingefügt. In seiner jetzigen Gestalt geht es auf die Mamelucken zurück, unter den Osmanen wurde es erneuert.

Durch das **Misttor (4)**, hebräisch Sha'ar HaAshpot, arabisch Bab el-Muraribe, das tiefstgelegene Tor der Altstadtmauer, wurde früher der Müll hinausgebracht. Das heutige Tor entstand erst in den 1950er-Jahren etwas östlich der alten Toranlage. Der große Parkplatz davor ist Ausgangspunkt für den Besuch des Tempelberges, des jüdischen Viertels und der Stätten des Berges Zion. Etwa 150 m östlich vom Misttor läuft die Mauer in scharfem Knick nach Norden und trifft in Höhe des Doppelten Tores auf die Tempelbergmauer, die auf dem weiteren Streckenabschnitt die Funktion der Stadtmauer übernimmt. Am Nordende des Tempelberges setzt sich die Stadtmauer Süleymans in nördlicher Richtung fort.

Das **Löwentor (5)**, hebräisch Sha'ar HaArayot, ist heute das einzige offene Osttor der Altstadt. Es führt zum Kidrontal, zum Ölberg und zur Straße nach Jericho. Der Legende nach waren Süleyman II. zwei Löwen erschienen, die ihm befahlen, die verfallene Mauer wieder aufzubauen. Zur Erinnerung an diesen Traum ließ der Sultan auf jeder Seite des Tores zwei mameluckische Steinlöwen einfügen, die wohl aus einem Bau des Sultans Baibars (1260–77) stammten. Die Christen nennen das Tor Stephanstor, weil in seiner Nähe der Diakon Ste-

Altstadt

1 Jaffator
2 Zitadelle
3 Zionstor
4 Misttor
5 Löwentor (Stephanstor)
6 Herodestor
7 Damaskustor
8 Steinbrüche Salomos
9 Neues Tor
10 Aqabat et-Taqiyeh
11 Turbe es-Sitt Tunshuq
12 Medrese Resasiya
13 Ribat Ala ed-Din el-Basir
14 Ribat Mansuri
15 Khan es-Sultan
16 Turbe Turqan Khatun
17 Khalidiye-Bibliothek
18 Medrese Tanqaziya
19 Mawlawiye-Moschee
20 Ramban-Synagoge
21 Hurva-Synagoge
22 Cardo maximus
23 Sidna-Omar-Moschee
24 Sephardisches Synagogenzentrum
25 Tif'eret Yisra'el-Synagoge
26 Yishuv-Museum
27 Herodianisches Viertel
28 Markuskirche
29 Jakobuskirche
30 Museum für armenische Kunst und Geschichte
31 Salvatorkloster
32 Museum des griechisch-orthodoxen Patriarchats
33 Teich des Hezekiah
34 Muristan
35 Kirche Johannes' des Täufers
36 Erlöserkirche
37 El-Khanqa
38 El-Omariye
39 Kloster St. Anna
40 Betesda-Teich
41 Omariye-Schule
42 Verurteilungskapelle
43 Ecce-Homo-Basilika
44 Österreichisches Pilgerhospiz
45 Grabeskirche
46 Klagemauer
47 Wilsonbogen
48 Archäologischer Garten
49 Aqsa-Moschee
50 Islamisches Museum
51 Felsendom
52 Dormitiokirche
53 Abendmahlssaal
54 St. Peter in Gallicantu

Altstadt Jerusalem

0   100   200 m

Derekh Shechem

HaNevi'im

Sultan Süleyman

6

MUSLIMISCHES VIERTEL

8

19

Salah ed-Din

7

Arabet el-Rahbat

40 39

Sha'ar HaPrahim

Kham ez-Zeit

Tariq el-Wad

43 42

Via dolorosa

44

41

Burg Antonia

III

IV

Via dolorosa

V

Sha'ar HaArayot

5

HaTsanhanim

CHRISTLICHES VIERTEL

VI

Gefängnistor

Goldenes Tor

31

9

VII

El Khanka St

Kirche der hl. Veronika

VIII

St. Francis

37

11 12 13 14

Tempelberg

51

Casa Nova St.

Agabat et-Taqiyeh

10

HaMinzar HaYevani (Christian Quarter Rd)

32

45

A Saraya

X–XIV

Tariq el-Wad

Lateinisches Patriarchat

Griechisch-orthodoxes Patriarchat

IX

Koptisches Kloster Alexander Nyevsky

38

36

34

Al Khalidiya

Griechisch-katholisches Patriarchat

33

15

16

Goldenes Tor

35

(HaShalshelet)

47

David St. (El Basar)

Tariq Bab es-Silsileh

17 18 46

Chativat Yerushalayim

Mamila Pedestrian Mall

i

1

Christian Information Centre

2

Maronitischer Konvent

Israelitischer Turm

JÜDISCHES VIERTEL

49

50

Derech HaOfel

Syrischer Konvent

Breite Mauer

Habad

Havehudim

Misgav Ladach

28

Armenian Orthodox Patriarchate Road

22

20 25

21

23

27 **Burnt House**

48

26

29 30

24

4

Batei Machse

Armenisches Patriarchat

Ma'ale Shalom

Gihonquelle

ARMENISCHES VIERTEL

3

Chativat Yerushalayim

52

Derekh Hevron

53

54

Siloahteich

SILWAN

**Steinbrüche
Salomos**

z. Zt. nur für Gruppen nach vorheriger Anmeldung zugänglich
Tel. 026 27 75 50

phanus, der erste Märtyrer der Christenheit, gesteinigt wurde. Für die Araber ist es das Bab Sitti Marjam (›Marientor‹), weil sie in der benachbarten Kirche St. Anna die Geburtsstätte Marias und im Kidrontal ihr Grab verehren. Viele Juden bezeichnen es als Joschafattor, weil es zum gleichnamigen Tal zwischen Ölberg und Tempelberg führt. Nahe der Nordostecke der Mauer findet an jedem Freitagmorgen ein Schafmarkt statt.

Am **Herodestor (6)**, hebräisch Sha'ar HaPerahim (›Blumentor‹), arabisch Bab es-Sahirah (›Tor, an dem man wach bleibt‹), einem schmucklosen türkischen Zweckbau, soll Jesus seinen Landesherrn Herodes Antipas, der 30 n. Chr. zum Paschafest nach Jerusalem gekommen war, getroffen haben (Lk 23,7). Der Name dürfte aber eher auf Herodes Agrippa (41–44 n. Chr.), den Schöpfer der Nordmauer, zurückgehen.

Größtes und schönstes Tor der Altstadt ist das **Damaskustor (7)**, hebräisch Sha'ar Shekhem (›Sichem‹- bzw. ›Nablustor‹), arabisch Bab el-'Amud (›Säulentor‹). In römischer Zeit befand sich hier das Haupttor Jerusalems, bei dem die säulengeschmückte Prachtstraße, der Cardo maximus, begann (der damalige Eingang lag unter der heutigen Stufenstraße). Bei Ausgrabungen kam ein Teil der römischen Toranlage zum Vorschein. Das zweifach gewinkelte Damaskustor ist mit Zinnen und zahlreichen Türmchen geschmückt. Eine arabische Inschrift über dem Eingang weist auf Süleyman den Prächtigen hin. Etwa 150 m östlich vom Damaskustor trifft man in einer Grünanlage außerhalb der Mauer auf den Eingang zu den **Steinbrüchen Salomos (8)**, oft auch Zedekiahöhle (Me'arat Zidkiyahu) genannt. Das künstliche Höhlensystem geht auf einen alten Steinbruch zurück, der sich, vielfach verästelt, fast 200 m weit unter die Altstadt schiebt. Man sagt, dass Zedekia, der letzte König von Juda, 587 v. Chr. den Truppen Nebukadnezars durch diese Höhlen entkommen sei (im Jordantal geriet er aber bald danach in Gefangenschaft).

Das **Neue Tor (9)**, hebräisch Sha'ar HeHadash, wurde erst 1889 in die Stadtmauer gebrochen, um den Patriarchen einen direkten Zugang zu ihren Residenzen im christlichen Viertel zu verschaffen.

Muslimisches Viertel

Den betriebsamsten Teil der Altstadt bildet das muslimische Viertel, durch das der größte Abschnitt der Via dolorosa (s. S. 93) verläuft. Eine seiner interessantesten Straßen ist die **Aqabat et-Taqiyeh (10)**, die den Suq Khan ez-Zeit mit dem Tariq el-Wad verbindet. Typisch für den Baustil der Mamelucken sind die üppigen Stalaktitenportale und die architektonisch reizvolle Verbindung von rosafarbenem Marmor, schwarzem Basalt und weißem Kalkstein. Beachtung verdient zunächst die **Turbe es-Sitt Tunshuq (11)**, das Mausoleum einer tscherkessischen Prinzessin, die um 1400 den gegenüberliegenden kleinen Palast bewohnte (heute befindet sich dort ein muslimisches Waisen-

haus). Die sich anschließende **Medrese Resasiya (12),** ursprünglich als Hospiz für muslimische Pilger gestiftet, stammt aus der Zeit um 1540 und weist bereits osmanische Elemente auf. Der Brunnen an der Einmündung der Aqabat et-Taqiyeh in den Tariq el-Wad geht auf Süleyman II. zurück. Der Tariq Ala Uddin bildet die Fortsetzung der Aqabat et-Taqiyeh bis zum Bab en-Nadhir. Das im 13. Jh. entstandene Hospiz **Ribat Ala ed-Din el-Basir (13)** war unter den Türken Stadtgefängnis. Der Mameluckensultan Qalawun (1279–90) ließ das Pilgerhospiz **Ribat Mansuri (14)** erbauen; es diente in osmanischer Zeit als Kaserne und später als Gefängnis.

Vom Tariq Bab es-Silsileh führt eine kleine Gasse zum **Khan es-Sultan (15),** einer im Jahre 1386 von Sultan Barquq erbauten Karawanserei. In den einstigen Ställen des Erdgeschosses sind heute Werkstätten eingerichtet. Die **Turbe Turqan Khatun (16)** kurz vor der Tariq el-Wad erinnert an eine Mameluckenprinzessin, die im 14. Jh. auf der Pilgerreise nach Jerusalem starb. Sehenswert ist die arabeskengeschmückte Fassade des Grabmals. Weiter zum Bab es-Silsileh hin kommt man an der Turbe Baraqat Khan aus dem 13. Jh. vorbei, wo seit 1900 die berühmte **Khalidiye-Bibliothek (17)** mit 12 000 kostbaren Büchern und Handschriften untergebracht ist. Auf dem Wilsonbogen steht die **Medrese Tanqaziya (18),** gestiftet vom Emir von Damaskus (1328). Beachtung verdient das stalaktitengeschmückte Portal mit einer arabischen Inschrift und den Wappen der Mamelucken. Die **Mawlawiye-Moschee (19)** östlich vom Damaskustor ist vermutlich mit der fränkischen Agneskirche identisch.

Jüdisches Viertel

Das jüdische Viertel erhielt seinen Namen schon in frühislamischer Zeit, als die Juden sich hauptsächlich auf diesen Stadtteil konzentrierten. 1140 eröffneten die Kreuzfahrer hier ein deutsches Pilgerhospiz. Unter dem Mameluckensultan Baibars gründete der große sephardische Rabbi Moshe ben Nachman in dem Viertel eine jüdische Gemeinde. Im 15. Jh. kamen Sephardim aus Spanien, im 18. Jh. wanderten zahlreiche aschkenasische Juden aus Mittel- und Osteuropa ein. Als 1948 die Altstadt Jerusalems unter jordanische Herrschaft geriet, mussten die Juden weichen; das jüdische Viertel blieb bis 1967 nahezu unbewohnt und verfiel. Nach dem Sechstagekrieg begann man mit dem Wiederaufbau des alten Stadtteils. Neue Wohnhäuser, Talmudlehrstätten und Synagogen entstanden, wobei der bauliche Charakter des Viertels jedoch weitgehend erhalten blieb.

Die **Ramban-Synagoge (20)** gilt als ältestes jüdisches Bethaus in Jerusalem. Sie wurde um 1267 von Rabbi Moshe ben Nachman (Nachmanides) an der Stelle eines älteren, von den Kreuzfahrern zerstörten Versammlungshauses erbaut. Da das umliegende Straßenniveau durch den Trümmerschutt der Jahrhunderte um etliche Meter gestiegen ist, sind die Säulen und Mauern nur noch bis knapp zur Hälfte sichtbar. Gleich neben der Ramban-Synagoge erhebt sich die **Hurva-Synagoge (21)**. 1701 begann der aschkenasische Rabbi Yehuda Hassid mit dem Neubau auf den Fundamenten einer im 13. Jh. zerstörten Synagoge. Sein früher Tod beendete jedoch die Arbeiten an dem erst halbfertigen Gebäude, das fortan HaHurva – ›die Ruine‹ – genannt wurde, auch nach seiner Vollendung im Jahre 1856. 1949 fiel die Synagoge dem Krieg zum Opfer, nach 1967 wurde sie als Mahnmal erhalten. 2005 beschloss man, die Synagoge nach den Plänen aus dem 19. Jh. neu zu errichten, für die Gläubigen öffneten sich ihre Türen wieder im Jahr 2010.

An der Jewish Quarter Street stießen Archäologen auf den **Cardo maximus (22)**. Elegante Geschäfte flankieren die 8 m breite, von Kolonnaden eingefasste rekonstruierte Prachtstraße des römisch-byzantinischen Jerusalem. Die kleine **Sidna-Omar-Moschee (23)** soll eine Jüdin, deren Sohn zum Islam übergetreten war, im 15. Jh. errichtet haben.

Südöstlich der Moschee liegt an der Bet El Street das **sephardische Synagogenzentrum (24)**. Als die Osmanen im Jahre 1586 die Hauptsynagoge der Stadt, die Ramban-Synagoge, schlossen, bauten sich die Sephardim an jener Stelle, an der der berühmte Talmudgelehrte Rabbi Jochanan ben Zakkai im 1. Jh. seine Schüler unterrichtete, ein neues Bethaus; es wuchs bald zu einem Komplex von vier Synagogen heran. Die Elijahu-Hanawi-Synagoge enthält einen reich geschnitzten Thoraschrein (Italien 16. Jh.), einen kostbaren Stuhl, den einst der Prophet benutzt haben soll, und eine Chuppa, einen Traubaldachin aus Spanien. Die Istanbul-Synagoge war ursprünglich den türkischen Gemeindemitgliedern vorbehalten, im 19. Jh. wurde sie bevorzugte

Sephardisches Synagogenzentrum

So–Do 9.30–16, Fr 9.30–12.30 Uhr

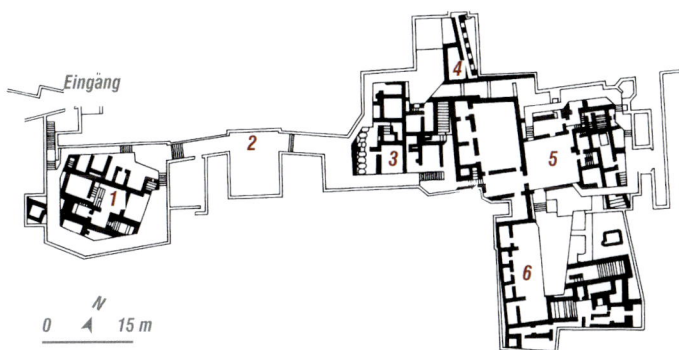

Eingäng

N
0   15 m

*Archäologisches
Museum Wohl
(Herodianisches
Viertel)*

1 *Westhaus*
2 *Verbindungsgang
    (Ausstellungen)*
3 *Mittelkomplex*
4 *Peristylhaus*
5 *Herrenhaus*
6 *Südhaus*

Betstätte für die Menschen der umliegenden Gassen. Beachtung verdienen hier der prächtige Thoraschrein (17. Jh.) und eine Barock-
kanzel aus Pesaro. Die Emza'i-Synagoge schließlich ging aus dem gemeinsamen Vorraum der drei Synagogen hervor. Zu erwähnen sind
noch die Ruinen der **Tif'eret-Yisra'el-Synagoge (25),** der 1948 zerstörten Hauptsynagoge der chassidischen Juden.

Etwas abseits des Weges ist zwischen Wohnbauten ein offener Grabungsschnitt mit einer gewaltigen Mauer, der sog. **Breiten Mauer,** zu
sehen. Dieses etwa 7 m breite und bis zu 3 m hohe Mauerstück ist Teil
des Fundaments einer Befestigungsmauer, die wahrscheinlich unter
König Hezekias am Ende des 8. Jh. v. Chr. angelegt wurde. Noch etwas weiter nördlich weist ein Schild auf den **Israelitischen Turm.**
Über Treppenstufen gelangt man hinab zu dem mächtigen Turm mit
einer Mauerstärke von 4 m, der in das 7.Jh. v.Chr. datiert wird. Ver-
brennungsspuren und Pfeilspitzen, die im Umfeld zutage kamen, bringen den Befestigungsturm in Zusammenhang mit der babylonischen
Plünderung Jerusalems im Jahr 586 v. Chr.

Im Westen des jüdischen Viertels befindet sich in einem wieder-
aufgebauten Wohnhaus (Rehov Or Itahayim 6) das **Yishuv-Museum
(26),** das einen Einblick in das jüdische Gemeindeleben vermittelt. Es
enthält u. a. möblierte Wohnräume sephardischer und aschkenasi-
scher Familien (um 1900), das Geburtszimmer des Rabbi Isaak Luria
(1534) und die Or-Hahayim-Synagoge (1742).

In der HaKara'im Road lohnt das **Archäologische Museum Wohl,**
das auch **Herodianisches Viertel (27)** genannt wird, einen Besuch.
In vorbildlicher Weise wird hier die Erforschung eines Wohnviertels
frührömischer, herodianischer Zeit (etwa 37 v. Chr.–70 n.Chr.) präsentiert. Das restaurierte Grabungsgelände befindet sich im Untergeschoss des Yeshivat HaKotel, eines großen Thora-Zentrums. Die Ausgrabung erfolgte zwischen 1971 und 1974. Die Räumlichkeiten und
Mauerverläufe von sechs zwei- bis dreistöckigen Häusern lassen sich
noch nachvollziehen. Im Untergeschoss befanden sich Vorrats- und
Bedienungsräume, im Erd- und im Obergeschoss die Wohnräume. Bei

Israelitischer Turm
*So–Do 9–17,
Fr 9–13 Uhr*

Yishuv-Museum
*So–Do 10–15,
Fr 10–13 Uhr*

*Archäologisches
Museum Wohl und
Burnt House*
*So–Do 9–17 (Fr
und vor Feiertagen
bis 13) Uhr*

zwei Häusern sind die Räume um einen Innenhof gruppiert. Auffallend sind die vielen Bäder mit Badewannen, Zisternen, Schwimmbecken und Ritualbäder (Mikwe). Sie bezeugen, dass hier eine wohlhabende Schicht lebte, die sich den Luxus eigener Badeanlagen leisten konnte. Die Ausstattung der Häuser wird durch zahlreiche erhaltene Mosaike, Wandfresken und Stuckverkleidungen sowie durch Steintische und Keramikerzeugnisse lebendig. Ganz in der Nachbarschaft zeigt das **Verbrannte Haus** *(Burnt House)* ebenfalls Überreste eines Wohnhauses. Alles Inventar wird so dokumentiert, wie es die Feuerbrunst am 2. September des Jahres 70 n. Chr. hinterlassen hat. Eine audio-visuelle Vorführung in verschiedenen Sprachen schildert historische Ereignisse und das Leben der jüdischen Bevölkerung in dieser Zeit.

In der Markuskirche

Armenisches Viertel

Das armenische Viertel erstreckt sich vom Jaffator bis zum Zionstor und bedeckt somit den nördlichen Teil des Berges Zion. Östlich der Zitadelle liegen ein Maronitenkloster, die anglikanische Christuskirche mit angeschlossenem Hospiz und das Markuskloster der syrischen Jakobiter mit der **Markuskirche (28),** die nach der Tradition auf den Fundamenten des Hauses der Maria steht. Maria, die Mutter des Evangelisten Markus, stellte ihr großes Haus der Jerusalemer Christengemeinde als Gebetsstätte zur Verfügung. Schon im 7. Jh. stand hier eine Kirche, und einer Inschrift zufolge soll an diesem Platz bereits im Jahre 143 eine Kapelle errichtet worden sein. Die Markuskirche ist ein Kreuzfahrerbau des 12. Jh. Beachtung verdienen das silberbelegte Taufbecken, eine Marienikone, die dem Evangelisten Lukas zugeschrieben wird und als eines der ältesten Marienbilder gilt, und der reich geschnitzte Patriarchenthron.

Baudetail im armenischen Viertel

Den ganzen südlichen Teil des Viertels nimmt der ummauerte Komplex des armenischen Klosters ein, eine kleine Stadt für sich, mit zwei- und dreistöckigen Wohnhäusern für 3500 Armenier, mit Schulen, Werkstätten, einer öffentlichen Bibliothek mit vorwiegend armenischer Literatur, einem Priesterseminar und der Residenz des armenischen Patriarchats. Das Herz des Viertels ist die Jakobus dem Älteren geweihte Patriarchatskirche, deren erster Bau beim Persereinfall (614) zerstört wurde.

Die heutige **Jakobuskirche (29)** stammt im Wesentlichen aus dem 12. Jh.; sie zählt zu den schönsten Sakralbauten Jerusalems. Man betritt den dreischiffigen Kuppelbau durch eine Vorhalle aus dem 17./18. Jh. Eine großartige Ikonostase verdeckt die Apsis. Davor steht der ›Stuhl des hl. Jakobus‹, den schon Eusebius († 339) erwähnte. Die beiden Seitenaltäre sind der Gottesmutter (links) und Johannes dem Täufer (rechts) gewidmet. Links vom Portal führen Stufen zur Kapelle des hl. Makarios empor, der im 4. Jh. Bischof von Jerusalem war. Die kleinen Kapellen des hl. Jakobus und des hl. Menas, eines ägyptischen Märtyrers, gehen auf das 5. Jh. zurück; für ihren Besuch ist eine Sondergenehmigung erforderlich, weil hier wertvolle Handschriften aus dem 13. Jh. aufbewahrt werden. Die große Kapelle des hl. Stephan enthält die Sakristei und ein Baptisterium. Die Etschmiadsin-Kapelle bildete bis zum Bau der Vorhalle den Narthex der Jakobuskirche. Das **Museum für armenische Kunst und Geschichte (30)** dokumentiert auf eindrucksvolle Weise die Geschichte dieses Volkes.

Markuskirche
Mo–Sa 8–17 Uhr

Jakobuskirche
nur während der Gottesdienste:
Mo–Fr, So
6.30–7.30 (Sa bis 9.30), tgl. 15–15.40 Uhr

Museum für armenische Kunst und Geschichte
bei Redaktionsschluss wegen Renovierung geschlossen

Christliches Viertel

Das christliche Viertel wird von den Zentren der christlichen Konfessionen und Organisationen beherrscht, deren jetzige Bauten fast alle erst im 19. und 20. Jh. entstanden sind. Schon 1342 hatte Papst Klemens VI. den Franziskanerorden mit der Wahrung der lateinischen

Salvatorkloster

Salvatorkloster
Mo–Fr 8.30–17.30
(Sa bis 12.30) Uhr

**Museum des grie-
chisch-orthodoxen
Patriarchats**
Mo–Sa 9–11.30 Uhr

Johanneskirche
Mo–Sa 8–12 und
14.30–18 Uhr

Interessen an den heiligen Plätzen Palästinas beauftragt. 1559 übernahm der Orden von den Armeniern (Georgiern) das **Salvatorkloster (31),** wo sich heute die ›Kustodie des Heiligen Landes‹ befindet, der die Verwaltung und Betreuung der römisch-katholischen Stätten obliegt. Die zum Klosterkomplex gehörende Salvatorkirche mit ihrem 48 m hohen Glockenturm entstand 1882–85, das franziskanische Pilgerhospiz Casa Nova 1847 (1964 wurde es erweitert). Erwähnenswert sind ferner das lateinische, das griechisch-orthodoxe, das griechisch-katholische, das koptische und das äthiopische Patriarchat.

In der Greek-Orthodox Patriarchate Road sollte man keinesfalls am **Museum des griechisch-orthodoxen Patriarchats (32)** vorübergehen. Es enthält eine kleine, aber erlesene Sammlung von römischen und byzantinischen Vasen, kunstvoll gearbeiteten Reliquiaren, Ikonen und Miniaturen des Mittelalters. Eindrucksvollstes Exponat ist wohl ein Kapitell aus der Verkündigungskirche der Kreuzfahrer in Nazaret, das die Köpfe der Brüder Moses und Aaron zeigt (12. Jh.). Hinter einer Häuserzeile der Christian Quarter Road versteckt sich der etwa 40 m × 70 m große **Teich des Hezekiah (33),** die stattliche Zisterne ›Amygdalon‹ Herodes’ des Großen, von den Kreuzfahrern Patriarchenteich genannt.

Östlich der Christian Quarter Road erstreckt sich der **Muristan (34),** ein etwa 130 m × 130 m großes Viertel, das aus dem Forum der hadrianischen Colonia Aelia Capitolina hervorging. Die King David Street war der Decumanus maximus; der Cardo maximus, der die Ostgrenze des Forums bildete, ist hier eine dreifache Basarstraße mit dem Suq el-Lahhamin (Fleischmarkt), dem Suq el-Attarin (Gewürzmarkt) und dem Suq el-Khawajat (Textilmarkt). Im 4. Jh. ließ Kaiser Konstantin die große Basilika der Anastasis (Grabeskirche) im Norden des Forums errichten. In frühislamischer Zeit war das einstige Forum das Handelszentrum Jerusalems. Um 1073 gründeten Kaufleute aus der italienischen Stadt Amalfi, die hier ein Kontor unterhielten, das Johanneshospiz, und noch vor der Ankunft der Kreuzfahrer im Jahre 1099 eröffneten die Benediktiner weitere Herbergen. Da den Hospizen meist Hospitäler angeschlossen waren, gaben persische Kaufleute dem Viertel den Namen Muristan (›Hospitalviertel‹). 1099 konstituierte sich im Johanneshospiz der geistliche Orden der Johanniter, auch Hospitaliter genannt. Im Laufe des 17. und 18. Jh. verfiel der Muristan allmählich. 1896 schenkte Sultan Abd ul-Hamid II. die östliche Hälfte des Viertels dem Deutschen Reich und die westliche dem griechisch-orthodoxen Patriarchat.

Das Zentrum des Muristan bildet der Griechische Basar (Suq Aftimos), der um die Jahrhundertwende als geschlossenes Geschäftsviertel errichtet wurde. Vier von monumentalen Toren begrenzte Ladenstraßen treffen sich in der Mitte bei einem Brunnen. In der Südwestecke des Muristan erhebt sich, an ihrer silbern leuchtenden Kuppel weithin erkennbar, die griechisch-orthodoxe **Kirche Johannes’ des Täufers (35),** die im 11. Jh. von italienischen Kaufleuten über einer byzantinischen Kirche (5. Jh.) erbaut und im 12. Jh. von den Kreuz-

Blick auf das Muristan-Viertel

fahrern erneuert wurde. Die Unterkirche entstand im 5. Jh. und gilt als die älteste erhaltene Kirche Jerusalems. Sie ist ein Dreikonchenbau; der Haupteingang im Westen führt durch einen breiten Narthex; Nebeneingänge befanden sich in der Nord- und Südkonche. In der Ostkonche steht der Altar. In der mittelalterlichen Oberkirche setzte sich die seltene Dreikonchen-Bauweise fort; eine schöne Ikonostase schmückt den Innenraum.

Die evangelisch-lutherische **Erlöserkirche (36)** steht an der Stelle der Santa Maria Latina Karls des Großen (im 9. Jh. hatte der Kalif Harun al-Raschid dem befreundeten Kaiser den Bau einer Kirche und eines Pilgerhospizes erlaubt). Die Erlöserkirche wurde 1898 in Gegenwart Kaiser Wilhelms II. geweiht (Sultan Abdulhamid II. hatte das Grundstück 1868 dem Kronprinzen Friedrich Wilhelm von Preußen geschenkt). Die Erlöserkirche ist eine dreiapsidiale Basilika; das prachtvolle, mit Tierkreissymbolen geschmückte Nordtor sowie fränkische Säulen und Kapitelle wurden liebevoll integriert. Im November 2012 wurde unter der Erlöserkirche ein **Archäologischer Park** eröffnet. Neben einem Museum im restaurierten mittelalterlichen Kreuzgang (11. und 13. Jh.) unter der Propstei bietet er auch Zugang zu den Grabungsschnitten. Hier lassen sich Steinbruch und Gartengelände, die außerhalb der neutestamentlichen Stadt lagen, sowie Schuttmassen der im Jahr 70 n. Chr. zerstörten Stadt und Mauerstrukturen aus hadrianischer und konstantinischer Zeit erkennen. Die Grabungen klärten, dass das in der Grabeskirche verehrte Golgota wirklich außerhalb der herodianischen Stadtmauern lag. Vom 50 m hohen **Glo-**

Erlöserkirche und Archäologischer Park
Mo–Fr 9–12, 13–15.30 Uhr

89

ckenturm bietet sich ein großartiger Rundblick über die Altstadt bis zum Ölberg, auf den Muristan und auf die Grabeskirche.

Im Bereich des russisch-orthodoxen Alexanderhospizes (1896) fanden Ausgrabungen statt, die ein inzwischen rekonstruiertes **Tor der hadrianischen Aelia Capitolina** und **Reste der Stadtmauer** Herodes' des Großen zu Tage förderten.

Die Grabeskirche (s. S. 96) nördlich des Muristan wird von zwei arabischen Gotteshäusern flankiert. Beide entstanden unter Saladin, **el-Khanqa (37)** im Norden zwischen 1187 und 1189 (das Minarett stammt aus dem Jahre 1418) und **el-Omariye (38)** im Süden um 1193 (ihr Minarett erhielt sie in der zweiten Hälfte des 15. Jh.).

Der christliche Pilgerweg durch die Altstadt

Am **Löwentor (Stephanstor)** beginnt die Lion's Gate Road (Rehov Sha'ar HaArayot, Tariq Bab Sitti Marjam). Linker Hand lag einst der **Birket Israel,** eine 100 000 m³ fassende Zisterne aus herodianischer Zeit, die man vom 13. bis zum 19. Jh. für den Teich Betesda hielt. Rechts zieht sich das Kloster St. Anna entlang. Eine unscheinbare Tür öffnet sich zur St.-Anna-Kirche (39) und zum wirklichen Betesda-Teich (40).

Die St.-Anna-Kirche (Annenkirche), eine der besterhaltenen Kreuzfahrerkirchen des Heiligen Landes

St.-Anna-Kirche (39)

Das Gotteshaus ist der Geburt Marias geweiht. Hier soll nach christlicher und islamischer Tradition das Haus von Anna und Jojakim, der Eltern der Gottesmutter, gestanden haben. Der Bau zählt zu den am besten erhaltenen Kreuzfahrerkirchen im Heiligen Land, was seiner fast 700-jährigen Verwendung als Moschee zu verdanken ist. Er gilt zugleich als typisches Beispiel sakraler Kreuzfahrerarchitektur – von romanischer Wucht und Strenge mit ersten frühgotischen Einflüssen. Die Annenkirche wurde vor 1150 von der Königin Alda, der Witwe Balduins I., die sich anschließend in das benachbarte Benediktinerinnenkloster zurückzog, erbaut. Nach der Einnahme Jerusalems 1187 wandelte Saladin die Kirche in eine Moschee um; das Kloster wurde zur Koranschule. Als Dank für die von Frankreich geleistete Hilfe im Krimkrieg (1854–56) schenkte Sultan Abdul Medschid I. diese Kirche Napoleon III. Nachdem der französische Architekt C. Mauss den Bau 1863–77 sorgfältig und stilgerecht restauriert hatte, kam er in die Obhut der Weißen Väter, einer katholischen Weltpriestergenossenschaft für die äußere Mission.

Die 34 m lange und 19,5 breite Kirche hat drei Schiffe, die in ein Querschiff mit drei Apsiden münden. Über der Vierung erhebt sich eine 18 m hohe Kuppel. Der bildhauerische Schmuck ist sparsam; er beschränkt sich auf Symbole an den Pfeilern, zu beiden Seiten der Hauptapsis und über den Apsisfenstern. Der in den 1950er-Jahren entstandene **Hochaltar** zeigt vorn die Verkündigung, die Kreuzabnahme und die Geburt Christi, an den Seiten Marias Darstellung im Tempel und ihre Erziehung durch ihre Mutter Anna. Im südlichen Seitenschiff führt eine Treppe zur **Krypta** hinab, die zum größten Teil aus dem Felsen gehauen wurde und als Geburtsstätte der Maria verehrt wird. Die Muslime hatten den Eingang zur Krypta zugemauert, später aber für die christlichen Pilger eine Öffnung herausgebrochen; rechts der Treppe ist sie noch zu sehen. Auf dem Altarbild stellen Anna und Jojakim ihr Kind Adam und Eva vor. Über dem Kirchenportal ließ Saladin eine Widmung anbringen. Der Glockenturm in der rechten Fassadenecke ist bis in Giebelhöhe abgebrochen.

Betesda-Teich (40)

Der Betesda-Teich war eine riesige, trapezförmige Doppelzisterne, im 2. oder 3. Jh. v. Chr. 7–8 m tief in den Felsen gehauen, 120 m lang und bis zu 60 m breit, mit einer Fläche von insgesamt mehr als 5000 m². Sie sammelte das Regenwasser des Bezetatales und der umliegenden Abhänge. Man nannte die Zisterne auch Schafteich, weil hier die Opfertiere zusammengetrieben wurden. Im Zusammenhang mit dem Neubau des Tempels ließ Herodes der Große (37–4 v. Chr.) auch die Doppelzisterne prunkvoll ausgestalten. Vier fast 8,5 m hohe Säulenhallen umgaben die Anlage, eine fünfte stand quer über dem Teich auf der Trennmauer der beiden Zisternen. In der Querhalle versammel-

St.-Anna-Kirche
Betesda-Teich

tgl. 8–12 und 14–18 (im Winter bis 17) Uhr

Betesda-Teich

1 *Nordteich*
2 *Südteich*
3 *Trennmauer*
4 *Byzantinische Kirche*
5 *Stützbogenpfeiler*
6 *Kreuzfahrerkirche über Zisterne I*
7 *Zisterne II*
8 *Martyrion*
9 *Asklepios-Heiligtum*
10 *St.-Anna-Kirche*
11 *Unterirdischer Kanal zum Tempel*

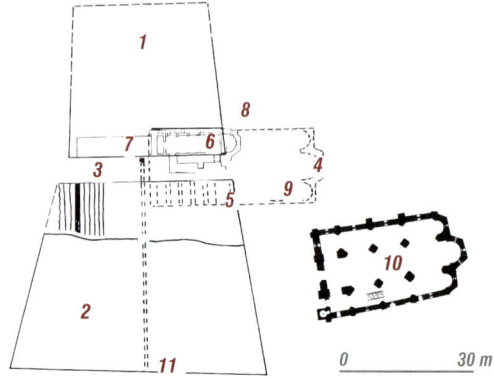

ten sich die Kranken, weil das Wasser als heilkräftig galt. Das hebräische *bet hesda* bedeutet ›Stätte der Barmherzigkeit‹. Ein raffiniert angelegtes Netz von Kanälen regulierte die Zu- und Ableitung des Wassers, stellte die Verbindung zwischen beiden Zisternen und zum Tempelplatz her und sorgte dafür, dass ein bestimmter Wasserstand nie überschritten wurde. Ein besonderer absperrbarer Kanal zum Kidrontal diente zur Reinigung der Becken. Östlich des Teiches erstreckt sich ein Höhlensystem, das schon in hellenistischer Zeit als Kult- und Heilstätte diente. Die Römer wandelten die Stätte im 2. Jh. n. Chr. in ein Äskulap-Heiligtum um und fügten ein oberirdisches Dampfbad hinzu.

Zur Erinnerung an die Heilung des Gelähmten (Joh 5,1–18) bauten die Byzantiner in der ersten Hälfte des 5. Jh. über dem Teich eine 45 m lange und 19 m breite dreischiffige **Basilika.** Das Mittelschiff ruhte auf einer breiten Trennmauer zwischen den beiden Zisternen, die Seitenschiffe schwebten auf Stützbogenpfeilern über dem Wasser. Ein Pfeiler des südlichen Seitenschiffes ist vollständig erhalten, die anderen sechs wurden weitgehend rekonstruiert. Der östliche Teil der Kirche mit den drei Apsiden erhob sich über dem römischen Heiligtum. Einige byzantinische Säulenstümpfe auf kreuzgeschmückten Postamenten sind noch vorhanden. An die Nordmauer des nördlichen Seitenschiffes lehnte sich eine Reliquienkapelle; ihr Mosaikboden zeigt Kreuzornamente, die sich aus geometrischen Kreisfiguren zusammensetzen. Die Basilika fiel 614 den Persern zum Opfer, wurde aber vom Abt Modestus sofort wieder aufgebaut. Diese zweite Kirche, die neben dem Heilungswunder auch der Geburt Marias geweiht war, wurde von Sultan el-Hakim um 1009 bis auf die Grundmauern zerstört. Die Kreuzfahrer errichteten um die Mitte des 12. Jh. die Kirche St. Anna (s. u.) und über dem Teich eine kleine einschiffige Kirche, den Moustier, zur Erinnerung an die Heilung des Gelähmten. Vom Moustier sind noch die Apsis und das untere Mauerwerk der un-

Ein Detail der byzantinischen Basilika

scheinbaren Westfassade erhalten. Von der Krypta führt eine Treppe in eine erste Zisterne, die schon die Byzantiner vom Nordteich abgetrennt hatten. Auf die Kreuzfahrer geht auch die sich westlich anschließende zweite Zisterne zurück. Bis auf diese beiden Reservoire wurde der riesige Doppelteich später mit Bauschutt gefüllt und nach und nach überbaut.

Via dolorosa

Via dolorosa

Die Lion's Gate Road führt nun durch das Gebiet der einstigen **Burg Antonia.** An dieser besonders gefährdeten Stelle der Stadt – fast alle Angriffe kamen von Norden – stand schon zur Zeit des ersten Tempels der sogenannte Hananelturm. Als die Juden aus dem Babylonischen Exil heimkehrten (Ende 6. Jh. v. Chr.) und unter Nehemia Stadt und Tempel wiederaufbauten, wurde auch die Festung neu errichtet. 167 v. Chr. zerstörten die Seleukiden sie und setzten an ihre Stelle die Baris (›Burg‹), die wegen ihrer Lage auf einem Felsrücken auch den Tempel beherrschte. Herodes der Große baute Baris zu einem prächtigen Palast aus, in dem er bis 23 v. Chr. residierte. Er nannte den Bau seinem Gönner Marcus Antonius zu Ehren Antonia. 70 n. Chr. wurde sie von Titus vollständig zerstört. Die Antonia erhob sich auf einem 25 m hohen Felsplateau und bedeckte eine Fläche von etwa 150 × 90 m. Vier wuchtige Türme verstärkten die Ecken, drei von ihnen waren 25 m hoch, der Südostturm erreichte sogar 35 m. Von diesem Turm aus ließ sich der ganze Tempelplatz überwachen, zwei Treppen führten zum Platz hinunter. Von außen glich die Antonia also einer Festung, innen war sie ein Palast mit Repräsentations- und Wohnräumen, mit Bädern, Kasernen und Arsenalen (Jüd. Krieg V., 5, 8). Die Festung wurde inzwischen ausgiebig archäologisch untersucht.

Auf dem Gelände der Antonia sieht die christliche Tradition seit byzantinischer Zeit die Verurteilung Christi zum Kreuzestod. Hier begann der Weg des Verurteilten.

Die Lion's Gate Road wird nun zur **Via dolorosa,** zum Kreuzweg Jesu. Von den 14 Stationen, deren heutige Standorte zum größten Teil erst um 1540 festgelegt wurden, nennen die Evangelien nur die I., II., V., VIII., X., XI., XII. und XIV., die übrigen kamen im Laufe der Jahrhunderte dazu. Die 14 Stationen sind durch Kapellen, Säulen und Mauerinschriften kenntlich gemacht. Jeden Freitag um 15 Uhr (in den Sommermonaten um 16 Uhr) folgen die Franziskaner mit zahlreichen Gläubigen dem Leidensweg Jesu.

Die **I. Station,** die Verurteilung Jesu (Mt 27,22–26), hat man aus praktischen Erwägungen auf den Hof der **Omariye-Schule (41),** einer ehemaligen türkischen Kaserne, gelegt. Hier steht die (nicht zugängliche) Dornenkrönungskapelle der Kreuzfahrer. Dem Schulhof gegenüber erstreckt sich nördlich der Straße das Kloster der Franziskaner mit der Geißelungs- und der Verurteilungskapelle, dem franziskanischen Bibelinstitut und einem beachtenswerten archäologischen Museum. Ein Schild an der Klostermauer verweist auf die

II. Station: Jesus nimmt das Kreuz auf (Joh 19,16b–17). Nach damaligem Brauch trug der Verurteilte nur das Querholz, der senkrechte Balken mit dem Sitzpflock war bereits an der Kreuzigungsstätte in den Boden gerammt. Die **Geißelungskapelle,** ein Kreuzfahrerbau, wurde aufgegeben und verfiel, bis 1838 Ibrahim Pascha den Franziskanern das Ruinengrundstück zurückgab. Herzog Maximilian von Bayern ermöglichte die Wiederherstellung der verfallenen Kapelle, die 1929 nach den Plänen von Antonio Barluzzi im Stil des 12. Jh. neu errichtet wurde. Die drei Fenster zeigen die Geißelung, Pilatus, der sich die Hände wäscht, und den Triumph des amnestierten Mörders Barabbas. Die **Verurteilungskapelle (42)** wurde 1903 auf den Mauern einer älteren Kapelle in der byzantinischen Ära erbaut.

Wenige Meter weiter überspannt der **Ecce-Homo-Bogen** die Via dolorosa. Seinen Namen trägt er seit dem 16. Jh. nach dem Pilatuswort: »Ecce homo« (›Seht, welch ein Mensch!‹ Joh 19,5). Der ursprünglich dreifache Bogen gehörte zum Osttor der hadrianischen Aelia Capitolina (136 n. Chr.). Man sieht heute nur den Mittelbogen; der südliche liegt im heutigen Derwischkloster Ezbekiyeh und ist größtenteils zerstört, der nördliche, noch sehr gut erhaltene wurde in die Ecce-Homo-Basilika einbezogen. Der Hauptdurchgang hatte eine lichte Weite von 5,2 m bei einer Höhe von 7,75 m über dem alten Straßenpflaster, das etwa 1,5 m unter dem heutigen Straßenniveau liegt; das gesamte Tor war fast 19 m breit. In den Pfeilernischen standen vermutlich Kaiserstatuen. Über dem Hauptbogen wurde in osmanischer Zeit ein Durchgang mit Fenstern aufgemauert.

Die **Ecce-Homo-Basilika (43)** und das zugehörige Kloster Notre Dame de Sion gehen auf eine Gründung des französischen Paters Alfons Maria Ratisbonne zurück, eines 1814 in Straßburg geborenen Juden, der zum katholischen Glauben konvertierte, die Priesterweihe erhielt und den Orden der Schwestern von Sion gründete. 1857 kaufte er das Trümmergrundstück am Hadriansbogen und gab den Neubau in Auftrag. Der Nordbogen des römischen Tores beherrscht heute den Chorraum hinter dem Hochaltar; an der Nordwand sind zwei römische Wachstuben erhalten. Die Krypta zeigt den Lithostrotos, das alte Steinpflaster, das nach der christlichen Tradition dem Hof der Antonia zugeordnet wird: dort hatte Pilatus Jesus verurteilt. Heute weiß man, dass der Hof jüngeren Datums ist (2. Jh.). 1931–37 legte man die etwa 2 m langen, 1,5 m breiten und 0,5 m dicken Kalksteinplatten frei, auf denen noch deutlich die Radspuren der römischen Straße zu erkennen sind; die feinen Querrillen sollten das Ausrutschen der Pferde verhindern. Auf einigen Platten sind Spielfelder eingeritzt, an denen sich die römischen Wachposten der Aelia Capitolina die Zeit vertrieben. Von der Krypta führt eine Treppe zu dem 1870 entdeckten Struthionteich, einer 52 m langen, 14,5 m breiten und zwischen 8 und 13 m tiefen Zisterne aus hellenistischer Zeit. Beim Angriff auf Jerusalem im Jahre 70 n. Chr. ließ Titus durch den Teich einen Damm für die Belagerungsmaschinen aufschütten (Jüd. Krieg V, 11, 4). Unter Hadrian wurde der Teich mit einem Tonnengewölbe abgedeckt. Da-

Geißelungskapelle
Verurteilungskapelle
tgl. 8–18 (im Winter bis 17) Uhr

Ecce-Homo-Basilika
tgl. 8.30–17 Uhr

rüber lag ein Teilstück des berühmten Pflasters, auf dem die Ablaufrinnen für das Regenwasser noch zu sehen sind.

An der Einmündung der Via dolorosa in die Tariq el-Wad, die durch das aufgefüllte Tyropöontal führt, liegt das **Österreichische Pilgerhospiz (44),** das zwischen 1856 und 1863 erbaut wurde und heute als Pilger- und Jugendherberge dient. Die Kapelle beim Eingang ist mit den Wappen der Pilger des Habsburgerhauses geschmückt. Das Altarbild von Leopold Kupelwieser zeigt die Heilige Familie auf dem Weg nach Jerusalem, auf dem großen Apsismosaik sind die Heiligen Österreich-Ungarns dargestellt.

Linker Hand steht die kleine Kapelle der **III. Station.** Sie wurde 1947 von der polnischen Gemeinde Jerusalems errichtet. Den unter der Last des Kreuzes zusammenbrechenden Jesus über dem Türsturz gestaltete T. Zieliensky. Bis 1947 befand sich hier der Eingang zum Hamman es-Sultan, einem türkischen Bad; damals markierten die beiden noch vorhandenen Säulen vor der Kapelle die Kreuzwegstation. An der **IV. Station,** wenige Schritte weiter, begegnete Jesus seiner Mutter. Dahinter liegt die armenisch-katholische Kirche der Schmerzen Mariä (1881). Das große Bodenmosaik in der Krypta, in der die Begegnung verehrt wird, stammt aus dem 4.–6. Jh.; vermutlich gehörte es zur byzantinischen Sophienkirche. Die Fußabdrücke im Boden werden Maria zugeschrieben.

Da, wo sich die Via dolorosa nach Westen fortsetzt, befindet sich die **V. Station.** Als das Exekutionskommando sah, dass Jesus nicht mehr imstande war, das Kreuz auf dem steil ansteigenden Treppenweg zu tragen, zwangen die Soldaten kurzerhand einen Passanten, Simon von Zyrene (Kyrene in Libyen), dieses zu übernehmen (Mk 15,21). Die kleine Kapelle errichteten die Franziskaner im Jahre 1881. Die Via dolorosa wird in diesem Abschnitt von mehreren Stützbogen überwölbt; zahlreiche Läden auf beiden Seiten der engen Gasse bieten Souvenirs und Devotionalien an. Schon von Weitem kündigt eine zweistöckige Überbauung die **VI. Station** an. Hier trocknete eine mitleidige Frau mit ihrem Kopftuch das blutende und verschwitzte Gesicht Jesu, wobei sich das Antlitz in das Tuch prägte. Das ›Schweißtuch der hl. Veronika‹ kam 707 in den Petersdom nach Rom. Die anmutige Kapelle, die man durch eine schlichte, eisenbeschlagene Holztür betritt, wird von den Kleinen Schwestern Jesu betreut. Der Altar besteht aus zwei roh behauenen Kalksteinblöcken, die die Schrecken des Weges nach Golgota symbolisieren. An der rechten Seite der Kapelle sieht man auch die Reste eines tiefer liegenden Gebäudes, das vermutlich zu einem byzantinischen Kloster (6. Jh.) gehörte; es soll die Stelle des Hauses der Veronika eingenommen haben. An der Kreuzung der Via dolorosa mit der Basarstraße Suq Khan ez-Zeit stürzte Jesus zum zweiten Mal. Daran erinnert die kleine Franziskanerkapelle der **VII. Station,** erbaut im Jahre 1875.

Der Kreuzweg setzt sich in der Straße Aqabat el-Khanka fort. In die Mauer des griechischen Charalambosklosters gegenüber dem Johanniterhospiz ist ein runder Stein eingelassen, auf dem man das Kreuz auf dem Golgotafelsen mit den Schriftzeichen IC XC NIKA erkennen kann. Die Zeichen bedeuten ›Jesous Christos nika‹ (›Jesus Christus siegt‹). Diese **VIII. Station** lag bereits außerhalb der Stadtmauer, unmittelbar vor der Kreuzigungsstätte. Hier sprach Jesus zu den weinenden Frauen. Den Weg zur nahen IX. Station versperrt das griechische Kloster. Also kehrt man zur Basarstraße zurück, folgt ihr wenige Meter in südlicher Richtung bis zu einer Treppe, die rechts zum koptischen Kloster hinaufführt. Links vom Eingang bezeichnet eine Säule die **IX. Station.** Hier, am Fuß des Golgotahügels, stürzte Jesus zum dritten Mal. Die **Stationen X–XIV** befinden sich in der Grabeskirche.

Grabeskirche

Grabeskirche

tgl. 5–21 (im Winter 4–19) Uhr

Konstantinische Grabeskirche

1 Heiliges Grab
2 Rotunde
3 Inneres Atrium
4 Golgota
5 Martyrion
6 Gefängnis Christi
7 Äußeres Atrium
8 Propyläen
9 Röm. Torbogen

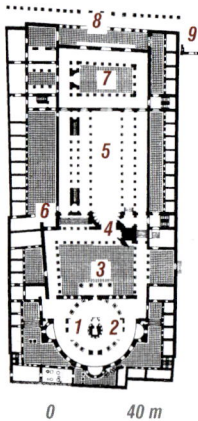

0   40 m

Die **Grabeskirche (45),** auch kurz Anastasis, griechisch für ›Auferstehung‹, genannt, stellt das Hauptheiligtum der Christen dar, das den Golgotafelsen, die Stätte der Kreuzigung, und das leere Grab des Auferstandenen umschließt. Sie ist in dem Häuser- und Gassengewirr der Jerusalemer Altstadt trotz ihrer Größe nicht leicht zu finden, und wenn man endlich vor ihr steht, wird man etwas enttäuscht sein, weil man wegen der vielen Anbauten keinen Gesamteindruck von ihrer Schönheit bekommen kann. Fast jede christliche Konfession drängt so nahe wie möglich an Golgota und das Grab, und so entstand im Laufe der Jahrhunderte außerhalb wie innerhalb eine verwirrende Ansammlung von Kapellen, Klöstern und Altären.

Geschichte

Schon in den ersten 100 Jahren nach Jesu Kreuzigung waren der Golgotafelsen und das etwa 40 m davon entfernte Grab Stätten der Verehrung für die wachsende Gemeinde der Judenchristen. Als Kaiser Hadrian bald nach der Niederschlagung des Bar Kochba-Aufstandes 136 über dem zerstörten Jerusalem die Colonia Aelia Capitolina gründete, weihte er die neue Stadt seiner Lieblingsgöttin Aphrodite und errichtete für sie am Nordrand des Forums einen großen Tempel, den er bewusst auf die frühchristlichen Heiligtümer setzte, um die Erinnerung an Christus auszulöschen. Eine hohe Terrasse bedeckte das Grab und den ganzen Golgotafelsen, auf der sich der viersäulige Bau der Göttin erhob; die Cella des Tempels dürfte genau über dem Grab gelegen haben. Dieser künstlichen Terrasse ist es zu verdanken, dass die beiden Stätten erhalten blieben. Knapp 200 Jahre später, im Jahre 313, ließ Konstantin der Große mit dem Toleranzedikt von Mailand das Christentum zu. »Im Jahr 326 gab Konstantin den Befehl, mit reicher und königlicher Pracht einen Bau zu errichten, um die hochheilige Stätte des Todes und der Auferstehung des Erlösers dem Blick und der Verehrung aller darzubieten« (Eusebius, † um 399). Dieser Bau sollte nach

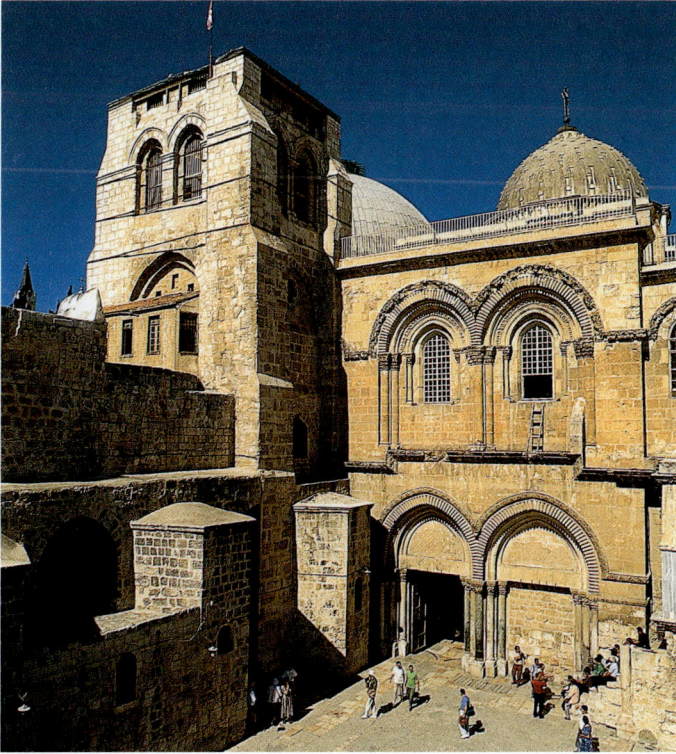

den Plänen des syrischen Architekten Zenobios an der Stelle des Aphroditetempels erstehen. Noch im selben Jahr begannen die Abbrucharbeiten. Dabei kamen der Golgotafelsen und das Grab wieder zum Vorschein. Der Monumentalbau Konstantins hatte insgesamt eine Länge von 150 und eine Breite von 75 m. Die Grabeskirche bestand wesentlich aus drei Teilen: dem Martyrion, einer fünfschiffigen Basilika, dem inneren Atrium mit dem Golgotafelsen und schließlich der Rundkirche der Anastasis mit dem Grab Jesu. Die 336 geweihte Grabeskirche, deren Baustil die Byzantiner von den Römern übernommen und vervollkommnet hatten, übte einen entscheidenden Einfluss auf die Entwicklung der christlichen Basilika und auch auf die frühen Bauten des Islam, z. B. den Felsendom, aus.

Bei der Eroberung Jerusalems durch die Perser im Jahre 614 ging die Grabeskirche in Flammen auf; der Abt Modestus begann wenig später mit dem Neuaufbau der ›Hagios Konstantinos‹, wobei allerdings die alte Pracht wegen fehlender Mittel nicht wiederhergestellt werden konnte. Zwischen Basilika und Grabrotunde lag der offene Heilige Garten mit Golgota und einem Steinmal, das den ›Nabel der Welt‹ bezeichnete. Als der Kalif Omar 638 Jerusalem besetzte, beließ

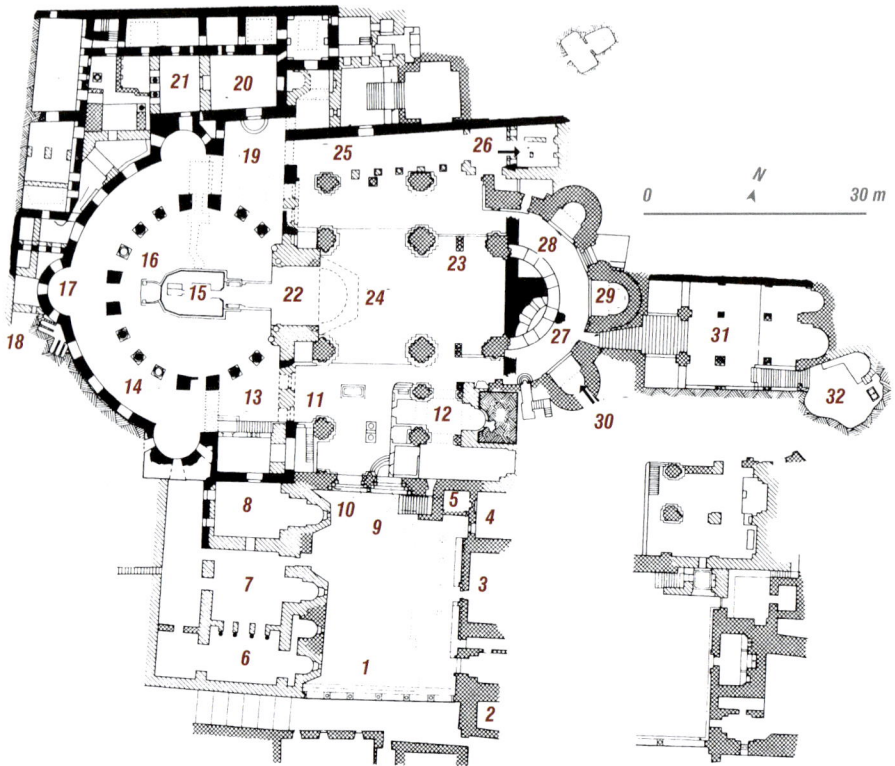

Heutige Grabeskirche

1 Vorhof
2 Abrahamskloster
3 Johanneskapelle
4 Michaelskapelle
5 Frankenkapelle
  (Kapelle der
  Schmerzen);
  darunter Kapelle
  der Maria von
  Ägypten
6 Jakobuskapelle
7 Johannes- und
  Magdalenen-
  kapelle

8 Kapelle der Vierzig
  Märtyrer; darüber
  Glockenturm
9 Epitaph des Phi-
  lippe d'Aubigny
10 Hauptportal
11 Salbungsstein
12 Adamskapelle;
  darüber Golgota-
  kapelle mit Altar
  der Kreuzan-
  nagelung, Stabat-
  Mater-Altar und
  Kreuzigungsaltar
13 Platz der Drei
  Marien

14 Grabrotunde
15 Grabkapelle mit
  Engelskapelle und
  heiligem Grab
16 Kapelle der Kopten
17 Kapelle der
  Jakobiten
18 Grab des Josef
  von Arimatäa
19 Aula der Maria
  Magdalena
20 Erscheinungs-
  kapelle
21 Franziskaner-
  kloster
22 Kaiserbogen

23 Katholikon
24 ›Nabel der Welt‹
25 Bogengang der
  hl. Jungfrau
26 ›Gefängnis
  Christi‹
27 Chorumgang
28 Kapelle des
  hl. Longinus
29 Kapelle der
  Kleiderverteilung
30 Verspottungs-
  kapelle
31 Helenakapelle
32 Grotte der Kreuz-
  auffindung

98

er den Christen das Heiligtum. In den folgenden Jahrhunderten verfiel der Bau jedoch, und 969 steckten ihn muslimische Truppen in Brand, wobei die Kuppel einstürzte. Bis 984 war die Rotunde notdürftig wiederhergestellt. 1009 ließ der Kalif el-Hakim die Kirche zerstören; sogar das Felsengrab wurde fast vollständig abgebrochen. Um 1048 erstand auf Veranlassung des Patriarchen Nikephoros eine neue Grabrotunde; das Martyrion Konstantins des Großen blieb jedoch eine Ruine.

Als die Kreuzfahrer 1099 Jerusalem eroberten, sahen sie an der Stätte der Anastasis nur noch bescheidene Bauten. Sie errichteten (1140–49) einen monumentalen Neubau, der den Golgotafelsen und das Grab unter einem Dach vereinigte. Am 50. Jahrestag der Eroberung Jerusalems (15. Juli 1149) wurde die neue Grabeskirche geweiht und der Obhut der Augustinermönche anvertraut. Saladin, der nach der Schlacht bei Hattin (1187) ganz Palästina in Besitz genommen hatte, schonte das Heiligtum. Er verrichtete sein Gebet außerhalb der Stätte, damit keiner seiner Untertanen und Nachfolger auf den Gedanken käme, sie in eine Moschee umzuwandeln. Für 40 000 Goldbyzantiner überließ er die Kirche schließlich den syrischen Christen. 1228 gelang es Friedrich II., die wichtigsten christlichen Stätten des Landes durch Vertrag zurückzugewinnen.

Die Kreuzfahrerkirche überstand die folgenden Jahrhunderte ohne wesentliche Schäden, bis Anfang des 19. Jh. ein Feuer die Grabrotunde vernichtete. Zum fünften Mal wurde der konstantinische Rundbau auf den schweren, alten Mauern neu errichtet. Leider gingen dabei die Schönheiten des spätromanischen Baus verloren; die großartigen Ornamente der Kreuzfahrerarchitektur verschwanden hinter dickem Zement, eine üppige Vielfalt geschmackloser Zutaten entstellte das Kircheninnere.

Schon 1869 musste die Kuppel durch eine Eisenkonstruktion ersetzt werden. Das Erdbeben des Jahres 1927 verursachte erneut erhebliche Schäden, und beinahe wäre auch die Eisenkuppel eingestürzt. Da sich die drei Haupteigentümer der Kirche, die Lateiner, die Griechen und die Armenier nicht über die Art der notwendigen Ausbesserungen einigen konnten, ließ die britische Mandatsverwaltung 1938 die gefährdetsten Teile des Bauwerks, darunter das Portal, durch Eisen- und Holzgerüste sichern. 1959 kam es endlich zu einer Verständigung, und seit 1961 wird die Grabeskirche gründlich restauriert, wobei allmählich wieder die strenge Schönheit des Kreuzfahrerbaus zutage tritt. Die Arbeiten werden noch mehrere Jahre andauern.

Besitzverhältnisse

Es ist durchaus verständlich, dass die vielen christlichen Konfessionen jeweils einen möglichst großen Anteil an dem wichtigsten Heiligtum der Christenheit haben möchten, um in der Nähe der Kreuzigungsstätte und des Grabes Jesu ihre Liturgie feiern zu können. In der Vergangenheit veränderten sich die Besitzverhältnisse immer wieder,

Filmtipp

Die ungewöhnliche Gemeinschaft von sechs christlichen Konfessionen in der Grabeskirche schildert eindrucksvoll der Film »Im Haus meines Vaters sind viele Wohnungen« von Hajo Schomerus (2010).

wobei es häufig zu heftigen Streitigkeiten kam. Deshalb erließ die türkische Regierung im Jahre 1852 das Gesetz des Status quo, das die damals herrschenden Besitzverhältnisse festschrieb. Diese Regelung, die die Lateiner den Griechen gegenüber benachteiligt, hat auch der Staat Israel übernommen: Die Grabeskirche als Bauwerk ist gemeinsamer Besitz der Griechen, Armenier und Lateiner; den Kopten, Syrern und Äthiopiern gehören lediglich einzelne Kapellen bzw. Bereiche. Simultane Stätten der Griechen, Armenier und Lateiner sind die Rotunde mit der Grabkapelle und der Salbungsstein. Das Gesetz des Status quo betrifft auch die Liturgiefeiern, deren Beginn und Ende genau festgelegt wurden, um Störungen zu vermeiden. Neue Feierlichkeiten dürfen nicht mehr eingeführt werden. Zu den Griechisch-Orthodoxen zählen übrigens nur die Gruppen, die den vier alten orientalischen Patriarchaten Konstantinopel, Alexandrien, Antiochien und Jerusalem unterstehen, nicht dagegen z. B. die russischen und bulgarischen Orthodoxen.

Vorhof

Wer die Grabeskirche zum ersten Mal betritt, wird sich in dem Labyrinth von über- und aneinandergebauten Kirchen und Kapellen kaum zurechtfinden, wird entsetzt sein über das scheinbare Chaos von Altären, Ampeln und Ikonen. Erst allmählich offenbaren sich Schönheit und Reife des traditionsreichen Baus. Vor dem Hauptportal der Grabeskirche liegt ein gepflasterter **Vorhof** (12. Jh.); ein Bogengang, von dem noch einige Säulenstümpfe stehen, begrenzte ihn nach Süden hin. Die Westseite nehmen drei griechische Kapellen ein (die des Jakobus, die von Johannes und Magdalena und die der Vierzig Märtyrer), die Ostseite das griechische **Abrahamskloster,** die **Johanneskapelle** der Armenier und die koptische **Michaelskapelle.** Von der Michaelskapelle aus besteht eine Verbindung zum äthiopischen Kloster auf dem Dach der Helenakapelle. Die 19,5 m hohe **Südfassade** mit dem Hauptportal ist der architektonisch reizvollste äußere Teil der sonst nahezu schmucklosen Kirche. Sie gehört zum Kreuzfahrerbau, der im 12. Jh., also in der Übergangsphase von der Romanik zur Gotik, entstand. Das mit leichten Spitzbogen, Friesen und Gesimsen versehene Doppeltor wurde offensichtlich dem Goldenen Tor des Tempelberges nachempfunden. Schlanke Marmorsäulen mit Kapitellen im byzantinischen Stil flankieren die Tore in abgetreppter Stellung. Die vorgezogenen Stürze waren mit Reliefs geschmückt, die Szenen aus den letzten Wochen des Lebens Jesu zeigen und heute im Rockefeller-Museum aufbewahrt werden: Auferweckung des Lazarus, Vorbereitung des Pessahmahls, Einzug in Jerusalem, Abendmahl. Die Mosaike in dem Halbrund über den Stürzen sind verschwunden. Ein üppig ornamentiertes korinthisches Konsolengesims, das zu dem Vorgängerbau der Kreuzfahrerkirche gehört, trennt das Doppelportal von den beiden darüber liegenden Fenstern der

Portale der Südfassade

Das rechte Portal ließ Saladin zumauern, das linke ist seit 1244 zwei Jerusalemer muslimischen Familien anvertraut, die früher von jedem christlichen Pilger eine Eintrittsgebühr verlangten; einen gewissen Teil davon hatten sie an den Sultan abzuführen, der davon die notwendigsten Instandsetzungen finanzierte. Seit 1832 entrichten die drei Konfessionen pauschale Tagesgebühren an die beiden Familien, die noch heute das Schlüsselprivileg besitzen.

Empore, die unter romanischen Rundbogen leichte Spitzbogen aufweisen. Um die Fassade höher als das dahinter liegende südliche Seitenschiff erscheinen zu lassen, haben die fränkischen Baumeister die Fassade durch einen Vorbau um 1,7 m erhöht.

Links von der Fassade erhebt sich über der Märtyrerkapelle der mächtige **Glockenturm** der Kreuzfahrerkirche, der ursprünglich drei Geschosse höher als heute war. 1545 brachte ein Erdbeben die beiden obersten Stockwerke mit der Turmkuppel zum Einsturz, 1620 wurde ein weiteres Stockwerk abgetragen. Einen Wiederaufbau hatte die türkische Regierung nicht gestattet. Erst 1719 erhielt er ein Ziegeldach, um ihn vor weiterem Verfall zu schützen. Rechts von der Fassade führt eine Treppe zur Frankenkapelle empor, die in der Kreuzfahrerzeit direkt vor der Kreuzigungsstätte lag. 1187 ließ Saladin den Zugang zumauern. Heute gehört die Frankenkapelle den Franziskanern; darunter liegt die aus dem Jahre 373 stammende griechisch-orthodoxe Kapelle der Maria von Ägypten.

»Sie [Josef von Arimatäa und Nikodemus] nahmen den Leichnam Jesu und umwickelten ihn mit Leinenbinden, zusammen mit den wohlriechenden Salben, wie es beim jüdischen Begräbnis Sitte ist.«

Joh 19,40

In der Grabeskirche

Vom Hauptportal der Grabeskirche gelangt man durch das südliche Nebenschiff in das Querschiff, das den Golgotafelsen im Osten mit der Grabrotunde im Westen verbindet. Seit 1810 blickt der Besucher auf den **Salbungsstein,** eine rötliche Kalksteinplatte. Die Griechisch-Orthodoxen verehren hier die **XIII. Station,** bei der Jesu Leichnam in den Schoß der Mutter gelegt wurde. An der Wand hinter dem Salbungsstein sind auf einem großen Mosaik von rechts nach links Kreuzabnahme, Salbung und Grablegung dargestellt. Rechts erhebt sich das zweistöckige Heiligtum von Golgota, dessen heutige bauliche Gestalt aus dem Jahre 1810 stammt.

Golgotakapelle

Wie Ausgrabungen südlich und östlich der Grabeskirche bestätigen, lag Golgota außerhalb der Stadtmauern, denn nach damaligem Recht durfte niemand innerhalb der Stadt hingerichtet oder beigesetzt werden. Von dem Felsen, der schon im 4. Jh. stark behauen und mit einer Kapelle überbaut war, ist noch ein kleines Stück neben der Nordtreppe zu sehen. 19 Stufen führen hinauf zu der 11,45 m langen und 9,25 m breiten **Golgotakapelle,** auch Kalvaria (lateinisch ›Schädel‹) oder Kalvarienberg genannt, die, über den restlichen Felsen hinausragend, auf zwei Pfeilern ruht. Zwei Säulen teilen sie in zwei Bereiche, von denen der südliche den Lateinern, der nördliche den Griechen gehört. Auf Golgota gedenken die Gläubigen der **X. Station** (Jesus wird seiner Kleider beraubt), der **XI. Station** (Jesus wird an das Kreuz genagelt) und der **XII. Station** (Jesus stirbt am Kreuz), die Katholiken auch der **XIII. Station** (Jesu Leichnam wird in der Mutter Schoß gelegt).

Golgota

Das aramäische Wort golgota bedeutet ›Schädel‹ – allerdings als Hinweis auf die Form des Felsens und nicht im Sinne von Hinrichtungsstätte.

Unter der Golgotakapelle liegt die griechisch-orthodoxe **Adamskapelle** (7. Jh.). Hier soll nach einer jüdischen Überlieferung im Innern des Felsens Adam ruhen. Durch den Spalt, der in der Apsis unter einer Glasscheibe zu sehen ist, rann das Blut Jesu auf sein Haupt, um ihn von der Paradiessünde zu reinigen. ›Adam‹ kann aber auch die gesamte Menschheit bedeuten, die durch den Kreuzestod Jesu erlöst wurde, denn im Griechischen bilden die Anfangsbuchstaben der vier Weltgegenden (Anatole = Osten, Dysis = Westen, Arktos = Norden, Mesembria = Süden) das Wort ADAM. Die beiden Bänke vor dem Eingang der Kapelle erinnern an die Grabstätten der ersten christlichen Herrscher im Heiligen Land, Gottfried von Bouillon († 1100) und Balduin I. († 1118). Die Gebeine wurden schon im 13. Jh. entfernt.

Grabrotunde

Wendet man sich vom Salbungsstein nach Westen, so kommt man zum **Platz der Drei Marien,** wo die Armenier mit einem großen Kerzenständer über einem runden Stein der Frauen gedenken, die der Kreuzigung »von Weitem« zusahen (Mk 15,40). Ein modernes Wandmosaik zeigt Maria und Johannes unter dem gekreuzigten Jesus. Hier steht man bereits in der mächtigen **Grabrotunde,** deren Unterbau bis zur Höhe von etwa 10 m der Kirche Konstantins zuzuordnen ist. Das darüber liegende Mauerwerk stammt aus dem 11. Jh. Bei der Rotunde handelt es sich um keinen echten Rundbau, sondern eher um eine riesige halbrunde Apsis mit einem Durchmesser von 33,7 m, in die drei kleinere Apsiden eingefügt sind. Die etwa 50 m hohe Kuppel ruht auf einem Säulenkreis von etwa 19,6 m Durchmesser. Sie erstrahlt nach langjähriger Restaurierung seit 1997 in neuem Glanz. Die gläserne Kuppelmitte und verdeckte Lichtquellen lassen den zwölfarmigen, die zwölf Apostel verkörpernden Stern hell erleuchten. Die Verzweigungen am Ende jedes Strahls symbolisieren die Heilige Dreifaltigkeit; der perlmuttfarbene, mit Sternen leuchtende Hintergrund steht für die Gegenwart Gottes.

In der Mitte der Rotunde steht die 8,3 m lange, 5,9 m breite und 5,9 m hohe **Grabkapelle,** die **XIV. Station** des Kreuzweges, die Stätte des Grabes und der Auferstehung Christi. Sie wurde 1810 im türkischen Rokokostil erbaut. Auf dem flachen, von Balustraden umgebenen Dach erhebt sich ein kleiner Phantasiepavillon. Wir erinnern uns: Josef aus Arimatäa, ein heimlicher Anhänger Jesu, erbat von Pilatus den Leichnam und bestattete ihn in dem neuen Grab, »das er für sich selbst in einen Felsen hatte hauen lassen« und das in dem Garten lag, in dem man Jesus gekreuzigt hatte (Mt 27,57–60; Joh 19,38–41). Dieses Felsengrab neben dem Steinbruch Golgota ist nur noch schwer vorstellbar: Ein offener Treppenzugang führte damals zum Eingang, der nach der Bestattung mit einem Rollstein verschlossen wurde. Hinter einem Vorraum mit Sitzbänken lag die eigentliche Grabkammer mit dem Bankgrab. Konstantins Architekt Zenobios ließ

Zahlreiche Ampeln schmücken den Eingang der Grabkapelle

den Felsen rings um die Grabkammer, auch den Vorraum, abschlagen und bedeckte den stehengebliebenen Grabfelsen mit einem gold- und silberbelegten polygonalen Ziborium. Der Platz des Vorraumes war von Schranken umgeben, vor dem Eingang stand ein Altar. 1009 befahl der Kalif el-Hakim, den Grabfelsen wegzubrechen; dabei ging auch der größte Teil der Grabbank verloren. Beim Neubau der Grabrotunde im Jahre 1048 wurde das Grab durch dickes Mauerwerk ersetzt, das zugleich auch den zur Zeit Jesu üblichen Vorraum mit umschloss. Diese Mauerung bildet noch heute den Kern der Grabkapelle.

Über dem Kapellenportal hängen in vier Reihen zahlreiche Ampeln. Das von schweren Leuchtern flankierte Portal bleibt immer geöffnet, ausgenommen in der Zeit von Karfreitagnachmittag bis zur Osternacht. Dieser Vorraum wird **Engelskapelle** genannt. In der Mitte der Kapelle steht ein Marmorschrein, der ein Stück jenes Rollsteines enthalten soll, der das Grab Jesu verschloss. Ein schmaler, niedriger Durchgang führt zur 2,07 m langen und 1,93 m breiten Grabkammer, der wohl kleinsten Kapelle der Christenheit. Rechts sieht man die mit Marmor verkleidete Grabbank, auf der der Leichnam Jesu bis zur Osternacht ruhte. An der Rückwand der Kapelle besitzen die Kopten seit dem 15. Jh. eine eigene bescheidene Andachtsstätte, von der aus sogar noch ein Stück des Grabfelsens zu sehen ist.

Die kleine Westapsis der Rotunde bildet eine **Kapelle der Jakobiten,** einer syrischen Glaubensgemeinschaft. Eine niedrige Tür führt zum sogenannten **Grab des Josef von Arimatäa**, einem jüdischen Familiengrab aus der Zeit Jesu, das beim Bau der Rotunde größtenteils

Gottesdienste in der Grabkapelle

Um 23.30 Uhr zelebrieren die orthodoxen Griechen in der Grabkapelle einen Gottesdienst, um 2.30 Uhr die Armenier und um 6.30 (sonntags um 5.30) Uhr die Katholiken.

»Er ist nicht hier, sondern er ist auferstanden.«
Lk 24,6

Die äthiopischen Christen haben auf dem Dach der Grabeskirche ein kleines Kloster eingerichtet

zerstört wurde. Von den dreimal drei Schiebestollen (Kokim) sind nur noch zwei vollständig erhalten. Nördlich des Säulenkreises befindet sich die **Aula der Maria Magdalena,** der treuesten und fürsorglichsten Begleiterin Jesu auf allen seinen Reisen. Hier, in der Nähe des Grabes, sah sie als erste den Auferstandenen, den sie zunächst für einen Gärtner hielt (Joh 20,11–18). Das Altarbild eines kubanischen Malers (1855) beschreibt dieses Zusammentreffen. Der Altar gehört den Lateinern. Hinter der Aula liegt die **Erscheinungskapelle,** die Hauptkapelle der Franziskaner, die der Wiederbegegnung des Auferstandenen mit seiner Mutter geweiht ist und ursprünglich die Sakristei der konstantinischen Anastasis war. Das Barockrelief über dem Altar zeigt den auferstandenen Jesus; der Säulenstumpf aus Porphyr gilt seit Jahrhunderten als Geißelungssäule Christi. Die Erscheinungskapelle grenzt an das **Franziskanerkloster,** das sich im Norden und Westen an die Grabeskirche lehnt. Seit 1336 wirken sie hier als Wächter des Heiligen Grabes.

Katholikon

1810 teilten die orthodoxen Griechen das **Katholikon,** ihre Hauptkirche, durch hohe Wände von den Armen des Querschiffes und den Seitenschiffen ab. Man betritt es durch den **Kaiserbogen.** Eine riesige Ikonostase steht vor dem Hauptaltar. Ein Marmorgefäß mitten unter der kuppelüberwölbten Vierung wird als ›**Nabel der Welt**‹ bezeichnet, eine Tradition, die bis in das Jahr 628 zurückreicht. Der Kuppeltambour zeigt innen 16 von Säulen flankierte Nischen, von denen acht mit Fenstern versehen sind. Nördlich des Katholikon kommt man am **Bogengang der hl. Jungfrau** vorbei. Er geht auf die Säulenhalle des konstantinischen Atriums zurück; einige Säulen stammen aus dem byzantinischen Bau, andere wurden beim Wiederaufbau von 1048 aus alten Bauteilen zusammengefügt oder durch Pfeiler ersetzt; ein einzelnes herrliches Kapitell der Kreuzfahrerzeit ist noch vorhanden. Am Ende des Ganges stößt man auf das sogenannte **Gefängnis Christi** aus byzantinischer Zeit. Südlich davon erreicht man den tunnelartigen **Chorumgang** der Kreuzfahrerkirche mit drei apsidenförmigen Kapellen.

Helenakapelle und Grotte der Kreuzauffindung

Zwischen der Kapelle der Kleiderverteilung und der dritten, der griechischen Verspottungskapelle, führt eine Treppe in die unterirdische **Helenakapelle** der Armenier hinab. Helena heiratete Constantius, und als dieser zum Kaiser avancierte, musste er aus politischen Gründen Theodora, die Tochter des Kaisers Maximian, ehelichen. Konstantin, Sohn des Constantius und der Helena, erkämpfte sich den Purpur des Augustus (Kaisers) und erhob seine Mutter zur Kaiserin. Helena förderte den Bau von Kirchen und rief zu Pilgerfahrten ins Heilige Land auf. Nach der Legende soll sie im Jahre 326 das Kreuz

Legende vom Heiligen Rock

Der Heilige Rock, das ungenähte Gewand, das Christus auf dem Weg zum Kreuz trug, wird in mehreren Städten verehrt, so in Rom, Istanbul und Argenteuil. Um 1100 entstand die Legende, dass die Kaiserin Helena das Gewand zusammen mit anderen Reliquien dem Bischof Agritius von Trier geschenkt habe. 1512 zeigte der Trierer Dom erstmals den Heiligen Rock. 1844 sahen über eine Million Wallfahrer das Gewand, das mehrere Wunder bewirkt haben soll. 1891, 1959 und 1996 fanden weitere Ausstellungen der Reliquie statt. Heute weiß man allerdings, dass das Gewand erst im 4. Jh. gewebt wurde.

Christi gefunden haben. Nach ihrem Tode um 330 wurde sie heilig-gesprochen. Die rund 25 m lange und 13 m breite, 5 m tief aus dem Felsen gehauene Kapelle war die Krypta des konstantinischen Martyrions. Vier monolithische Säulen verschiedenen Umfangs und Materials tragen das mittelalterliche Gewölbe und die Kuppel des Mittelfeldes, die im 13. Jh. errichtet wurde und auf einem vierfenstrigen Tambour ruht. Säulen und Kapitelle, 1048 hier aufgestellt, stammen vermutlich aus dem byzantinischen Martyrion. Zwei starke Pfeiler zu beiden Seiten der Treppe grenzen einen 4,5 m breiten Narthex ab. Der Hochaltar in der Hauptapsis ist der Kaiserin geweiht.

Im südlichen Seitenschiff der Helenakapelle führt eine Treppe in die **Grotte der Kreuzauffindung** hinab, die von den Lateinern betreut wird. Sie gehörte zu einem uralten Steinbruch, diente lange Zeit als Zisterne und war seit dem 4. Jh. eine heilige Stätte, nachdem dort Helena das Kreuz Christi gefunden haben soll. Möglich ist es schon, dass die Kreuze, zumindest die Querbalken, bis zur nächsten Hinrichtung in einer wettergeschützten Höhle des Steinbruchs aufbewahrt wurden. Das inzwischen stark verrottete Holz zerlegten die Byzantiner in mehrere Stücke, die nach Rom und Konstantinopel kamen; Splitter davon gingen an Kirchen und Gläubige in aller Welt. Im Jahre 614 erbeuteten die Perser das heilige Holz, wurden aber von Kaiser Herakleios zur Herausgabe der kostbaren Reliquie, die am 14. September 629 in die Grabeskirche zurückkehrte, gezwungen. In der Schlacht von Hattin führte der Bischof von Akko die Kreuzreliquie mit sich; er fiel, und sie geriet in die Hände Saladins, der sie einige Jahre später wieder an die Grabeskirche zurückgab. Alljährlich am 7. Mai wird das Fest der Kreuzauffindung gefeiert.

Über der Helenakapelle befand sich das Chorherrenstift der Augustiner, die 1149 als Hüter der Grabeskirche eingesetzt worden waren. In den Ruinen dieses Stifts richteten die seit 386 in Jerusalem lebenden Äthiopier ihr Kloster Deir es-Sultan ein. Hier leben die Mönche noch heute in ärmlichen Quartieren, hier haben sie eine Kapelle, deren farbige Wandbilder von der sagenhaften Begegnung der Königin von Saba mit König Salomo berichten. 1970 entschied der Staat Israel, dass sie auf dem Dach der Helenakapelle bleiben dürfen. Eine zweite Kapelle der Äthiopier gedenkt der Verteilung der Kleider Jesu nach der Kreuzigung. Nach römischem Recht standen die Kleider dem Hinrichtungskommando zu. Da die Soldaten das Gewand Jesu aber nicht zerschneiden wollten, würfelten sie darum (Joh 19, 23–24).

Tempelberg

Der Tempelberg (arabisch Haram esh-Sharif, ›Erhabenes Heiligtum‹) ist eines der wichtigsten touristischen Ziele Jerusalems. Hier befinden sich der einzigartige Felsendom – das gold gleißende Wahrzeichen der Heiligen Stadt über dem Altar Abrahams und Davids, von dem aus

Kreuzreliquien

Schon um 350 klagte Kyrill, der Bischof von Jerusalem, dass die Welt voller Kreuzreliquien sei.

Tempelberg

Das riesige Plateau des Tempelberges gehört heute den Muslimen. Andersgläubige erreichen den Berg nur durch das Bab el-Maghariba (›Maghrebinertor‹) über eine Rampe neben der Klagemauer. Taschen werden beim Eintritt kontrolliert, Rauchen ist auf dem Tempelberg untersagt. Es ist sinnvoll, sich vor dem Besuch über die gerade aktuellen Zugangszeiten im Hotel oder bei den Info-Stellen zu erkundigen. Die Aqsa-Moschee und der Felsendom dürfen z. Zt. von Andersgläubigen nicht betreten werden. Das Islamische Museum ist z. Zt. nicht zugänglich. Verlassen kann man den Tempelberg durch jedes andere der zum Teil sehr interessanten Tore. Sa–Do 8–11.30 und 12.30–14.30 Uhr

Manna

Manna (von hebräisch ›man‹, Geschenk) ist die frucht- und traubenzuckerhaltige Absonderung einer bestimmten Schildlausart, die die im Sinai heimische Manna-Tamariske befällt. Es verhärtet beim Herabtropfen zu gelblich weißen Kügelchen, die die Beduinen von Ende Mai bis Juli frühmorgens einsammeln und als Honigersatz verwenden. In den Jerusalemer Suqs wird hier und da Manna angeboten – doch diese Süßigkeit wird meistens aus dem Saft der Mannaesche oder -flechte gewonnen.

Tempel Salomos

1 Vorhalle
2 Heiligtum
3 Allerheiligstes

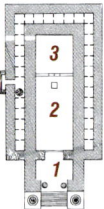

Mohammed seine Himmelsreise antrat – und die ehrwürdige Aqsa-Moschee, hier stand rund tausend Jahre lang der Tempel der Juden, hier finden sich zahlreiche Spuren Jesu. Nirgendwo sonst sind die drei Religionen auf so engem Raum miteinander verbunden.

Geschichte

Nach jüdischer und auch islamischer Überlieferung war es der Berg Morija, der heutige Tempelberg, auf dem Abraham seinen einzigen Sohn Isaak Gott als Opfer darbringen sollte. Gott aber lehnte das Opfer ab (Gen 22). Nachdem König David (um 1004–968) die Stämme Israels geeint und die Philister aus dem Land gejagt hatte, eroberte er das jebusitische Jerusalem, um es zum Mittelpunkt seines Reiches zu machen. Als dann eine Pestepidemie, die im Lande 70 000 Menschenleben forderte, Jerusalem verschonte, sagte der Prophet Gad zu David: »Geh hinauf und errichte dem Herrn auf der Tenne des Jebusiters Arauna einen Altar!« (2 Sam 24, 18). David kaufte dem Jebusiterkönig Arauna den Hügel Morija für 50 Silberschekel ab und errichtete auf der Tenne, dem Felsklotz unter dem heutigen Felsendom, wo sich vermutlich ein altes kanaanitisches Höhenheiligtum befand, einen Altar. Dann holte David die Bundeslade von Qirjat Jearim nach Jerusalem. Es handelte sich dabei um eine mit Tragstangen versehene Truhe aus Akazienholz, in der die beiden Gesetzestafeln des Berges Sinai, der Stab Aarons, des Bruders von Mose und ersten Hohepriesters Israels, und das Manna verwahrt wurden. Von diesem ›Himmelsbrot‹ ernährten sich die Israeliten auf ihrem Zug durch die Wüste Sinai (Ex 16). Als man bei Jericho den Jordan überschritt, stoppte die Bundeslade den Lauf des Wassers. Später stand sie in Gilgal, in Bet El und schließlich in Schillo. Um das Jahr 1050 v. Chr. geriet sie in der Schlacht bei Eben-Ezer in die Hände der Philister, die sie aber bald wieder zurückgaben, nachdem in jeder Stadt, in der sie die Lade aufstellten, eine Epidemie ausbrach.

Mit der Bundeslade wollte König David Jerusalem auch zum religiösen Zentrum Israels machen. In dem Zelt, das er »für sie aufgestellt hatte, setzte er sie an ihren Platz in der Mitte des Zeltes und brachte Brand- und Heilsopfer vor Gott dar« (1 Chr 16,1). Wie alle semitischen Nomaden führten auch die Israeliten auf ihren Zügen ein prächtiges Zelt als ›Wohnung‹ ihres Gottes mit sich. Exodus 26 enthält eine genaue Beschreibung dieser Stiftshütte, die an den jeweiligen Lagerstätten aufgebaut wurde und in der dann die Bundeslade ihren Platz fand. Die Hütte war etwa 15 m lang, 5 m breit und 5 m hoch und schon früh trennte man zwischen Heiligem und Allerheiligstem. Sicher baute König David die Stiftshütte vor dem Brandopferaltar auf der Tenne auf und stellte die Bundeslade hinein. Bei den Kanaanitern hatten die Israeliten steinerne Tempel gesehen, und nachdem auch sie sesshaft geworden waren und in Häusern lebten, lag es nahe, für Jahwe ebenfalls ein festes Haus zu errichten. So sagte David zu dem

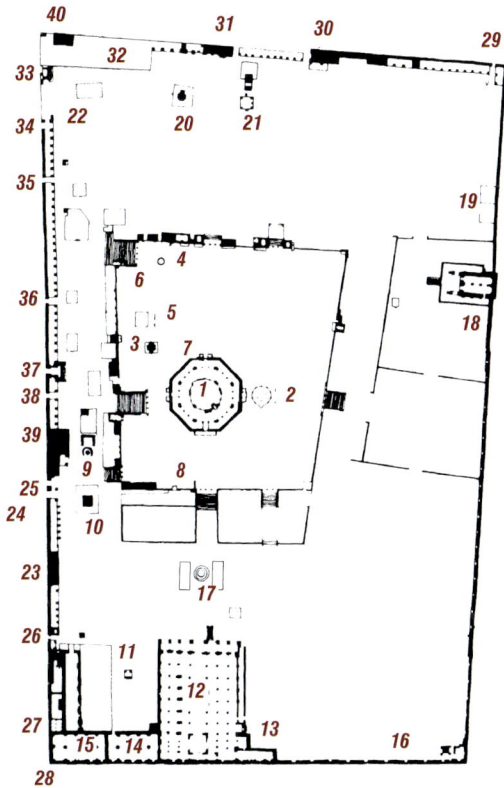

Heutiger Tempelplatz

1 Felsendom (Qub-
  bet es-Sakhra)
2 Kettendom (Qub-
  bet es-Silsileh)
3 Himmelfahrtsdom
  (Qubbet el-Miraj)
4 Geisterdom (Qub-
  bet el-Arwah)
5 Hebrondom
  (Qubbet el-Khalil)
6 Georgsdom
  (Qubbet el-Khadr)
7 Gebetsnische des
  Propheten
8 Kanzel des Burhan
  ed-Din

9 Sebil Qait Bey
10 Mosesdom
   (Qubbet Musa)
11 Qubbet Jussef
12 Aqsa-Moschee
13 Zacharias-Nische
14 Weiße Moschee
   (Frauenmoschee)
15 Islamisches
   Museum
16 Ställe Salomos
17 Reinigungsbrun-
   nen (el-Qaas)
18 Goldenes Tor
19 Thron Salomos
   (Moschee Kursi
   Süleyman)

20 Qubbet Süleyman
21 Sebil es-Sultan
   Süleyman
22 Sebil Ala ed-Din
   el-Basir
23 Klagemauer
   (Westmauer)
24 Wilsonbogen
25 Kettentor
   (Bab es-Silsileh)
26 Maghrebinertor
   (Bab el-Maghariba)
27 Robinsonbogen
28 Archäologischer
   Garten
29 Bab el-Asbat
30 Bab Hitta

31 Bab el-Atim
32 Omariye-Schule
33 Bab el-Ghawanima
34 Palasttor
   (Bab es-Sarai)
35 Gefängnistor
   (Bab el-Habs,
   Bab en-Nazir)
36 Eisentor
   (Bab el-Hadid)
37 Baumwolltor
   (Bab el-Qattanin)
38 Latrinentor
   (Bab el-Matara)
39 Warren-Tor
40 Minarett Medineh
   es-Sarai

107

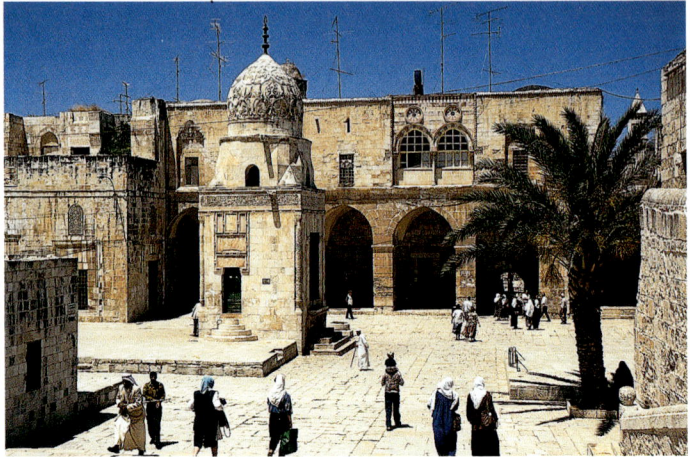

Propheten Natan: »Ich wohne in einem Haus aus Zedernholz, die Lade Gottes aber wohnt in einem Zelt« (2 Sam 7,2). David hatte jedoch so viel Blut vergossen, dass Gott erst von dessen Sohn Salomo den Tempel bauen ließ (1 Chr 28).

König Salomo (um 968–930) bezog den Hügel Morija in seine Stadt mit ein, umgab ihn mit einer Mauer und errichtete zunächst einen Palast mit angeschlossenem Wohntrakt für seine Frauen; davon hat man allerdings bis heute nichts gefunden.

Um 964 v. Chr. begann Salomo mit dem Tempelbau. Der phönikische König Hiram von Tyros lieferte Zedern- und Zypressenholz und sandte Baumeister und Künstler. Rund 160 000 Männer sollen sieben Jahre lang am Tempel gebaut haben; da die Muslime auf dem heutigen Tempelberg keine Ausgrabungen dulden, ist die Forschung auf biblische Texte und vergleichbare Bauten angewiesen. Der Langhausbau dürfte einen Grundriss von 31,5 m × 10,5 m gehabt haben; er erhob sich auf einem 3 m hohen Podium und gliederte sich, wie die phönikischen Heiligtümer, in Vorhalle, Heiliges und Allerheiligstes. Im fensterlosen Allerheiligsten mit seinen 2,5 m dicken Mauern stand die Bundeslade. Das Tempeldach bildete eine Terrasse, die von Zedernholzbalken getragen wurde. Fußböden und Innenwände waren mit Zedernholz getäfelt, Flachreliefs von Cherubim, Palmetten und Blumengirlanden schmückten die Wände. Das Ganze war mit Gold ausgelegt. Vor dem Haupteingang im Osten standen zwei etwa 9 m hohe Bronzesäulen mit einem Durchmesser von 1,9 m und 2,5 m hohen Kapitellen. Die rechte Säule wurde Jachin (›Festigkeit‹), die linke Boas (›Kraft‹) genannt. Später erhielt der Tempel einen dreistöckigen Umbau mit Schatzkammern, Magazinen und Priesterwohnungen. In einem ummauerten Vorhof befanden sich der Brandopferaltar, das ›Eherne Meer‹ und die zehn Kesselwagen. Bei dem ›Ehernen Meer‹ handelte es sich um ein 730 hl fassendes Wasserbecken (2,2 m hoch und 4,5 m im Durchmesser), das auf den Rücken von zwölf Stieren ruhte. Das Becken selbst glich einer soeben erblühten Lilie. Die Kesselwagen hatten vier Räder und trugen in dem quadratischen Aufbau je einen Bottich zum Abspülen des Opferfleisches. Die gesamte Anlage war aus Bronze. Um seine Tributzahlungen an die Assyrer leisten zu können, entfernte König Ahas im Jahre 734 v. Chr. die Stiere und Teile der Kesselwagen. 587 v. Chr. eroberte Nebukadnezar II. Jerusalem und brachte alles, was wertvoll war, nach Babylon, darunter auch die bronzenen Säulen und sämtliche Kultgeräte.

Fast 70 Jahre lag alles in Trümmern, bis ein aus dem Babylonischen Exil heimgekehrter Jude (ca. 518 v. Chr.) den Tempel nach alten Plänen und an alter Stelle, aber schmuckloser wiederaufbaute. Die Bronzesäulen am Eingang fehlten, ein Vorhang ersetzte die Zedernholzwand zwischen Heiligem und Allerheiligstem. Die Bundeslade, die der Prophet Jeremia vor der Zerstörung des Tempels in einer Höhle auf dem Berg Nebo im Ostjordanland versteckt hatte, blieb verschollen; eine neue wurde nicht aufgestellt. Nach wechselvoller Geschichte wurde das Bauwerk 63 v. Chr. fast völlig zerstört.

Der **Tempel des Herodes** wird allgemein der Zweite Tempel genannt, obwohl es sich genaugenommen um den dritten Tempel handelte. Herodes der Große befahl, die Anlage wiederaufzubauen. Es sollte ein Prachtbau entstehen, der schönste und größte Tempel, den je ein Herrscher für den Gott seiner Untertanen erbaut hatte. Aber die Juden waren misstrauisch – wollte der König womöglich das alte Jahwe-Heiligtum abreißen, ohne einen neuen Tempel zu bauen? Deshalb verlangten sie, dass er erst alles Baumaterial bereitstelle und dass nur Priester den heiligen Bau erstellen dürften. Herodes ging auf die Bedingungen ein. Nabatäische Architekten planten den Bau, und im Jahre 19 v. Chr. begannen 1000 eilig zu Steinmetzen, Zimmerleuten und Dekorateuren ausgebildete Priester mit den Arbeiten. Die Maße des Salomonischen Tempels mussten beibehalten werden. Um genügend Platz für die prunkvollen Bauten außerhalb des Tempelbezirkes zu schaffen, ließ Herodes die Fläche des Tempelberges nahezu verdoppeln. Das höhere Gelände im Norden wurde abgetragen und im Süden aufgefüllt, wo zusätzlich gewaltige, bis 38 m hohe Substruktionen für den Ausgleich sorgten. Mächtige Mauern stützten die rund 140 000 m² große, trapezförmige Plattform. Schon im Sommer 18 v. Chr. konnte der Tempel in Anwesenheit des Königs, der für das erste Opfer 300 Rinder stiftete, eingeweiht werden. Für den Bau der Höfe, Hallen und Umfassungsmauern waren weitere acht Jahre erforderlich, und fertiggestellt war der riesige Bezirk eigentlich erst 64 n. Chr.

Der wie eine Festung ummauerte Tempelberg hatte acht Tore: zwei im Süden, vier im Westen und je eines im Norden und Osten. An der Innenseite der ringsum laufenden, 1550 m langen Mauer führten prächtige, zweischiffige Säulenhallen entlang. Die Südhalle an der Stelle des einstigen Salomopalastes, die Königliche Halle, war besonders kostbar ausgestattet: 162 korinthische Säulen, jede 12,5 m hoch, trugen

»Denn über und über war der Tempel mit dicken Goldplatten umhüllt. Und wenn die Sonne aufging, dann gab er einen Glanz wie Feuer von sich, so dass der Beschauer sein Auge wie vor den Strahlen der Sonne abwenden musste.«
Jüd. Krieg V, 5,6

das herrlich geschnitzte und bemalte Zedernholzdach. Sie bildeten vier Reihen, von denen die hinterste zur Hälfte im Mauerwerk stand. Der Platz zwischen den Hallen und dem eigentlichen Tempelbezirk, der Vorhof der Heiden, hatte ein farbiges Mosaikpflaster. Den etwa 150 m × 120 m großen Tempelbezirk umgab eine Balustrade. Über jeweils 14 Stufen gelangte man zu den neun Toren in der 18 m hohen Temenosmauer. Das riesige Haupttor an der Südseite, das Schöne Tor, öffnete sich zum Vorhof der Frauen, an dessen Wänden die Opferstöcke angebracht waren. Von dort führten 15 halbkreisförmige Stufen durch das Nikanor-Tor in den Vorhof der Männer. Die beiden 25 m hohen und 10 m breiten Torflügel waren mit Gold und Silber belegt. Der Vorhof der Priester mit dem Brandopferaltar lag offen auf einer niedrigen Terrasse. Der Altar auf der Tenne war aus unbehauenen Steinen geschichtet, etwa 15 m × 18 m messend und 7 m hoch.

Zwölf Stufen führten zum Tempel, dessen Fassade 50 m breit und 50 m hoch war, hinauf. Der Eingang maß 35 m in der Höhe und 12 m in der Breite. Vergoldete Metallplatten schmückten die Wände. Die beiden Haupträume waren schmaler und niedriger als die imposante Vorhalle. Der erste Raum, das Heilige, maß 10 m × 20 m bei einer Höhe von 30 m; hier standen die 43,6 kg schwere, goldene Menora, der Räucheraltar und der Tisch für die zwölf Brote, die dort als Zeichen des ewigen Bundes mit den Stämmen Israels vor Gott lagen. Das Allerheiligste, ein quadratischer Raum von 10 m Seitenlänge, wurde durch einen großen, kunstvoll gewebten Vorhang vom Heiligen getrennt. Der Raum war völlig leer; nur ein kleiner Stein erinnerte an die Stelle, wo im Tempel Salomos die Bundeslade gestanden hatte. Der Hohepriester betrat das Allerheiligste einmal im Jahr am Versöhnungstag, um ein Rauchopfer darzubringen. Im Süden, Westen und Norden lehnten sich dreigeschossige Bauten mit zahlreichen Kammern an; heute ist von dem ganzen Bau außer der Tempelbergmauer, einigen Toren und den Gewölben kein Stein mehr zu sehen. Die detaillierten Angaben stammen von Flavius Josephus, der als Priester Zutritt zu dem Heiligtum hatte (Jüd. Krieg V, 1–6).

70 n. Chr. ging der Tempel beim Sturm der Römer in Flammen auf; Titus versuchte vergeblich, das Heiligtum zu retten. Die kostbaren Kultgeräte kamen nach Rom. Im Jahre 130 ließ Kaiser Hadrian auf dem Tempelberg ein Jupiterheiligtum errichten. Der hadrianische Bau, den wir nur von Münzbildern kennen, enthielt Statuen der römischen Gottheiten Jupiter, Juno und Minerva; die Errichtung der Anlage war einer der Gründe für den zweiten Krieg der Juden gegen Rom (132–135). Nach der Niederschlagung des Aufstandes war den Juden jeglicher Aufenthalt in Jerusalem verboten. Konstantin der Große (306–337) ließ den hadrianischen Tempel niederreißen; die Ruinen dienten fortan als Steinbruch für das aufblühende Jerusalem. 324 erlaubte der Kaiser den Juden, jeweils am Jahrestag der Zerstörung die Stadt zu betreten. 363 ermunterte der Kaiser Julian Apostata die Juden, ihr Heiligtum wiederaufzubauen, und forderte sie zur Rückkehr nach Jerusalem auf. Tausende von Männern und auch Frauen begannen nun, die Tem-

Warntafeln nach 135 n. Chr. für Juden

Große Tafeln in griechischer und lateinischer Sprache warnten: »Kein Fremder darf die um das Heiligtum gezogene Schranke und Umfriedung überschreiten. Wer darin ergriffen wird, ist selbst schuld, weil darauf der Tod folgt.« (Eine Tafel ist im Archäologischen Museum in Istanbul, eine zweite im Rockefeller-Museum).

pelfläche vom Schutt zu befreien. Ein schweres Erdbeben und Brände in der ganzen Stadt ließen sie jedoch vorerst aufgeben. Bald darauf starb der Kaiser auf einem Feldzug gegen die Perser. In byzantinischer Zeit stand am Südrand des Tempelberges eine Kirche, die 618 wie alle anderen christlichen Gotteshäuser von Persern zerstört wurde.

638 eroberten die Araber Jerusalem. Ihr Kalif Omar I. ließ an der Südmauer des Tempelberges eine kleine Moschee errichten. Unter der Herrschaft des Omajjadenkalifen Abd el-Malik (685–705) trat in Medina ein Gegenkalif auf, der den Untertanen des rechtmäßigen Herrschers die Pilgerfahrt nach Mekka verweigerte. Die Imame Abd el-Maliks erinnerten sich des Abrahamfelsens in Jerusalem, von dem aus Mohammed seine Himmelsreise angetreten haben soll, und baten den Kalifen, über dem Felsen einen prächtigen Schrein zu errichten. Diese Qubbet es-Sakhra, der Felsendom, erhielt die gleichen Rechte wie die Kaaba in Mekka, genügte also der den Muslimen vorgeschriebenen Pilgerfahrt (Hadsch). Nachdem Abd el-Malik den Gegenkalifen besiegt hatte, fiel der Primat wieder an Mekka, doch behielten die Muslime das Fest von Mohammeds Himmelsreise bei. Abd el-Maliks Sohn Walid I. baute 715 die riesige Aqsa-Moschee, die mehrmals durch Erdbeben zerstört, aber immer wieder aufgebaut wurde. Die Kreuzfahrer wandelten sie sofort nach der Eroberung Jerusalems (1099) als Templum Salomonis in die Residenz der christlichen Herrscher um, später diente sie als Sitz des Templerordens. Der Felsendom wurde zum Templum Domini (›Tempel des Herrn‹). 1187 stellte Sultan Saladin die Bauten auf dem Tempelplatz wieder dem islamischen Kult zur Verfügung. Die Mamelucken bereicherten den Platz durch zahlreiche Kleinbauten und gaben ihm damit im Wesentlichen sein heutiges Aussehen.

Zugangsrampe auf den Tempelberg

Die Errichtung einer neuen Zugangsrampe auf den Tempelberg und die damit verbundenen Grabungen außerhalb der herodianischen Stützmauer führten im Februar 2007 zu palästinensischen Unruhen.

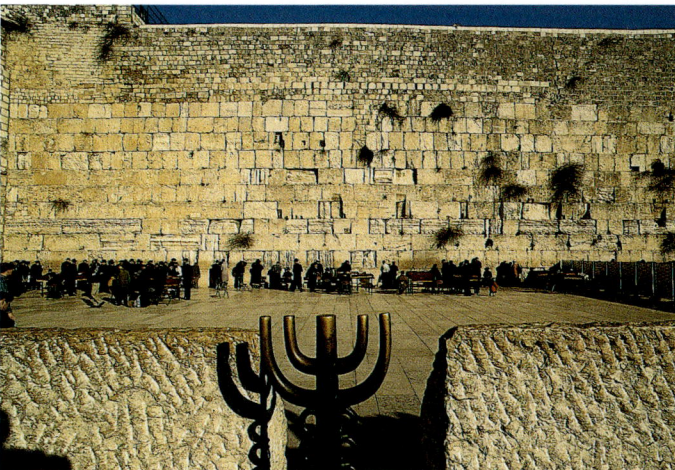

An der Klagemauer

Klagemauer und Tore des Tempelberges

Das bekannteste Teilstück der Mauer, mit der Herodes der Große das Plateau des Tempelberges einfasste, ist die **Klagemauer (46,** Kotel ha-Ma'aravi; Abb. S. 111), als letztes Relikt des Tempels heute das größte Heiligtum der Juden. Die falsche Deutung ihrer oft laut vorgetragenen Gebete gab dem Bauwerk die Bezeichnung Klagemauer. Auf der Westmauer des einstigen Tempels, also unmittelbar am Allerheiligsten, ruht Gottes (Jahwes) Gegenwart auf Erden. Wie in der Synagoge haben Männer und Frauen getrennte Bereiche. Mit bedecktem Kopf darf jeder an die Mauer treten – für männliche Besucher liegen Kippa bereit. Fast senkrecht aufragend, ist die Klagemauer etwa 18 m hoch. Die untersten 11 Steinlagen stammen aus herodianischer Zeit; sie setzen sich nach unten in das inzwischen zugeschüttete Tyropöontal fort. Gebaut sind sie aus 1,07 m hohen und verschieden langen Bossenquadern, die so sorgfältig behauen wurden, dass man sie ohne Mörtel vermauern konnte. Ihre unterschiedliche Verwitterung ist auf die Verschiedenheit des Materials zurückzuführen. In die Ritzen steckt man heute Zettelchen mit Bitten und Wünschen an Gott. Der obere Mauerabschnitt mit kleineren und unregelmäßig bearbeiteten Steinen entstand in späterer Zeit, zum Teil erst unter Süleyman dem Prächtigen. Der große, freie Platz vor der Klagemauer war bis 1967 dicht bebaut; nach dem Einmarsch der israelischen Truppen wurden die Häuser abgerissen.

Links der Klagemauer sieht man den **Wilsonbogen (47),** den der englische Archäologe Charles Wilson in den Jahren 1867–70 freilegte. Mit eine Spannweite von 12,8 m wölbte sich der 15,5 m breite Bogen einst über das 23 m tiefer gelegene Tyropöontal. Er gehörte zu einem Viadukt, der schon zur Zeit der Makkabäer die Oberstadt mit dem Tempelberg verband. 63 v. Chr. brach man die Brücke ab, um Pompejus den Zugang dorthin zu erschweren. Herodes baute sie wieder auf. Das Tor hinter der Brücke heißt seit alter Zeit Schallechet (›Tor, durch das die Opferabfälle weggebracht wurden‹); die Araber nannten es später Bab es-Silsileh (›Kettentor‹). Die Mamelucken versahen es mit kleinen Stalaktitennischen. Unter dem Bogen befindet sich heute eine Synagoge. Die HaShalshelet (Bab es-Silsileh Road) führt über den Bogen zum Tempelplatz; der Zugang ist hier für Nichtmuslime gesperrt. An der Nordseite des Westmauerplatzes befindet sich auch der Eingang zu dem **Westmauer-Tunnel.** Die Öffnung des Tunnels führte 1996 zu heftigen Unruhen unter der muslimischen Bevölkerung Jerusalems. Er verläuft längs des Tempelberges und mündet in die Via Dolorosa. Neben einem Modell des Zweiten Tempels sind der größte in die herodianische Mauer verbaute Stein mit einer Länge von 13,6 m und einem Gewicht von etwa 570 Tonnen, der Bogen des nach seinem Entdecker benannten Warren's Tors, ein Ritualbad (Mikwe) sowie verschiedenen Wassserauffangbecken bzw. ein Kanal aus hasmonäischer Zeit zu sehen.

Rechts der Klagemauer weist eine Rampe zum **Maghrebinertor** (Bab el-Maghariba bedeutet ›Westtor‹). Unter dem Bab el-Maghariba entdeckte der Amerikaner Thomas Barclay ein großes, unterirdisches Tor mit einem aus einem einzigen Steinblock bestehenden Türsturz, das über Stufen zum Tempelberg hinaufführte. Vor dem Misttor der heutigen Altstadtmauer befindet sich der Eingang zum **Archäologischen Garten (48)** mit dem **Davidson Center,** einem Multimedia-Museum, in dem die Besucher an einer virtuellen Tour auf den Tempelberg zur Zeit des Zweiten Tempels oder durch die Ummaydenstraße, wie sie im 8. Jh. n. Chr. aussah, teilnehmen können. Die ausgestellten Fundstücke reichen von muslimischer und christlicher Zeit bis in kanaanitische Zeit zurück. Aus dieser Epoche stammt ein kleines Fragment einer Tontafel. Es ist die für das Archiv bestimmte Abschrift eines Briefes von dem Fürst Abdihipa an den ägyptischen Pharao und damit ein beredtes Zeugnis über das politische Eigenleben des Stadtstaates Jerusalem während dieser Zeit. Im Archäologischen Garten sieht man die Südwestecke der herodianischen Mauer. Sie reicht bis 19 m unter die heutige Oberfläche; hier wurde ein weiterer großer Stein von 11,8 m Länge aus der Tempelumwallung freigelegt.

Etwas nördlich erkennt man in der Mauer einen 15,5 m breiten Bogenansatz und im Ausgrabungsgelände davor Gewölbekonstruktionen in derselben Breite. Hier führte eine mächtige Freitreppe vom Tyropöontal empor. Der Bogen, dessen Spannweite 12 m betrug, wird heute nach seinem Entdecker **Robinsonbogen** genannt. Im unteren Bereich des Stützpfeilers befinden sich vier Nischen, die als Verkaufsräume oder Wechselstuben gedient haben könnten.

Zwischen Tempelberg und Stadtmauer erstrecken sich die Grundmauern eines Omajjaden-Palastes. Über zwei Geschosse gruppierten sich lang gestreckte Räume um einen offenen mit Säulenhallen umgebenen Hof. Eine kleine Brücke ermöglichte den direkten Zugang vom oberen Stockwerk in die Aqsa-Moschee.

Die Stadtmauer Süleymans des Prächtigen endet vor einem byzantinischen Torbau aus der Zeit des Kaisers Justinian (527–565). Die Anlage verdeckt zum größten Teil das herodianische Doppelte Tor, das wie das 70 m weiter ostwärts gelegene, seit langem ebenfalls zugemauerte Dreifache Tor unterhalb der Königlichen Halle auf den Tempelberg führte. Genau über dem Doppeltor steht hoch oben auf dem Tempelplatz die Aqsa-Moschee (s. S. 114) mit ihrer Silberkuppel. Rechts vom Torbau wurde ein Teil des monumentalen Aufgangs freigelegt, dessen Stufen aus dem Fels gemeißelt oder auf Unterbauten gesetzt waren und mehr als die gesamte Breite von Tor zu Tor, vielleicht 140 m, einnahmen. Darunter fand man Felsstufen aus der Zeit Salomos (10. Jh. v. Chr.). Vor der Treppe versammelten sich an Festtagen die Pilger, um geschlossen zum Tempel hinaufzusteigen. Die beiden Tore wurden auch Huldatore (›Maulwurftore‹) genannt, weil die Aufgänge zum Tempelberg durch riesige unterirdische Gewölbe führten. 30 m vor der Südostecke der Mauer kam bei den Ausgrabungen noch ein kleines Nebentor zum Vorschein, das Einfache Tor, das wohl nur nach unten zu den sogenannten Ställen Salomos führ-

Archäologischer Garten und Davidson Center
www.archpark.org.il
So–Do 8–17,
Fr 8–14 Uhr

113

Sicherheit

Am 6. Oktober 2000 übernahm die palästinensische Polizei die Verantwortung für die Sicherheit auf dem Tempelberg. Da der Tempelberg aber nach wie vor unter der Souveränität Israels steht, bestimmt allein der israelische Staat, wer den Tempelberg betreten darf.

te. An der Südostecke des Tempelberges fällt die Mauer 48 m tief zum Kidrontal hin ab. Hier endet der Archäologische Garten.

Die Ostmauer des Tempelberges besaß nur einen einzigen Zugang, das **Goldene Tor,** zu dem eine breite Treppe vom Tempelplatz hinabführt (kein Zutritt). Zur Zeit Jesu und davor hieß es Susator, weil viele der aus dem Exil heimkehrenden Juden aus Susa, der alten Residenzstadt der persischen Achämenidendynastie, kamen. Goldenes Tor nannte man den vom Kidrontal wie vom Tempelberg aus sichtbaren Eingang erst seit byzantinischer Zeit. Die heutige Anlage, 24,6 m lang und 17,3 m breit, stammt vermutlich aus dem 6. Jh. Zwei monolithische Säulen teilen die Torhalle in zwei Gänge; sechs Kuppeln krönten das flache Dach (zwei sind noch vorhanden). Hierdurch ritt Jesus am Sonntag vor seiner Kreuzigung, hier betrat im Jahre 628 Kaiser Herakleios mit dem Heiligen Kreuz, das die Perser vierzehn Jahre vorher aus Jerusalem verschleppt hatten, die Stadt. Omar I. ließ die beiden Eingänge zumauern. Die Kreuzfahrer brachen einen davon wieder auf, öffneten ihn aber nur für die Prozession am Palmsonntag (Sonntag vor Ostern) und am Fest der Kreuzerhöhung (14. September). Saladin mauerte das Goldene Tor endgültig zu. Die Muslime nennen den nördlichen Eingang Bab et-Toubeh (›Tor der Buße‹) und den südlichen Bab er-Rameh (›Tor der Barmherzigkeit‹), denn hier liegt das Joschafattal, der ›Ort des Weltgerichts‹. Auch die Juden bezeichnen das Goldene Tor als ›Tor der Barmherzigkeit‹ (Sha'ar Ha-Rahamim).

Das einzige Tor im Norden war das Taditor, das genau in der Mitte der Nordmauer lag und nur von Priestern benutzt werden durfte. In einer Verbindung zur Burg Antonia gab es noch das Schaftor, durch das die Opfertiere getrieben wurden. Heute liegen am Nordrand das Bab el-Asbat, das Bab Hitta und das Bab el-Atim, durch die Nichtmuslime den Haram nur verlassen dürfen. Die **Tore der Westmauer** sind Bab el-Ghawanima, benannt nach einer im 15. Jh. aus Kairo verbannten Mameluckenfamilie, Bab es-Sarai (›Palasttor‹), Bab en-Nazir (›Gefängnistor‹), Bab el-Hadid (›Eisentor‹), Bab el-Qattanin (›Baumwolltor‹) und Bab el-Matara (›Latrinentor‹). Etwa 10 m südlich vom Bab el-Matara entdeckte der englische Archäologe Captain Charles Warren ein ehemaliges Vorstadttor (›**Warren-Tor‹**) der herodianischen Zeit, das unterirdisch in das Tyropöontal führte.

Aqsa-Moschee

Die berühmte **Aqsa-Moschee (49)** ist schon von weitem an dem matten Silberglanz ihrer Kuppel zu erkennen. Ihr Name bezieht sich auf die im Koran (Sure 17,1) erwähnte *el-mesdjid el-aqsa*, ›das [von Mekka] am weitesten entfernte Heiligtum‹, zu dem der Prophet Mohammed auf seinem Pferd Buraq entrückt wurde, um vom Heiligen Felsen aus seine Himmelsreise anzutreten. Die erste Moschee an dieser Stelle, einen kleinen, unansehnlichen Bau aus Balken, errichtete Ka-

Aqsa-Moschee mit Reinigungsbrunnen im Vordergrund

lif Omar I. gleich nach der Eroberung Jerusalems 638 n. Chr., und zwar wahrscheinlich auf den Ruinen einer beim Persereinfall 618 zerstörten byzantinischen Kirche. Gegen 715 ersetzte Kalif Walid I. die kleine Moschee durch einen riesigen, fünfzehnschiffigen Bau, der fast die ganze Mekka zugewandte Seite des Tempelplatzes einnahm. 746 wurde das Gotteshaus durch ein heftiges Erdbeben schwer beschädigt und gegen 780 von dem Kalifen el-Mahdi in alter Größe wiederaufgebaut. Die Aqsa-Moschee des 8. Jh. war ungefähr 95 m breit und 83 m lang. An das breite Mittelschiff mit dem Mihrab schlossen sich an beiden Seiten je sieben Nebenschiffe an; 140 Säulen trugen das fast 7900 m² große, flache Dach. Von dieser Moschee, die beim Erdbeben von 1033 zerstört wurde, stammt noch die imposante Südmauer des heutigen Gotteshauses. Der Nachfolgebau des Kalifen el-Zahir aus den Jahren 1034/35 besaß nur noch fünf Schiffe. Auf das südliche Joch des Mittelschiffs ließ der Kalif eine Kuppel setzen. Die Kreuzfahrer verwendeten die Aqsa-Moschee zunächst als Königspalast, bis Balduin II. sie dem fränkischen Ritter Hugo de Payens zur Verfügung stellte, der 1119 zum Schutz der Jerusalempilger den Templerorden gegründet hatte. Von seinem Sitz erhielt der Orden den Namen. Templum Salomonis nannten die Tempelherren die Residenz ihres Großmeisters, die sie um zwei Seitenschiffe und mehrere Anbauten erweiterten. In einem Teil der Moschee richteten sie eine Kirche ein, die sie der Darstellung Jesu im Tempel weihten (Lk 2,22). Seit 1187 ruft wieder der Muezzin zum Gebet, und Koranverse durchziehen die weiten Hallen. 1927 erneuerte man das Kuppelmosaik Saladins und ersetzte die Glasfenster Süleymans des Prächtigen. 1938–42 wurden das Mittelschiff und die westlichen Seitenschiffe sorgfältig restauriert sowie die altersschwachen östlichen Seitenschiffe abgerissen und originalgetreu wiederaufgebaut. 1951 fiel der jordanische König Abdallah

»Im Namen Allahs, des Erbarmers, des Barmherzigen! Preis dem, der seinen Diener des Nachts entführte von der heiligen Moschee zur fernsten Moschee, deren Umgebung wir gesegnet haben, um ihm unsere Zeichen zu zeigen. Siehe, er ist der Hörende, der Schauende.«

Sure 17,1

115

*Archäologischer
Garten unterhalb
der Aqsa-Moschee*

ibn Hussein beim Betreten der Moschee einem Attentat zum Opfer. Im Sechstagekrieg (1967) traf eine Granate die Gebetsstätte. 1969 wurden mehrere unersetzliche Einrichtungsstücke, darunter der geschnitzte Mimbar Saladins, durch Brandstiftung beschädigt. Die Schäden sind inzwischen wieder behoben.

    Die heutige Aqsa-Moschee ist rund 90 m lang und 60 m breit. Die großartige Fassade, die man wegen ihres Stils und der Verwendung fränkischer Kapitelle und Gesimse häufig fälschlicherweise auf die Kreuzfahrer zurückführt, wurde im 13. Jh. von einem Neffen Saladins geschaffen. Durch das Haupttor tritt man in das 17 m hohe Mittelschiff, an das sich beiderseits je drei schmalere, etwa 12 m hohe Seitenschiffe anschließen. Die Säulen des Mittelschiffs nehmen nur etwa ein Drittel der Höhe ein, darüber erheben sich Arkaden in dreifacher Folge. Vor dem Kuppelraum überspannt ein mosaikgeschmückter Triumphbogen des 11. Jh. das Mittelschiff: Zwei monumentale, stilisierte Palmwedel neigen sich als Symbole des Paradieses einander zu. Die farbliche Zurückhaltung (Gelbgrün mit Silber) ist für die Mosaikkunst dieser Periode bestimmend. Die 17,7 m hohe, bleigedeckte Kuppel ruht auf acht Pfeilern. Das goldgrundige Kuppelmosaik entstand Ende des 12. Jh. Saladin stiftete den von schlanken Marmorsäulen eingefassten Mihrab und den reich geschnitzten Mimbar vor der Südwand, der Kiblawand des Mittelschiffs. Beachtenswert ist ferner der Sitz des Imam beim Freitagsgebet, ein Podium aus fränkischen Bauteilen. An der Ostwand befindet sich die Nische des Zacharias, ein Relikt der Templerkirche. Die kleine Kapelle, deren Portal ein eindrucksvolles Beispiel für die Kunst der Kreuzfahrer gibt, war Johannes dem Täufer geweiht.

In der Umgebung der Aqsa-Moschee

Im Westen schließt sich an die Aqsa-Moschee die nicht zugängliche Weiße Moschee, ein Bau der Tempelritter, an. Die Südwestecke des Tempelplatzes nimmt das **Islamische Museum (50,** Haram Museum; z. Zt. geschlossen) ein, dessen Südtrakt auf die Kreuzfahrer zurückgeht. Zur Sammlung gehören Kunstgegenstände aus den verschiedenen islamischen Perioden, u. a. Koranmanuskripte (darunter eines aus dem 9. Jh. in kufischer Schrift), Dokumente aus mamelukischer Zeit, Metallarbeiten, Fayencen, Münzen, Kleidung, Waffen sowie Originalteile, die bei Restaurierungen des Felsendoms und der Aqsa-Moschee ausgewechselt wurden. In der Südostecke des Tempelplatzes befindet sich der Eingang zu den fälschlicherweise als **Ställe Salomos** bezeichneten Gebäuden – den gewaltigen, ca. 5000 m² großen Unterbauten unter der Königlichen Halle Herodes des Großen. Zuerst kommt man in eine unterirdische Kammer mit farbigem Glasfenster; breite Stufen führen hinab (Zutritt für Nichtmuslime nur mit Sondergenehmigung). 88 Pfeiler in zwölf Reihen tragen die 9–10 m hohen Tonnengewölbe. An manchen der Pfeiler, die sich jeweils aus vier bis fünf mächtigen Quadersteinen zusammensetzen, sieht man noch die Löcher zum Anbinden der Pferde der Tempelritter.

Symbol Palme

Bei den frühen römischen Christen war die Palme bezeichnend für jemanden, der ins Heilige Land gepilgert war. Palmzweige waren Sinnbilder für Sieg über den Tod.

Ställe Salomos

Die sogenannten Ställe Salomos werden seit 1997 als Moschee benutzt, die den Namen des ersten Omajjadenkalifen Muawija (660–80) trägt. Touristen dürfen die unterirdische Moschee im Allgemeinen nur mit Sondergenehmigung betreten.

◁ *Felsendom*

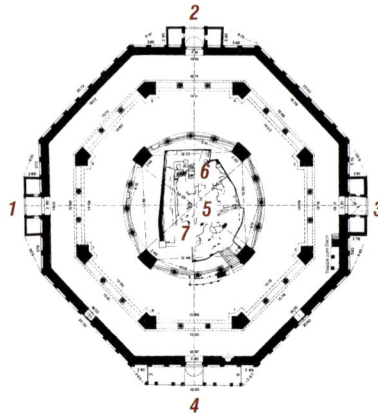

Den mit modernen Wasserhähnen und bequemen Steinsitzen versehenen **Reinigungsbrunnen** zwischen Aqsa-Moschee und Felsendom nennen die Araber el-Qaas (›der Kelch‹). Eine breite Treppe führt zu der Terrasse des Felsendoms empor; sie endet unter einer vierbogigen Säulenarkade aus mameluckischer Zeit. Über der Mittelsäule ist eine arabische Sonnenuhr eingelassen.

Felsendom

Der **Felsendom** (51; Qubbet es-Sakhra), das prächtigste Bauwerk Jerusalems und einer der schönsten Kuppelbauten der Welt, beherrscht den gesamten Tempelplatz. Der islamische Schrein wölbt sich auf dem Felsen Morija behütend über dem Altar Abrahams und Davids. Beim Felsendom handelt es sich um ein Heiligtum, in dem jedermann beten darf, in dem aber kein öffentlicher Gottesdienst stattfindet.

Mohammed war nach dem Koran auf seinem Pferd Buraq von Medina nach Jerusalem geritten, um vom Felsen Morija aus seine nächtliche Himmelsreise anzutreten. Dieser Reise des Propheten weihte der Kalif Abd el-Malik den Schrein, den er 687–91 mit Hilfe byzantinischer Baumeister und arabischer Künstler über dem Heiligen Felsen errichten ließ. Im Jahre 1016 stürzte die Kuppel ein, 1022 wurde sie in alter Pracht wiederaufgebaut. Die Schäden des Erdbebens von 1033 beseitigte man noch im selben Jahr. Die Kreuzfahrer machten ihn zu einer Kirche, verkleideten den Felsen mit Marmor und setzten einen Altar darauf. 1187 gab Saladin den Felsendom wieder dem Islam zurück; seither wurde hier ständig restauriert, um die ursprüngliche Schönheit zu erhalten.

Die Qubbet es-Sakhra ist ein insgesamt 54 m hoher Zentralbau, der aus einem achtseitigen Unterbau und einer Kuppel besteht. Der

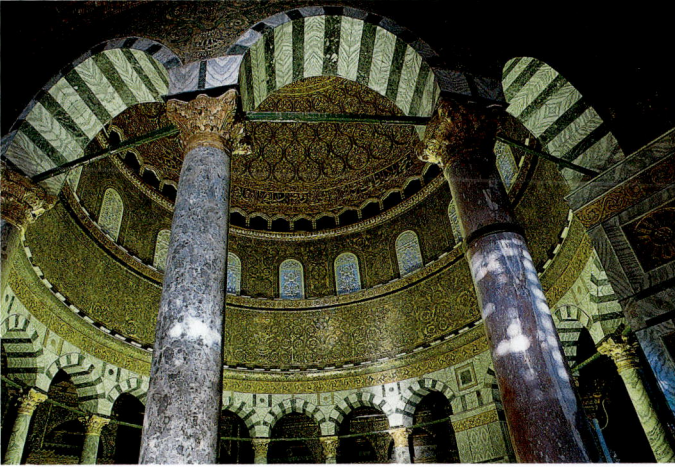

Im Felsendom

Durchmesser des Oktogons beträgt 54,8 m, die Seitenlänge durchschnittlich 20,5 m (außen) bzw. 19,2 m (innen). Die **Kuppel** durchmisst außen 23,7 m und innen 20,3 m, wobei es der Abstand zwischen der äußeren und der inneren Kuppelschale (0,6–1,5 m) Handwerkern erlaubt, bis zur Spitze emporzusteigen. Der bronzene Halbmondaufsatz ist 3,6 m hoch. Die Außenwände des Oktogons sind unten mit Platten aus farbigem Marmor und darüber sowie am Tambour mit Kacheln in den Hauptfarben Blau, Grün und Weiß geschmückt. Die Fayence-Verkleidung Süleymans des Prächtigen aus dem Jahre 1561 wurde 1963 durch neue Kacheln im Originaldekor ersetzt. Im selben Jahr traten vergoldete Aluminiumplatten an die Stelle des schwarzen Bleidachs der Kuppel.

Vier genau den Himmelsrichtungen entsprechende **Portale** führen in das Innere des Heiligtums; das Westtor (Bab el-Gharb), das Paradiestor im Norden (Bab ed-Djenneh), das Kettentor im Osten (Bab es-Silsileh) und das Südtor (Bab el-Qibleh), das Mekka zugewandt und mit einem achtsäuligen Portikus versehen ist. Hinter diesem Tor steht auch der Mihrab. Acht marmorverkleidete Pfeiler und 16 Säulen tragen die ringsum laufende Decke des doppelten Umgangs. Die Architravbalken über den Säulen sind mit getriebenem Bronzeblech, dessen goldenes Rankenwerk den dunkelblauen Untergrund überstrahlt, verkleidet. Die Arkaden über dem Architrav wurden mit goldgrundigen Mosaiken ausgelegt, wobei Krone und Blattwerk als Hauptmotive auftreten. Um den oberen Arkadenrand läuft ein arabisches Schriftband mit einem Vers aus der 17. Sure des Korans. Die großartig geschnitzte und mit Farben ausgelegte Holzverkleidung der Decke stammt aus dem Jahre 1776; die kostbaren Teppiche auf dem Fußboden stiftete König Mohammed V. von Marokko bei der Wiedereröffnung der restaurierten Qubbet es-Sakhra im August 1964. Die vier Pfeiler und zwölf Säulen des Kuppelrandes sind durch Arkaden, die

Marmorintarsien aufweisen, verbunden. Darüber steigen goldfarbene Arabesken, ein byzantinisches Mosaikband mit Blumenornamenten, ein arabisches Spruchband sowie Goldmosaike mit gekrönten Flügelpaaren und Vasen, aus denen Akanthusranken quellen, auf. Die 16 farbigen Glasfenster des Tambours tauchen das Innere des Felsendoms in ein mystisch anmutendes Dämmerlicht. Die Kuppel ist mit vergoldeten Stuckarabesken auf rotem Grund geschmückt. Von der Spitze fällt eine goldene Kette auf das ›Zentrum der Welt‹. Alle Säulen und Kapitelle stammen aus Bauten des 2. bis 6. Jh., lediglich drei mussten 1958 durch Repliken ersetzt werden. Die Architektur ist byzantinisch, die Ausstattung stellt eine Synthese aus byzantinischen, persischen und arabischen Elementen dar.

Der Heilige Felsen selbst ist 17,94 m lang, 13,19 m breit und von einer schlichten Holzbalustrade umgeben. Das schmiedeeiserne Schmuckgitter der Kreuzfahrer wurde in den 1960er-Jahren entfernt und gehört heute zur Sammlung des Islamischen Museums. Der nackte Fels sieht vielleicht noch genauso aus wie damals, als König David hier vor 3000 Jahren sein erstes Opfer darbrachte. In der Südwestecke zeigen die Aufseher einen Fußabdruck Mohammeds und den Reliquienschrein mit einigen Barthaaren des Propheten. In der Mitte der östlichen Felskante sollen die Fingerabdrücke des Erzengels Gabriel, der den Felsen zurückhielt, als der Prophet aufstieg, zu erkennen sein. Zwei Steinplatten am abgeflachten Nordende des Felsens verdecken eine 90 cm tiefe Grube, die in einen Kanal mündet und zum Auffangen des Opferblutes gedient haben könnte. Die fast kreisrunde Öffnung von 80 cm Durchmesser und 1,7 m Tiefe im Südostteil gab dem Felsen schon in konstantinischer Zeit den Namen *lapis pertusus* (›durchlöcherter Stein‹). Das Loch ist mit der natürlichen Höhle verbunden, zu der eine Treppe hinabführt. Die Höhle misst etwa 7 × 7 m; ihre Höhe schwankt zwischen 1,46 m und 2,62 m. In der Mitte des Fußbodens ist eine runde, weiße Marmorplatte von 1,68 m Durchmesser eingelassen. Sie bedeckt den Zugang zum darunter liegenden Seelenbrunnen (arabisch Bir el-Arouah), wo sich nach islamischer Tradition die Seelen der Verstorbenen zweimal wöchentlich zum Gebet versammeln. In den vier Ecken der Höhle verehren die Muslime Elija (Elias), Abraham, David und Salomo.

Andere Bauten auf dem Tempelberg

Die Felsendomterrasse hat die Fläche von 24 500 m² und ist damit etwas größer als der Petersplatz in Rom. Acht breite Treppen führen ringsum empor, zwei im Süden, drei im Westen, zwei im Norden und eine im Osten. Mameluckische Arkaden, deren Säulen und Kapitelle zumeist aus byzantinischen oder fränkischen Bauten stammen, schmücken die Aufgänge. Die Muslime glauben, dass am Letzten Tag an diesen mawazin genannten Arkaden Waagschalen hängen werden, um die Seelen zu wiegen. Die Nähe zum Heiligen Felsen hat viele

Herrscher veranlasst, die riesige Terrasse mit kleineren Bauten zu schmücken – Bedeutung und Entstehungszeit sind nicht immer bekannt. Da steht zunächst östlich des Felsendoms der **Kettendom** (Qubbet es-Silsileh), von den Juden als Gerichtsplatz Davids (Mekhmet Daud) bezeichnet. Man könnte ihn fast für eine verkleinerte Kopie des Felsendoms halten. Nach islamischer Überlieferung wird hier am Tage des Jüngsten Gerichts eine eiserne Kette die Guten von den Bösen scheiden. Bei dem Gebäude handelt es sich um einen allseits offenen Pavillon, dessen 17 Säulen das Dach und die Kuppel tragen. Kalif Abd el-Malik (685–705) soll den Pavillon als Schatzkammer errichtet haben. Da der Pavillon keine Wände besitzt, verwahrte der Kalif seine Preziosen vermutlich im Kuppeltambour. Die Kreuzfahrer wandelten die Qubbet für die wenigen Jahrzehnte, die sie in Jerusalem herrschten, in eine Kapelle zu Ehren des hl. Jakobus des Jüngeren um (Jakobus war der erste Bischof von Jerusalem; im Jahre 62 stürzten ihn die Juden von der Mauer ins Kidrontal). Die Keramikverkleidung ließ Sultan Süleyman der Prächtige im Jahre 1561 anbringen. Nordwestlich des Felsendoms steht der achteckige **Himmelfahrtsdom** (Qubbet el-Miraj) aus dem 10. Jh. An dieser Stelle soll Mohammed gebetet haben, bevor er seine nächtliche Himmelsreise antrat. Die Kreuzfahrer restaurierten den kleinen Kuppelbau und verwendeten ihn als Baptisterium.

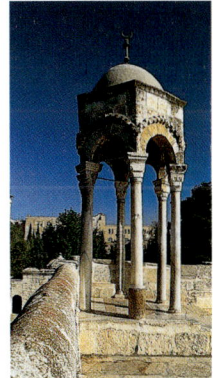

Qubbet am Felsendom

Weitere interessante Kleinbauten auf der Felsendomterrasse sind der **Geisterdom** (Qubbet el-Arwah) aus dem 15. Jh. – hier sollen sich nachts die Seelen der Heiligen treffen –, der Hebrondom (Qubbet el-Khalil) aus dem 19. Jh., der Georgsdom (Qubbet el-Khadr), die Gebetsnische des Propheten (Mihrab en-Nebi) und die Kanzel des Burhan ed-Din neben der breiten Südtreppe, wohl der Rest einer mameluckischen Mosalla (offene Moschee) aus dem 14. oder 15. Jh. Der reizvollste Kleinbau unterhalb der Felsendomterrasse ist der **Sebil Qait Bey,** ein Brunnen, den der Mameluckenherrscher el-Asraf Saifed-Din Qait Bey (1468–95) stiftete und der 1883 restauriert wurde. Schlanke, von Engeln gekrönte Säulen tragen die glockenförmige Kuppel, die Steinmetze mit herrlichen Arabesken geschmückt haben. Die Brunnen vor dem Bab es-Silsileh und dem Bab el-Atim sind Geschenke Süleymans des Prächtigen (1520–66). Im Westen und Norden umgeben ehemalige Medresen aus der Zeit der Mamelucken (14. Jh.) den Haram. In der Galerie zwischen dem Bab el-Qattanin und dem Bab el-Hadid befinden sich mehrere Grabstätten aus neuerer Zeit, darunter die Gräber des Königs Hussein ibn Ali, Emir von Mekka († 1931), und des Gründers und ersten Generalgouverneurs von Pakistan, Mohammed Ali Djinna († 1948). Vier Minarette markieren den heiligen Bezirk des Haram: das der Maghrebiner-Moschee im Islamischen Museum (1278 erbaut, 1622 restauriert), das über dem Bab es-Silsileh (1329), das Medineh es-Sarai in der Nordwestecke (das höchste der vier, um 1297) und der 1937 entstandene Turm im östlichen Teil der Nordmauer. Die ganze Ostseite des Tempelberges nahm zur Zeit Jesu die Halle Salomos ein; von ihr ist aber nichts mehr zu sehen.

Berg Zion, Kidrontal und Ölberg

Berg Zion

Dormitiokirche
www.dormitio.net
Mo–Sa 9–17.30,
So 10.30–17.30 Uhr

Inschrift in der Apsis der Dormitiokirche

»Seht, die Jungfrau wird ein Kind empfangen, sie wird einen Sohn gebären, und sie wird ihm den Namen Immanuel [hebräisch ›Gott mit uns‹] geben.«

Jes 7,14

Zion nannten die Israeliten Jerusalem seit der Eroberung, zuerst die Stadt Davids auf dem Südosthügel, dann die Stadt Salomos, besonders den Morija, den Tempelberg. Von hier fand der Name Eingang in die Sprache der Psalmensänger und Propheten als Bezeichnung für das religiöse Zentrum der Juden. In byzantinischer Zeit ging der Name Zion auf den Südwesthügel, die ›Oberstadt‹, über, weil Juden und Christen dort die Stadt Davids vermuteten. Heute bezeichnet man meist nur den südlichen, außerhalb der Mauern gelegenen Teil des Hügels mit Zion (hebräisch Har Ziyyon). Die Bedeutung des Namens ist umstritten. Er könnte ›Fels‹ meinen oder besser noch ›Burg, Festung‹.

Das markanteste Bauwerk, gewissermaßen das Wahrzeichen des Zion, ist der neoromanische Zentralbau der katholischen **Dormitiokirche (52)** mit dem dunkelgrauen Kegeldach und dem daneben stehenden hohen Glockenturm. Die Kirche Dormitio Beatae Mariae Virginis folgt der Tradition, dass die Mutter Jesu auf dem Zionsberg gestorben sei. 1898 erhielt Kaiser Wilhelm II. das Grundstück vom

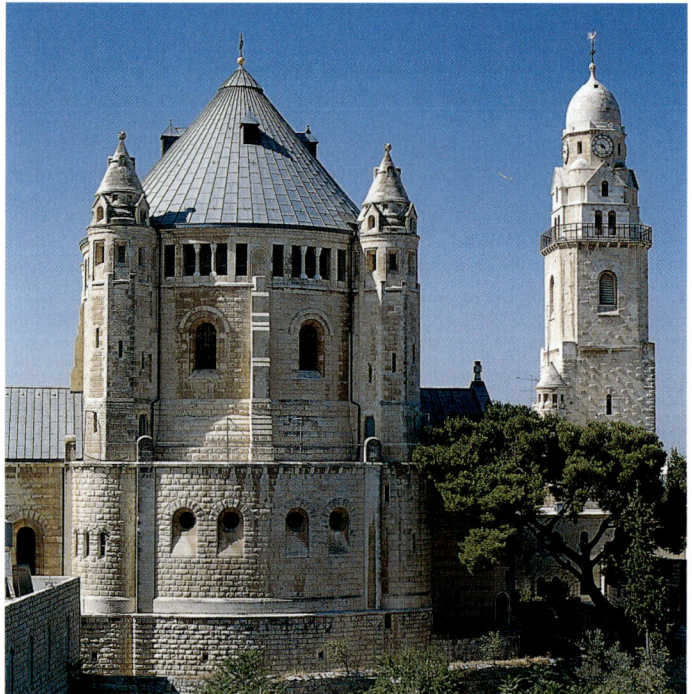

Die Dormitiokirche auf dem Berg Zion

türkischen Sultan Abdul Hamid als Geschenk. Der Kaiser übergab es dem erzbischöflichen Stuhl von Köln, der den deutschen Dombaumeister Heinrich Renard mit dem Bau einer Marienkirche beauftragte. Dieser schuf eine Rundkirche nach dem Vorbild der Pfalzkapelle von Aachen, die Karl der Große Ende des 8. Jh. hatte errichten lassen. 1906 wurde die Dormitiokirche geweiht und den Benediktinern von Beuron, die auf dem Zion eine Abtei unterhalten, anvertraut. Das Kuppelhalbrund der Apsis beherrscht ein riesiges goldgrundiges Mosaik der Maria mit dem Kinde. Die Kapellen sind dem hl. Josef, dem hl. Johannes dem Täufer, dem hl. Bonifatius, den Heiligen Drei Königen, den Patronen Bayerns und dem hl. Benedikt geweiht. Den Fußboden schmückt ein großartiges Rundmosaik mit den Tierkreiszeichen, den Namen der zwölf Apostel, den Porträts der vier Propheten Daniel, Jesaja, Jeremia und Ezechiel und – in der Mitte – mit den drei verschlungenen Ringen, dem Symbol der Dreieinigkeit; den Außenrand bildet ein Wort aus dem Buch der Sprichwörter (8,22–25).

Die Stelle der heutigen Dormitiokirche nahm in byzantinischer Zeit eine riesige fünfschiffige Basilika, die Hagia Sion, ein. Sie wurde im 4. Jh. über einer kleinen Kirche erbaut, die den ersten und auch den zweiten jüdischen Aufstand unzerstört überdauert haben soll. Dieses Kirchlein erinnert an das ›Obergemach‹, in dem Jesus mit seinen Jüngern das Ostermahl des Neuen Bundes einnahm. An dieser Stätte wusch Jesus den Jüngern die Füße (Joh 13,1–10), sagte er die Verleugnung durch Petrus (Joh 13,38) und den Verrat des Judas (Joh 13,21–30) voraus, stiftete er die heilige Eucharistie (Lk 22,15–20). Nach der Himmelfahrt erlebten die Jünger hier die Herabkunft des Heiligen Geistes (Apg 1,12–14; 2,1–4). Wo dieses ›Obergemach‹ tatsächlich lag, wissen wir nicht, denn kein Evangelientext enthält einen genauen Hinweis. Aber die christliche Tradition sah die heilige Stätte schon sehr früh auf dem Zion. Das Haus an der Stelle der kleinen Kirche gehörte den Eltern des Evangelisten Markus und wurde bald zum Mittelpunkt der Jerusalemer Urgemeinde. Da Hadrian den Juden und Judenchristen verboten hatte, in Jerusalem zu leben, wurde es von Heidenchristen der römischen Militärkolonie weiterbenutzt. Von der etwa 54 m langen byzantinischen Kirche, die sich später an das Haus des Markus bzw. die frühchristliche Synagogenkirche des 2. Jh. anlehnte, ist nichts mehr zu sehen. 614 fiel sie dem Persersturm zum Opfer, wurde aber bald darauf wieder aufgebaut. Nach der Eroberung Jerusalems erneuerten die Kreuzfahrer die Zionskirche als dreischiffige Basilika, die 1219 zerstört wurde. 1333 erhielten die Franziskaner von Sultan Malek en-Naser den Teil des Grundstücks, auf dem die frühchristliche Kirche stand. Die Königin von Neapel ließ darauf ein zweistöckiges Gebäude errichten, das eine Kapelle und den Abendmahlssaal umschloss. Bis 1352 erwarben die Franziskaner weitere Grundstücke auf dem Zion, bis Süleyman der Große den Orden 1552 vom Berg vertrieb.

Das Erdgeschoss des heutigen zweistöckigen Gebäudes, dessen Decke zwei schwere quadratische Pfeiler tragen, ist der Saal der Fußwa-

Süleymans Antwort

»Wenn der König von Frankreich mir die Erlaubnis zum Bau einer Moschee in Paris und der Papst für eine andere in Rom gibt, ja, dann gebe ich euch den Zion zurück«, soll Sultan Süleyman der Große 1552 den vom Berg Zion vertriebenen Franziskanern auf ihre Bitte, in Jerusalem bleiben zu dürfen, geantwortet haben.

Abendmahlssaal

Grab Davids
So–Do 8–18 (im
Winter bis 17),
Fr 8–14 (im Winter
bis 13) Uhr

Abendmahlssaal
tgl. 8–17 Uhr

**St. Peter in
Gallicantu**
Mo–Sa 8.30–17 Uhr

»… und Petrus erin-
nerte sich an das, was
Jesus gesagt hatte:
Ehe der Hahn kräht,
wirst du mich dreimal
verleugnen. Und er
ging hinaus und wein-
te bitterlich.«
Mt 26,75

schung. Die beiden hinteren Räume, die man wohl erst im 16. Jh. ab-
teilte, sind von Mauerwerk des 2. Jh. umgeben. Die nach Norden zum
Kreuzigungshügel Golgota ausgerichtete Apsis beweist die Existenz
einer Synagogenkirche. Vor der Apsis steht das Kenotaph Davids, das
die Muslime im 16. Jh. hier aufstellten. Das Grabmal hat die Form eines römischen Sarkophages und ist in eine bestickte Decke gehüllt.
Das **Grab Davids** wird hier erst seit dem 12. Jh. verehrt, zuerst von
den Christen, im späten Mittelalter von den Muslimen und seit 1948
auch von den Juden, die in einem Nebengebäude eine Talmudschule
unterhalten. Es gilt heute als sicher, dass König David hier niemals
bestattet war; vermutlich wird man sein Grab und die seiner Nachfolger irgendwann am Westhang des Tyropöontales entdecken, denn
sie fanden ihre letzte Ruhestätte ja in der Davidstadt (1 Kön 2,10). Ab
1524 gehörte das Grab Davids zur Moschee Nabi Daud (›Prophet David‹). Im Vorraum, der heute als Synagoge dient, ist noch die alte Gebetsnische zu sehen. Den darüberliegenden **Abendmahlssaal (53,**
Coenaculum) erreicht man von der Talmudschule aus über eine Außentreppe. Der eindrucksvolle Saal, das ›Obergemach‹ der Evangelien, das einen schönen Mihrab birgt, ist sehr gut erhalten. Zwei Säulen tragen das frühgotische Spitzbogengewölbe. Wenige Schritte vom
Davidsgrab entfernt befindet sich der **Holocaust Cellar** (Martef Ha-
Shoa), eine Gedenkstätte für die Opfer des Nationalsozialismus.
    Am Osthang des Zionberges steht die moderne, 1931 geweihte Kir-
che **St. Peter in Gallicantu (54)**, ›St. Peter zum Hahnenschrei‹. Man
entdeckte 1888 an dieser Stelle neben Hausmauern, Silos, Zisternen
und Wohnhöhlen die Reste einer etwa 21 × 16 m großen byzantinischen Kirche aus dem 6. Jh., die die Kreuzfahrer erneuerten. Von den
alten Bauten ist kaum noch etwas zu sehen. Eine Treppe führt zur
heutigen Unterkirche hinab, von der aus man in eine 6 m tiefe Höhle blickt. In diesem Felsverlies soll Jesus die Nacht vor dem Prozess
verbracht haben. Das würde jedoch bedeuten, dass hier das Haus des
Hohenpriesters Kaiphas gestanden haben muss, was nach den Quellen und archäologischen Befunden unwahrscheinlich ist. Die Kuppel
der Rundkirche hat eine kreuzförmige Öffnung. Mosaiken zeigen Jesus vor dem Hohen Rat, den weinenden Petrus und verschiedene Bü-
ßergestalten. Von der Terrasse der Kirche bietet sich ein herrlicher
Blick auf die Davidstadt und das Kidrontal.
    Das Haus des Kaiphas, wo Jesus dem Hohen Rat vorgeführt und
schließlich zum Tode verurteilt wurde (Mk 14,53–64), vermutet man
im Bereich des armenischen Klosters vor dem Zionstor.

Kidrontal

*Cityplan Kidrontal und
Ölberg S. 130*

Der Kidron, der nur bis zum Frühsommer Wasser führt, hat keine
Quelle. Der von den Arabern Wadi en-Nar (›Feuerfluss‹) genannte
kleine Fluss sammelt das von den Hängen des Skopus, Ölberges und
Tempelberges herabströmende Regenwasser, fließt durch das Dorf Sil-

Jüdische Gräberfelder auf dem Ölberg

wan, wo er inzwischen unter die Straße verlegt wurde, und windet sich dann in tiefen Schluchten durch die Judäische Wüste und am Kloster Mar Saba vorbei, bis er südlich von Qumran das Tote Meer erreicht. 100 m südlich der Kirche der Nationen (Getsemanikirche) zweigt eine Straße ins Kidrontal, das zwischen Tempelberg und Ölberg auch Tal Joschafat genannt wird, ab. Das Tal Joschafat ist das Tal der Entscheidung, das Tal des Jüngsten Gerichts (Joël 4,1/2; 4,14). Da die Juden am Jüngsten Tag an diesem Ort sein wollen, entstanden am Westhang des Ölberges, der seit 4000 Jahren als Begräbnisstätte dient, große Friedhöfe. Unmittelbar links der Straße wurden im 2. und 1. Jh. v. Chr. die vier eindrucksvollsten Grabmonumente Jerusalems aus dem felsigen Hang gehauen.

Bei dem **Grab des Abschalom (1)** handelt es sich um einen monolithischen Kubus von über 6 m Seitenlänge und 6,5 m Höhe, auf den eine Attika und ein Zylinder aus mächtigen Quadersteinen gesetzt wurden. Den Bau krönt ein spitzer, aus Steinplatten gefügter Kegel, der in einer steinernen Blüte endet. Die Gesamthöhe beträgt ungefähr 15 m. Das Monument entstand im 1. Jh. v. Chr. und weist eine Mischung verschiedener Stilrichtungen auf, wie das in hellenistisch-römischer Zeit durchaus üblich war. An den würfelförmigen Unterbau, dessen oberen Rand ein dorischer Fries schmückt, lehnen sich ionische Halb- und Viertelsäulen.

Eine Öffnung oberhalb des Kranzgesimses führt in eine kleine Grabkammer hinab, die die Juden seit alters her Yad Abshalom nennen, weil sie hier den Gedenkstein vermuten, den Abschalom, Davids Sohn, für sich aufstellen ließ (2 Sam 18,18). 1925 stießen Archäologen auf das dahinter liegende **Grab des Joschafat,** eine große Anlage

Das Grab des Zacha-rias wurde im 1. Jh. vollständig aus dem Stein herausgehauen

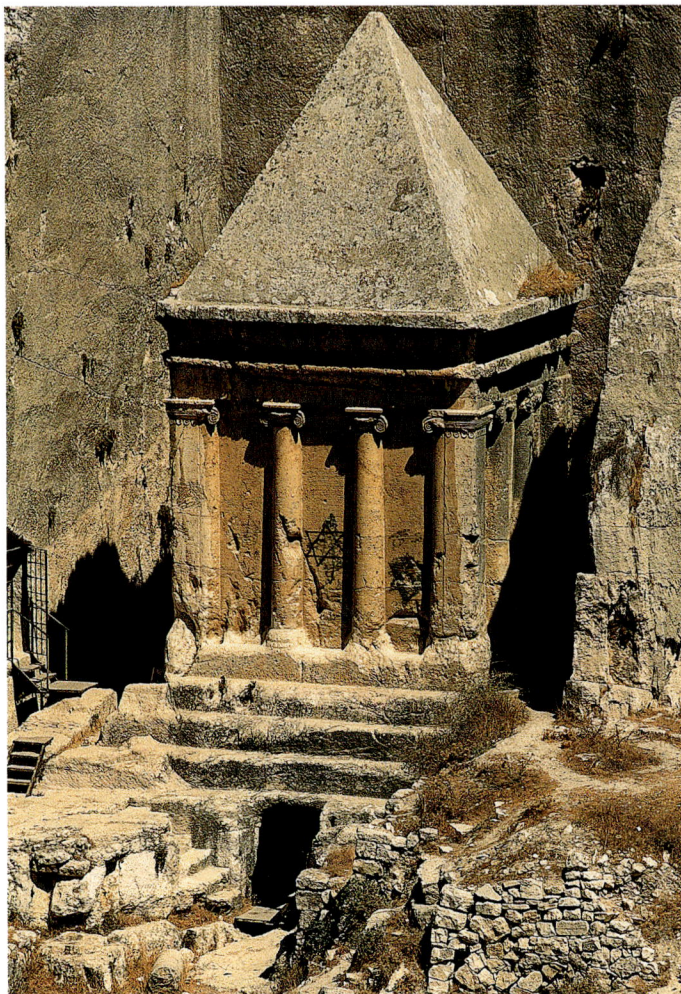

mit acht in den Felsen gehauenen Kammern, die ebenfalls aus dem 1. Jh. v. Chr. stammt und offensichtlich zum vorderen Monument ge-hört. Etwa 25 m weiter folgt das sogenannte **Grab des Jakobus,** das sich die Priesterfamilie der Hesir zu Beginn des 1. Jh. v. Chr. erbaute. Hinter der loggiaartigen Fassade mit zwei Säulen und einem Archi-trav in rein dorischem Stil befinden sich mehrere in den Felsen getrie-bene Grabkammern. Nach der christlichen Tradition wurde hier Ja-kobus, der Bruder (Vetter) Jesu und erste Bischof von Jerusalem, nach seinem Märtyrertod bestattet. Das 9 m hohe **Grab des Zacharias** mit seinem pyramidenförmigen Dach wurde im 1. Jh. v. Chr. vollständig aus dem Felsen gehauen. Den mächtigen Steinkubus (Seitenlänge 5,2 m) schmücken ionische Säulen.

Zu beiden Seiten des Kidrontales zieht sich das arabische Dorf **Silwan (2,** hebräisch Kefar HaShiloah), die Hänge hinauf. Man sieht noch einen kleinen kubischen Bau aus dem 7. Jh. v. Chr., das ›Grab der Pharaonentochter‹. Silwan war auch Davids Stadt, die der Judäerkönig gegen 998 v. Chr. von den kanaanitischen Jebusitern erobert und zur Hauptstadt des Reiches Israel bestimmt hatte.

Zwischen dem Kidron- und dem Tyropöontal erstreckt sich der schmale, wie ein Schiffsbug aussehende, steil abfallende Felssporn des **Ofel (3,** ›Buckel‹), auf dem das Jerusalem der Jebusiter und die **Davidstadt,** die Zionsburg des Alten Testaments, lagen. Das Tyropöontal ist heute kaum mehr als solches zu erkennen, weil es im Laufe der Jahrtausende etwa 15 m hoch mit Bauschutt aufgefüllt wurde. Auch im Norden trennte einst eine flache Senke den zwischen 110 und 150 m breiten und etwa 400 m langen Felssporn vom Berg Morija, dem späteren Tempelberg. In dem als Nationalpark ausgezeichneten Ausgrabungsgelände lassen sich Mauerstrukturen erkennen, die auf Grund von Funden aus dem 10. Jh. v. Chr. als Überreste von Davids Palast gedeutet werden. Weiter unten am Hang erstreckt sich ein ganzes Viertel von Häusern. Diese werden hohen Würdenträgern aus der Zeit des ersten Tempels zugeordnet. Dazu gehört auch das Haus des Ahiel, benannt nach dem Fund einer Tonscherbe, auf der dieser Name steht. Es ist ein Haus mit Innenhof, um den drei Räume gruppiert waren. Die aufrechtstehenden Säulen des Innenhofes trugen einst das Dach bzw. ein zweites Stockwerk. Ein Stein mit Abflussloch, der über einer Fäkaliengrube außerhalb des Gebäudes lag, wird von den Ausgräbern als Toilette und damit als Zeichen des hohen Status der einstigen Bewohner interpretiert. In dem Raum eines weiteren Hauses fand man eine dicke Ascheschicht und zahlreiche Pfeilspitzen im Schutt, sodass man hier die Auswirkungen der Eroberung Jerusalems durch die Babylonier im Jahr 586 v.Chr. zu erkennen meint.

Oberhalb der Häuser zieht sich ein steinerner Stufenbau den Hang hinauf. Seine Entstehungszeit ist in der Forschung umstritten. Zum einen glaubt man, hier eine Stützmauer für Davids Palast zu erkennen, zum anderen wird sie ins späte 13. bzw. frühe 12. Jh. v. Chr. datiert und als Fundament für die kanaanitische Befestigungsmauer gedeutet. Ein Mauerabschnitt und Turm, der nördlich an den Stufenbau anschließt, wird ins 5. Jh. v. Chr. datiert und mit dem Wiederaufbau der Mauer durch Nehemia (von 445–433 v. Chr. persischer Statthalter in Jerusalem) in Verbindung gebracht.

Gihonquelle und Siloahteich

Das eindrucksvollste Relikt aus kanaanitischer und israelitischer Zeit im Park ist das Wasserversorgungssystem des alten Jerusalem, das von der **Gihonquelle,** »einer süßen, wasserreichen Quelle« (Jüd. Krieg V, 4,1), ausging. Gihon bedeutet ›Sprudler‹, weil das Quellwasser in be-

---

Davidstadt/Ofel

www.cityofdavid.org So–Do 8–17 (im Sommer bis 19) Uhr, Fr und vor Feiertagen 8–14 (im Sommer bis 16 Uhr) Zwischen Visitor Center und Gihonquelle bzw. Siloahteich gibt es einen Shuttle-Service. Der Eingang zur Davidstadt liegt in der Ma'alot Ir David, nahe des Dungtores, schräg gegenüber von einem großen Parkplatz.

Kidrontal und Ölberg

1 Gräber des Ab-
  schalom, Joscha-
  fat, Jakobus und
  Zacharias
2 Silwan
3 Ofel/Davidstadt
4 Ölberg
5 Stephanskirche
6 Mariengrab
7 Getsemanigrotte
8 Kirche der Natio-
  nen (Getsemani-
  kirche)
9 Maria-Magdale-
  nen-Kirche
10 Dominus Flevit
11 Prophetengräber
12 Pater-Noster-
   Kirche
13 Himmelfahrts-
   moschee und
   -kapelle
14 Viri Galilaei
15 Auguste-Viktoria-
   Hospital
16 Skopus
17 Hebräische
   Universität
18 Betfage

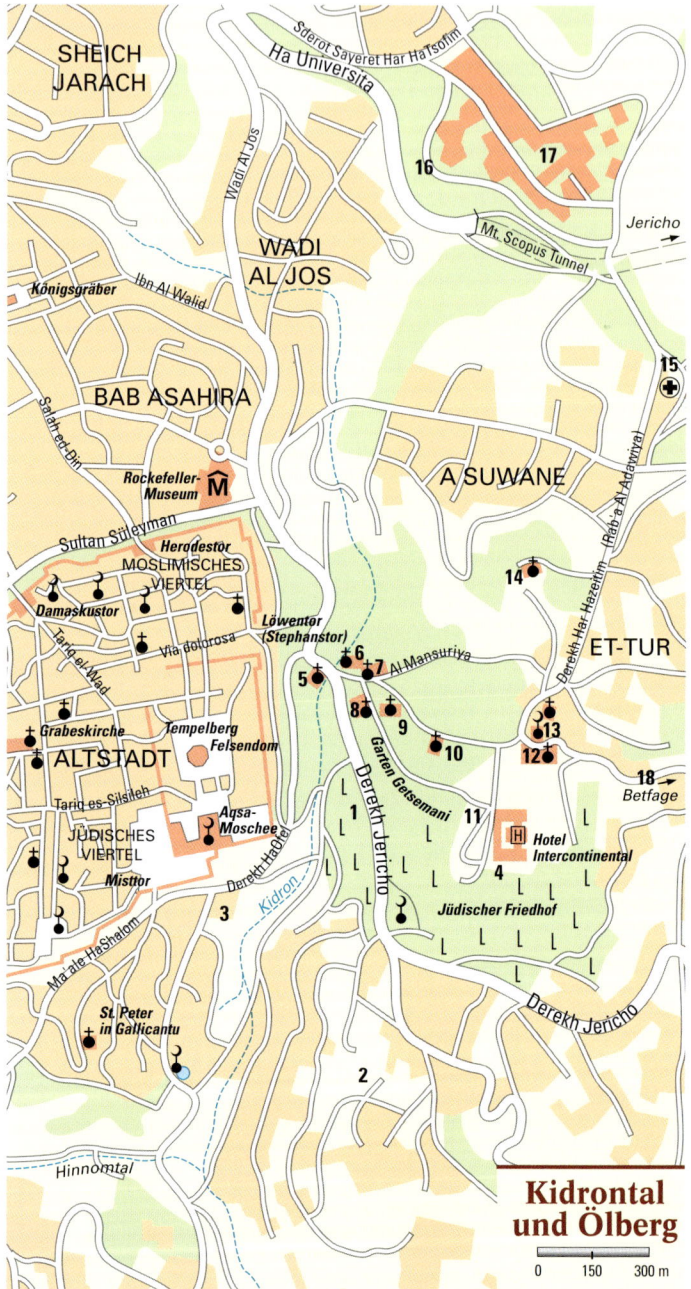

**Kidrontal
und Ölberg**

0   150   300 m

stimmten Abständen stoßartig aufsprudelt. Die Christen nennen die Quelle Marienquelle, die Araber 'Ain Umm el-Deradj (›Quelle der Mutter der Stufen‹) oder Ain Sitti Marjam (›Quelle der Jungfrau Maria‹).

Die Quelle lag außerhalb der Stadt. Ausgrabungen des Jahres 1998 ergaben jedoch, dass sie seit 1800 v. Chr. von einem kyklopischen Vorwerk überbaut war. Um auch im Belagerungszustand an das lebensnotwendige Wasser heranzukommen, trieben die Jebusiter von der Quelle aus einen Tunnel unter das Stadtgebiet und schlugen von oben einen 13 m tiefen, treppenlosen Schacht hinab, aus dem sie das Wasser mit an Seilen hängenden Eimern schöpfen konnten. Durch diesen Schacht drangen gegen 1000 v. Chr. Joab und seine Männer in die Jebusiterstadt ein und öffneten die Tore für Davids Truppen.

Im ausgehenden 8. Jh. v. Chr. baute König Hiskia angesichts der drohenden Assyrer einen rund 533 m langen, zwischen 0,58 und 0,65 m breiten und zwischen 1,60 und 5,10 m hohen unterirdischen Kanal, der im Siloahteich, einer riesigen Zisterne im Stadtgebiet, endete. Der Bau des vielfach gewundenen **Hiskiatunnels,** dessen Verlauf sich nach der Härte des Gesteins richtete, stellte eine technische Meisterleistung dar. Da die Zeit drängte, wurde die Arbeit an beiden Seiten begonnen. Mit einer Abweichung von kaum 50 cm trafen sich die Bergleute. Mehrere Blindstollen hinter der Gihonquelle zeugen von den Bemühungen, die richtige Ader aufzuspüren. Von der Gihonquelle bis zum Siloahteich ist der Hiskiatunnel begehbar.

Im Jahre 701 v. Chr. erschien der assyrische Großkönig Sanherib und besetzte ganz Judäa und die Küstenstädte der Philister; nur Jerusalem konnte er nicht bezwingen, weil eine schwere Epidemie seine Truppen dezimierte. König Hiskia, dem der Prophet Jesaja von einer Übergabe der Stadt abgeraten hatte, war froh, mit erträglichen Tributzahlungen davongekommen zu sein (2 Kön 18 und 19).

Der **Siloahteich** sammelte das Wasser des Gihon. Siloah kommt von dem hebräischen schalach für ›senden, schicken‹, bezeichnete ursprünglich also den Kanal, erst später den Teich. Hier wirkte Jesus eines seiner letzten Wunder: Mit dem Quellwasser heilte er einen Blindgeborenen (Joh 9,6–7). Im 5. Jh. entstand am Teich eine Kirche. Sie wurde 614 beim Persereinfall zerstört; geblieben sind nur einige Säulenstümpfe. Der heutige, restaurierte Siloahteich am Ende des Hiskiatunnels ist 15,5 m lang und 5,5 m breit; der Bogen über dem Gihonaustritt stammt aus dem Jahre 1911. An Stelle der byzantinischen Kirche steht heute eine kleine Moschee. Wenige Meter weiter südlich gruben die Archäologen ein Becken aus, das ursprünglich wahrscheinlich 50 x 60 m groß war. Ringsum führte eine Stufenanlage, die die Ausgräber zu der Annahme verleiten ließ, dass dieser Siloahteich aus der Zeit des zweiten Tempels auch für Ritualbäder genutzt wurde. In diesem Teich endete ein Wasserkanal aus herodianischer Zeit, der direkt neben dem Tempelberg auf Höhe des Robinsonbogens begann. Durch diesen Kanal, der unterhalb der herodianischen Straße verlief, kann man trockenen Fußes bis zurück in den Archäologischen Garten (s. S.112) gelangen. Im Sommer 2012 wurde im oberen Bereich

Tipp für die Exkursion durch den Hiskiatunnel

Sie sollten auf jeden Fall eine Taschenlampe dabeihaben. Kurze Hosen oder Badesachen und eventuell Badeschuhe sind sinnvoll, denn Sie werden stellenweise tief im frischen Quellwasser waten.

dieses Kanals durch Zufall eine riesige Zisterne aus der Zeit des Ersten Tempels entdeckt. Damit löste sich das Rätsel um die Wasserversorgung der Stadt in dieser frühen Zeit, die allein mit der Gihonquelle für die Forscher nicht ausreichend möglich gewesen wäre.

Ölberg

Mariengrab

tgl. 5–12 (im Winter ab 6) und 14.30–17 Uhr

Der östlich des Tempelbergs ansteigende **Ölberg (4)**, arabisch et-Tur (›der Berg‹), hebräisch Har HaZetim, ist Teil einer nordsüdlich verlaufenden Hügelkette, die im Norden mit dem Skopus (819 m) beginnt, sich in den Anhöhen el-Medbase (827 m) und Umm et-Tala (815 m) fortsetzt, dann den 809 m hohen Ölberg mit der Himmelfahrtskuppe erreicht und schließlich im Süden mit dem Berg des Ärgernisses (744 m; arabisch Baten el-Hawa) ausschwingt. Die Himmelfahrtskuppe liegt etwa 120 m über dem Kidrontal und noch 65 m über dem Tempelberg. Der Ölberg hat seinen Namen von den uralten Olivenhainen, die zum Teil noch heute vorhanden sind. Er zählt zu den heiligsten Stätten der Christen und Juden. Im Garten Getsemani am Fuß des Ölberges hielt sich Jesus mit den Jüngern häufig auf, hier wurde er am Tag vor seinem Kreuzestod verhaftet. Die Juden haben am Westhang ihre älteste und größte Begräbnisstätte.

Mariengrab und Getsemanigrotte

1 Vorhof
2 Portal
3 Treppengewölbe
4 Kapelle mit den Gräbern Jojakims und Annas
5 Kapelle mit dem Grab des hl. Josef
6 Früherer Zugang
7 Grabkrypta
8 Grab der Maria
9 Islamische Gebetsnische
10 Armenischer Altar
11 Getsemanigrotte

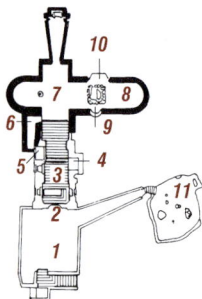

Der kürzeste Weg von der Altstadt zum Ölberg führt durch das Löwentor (Stephanstor). Vor der Brücke über den Kidron steht rechts die dem ersten christlichen Märtyrer Stephanus geweihte griechisch-orthodoxe **Stephanskirche (5)**. Jenseits der Brücke liegt linker Hand das **Mariengrab (6)**. Der schmucke Grabbaldachin neben der zum Grab hinabführenden Treppe erinnert an den berühmten islamischen Juristen Mudjir ed-Din el-Hanabi. Die Treppe endet auf einem ummauerten Vorplatz. Durch ein frühgotisches Portal aus der Kreuzfahrerzeit und über breite Marmorstufen steigt man in die Grabanlage hinunter. Nach der Tradition starb Maria auf dem Zionsberg und wurde in einer Felsenhöhle des Kidrontales, das hier Joschafattal heißt, beigesetzt. In späterer Zeit entstandene Überlieferungen, Marias Grab liege in Ephesus (Westtürkei), wohin sie mit dem Apostel Johannes geflohen sei, ließen sich bis heute nicht bestätigen. Schon im 4. Jh. erhob sich hier eine Kirche, die 614 von den Persern zerstört wurde. Die Kreuzfahrer fanden nur noch die Grabkrypta vor, die sie im Jahre 1112 restaurierten und erweiterten. Darüber errichteten sie eine Kirche, an die sich ein Kloster der Benediktiner von Cluny anschloss. 1187 ließ Sultan Saladin Kirche und Kloster niederreißen, verschonte aber die Krypta, weil auch die Muslime Maria als Mutter des Propheten Isa (Jesus) verehren. 1363 erwarben die Franziskaner das Grab; 1757 erzwangen die orthodoxen Griechen und Armenier die Übertragung der Stätte. Die Krypta hat die Form eines lateinischen Kreuzes. Im größeren Ostarm steht die kleine, aus dem Felsen gehauene Kapelle mit dem marmorverkleideten Bankgrab; rechts und links davon befinden sich eine islamische Gebetsnische und ein armenischer Altar. Auch der Al-

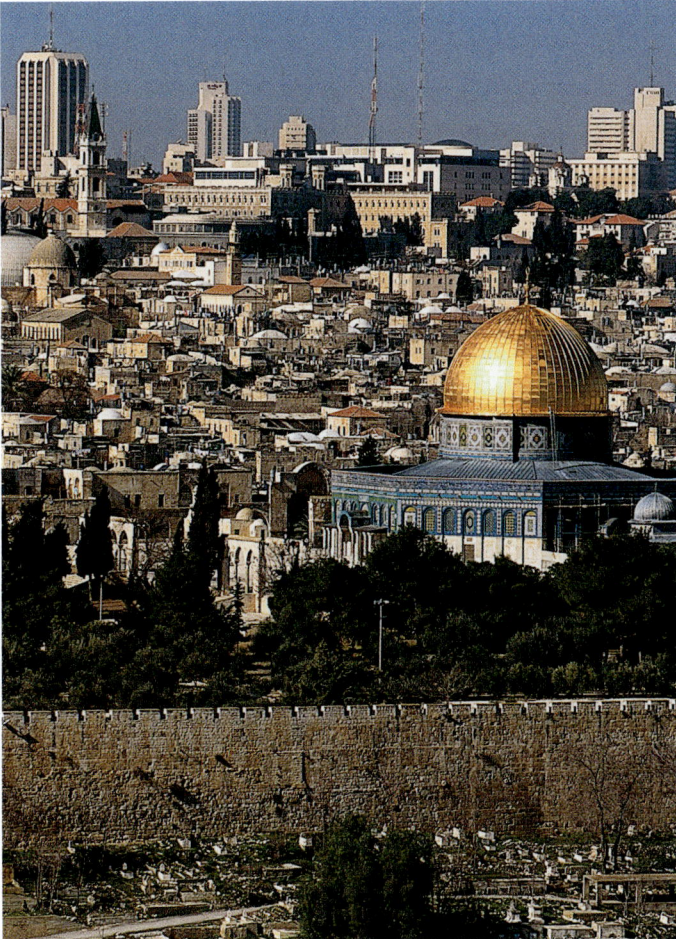

tar im Westteil ist armenisch. An die Treppe lehnen sich zwei Kapellen, in denen die Königinnen des Kreuzfahrerreiches Maria, Konstanze und Batilda (im Westen) sowie Melisende (im Osten) beigesetzt sind.

Rechts vom Mariengrabportal führt ein langer, offener Gang zur **Getsemanigrotte (7,** im Plan S. 130). Hier verbrachte Jesus mit den Jüngern die Nacht vom Donnerstag zum Freitag vor dem Pessahfest des Jahres 30 n. Chr. In jener Nacht verriet Judas den Aufenthaltsort Jesu, der daraufhin von der Tempelwache verhaftet wurde (Mk 14,41–45; Joh 18,4–12). Die Grotte ist etwa 19 m lang, 10 m breit und bis zu 3,5 m hoch. In frühbyzantinischer Zeit (4. Jh.) war der Fußboden mit Mosaiken ausgelegt, die später durch die Anlage von Gräbern fast vollständig zerstört wurden. Fresken, die die Kreuzfahrer im 12. Jh.

Getsemanigrotte

*tgl. 8.30–12 und
14.30–17 (So/Do
nur bis 15.40) Uhr*

133

*Getsemanikirche
(Kirche der Nationen)*

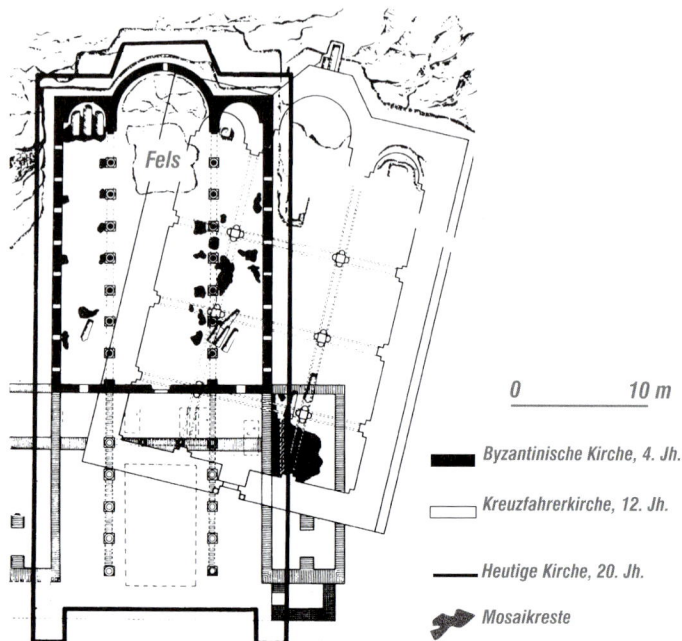

0 _____ 10 m

█████ *Byzantinische Kirche, 4. Jh.*

☐ *Kreuzfahrerkirche, 12. Jh.*

▬▬▬ *Heutige Kirche, 20. Jh.*

🌫 *Mosaikreste*

erneuerten, schmückten die Wände. Die Getsemanigrotte gehört seit 1392 den Franziskanern.

Jenseits der Straße zum Ölberg liegt hinter einer hohen Mauer der Garten Getsemani (hebräisch Gat Schemanim); der Name bedeutet ›Ölkelter‹. Hier befand sich zur Zeit Jesu ein Gehöft mit einer größeren Olivenplantage, in der er sich häufig mit seinen Jüngern aufhielt.

In der Nacht vor der Kreuzigung befiel Jesus im Garten Getsemani Todesangst (Mt 26,36–44). Das Geheimnis dieser Angst hütet die **Kirche der Nationen (Getsemani-Kirche; 8)**. 1920 entdeckte der italienische Architekt Antonio Barluzzi beim Bau der heutigen Kirche die Fundamente einer byzantinischen Basilika. Schon 1909 waren die Franziskaner auf die Grundmauern einer Kreuzfahrerkirche des 12. Jh. gestoßen. Die byzantinische Kirche war 25,05 m lang, 16,35 m breit und endete in drei Apsiden (die dreiapsidiale Bauform begann sich in Palästina andernorts erst nach 450 durchzusetzen). Teile ihres wunderschönen Mosaikfußbodens (stilisierte Blumenmotive) sind unter schützendem Glas noch zu sehen. Der Kirche war ein von Gebäuden flankiertes Atrium vorgesetzt, dessen Mitte eine große Zisterne einnahm. Das Südgebäude lehnte sich an einen römischen Ölkelterraum an. Beim Einfall der Perser im Jahre 614 wurde die erste Kirche der Todesangst zerstört. Die Ost-West-Achse des nachfolgen-

Kirche der Nationen

tgl. 8–12 und 14–18 (im Winter bis 17) Uhr

»Wie der Hirsch lechzt nach frischem Wasser, so lechzt meine Seele, Gott, nach dir.«

Ps 42,2

den wuchtigen dreischiffigen Kreuzfahrerbaus mit einer Länge von 29,75 m und einer Breite von 17,70 m war gegenüber der byzantinischen Basilika um 13° nach Süden verschoben.

Die Kirche der Nationen, deren Bau mit Spenden vieler Länder finanziert wurde, entstand zwischen 1919 und 1924. Auf dem Giebelmosaik über dem Hauptportal erscheint Jesus als Mittler zwischen Gott und der Menschheit. Die Portalsäulen tragen Statuen der vier Evangelisten. Den Giebel krönt das Kreuz, zu dem zwei Hirsche aufblicken. Das Dach besteht aus zwölf kleinen, mit Bleiplatten gedeckten Kuppeln und nutzt damit die Formen der frühislamischen Baukunst. Die blaugrauen Alabasterfenster tauchen das Innere der Kirche in ein Dämmerlicht; Monolithsäulen aus rotbraunem Betlehem-Kalkstein symbolisieren die Ölbäume des Gartens. Der von einem Schmiedeeisengitter abgetrennte Hochaltar steht auf dem nackten Felsen.

Vom Garten Getsemani führen drei Wege zum Ölberg hinauf. Der nördliche, eine asphaltierte Straße durch ein Villen- und Gartengelände, verläuft jenseits der interessanten Stätten, der mittlere Treppenweg ist ziemlich anstrengend. Der weniger beschwerliche südliche Weg windet sich zwischen den christlichen Stätten und dem riesigen jüdischen Gräberfeld empor. Die hohen Mauern zu beiden Seiten stören kaum, denn von überall hat man einen herrlichen Blick auf den Tempelberg, die gepflegten Parkanlagen der Ölbergkirchen und die gleißende Steinwüste der Gräber.

Oberhalb der Kirche der Nationen erhebt sich die **Maria-Magdalena-Kirche (9),** die Zar Alexander III. 1885 zum Andenken an seine Mutter Alexandrowna erbauen ließ. Die im russischen Barock gehaltene Kirche wird von russisch-orthodoxen Nonnen betreut, die hier auch ein Pilgerhospiz unterhalten. Sieben vergoldete Zwiebeltürme mit je einem orthodoxen Kreuz auf der Spitze krönen den Bau. Das große Gemälde über der herrlichen Ikonostase, das der Russe Wassilij W. Wereschtschagin (1842–1904) schuf, zeigt Magdalena, die dem Kaiser Tiberius die Auferstehung Christi zu erklären versucht. Weitere Bilder berichten aus dem Leben der Heiligen. Die Krypta birgt das Grab der Großherzogin Elisabeth Feodorowna, der Schwester der letzten Zarin, die 1918 mit der Zarenfamilie ermordet wurde; 1921 kamen ihre sterblichen Überreste nach Jerusalem.

Etwa 300 m weiter aufwärts erreicht man das Gelände der Franziskanerkapelle **Dominus Flevit (10,** Abb. S. 134), lateinisch für ›Der Herr weinte‹. Als Jesus am Palmsonntag, vom Volk umjubelt, den Ölberg hinunterritt, weinte er beim Anblick Jerusalems, weil er den Untergang der Stadt kommen sah (Lk 19,41–44). Auf die Fundamente einer kleinen byzantinischen Kirche des 6. Jh. setzte der italienische Architekt Antonio Barluzzi einen Neubau in der Gestalt einer Träne, der 1955 geweiht wurde. Hinter dem Altar öffnet sich ein großes Bogenfenster nach Westen mit Blick auf den Tempelberg. Im Fußboden sind noch Teile eines byzantinischen Mosaiks zu sehen. 1952 entdeckte man auf dem Areal eine große Grabanlage mit vielen Beigaben aus der späten Bronzezeit. Bei Untersuchungen der Relikte der alten Kir-

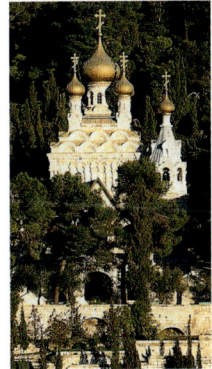

Die russische Maria-Magdalena-Kirche auf dem Ölberg

Maria-Magdalena-Kirche

Di und Do 10–12 Uhr

Dominus Flevit

tgl. 8–11.45 und 14.30–17 Uhr

Dominus Flevit

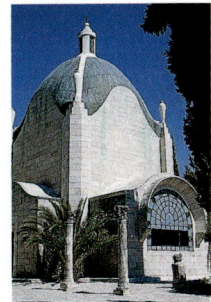

135

Pater-Noster-Kirche
*Mo–Sa 8.30–12 und
14.30–16.30 Uhr*

che stieß man auf zahlreiche römische und byzantinische Gräber (2. Jh. v. Chr.–4. Jh. n. Chr.), die noch Sarkophage und Ossuarien mit aramäischen, hebräischen und griechischen Inschriften sowie frühen christlichen Symbolen bargen. Auf dem Weg zur Kapelle sind zwei Grabkammern mit Ossuarien zu sehen.

Kurz bevor der Weg einen scharfen Knick nach Norden macht, finden sich die **Gräber (11),** in denen die Propheten Haggai, Sacharja und Maleachi (6.–5. Jh. v. Chr.) ruhen sollen. Die Anlage, die im 4. und 5. Jh. für die Bestattung christlicher Pilger geschaffen wurde, besteht aus einer in den Fels gehauenen Rotunde mit zwei halbrunden Galerien und 28 Schiebestollen. Oberhalb der Prophetengräber steht das Hotel Intercontinental ›Seven Arches‹. Von dem Aussichtspunkt an der Straße hat man einen großartigen Blick auf Jerusalem. Der Weg führt am Benediktinerinnenkloster vorbei zur **Pater-Noster-Kirche (12).** An dieser Stelle soll Jesus seine Jünger das Vaterunser gelehrt haben (Lk 11,1–4; Mt 6,9–13). 1868 erwarb die französische Prinzessin Aurelie de la Tour d'Auvergne das Grundstück, das seit der Kreuzfahrerzeit als Stätte der Geburt des Vaterunsers gilt, und veranlasste 1874 den Bau der heutigen Kirche, die von französischen Karmeliterinnen betreut wird.

1910 kamen bei Ausgrabungen nahe der Pater-Noster-Kirche Mauerreste der Eleona zum Vorschein. Die Eleona (Ölbaumbasilika) war neben der Grabeskirche und der Geburtsbasilika eine der drei Hauptkirchen der konstantinischen Ära. Auch hier gab eine Höhle den Anlass für den Bau eines Gotteshauses: die Grotte der Unterweisung, in der Jesus die Jünger in die Geheimnisse seiner Lehre einführte (Mt 24,3 ff.). In der ersten Hälfte des 4. Jh. ließ die Kaiserin Helena die etwa 70 m lange und 18,6 m breite Eleona errichten. Von Westen führten Treppen zu einem Portikus hinauf, an den sich ein 25 m langes umgebenes Atrium anschloss. Eine rechteckige Zisterne nahm die Mitte des Atriums ein. Drei Portale öffneten sich zu der 29,5 m langen dreischiffigen Basilika, deren Chor genau über der Grotte lag. Die

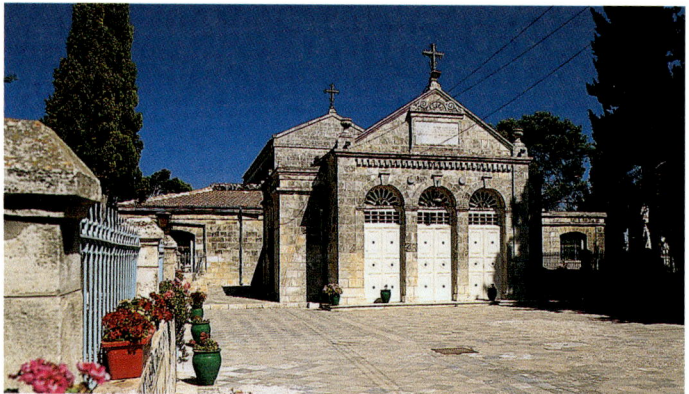

Viri Galilaei

Kirche wurde von den Persern zerstört (614). Die Kreuzfahrer stellten einen kleinen Andachtsraum auf die Ruinen.

An der höchsten Stelle des Ölberges steht die **Himmelfahrtsmoschee (13,** wenn geschlossen, bitte klingeln). Zwischen Minarett und Moscheehof erhebt sich innerhalb eines Mauerringes die **Himmelfahrtskapelle,** errichtet von den Kreuzfahrern um das Jahr 1152 über dem überlieferten Fußabdruck Jesu, der noch heute zu sehen ist. Im Jahre 383 stand an dieser Stelle eine oktogonale Portikusanlage von 41 m Durchmesser. Südlich davon stießen Franziskanerarchäologen auf ein Martyrion, das die Pilgerin Melania um 438 erbauen ließ. Mehrere Klöster schlossen sich nach Süden und Westen an. 614 fielen die Bauten auf dem Ölberggipfel dem Persereinfall zum Opfer. Um 670 wurde das Oktogon wieder aufgebaut, 1009 durch Sultan el-Hakim aber wieder zerstört. Im 12. Jh. war der Himmelfahrtsschrein von einem stark befestigten Augustinerkloster umgeben. 1187 ließ Saladin das Kloster abreißen, den Schrein wandelte er in ein Heiligtum um. Die ursprünglich offene fränkische Himmelfahrtskapelle hat einen Durchmesser von 6,6 m. Die Zwischenmauern und das schwere Kuppeldach stammen aus Saladins Zeit. Östlich der Himmelfahrtskapelle erhebt sich als Wahrzeichen des Ölbergs der 60 m hohe Glockenturm eines russischen Frauenklosters (1886).

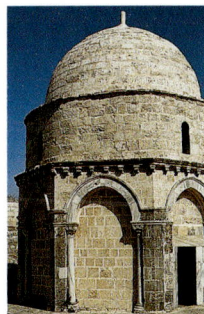

Himmelfahrtskapelle

Weitere Sehenswürdigkeiten

Viri Galilaei (14) am Nordende von Et-Tur ist der Sitz des griechisch-orthodoxen Patriarchen von Jerusalem. Hier trafen sich 1964 Papst Paul VI. und der Patriarch Athenagoras.

Der Weg zum Berg Skopus über den Derekh Har HaZeitim (Mount of Olives Road) passiert das **Auguste-Viktoria-Hospital (15),** das Kaiser Wilhelm II. 1898 zu Ehren seiner Gemahlin stiftete. Zu diesem Krankenhaus gehört die 1907–10 errichtete evangelische **Himmelfahrtskirche** mit dem 45 m hohen Glockenturm, von dessen Höhe ein einzigartiger Rundblick über Jerusalem und die Judäische Wüste möglich ist. Die im Jugendstil gehaltene Kirche zeigt interessante Deckenmalereien, darunter eine Darstellung des Stifterpaares über der Orgelempore, reizvolle Mosaiken, detailreiche Steinmetzarbeiten, einen byzantinisch gemusterten Fußboden und – als größte Kostbarkeit – einen byzantinischen Taufstein. An dieser Marmorschale aus dem 6. Jh. sind vor allem die schmückenden Einritzungen interessant: der Anker als frühchristliches Zeichen der Hoffnung, das Kreuz mit den Anfangs- und Endbuchstaben des griechischen Alphabets als Sinnbild Christi und der neunarmige Leuchter, den die byzantinischen Christen von den Juden übernahmen und später zum Lebensbaum stilisierten. Auf dem 819 m hohen **Skopus (16,** vom hebräischen *zofim,* spähen) hatte Titus bei der Belagerung Jerusalems im Jahre 70 n. Chr. sein Hauptquartier eingerichtet. Heute befindet sich hier die 1925 eingeweihte **Hebräische Universität (17),** zu der auch das berühmte, von Erich Mendelsohn entworfene **Hadassah-Klinikum** gehört. Zwischen 1948

Himmelfahrtskirche
Mo–Sa 8.30–13 Uhr

Der hl. Georg ziert eine Portaleinfassung am Auguste-Viktoria-Hospital

Betfage

tgl. 8–12 und 14–17 Uhr

und 1967 war der Lehrbetrieb unterbrochen, weil der Skopus israelische Enklave auf jordanischem Territorium war. Im Westen Jerusalems entstand damals die neue Universität.

Von der Pater Noster-Kirche aus führt eine schmale Straße in östlicher Richtung zum einstigen Dorf **Betfage (18,** ›Haus der grünen Feigen‹), von wo aus Jesus am Palmsonntag auf einem Esel nach Jerusalem ritt (Mt 21,1–11). Zur Erinnerung daran bauten die Byzantiner im 4. Jh. eine Kapelle. Die Kreuzfahrer errichteten später zwei Wehrtürme, von denen einer als Kirche diente. Den Fels, von dem aus Jesus den Esel bestiegen haben soll, schnitten sie in Form eines Würfels aus dem Gestein und bemalten die Seitenwände. 1876 fand ein Bauer den mit mittelalterlichen Fresken bedeckten Felsblock. Die Franziskaner erwarben das Grundstück und bauten darauf 1883 eine Kirche; 1950 wurden die Fresken renoviert. Seit der Zeit des Kreuzfahrerreiches zogen alljährlich am Palmsonntag Christen von Betfage über den Ölberg zur Kirche St. Anna. 1563 untersagten die Türken die Prozession, und erst 1933 konnte der alte Brauch wiederaufgenommen werden.

Neustadt

Cityplan Jerusalem s. hintere Umschlaginnenklappe

Das Stadtgebiet von Jerusalem hat sich seit 1948, besonders aber seit 1967 stark ausgeweitet. Im Westen entstanden und entstehen Wohn- und Industrieviertel für über eine halbe Million Zuwanderer. Inmitten gepflegter Parkanlagen wuchs das Regierungsviertel mit dem Knessetbau, mehreren Ministerien und der Bank von Israel. Gleich neben an ließ sich die Neue Hebräische Universität nieder. Alle neuen Gebäude Jerusalems sind gemäß Bauvorschrift mit Kalksteinplatten verkleidet und betonen so den Charakter der israelischen Kapitale am Rande der Judäischen Wüste. Zur Abwehr der Sonnenhitze haben die Wohnhäuser, vor allem in den vorgeschobenen Siedlungen, winzige, fast schießschartenförmige Fenster.

Nördliche Neustadt

Das **Rockefeller-Museum** (K 5/6) außerhalb der Nordostecke der Altstadtmauer wartet mit einer bedeutenden archäologischen Sammlung auf. Es wurde 1927 von dem amerikanischen Industriellen John D. Rockefeller als Palestine Archaeological Museum gestiftet und ist heute dem Israel-Museum (s. S. 146) angeschlossen.

Rockefeller-Museum

*www.imj.org.il
So/Mo/Mi/Do 10–15, Sa und vor Feiertagen 10–14 Uhr*

Die in den Räumen chronologisch geordnete Sammlung beinhaltet vor allem Stücke aus den Grabungen während der britischen Mandatszeit. Sie reichen von prähistorischer bis ottomanischer Zeit. Bemerkenswert sind u. a. Elfenbeinschnitzereien aus Samaria (850 v. Chr.), zwei Lakhish-Briefe (6. Jh. v. Chr.), die geschnitzten und bemalten Holzbalken und Täfelungen aus der Aqsa-Moschee (8. Jh.),

Stuck- und Steinmetzarbeiten aus dem Omajjadenpalast in Khirbet el-Mafjir (8. Jh.) sowie Skulpturen aus der Kreuzfahrerzeit (12. und 13. Jh.), darunter die Friese vom Südportal der Grabeskirche. Im schönen Innenhof des Museums finden sich Sarkophage, Architekturteile, Statuen und Mosaike. Bereichert wird die Ausstellung durch interessante Schwarz-Weiß-Fotografien, die die archäologische Pionierarbeit Anfang des 20. Jh. dokumentieren.

Nur wenige hundert Meter weiter erreicht man an der Nablus Road das **Gartengrab** (J 5). 1882 entdeckte hier der englische General Gordon ein typisches Felsengrab des 1. Jh., das er für das wirkliche Grab Jesu hielt. In einem schädelähnlichen Felsen in der Nähe sah er die Kreuzigungsstätte Golgota. Das noch hervorragend erhaltene Grab zeigt, wie es einst ausgesehen haben könnte, auch wenn inzwischen erwiesen ist, dass es aus dem 4. Jh. stammt.

An der Nablus Road liegt auch das Dominikanerkloster mit der **Stephanskirche** (J 5). Im Jahre 415 entdeckte man in Bet Jemal die Reliquien des hl. Stephanus, des ersten Märtyrers der Christenheit. Eudokia, die Gemahlin des Kaisers Theodosius II., ließ für diese Reliquien eine Basilika errichten, die sie im Jahre 460, kurz vor ihrem Tod, weihte. 614 wurde das Gotteshaus ein Raub der Flammen. Die Kreuzfahrer erneuerten den Bau, der aber schon 1187 bei der Eroberung Jerusalems durch Saladin wieder zerstört wurde. 1881 erwarben französische Dominikaner das Ruinengrundstück und führten 1883 umfangreiche Grabungen durch, wobei die dreischiffige byzantinische Basilika zum Vorschein kam. Über den Grundmauern bauten sie die jetzige Kirche, in der noch die schönen alten Bodenmosaike zu sehen sind (falls geschl., bitte klingeln). Im Klosterbereich entstand 1890 die berühmte ›École biblique‹, eine Akademie der Dominikaner für biblische und archäologische Studien im Heiligen Land.

Nahe der Einmündung der Salah ed-Din Road in die Nablus Road befinden sich die **Königsgräber** ((J 6, arabisch Kubur el-Muluk), die größte Grabanlage Jerusalems. Hier vermutete man die letzten Ruhestätten der Könige von Juda, bis der französische Archäologe F. de Saulcy 1863 herausfand, dass die zum Judentum konvertierte Königin Helena von Adiabene diese monumentale Anlage im 1. Jh. n. Chr. für sich und ihre Familie geschaffen hatte. Vom Vorhof führt eine 9 m breite, 25-stufige Treppe zur Grabanlage hinab. Rinnen in der Felswand leiten das Regenwasser in zwei Zisternen. Links öffnet sich ein Portal auf den 26,5 m × 26,5 m großen Haupthof. Die 12 m breite, loggiaähnliche Eingangshalle war von zwei Säulen gestützt. Ihren oberen Rand schmücken ein Architrav mit Blattornamenten und ein dorischer Fries mit Triglyphen, Akanthusblättern, Kränzen und Pinienzapfen. Die enge Öffnung zur unterirdischen Grabanlage war von einem Rollstein verschlossen, der noch vorhanden ist. Von der Hauptkammer zweigen mehrere Nebenkammern mit zahlreichen Nischengräbern ab. Die Sarkophage befinden sich heute im Louvre.

Kurz vor der Einmündung der Salah ed-Din Road in die Nablus Road taucht die **Georgskathedrale** (J 6) auf, die Hauptkirche der

Gartengrab
Mo–Sa 9–12 Und 14–17.30 Uhr

Königsgräber
Mo–Sa 8–12.30 und 14–17 Uhr wegen Restaurierungsarbeiten z. Zt. nur eingeschränkt zugänglich

Anglikanischen Kirchengemeinschaft in Jerusalem, erbaut 1895–1912 im Stil der englischen Windsorgotik des 14. und 15. Jh.

In der Louis Vincent Street/Nablus Road versteckt sich eine äußerlich unscheinbare, aber traumhaft schöne Herberge: das **American Colony Hotel** (J 6). Den palastartigen Kernbau mit seinen kostbar ausgestatteten Räumen ließ sich Rabbah Daoud Amin Effendi al-Husseini, ein reicher Grundbesitzer, 1860 als Stadtvilla errichten. 1896 erwarb die Amerikanerin Anna Spafford das inzwischen erweiterte Gebäude für die von ihr betreuten amerikanischen und auch schwedischen Bürger Jerusalems. Die Nobelpreisträgerin Selma Lagerlöf beschrieb die Geschichte der Spaffords und der amerikanischen Kolonie in ihrem Roman »Jerusalem«. 1902 übernahm Baron Ustinov, der Großvater des Schauspielers Peter Ustinov, das Anwesen und verwandelte es in ein orientalisches Gästehaus, in dem sich seither Ingrid Bergman, T. E. Lawrence, Graham Greene, Sir Alec Guiness, Marc Chagall, Peter O'Toole, Hans-Dietrich Genscher, natürlich auch Peter Ustinov und viele andere Berühmtheiten, wohlfühlten. Wenn Sie schon nicht im American Colony wohnen, so schauen Sie doch hinein und trinken Sie eine Tasse Tee.

Ganz in der Nähe, in der Abu Ubayda Ibn El-Jarah Street, finden Sie das **Orienthaus** (J 6), von 1983 bis 2001 Sitz der Palestine Liberation Organization, der Palästinensischen Befreiungsorganisation, kurz PLO. 1897 ließ sich der arabische Emir Isma'il al-Husseini diese prächtige Villa in typisch islamischem Baustil errichten. Besondere Beachtung verdient der aus farbigem Glas gestaltete Portalgiebel am oberen Ende der repräsentativen Treppe.

Im nördlichen Stadtteil Sanhedria, nahe der Rehov Shmuel HaNavi, liegen am Nordrand eines Parks die **Sanhedringräber** (H 8). Man betritt zunächst den 9,9 × 9,3 m großen, offenen Hof, der an drei Seiten von steinernen Sitzbänken umgeben ist. Sowohl die Ostwand als auch der Eingang zu den Gräbern sind mit schönen Portaleinfassungen versehen. Akanthusblätter, Granatäpfel und andere Früchte füllen die beiden Giebelfelder. In der ersten Kammer sieht man links zwei Reihen von Nischengräbern. Geradeaus und rechts zweigen mehrere kleinere Kammern auf verschiedenen Ebenen mit Schiebestollengräbern ab. Vermutlich wurden in dieser Katakombe bis zum Jahre 70 n. Chr. die Mitglieder des Hohen Rates beigesetzt.

Der Rückweg zur Altstadt könnte über den Kikar Pikud HaMerkaz (Central Command Square) führen, einen verkehrsreichen Platz, in den mehrere Straßen münden. Auf diesem Platz befand sich von 1948 bis 1967 das berühmte Mandelbaumtor, die einzige Verbindung zwischen dem israelischen und dem jordanischen Jerusalem, ein Grenzübergang, den nur Pilger und Touristen benutzen durften.

Ein besonderes Erlebnis ist der Besuch von **Mea Shearim** (H 5/6). dem malerischen Wohnbezirk der ultraorthodoxen Juden, die sich hier ab 1870 mit ihren Familien niederließen, um in besonders strenger Weise nach den mosaischen Gesetzen zu leben. Mea Shearim (›Hundert Tore‹) wurde nach Yemin Moshe (s. u.) das zweite jüdi-

Pessah im Stadtteil Mea Shearim

sche Viertel außerhalb der Altstadtmauern. Die Neubürger errichteten schmale, mehrstöckige Häuser, die, eng aneinander geschmiegt, kleinen Festungen gleichen. Eisentore oder schwere Gitter schützen die Eingänge; Fenster und Dachgärten gehen nach innen auf die engen Höfe. Die Bewohner dieses Viertels stammen vorwiegend aus Osteuropa und sprechen auch heute noch jiddisch, weil ihnen die hebräische Sprache für den Alltagsgebrauch zu heilig ist. Die Männer tragen knöchellange, schwarze Mäntel, darunter den gestreiften Kaftan, ferner schwarze Strümpfe und Schuhe sowie einen schwarzen, breitkrempigen Hut, oft auch den Streimel, die typische Pelzmütze aus Fuchsfell. Schläfenlocken (Peies) fallen bis auf die Schultern herab. Wenn sie zur Synagoge gehen – das tun sie mehrmals täglich –, haben sie den Talit, den weißen Gebetsschal mit Fransen, um den Hals gelegt. An Festtagen kleiden sie sich mit einem weißen Gewand und weißen Strümpfen. Die Frauen sind oft kahl geschoren; sie tragen auf der Straße eine Perücke und darüber meist noch ein Kopftuch.

Die Einwohner von Mea Shearim sind arm; sie leben von winzigen Läden oder von Zuwendungen jüdischer Gemeinden der Diaspora und richten ihr Leben vollständig nach den religiösen Gesetzen. Nirgendwo sonst gibt es auf so engem Raum so viele winzige, von außen kaum erkennbare Synagogen und Yeshivot (Talmudlehrstätten). Viele besonders strenggläubige Bewohner erkennen den Staat nicht an, denn das wahre Israel wird nach ihrer Meinung erst mit dem Messias kommen. Sie verweigern den Wehrdienst, lehnen die offizielle Währung ab und tragen ihre Streitigkeiten vor eigenen Gerichten aus. Die nicht so strenggläubigen Juden belächeln die Einwohner von Mea Shearim und lassen sie gewähren. Hinweistafeln in hebräischer und englischer Sprache machen den Besucher von Mea Shearim darauf aufmerksam, dass dieses Viertel kein touristisches Ziel ist, dass man sich hier anständig benehmen sollte, also nur in vollständiger Kleidung (Schultern, Ellenbogen und Knie bedeckt) sowie mit Kopfbedeckung eintritt. Das Fotografieren von Einwohnern ist nur mit deren Genehmigung erlaubt. Am Sabbat und an jüdischen Feiertagen sollte man Mea Shearim meiden.

Von Mea Shearim aus erreicht man in wenigen Minuten die belebte **Jaffa Street** (Derekh Yafo), deren südliche Abzweigung **Ben Yehuda Street** eine angenehme autofreie Einkaufsstraße und Bummelmeile ist (G/H 5). Nur von Freitagabend bis Samstagabend (Sabbat) sind hier die Geschäfte und Lokale, Straßencafés und Restaurants geschlossen. Doch in den Seitenstraßen bekommt man trotzdem etwas zu essen.

Zwischen Mea Shearim und Jaffa Street liegen drei Kleinode: In der Ethiopia Street erhebt sich die von 1898 bis 1904 erbaute **Äthiopische Kirche** (H 5). Bunte Ikonen aus verschiedenen Zeiten schmücken ihre Innenwände. Das Relief über dem Tor zeigt den Löwen Juda, ein Wahrzeichen, das Salomo der Königin von Saba – und wie man früher glaubte, auch Königin von Äthiopien – bei ihrem Jerusa-

Jaffa Street

141

Ticho-Haus

*Rehov Harav Kook 7
So, Mo, Mi, Do
10–17, Di 10–22,
Fr 10–14 Uhr*

*Café-Restaurant
So–Do 10–24, Fr
9–15, Sa von Son-
nenuntergang
(Sabbat-Ende) bis
24 Uhr*

lembesuch überreicht haben soll. In der Ha Nevi'im Street 58 steht das **Thabor-Haus.** Diese burgähnliche Anlage entwarf und erbaute 1882 Conrad Schick. Als deutscher protestantischer Missionar nach Jerusalem gekommen, gab er jedoch bald seine Berufung auf und widmete sich der Architektur und Archäologie. Auf ihn geht auch die ursprüngliche Planung des Viertels Mea Shearim zurück. Seine archäologische Vorliebe zeigt sich in einigen Spolien, die in der Fassade seines Hauses verbaut sind. Das Thabor-Haus beherbergt heute das Schwedische Theologische Institut von Jerusalem. Unweit der Jaffa Street, in der Rehov Harav Kook 7, steht das reizende **Ticho-Haus** (H 5), das mit Gemälden an die Künstlerin und Malerin Anna Ticho (S. 68) erinnert, und auch als Café und Veranstaltungsort für Konzerte sehr beliebt ist.

Einige hundert Meter vor der Stadtmauer fällt am Rande der Jaffa Street, schräg gegenüber der Hauptpost hinter schlanken Palmen der nüchterne, aber repräsentative Komplex des **Rathauses** auf (1972–76). Nördlich davon beherrscht die russisch-orthodoxe **Dreifaltigkeitskathedrale** (H 5) den russischen Kloster- und Diözesekomplex. 1860–64 erbaute der bedeutende russische Architekt Martin Iwanowitsch Eppinger die Kathedrale, die er der Moskauer Mariä Himmelfahrts-Kathedrale aus dem 15. Jh. nachempfand.

Der auffällige Gebäudekomplex gegenüber der Altstadtmauer in Höhe des Neuen Tores stellt das **Notre Dame Centre** dar, die erste französische Gründung in Jerusalem außerhalb der Altstadt. Zu diesem Centre gehören das St. Louis-Hospital (1879–96) und das Notre Dame de France Hospice, die mit 410 Zimmern größte Pilgerherberge Jerusalems (1879–96).

Westliche Neustadt

Der Weg beginnt am Jaffator und führt ins Hinnomtal hinab. Nach Überquerung der verkehrsreichen Chativat Yerushalayim Street tritt man in eine gepflegte Parkanlage, den **Mitchell Garden.** Nach Süden zu schmiegt sich seit 1981 das **Merrill Hassenfeld Amphitheater** in das Tal, das früher an dieser Stelle der Sultansteich, eine stattliche Zisterne, bedeckte. Vor uns liegt **Yemin Moshe** – schöne Galerien und Kunstgewerbe finden Sie hier –, ein reiches Viertel am Westhang des Hinnomtals mit Blick auf die Stadtmauer und die Zitadelle.

Weiter aufwärts sprudelt im **Bloomfield Garden** (H 3) der reizvolle Löwenbrunnen, ein Geschenk der deutschen Bundesregierung an die Stadt Jerusalem, gestaltet von dem Bildhauer Gernot Rumpf (1989). Ein Stück weiter erinnert eine holländische **Windmühle** an Sir Moshe Haim Montefiore (s. S. 66), der hier um die Mitte des 19. Jh. die erste jüdische Siedlung außerhalb der Altstadt gründete. Eine kleine Ausstellung in der Mühle, die die Selbstversorgung der ersten Siedler sichern sollte, berichtet über Montefiores Leben und Werk. Von der ursprünglichen Siedlung blieb nur eine Reihe niedriger Häuser,

**Montefiore-
Windmühle**

*So–Do 9–16,
Fr bis 13 Uhr*

die heute die Künstlerkolonie **Mishkenot Sha'ananim** beherbergen. Der nördlich anschließende Neubaukomplex mit luxuriösen Eigentumswohnungen, das so genannte Davidsdorf, wirkt wie ausgestorben. Die Besitzer kommen meist nur für ein paar Wochen im Jahr aus Amerika. Jenseits der Hebron Road, die vom Jaffator südwärts nach Betlehem strebt, duckt sich die Cinémathèque ins Hinnomtal. Sie steht im Mittelpunkt der alljährlichen Jerusalemer Filmfestspiele. Vom Jerusalemer **Bahnhof** bestehen seit 1892 Verbindungen nach Tel Aviv und Haifa. Stündlich verkehren Passagierzüge zwischen Jerusalem und der Küste. Unweit vom Bahnhof bildet die **Andreaskirche** (H 3) eine weithin sichtbare Landmarke. An die Kirche aus dem späten 19. Jh. lehnt sich das britische Konsulat an. Jenseits der David Hamelekh wird der Bloomfield Garden zum **Liberty Bell Garden** mit Schatten spendenden Pergolen und duftenden Blütenkaskaden. Ein Nachguss der amerikanischen Freiheitsglocke gab dem Garten seinen Namen.

Nördlich der holländischen Windmühle führt der Bloomfield Garden zum **Familiengrab Herodes' des Großen** (z. Zt. leider nicht zugänglich), in dem – wie Archäologen vermuten – die von Herodes hingerichteten Familienangehörigen, seine Frau Mariamme, deren Mutter Alexandra und sein Sohn Antipater, bestattet waren. Durch einen schmalen, abfallenden Gang, der mit einem Rollstein verschlossen werden konnte (der Stein ist noch vorhanden), gelangt man in die Grabanlage aus dem 1. Jh. v. Chr., die aus drei quadratischen und ei-

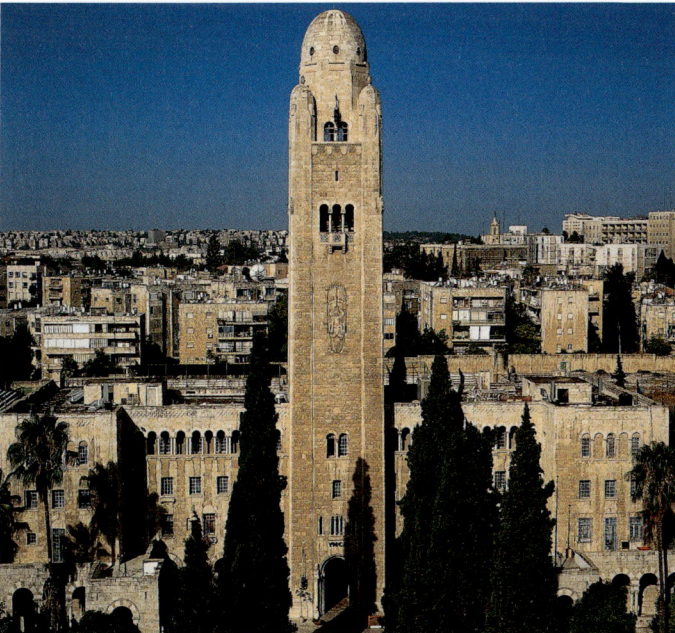

Inschrift am YMCA:
»Here is a place whose atmosphere is peace where political and religious jealousies can be forgotten and international unity be fostered and developed.«
Lord Allenby, 1933

143

ner rechteckigen Grabkammer besteht, verbunden durch einen etwa 5 m hohen Mittelraum. Alle Räume sind sorgfältig mit Kalksteinquadern ausgekleidet.

Über dem Bloomfield Garden, der sich bis zum französischen Konsulat hinzieht und mit Brunnen, Pergolen und einer unübersehbaren Skulptur des schweizerischen Bildhauers und Malers Max Bill (»Four Cubes cut into halves which make eight elements«, 1973–85) geschmückt ist, erhebt sich der Komplex des **King David Hotels** (H 4), der luxuriösesten Herberge Jerusalems, neben dem Dan-Hotel in Tel Aviv eines der beiden israelischen »Leading Hotels of the World«. Emile Vogt baute das 1931 eröffnete Haus, dessen Repräsentationsräume G. G. Hufschmid im »biblischen Stil« prachtvoll gestaltete, also in einer Mischung aus assyrischen, hethitischen und phönizischen Elementen. Im II. Weltkrieg hatte die britische Armee einen Teil des Hotels zur Kommandozentrale bestimmt. 1946 sprengte die jüdische Untergrundorganisation Irgun Zwai Leumi unter ihrem Chef Menachem Begin einen ganzen Flügel des Hotels in die Luft, wobei zahlreiche Briten ums Leben kamen. Nach 1948 wurde das King David wieder Luxushotel.

Dem King David Hotel gegenüber ragt der fast 50 m hohe Turm des **YMCA** (H 4; Abb. S. 143) als eines der markantesten Wahrzeichen Jerusalems in den zumeist blaugrauen Himmel. Für den Weltbund der Young Men's Christian Association errichtete der amerikanische Architekt Arthur Loomis Harmon, der Erbauer des damals höchsten Gebäudes der Welt (Empire State Building in New York, 331 m hoch, 1931), von 1928–33 den umfangreichen Gebäudekomplex, ein Hotel mit Kultur- und Sportzentrum (Konzertsaal, Kino, Bibliothek, Gebetsräume, archäologische Sammlung, erste Schwimmhalle in Jerusalem) für junge Menschen aller Religionen. An den Außenwänden rufen Bibelzitate auf Hebräisch, Englisch und Arabisch nach Einheit und Frieden. In dem Haupt- und in den Nebengebäuden verarbeitete Harmon romanische, orientalische und Jugendstilelemente. Ein 5 m hohes Relief an der Turmfassade zeigt den sechsflügeligen Seraphim, den der Prophet Jesaja in einer Vision erlebte (Jes 6,2–3). Den Fußboden der Eingangshalle schmückt eine Kopie der berühmten Mosaikkarte von Madaba (Jordanien), der ältesten erhaltenen Landkarte von Palästina (6. Jh.), wie wir sie schon im Cardo der Altstadt sehen konnten. Der Turm bietet einen großartigen Rundblick auf Jerusalem. Und auf der gut besuchten Hotelterrasse lässt es sich abends – auch an Sabbat und Sonntag – vorzüglich speisen.

Kreuzkloster

Kreuzkloster
Mo–Sa 8.30–18.30
(im Winter bis
17) Uhr

Am Sderot Ben Zvi steht in einer Senke unterhalb des Israel-Museums der festungsartige Bau des griechisch-orthodoxen Kreuzklosters (F 3, arabisch Deir el-Musalliba). Nach einer Legende, die bis ins 4. Jh. zurückreicht, soll sich Lot nach seiner Flucht aus Sodom hier niedergelassen und einen Baum gepflanzt haben, aus dessen Holz das Kreuz

Kreuzkloster

Jesu geschnitten wurde. Die früher einsam gelegene Senke nannten die Christen deshalb Tal des Kreuzes. Das Kloster wurde vermutlich von Helena gegründet und den georgischen Christen anvertraut. Die heutige Anlage geht auf einen Neubau zurück, den König Bagrat von Georgien im Jahre 1038 in Auftrag gab. Aus dieser Zeit stammt auch die Klosterkirche, ein dreischiffiger Kuppelbau. Im Mittelschiff haben sich Bodenmosaike einer byzantinischen Kirche des 5./6. Jh. erhalten. Der Chorraum ist mit Fresken, die zumeist georgische Könige und Heilige darstellen, geschmückt. Ein Silberring bezeichnet die Stelle, an der der ›Baum des Kreuzes‹ gestanden haben soll. Im 17. Jh. ging das Kloster dann in griechisch-orthodoxen Besitz über. Im 18. Jh. entstand der Glockenturm und wurden die mächtigen Klostermauern restauriert.

Israel Museum

Das 1965 eröffnete **Israel Museum** (E 3) besteht aus vier Abteilungen: Schrein des Buches, Archäologisches Museum, Bezalel-Kunstmuseum und Billy Rose-Skulpturengarten. Für eine Besichtigung sollte man mindestens drei Stunden einplanen. Der **Schrein des Buches** ist eine mit weißen Porzellanplatten belegte Kuppel, nachempfunden den Deckeln der Tonkrüge, in denen die berühmten Schriftrollen von Qumran gefunden wurden. Neben der weißen Kuppel erhebt sich eine mächtige schwarze Mauer. Weiß und Schwarz sollen den Kampf zwischen den Kindern des Lichtes und der Finsternis symbolisieren. In dem Schrein werden die Schriftrollen des Toten Meeres gezeigt (überwiegend als Kopie), darunter in der Mitte der Kuppel das Buch Jesaja, gekrönt von dem riesigen Griff einer Thorarolle. Im Untergeschoss und in den Gängen sind 15 Briefe des Bar Kochba, Familienurkunden aus dem 2. Jh., Handschriften aus Masada und En Gedi (1. Jh.) sowie Gebrauchs- und Kultgegenstände, Kleidung und Schmuck der Zeloten (1. Jh.) zu sehen. Zwei Silberplättchen, die 1979 in einer Grabanlage (7. Jh. v. Chr.) im

Israel Museum
www.english.
imjnet.org.il
Sa–Mo, Mi/Do/Fei
10–17, Di 16–21,
Fr und vor Feier-
tagen 10–14 Uhr

Schrein des Buches

Modell des alten Jerusalem (Zweiter Tempel)

Hinnomtal gefunden wurden, tragen den bisher ältesten Bibeltext, den aaronitischen Segen (Numeri [4 Mose] 6,24–26).

Das **Archäologische und Biblische Museum Samuel Bronfman,** in mehreren miteinander verbundenen Pavillons untergebracht, zeigt Exponate vom Paläolithikum bis ins Mittelalter, darunter ein Stadttor von Hazor und das Allerheiligste des Tempels von Arad, die irdene Gussform der kanaanitischen Göttin Aschera aus Nahariyya, eine Philistergöttin aus Ashdod, den ›Guten Hirten‹ und den ›Stein des Pontius Pilatus‹ aus Caesarea, Architekturteile und Bodenmosaike früher Synagogen sowie marmorne Altarschranken aus byzantinischen Kirchen. Das **Bezalel-Kunstmuseum** geht auf eine Sammlung jüdischer Kultgegenstände zurück, die Boris Schatz im Jahre 1906 der Öffentlichkeit übergab. Bezalel, der Sohn Uris, war der biblische Schöpfer der Bundeslade (Ex 31,1 ff.). Herausragende Exponate dieser einzigartigen Sammlung sind die Bundeslade und die Holzreliefs von den Portalen der Maimonides-Synagoge in Kairo (11. Jh.). Eine Abteilung enthält Werke berühmter Maler und Graphiker vom 16. Jh. bis zur Gegenwart. Der **Billy-Rose-Skulpturengarten** ist eine Schöpfung des Japaners Isamu Noguchi. Die Sammlung des Amerikaners Billy Rose bildete den Grundstock für dieses Freiluftmuseum mit Skulpturen von Auguste Rodin bis Claes Oldenburg.

Hier ist auch das eindrucksvolle **Modell des antiken Jerusalem** im **Israel Museum** (E 3) ausgestellt. Die Arbeit aus Stein, Holz und Metall ist im Maßstab 1 : 50 ausgeführt. Sie zeigt die Stadt zur Zeit Jesu.

Bible Lands Museum

Dem Israel-Museum gegenüber liegt das **Bible Lands Museum** (E 4)**,** das auf einer umfangreichen Privatsammlung mit Stücken aus prähistorischer bis byzantinischer Zeit beruht. Die Exponate stammen aus verschiedlichen Gegenden Asiens, Europas und Afrikas, deren Völker in der Bibel Erwähnung finden. An Objekten aus benachbarten Kulturkreisen soll deren gegenseitige Beeinflussung, aber auch Abgrenzung verdeutlicht werden.

Regierungsviertel

Nördlich des Israel-Museums beginnt das neue Regierungsviertel Qiryat Ben Gurion mit dem **Gebäude des israelischen Parlaments,** der **Knesset** (E/F 4, 1966). Wandteppiche und Bodenmosaik der Eingangshalle entwarf Marc Chagall, die Wand des Sitzungssaales gestaltete Dani Karavan. Gegenüber dem Haupteingang erhebt sich die 5 m hohe bronzene **Menora,** ein Geschenk der britischen Labour Party. 29 Reliefs auf den sieben Armen des Leuchters zeichnen die Geschichte des jüdischen Volkes (v. links): Jesaja verkündet das Wort Jahwes, Yohanan ben Zakkai gründet nach der Zerstörung Jerusalems in Yavne ein neues religiöses Zentrum, die Juden in Spanien, das Babylonische Exil; Esra, Hiob, der Talmud, das Hohelied; Davids Kampf gegen die Philister, Landung

Bible Lands Museum

www.blmj.org
So/Mo/Di/Do 9.30–17.30, Mi 9.30–21.30, Fr/Sa und vor Feiertagen 10–14 Uhr (Wechselausstellungen zu biblischen Themen)

Knesset

Für eine geführte Tour durch die Knesset wird der Reisepass benötigt.

jüdischer Flüchtlinge, Abrahams Opfer; Mose auf dem Berg Sinai, die Gesetzestafeln, Rut, Ezechiel (Hesekiel), der Warschauer Aufstand, die Worte ›Höre Israel‹ (Anfang des jüdischen Glaubensbekenntnisses), israelische Siedler; Bar Kochba, Messiashoffnung, Jakobs Kampf mit dem Engel; Rabbi Hillel, Rabbi Hanina, die Kabbala, die Halacha (jüdisches Religionsgesetz); Jeremia, Makkabäerkriege, Gottesverehrung, Nehemia. Hinter der Menora erstreckt sich der **Wohl-Rosengarten** bis zum Obersten Gerichtshof hinauf, an den sich die Bank von Israel anschließt. Der Rosengarten umschließt auch die Ministerien für Finanzen, für Inneres sowie den Amtssitz des Ministerpräsidenten.

Herzl-Berg und -Museum

Der Sderot Herzl führt zum **Herzl-Berg** (B 4) mit dem Grab Theodor Herzls (1860–1904). Auf dem höchsten Punkt Jerusalems (889 m) bedeckt der schlichte Block aus schwarzem Granit die Gruft mit seinen sterblichen Überresten; in den Stein ist nur sein Name eingemeißelt. In der Nähe ruhen seine Familie und die israelischen Ministerpräsidenten Levi Eshkol (1895–1969), Golda Meir (1898–1978) und Yitzhak Rabin (1922–95). Das kleine **Herzl Museum** neben dem Haupteingang widmet sich dem Wegbereiter des jüdischen Staates und seinen zionistischen Visionen.

Yad Vashem

Vom Kikar Holland am Eingang zum Herzl-Berg-Friedhof führt eine Seitenstraße zum ›Berg der Erinnerung‹ mit Yad Vashem (A 4), der bedeutendsten Gedenkstätte des jüdischen Volkes, dem einzigartigen Mahnmal für die Millionen Opfer des Nationalsozialismus. Yad Vashem bedeutet ›ein Denkmal und ein Name‹ und bezieht sich auf ein Wort des Propheten Jesaja: »Ihnen allen errichte ich in meinem Haus und in meinen Mauern ein Denkmal, ich gebe ihnen einen Namen, der mehr wert ist als Söhne und Töchter: Einen ewigen Namen gebe ich ihnen, der niemals ausgetilgt wird« (Jes 56,5).

Yad Vashem wurde 1953 als Zentrum zur Dokumentation, Erforschung, Erziehung und Erinnerung an den Holocaust gegründet. Heute umfasst das weiträumige Gelände zwei Museen, verschiedene Ausstellungen, zahlreiche Denkmäler sowie ein Forschungs- und Lehrzentrum mit umfassendem Archiv und großer Bibliothek. Als innovative Forschungsstätte erlangte Yad Vashem weltweiten Ruf, als Begegnungszentrum und als internationale Schule für Holocaust-Studien wird es jährlich von vielen tausenden Menschen aus allen Nationen aufgesucht.

Mittelpunkt des großen Komplexes ist die fensterlose **Halle der Erinnerung,** die in Beton und grobem Bruchstein ausgeführt ist. Im Schein der ewigen Flamme in einem zerbrochenen Bronzekelch leuchten im Steinboden die Namen der 22 größten Vernichtungsstätten auf. Asche von Opfern aus jedem Lager wurde in einer Gruft neben der

Herzl Museum
Von einem Schauspieler begleitet, der sich in die Person Herzl hineinlebt – werden in vier originalgetreuen nachgebauten Räumen, die Lebensstationen des Visionärs aufgezeichnet. So auch Herzls Arbeitszimmer, in dem er seinen »Judenstaat« schrieb.
www.herzl.org.il So–Mi 8.30–18, Do 8.30–20, Fr 8.30–13.30 Durch die Begrenzung der Besucherzahl ist eine vorherige Anmeldung sinnvoll: Tel. 026 32 15 15

Yad Vashem
www.yadvashem. org So–Mi 9–17, Do 9–20, Fr und vor Feiertagen 9–14 Uhr Kein Zutritt für Kinder unter 10 Jahren

Yad Vashem: Auf einer Stele sind die Namen der zerstörten jüdischen Dörfer und Gemeinden eingemeißelt.

ewigen Flamme bestattet. Staatsgäste Israels gedenken hier des Holocausts durch Kranzniederlegung. Auf dem Vorplatz ragt eine Säule hoch empor; an ihrer Spitze steht das Wort *zkhor*, »Erinnere Dich«.

Das benachbarte **Holocaust-Museum** des Architekten Moshe Safdie ist im Jahr 2005 eröffnet worden. In zeltartiger Form zieht sich eine Betonröhre etwa 180 m durch den Hügelrücken und eröffnet am Ende den Blick auf die wunderschöne grüne Umgebung von Jerusalem, den Blick in die Freiheit. In chronologischer Folge widmet sich das Museum in einzelnen Räumen dem jüdischen Leben in Europa vor dem Holocaust, während des zweiten Weltkrieges, in den Ghettos und Konzentrationslagern sowie den Überlebenden, ihrer Suche nach Angehörigen und der Auswanderung nach Israel. Zentrum des Museums ist die Halle der Namen. Hier wie auch in den anderen Ausstellungsräumen mit Tagebuchnotizen, Videoberichten und persönlichen Gegenständen treten die Opfer aus der Anonymität. Das **Kunstmuseum** widmet sich Werken, die in den Konzentrationslagern entstanden oder eine spätere Auseinandersetzung mit dem Holocaust widerspiegeln. Eine weitere, unterirdische Halle etwas abseits ist als **Kinder-Gedenkstätte** eingerichtet. Hier reflektieren die Flammen von fünf Kerzen unzählige Male in einem Spiegelgang als Erinnerung an die in den Lagern ermordeten Kinder. Im Hintergrund werden die Namen, das Alter und der Geburtsort von diesen Kindern in unendlicher Folge gelesen. In der **Allee der Gerechten** ist jeder Nichtjude, der unter Einsatz seines Lebens Juden gerettet hat, durch einen immergrünen Johannisbrotbaum verewigt. Hier wie auch seit 1996 im **Garten der Gerechten** wird diesen Personen mit Namenstafeln gedacht. Das **Tal der Gemeinden,** ein beklemmendes Felsenlabyrinth ganz im Westen des Geländes, gedenkt der Zerschlagung von 5000 jüdischen Gemeinden in Europa durch die Nationalsozialisten. In dem parkähnlichen Gelände begegnet man überall Skulpturen und Monumenten zum Thema Holocaust. Da ist z.B. ein Mahnmal, das den polnischen Kinderarzt Janusz Korczak zeigt, der freiwillig die Kinder des Warschauer Ghettos in den Tod begleitete, oder das Auschwitz-Denkmal in Form eines Schornsteins, in den authentische Nummern von Insassen graviert sind. Ein Monument von Bernard Fink erinnert an die vielen im Krieg gegen Deutschland gefallenen jüdischen Soldaten. Als Symbol für die Deportation von Juden in Vernichtungslagern steht hoch über dem Abhang am Ende eines Gleises ein Güterwaggon der Deutschen Reichsbahn. Und ein kleines Boot berichtet von der Rettung von 8000 dänischen Juden.

En Kerem

Das hebräische En Kerem wie auch das arabische Ain Karim bedeuten ›Quelle des Weinberges‹. Das malerische Dorf (A 3→) in einer Talmulde am Westrand Jerusalems besteht seit fast 4000 Jahren und war auch zur Zeit Jesu bewohnt. Als Geburtsort Johannes' des Täufers wird En Kerem seit byzantinischer Zeit verehrt; seit 638 wird er als Stätte der Verkündigung und Geburt des Täufers im Georgischen Festkalender aufgeführt. Künstlerateliers und Gartenrestaurants nutzen heute die beschauliche Atmosphäre und laden zum Verweilen ein.

In En Kerem erinnern zwei heilige Stätten an die Ereignisse des Evangeliums. Am südlichen Berghang erhebt sich inmitten hoher Zypressen die **Kirche der Heimsuchung.** Hier stand das Haus, in das sich Elisabet, die Frau des Tempelpriesters Zacharias, in den letzten Monaten ihrer Schwangerschaft zurückgezogen hatte, und in das ihre Kusine Maria aus Nazaret kam, um ihr in den Wochen vor und nach der Niederkunft beizustehen. 1679 kauften die Franziskaner das Grundstück. 1861 restaurierten sie die Reste der Kreuzfahrerkirche, 1938–46 begannen sie mit dem Bau der heutigen Kirche, die Antonio Barluzzi 1955 vollendete. Das bunte Mosaik der Eingangsfassade stellt Marias Reise nach En Kerem dar. In ihrem unteren Teil bewahrt die Kirche Fundamente und Mosaike einer byzantinischen Basilika sowie Reste von Wohnhäusern aus herodianischer Zeit, darunter einen alten Ziehbrunnen. Drei moderne Fresken zeigen die Erscheinung des Engels Gabriel, der Zacharias im Tempel von Jerusalem die Geburt eines Sohnes verkündet, die Begegnung von Maria und Elisabet sowie den Kindermord im benachbarten Betlehem. Die Oberkirche ist allein Maria gewidmet. Das Altarbild zeigt sie umjubelt von Himmel und Erde. Die fünf Fresken der Südwand erläutern die Bedeutung Marias als Gottesgebärerin, als Zuflucht der Bedrängten, als Gnadenvermittlerin, als Hilfe der Christen und als unbefleckte Empfangene. Teile der Apsis stammen von der Kreuzfahrerkirche (12. Jh.). Auf Majolikaplatten im Vorhof der Kirche ist das Magnifikat in vielen Sprachen niedergeschrieben: »Meine Seele preist die Größe des Herrn …« (Lk 1,46).

Jenseits des Tales steht auf einem Felsplateau über einer Grotte die **Johanneskirche,** umgeben von einer festungsartigen Klosteranlage der Franziskaner. Seit byzantinischer Zeit wird diese Stelle als Geburtsort des Täufers verehrt. 1621 erwarben die Franziskaner das Grundstück und errichteten zwischen 1675 und 1690 über den Fundamenten älterer Gotteshäuser die heutige Kirche. Die Hofwand vor der Johanneskirche bedecken 25 verschiedensprachige Tafeln mit dem berühmten »Benedictus«, den ersten Worten des Zacharias nach der Geburt seines Sohnes Johannes: »Gepriesen sei der Herr…« (Lk 1, 68–79). Dieser Lobgesang ist Teil des täglichen Morgengebets der Franziskaner in der Kirche Johannes' des Täufers.

Vom linken Seitenschiff führen mehrere Stufen zur Geburtsgrotte hinab. Die Decke zeigt noch den nackten Fels, die Wände sind mit marmornen Flachreliefs geschmückt, die aus dem Leben des Täufers berichten. Unter dem Portikus der Kirche fand man im Jahre 1895 Fundamente und ornamentale Bodenmosaike einer dreischiffigen byzantinischen Kapelle. Nördlich schloss sich eine zweite mosaikgeschmückte Kapelle an, die der Franziskanerarchäologe S. J. Saller OFM 1941 freilegte. Den Chorboden dieser Kapelle bedeckt ein schö-

En Kerem mit der Johanneskirche

Kirche der Heimsuchung
So–Fr 8–11.45 und 14.30–18 Uhr (im Winter bis 17) Uhr

Johanneskirche
tgl. 8–12 und 14.30–18 (Winter bis 17 Uhr)

Synagoge des Hadassah-Klinikums
So–Do 8–12.45 und 14–15.45 Uhr nur mit Führung

Höhle von Johannes dem Täufer

Auf dem Gelände des Kibbuz Tzuba, 4 km westlich von En Kerem, wurde 1999 die ›Höhle von Johannes dem Täufer‹ entdeckt. Vom 8. bis zum 6. Jh. v. Chr. als Zisterne genutzt, war sie in byzantinischer Zeit, wie Wandverzierungen und eine Unmenge an Scherben von kleinen Krügen nahelegen, Kultstätte des damaligen Glaubenstourismus. Kibbuz Tzuba Besichtigung n. V.: Kibbuz Tzuba Tourism Tel. 05 45 63 79 52 shivuk@tzuba.org.il

Niki de Saint-Phalle-Plastik

In der Nähe der Abzweigung zum Kennedy-Memorial schreckt der Golem, ein buntes Polyester-Monster der Künstlerin Niki de Saint Phalle, seit 1971 die vorbeikommenden Autofahrer. Die Kinder von Qiryat Menahem lieben dieses friedliche Ungeheuer und rutschen auf der dreifach gespaltenen, knallroten Zunge in den weichen Sand.

nes Mosaik mit Pfauen, Rebhühnern und einer großen Raute, deren Mitte eine griechische Inschrift einnimmt:»Seid gegrüßt, ihr Märtyrer Gottes.« Ferner stieß Saller auf die Reste der byzantinischen Hauptkirche. Ziel christlicher und muslimischer Pilger ist die **Marien- oder Jungfrauenquelle,** über der sich eine kleine Moschee erhebt. Baron von Rothschild ließ die Quelle zu Ehren seiner Großeltern einfassen. (Nach En Kerem verkehren die Buslinien 17 und 17a.)

Qiryat Hadassah oberhalb des alten Dorfes En Kerem ist das medizinische Zentrum der Neuen Hebräischen Universität mit dem größten Klinikum des Nahen Ostens. Besondere Beachtung verdient hier die moderne **Synagoge des Hadassah-Klinikums** (1962 geweiht; Öffnungszeiten s. S. 149), ein Werk des amerikanischen Architekten Joseph Neufeld. Der einfache Rechteckbau, zu dessen Innenraum man mehrere Stufen hinabsteigen muss, wird von einem rechteckigen Aufbau mit den weltberühmten Glasfenstern von Marc Chagall gekrönt. Die Fenster symbolisieren die zwölf Stämme Israels. Auf der Nordseite erscheinen die Stämme Naftali, Josef und Benjamin, im Osten Ruben, Simeon und Levi, auf der Südwand Juda, Sebulon und Issachar, im Westen Dan, Gad und Ascher. Die magischen Zahlen Drei und Vier ergeben die Summe Sieben (die Wochentage und die Arme der Menora), als Produkt Zwölf (die Stämme Israels, die Tierkreiszeichen und die Tore des alten Jerusalems).

Etwa 1,5 km vor dem Hadassah-Klinikum zweigt eine Straße zum **Kennedy-Memorial** ab (durch die Moschawim Ora und Amminadav).

Ramat Rahel

In der 1926 gegründeten Siedlung **Ramat Rahel** südlich von Jerusalem fanden auf Anhöhe des gleichnamigen Kibbuz bereits in den 30er- und 50er-Jahren des 20. Jh. Ausgrabungen statt. Diese brachten neben einer eisenzeitlichen Grabanlage auch einen Palast zu Tage. In spätrömischer Zeit wurde das Gebiet mit einer kleinen Militäranlage, in byzantinischer Zeit mit einem Kloster überbaut. Neuere umfangreiche Ausgrabungen (seit 2005) sollten Klarheit bei der Interpretation der Palastanlage schaffen, die unter Yohannan Aharoni vor mehr als 50 Jahren stark vom Aufbau des jungen Staates Israel beeinflusst waren. Aharoni vermutete hier eine rein judäische Identität. Dem stellten die derzeitigen Ausgräber Oded Lipschits und Yuval Gadot die Hypothese gegenüber, der Palast habe als Headquarter der assyrischen Besatzungsmacht gedient. Fakt ist, dass es sich um eine aufwendige Palastanlage mit repräsentativem Garten handelte, für den umfangreiche Eingriffe in die natürliche Landschaft vorgenommen wurden. Während der persischen und frühhellenistischen Epoche diente der Ort als Verwaltungszentrum von Juda, unter den Hasmonäern wurde er um die Mitte des 2. Jh. v.Chr. zerstört. Unter Herodes dem Großen gab es nur noch eine kleine Siedlung, die 70 n. Chr. aufgegeben wurde.

Reisen & Genießen

Hotels und Restaurants

In den 1930er-Jahren als Unterkunft für christliche junge Männer entworfen, ist der Bau mit dem 50 m hohen Turm (s. S. 144) heute ein ruhiges, fußläufig zu Altstadt und schön gelegenes Hotel mit kleinen hübschen Zimmern, Schwimmbad und Fitnessstudio. Im angeschlossenen Restaurant wird auch am Sabbat gute Küche serviert.

YMCA Three Arches Hotel
26 King David Street
91002 Jerusalem
Tel. 025 69 26 92, Fax 026 23 51 92
www.ymca3arch.co.il
DZ ab 600 NIS

Unvergesslich ist der Blick auf Jerusalems Altstadt, den die Zimmer mit großen Panoramafenstern in dem kleinen, familiär geführten Pilgerhotel auf dem Ölberg bieten.

Mount of Olives Hotel
53 Mount of Olives Street
91190 Jerusalem
Tel. 026 28 48 77, Fax 026 26 44 27
www.mtolives.com
DZ ab 265 NIS

Inmitten der Altstadt wohnt man ruhig und komfortabel in historischen Räumen: Propst Dr. Konrad Schick errichtete dieses Gebäude auf Ruinen aus der Kreuzfahrerzeit. Seit dem Erwerb durch die Evangelische Jerusalem-Stiftung 1964 dient es als Gästehaus. Entspannung pur bieten der hübsche Garten und die Dachterrasse mit herrlichem Blick über das Häusermeer.

Lutheran Guest House
7 St. Marks Road
91140 Jerusalem
Tel. 026 26 68 88
www.luth-guesthouse-jerusalem.com
DZ ab 240 NIS/Pers.

Hervorragende kontinentale und traditionelle mittelöstliche Küche in orientalischer Atmosphäre bietet das Restaurant im American Colony Hotel. Unter den Gästen finden sich auch häufig Journalisten und palästinensische Politiker. Besonders zu empfehlen ist das legendäre Samstagsbuffet.

Arabesque Restaurant
23 Nablus Road
(im American Colony Hotel)·
Ost-Jerusalem
Tel. 026 27 97 77
tgl. 12–15 und 18.30–22.30 (Sa nur 12–15) Uhr, Reservierung empfohlen
Hauptgericht ab 90,
Samstagsbuffet 165 NIS

Sehr gute marokkanische Küche in gediegener Atmosphäre. Einfach köstlich sind die verschiedenen Tajine-Gerichte mit Huhn, Lamm, Fisch oder Gemüse.

Darna
3 Horkanos Street, West-Jerusalem
Tel. 026 24 54 06, Fax 026 24 47 45
So–Do 12–15 und 18.30–24, Sa 20–24 Uhr, Reservierung empfohlen
Hauptgericht ab 120 NIS

Gemütliches armenisches Kellerrestaurant mit einfachen, sehr schmackhaften Gerichten, die auf bunten, handbemalten Keramik-Tellern serviert werden. Jeden Freitag wird ein spezielles Menü angeboten. Zum Abschluss sollte man statt des Mokkas den köstlichen armenischen Brandy probieren.

Armenian Tavern
79 Armenian Orthodox Patriacharte Road
Altstadt, nähe Jaffa-Tor
Tel. 026 27 38 54
Di–So 11–22.30 Uhr, Fr und Sa Reservierung empfohlen
Hauptgericht ab 40 NIS

Östlich von Jerusalem

Zwischen Jerusalem und Jericho

Karte Vom Bergland ins Jordantal S. 155

Betanien/El Azariya

4 km östlich von Jerusalem liegt an der Straße nach Jericho, am Osthang des Ölberges, El Azariya, das neutestamentarische Betanien, der Ort der Auferweckung des Lazarus durch Jesus. Die bedeutende Pilgerstätte umfasst die neue, auf den Resten von zwei byzantinischen und einem mittelalterlichen Sakralbau errichtete Lazaruskirche mit dem Grab des Lazarus und eine beachtenswerte Felsgrotte.

Der Name Betanien, der auf Bet Ananeja, das bedeutet ›Haus Ananeja‹ zurückgeht, ist mit dem Ananeja identisch, in dem sich im späten 6. Jh. v. Chr. aus dem Babylonischen Exil zurückgekehrte Juden vom Stamm Benjamin niedergelassen hatten (Neh 11,32). Ausgrabungen im Westen des heutigen Dorfes brachten in der Tat Mauerreste und Keramikscherben aus persischer Zeit zum Vorschein. Zur Zeit Jesu war Betanien ein wohlhabendes Dorf mit Olivenhainen, Feigenplantagen und Weingärten. Hier hatte Jesus Freunde, die er öfters besuchte: die Geschwister Lazarus, Maria und Marta. Sechs Tage vor dem Pessahfest kam er noch einmal nach Betanien, wo ihm Maria die Füße salbte, eine Ehrung, die sonst nur Toten zuteil wurde (Joh 12,1–8). Schon im 4. Jh. wurde der Ort Lazarion genannt, wie uns die Pilgerin Aetheria berichtete; daraus entwickelte sich der Name El Azariya.

Die heutige **Lazaruskirche** wurde 1952–54 nach den Plänen des Architekten Antonio Barluzzi erbaut, und zwar über dem Fundamenten älterer Gotteshäuser, die bis in das 4. Jh. zurückreichen. Die erste Kirche war eine dreischiffige Basilika von 18 m Breite und etwa 35 m Länge. Die Mosaikfelder, die den Boden schmückten, sind außergewöhnlich gut erhalten. Sie zeigen in leuchtenden Farben florale und geometrische Ornamente. Nachdem ein Erdbeben die Basilika einstürzen ließ, entstand zu Beginn des 6. Jh. ein zweiter Bau, ebenfalls dreischiffig und 18 m breit, aber 13 m weiter nach Osten verschoben.

Die moderne Kirche wirkt mit ihrer strengen Kreuzform und den grauen Wänden wie ein Mausoleum. Sie besitzt keine Fenster, aber von der Kuppel her flutet das Licht nach unten auf vier halbmondförmige Mosaikbilder. Links sieht man Jesus bei Marta und Maria, rechts steht er am Grab des Lazarus, die Eingangswand zeigt Jesus im Hause Simon des Aussätzigen, und über dem Hochaltar, der aus grünem jordanischen Marmor besteht, tröstet Jesus die beiden Schwestern mit den Worten: »Ich bin die Auferstehung und das Leben«. Zum Hof der Moschee, dem Atrium der ersten byzantinischen Kirche, führt eine schmale Treppe hinab. In der Südwand ist der Mihrab eingelassen. Das Minarett wurde 1954 erneuert.

Nachdem den christlichen Pilgern der Zugang zum Lazarusgrab durch die Moschee verbaut war, erwirkten die Franziskaner im Jahre 1612 die Erlaubnis, einen neuen Eingang von der kleinen Gasse aus in den Felsen zu brechen. Diese Pforte ist nur 1,21 m hoch und 0,72 m

Östlich von Jerusalem
Besonders sehenswert:
Betanien/El Azariya
Georgskloster
Jericho
Khirbet el-Mafjir

Betanien/El Azariya ★

Hinweis

Sie fahren in palästinensisches Gebiet und müssen mit längeren Aufenthalten an den Checkpoints rechnen. Bitte erfragen Sie vorher die Sicherheitslage.

Lazaruskirche und Lazarusgrab
tgl. 8–12, 14–17 Uhr

In der Kuppel der Lazaruskirche liest man das Wort Jesu: »Wer an mich glaubt, wird leben, auch wenn er stirbt, und jeder, der lebt und an mich glaubt, wird auf ewig nicht sterben.«
Joh 11, 25/26

◁ *Georgskloster im Wadi el-Kelt*

153

Betanien, Kirche und Grab des Lazarus

1 Heutiger Eingang
2 Vorraum
3 Grabkammer
4 Früherer Eingang
5 Krypta-Moschee
6 Griechische Kapelle
7 Hof der Moschee (früheres Atrium)
8 Eingang zur Moschee
9 Turm der heutigen Kirche
10 Apsis der Kirche (4. Jh.)
11 Apsis der Kirche (6. Jh.)
12 Strebepfeiler der Kreuzfahrerkirche
13 Portikus
14 Byzantinische Kapelle
15 Franziskanerabtei

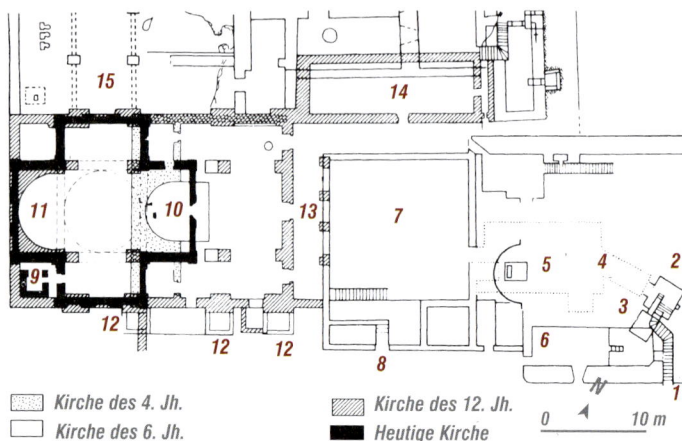

Kirche des 4. Jh.
Kirche des 6. Jh.
Kirche des 12. Jh.
Heutige Kirche

0   10 m

breit; eine stark ausgetretene Treppe führt zur Grabanlage hinunter. Über drei Stufen und durch einen kurzen Gang gelangt man zur eigentlichen Grabkammer (2,45 × 2,30 m), die ursprünglich mit einer Steinplatte verschlossen war. Die Wände sind aus großen, behauenen Steinen gemauert und waren einst mit Marmorplatten verkleidet. Dahinter befinden sich mehrere Bankbogengräber. In einem von ihnen lag Lazarus.

Nordwestlich steht ein neues Gotteshaus der melchitischen Kirche. Die fast 10 m hohen, turmartigen Ruinen im Süden der heiligen Stätte gehören zur Abtei der Benediktinerinnen, die Königin Melisende im 12. Jh. stiftete. 400 m westlich vom Lazarusgrab wurde 1950 die Felsgrotte von Betanien, ursprünglich eine Zisterne, die man später in ein Höhlenheiligtum umwandelte, entdeckt. Etwa 500 m östlich vom Lazarusgrab besitzen die Griechisch-Orthodoxen ein Kloster, in dessen Kirche sie den Ort der Begegnung Jesu mit Marta verehren (Joh 11,20–27). Das Gotteshaus wurde 1881 auf den Fundamenten älterer Kirchen, die bis in die byzantinische Zeit zurückreichen, erbaut.

Ma'ale Adummim

Die Schnellstraße nach Jericho zieht hinter El Azariya in weiten Kurven durch die atemberaubende Bergwüste von Juda und fällt dabei auf einer Strecke von 28 km rund 1000 m in die Jordansenke ab. Neben der Straße tauchen hier und da Beduinenniederlassungen auf. Blechhütten und geflickte Zelte künden davon, dass die einst reichen Nomadenstämme ihr Weideland und damit ihr Vieh verloren.

Etwa 7 km hinter Jerusalem zieht die Straße an Ma'ale Adummim vorüber, einer jüdischen Siedlung, die 1975 gegründet wurde und heute mehr als 35 000 Einwohner zählt. Breite Straßen, gesäumt von

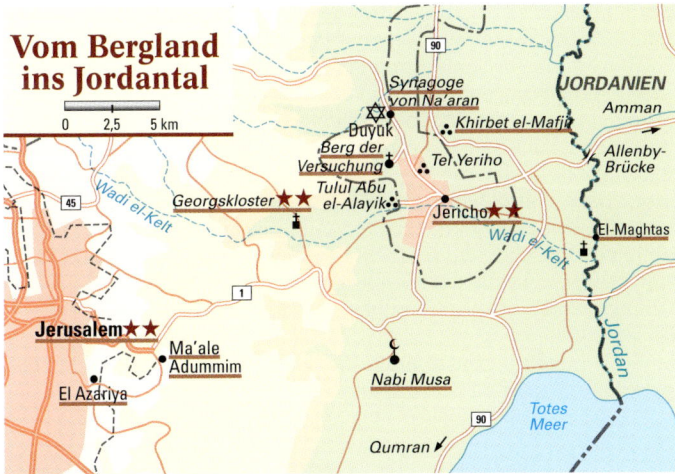

Vom Bergland ins Jordantal

blühenden Sträuchern und schattigen Bäumen, queren Parks und modern konzipierte Wohnviertel. Hier soll einst Lot auf seiner Flucht aus Sodom gerastet und seine beiden Töchter geschwängert haben (Gen 19,30–38). Hier beginnt die alte Handels- und Pilgerstraße, die man ›**Blutsteige**‹ (hebräisch Ma'ale Adummim; arabisch Tal'at ed-Damm) nannte, »wegen des Blutes, das hier oft von den Räubern vergossen wird« (Hieronymus, um 347–420). Doch nicht Blut färbte den Kalkstein rot, sondern Eisenoxyd. Trotzdem führen israelische Wandergruppen, die sich auf der ›Blutsteige‹ ins Wadi el-Kelt begeben, immer Funkgerät und Schnellfeuerwaffen mit sich. Im späten 5. Jh. gründete Martyrios, Patriarch von Jerusalem, auf der höchsten Erhebung von Ma'ale Adummim ein Kloster, das der Archimandrit (Abt) Paulus bis 482 zum größten Kloster der Judäischen Wüste ausbaute.

Heute findet der Reisende inmitten eines modernen Wohnblocks die Mauerreste und Mosaike des im Persersturm (614) untergegangenen Klosters. Das nach seinem Gründer benannte **Martyrioskloster** entsprach dem Bautyp fast aller byzantinischen Klöster. Eine 4–5 m hohe Mauer umschloss die fast quadratische Anlage (65 bis 79 m Seitenlänge), deren Kirche, Kapellen, Stallungen, Refektorium, Badehaus, Kräutergarten usw. sich um einen großen Hof drängten; außerhalb der Mauern schloss sich im 6. Jh. ein Pilgerhospiz an. Fast alle Räumlichkeiten, selbst die Küche, waren mit erlesenen Mosaikböden versehen, deren geometrische oder florale Zeichnungen mit reizvollen Tiermotiven wechselten. Da es in Ma'ale Adummim keine Quellen gibt, sorgten sechs Zisternen mit einem Gesamtvolumen von 30 000 m³ für die Wasserversorgung der Mönche und Pilger. In frühislamischer Zeit dienten die baulichen Reste des Klosters als Gutshof.

Am südlichen Rand der Schnellstraße Jerusalem–Jericho wird die **Herberge des barmherzigen Samariters** lokalisiert. Antike Mauer-

Martyrioskloster
April–Sept. tgl. 8–17 (Okt.–März bis 16), Fr und vor Feiertagen 8–15 Uhr

Nach Ma'ale Adummim fahren vom Jaffator aus die Busse 173, 174 und 175.

155

Herberge des barmherzigen Samariters

April–Sept. tgl. 8–17 (Okt.–März bis 16), Fr und vor Feiertagen 8–15 Uhr

reste im Hof des Khan el-Hatrour deuten darauf hin, dass hier schon zu Jesu Zeiten eine Herberge gestanden haben könnte. Jesus, der diesen Weg kannte, berichtete von einem Mann, der von Räubern überfallen und halbtot geschlagen worden war. Ein vorbeiziehender Priester und ein Levit kümmerten sich nicht um den Schwerverletzten, erst ein Reisender aus Samaria versorgte dessen Wunden und brachte ihn auf seinem Reittier in die Herberge (Lk 10,30–34; die Ortsangabe geht jedoch auf außerbiblische Überlieferung zurück). Die israelische Altertumsbehörde hat an diesem Ort ein Museum eingerichtet, in dem zahlreiche Mosaike und Inschriften aus byzantinischen Kirchen und alten Synagogen, die aus Grabungen in Judea, Samaria und Gaza stammen, aufbewahrt und ausgestellt werden. Der Mosaikfußboden einer basilikalen Kirche aus dem 6. Jh., die hier einst stand, ist aufwendig rekonstruiert worden und mit Überdachung als Ort der Andacht für christliche Pilger zugänglich.

Georgskloster im Wadi el-Kelt

Georgskloster ★★

Georgskloster

So–Fr 8–12 und 15–17, Sa 8–12 Uhr

Nach einer kurzen Strecke weisen Schilder auf eine Abzweigung hin, die in alten Zeiten durch das wildromantische, cañonartige Wadi el-Kelt nach Jericho führte. Am Rand der steilen Schlucht zogen schon kanaanitische Karawanen entlang, David floh durch sie vor seinem aufsässigen Sohn Abschalom, hier hallte der Marschschritt römischer Kohorten von den gegenüberliegenden Felswänden wider. Auch Jesus kam auf seinem Weg nach Jerusalem durch das Wadi, das alle anderen Flusstäler westlich des Jordan an Großartigkeit und herber Schönheit übertrifft. An manchen Stellen rücken die Felswände so nahe zusammen, dass kein Sonnenstrahl den Fluss erreicht. Spätestens hier spürt man, warum das Wadi auch Tal des Todesschattens genannt wird. Der Fluss wird von mehreren Quellen gespeist: Ain Farah, Ain Fawar, Ain Kelt. Herodes der Große leitete das ganzjährig reichlich fließende Wasser über tiefe Rinnen an den Felshängen entlang bis nach Jericho. Das Kanalsystem, das auf hohen Aquädukten wiederholt das Tal kreuzt, setzten die Engländer während der Mandatsverwaltung wieder instand.

Nach kurzer Strecke erblickt man jenseits des Flusses, hoch über dem Abgrund, das Georgskloster, auch Kozibakloster genannt (nach dem hl. Georg von Koziba, der gegen Ende des 6. Jh. hier als Abt wirkte). Eine kleine Brücke führt über den Fluss. Schon in frühbyzantinischer Zeit lebten hier in zahlreichen Höhlen Mönche. Das Kloster selbst wurde um 480 zu Ehren der Jungfrau Maria gegründet, und zwar an der Stelle, wo der Engel dem ob seiner Kinderlosigkeit verzweifelten Hirten Jojakim die baldige Geburt einer Tochter verkündet haben soll. Nachdem im Jahre 614 die Perser Jerusalem erobert hatten, ermordeten fanatische Juden die Mönche, deren Gebeine – zu einem großen Haufen gestapelt – in einer Grotte zu sehen sind. Von da an blieb das Kloster unbewohnt; erst 1878–1901 bauten griechisch-orthodoxe Mönche es wieder auf. Heute untersteht das Georgskloster

dem griechisch-orthodoxen Patriarchat in Jerusalem. Die Anlage um-
fasst mehrere Höhlenkirchen mit Resten byzantinischer Mosaike.
Heute leben hier nur noch wenige Mönche, die dem Reisenden eine
Erfrischung anbieten. Etwa 20 Minuten Fußmarsch braucht man vom
Parkplatz am Torbogen ganz oben bis zum Kloster im Wadi.

Nabi Musa

Kurz vor dem Verlassen der Berge führt eine Abzweigung Richtung Süden zum bedeutenden muslimischen Wallfahrtsort am Übergang der
Judäischen Wüste in die Jordansenke. Nabi Musa heißt ›Prophet Mose‹,
und nach islamischer Tradition hat Mose hier seine letzte Ruhestätte
gefunden. Wie eine Fata Morgana steigt die heilige Stätte mit ihren zahlreichen Kuppeln und dem hohen Minarett aus der Wüstenlandschaft
empor, umgeben von muslimischen Gräberfeldern.

*»Man begrub ihn
[Mose] im Tal, in
Moab, gegenüber Bet
Pegor. Bis heute kennt
niemand sein Grab.«
Dtn 34*

Von Nabi Musa aus sieht man jenseits des Jordan, inmitten der Berge von Moab, den 808 m hohen Gipfel des **Nebo,** den Mose erstiegen hatte, um das versprochene Land zu schauen. Danach starb er. Sultan Saladin träumte, Allah habe die sterblichen Überreste des großen Propheten auf die westliche Jordanseite gebracht und stiftete ein Wali – sein Grab wurde ein Wallfahrtsort. Um 1265 errichtete Sultan Baibars über dem Mose-Kenotaph eine Moschee. Im 15. Jh. bauten die Mamelucken daneben eine große Herberge mit rund 450 Räumen. Noch heute kommen alljährlich zwischen Mitte und Ende April bis zu 60 000 Pilger, um ihres ersten Propheten zu gedenken. In einem Nebenraum der kleinen Moschee steht das Kenotaph des Mose, eingehüllt in eine schlichte, dunkelgrüne Decke.

Jericho

Jericho ★★

Sultan Tourist Center
Informationen sind an der Talstation der Seilbahn erhältlich (Tel. 022 32 15 90).
Außerdem steht ein Informationspavillon der Stadtverwaltung am Südrand des zentralen Palestine Square.

In der Jordansenke trifft die Schnellstraße von Jerusalem auf ein großes Straßendreieck. Geradeaus geht es zum Toten Meer, über die Abzweigung nach Norden erreicht man nach 8 km die wasserreichste Großoase des Vorderen Orients mit der ›Palmenstadt‹ Jericho (Gesamtstrecke ab Jerusalem 36 km). Jericho (hebräisch Yeriho, arabisch Eriha) ist eine der ältesten bisher bekannten Städte der Erde und nach biblischen Berichten der erste Ort, den die Israeliten in dem verheißenen Land eroberten. Es besteht aus drei Städten verschiedener Perioden, die jeweils ungefähr 2 km voneinander entfernt liegen: dem 10 000-jährigen Tell es-Sultan (Tel Yeriho), der hellenistisch-römischen Stadt Herodes' des Großen bei den Tulul Abu el-Alayik (arabisch *tell,* Plural *tulul,* hebräisch *tel* bedeutet Hügel) und der arabischen Neustadt Eriha inmitten ausgedehnter Orangen-, Bananen- und Dattelpalmpflanzungen.

In der näheren Umgebung sind vor allem der märchenhafte Winterpalast der Omajjaden in Khirbet el-Mafjir, die Synagoge von Na'aran, der Berg der Versuchung und die zurzeit nicht immer zugängliche Taufstelle Jesu am Jordan eine Besichtigung wert. Die Herkunft des Namens Jericho ist ungeklärt. Vielleicht bedeutet er nichts anderes als ›Weg‹, weil die Stadt an einer der wichtigsten Karawanenstraßen des Altertums lag, oder er kommt vom hebräischen *rih* (›Duft‹), wegen der vielen Balsamsträucher, die dort wuchsen. Vermutlich hängt der Name aber mit der altsemitischen Mondgottheit Jarach zusammen.

Geschichte

Die frühesten Siedlungsspuren in Jericho gehen bis auf das 10. Jahrtausend v. Chr. zurück. Damals ließen sich Jäger und Sammler der Natufian-Kultur an der wasserreichen Quelle Ain es-Sultan (Elischaquelle) nieder, um Viehzucht zu betreiben und erste Ackerbauversuche zu wagen. Am Nordende des Tell es-Sultan entdeckten Archäologen ein 6,50 × 3,50 m großes, rechteckiges Gebäude aus dieser Zeit, mit Bruchsteinmauern auf einem 30 cm starken Lehmfundament. Um 7000 v. Chr. – möglicherweise noch früher – war Jericho bereits eine Stadt mit Steinmauern, mindestens einem Turm und Verteidigungsgraben. Seine Bewohner hatten durch den Handel mit Salz, Schwefel und Asphalt, gewonnen aus den reichen Vorkommen am Toten Meer, aber auch durch den Verkauf landwirtschaftlicher Erzeugnisse beachtlichen Wohlstand erlangt. Die Stadt, in der bis zu 3000 Menschen gelebt haben mögen, beherrschte eine der wenigen Straßen, die von Osten nach Westen führten und den Jordan nördlich des Toten Meeres überquerten. Die Wohnhäuser dieser ältesten Stadt zeigen einen runden oder halbrunden Grundriss. Töpferei und Metallverarbeitung waren noch nicht bekannt.

Im späten 7. Jahrtausend ließ sich eine neue Bevölkerungsgruppe in Jericho nieder. Diese unbekannten Eroberer bauten rechteckige Lehmziegelhäuser, bei denen sich mehrere Räume um einen Hof gruppierten und deren Wände und Fußböden innen fein verputzt und rötlich oder gelblich bemalt waren. Hier gefundene Tonstatuetten weisen auf die Verehrung einer Fruchtbarkeitsgöttin hin. Unter dem gestampften Fußboden eines anderen Hauses kamen zehn menschliche Schädel zum Vorschein, die frühe Künstler mit Gips überzogen und lebensecht modelliert hatten. Um 5500 wurde die Stadt aus unbekannten Gründen von ihren Bewohnern verlassen.

Neue Siedler erschienen gegen 4500 v. Chr. Sie beherrschten bereits die Töpferei; ihre quadratischen Steinhäuser waren zur Hälfte in den Boden gebaut, ihre Feuersteingeräte grob gearbeitet. Spätere Eroberer bauten wieder Ziegelhäuser auf Steinfundamenten. Um 4000 v. Chr. wurde Jericho erneut aufgegeben. Nach 3100 v. Chr. ließen sich wiederum Siedler im Stadtgebiet nieder, vielleicht Amoriter. Um 2900 erhielt das frühbronzezeitliche Jericho eine mächtige Mauer aus Lehmziegeln und Holzbalken. Nach siebzehnmaligem Wiederaufbau in den folgenden 600 Jahren wurde sie um 2300 v. Chr. endgültig zerstört. Eine meterdicke Ascheschicht im südlichen Mauerabschnitt zeugt von einem erbitterten Kampf.

Um 1900 v. Chr. übernahmen Kanaaniter Jericho. In der Hyksoszeit wurde die inzwischen auf über 4 ha erweiterte Stadt von einem mächtigen Wall, den eine Ziegelmauer krönte, umgeben. Um 1550 v. Chr. wurde Jericho von dem ägyptischen Pharao Ahmose erobert, für fast zweihundert Jahre blieb es eine Trümmerstätte, bis nach 1400 v. Chr. eine neue Stadt erstand, die aber schon um 1325 v. Chr. wieder verlassen wurde.

Die im 13. Jh. v. Chr. einwandernden Israeliten unter ihrem Anführer Josua fanden eine unbedeutende Ortschaft mit verfallenen Wehranlagen vor. Weder Posaunenklänge noch Feldgeschrei waren nötig, um die Mauern zum Einsturz zu bringen (Jos 6,20). Josua verfluchte das Stadtgebiet von Jericho, und tatsächlich blieb es lange Zeit unbewohnt. Jericho gehörte fortan zum Stammesgebiet der Benjaminiter.

*Der Hischampalast
in Jericho*

587 v. Chr. eroberten Nebukadnezars Truppen Jerusalem; Zedekia, der letzte König von Juda, floh nach Jericho. Er wurde gefangen genommen und ins Babylonische Exil geschickt. Nachdem die Perser das neubabylonische Reich übernommen hatten, kehrten im Jahre 538 v. Chr. 345 Juden mit ihren Familien nach Jericho zurück (Esra 2,34).

161 v. Chr. befestigte Bakchides, Feldherr des Seleukidenkönigs Demetrios I., das neue Jericho (1 Makk 6,50). Einige Tage darauf eroberten die Makkabäer die Stadt. Der Römer Marcus Antonius schenkte das reiche Jericho samt Oase seiner Geliebten, der ägyptischen Königin Kleopatra, die die Stadt an Herodes den Großen verpachtete. Nach Kleopatras Selbstmord 30 v. Chr. übereignete Octavian Jericho dem König ganz. Herodes baute die Stadt zu einem luxuriösen Kurzentrum mit riesigen Parkanlagen, Teichen, Amphitheater und Hippodrom aus. Zu beiden Seiten des Wadi el-Kelt entstand ein prächtiger Winterpalast, den er zu seinem Lieblingsaufenthalt erkor. Hier starb er 4 v. Chr.

Nach der Beisetzung des Herodes im Herodeion bei Betlehem (s. S. 191) machte sich einer seiner Sklaven zum König von Jericho. Als Herodes' Sohn Archelaos daraufhin die Stadt angriff, setzte jener den Palast in Brand und kam in den Flammen um. Archelaos baute die Anlage wieder auf, erweiterte die Stadt nach Osten hin und schuf ein großzügiges Bewässerungssystem für die riesigen Pflanzungen. Der griechische Geograf Strabon (63 v. Chr.–20. n. Chr.) sah die Ebene am Wadi el-Kelt »angefüllt mit Wohnungen« und reich »an vielen Fruchtbäumen«. Er schwärmte von dem einzigartigen »Palmenwald« von Jericho, der eine Ausdehnung von 100 Stadien hatte, und von dem »Balsamgarten«, der das kostbare, als Arznei hoch geschätzte Balsamharz lieferte (Geografika XVI, 2,40). Auch Jesus hinterließ in Jericho seine Spuren. Hier bekehrte er den reichen Zollpächter Zachäus (Lk 19,2), hier heilte er den blinden Bartimäus (Mk 10,46). 70 n. Chr., gegen Ende des ersten Jüdischen Krieges, wurde Jericho von römischen Truppen verwüstet. Die überlebenden Bewohner schufen jedoch einen neuen Stadtteil, der sich allmählich flussabwärts in Richtung des heutigen Eriha ausdehnte. In byzantinischer Zeit war Jericho sogar Bischofssitz. Sechs Kirchen und eine Synagoge konnten bis jetzt lokalisiert werden.

Unter den Omajjaden war Jericho eine Bezirkshauptstadt, die hauptsächlich vom Handel mit Indigo und Zucker lebte. Die Kreuzfahrer betrieben hier später Zuckermühlen, bis Saladin 1187 die Stadt eroberte. Die Mamelucken und Osmanen ließen Jericho verfallen.

Mit dem Bau der Verbindungsstraße nach Jerusalem in den 1930er-Jahren blühte Jericho wieder auf. Wohlhabende Araber ließen sich in der klimatisch günstig gelegenen Oasenstadt Wohnsitze für den Winter errichten. 1940 lebten hier etwa 4000 Menschen. Als Jericho 1948 zu Jordanien kam, siedelten sich viele muslimische Flüchtlinge aus dem neuen Staat Israel an. Heute leben in diesem palästinensischen Selbstverwaltungsgebiet (seit 1994) ca. 25 000 Menschen.

Tell es-Sultan

Im Nordwesten der heutigen Stadt, unter dem eiförmigen Tell es-Sultan, ruhen die Überreste einer der ältesten Städte der Erde. Der 21,5 m hohe Hügel misst 307 × 161 m und bedeckt eine Fläche von rund 4,6 ha. Schon 1869 gruben hier Archäologen, verfehlten aber den berühmten Turm um einen Meter. Erst in den 1930er-Jahren offenbarte sich die neolithische Vergangenheit Jerichos. 1952–57 stieß die Londoner Archäologin K. M. Kenyon auf die ältesten bisher bekannten Stadtbefestigungen und auf ein protoneolithisches Heiligtum.

*Tell es-Sultan
tgl. 8–17 Uhr*

Imposante Relikte aus alter Zeit wird der Tourist vergeblich suchen, doch seinen aufmerksamen Blicken werden sich an der senkrechten Wand des ostwestlichen Stichgrabens die Siedlungsschichten aus acht Jahrtausenden erschließen. Am eindrucksvollsten ist der **älteste Turm der Menschheit,** ein aus Steinblöcken geschichteter Rundturm, Teil der mächtigen Verteidigungsanlagen (7000 v. Chr.). Der 9 m hohe, hervorragend erhaltene Turm hat einen Durchmesser von 9,80 m (unten) bzw. 8,50 m (oben). In seinem Innern führt eine Steinplattenwendeltreppe zum Dach empor. Vor dem Turm verlief die 2 m dicke und 6 m hohe Steinmauer, die ursprünglich noch erheblich höher war. Das neolithische Jericho bedeckte nur eine Fläche von 225 × 70 m, die mittelbronzezeitliche Stadt erreichte bereits eine Ausdehnung von 290 × 160 m. Am östlichen Fuß des Tell, jenseits der heutigen Straße, liegt die Elischaquelle (Elisha's Spring), deren Name auf den Prophet Elischa (Elisa, 9. Jh. v. Chr.) zurückgeht. Seit Jahrtausenden sprudeln in jeder Stunde 27 000 l Wasser aus dieser größten Quelle des Oasengebietes hervor.

Tulul Abu el-Alayik, das herodianische Jericho

Das Jericho der hellenistisch-römischen Zeit, von dem Josephus wegen seiner »paradiesischen Umgebung« und seiner »besonders schönen und üppig wuchernden Gärten« als »Geschenk Gottes« schwärmte (Jüd. Krieg IV, 8,3), erstreckte sich auf beiden Seiten des Wadi el-Kelt, das 2 km südwestlich des Tel Yeriho aus einer engen Schlucht

*»Es wäre also durchaus in der Ordnung, diesen Landstrich im Hinblick auf die reiche Menge der dort vorkommenden seltensten und herrlichsten Pflanzen ein Geschenk Gottes zu nennen.«
Jüdischer Krieg IV, 8,3*

Nordflügel des dritten Herodespalastes

1 *Empfangshalle*
2 *Westhof*
3 *Nordeingang*
4 *kleiner Empfangs-
   raum*
5 *Lagerraum*
6–12 *Thermen*
   6 *Frigidarium*
   7 *Tepidarium*
   8 *Apoditerium*
   9 *Tepidarium*
  10 *Caldarium*
  11 *Heizung*
  12 *Holzlager*
13 *Großes Triclinium
   (Speisesaal)*
14 *Osthof*
15 *Kleines
   Triclinium (?)*
16 *Südeingang
   (zur Brücke)*
17 *Portikus*

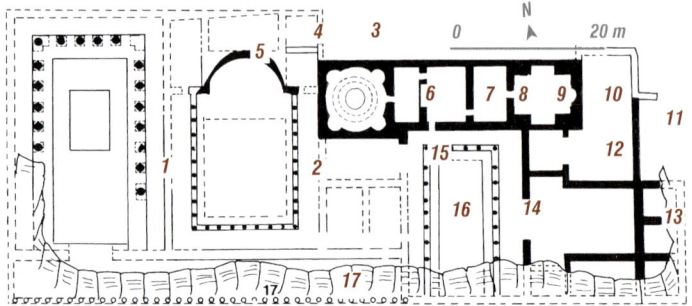

des judäischen Wüstengebirges tritt. Man biegt nördlich der Brücke über das Wadi nach Westen ab (Hinweisschild), fährt an Garten-grundstücken vorbei und erreicht nach 2,5 km die Ausgrabungsstätte. Vor mehr als 2000 Jahren genossen die Hasmonäerkönige in ihrem Palast nördlich vom Wadi el-Kelt das milde Winterklima. Hier war Herodes häufig Gast, bevor er sich um 35 v. Chr. auf dem gegenüberliegenden Ufer des Wadi im Zuge der Nutzbarmachung dieses Landstriches seinen eigenen ersten Palast erbaute. Empfangssaal, Wohnräume und Bäder umschlossen an drei Seiten einen großen Hof, der im Süden den Blick zur Jordanebene frei ließ.

Seinen **zweiten Palast** errichtete Herodes auf den Ruinen des hasmonäischen Palastes. Dieser war 31 v. Chr. durch ein Erdbeben zerstört worden, aber alle Beckenanlagen blieben erhalten. Diese integrierte Herodes in seinen neuen Palast. Aus zwei nebeneinander liegenden Becken aus hasmonäischer Zeit schuf er ein großes Wasserbecken, das, wie Bodenfunde belegen, mit Bäumen, Ziersträuchern und Blumenrabatten umgeben war. Der südöstlich vom Becken liegende Wohnblock teilt sich in einen Nord- und einen Südflügel. Die Räume des Südflügels gruppieren sich um einen großen Säulenhof, der vermutlich als Ziergarten diente. Die Mitte der südlichen Raumreihe nahm ein 10 x 7 m großer Empfangsraum ein. Seine Wände waren reich mit Fresken geschmückt, und er öffnete sich auf einen Balkon, der über die ganze Breite des Nordflügels lief und einen herrlichen Blick auf das Wadi el-Kelt bot. Zu dem 5 m tiefer liegenden Südflügel führte eine Treppe hinab. Der Südflügel bestand aus zwei Becken und einer kleinen Badeanlage.

Später gab Herodes einen noch prächtigeren, den **dritten Palast** in Auftrag. Dieser erstreckte sich mit seinen aufwändigen Anlagen beiderseits des Wadi. Der Haupt- oder Nordflügel besteht aus einer großen Empfangshalle, zwei Peristylhöfen, einer römischen Badeanlage und noch weiteren Räumen. Sehr aufwändig war die große Empfangshalle mit Wandfresken, Stuckornamenten und einem *opus-sectile*-Pflaster aus verschieden farbigen Steinplatten ausgestattet. Die Mauern der Badeanlage und die Apsis des Westhofes sind im Gegensatz zu den übrigen Lehmziegelmauern aus opus reticulatum, einem netzartig gefügten, typisch römischen Mauerwerk erbaut. Neben der Wand- und Fußbodenverzierung lässt dies vermuten, das neben den einheimischen Arbeitern hier auch Fachleute aus Italien beschäftigt waren.

Vom Palast führte ein schnurgerader Weg über eine Brücke, die das Wadi querte. Über eine 50 m lange Treppe gelangt man auf einen künstlich aufgeschütteten Hügel. Nach den Funden zu urteilen, krönte ihn eine weitere überreich ausgestattete Halle mit darunter befindlicher Badeanlage. Westlich vom Verbindungsweg dehnte sich eine herrliche, 145 m lange Gartenanlage aus, die an beiden Schmalseiten von Säulengängen eingefasst war. Eine in 48 rechteckige und halbrunde Nischen gegliederte Mauer schloss den Garten nach Süden hin ab. In ihrer Mitte gab es eine halbkreisförmige Terrassenanlage mit Treppenaufgang und Bänken, auf denen Blumenkübel standen. Östlich vom Verbindungsweg lag ein 90 × 42 m großes Becken, das zum Schwimmen, aber auch für Wettkämpfe gedient haben könnte.

Eriha, das neue Jericho

Das heutige Jericho ist eine kleine, reizvolle Oasenstadt mit schattigen Straßen, eleganten Villen, Cafés und zahlreichen Gartenrestaurants, in denen man vorzüglich speisen kann. Auf dem Markt erhält man fast das ganze Jahr über frische Datteln, Bananen, Apfelsinen und Mangos. Die wenigen Gebäudereste aus byzantinischer und mameluckischer Zeit lohnen nicht die Suche. Zu den Resten der alten Synagoge (5. oder 6. Jh.) gehört ein Mosaikboden mit der Darstellung eines Thoraschreines und eines siebenarmigen Leuchters mit Schofar (Horn) und Feststrauß. Die hebräische Inschrift darunter lautet: ›Friede für Israel‹.

Rund um Jericho

El-Maghtas, Taufstelle Jesu

Vor seinem ersten Auftritt in Galiläa kam Jesus von Nazaret an den Jordan, um sich von Johannes dem Täufer taufen zu lassen (Mt 3,13). Die Tradition sieht den Ort des Geschehens beim griechisch-orthodoxen **Johanneskloster**, arabisch Deir Mar Hanna. An der Schnellstraße weist südlich von Jericho ein Schild mit Qasr el-Yahud (Festung der Juden) auf die im militärischen Sperrgebiet liegende Taufstelle. Ein Besuch ist seit Herbst 2011 problemlos. Die Straße führt an verlassenen, eingezäunten Kapellen und Kirchen vorbei, die hier seit 1933 von Franziskanern, Syrern und Kopten errichtet wurden. Gläubige zogen schon im 1. Jh. n. Chr. an diese Stelle des Flusses, um sich taufen zu lassen. Im 4. Jh. siedelten sich dann vermutlich die ersten Mönche am Westufer des Jordan an, um den Pilgern Schutz und Unterkunft zu bieten. Der byzantinische Kaiser Anastasios (491–518)

»Damals strömten die Leute von Jerusalem und ganz Judäa und aus der ganzen Jordangegend zu Johannes hinaus; sie bekannten ihre Sünden und ließen sich im Jordan von ihm taufen.« (Mt 3,5/6)

Roranije-Furt

*Etwa 8 km flussauf-
wärts liegt die be-
rühmte Roranije-
Furt mit der Al-
lenby-Brücke (King
Hussein-Brücke);
sie ist nur für Rei-
sende ohne eigenes
Kfz zugelassen
(s. S. 393).*

ließ den Mönchen eine Kirche bauen. Kaiser Justinian (527–65) stiftete eine Zisterne, die noch heute vor dem dem Eingang des Johan-
nesklosters (heute ebenfalls verlassen und eingezäunt) zu sehen ist.

Die Taufstelle Jesu ist von der Israelischen Park Authority mit Du-
schen, Toiletten, Andachtsplätzen und Souvenirladen im Zuge der
Papstbesuche (Papst Johannes Paul II. kam im Jahr 2000 und Papst
Benedikt XVI. im Jahr 2009) großzügig ausgebaut worden. Breite Stufen führen zum mit Buschwerk und Bäumen gesäumten Jordan hinab. Gegenüber am anderen Ufer wird von jordanischer Seite ebenfalls der Taufe Jesu gedacht. Bei Ausgrabungen seit den späten 1990er-
Jahren kamen auf jordanischer Seite Reste byzantinischer Kirchen,
einer Klosteranlage und Taufbecken zu Tage, was zu einem prächtigen Ausbau des Ortes führte.

Omajjadenpalast von Khirbet el-Mafjir

Khirbet el-Mafjir ★

3 km nördlich von Jericho liegen jenseits des Wadi Nu'eima die eindrucksvollen Ruinen des Omajjadenpalastes von Mafjir, Khirbet el-
Mafjir (arabisch *khirbet*, ›Ruine‹).

Hischampalast
tgl. 8–17 Uhr

Nach seinem Erbauer, dem Kalifen Hischam Ibn Abd el-Malik (724–
43) heißt er auch Hischampalast. Unter ihm, dem zwölften Kalifen
aus der in Damaskus residierenden Dynastie der Omajjaden, entstanden zahlreiche palastartige Landsitze, die Mittelpunkt riesiger landwirtschaftlicher Güter waren und als Winteraufenthalt dienten. Die
Umgebung von Jericho eignete sich für eine solche Anlage besonders,
weil die Winter in der Talsenke des Toten Meeres außerordentlich
mild und trocken sind. Die Bauarbeiten begannen vermutlich im Jahre 742 und waren noch nicht ganz vollendet, als 746 ein gewaltiges
Erdbeben den Gebäudekomplex teilweise zerstörte. Im Jahre 750 wurden dann die Omajjaden von den Abbasiden abgelöst; Wüstensand
deckte die Ruinen zu, und was dieser frei ließ, verwendeten die Bewohner von Jericho für den Bau ihrer Häuser. 1937 entdeckten Archäologen den Palast und rekonstruierten ihn.

*Säulen und Kapitelle
des Omajjadenpalastes*

Khirbet el-Mafjir ist eines der großartigsten Beispiele frühislamischer
Palastarchitektur, das deutlich die Entwicklung aus der Villa rustica,
dem Landsitz römischer Aristokraten, zeigt. Eine 160 × 130 m große,
kastellartige Anlage mit runden und halbrunden Türmen umschließt
einen Vorhof mit überdachtem Wasserbecken und den eigentlichen Palast, einer Moschee und dem prächtigen Bad. Die Mauern und Türme
hatten kaum eine Verteidigungsfunktion, sie waren repräsentativer Art.
Den Palast umgaben Gärten und Parks, die sich über eine Länge von
fast 2 km erstreckten und von einer hohen Außenmauer eingefasst waren. Das Wasser wurde über Kanäle und Aquädukte von Quellen am
Fuß der Berge Duyuk und Na'aran herangeführt (das Teilstück eines
Aquädukts bei der Synagoge von Na'aran ist noch zu sehen).

Man betritt die Ausgrabungsstätte durch den **Haupteingang** im Süden, der einst Teil einer zweistöckigen Toranlage war. Säulenhallen

mit steinernen Sitzbänken umgaben den Vorhof. In seiner Mitte befindet sich ein quadratisches Wasserbecken, ursprünglich von einer achtseitigen Arkade gerahmt und von einer Kuppel bedeckt. Vom Vorhof geht es weiter in den fast quadratischen Innenhof des eigentlichen Palastes, den einst zweigeschossige Bogengänge einfassten. In der Mitte des Hofes haben die Restauratoren ein Maßwerkfenster des Palastes aus Bruchstücken zusammengesetzt. Möglicherweise ist das Maßwerk, das in der Baukunst der Gotik eine große Rolle spielte, eine Schöpfung des Frühislam. Der West- und der Osttrakt bestanden aus je zwei Reihen von Wohnräumen; im Keller darunter entdeckte man ein kleines Bad mit Steinbänken und Mosaiken. Die **Wohnräume der fürstlichen Familie** lagen im Obergeschoss. Den Südtrakt bildeten fünf lange, schmale Räume; der mittlere diente als kleine Moschee, deren Mihrab in den mächtigen Außenturm ragte. Dieser quadratische Turm an der Kiblamauer könnte ein Minarett gewesen sein, das dann zu den frühesten Moscheetürmen überhaupt zählt. Nördlich vom Innenhof liegt der zweischiffige Repräsentationssaal mit einer halbrunden Nische. An den östlichen Wohntrakt schließt sich eine Moschee an, die außer dem Haupteingang im Norden einen schmalen Zugang von den Privatgemächern hatte.

Den nördlichen Abschnitt der Palastanlage nimmt das wohl prächtigste **Bad** der islamischen Frühzeit ein. Es besteht aus einer 40 × 40 m großen, quadratischen Halle, in deren Südteil Stufen in das gemauerte Schwimmbecken führen. Die ganze Halle ist mit einem zum Teil noch recht gut erhaltenen, geometrisch gestalteten Mosaik ausgelegt. In der Nordwestecke führt eine Tür in einen intimen Ruheraum mit absidialem Abschluss, der wegen seiner Stuckarbeiten zum Prunkvollsten gehört, was die omajjadische Baukunst hervorgebracht hat. Der herrliche Mosaikboden zeigt einen Orangenbaum, von dem zwei

Gazellen Blätter zupfen, während eine dritte von einem Löwen angefallen wird. Neben dem Ruheraum lag das Warmbad, dessen Hypokaustum (griechisch ›von unten geheizt‹) noch vorhanden ist.

Die Omajjaden, die das islamische Weltreich begründeten, setzten sich großzügig über das im Koran angedeutete, allerdings erst später verbindlich festgelegte Gebot der Bildlosigkeit hinweg. So schmückten fast lebensgroße Stuckfiguren den Repräsentationssaal und das Bad. Skulpturen, die üppige Frauen mit entblößtem Oberkörper darstellen, füllten im Wechsel mit Männerbildnissen die Nischen des Badehauses. Die kostbarsten der herrlichen Stuck- und Steinmetzarbeiten und die großartige Kuppel des Ruheraumes befinden sich heute im Rockefeller-Museum von Jerusalem.

Berg der Versuchung

»Da trat der Versucher an ihn heran und sagte: Wenn du Gottes Sohn bist, so befiehl, dass aus diesen Steinen Brot wird. Jesus aber antwortete: In der Schrift heißt es: Der Mensch lebt nicht vom Brot allein, sondern von jedem Wort, das aus Gottes Mund kommt.«

Mt 4,1

Tipp

Wem der Aufstieg auf den Berg der Versuchung zu anstrengend ist, kann die Seilbahn am Tel Yeriho benutzen. Vom Gipfel öffnet sich ein einzigartiger Rundblick über die Gebirgswüste Juda bis zum Ölberg und über die üppigen Pflanzungen des Jordantals. Ein modernes Restaurant lädt zu Einkehr und Erfrischung ein.

Nordwestlich vom Tel Yeriho erhebt sich der 348 m hohe Djebel Qarantal, ein steil aus der Jordanebene aufragender, kahler Felskegel, der seit dem 12. Jh. als Berg der Versuchung gilt. Nachdem Johannes der Täufer Jesus im Jordan getauft hatte, zog sich dieser in eine der Höhlen des Djebel zurück und fastete 40 Tage. Im Jahre 340 errichtete der hl. Chariton vor der traditionellen Höhle in der Felswand eine Kapelle und auf dem Berggipfel das Kloster Douka. Noch im 14. Jh. lebten in den Höhlen des Djebel Mönche. Sie nannten den Berg Mons Quarantana (lateinisch: Berg der vierzig [Fastentage]), woraus der arabische Name Djebel Qarantal entstand. 1874 kauften die Griechisch-Orthodoxen den Berg von der türkischen Regierung und bauten zwischen 1895 und 1905 das Kloster Qarantana (Monastery of Temptation), das hoch oben an der Felswand zu kleben scheint.

Um zum Kloster zu gelangen, folgt man links vom Tel Yeriho der Straße nach Ramallah und biegt nach etwa 1 km ab. Am Fuß des Djebel Qarantal kann der Wagen auf einem kleinen Parkplatz stehen bleiben. Bis zum Kloster hat man etwa 15 Minuten aufzusteigen. Die Mönche zeigen dem Besucher die Höhle, in der Jesus 40 Tage gebetet und gefastet haben soll; sie ist heute von einer Kapelle umschlossen. Ein schmaler, offener Gang führt zu den Zellen unmittelbar am Steilhang.

Eine halbe Stunde braucht man, um vom Kloster aus über einen steilen Pfad den Gipfel zu erklimmen. Auf dem etwa 100 × 40 m großen Gipfelplateau erhob sich einst die hellenistische Festung Dok (aramäisch ›Höhle‹). Reste von Säulentrommeln und ionischen Kapitellen sind noch zu erkennen. In der Festung, die der makkabäische Befehlshaber von Jericho als Residenz erbaut hatte, wurde im Jahre 135 v.Chr. der Hohepriester Simeon, der Begründer der Hasmonäerdynastie, mit seinen beiden Söhnen Judas und Mattatias von seinem Schwiegersohn Ptolemaios ermordet (1 Makk 16,11). Simeons Sohn Johannes, der sich in Gazara aufhielt, entging dem Anschlag und trat als Johannes Hyrkanos I. die Nachfolge seines Vaters an. Er zog mit Truppen nach Dok, wagte aber keinen Angriff, weil sich seine Mutter in der Hand der Mörder befand, und gab schließlich auf. Ptolemaios brachte sie trotzdem um und floh. Später bezog Herodes der Große Dok in sein Festungssystem ein. Die Byzantiner bauten an der Stelle der Festung die Kirche Laura von Duka, von der nur noch einige Bauteile zeugen, u. a. zwei Chorschrankenpfeiler.

Synagoge von Na'aran

Links von der Straße Richtung Ramallah liegen am Rande des Wadi Duyuk unter einem Schutzdach die Relikte einer großen Synagoge aus dem 6. Jh., die vermutlich im 7. Jh. zerstört wurde. Ihr waren ein vieleckiger Hof mit einem Altar und eine Eingangshalle vorgelagert; zwei Reihen zu je sechs Säulen mit quadratischen Basen teilten den 22 × 15 m großen Innenraum in drei Schiffe. Der Boden war mit schlichten schwarzweißen Mosaiken ausgelegt, das Mittelschiff mit einem heute leider stark beschädigten, vielfarbigen Mosaik in der Größe 15 × 5 m. Das erste Feld ist mit geometrischen Motiven und mit Medaillons geschmückt, die naive Tier- und Pflanzendarstellungen enthalten, das zweite zeigte die zwölf Tierkreiszeichen, den Sonnenwagen und die Symbole der Jahreszeiten. Das dritte Feld lässt die Darstellung eines biblischen Themas vermuten; erhalten ist allerdings nur die hebräische Inschrift. Im vierten Feld sah man die Bundeslade, flankiert von zwei siebenarmigen Leuchtern, an denen gläserne Lampen hingen. Das Mosaik vom Haupteingang zur Synagoge mit der Darstellung von zwei Hirschkühen, die vor einer Blumenwiese zueinander springen, befindet sich heute im Museum der Herberge des barmherzigen Samariters (s. S.155).

Reisen & Genießen

Hotel

Ein angenehmes Resort am nördlichen Rand von Jericho mit komfortablen Hotelzimmern und Bungalows, von deren Terrassen bzw. Balkonen man einen guten Blick über die Pool-Landschaft hat, ist das
Jericho Resort Village
Bisan Street, Jericho
Tel. 022 32 12 55
www.jerichoresorts.com
DZ ab 540, Bungalow ab 780 NIS

Restaurant

Gutes Essen, aber vor allem eine fantastische Aussicht bietet das Spezialitätenrestaurant Jabal Quruntul mit italienischer und orientalischer Küche auf dem Berg der Versuchung.
Jabal Quruntul
Berg der Versuchung,
Telepherique Bergstation, Jericho
Tel. 022 32 26 14
Hauptgericht ab 70 NIS

Westlich von Jerusalem

Jib/Gibeon

Karte Westlich von Jerusalem S. 170

Hinter Giv'at Shaul zweigt eine Straße in Richtung Westen ab, auf der man nach wenigen Kilometern das arabische Dorf Jib erreicht. Auf dem von Obstgärten und Weinpflanzungen bedeckten Hügel über der Siedlung glauben die Archäologen, das Gibeon der Bibel gefunden zu haben.

Als sich Josua mit seinem israelitischen Heer der kanaanitischen Stadt Gibeon näherte, schlossen ihre Bewohner mit Josua einen Unterwerfungsvertrag – sie waren die ersten Kanaaniter, die sich den Israeliten ergeben hatten. Nach Sauls Tod um das Jahr 1004 v. Chr. zeichneten sich zum ersten Mal Rivalitäten zwischen Nord- und Südstämmen ab. Die Nordstämme erhoben Sauls einzigen noch lebenden Sohn Eschbaal zum König von Israel. Die fast das ganze Land beherrschenden Philister strebten dagegen eine Teilung an und unterstützten daher die Wahl ihres Lehensnehmers David zum König über Juda. Am Teich von Gibeon trafen sich die Abgesandten der beiden Könige, um ihre Zwistigkeiten beizulegen. Da sie zu keiner Einigung kamen, vereinbarten Abner, der Heerführer Eschbaals, und Joab, der Heerführer Davids, ein Kampfspiel zwischen je zwölf Männern. Doch es wurde kein Spiel, denn die Männer stießen sich sofort gegenseitig die Schwerter in den Leib. Daraufhin fielen beide Parteien übereinander her, und es kam zu einem schweren Handgemenge, bei dem sich Davids Leute als überlegen erwiesen, aber keinen eindeutigen Sieg errangen (2 Sam 2,12). So herrschte noch viele Monate Krieg zwischen Nord und Süd, bis König Eschbaal ermordet wurde und alle Stämme David zum König von ganz Israel salbten.

Bevor König Salomo das große Zentralheiligtum in Jerusalem schuf, brachten die Israeliten ihrem Gott Jahwe an zahlreichen hoch gelegenen Plätzen Schlacht- und Rauchopfer dar. Einer der angesehensten lag in Gibeon, wo auch einige Zeit das Offenbarungszelt (Stiftshütte) mit dem Bronzealtar davor (2 Chr 1,3) stand. Nebukadnezars Truppen löschten 589 v. Chr. das Reich Judas aus, seine Bewohner wurden nach Babylon verschleppt. In der Perserzeit kehrten 95 gibeonitische Familien aus dem Exil zurück und beteiligten sich am Wiederaufbau Jerusalems (Neh 3,7). Unter den Römern und Byzantinern war Gibeon nur noch ein unbedeutendes Dorf.

Den interessantesten Abschnitt der Ausgrabungsstätte stellt das Wasserversorgungssystem des biblischen Gibeon dar. Innerhalb der Stadtmauern befand sich ein riesiger, runder Wasserspeicher, vielleicht der berühmte Teich von Gibeon aus dem 12. Jh. v. Chr. Er ist 10,80 m tief und durchmisst 11,80 m; 3000 Tonnen Kalkstein mussten die Gibeoniter dafür aus dem Berg schlagen. Eine in die Teichwand gehauene Treppe mit 79 Stufen führte zum Grund des Brunnens hinab. Weil das Regenwasser für die Versorgung der wachsenden Bevölkerung wohl nicht mehr ausreichte, trieb man von der Sohle der Zisterne einen fast 50 m langen und 2 m hohen Stollen mit 93 Stufen zu einer

Als Salomo eines Tages im Heiligtum von Gibeon opferte, erfuhr er im Traum, dass ihm der Herr ein so weises und verständiges Herz geben werde, dass niemand ihm gleich komme, weder vor noch nach ihm.

1 Kön 3,4

◁ *Seit Jahrtausenden werden Krüge als Transport- und Vorratsbehälter benutzt*

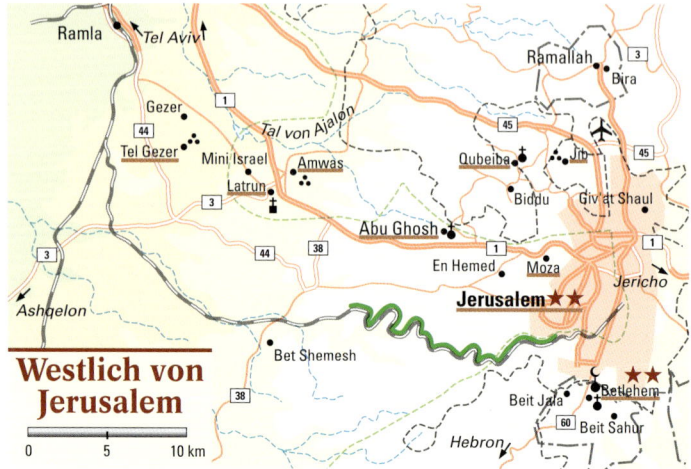

Quelle hinab, die 13,60 m unterhalb der Sohle am Fuß des Hügels entspringt und noch heute von den Dorfbewohnern benutzt wird. Öllampen in den Nischen der Stollenwand beleuchteten die heute schlüpfrigen und stark abgenutzten Stufen.

In der Nähe entdeckte man 63 **Weinkeller** (jeder ca. 2 × 2 m), die aus dem Felsboden gebrochen waren und in denen insgesamt mehr als 110 000 Liter Wein gelagert werden konnten. Die Temperatur in den Kellern übersteigt selbst in den heißen Sommermonaten niemals 18° Celsius, eine für Rotwein ideale Lagertemperatur. Der Wein wurde in großen Krügen aufbewahrt, eines dieser Tonbehältnisse fasste ungefähr 45 Liter. 56 abgebrochene Krughenkel verraten uns in der Schrift des 7. Jh. v. Chr. die Namen der einstigen Besitzer und auch den Ortsnamen Gibeon. In unmittelbarer Nähe der Weinkeller kamen Keltern, Gärungsbecken und eine Abfüllanlage zum Vorschein.

Qubeiba/Emmaus

Von Jib führt eine schmale, aber landschaftlich reizvolle Straße in das 3 km entfernte Qubeiba, das das Emmaus (s. auch S. 172) des Lukas-Evangeliums gewesen sein könnte. Der arabische Ortsname Qubeiba bedeutet ›kleine Kuppel‹; die alte Bezeichnung Emmaus ging verloren, nachdem Vespasian den Ort um 70 n. Chr. völlig zerstört hatte.

Es war am Ostersonntag nach der Kreuzigung, als zwei Jünger von Jerusalem nach Emmaus zogen. Die beiden waren Kleopas, der dort ein Haus besaß, und sein Sohn Simeon, der später Bischof von Jerusalem wurde. Auf dem Weg gesellte sich ein Fremder zu ihnen, den Kleopas zum Abendessen in sein Haus einlud. Beim Brechen des Brotes erkannten die beiden Jünger, dass der Fremde der auferstandene Jesus war (Lk 24,13).

Die Kreuzfahrer errichteten in Qubeiba eine **Kirche,** vermutlich über den Fundamenten einer byzantinischen Basilika. Sie bezogen auch ein antikes Haus in den Kirchenbau mit ein; vielleicht handelte es sich um das Anwesen des Kleopas. 1861 erwarb die Gräfin Pauline de Nikolay das Grundstück und schenkte es den Franziskanern. 1900 baute der deutsche Architekt W. Hinterkeuser die Kirche im Stil des 12. Jh. wieder auf, wobei er die alten Mauerteile, die Apsiden und auch die Grundmauern des Wohnhauses in den Kirchenraum integrierte. Im nördlichen Seitenschiff, dem Haus des Kleopas, erinnert ein Altar an das Ereignis des Brotbrechens. Unter einer Holzverschalung sind die breiten Grundmauern des römischen (?) Hauses zu sehen. Eine Freskenmalerei über dem Hauptaltar stellt das biblische Geschehen dar.

1906 wurde das **Franziskanerkloster** errichtet. Im Zweiten Weltkrieg unterhielten die Engländer hier ein Internierungslager für italienische Franziskaner, die ihre Gefangenschaft nutzten, um zwischen 1940 und 1944 umfangreiche Ausgrabungen auf dem Klostergelände durchzuführen. Dabei kamen eine gepflasterte römische Straße sowie Mauerreste hellenistischer, römischer, byzantinischer und vor allem fränkischer Häuser zum Vorschein. Fast jedes dieser schmalen Reihenhäuser besaß einen Vorder- und einen Hintereingang. Das erste Haus hinter der Kirche beherbergt ein kleines Freilichtmuseum mit interessanten Funden aus dem Mittelalter, darunter eine Ölpresse und Teile einer Bäckerei.

Latrun

An der Einmündung der Landstraße von Tel Aviv in die Schnellstraße nach Jerusalem (27 km) liegt inmitten üppiger Obstplantagen und Weinhänge das imposante und von Westen weithin sichtbare Kloster Latrun, das 1927 von französischen Trappisten erbaut wurde. Das Kloster selbst bietet wenig Sehenswertes; zu besichtigen sind nur die Kirche und der Garten mit einigen spätantiken und frühchristlichen Architekturteilen. Am Eingang gibt es die bekannten Weine und Spirituosen von Latrun zu kaufen.

Oberhalb des lang gestreckten Baus stand einst die Tempelritterburg Toron des Chevaliers, die im 12. Jh. die Pilger- und Heeresstraße von Jaffa nach Jerusalem zu sichern hatte und zugleich das alte Schlachtfeld, das Tal von Ajalon, beherrschte. Bei den Arabern hieß die Burgruine el-Torun, woraus sich schließlich Latrun entwickelte. Die Pilger des 15. Jh. glaubten, in dem Namen Latrun ein *Castellum Boni Latronis* (›Kastell des guten Diebes‹) zu erkennen, womit sie an den reuigen Straßenräuber erinnerten, der neben Jesus am Kreuz starb (Lk 23,40). Von der Burg sind nur noch das Westtor und einige Mauerteile erhalten.

Wo lag Emmaus?

Bis heute bleibt die Frage, wo das Emmaus des Lukas-Evangeliums lag, unbeantwortet, denn wir kennen vier Orte im näheren Umkreis von Jerusalem, für die mehr oder weniger gute Argumente sprechen: Qubeiba, Amwas, Abu Ghosh und Moza.

Kloster Latrun

Kloster Latrun Mo–Sa 8.30–11, 14.30–16 (Winter), 8.30–12, 13.30–17 Uhr (Sommer) Verkaufsladen: Mo–Sa 8–17 (im Sommer bis 17.30) Uhr)

Latrun

Die Höhe von Latrun besaß noch in jüngster Vergangenheit große strategische Bedeutung, denn neben dem Kloster errichteten die Briten in der Mandatszeit ein Polizeifort. 1948 verschanzten sich die Araber im Kloster, das daraufhin unter jordanische Herrschaft kam. Heute ist Latrun Teil des von Israel besetzten Westjordanlandes.

Amwas/Emmaus

Der ehemalige arabische Ort Amwas, das Emmaus der Makkabäer und vielleicht auch das Emmaus des Lukas-Evangeliums (s. S. 170), liegt 1 km nördlich des Klosters Latrun an der Autobahn Tel Aviv–Jerusalem. Der Ortsname leitet sich vom hebräischen hammat, ›heiß‹, ab. Tatsächlich fand man im quellenreichen Ortsgebiet zwei Quellen, aus denen warmes Wasser sprudelt. Vor Emmaus besiegte Judas Makkabäus die Streitkräfte des seleukidischen Feldherrn Gorgias (1 Makk 4,3). Bakchides, Heerführer des Seleukiden Demetrios I., baute den Ort zu einer Festung aus (1 Makk 9,50). 40 v. Chr. verpfändete Cassius, einer der beiden Caesarmörder, die Einwohner der Stadt, weil sie ihm nicht die geforderte Abgabe leisten wollten (Jüd. Altert. XIV, 11,2). Nach dem Tode Herodes' des Großen im Jahre 4 v. Chr. vernichteten jüdische Freiheitskämpfer bei Emmaus eine römische Kohorte; Varus, Statthalter von Syrien, legte den Ort daraufhin in Schutt und Asche (Jüd. Altert. XVII, 10,7 und 9). Wasserreichtum und überaus fruchtbare Äcker zogen neue Siedler an, und schon bald lebte in Emmaus eine große christliche Gemeinde. Im Jahre 221 erwirkte Sextus Julius Africanus, ein einflussreicher christlicher Historiker, bei Kaiser Elagabal die Erhebung zur Stadt, die zur Erinnerung an den Sieg der Römer über die Juden in Nikopolis (›Siegesstadt‹) umbenannt wurde. Julius Sextus' Freund, der griechische Theologe Origenes (185–253/54), sah im christlichen Nikopolis das biblische Emmaus.

Mini Israel

Auf halbem Weg zwischen Tel Aviv und Jerusalem an der Landstraße 424 bei Latrun (ausgeschildert) liegt Mini Israel. Der 4,5 ha große Park zeigt über 350 Modelle von bedeutenden Bauwerken und Orten aus dem Heiligen Land (www.minisrael.co.il, tgl. 10–18, in den Sommermonaten länger, Fr 10–14 Uhr).

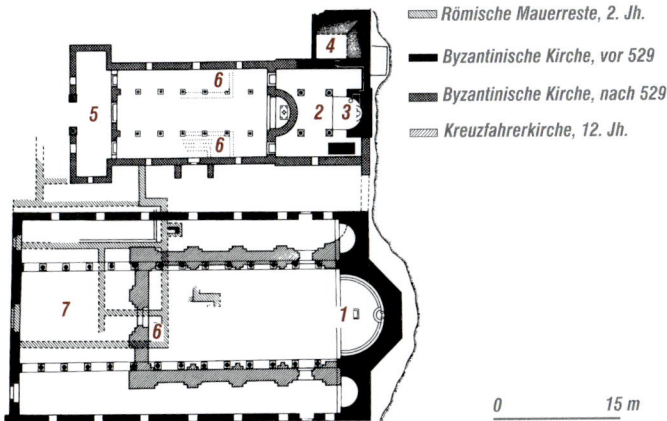

Römische Mauerreste, 2. Jh.

Byzantinische Kirche, vor 529

Byzantinische Kirche, nach 529

Kreuzfahrerkirche, 12. Jh.

Amwas/Emmaus
1 Mittelapsis der
   ältesten Kirche
2 Baptisterium
3 Taufbecken
4 Zisterne
5 Narthex
6 Mosaikreste
7 Römische Villa

0   15 m

Am Südrand der ehemaligen Ortschaft Amwas sind unterhalb der **Communité des Béatitudes** (Katholische Gemeinschaft der Seligpreisungen) die sorgsam restaurierten Reste dreier Kirchen und einer römischen Villa zu sehen. Die Villa, von der nur noch Fundamentspuren zeugen, stammt aus der Zeit um 200 n. Chr. Vielleicht ging sie aus dem Haus des Kleopas hervor, das im 1. und 2. Jh. als Versammlungsstätte der frühen Christen diente. Darüber entstand im 3. und 4. Jh. eine 46,5 × 24,5 m große, dreischiffige **Basilika,** deren heute noch gut erhaltene drei Apsiden allerdings auf das späte 5. Jh. hinweisen; offenbar hatte man hier kurz vor der Zerstörung im Samariteraufstand des Jahres 529 umgebaut. Die Wände bestehen aus mächtigen, zum Teil über 2 m langen und 0,8 m hohen Steinblöcken.

Die wuchtige Hauptapsis lässt noch die Bank für die Kirchenältesten, den Bischofsthron und die Altarfläche erkennen. Der Boden war mit Mosaikfeldern geschmückt, die teilweise von der römischen Villa, vielleicht auch aus römischen Bädern stammten. Zur ersten Kirche gehörte ein separates Baptisterium. Das ursprünglich runde Taufbecken lag in der Apsis. Später erhielt es die Form eines Kreuzes und war über zwei Marmorstufen zu betreten. Das Wasser kam aus einer großen Zisterne. Vier Säulen stützten das Dach des Baptisteriums.

Justinian I. (527–65) beauftragte nach der Niederschlagung des Samariteraufstandes den Abt Sabas mit der Wiederherstellung der zerstörten Kirchen im Heiligen Land. Da das meiste Geld den wichtigeren Heiligtümern zugute kam, blieben Emmaus nur noch Mittel für einen kleinen Neubau, der parallel zur alten Kirche errichtet wurde. Diese 26 m lange und 14 m breite dreischiffige Kirche hatte nur eine Apsis, die in das unmittelbar anschließende alte Baptisterium hineingebaut wurde. Dem Eingang war ein 18 m breiter Narthex vorgesetzt. Von der justinianischen Kirche, die im 7. Jh. in eine Moschee umgewandelt wurde, sind nur noch bescheidene Reste – die Mauerfundamente und die Säulenbasen – zu sehen.

173

Im 12. Jh. setzten die Kreuzfahrer in das Mittelschiff der ersten Basilika einen kleinen Neubau, ohne die verbliebenen Ruinen zu entfernen; vermutlich kamen ihnen Zweifel an der Identität des Ortes mit dem Emmaus des Lukas-Evangeliums. Die nur 23 m lange einschiffige Kreuzfahrerkirche ist in den Seitenmauern noch deutlich zu erkennen. Die alte Hauptapsis diente auch den Franken als Altarraum. 1834 stürzten die Gewölbebogen der inzwischen verfallenen Kreuzfahrerkirche ein. Auf dem Gelände wurden auch antike Gräber freigelegt. Die schönsten Mosaike der Kirchen sind in einem kleinen Museum der Communité ausgestellt.

Tell Gezer

10 km südöstlich von Ramla beherrscht der große, eindrucksvolle Stadthügel von Gezer das weite Tal von Ajalon. Das »Geser« der Bibel kontrollierte die Küstenebene mit der alten Handels- und Heeresstraße von Ägypten nach Syrien. Gezer war eine der stärksten kanaanitischen Festungen und eine der sechs bedeutendsten Städte Kanaans. Auf dem Tell sind Stadtmauern von der Frühen Bronzezeit bis in die hellenistische Zeit, eine Toranlage Salomos, eine großartige Reihe von Masseben und das Wasserversorgungssystem der Kanaaniter und Israeliten zu sehen. Berühmt wurde Gezer durch den Fund eines Bauernkalenders aus der Zeit Salomos.

Die Besiedlung des Hügels von Gezer begann um 3100 v. Chr.; rund 1000 Jahre jünger ist eine Massebenreihe, die Gezer als religiöses Zentrum Kanaans bestätigen könnte. Erstmals erwähnt wurde die Stadt in der Liste der von Thutmosis III. (1490–36) eroberten Siedlungen. Die Stadt wurde auch auf der Siegesstele des Pharaos Merenptah (1223–03), dem ›Fessler von Gezer‹ als ›gepackt‹ gemeldet. Josua besiegte bei der Landnahme König Horam von Gezer (Jos 10,33; 12,12) und wies den Stadtstaat den Leviten zu (Jos 21,21). Später gehörte Gezer zum Gebiet des Stammes Efraim, wobei die Stadt selbst aber in den Händen der Kanaaniter blieb (Jos 16,10; Ri 1,29). Im 11. Jh. v. Chr. eroberten die Philister Gezer und bauten es zur Angriffsbasis gegen die Israeliten aus. Auch König David vermochte die Stadt nicht zu bezwingen. Auf Beutezug im Land der Philister zerstörte Pharao Scheschonk I. (950–25) Gezer und gab, was von ihr übrig geblieben war, König Salomo als Brautgeschenk; der baute die Stadt wieder auf (1 Kön 9,15).

734 v. Chr. eroberte der Assyrerkönig Tiglatpileser III. auf seinem Kriegszug nach Gaza auch Gezer. Ein heute verschollenes Relief, das im Königspalast von Ninive gefunden wurde, zeigte die Belagerung der Stadt durch assyrische Truppen. Zu einiger Bedeutung gelangte Gezer erst wieder in persischer Zeit, in der es zur Satrapie Judäa gehörte. 160 v. Chr. befestigte der Seleukidenfeldherr Bakchides die jetzt Gazara genannte Stadt. 142 v. Chr. baute Simon der Makkabäer sie zu einem seiner stärksten Stützpunkte aus. Simons Sohn Johannes residierte hier

Anfahrt

Vor dem Kibbuz Gezer führt ein etwa 2 km langer Feldweg zu dem Tell hinauf. Wegweiser gibt es hier nicht. Hinter dem Kibbuz links halten. Das einstige Stadtzentrum markiert allein die weithin sichtbare Massebenreihe.

als Statthalter seines Vaters, als dieser in Jericho ermordet wurde. Von Gezer aus zog er als Johannes Hyrkanos I. in Jerusalem ein. Die Römer machten Gezer 57 v. Chr. zu einer Verwaltungshauptstadt, ein Rang, der schon nach wenigen Jahren an Amwas überging. In byzantinischer Zeit war Gezer Bischofssitz. Im Jahre 1177 errangen die Kreuzfahrer unter König Balduin IV. in der Nähe einen großen Sieg über Saladin. Der alte Name lebte bei den Arabern als Tell el-Djeser fort.

Seit dem Jahre 1902 haben die Archäologen 30 Siedlungsschichten freigelegt, die von etwa 3100 v. Chr. bis ins 8. Jh. reichen. Da die Wissenschaftler noch arbeiten, ist die Ausgrabungsstätte wenig erschlossen, aber nirgendwo anders lassen sich die Stadtmauern der verschiedenen Bauperioden so gut miteinander vergleichen wie hier. Im 10. Jh. v. Chr. ergänzte Salomo die Stadtbefestigungen durch einen neuen Torbau nach dem Sechskammer-System. Dieses sogenannte Zangentor hatte er von phönikischen Festungsarchitekten übernommen und auch in Hazor und Megiddo eingebaut. Der salomonische Torbau war 19 m lang, 16,20 m breit und von zwei Türmen im Abstand von 5,50 m flankiert. Die Lücken zwischen Torbau und der vorhandenen kanaanitischen Mauer verband Salomo durch eine 5,40 m breite Kasemattenmauer mit 1,60 m dicken Wänden; außerdem verstärkte er die alte Mauer durch Türme von rechteckigem Grundriss. Nach neueren Erkenntnissen können diese Salomon zugeordneten Bauten auch erst aus dem 9. Jh. v. Chr. stammen. Die Bastionen sind vermutlich den Makkabäern zuzuschreiben.

An der höchsten Stelle der Stadt erhebt sich eine Reihe von zehn gewaltigen Stelen. Die **Masseben** gehörten zu einer mittelbronzezeitlichen Begräbnisstätte (20.–17. Jh. v. Chr.) und waren bis zur israelitischen Zeit Mittelpunkt eines Heiligtums; etwas jünger sind die zahlreichen Wohnhäuser im Umkreis.

Wie Hazor, Megiddo und Jerusalem besaß auch Gezer ein eindrucksvolles Wasserversorgungssystem, das vermutlich die Kanaaniter in der Mitte des 2. Jahrtausends v. Chr. errichteten. Von einem etwa 8 m tiefen Schacht führt ein etwa 7 m hoher, 4 m breiter und 67 m langer Gang steil abwärts bis zur Höhlenquelle. Der Wasserspiegel in der ungefähr 30 m langen Höhle liegt 28,80 m unter der Erdoberfläche. Der Tunnel ist nicht restauriert und daher nicht zugänglich.

Im Gegensatz zu anderen Ausgrabungsstätten hat man hier zahlreiche Inschriften gefunden, darunter mehrere althebräische im Felsgestein rings um den Tell, die zur Identifizierung des Orts beigetragen haben: ›Grenze von Gezer‹. Weitere Schriftdokumente sind die Gezer-Scherbe mit protosinaitischer Schrift aus dem Anfang des 2. Jahrtausends v. Chr., Keilschrifttafeln aus der Amarnazeit und der neuassyrischen Periode sowie der berühmte Bauernkalender von Gezer. Bei diesem Kalender, einer 7,5 cm × 10 cm großen Kalksteinscherbe, handelt es sich um das einzige bekannte Dokument der althebräischen Schrift aus der Zeit König Salomos. Er zählt die landwirtschaftlichen Arbeiten auf, die im Jahreslauf zu besorgen sind. Der im Jahre 1908 entdeckte Kalender, der wohl nur eine Schreibübung darstellte, befindet sich heute im Archäologischen Museum von Istanbul.

In Gezer wurde auch eine Tonscherbe mit drei Zeichen gefunden, die als eines der frühesten Beispiele für die Buchstabenschrift gilt. Eine geöffnete Hand (hebräisch *kaf),* eine Zunge (hebräisch *laschon)* und ein Haus (hebräisch *bet)* ergeben die drei Konsonanten K, L und B, was nach der semitischen Konsonantenschreibweise Kaleb bedeutet (Kaleb steht für die Kalebiter, einen israelitischen Volksstamm). Die seit 1965 ausgegrabenen Stücke, darunter ägyptische und ägäische Keramik, drei goldene Hyksosringe, ein spätbronzezeitlicher Dolch, sind im Rockefeller-Museum untergebracht.

Abu Ghosh

12 km westlich von Jerusalem liegt an der Autobahn nach Tel Aviv das große arabische Dorf Abu Ghosh mit einer Kreuzfahrerkirche, die neben der Annenkirche (s. S. 91) von Jerusalem als schönstes Beispiel mittelalterlicher Sakralarchitektur im Heiligen Land gilt.

Die Quelle von Abu Ghosh war schon im 6. Jahrtausend v. Chr. Grund für eine neolithische Siedlung. In ihrer Nähe lag das biblische Kirjat-Jearim (Jos 9,17), eine Stadt der gibeonitischen Kanaaniter. Im dortigen Haus des Abinadab bewahrten die Israeliten die von den Philistern zurückgegebene Bundeslade auf (1 Sam 7,1). Nach der Zerstörung Jerusalems im Jahre 70 n. Chr. richteten die Römer bei der Quelle ein Veteranenlager der X. Legion ein (Jüd. Krieg VII, 6,6); sie legten einen großen Wasserspeicher an und bald darauf in einem Abstand von 35 m einen zweiten.

Die Byzantiner wandelten den Ortsnamen Kirjat-Jearim (›Dorf des Waldes‹) in Cariathiarim um und bauten auf der Anhöhe eine Kirche. In islamischer Zeit stand bei der Quelle eine große Karawanserei, die um das Jahr 800 ein drittes Wasserreservoir erhielt. 1099 sammelte sich in Abu Ghosh das Kreuzfahrerheer vor seinem Sturm auf Jerusalem. Man sah in dem Ort das Emmaus des Neuen Testaments (s. S. 166) und errichtete hier zur Sicherung der Straße nach Jaffa das Château Fontenoid. Über das zweite römische Wasserreservoir setzten sie das Refektorium, der Trosshof bedeckte die islamische Zisterne, und über der Quelle bauten sie um 1142 eine Kirche. Über dem Trosshof errichteten die Araber eine Moschee, in der sie ihren Propheten Useir (Esra) verehrten. Die übrige Anlage diente als Karawanserei. Um 1770 ließ sich hier der aus dem Hidjas (Mekka und Medina) eingewanderte Beduinenscheich Abu Ghosh nieder, der dem Dorf seinen Namen gab. Er erhielt von der türkischen Regierung den Auftrag, die Pilgerstraße zu sichern und durfte dafür Wegezoll erheben; seine Familie genoss dieses Privileg bis 1830.

1899 kaufte der französische Staat die Kirche und übergab sie den Benediktinern, die auf dem Grundstück ein kleines Kloster gründe-

Oberhalb von Abu Ghosh erhebt sich die Statue der Muttergottes mit dem Kind

ten. Sie entdeckten dort Reste aus römischer, arabischer und fränki-scher Zeit. Seit 1956 gehört die Kirche den Lazaristen. Abu Ghosh ist heute ein großes Dorf mit 5500 Einwohnern. Zwei neue israeli-sche Siedlungen in der Nachbarschaft bewahren die alten Namen: das 1952 gegründete Dorf Qiryat Ye'arim (vom biblischen Kirjat-Jea-rim) und der seit 1920 bestehende Kibbuz Qiryat Anavim (vom ara-bischen Qarit el-Enab).

Kreuzfahrerkirche
tgl. 8.30–11.30 und 14.30–17.30 Uhr

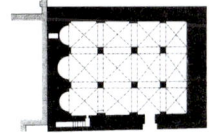

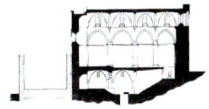

Die **Kreuzfahrerkirche** wurde um 1142 als dreischiffige Basilika im frühgotischen Stil erbaut. Dicke Mauern, in die zum Teil Steine aus römischer und früharabischer Zeit verarbeitet wurden, umschließen den 20 × 16 m großen Kirchenraum. Die Nordwand ist 2,8 m stark, die Westwand sogar 3,7 m. Sechs schwere, quadratische Pfeiler und sechs an die Wand gesetzte Halbpfeiler tragen das nach oben spitz zu-laufende Kreuzrippengewölbe. Die drei Schiffe laufen im Osten in Ap-siden aus. Die Fresken sind kaum mehr zu erkennen. Neben dem Ein-gang im Norden wurde ein Stein in die Kirchenwand eingelassen, des-sen Inschrift ›Vexillatio Leg(ionis) Fre(tensis)‹ auf das Veteranenlager der X. Legion hinweist. In der 14,2 × 7,5 m großen Krypta entspringt die Quelle. Im Hof der Kirche steht der mächtige Steinsarkophag ei-nes Johanniterritters. Östlich des Baus sind noch Reste der arabischen Karawanserei zu sehen.

Abu Gosh, Kreuzfahrer-kirche, Grundriss und Aufriss

Oberhalb des Dorfes erhebt sich weithin sichtbar das Standbild der Muttergottes mit dem Jesuskind. Die Statue gehört zur **Kirche Notre Dame de l'Arche d'Alliance** (›Unsere liebe Frau von der Bun-deslade‹), was daran erinnert, dass im nicht weit entfernte Kirjat-Jearim die Bundeslade der Israeliten stand, bevor David sie nach Je-rusalem überführte (1 Sam 7,1). Die weiße Kirche wurde 1924 von den französischen St.-Joseph-Schwestern über einer byzantinischen Kirche des 5. Jh. erbaut. Reste des alten Mosaikbodens sind noch zu sehen.

Moza

An der Autobahn nach Tel Aviv, kurz vor Jerusalem, liegt Moza. Seit 2001 wird das Umfeld des Ortes durch die Staatsunabhängige Theo-logische Hochschule Basel und die Israelische Altertumsbehörde ar-chäologisch untersucht, um neue Hinweise zur Identifizierung des neutestamentlichen Emmaus zu gewinnen. Die Erwähnung von Moza in benjaminitischer Zeit (Josua 18,26), Grabungsfunde aus dem 1. Jh., die Errichtung einer Veteranenkolonie durch Kaiser Vespasian in un-mittelbarer Nachbarschaft sowie Gebäudereste aus der Kreuzfahrer-zeit sprechen für eine Besiedlungskontinuität von 3000 Jahren. Bis-her stärkstes Argument der Forscher für die Lokalisierung von Em-maus an diesem Ort ist jedoch die Entfernung zu Jerusalem, die nach dem Evangelium (Lukas 24,13) mit 60 Stadien angegeben ist. Das ent-spricht dem Hin- und Rückweg von Jerusalem nach Moza.

Betlehem und Hebron

Betlehem

Vor der Stadt

An der Straße 60 von Jerusalem nach Betlehem liegt kurz vor dem Ortseingang von Betlehem links auf einem Hügel das griechisch-orthodoxe **Eliaskloster** (12.–17. Jh). Unweit dieses Klosters kamen beim Ausbau der Straße 1992 die Fundamente der **Kirche Paleo Kathisma** (Kirche des alten Sitzes bzw. Steins) zum Vorschein. Sie war um das Jahr 450 zur Erinnerung an Marias Rastplatz auf ihrem Weg nach Betlehem errichtet worden. Mit einer Grundfläche von 43 x 52 m war der oktogonale Bau eines der größten Gotteshäuser des frühen Christentums. Neben gut erhaltenen Mosaiken wurde auch der ›heilige Stein‹, auf dem die Gottesmutter der Legende nach ausgeruht haben soll, entdeckt.

Um zu **Rahels Grab** (Qever Rahel), eines der bedeutendsten jüdischen Heiligtümer, das direkt vor Betlehem liegt, zu kommen, muss man einen langen Korridor durch den israelischen Sicherheitszaun (hier eine Betonmauer) passieren. Teile des Grabes, in einem festungsartigen modernen Gebäude versteckt, stammen aus dem 1. oder 2. Jh. n. Chr. 1841 entstanden die Arkaden, die heute den inneren Eingang bilden, sowie ein Gebetsraum neben dem Grab. Das Heiligtum wird von jüdischen, aber auch von muslimischen Frauen besucht, die keine Kinder bekommen können oder eine schwere Geburt befürchten (Rahel war viele Jahre kinderlos geblieben und bei der Geburt ihres zweiten Sohnes Benjamin gestorben). Zwar gilt es als erwiesen, dass Rahel, Jakobs Ehefrau, auf dem Weg nach Betlehem unweit von Rama – also nördlich von Jerusalem – starb, doch verlegte die Überlieferung schon in alttestamentarischer Zeit das Grab an die alte Straße von Jerusalem nach Hebron (Gen 35,19).

Geschichte Betlehems

Kaum 10 km südlich von Jerusalem liegt inmitten einer hügeligen Gartenlandschaft mit Weinbergen und unzähligen uralten Olivenbäumen Betlehem (arabisch Beit Lahm), die Geburtsstadt Davids und Jesu, eine der bedeutendsten Pilger- und Touristenstätten des Heiligen Landes, seit 1996 Partnerstadt von Köln. Betlehem ist ein relativ ruhiges Städtchen, das nur zur Zeit der weihnachtlichen Pilgerströme zu erwachen scheint. Seine ca. 30 000 christlichen und muslimischen Einwohner leben von Ackerbau, Schafzucht, Handwerk und Handel, vor allem aber vom Fremdenverkehr.

Um 1360 v. Chr. schrieb der Fürst Abdihipa von Urusalimmu (Jerusalem) mehrere Briefe an den Pharao Echnaton, in denen er sich über die Verunsicherung des Landes durch semitische Nomaden beklagte – darin erwähnte er auch Betlehem. Hier wurde gegen Ende des 11. Jh. v. Chr. David geboren. Im 10. Jh. v. Chr. bezog Rehabeam, König

Karte Betlehem und Hebron S. 181
Cityplan Betlehem S. 182

Betlehem und Hebron

Besonders sehenswert: Betlehem, Herodeion Hebron, Bet Guvrin

Betlehem ★★

Hinweis

Sie fahren in palästinensisches Gebiet und müssen mit längeren Aufenthalten an den Checkpoints rechnen. Bitte erfragen Sie vorher die Sicherheitslage.

Tourist Information

Manger Square
www.bethlehem-city.org
Tel. 022 74 13 23,
Mo–Do, Sa 8–14,
Fr 8–12 Uhr

Qever Rahel

immer geöffnet außer am Sabbat und an Feiertagen sowie von So–Do zwischen 22.30 und 1.30 Uhr
Der Besuch ist nur mit dem eigenen Auto oder mit Shuttle-Bussen, die vor dem Kontrollposten warten, möglich.

◁ Betlehem, Geburtsgrotte in der Geburtskirche

Die Geburt Jesu

… wird nach dem heutigen Stand der Forschung nicht im Jahre 0, sondern 7 v. Chr. vermutet, nach römisch-katholischer Tradition in der Nacht zum 25. Dezember des Jahres 5 v. Chr., nach griechisch-orthodoxer am 6. und nach armenischer am 18. Januar des Jahres 4 v. Chr.

Dar annadwa Addawliyya

109 Paul VI. Street
Tel. 022 77 00 47
www.annadwa.org
Das ökumenische lutherische Internationale Begegnungszentrum fördert den interkulturellen Dialog von Menschen unterschiedlichster Herkunft und möchte der lokalen Gesellschaft helfen, ihre Zukunft selbst zu gestalten. Neben privaten Begegnungen werden auch Reisen durch die Westbank organisiert (s. S. 401).

von Juda (um 930–10), die Stadt in sein Festungssystem ein (2 Chr 11,6). Im 7. Jh. v. Chr. stand Betlehem in der Ortsliste des jüdischen Königs Joschija (639–09; Jos 15,59). Danach blieb der Ort über Jahrhunderte unerwähnt. Seine weitere Geschichte ist eng mit der Geburtsgrotte Jesu und der darüber erbauten Kirche verknüpft.

Im Jahre 7 v. Chr. ordnete Kaiser Augustus in Palästina einen Census an, um die Steuereintreibung zu erleichtern. Dazu musste Josef, der in Nazaret lebte, in seinem Geburtsort Betlehem erscheinen. Maria, seine Verlobte, hatte ihn nach römischer Vorschrift zu begleiten (Lk 2,1). Da Josef weder in einer Herberge noch im vollbelegten Hause seiner Verwandten für sich und die hochschwangere Maria eine Bleibe finden konnte, zogen sich die beiden in die zum Hause gehörende Höhle zurück, in der üblicherweise das Vieh und die Vorräte untergebracht waren. Noch heute sind viele palästinensische Häuser vor eine Höhle gebaut, die oft sogar mit in den Wohnbereich einbezogen wird.

Die Höhle der Geburt wurde wohl schon im späten 1., sicher aber im 2. nachchristlichen Jahrhundert verehrt. Nachdem Kaiser Hadrian den zweiten jüdischen Aufstand (132–35 n. Chr.) niedergeworfen hatte, ließ er über allen jüdischen und auch christlichen Stätten römische Heiligtümer errichten. Mit der Geburtsgrotte verbanden die Römer fortan den Adoniskult, um mit der Verehrung des Geliebten der Venus jede Erinnerung an Christus auszulöschen. Doch die Stätte seiner Geburt wurde nicht vergessen: 326 n. Chr. begann Kaiser Konstantin der Große mit dem Bau einer fünfschiffigen Basilika über der Geburtsgrotte, und bald strömten unzählige christliche Pilger nach Betlehem. Im Samariteraufstand des Jahres 529 ging dieser Bau in Flammen auf. Kaiser Justinian I. schlug den Aufstand nieder, baute die Basilika im Jahre 540 wieder auf und gab ihr das heutige Aussehen. Als 614 die Perser in Palästina einfielen, zerstörten sie alle Kirchen und Klöster des Landes, nur die Geburtskirche in Betlehem ließen sie unbehelligt. Den Grund hierfür erfahren wir aus einem Brief der Jerusalemer Synode aus dem Jahre 836: »Als die Perser alle Städte … zerstört hatten und nach Betlehem kamen, sahen sie mit Erstaunen die Bilder der Magier aus Persien … Aus Hochachtung und liebender Ehrfurcht vor ihren Vorfahren verschonten sie die Kirche.« Gemeint waren die orientalisch gekleideten Heiligen Drei Könige auf einem Mosaik an der Kirchenfassade.

640 marschierten die Truppen des Kalifen Omar in Betlehem ein. Omar verrichtete in der Südapsis, die nach Mekka weist, sein Gebet, denn der Islam verehrt in Jesus den Propheten Isa. Dieser Teil der Kirche blieb fortan den Muslimen vorbehalten, und so diente die Geburtskirche zwei Weltreligionen. Omar und seine Nachfolger waren tolerante Herrscher, sodass der Strom christlicher Pilger nach Betlehem von Jahr zu Jahr wuchs. Das änderte sich, als 1071 die Seldschuken, ein türkisches, zum Islam übergetretenes Reitervolk, die Herrschaft in Palästina übernahmen. Die Lage der Christen im Heiligen Land verschlechterte sich, die Pilgerreisen wurden immer gefährli-

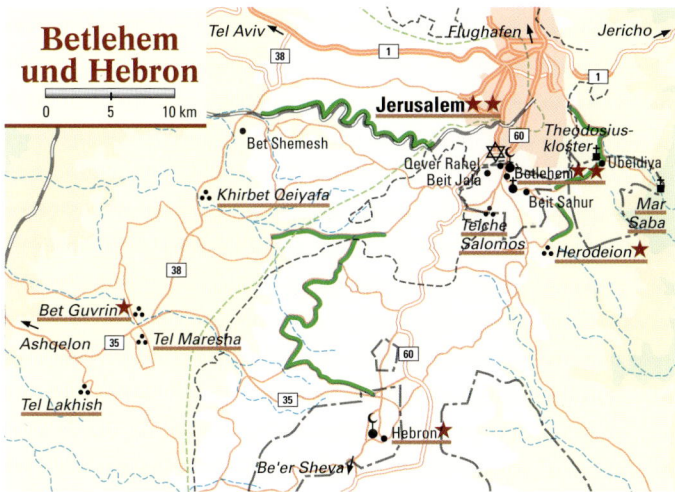

cher, der Handel zwischen den westlichen Ländern und dem Orient kam zum Erliegen. Im ersten Kreuzzug kam die Stadt 1099 unter den Schutz der christlichen Ritter. In der Weihnachtsnacht des folgenden Jahres wurde hier Balduin I., ein Bruder des inzwischen verstorbenen Gottfried von Bouillon, zum ersten König von Jerusalem gekrönt. Nach seinem Tod 1118 übernahm Balduin II. ebenfalls in Betlehem die Königswürde seines Vaters. 1187, nach der Schlacht bei Hattin, kam mit dem größten Teil des Heiligen Landes auch Betlehem unter die Herrschaft des Sultans Saladin. Die Priester mussten die Geburtskirche räumen, durften jedoch bereits vier Jahre später wieder zurückkehren. 1229 gelang es Kaiser Friedrich II., durch einen Vertrag mit dem Sultan el-Malik el-Kamil Betlehem, Jerusalem, Nazaret und einige andere Städte zurückzugewinnen, aber schon 1244 übernahmen die Ajjubiden-Sultane die Geburtsstätte Jesu.

Unter den Mamelucken verfielen die christlichen Bauten Betlehems. 1479 drohte das Zedernholzdach der Geburtskirche einzustürzen und wurde notdürftig ausgebessert. Als im Jahre 1516 die Osmanen nach Betlehem kamen, zählte der Ort nur noch etwa 100 Einwohner. Niemand nahm daher Anstoß, als die Türken die Marmorplatten von den Wänden der Geburtskirche rissen, um sie für ihre Jerusalemer Bauten zu verwenden. Doch insgesamt verbesserte sich unter den Osmanen die Lage der Christen, und 1670 machten sich griechisch-orthodoxe Mönche an die Wiederherstellung der Kirche. Im 18. Jh. begann der Streit zwischen den Griechisch-Orthodoxen, den Katholiken und den Armeniern um den Besitz der Geburtskirche und der darunter gelegenen Grotte. Der Konflikt artete so aus, dass die osmanische Polizei das Heiligtum schützen musste. 1757 gelang es der türkischen Regierung, den Streit vorübergehend zu schlichten, indem sie jeder

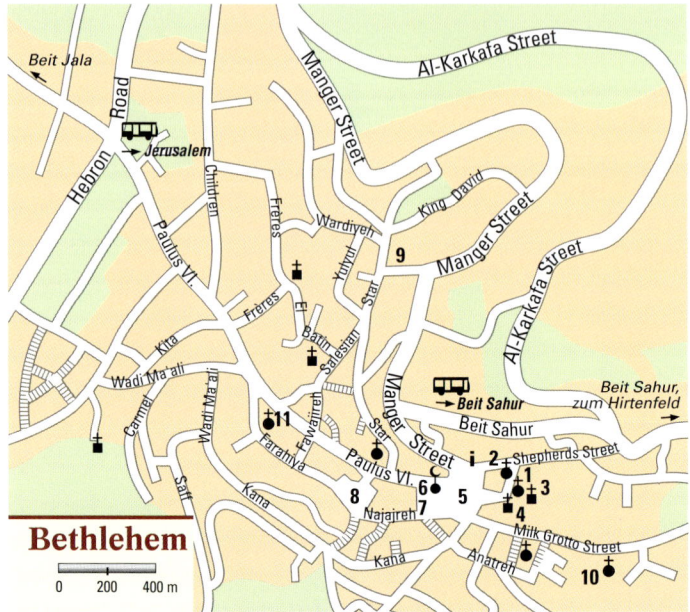

Bethlehem

0   200   400 m

Konfession den Teil zusprach, den diese faktisch in Besitz hatte. Doch wenige Jahrzehnte später brach der Streit um die Besitzverhältnisse erneut aus. 1842 trennten die Griechisch-Orthodoxen den Chor durch eine hohe Mauer vom Langhaus, um ihre Ansprüche gegenüber den Katholiken zu festigen – der britische General Allenby ließ die Mauer 1917 wieder abreißen.

In der Folgezeit gewannen die europäischen Staaten in Palästina allmählich stärkeren Einfluss. Die türkischen Behörden erlaubten es den christlichen Gemeinschaften, Kapellen, Kirchen und Klöster, Krankenhäuser und Schulen zu errichten. Die Zahl der Einwohner stieg von 3300 im Jahre 1845 auf 11 000 im Jahre 1912. 1963 zählte die seit 1948 jordanische Stadt rund 60 000 meist christliche Bewohner, 1967, als Betlehem von den Israelis besetzt wurde, schmolz die Zahl auf 14 000. Wenige Tage vor Weihnachten 1995 kam die Stadt unter palästinensische Verwaltung.

Geburtskirche

Das Herzstück Betlehems ist die ehrwürdige **Geburtskirche (1),** ein wuchtiger Bau, der die einstige Schönheit der spätrömischen Basilika Konstantins und der byzantinischen Kirche Justinians kaum mehr erahnen lässt. Auf drei Seiten drängen sich mächtige Klostergebäude heran: im Norden das der Franziskaner mit der **Katharinenkirche**

(2), im Südosten das **griechisch-orthodoxe (3)** und im Südwesten das **armenische Kloster (4)**.

Der Vorplatz im Westen war das einstige Atrium, das Peristyl der konstantinischen Basilika, 26 m breit und vermutlich 73 m lang. Sein Mosaikboden lag 1,64 m unter dem heutigen Vorhof. Zwei Stufen führten zu einer 3,90 m breiten, ringsum laufenden Säulenhalle hinauf, von der man über zwei weitere Stufen zu den drei Eingängen gelangte. Die Architekten Justinians setzten vor den Kirchenraum einen Narthex und verzichteten auf das Atrium.

Von der großartigen justinianischen **Fassade** sind nur noch die Umrisse des Hauptportals zu erkennen. Ein mit zwei Voluten verzierter Türsturz krönte das Tor. Die Kreuzfahrer verkleinerten das nunmehr von einem Spitzbogen gerahmte Portal, um 1500 schrumpfte es auf eine Höhe von 1,20 m und eine Breite von 79 cm. Die Fremdenführer behaupten, dass man es vor dem Ansturm der Türken verkleinert habe, um diese daran zu hindern, hoch zu Ross in die Kirche zu reiten. Wahrscheinlicher aber ist, dass die Christen hofften, den festungsartigen Bau so besser verteidigen zu können, zumal sie auch die beiden Nebenportale links und rechts zumauerten. Eine schwere Stützmauer verdeckt die Fassade neben dem heute von drei mächtigen Steinquadern umfassten Eingang. Am mittleren Durchgang vom Narthex zum Innenraum der Kirche sind noch Reste einer Holztür zu erkennen, die armenische Künstler im Jahre 1227 schnitzten.

Nun stehen wir in der fünfschiffigen Basilika Konstantins. Nach archäologischen Untersuchungen maß der fünfschiffige, annähernd quadratische Hauptraum 27 × 26,30 m. Justinian ließ ihn um 2,80 m verlängern. Vier Reihen zu je zehn Säulen teilten den Hauptraum der konstantinischen Basilika in ein breites Mittelschiff und doppelte Seitenschiffe. Justinians Architekten mussten wegen der Verlängerung eine Säule pro Reihe hinzufügen. Die Monolithsäulen aus rötlichem Kalkstein stammen aus einem Steinbruch bei Betlehem und tragen korinthische Kapitelle, die ursprünglich vergoldet waren. Die Gesamthöhe der Säulen beträgt 5,47 m. Die »golden flammenden Säulen« (Sophronios um 610) könnten noch auf die erste Basilika zurückgehen, wurden aber angehoben und leicht versetzt wieder aufgestellt. Im Jahre 1130 bemalte man sie mit Heiligenbildern, die inzwischen fast völlig verblasst sind. Im Mittelschiff sind Reste des Mosaikfußbodens aus konstantinischer Zeit mit Akanthusblättern und geometrischen Formen unter aufgeklappten Holzverschlägen sichtbar. Im äußeren rechten Seitenschiff steht ein steinernes Taufbecken aus dem 6. Jh., das sich einst in einem außerhalb der Basilika gelegenen Baptisterium befand.

Das überhöhte **Mittelschiff** wird durch Obergaden erhellt. Hier sind noch große Flächen mit unterschiedlich gut erhaltenen goldgrundigen Mosaiken zu sehen, die einst die beiden Fensterwände schmückten. Der byzantinische Kaiser Manuel Komnenos hatte im Jahre 1169 Basileios und Ephremos aus Konstantinopel mit der Ausgestaltung beauftragt. Zwischen den Fenstern schwebten hohe Engelsgestalten,

Geburtskirche

tgl. außer So vormittags 6.30–19 (Sommer), 5.30–17 Uhr (Winter)

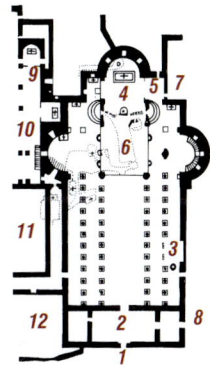

Geburtskirche

1 Portal
2 Narthex
3 Taufbecken
4 Hochaltar
5 Eingang zur Geburtsgrotte
6 Geburtsgrotte
7 Griechisches Kloster
8 Armenisches Kloster
9 Katharinenkirche
10 Eingang zur Hieronymus-Grotte
11 Kreuzgang
12 Eingang zum Franziskanerkloster

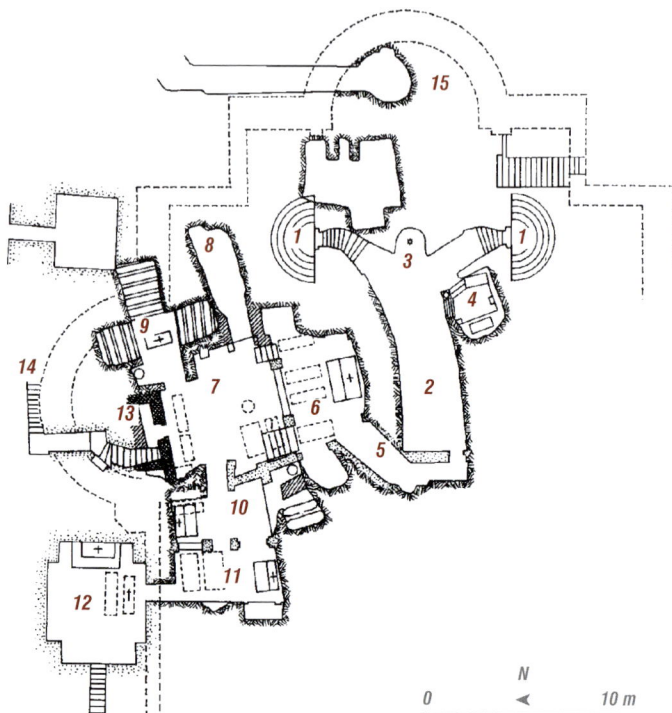

N

0 ◄ 10 m

Grotten unter der Geburtskirche

1 Eingang zur Geburtsgrotte
2 Geburtsgrotte
3 Geburtsaltar
4 Krippengrotte
5 Verbindungsgang (zeitweise gesperrt)
6 Altar des hl. Josef
7 Große Grotte
8 Grotte der Unschuldigen Kinder
9 Grotte mit Arkosolgräbern und

Altar der Unschuldigen Kinder
10 Grotte des Eusebius von Cremona und der Römerinnen Paula und Julia Eustochium
11 Hieronymus-Grotte mit Kenotaph
12 Zelle des hl. Hieronymus
13 Vorkonstantinischer Gewölbebogen und konstantinisches Fundament
14 Ausgang zur Katharinenkirche
15 Ostapsis der Geburtskirche

den Blick zur Grotte gerichtet; unter den Fenstern zog sich ein Fries symbolhafter Darstellungen der ersten sieben ökumenischen Konzilien, der ersten vier Provinzialkonzilien und der beiden Synoden von Karthago und Laodicaea entlang. Die untere Reihe über dem Architrav zeigt die Vorfahren Jesu, auf der Südwand nach Matthäus, auf der Nordwand nach Lukas. Einigermaßen gut erhalten sind lediglich die Mosaikfelder der Konzilien von Nicaea (325), Konstantinopel (381), Chalkedon (451) und Ephesus (431) sowie die Porträts von Jakob, Mattan, Eleasar, Eliud, Achim, Zadok und Azor (Südwand). Die Konzilien sind alle nach dem gleichen Schema dargestellt: zwei Halbbogen verbinden drei Säulen, wodurch jeweils zwei Felder entstehen. In jedem Feld steht ein Lesepult, geschmückt mit kostbaren Verkleidungen an der Vorderseite, darauf das Evangelienbuch. Zu beiden Seiten des Pultes brennt je ein Leuchter oder hängt je ein Weihrauchfass. Darüber sind die Felder mit griechischen Inschriften gefüllt, links mit historischen Angaben, rechts mit den vom Konzil beschlossenen Glaubenslehren. Den Raum zwischen den Darstellungen schmücken Pflanzenornamente. Durch Öffnungen im heutigen Steinplattenbelag erkennt man den 75 cm tiefer gelegenen Mosaikboden der konstantinischen Kirche.

Die Architekten Justinians verwendeten das Mauermaterial der konstantinischen Basilika für den Bau der zweiten Geburtskirche. Der Dachstuhl ist heute offen wie im konstantinischen Bau, da die prächtige Sternendecke schon vor langer Zeit herabstürzte. Der fünfschiffige Hauptraum mündet im Osten in eine Dreikonchenanlage (Chor und Querhaus mit halbrunden Abschlüssen), die Justinian an der Stelle des Oktogons über der Geburtsgrotte errichten ließ. Zum Oktogon Konstantins führte eine breite Treppe hinauf, seine Seiten waren 7,80 m lang. Die Absiden Justinians schmückten Szenen aus dem Neuen Testament. Nur noch zwei Fragmente sind schwach zu erkennen: Die Ereignisse am Palmsonntag und die Szene, in der Jesus dem hl. Thomas erscheint. Im nördlichen Teil stehen die armenischen Altäre der Jungfrau Maria und der Heiligen Drei Könige. Der Altar der Beschneidung im Süden und der Hauptaltar hinter der mächtigen Ikonostase (1764) im Osten gehören den Griechisch-Orthodoxen. In der Mitte der Ikonostase gibt die prächtige ›Königstür‹ an hohen Festtagen den Blick zum Hauptaltar frei.

Zu beiden Seiten des Chors führt durch marmorne Spitzbogenportale mit Bronzetüren aus der Kreuzfahrerzeit je eine Treppe in die **Geburtsgrotte** hinab (12,30 × ca. 4 m). Sie treffen sich vor dem Geburtsaltar am östlichen Ende der Grotte. Die Wand über dem Altar zeigt Spuren eines Mosaiks aus dem 12. Jh., das die Geburt Jesu darstellte. Unter dem Altar ist ein silberner Stern in den Marmorboden eingelassen; er trägt die Inschrift »Hic de Virgine Maria Jesus Christus natus est.« (›Hier wurde von der Jungfrau Maria Jesus Christus geboren‹). Es handelt sich dabei um eine 1852 von Sultan Abd ul-Medschid I. gestiftete Kopie (der Originalstern wurde 1847 gestohlen). Fußboden und Wände der von zahlreichen Ampeln ausgeleuchteten Grotte sind mit Marmor verkleidet, das Deckengewölbe ist gemauert, feuerhemmende Vorhänge sollen einen erneuten Brand, wie den von 1869, verhindern. Die Grotte erhielt erst im Laufe der Zeit ihre heutige rechteckige Form. Wie sie vor knapp 2000 Jahren aussah, wissen wir nicht. Auf jeden Fall war der Zugang einst ebenerdig. Drei Stufen führen von der Geburtsgrotte in die sich anschließende kleine Krippengrotte hinab, wo die Hirten das Kind anbeteten (Lk 2,8–20). Vor der Ostwand steht der Altar der Heiligen Drei Könige; ihm gegenüber ist die Krippe in

Die Mauer: Für die Israelis bedeutet sie Sicherheit, für die Palästinenser Gefangenschaft

den Felsen gehauen und heute mit Marmor ausgelegt. Um den Besitz der Heiligtümer führten die christlichen Gemeinschaften heftige Fehden. Seit 1757 gehört die Geburtsgrotte den Griechisch-Orthodoxen, die Armenier dürfen hier ihren Gottesdienst abhalten. Die Katholiken müssen sich dagegen mit der Krippengrotte begnügen.

Die Geburtsgrotte ist seit dem 12. Jh. an ihrem westlichen Ende durch einen Gang mit weiteren Höhlen verbunden, die teilweise schon im 7. Jh. v. Chr. oder sogar noch früher bewohnt waren bzw. als Begräbnisstätten dienten. Heute werden sie von den Franziskanern betreut. Der Durchgang ist oft gesperrt, nur vom rechten Seitenschiff der Katharinenkirche gelangt man über eine Treppe in diesen Bereich. Die Treppe, an deren unterem Ende Archäologen einen vorkonstantinischen Gewölbebogen und Fundamentsmauern des Oktogons freilegten, mündet in die **Große Grotte,** deren etwa 5 m langer und 2,40 m breiter Südteil seit 1621 die Kapelle des hl. Josef bildet. Ein Gemälde über dem Altar stellt dar, wie der schlafende Josef vom Engel zur Flucht nach Ägypten aufgefordert wurde. Der nackte Fels an der Decke zeigt ein Kreuz mit dem griechischen Monogramm Christi. Die Große Grotte dürfte also schon in byzantinischer Zeit benutzt worden sein; sie hatte einen unmittelbaren Zugang von oben. Vor dem Altar entdeckte man vier Felsengräber und die der Ost- und Westwand Nischengräber. Im Osten schließt sich die **Grotte der Unschuldigen Kinder** an, die dem Gedächtnis des Kindesmordes von Betlehem geweiht ist. Herodes der Große soll nach Jesu Geburt die Tötung aller Knaben bis zu zwei Jahren in Betlehem und Umgebung befohlen haben, um den ›neugeborenen König‹ zu beseitigen. Westlich führt ein kurzer Gang zu den **Hieronymus-Grotten.** Hieronymus aus Dalmatien war von 382 bis 385 Ratgeber des Papstes Damasus. Bald nach dessen Tod ging er nach Betlehem, gründete 389 ein Kloster und vollendete hier seine lateinische Bibelübersetzung, die Vulgata, die noch heute als offizieller Bibeltext der katholischen Kirche dient. In der vorderen Grotte ruhten die Gebeine des Eusebius von Cremona, des Schülers und Nachfolgers von Hieronymus, und die der Römerinnen Paula und Julia Eustochium, die in Betlehem zwei Klöster und ein Pilgerhospiz gegründet hatten. Von der hinteren Grotte, die ein Kenotaph und einen Altar des hl. Hieronymus enthält, führt ein Gang nach Norden in die Zelle des Kirchenlehrers, einen in den Fels gehauenen Raum, wo er gelebt und gearbeitet haben soll. Sein letzter Wille, in der Nähe der Geburtsstätte Jesu zu ruhen, wurde nur bis zur Ankunft der Kreuzfahrer respektiert; im 13. Jh. kamen seine Gebeine nach Santa Maria Maggiore in Rom.

Weitere Sehenswürdigkeiten

Nördlich an das ganze Areal schließt sich die **Katharinenkirche (2)** der Franziskaner an – zwischen 1881 und 1888 über einem Kloster der Kreuzfahrerzeit errichtet, das wiederum auf den Fundamenten des

Klosters der hl. Paula stand. 1950 legten die Franziskaner den benachbarten Kreuzgang aus fränkischer Zeit frei und stellten ihn weitgehend wieder her. Alljährlich an Weihnachten wird hier die berühmte Mitternachtsmesse gelesen.

Südlich des Vorhofes erhebt sich der wuchtige Komplex des armenischen Klosters, der auch die südliche Säulenhalle des konstantinischen Atriums mit einschließt (zwei in die Mauer eingebaute Säulen sind vom Vorhof aus deutlich zu erkennen). Das Kloster soll seine heutige Gestalt schon vor den Kreuzzügen erhalten haben. Wesentliche Bauteile stammen aus byzantinischer, aber auch aus fränkischer Zeit. Hunderte von Graffiti an den Klosterinnenwänden zeugen vom Besuch unzähliger Pilger, deren Pferde und Maultiere einst in den Kellergewölben untergebracht wurden. Blaue Kacheln mit armenischen Ornamenten schmücken die Wände der Klosterkirche. Die drei Altäre mit Holzschnitzarbeiten armenischer Künstler stammen wahrscheinlich aus dem 13. Jh.

Milchgrotte

Der **Manger Square (5,** Kikar Manger, ›Krippenplatz‹) ist das belebte Zentrum Betlehems. Im Osten erheben sich die mächtigen Mauern der Geburtskirche mit den angrenzenden Klöstern, im Westen ragt das schlanke Minarett der modernen **Omar-Moschee (6)** empor, daneben steht das **Rathaus (7)** von Betlehem, im Süden ducken sich unter Arkaden Cafés und Andenkenläden. 150 m westlich vom Manger Square erreicht man den **Marktplatz (8),** auf dem Bauern aus der Umgebung frühmorgens und an Samstagen ihre Waren anbieten. In den kleinen Gassen ringsum verkaufen Händler und Handwerker geschnitzte Devotionalien aus Olivenholz, feingearbeiteten Perlmuttschmuck und hübsche Stickereien. 500 m nördlich des Marktplatzes steht oberhalb der Sderot Manger die **Davidsmauer (9,** Bivar Daud), bekannt auch als Davids Zisternen.

Vom Manger Square aus gelangt man über die Milk Grotto Street zur **Milchgrotte (10),** von den Arabern Mogharet es-Sitti Marjam genannt, über der die Franziskaner 1494 auf den Fundamenten einer Kirche aus dem 4. Jh. ein Kloster errichteten. Heute erhebt sich hier eine kleine Kapelle, die sie im Jahre 1872 mit Hilfe einheimischer Steinmetzen erbauten. Eine Treppe führt in die Tiefe, hier soll sich die Heilige Familie vor den Häschern des Herodes versteckt haben. Die Legende berichtet, dass beim Stillen des Kindes einige Milchtropfen auf das Gestein fielen. Seit vielen Jahrhunderten brechen christliche und muslimische Pilgerinnen Stückchen des weißen Kalks aus dem Boden, zerreiben sie und geben das Pulver in ihre Nahrung, da es stillenden Müttern zu mehr Milch verhelfen soll.

Unweit des Manger Square, in der Paulus VI Street wurde 1995 das **Internationale Begegnungszentrum Bethlehem (11,** Dar annadwa Aduwalia; s. 401) eröffnet. Heute stellt es mit seinen verschiedenen Einrichtungen (Schule, Akademie, Kultur-, Konferenz- und Gesundheitszentrum sowie Gästehaus, Restaurant und Kunsthandwerkszentrum mit eigenem Laden) den zweitgrößten privaten Arbeitgeber in der Region Bethlehem.

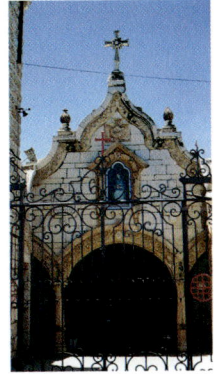

Katharinenkirche
tgl. außer So vormittags 6.30–19 (Sommer), 5.30–17 (Winter) Uhr

Milchgrotte
tgl. 8–11.30 und 14–17 Uhr

Reisen & Genießen

Hotel

Sehr gut gelegen, mit hübschem Garten in direkter Nachbarschaft zur Geburtskirche. Die Zimmer sind renoviert, das Personal ist sehr hilfsbereit, und es werden auch Führungen durch Betlehem angeboten.

Casa Nova Palace Hotel
Manger Square
Bethlehem
Tel. 022 74 27 98
www.casanovapalace.com
DZ ab 117 NIS/Pers.

Restaurant

In urigen Gewölben mit orientalischer Atmosphäre gibt es köstliche Falafel, Humus, Foul und andere traditionelle Speisen. Der Familienbetrieb ist seit 1948 in Betlehem beheimatet, nachdem die Familie in Folge der Gründung des Israelischen Staates aus Jaffa fliehen musste.

Afteem Al-Yafawi Restaurant
Manger Square, neben dem Peace Center
Tel. 022 74 79 40
Mo–Sa von morgens bis spät abends

Die Umgebung von Betlehem

Im Westen schließt sich die kleine christlich-arabische Stadt **Beit Jala** an, heute ein Ortsteil von Betlehem und eine beliebte Sommerfrische. Berühmt ist der Ort wegen seiner köstlichen Aprikosen, seiner Webwaren und Steinmetzarbeiten. Für seine 12 000 Einwohner hat Beit Jala vier Kirchen, darunter die griechisch-orthodoxe des hl. Nikolaus und eine lutherische. Seit 1853 befindet sich hier auch das Seminar des römisch-katholischen Patriarchats von Jerusalem. Die Straße nach Westen führt weiter zum 923 m hohen Har Gillo, auf dem möglicherweise das biblische Gilo lag. Man fand eine Siedlung aus der Zeit um 1200 v. Chr., die von Mitgliedern des Stammes Juda gegründet worden war. Auf Har Gillo entstand die neue jüdische Siedlung **Gilo.**

Im Osten grenzt an Betlehem das Städtchen **Beit Sahur,** heute ein Vorort inmitten von Olivenhainen, bewohnt von etwa 16 000 Menschen (vorwiegend christliche Araber). Beit Sahur war schon in prähistorischer Zeit bewohnt. Irgendwo jenseits der Olivenhaine sammelte einst die schöne junge Witwe Rut aus Moab auf dem Felde des reichen Bauern Boas Ähren. Boas verliebte sich in Rut und heiratete sie. Einer ihrer Urenkel war König David (Rut 2–4). Die römisch-katholische Kirche von Beit Sahur entstand im Jahre 1859 und wurde 1951/52 vollständig erneuert. In ihrer Nähe stehen die neue griechisch-katholische Kirche und eine Schule unter Leitung der Salvatorianerschwestern.

Jenseits von Beit Sahur erstreckt sich nach christlicher Tradition das **Hirtenfeld,** auf dem der Engel den Hirten erschien, um ihnen die Geburt Christi zu verkünden (Lk 2,8). Die Griechisch-Orthodoxen und die Franziskaner haben ca. 500 m voneinander entfernt inmitten einer idyllischen Landschaft, die die Araber Sijar el-Ghanam (›Schafstall‹) nennen, je eine Stätte der Verehrung. Leider hat man hier in den letzten Jahren viel gebaut, sodass sich die weiten Weideflächen mittlerweile vollständig mit Wohnhäusern gefüllt haben. Die zeltförmige **Engelskapelle** der Franziskaner, 1953/54 von dem italienischen Architekten Antonio Barluzzi erbaut, erhebt sich auf einer kleinen Anhöhe. Über dem Eingang schwebt ein bronzener Engel. Fresken über den drei Nischenaltären zeigen die Verkündigung der Weihnachtsbotschaft, die Huldigung der Hirten an der Krippe und ihre Heimkehr aus Betlehem. Die geräumige Höhle hinter der Kapelle mag wohl schon vor 2000 Jahren den Schäfern als Unterschlupf gedient haben. In der Nähe legten Archäologen 1859 die Ruinen einer Kirche und eine große landwirtschaftliche Klosteranlage frei, beide im 4. Jh. erbaut. Nach der Zerstörung durch die Perser wurde das Kloster aufgegeben.

Die im Süden der Engelskapelle gelegene **griechisch-orthodoxe Kirche** blickt auf eine mindestens ebenso alte Tradition zurück. Während des 4. Jh. bauten die Byzantiner eine Felsenhöhle zu einer Krypta aus und bedeckten den Boden mit einem vielfarbigen Mosaik. Etwa 100 Jahre später erweiterten sie die Höhle und errichteten darüber eine Kapelle. Im 6. Jh. trat an ihre Stelle eine prächtige Basilika mit korinthischen Säulen aus weißem Marmor. Nach der Zerstörung durch die Perser im Jahre 614 entstand eine neue Basilika, die im 11. Jh. in Trümmer sank. Im 16. Jh. nahmen griechische Mönche das Ruinenfeld wieder in Besitz und restaurierten die Grotte.

Mar Saba

Ein interessanter Abstecher führt von Betlehem über das Hirtenfeld zum Kloster des hl. Sabas inmitten der atemberaubenden judäischen Gebirgswüste. Die schmale Straße passiert das Kloster des hl. Theodosius (Deir Dosi), im Jahre 476 von dem aus Kappadokien (Kleinasien) stammenden Mönch gegründet. Die heutige Anlage erstellten griechisch-orthodoxe Mönche gegen Ende des 19. Jh. Die 1952 restaurierte Kirche steht über einer Grottenkrypta, in der die Gebeine des Heiligen und der bei verschiedenen Überfällen umgekommenen Mönche ruhen. Hier wird auch die Höhle gezeigt, in der nach der Tradition die Weisen aus dem Morgenland auf ihrem Rückweg von Betlehem übernachteten (Mt 2,12).

Im 5. Jh. ließ sich Sabas, ein berühmter Theologe, in einer der Höhlen der cañonartigen Kidronschlucht nieder. Da ihm viele Glaubensbrüder folgten, gründete er um das Jahr 483 ein Kloster. Auf einer Reise nach Byzanz bewegte er Kaiser Justinian I. zum Wiederaufbau der zerstörten Geburtskirche von Betlehem. Der hl. Sabas starb 532 im Alter von 93 Jahren; sein Grab im Kloster Mar Saba entwickelte sich zur Wallfahrtsstätte. (Im 12. Jh. brachten Kreuzfahrer die sterblichen Überreste des Heiligen nach Venedig; 1965 gab Papst Paul VI.

Engelskapelle im Hirtenfeld und griechisch-orthodoxe Kirche

tgl. 8–11.30 und 14–17 Uhr

Dheisheh

… bei Betlehem ist eines der zahlreichen Lager, in denen seit dem ersten Nahostkrieg 1948/49 insgesamt etwa 800 000 palästinensische Flüchtlinge aufgenommen wurden und zum Teil noch heute auf die Rückkehr in ihre Heimat warten.

Mar Saba

tgl. 8–17 Uhr Wer nicht mit dem eigenen Auto unterwegs ist, erreicht Mar Saba am einfachsten mit einem Taxi von Betlehem aus über die Straße 356.

Vom Frauenturm haben Sie einen wunderschönen Blick auf den verschachtelten Gebäudekomplex und die 180 m tiefe Kidronschlucht. Frauen dürfen das Kloster Mar Saba nicht betreten.

Kloster Mar Saba

sie als Geste der Versöhnung zwischen Lateinern und Griechen zurück.) Die Anlage wurde mehrmals zerstört, aber immer wieder aufgebaut. Gegen 710 zog sich Johannes von Damaskus, ebenfalls ein großer Theologe und Repräsentant der Christen am Hofe der Kalifen, in das Kloster zurück. 1834 wurde der Bau durch ein Erdbeben schwer beschädigt. Seit 1840 förderte das russische Zarenhaus seine Erneuerung. Heute lebt hier nur noch ein rundes Dutzend Mönche.

Schon von Weitem sieht man den wuchtigen Wachtturm des Klosters und den außerhalb der hohen Mauern gelegenen Frauenturm. In der Mitte des Hofes steht ein kleiner Kuppelbau, das alte Grabmal des hl. Sabas. Eine Höhle daneben ist dem hl. Nikolaus geweiht. In einer anderen Grotte bewahren die Mönche in Vitrinen die Schädel der im 7. Jh. umgebrachten Glaubensbrüder auf. Die Hauptkirche (Katholikon) wurde um 500 erbaut und im 17. Jh. erneuert. Im Kirchenraum, der reich mit Wandmalereien und Ikonen geschmückt ist, ruhen im gläsernen Sarg die Gebeine des hl. Sabas. Die Zelle des hl. Johannes von Damaskus und die Grotte, die der hl. Sabas bis zum Bau des Klosters bewohnte, sind weitere Stationen der Führung durch die verwirrende Anlage, die im 6. Jh. bis zu 5000 Mönche beherbergt haben soll.

Herodeion

Herodeion ★

Wie ein schlafender Vulkan erhebt sich 6 km südöstlich von Betlehem, mitten im judäischen Bergland, der 758 m hohe, weithin sichtbare Bergkegel des Herodeion. Herodes der Große ließ auf diesem zum Teil künstlich aufgeschütteten und abgeflachten Kegel, den die Araber Djebel Furadis (›Berg des kleinen Paradieses‹) nennen, eine Burg errichten, die er später zu seinem Mausoleum bestimmte.

Herodes war 46 v. Chr. zum Präfekt der von Rom kontrollierten Provinz Galiläa ernannt worden. Im Jahr 40 v. Chr. errang er an dieser Stelle seinen entscheidenden Sieg über die Anhänger der Hasmonäer. Viele Jahre später ließ er hier zum Andenken an den Sieg die nach ihm benannte Burg errichten. Als Herodes im Jahre 4 v. Chr. nach 34-jähriger Herrschaft in Jericho sein Ende kommen fühlte, bestimmte er das Herodeion zu seiner Grabstätte. In einem »außerordentlich prachtvollen Trauerzug« wurde er – wie Josephus berichtet – im Herodeion beigesetzt.

2007 entdeckte Ehud Netzer im nordöstlichen Hang des Bergkegels das **Grab der Herodes.** Leider wurde es wohl in den Wirren des ersten jüdischen Krieges ausgeraubt und zerstört. Zwischen 66 und 70 diente das Herodeion als Stützpunkt der Zeloten. Im zweiten Jüdischen Krieg (132–135) hatte Bar Kochba hier sein letztes Hauptquartier. Im späten 5. Jh. richteten byzantinische Mönche in den Palastthermen ein Kloster ein. Im kreuzförmigen Innenhof bauten sie eine kleine Kirche.

Die **Burg des Herodes** hatte einen kreisförmigen Grundriss mit einem Durchmesser von 63 m. Sie war von einer doppelten Mauer umschlossen, deren äußere ringsum in eine steil abfallende Böschung überging. Im Nordosten führte eine Treppe zum einzigen Tor empor, durch ein 4,50 m hohes und 3 m breites, gewölbtes Portal gelangte man in den 5 × 5 m großen Torraum und von dort durch einen schmaleren Eingang in das Innere der Burg. Vier Türme verstärkten die Doppelmauer. Der mächtige, runde Ostturm erreicht heute noch eine Höhe von 15,70 m. Zisternen und zwei Getreidesilos im Kellergeschoss ermöglichten es, eine längere Belagerungszeit durchzustehen. Im Süden, Westen und Norden erhob sich je ein halbrunder Turm. Der nördliche Halbturm ist bis zum dritten Stockwerk erhalten.

Der Gang zwischen der äußeren und inneren Ringmauer war 3,50 m breit. Die innere Mauer umschloss eine Fläche von rund 2000 m². Die östliche Hälfte dieses Areals nahm ein Garten ein, der an drei Seiten von Säulenhallen umgeben war; seine Ostseite begrenzte eine mit Halbsäulen geschmückte Mauer. Im Norden und Süden endete der Garten in zwei prächtigen Exedren. Die westliche Hälfte der Burgfläche war den eigentlichen Palastbauten vorbehalten. Ein kreuzförmiger Innenhof bildete das Zentrum. Nördlich davon lagen die Thermen. Das 5 m hohe Kuppeldach des Tepidariums hat als einzige Decke des Palastbezirks dem Druck der 10 m hohen Trümmerschicht standgehalten. Den Südteil des Palastes beherrschte das 10 × 15 m große Triclinium mit den dazugehörigen Räumen; vier Säulen stützten die Holzdecke. Spätere Bewohner wandelten das Triclinium in eine Synagoge um, deren Ostseite das rituelle Bad (Mikwe) einnahm. Die Wohnräume lagen in den Obergeschossen. Alle Wände der Palast-

Herodeion
April–Sept. tgl. 8–17, Okt.–März bis 16) Uhr

Wer nicht mit dem eigenen Auto unterwegs ist, erreicht das Herodeion am einfachsten mit einem Taxi ab Betlehem oder Jerusalem über die Straße 356. Von Jerusalem fährt auch ein Bus (Nr. 166).

Herodeion

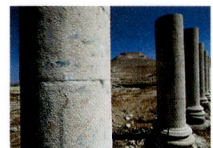

Herodeion

1 Ostturm
2 Südturm
3 Westturm
4 Nordturm
5 Treppenaufgang
6 Wehrumgang
7 Empfangssaal
8 Garten mit
  Peristyl
9 Exedra
10 Wachstube
11 Thermen
12 Kreuzförmiger
   Palasthof
13 Triclinium; später
   Synagoge
14 Mikwe (Ritualbad)
15 Byzantinische
   Kapelle

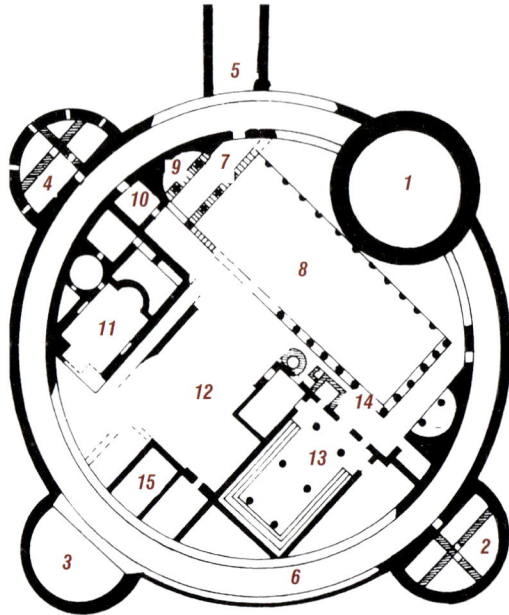

bauten waren innen verputzt und mit Fresken versehen, die Säulen mit Stuck und gefärbtem Mörtel überzogen. Leider konnte man aus den Trümmern nur Fragmente der Wandgemälde bergen. Das obere Herodeion kann man durch ein sehr beeindruckendes Zisternen-, Fluchttunnel- und Verteidigungssystem mit Zugang an der nordöstlichen Ecke des Peristyls verlassen. Es stammt aus herodianischer Zeit und wurde in den Jahrzehnten bis zum Bar Kochba-Aufstand stetig erweitert. Der Ausgang befindet sich etwa auf Höhe des Mausoleums.

Das Mausoleum fand Ehud Netzer durch Zufall am nordöstlichen Hang des Bergkegels. Das ursprünglich ca. 25 m hohe Grabmal war nach Jerusalem ausgerichtet und konnte auch von dort gesehen werden. Anhand der gefundenen Architekturen scheint es in seiner Form dem Grab des Abschalom im Kidrontal (S. 126) geähnelt zu haben. Die ornamentalen Sarkophag-Bruchstücke, Architekturglieder und Münzfunde datieren das Grab in das 1. Jh. v. Chr. Nach Meinung der Ausgräber ist es die letzte Ruhestätte von Herodes dem Großen. Im Umfeld wurden Bruchstücke von weiteren Sarkophagen gefunden, in denen nach E. Netzer Familienangehörige bestattet gewesen sein könnten. Das rekonstruierte **Herodes-Mausoleum** wird mit Beifunden ab Februar 2013 im Israel-Museum in Jerusalem ausgestellt. In direkter Nachbarschaft zum Mausoleum kamen bei weiteren Ausgrabungen eine **Treppenanlage,** ein **Theater,** das ca. 650–750 Menschen Platz bot und wohl anlässlich eines Staatsbesuchs aus Rom errichtet wurde, mit einer Loggia für Ehrengäste sowie weitere Gebäude zum Vorschein. Diese wurden vor dem Bau des Mausoleums mit Steinen zugeschüttet und so unbenutzbar und unsichtbar gemacht. Nach der ausführlichen Beschreibung des Staatsbegräbnisses von Herodes durch Flavius Josephus wurde der Leichnam des Königs von Jericho zum Herodeion gebracht und auf einer Bahre durch ein Spalier von römischen Legionären über eine **Rampe** zu seinem Begräbnisplatz getragen. Diese 300 m lange und 30 m breite Rampe ist heute noch zu erkennen. Sie führt entlang einer unteren, großen Palastanlage bis zu einem monumentalen Bau am westlichen Ende. Aufgrund der achsialen und parallelen Anordnung der Gebäude wird deutlich, dass das **untere Herodeion** architektonisch eindeutig in Bezug zum oberen steht und damit einen Gesamtplan voraussetzt. Neben einem großen, aber weitgehend zerstörten Palastgebäude von etwa 130 x 60 m konnten ein Badehaus, Wohn- und Lagerräume sowie ein Ziergarten mit Säulengängen nachgewiesen werden, welche sich um ein 69 x 45 m großes und 3 m tiefes Becken erstreckten. In dessen Mitte erhob sich ein tholosartiger Bau, ein Pavillon. Zu Lebzeiten des Herodes diente das Herodeion als Befestigung, Monument, Sommerpalast und Verwaltungsort von Südjudäa.

Teiche Salomos

An der Straße 60 nach Hebron weist 5 km hinter Betlehem das Richtungsschild nach links zu den Teichen Salomos (Berekhot Shelomo), die man nach wenigen hundert Metern erreicht. Drei große, von Palmen und Pinien umsäumte offene Zisternen speichern das Wasser der umliegenden Quellen. Den Bau der Reservoire schreibt die Überlieferung König Salomo zu. Nach heutigem Wissen stammen die Wasserreservoire jedoch nicht aus Salomos Zeit. Die beiden oberen Teiche legte Herodes der Große an, um Jerusalem und die neue Festung Herodeion mit Wasser zu versorgen. Im 12. oder 13. Jh. kam das dritte Becken hinzu. Die drei Teiche sind hintereinander und in unterschiedlicher Höhe angeordnet. Der obere bedeckt eine Fläche von 116 × 70 m, der mittlere ist 129 m lang und ebenfalls 70 m breit, der untere misst 1700 × 64 m und hat ein Fassungsvermögen von 170 000 m^3 (!). Noch heute wird die Bevölkerung von Jerusalem und Betlehem über ein Rohrsystem aus diesen häufig ausgebesserten und umgebauten Reservoiren versorgt.

Hebron

37 km südlich von Jerusalem liegt in fast 1000 m Höhe das biblische Hebron, von den Juden Hevron (von hebräisch *hever*, ›Zusammenschluss‹), von den Arabern el-Khalil (arabisch für ›Freund‹ [Allahs]) genannt. Als Stadt der Patriarchen Abraham, Isaak und Jakob und als

Hebron ★

Reisetipp

Regelmäßig verkehren arabische Buslinien und Sherut-Taxis zwischen Jerusalem und Hebron. Da Hebron aber zu den Brennpunkten der Auseinandersetzungen zwischen Palästinensern und ultraorthodoxen Juden gehört, ist es sinnvoll sich vor einem Besuch über die aktuelle Sicherheitslage zu informieren.

Ort, wo David zum König gesalbt wurde, ist Hebron für die Juden neben Jerusalem, Zefat und Tiberias eine der vier heiligen Städte. Juden und Muslime verehren hier – durch Mauern voneinander getrennt – die Gräber von Abraham, Isaak und Jakob und ihrer Frauen Sara, Rebekka und Lea. Die Höhle Machpela mit den Gräbern der Patriarchen schützte Herodes der Große durch eine mächtige Mauer, die heute als eines der großartigsten Beispiele seiner Baukunst gilt. Hebron, heute die größte und bedeutendste Stadt des Westjordanlandes, liegt an der alten Straße, die, von Syrien kommend, südlich des Sees Gennesaret den Jordan überquert, parallel zur Mittelmeerküste Jerusalem erreicht und über Be'er Sheva nach Ägypten führt. Die Stadt zählt 200 000 bis 230 000 palästinensische Einwohner, dazu kommen rund 800 jüdische Siedler.

Hebron war schon im 4. Jahrtausend eine Stadt. Als Abraham um 1700 (?) v. Chr. von Ägypten nach Kanaan zurückkehrte, ließ er sich mit seiner Sippe und seinen Herden in Mamre bei Hebron nieder, das damals Kirjat Arba (›Stadt der Vier‹) hieß und möglicherweise der Hauptort eines Vierstädtebundes war (auch der spätere Name Hevron deutet darauf hin). Abraham erwarb die Höhle Machpela, um darin seine verstorbene Frau Sara zu bestatten (Gen 23,17). Die Höhle diente fortan als Familiengruft.

Zu Beginn der Landnahme im 13. Jh. v. Chr. übernahmen die Kalebiter aus dem Negev die Stadt und ihre Umgebung. Sie gingen später im Stamm Juda auf, der Hebron zu seiner Hauptstadt machte. Nach dem Tode Sauls wurde David in Hebron zum König über das Haus Juda gesalbt und bald danach, um 1004 v. Chr., zum König über ganz Israel. David residierte hier mehr als sieben Jahre, bis er Jerusalem erobert hatte, das er zum Mittelpunkt aller Stämme machte. Hebron blieb Hauptstadt Judas. Rehabeam, etwa 930–10 König von Juda, baute Hebron zu einer starken Festung aus. 589 v. Chr. zerstörten neubabylonische Truppen die Stadt. 163 v. Chr. eroberte Judas Makkabäus Hebron und schleifte die Festungsanlagen (1 Makk 5,65). Herodes baute die Stadt großzügig aus. 67 n. Chr. wurde sie von den Römern fast völlig zerstört.

Im 6. Jh. errichtete Kaiser Justinian über der Höhle Machpela eine Basilika. Neben den Christen lebten damals auch viele Juden in dem Ort, den die Byzantiner Abromios nannten. Unmittelbar nach der Eroberung Palästinas in der ersten Hälfte des 7. Jh. wandelten die Muslime die Kirche in eine Moschee um, denn auch sie verehren die Patriarchen. Abraham (arabisch Ibrahim), genannt Khalil Allah (›Freund Gottes‹) oder Khalil er-Rahman (›Freund des Barmherzigen‹), war der Ahnherr Mohammeds, des letzten und vollkommensten der Propheten. Die Stadt nannten sie anfangs Hebrun, seit dem 10. Jh. dann Masjad Ibrahim el-Khalil, kurz el-Khalil.

Im Jahre 1100 eroberten die Kreuzfahrer Hebron, machten aus der Moschee wieder eine Kirche und gaben der Stadt den Namen Castel St. Abraham. 1168 wurde die Stadt Bischofssitz. Nach der Schlacht bei den Hörnern von Hattin (1187) fiel Hebron wieder an die Muslime, auch wenn Richard Löwenherz es 1192 für kurze Zeit zurückgewinnen konnte. Die Mamelucken erneuerten die Moschee, die neben dem Felsendom in Jerusalem (Haram esh-Sharif) als einziges Heiligtum Palästinas die Haramswürde (Haram el-Khalil) erhielt *(haram, arabisch für Schrein, Heiligtum).* Sie bauten weitere Moscheen, darüber hinaus Koranschulen, Volksküchen, Hospize, Mühlen usw. Hebron wurde eine blühende Stadt; muslimische Pilger strömten aus allen Teilen der islamischen Welt zu den Gräbern ihrer Propheten.

Im 16. Jh. kamen spanische Juden auf der Flucht vor Pogromen auch nach Hebron. Sie führten die Glasbläserei ein und erwarben das Recht, sich bis auf eine gewisse Entfernung (7. Stufe der Außentreppe) den heiligen Grabstätten nähern zu dürfen. Zusammenstöße mit den Muslimen im 17. und 18. Jh. führten allerdings zur Abwanderung vieler Juden. Am Ende des 19. Jh. ließen sich größere Gruppen osteuropäischer Juden in Hebron nieder. 1929 kam es zu den bis dato schwersten Auseinandersetzungen, die mit der Evakuierung der jüdischen Bevölkerung durch britische Truppen endete.

Von 1948 an gehörte Hebron zum Königreich Jordanien. 1960 riss man die baufälligen Hütten rings um den Haram ab und öffnete die heilige Stätte auch für Nicht-Muslime. 1967 besetzten israelische Truppen das Westjordanland. Auf einem Hügelrücken am nordöstlichen Stadtrand wächst seit 1972 die neue jüdische Siedlung Qiryat Arba. In Hebrons Altstadt ließen sich ultraorthodoxe jüdische Familien nieder. Das Hebron-Abkommen aus dem Jahre 1998 sah die Teilung der Stadt in einen palästinensisch und einen israelisch kontrollierten Sektor vor, seit 2002 wird das gesamte Stadtgebiet jedoch von Israel kontrolliert.

Haram el-Khalil

Beherrschender Mittelpunkt des heutigen Hebron ist der wuchtige Bau über der Höhle Machpela. Sara und Abraham, Rebekka und Isaak, Lea und Jakob sollen hier beigesetzt sein. Nach dem Tode Saras kaufte Abraham das Grundstück mit der Höhle, das damals östlich der Stadt lag. Herodes errichtete um den heiligen Bezirk eine mächtige, 2,65 m dicke, unten glatte, oben mit Lisenen geschmückte Mauer, die eine Fläche von 53,8 × 28,6 m umschließt und die noch heute hervorragend erhalten ist. Der zinnenbewehrte Mauerabschluss stammt aus mameluckischer Zeit (13./14. Jh.). Von den ursprünglich vier quadratischen, 12 m hohen Minaretten sind noch zwei vorhanden. Ein Treppenaufgang im Norden führt zum Eingang an der nordöstlichen Langseite, an die sich die mameluckische Jawuliya-Moschee (1318–20) anschließt. Den Mittelteil des dreischiffigen Bauwerks krönt eine Kuppel.

Im Hof des Haram el-Khalil stehen vier **Mausoleen** mit den Kenotaphen von Abraham, Sara, Jakob und Lea. Die polygonalen Mausoleen Abrahams und Saras unter dem überdachten Teil des Hofes entstanden bereits in frühislamischer Zeit, die Kenotaphe wurden im 14. Jh. von mameluckischen Künstlern aus farbigem Marmor gearbeitet und in reich bestickte Decken gehüllt. Die Gräber der Patriarchen und ih-

Haram el-Khalil
So–Do 8–16 Uhr
An muslimischen Feiertagen ist der muslimische Bereich geschlossen, an jüdischen Feiertagen der jüdische.

rer Frauen sollen sich nach der Tradition genau unterhalb der Kenotaphe befinden. 1215 drangen Kreuzfahrer in die Höhle ein und öffneten die Gräber. Die sterblichen Überreste der Patriarchenfamilie waren
angeblich gut erhalten. Die Kreuzfahrer mauerten den Eingang der Höhle zu, die seit Sultan Baibars' Verbot (1266) nicht einmal mehr von den
Wächtern des Heiligtums betreten werden darf. Der Raum zwischen
den Mausoleen Jakobs und Leas dient als Synagoge.

Vom Hof aus gelangt man in die Hauptmoschee, die Ibrahim-
Moschee, die als Basilika unter Kaiser Justinian entstand und 638 von
den Omajjaden übernommen wurde. Um 1115 gaben die Kreuzfahrer
dem Bauwerk seine heutige Gestalt (Kreuzrippen der Seitenschiffe),
im 14. Jh. wurde es von den Mamelucken restauriert. Der dreischiffige Innenraum ist 28 m breit und 24 m lang; vier Säulen tragen die Decke. In der Mitte der Südostseite befindet sich der Mihrab. Rechts daneben steht der wundervoll geschnitzte Mimbar (16. Jh.?). Zwei Kenotaphe von 1331 erinnern an die Gräber Isaaks und Rebekkas.

Links vor dem Mittelausgang zum Hof gestattet eine vergitterte Öffnung im Fußboden einen Blick in die dunkle Machpelahöhle. Im Westen lehnt sich an das Hauptgebäude ein breiter Gang, der als Frauenmoschee dient. Unter den Teppichen soll auf dem Boden der Abdruck
von Adams Fuß zu erkennen sein (nach altjüdischer Überlieferung
hatten sich Adam und Eva nach ihrer Vertreibung aus dem Paradies
in Hebron niedergelassen). Eine Tür öffnet sich vom Gang zu einem
quadratischen Raum außerhalb der herodianischen Mauer. Der dort

*Haram el-Khalil,
der wuchtige Bau
über der Höhle
Machpela mit dem
Grab Abrahams*

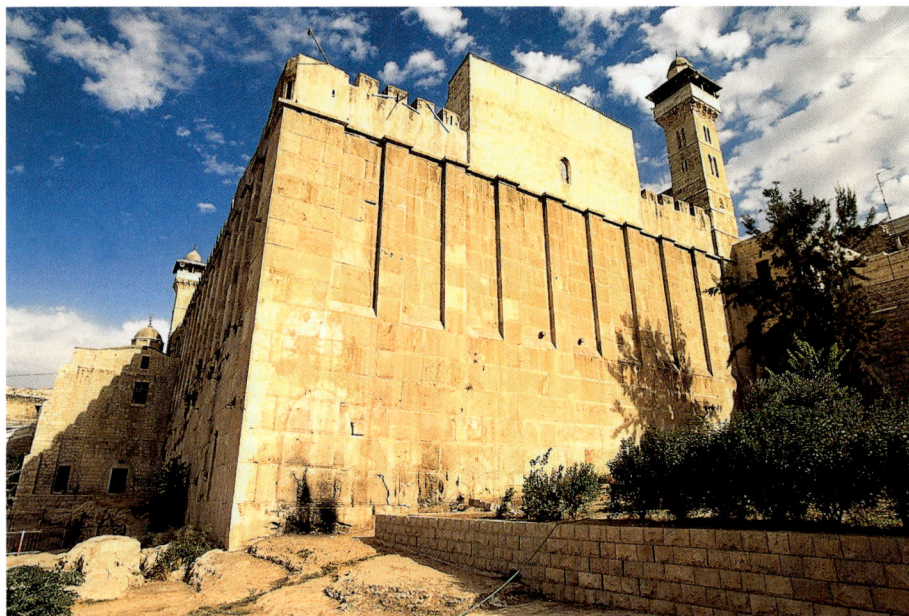

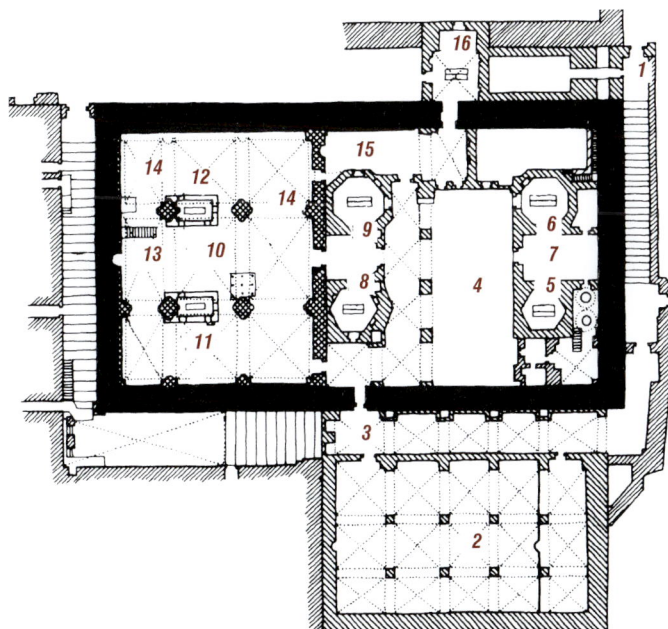

Haram el-Khalil

1 Eingang
2 Jawuliya-Moschee
3 Eingang zum
  Haram
4 Hof
5 Kenotaph Leas
6 Kenotaph Jakobs
7 Synagoge
8 Kenotaph Saras
9 Kenotaph
  Abrahams
10 Ibrahim-Moschee
  (einstige Kreuz-
  fahrerkirche)
11 Kenotaph
  Rebekkas
12 Kenotaph Isaaks
13 Mihrab und
  Mimbar
14 Öffnung zur Höhle
15 Frauenmoschee
16 Kenotaph Josefs

befindliche Sarkophag enthält nach islamischer Tradition die Gebeine Josefs – nach jüdischer Tradition wurde Josef in der Nähe von Sichem bestattet (s. S. 210).

An den Haram el-Khalil schließt sich der **Suq** an, das lärmende
Marktviertel. Weiterhin empfiehlt sich ein Spaziergang zum **Tel
Rumeida** (Djebel er-Rumede), dem vermutlich ältesten Wohnhügel
der Patriarchenstadt, der Stätte des alttestamentlichen Hebron, die
archäologisch seit 1997 erforscht wird. Hier fanden die Ausgräber eine
Stadt, die schon vor rund 5000 Jahren bewohnt war, als in Ägypten
die Pyramiden erbaut wurden. Aus allen Siedlungsepochen kamen interessante Funde zum Vorschein, nur aus der Zeit des Königs David
fehlt merkwürdigerweise jedes Zeugnis. Von hier oben bietet sich ein
herrlicher Blick auf den Haram el-Khalil und das heutige Hebron.

Mamre

Abraham hatte nach der Rückkehr aus Ägypten sein Nomadenzelt »bei
den Eichen von Mamre in Hebron« aufgeschlagen. Dort baute er dem
Herrn einen Altar (Gen 13,18), und dort erschien ihm der Herr (Gen
18,1). Dagegen glaubt der deutsche Archäologe F. Mader, die heilige
Stätte etwa 4 km nördlich des Stadtkerns von Hebron bei Bet Ilanim
(Ramat el-Khalil) gefunden zu haben. Das aus mächtigen Steinquadern bestehende Mauerwerk gehörte zu einer Umfassungsmauer aus

herodianischer Zeit, die einen 65 × 48,5 m großen Bezirk umschloss. Die Anlage wurde 70 n. Chr. zerstört. Kaiser Hadrian baute die Mauern nach Ende des zweiten Jüdischen Krieges (135) unter Verwendung des herodianischen Quadermauerwerks wieder auf und errichtete darin einen Tempel für Merkur. Während des 4. Jh. baute Konstantin der Große in der östlichen Hälfte der Umfriedung eine dreischiffige Basilika in der Form eines Breithauses. Ein Narthex verband sie mit dem Atrium, das den Brunnen und die Eiche Abrahams umschloss.

Im 7. Jh. wurde die Kirche von den Persern zerstört. Unter den Fundamenten des herodianischen Baus stieß Mader auf Bauteile und Fußbodenplatten, die weit in vorchristliche Jahrhunderte zurückreichen. In der Südwestecke des Heiligtums legte er einen (heute restaurierten) Brunnen mit zahlreichen Weihgaben aus den verschiedensten Epochen frei. Fehlende Platten im Bodenbelag und Überreste uralter Terebinthenwurzeln deuten möglicherweise auf die in der Bibel genannten ›Eichen‹ hin, bei denen es sich in richtiger Übersetzung um Pistazienbäume (Terebinthen) handelte. An diesem einst schattigen Brunnen sollen nach der Tradition auch Maria und Josef auf ihrer Flucht nach Ägypten gerastet haben.

Tel Maresha und Bet Guvrin

Bet Guvrin ★

Abseits der üblichen Reiserouten erwarten uns zwei touristische Leckerbissen: der Tel Maresha (arabisch Tell Sandahannah) mit seinem in der Welt wohl einzigartigen Höhlensystem und die byzantinisch-fränkischen Relikte von Bet Guvrin. Beide Stätten liegen an der Straße 35 von Hebron nach Ashqelon.

Tel Maresha
Bet Guvrin
April–Sept. tgl. 8–17, Okt.–März bis 16) Uhr

Geschichte von Maresha

Der alte kanaanitische Ort Maresha wurde als Muhraschti schon in den Amarnabriefen (14. Jh. v. Chr.) erwähnt. Nach der Landnahme gehörte er zum Stammesgebiet der Judäer (Jos 15,44). Gegen 920 v. Chr. baute König Rehabeam von Juda neben 14 anderen Städten auch Maresha zu einer Festung aus (2 Chr 11,8). Sie beherrschte den Zugang von der philistäischen Küstenebene zum südlichen judäischen Hochland. Asa, 907–867 König von Juda, verstärkte die Befestigungen und schlug vor den Toren der Stadt eine ägyptische Streitmacht. 587 v. Chr. wurde der Ort von den Babyloniern zerstört. Nachdem die Juden in das Babylonische Exil verschleppt worden waren, ließen sich Edomiter aus dem südlichen Ostjordanland in Maresha nieder, das auch in persischer Zeit eine edomitische (idumäische) Stadt blieb. Unter den Diadochen wurde Maresha hellenisiert, sein Name änderte sich in Marissa. Seit 312 v. Chr. wechselte die Stadt mehrfach ihren Besitzer; abwechselnd herrschten Seleukiden und Ptolemäer. Im

3. Jh. v. Chr. wurde Marissa zum Hauptort der Provinz Idumäa. Gegen 250 v. Chr. gründeten phönikische Kaufleute aus Sidon in der Stadt eine Handelskolonie.

Im Jahre 163 v. Chr. griff Judas Makkabäus Marissa vergeblich an (1 Makk 5,66; 2 Makk 12,35). Erst um 110 v. Chr. gelang es dem Hasmonäer Johannes Hyrkanos I., die Stadt zu erobern und ihren edomitischen Bewohnern den jüdischen Glauben aufzuzwingen (Jüd. Altert. XIII, 9,1). 63 v. Chr. stellte der Römer Pompejus die Unabhängigkeit Marissas wieder her (Jüd. Altert. XIV, 4,4). 40 v. Chr. wurde das inzwischen mächtige Marissa von den Parthern endgültig zerstört (Jüd. Altert. XIV, 13,9).

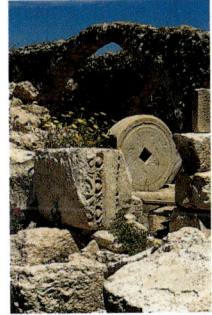

Bet Guvrin

Geschichte von Bet Guvrin

Im Jahre 37 v. Chr. befestigte Herodes der Große das benachbarte Bet Guvrin, das seit rund 600 Jahren ein Vorort von Maresha/Marissa gewesen war und sich nun zu einer bedeutenden Stadt entwickelte. Anfangs hatte der Ort den Namen Baithogabra (althebräisch ›Haus der Riesen‹) getragen, wohl wegen der gewaltigen Höhlen, die man als Wohnstätte prähistorischer Riesen, der biblischen Anakim, ansah. In byzantinischer Zeit wurde Bet Guvrin Verwaltungshauptstadt des größten Bezirks von Palästina, der sich vom Toten Meer bis Gaza erstreckte. Im 4. Jh. hatte es einen eigenen Bischof, der am ersten ökumenischen Konzil in Nicaea (325) teilnahm. Eusebius (265–339) erwähnte in seinem ›Onomastikon‹ (antikes Namen- oder Wörterverzeichnis) das alte Maresha als verlassen, Bet Guvrin dagegen als Heimat christlicher Märtyrer, die unter Kaiser Diokletian (284–305) ihr Leben ließen. 639 wurde Bet Guvrin von den Arabern erobert. 1134 bauten die Kreuzfahrer hier die Burg Gibelin. 1135 wurde Gibelin dem Orden der Hospitaliter anvertraut, 1187 musste es sich den Truppen Saladins ergeben. Bald danach kam die Burg wieder in fränkischen Besitz, ging aber 1244 an die Mamelucken verloren. Die Araber nannten den Ort Beit Jibrin – entweder in Anlehnung an Bet Guvrin oder auf den islamischen Heiligen Nebi Jibrin hindeutend, der hier sein Grab fand. 1949 gründeten israelische Siedler auf den Ruinen des verlassenen arabischen Dorfes den Kibbuz Bet Guvrin.

Sehenswürdigkeiten

Die Ausgrabungen auf dem Tel Maresha brachten die **hellenistische Stadt** mit Tempel und Agora zum Vorschein, die eine Fläche von etwa 2,4 ha bedeckte und die typische Stadtplanung des griechischen Baumeisters Hippodamos von Milet zeigt: rechtwinklig angelegte Straßen um ein öffentliches Zentrum. Rings um den Tell hat man bis heute 63 Kalksteinhöhlen entdeckt, die als Grabstätten, Wohnungen, Wirtschaftsräume oder Steinbruch dienten. Der Westhang des Siedlungshügels von Maresha birgt eine Grabhöhle mit 1906 Nischen für Urnen, die aus dem 2. Jh. v. Chr. stammt. Weil sie wie ein Taubenschlag anmutet, nennt man sie **Columbarium** (lat. ›Taubenschlag‹). In den beiden ersten nachchristlichen Jahrhunderten waren Columbarien eine typisch römische und frühchristliche Gemeinschaftsgrabanlage. In einer benachbarten Höhle entdeckte man eine Olivenölpresse, und eine weitere Höhle wurde als Bad für rituelle Waschungen interpretiert. In den ausgegrabenen Wohnhäusern führen Treppen zu privaten Zisternen, die in den Fels geschlagen wurden, hinab.

Im Tal östlich des Tel befinden sich zwei **Grabhöhlen,** die aus dem 3. oder 2. Jh. v. Chr. stammen. Die eine hat einen T-förmigen Grundriss und enthält 44 Grabnischen. Man betritt sie durch eine große Vorhalle, an deren linker Seite vermutlich ein Altar stand. Ein Tor wird von zwei roten Wandpfeilern flankiert, die mit großen, schwarzen Amphoren, langen Girlanden und Rosetten unter den Kapitellen bemalt sind. Gleich dahinter bewacht der dreiköpfige Kerberos, der Höllenhund, den Eingang zur Unterwelt. Die einst wunderbaren Wandmalereien, die z. B. Amphoren, Bäume, Vögel, eine Jagdszene darstellen, sind 1993 durch Kopien ersetzt worden. In der zweiten Höhle flankieren Musiker die zentrale Grabnische.

Besonders eindrucksvoll wirkt eine **Gruppe von 80 Höhlen** *(Bell Caves),* die durch ein Labyrinth von Gängen und Stollen miteinander verbunden sind. Diese Höhlen, die einen Durchmesser zwischen 6 und 30 m haben, wölben sich wie riesige Glocken zu einer Höhe von 9–12 m empor. Durch eine Öffnung an der Spitze dringt Tageslicht, oft sogar die Sonne, was ein einzigartiges Spiel von Licht und Schatten hervorruft. Die Phöniker benutzten sie als Steinbruch für den Ausbau ihres Hafens in Askalon. Da die obere Gesteinsschicht aus hartem, die untere aus weichem Kalkstein besteht und da man nur das leichter zu bearbeitende weiche Gestein ab- baute, entstand die Glockenform der Höhlen. Graffiti weisen sowohl auf die Phöniker – der Name Baal – als auch auf spätere christliche Benutzer – Kreuzdarstellungen – hin.

Auf dem Weg von Tel Maresha nach Bet Guvrin kommt man an den Ruinen der **Kreuzfahrerkirche St. Anna** vorbei. Die Franken errichteten sie in der Mitte des 12. Jh. über dem Mittelschiff einer Basilika des 4. Jh., eben der Johanneskirche, wobei sie die beiden Seitenschiffe als Ruine beließen.

Westlich der Straße nach Ashquelon finden sich beim Kibbuz Bet Guvrin ein gut erhaltenes **Amphitheater** mit kreuzförmig angelegten Gängen unterhalb der Arena, in denen die Tiere bis zu ihrem Auftritt gehalten wurden, sowie die Reste eines römischen **Badehauses.** An dieser Nordwestecke der byzantinischen Stadt errichteten die Kreuzfahrer ihre **Burg Bet Gibelin,** von den Arabern el-Qal'a (›die Burg‹) genannt. Die Burgkapelle bestand aus einer langen Halle, die in einer Apsis endete. Säulen mit byzantinischen Kapitellen tragen das Kreuzrippengewölbe; die Säulen stammen offensichtlich aus Ruinen früherer Kirchen. Von der Halle aus erreicht man einen großen Raum mit Tonnengewölbe und ein noch begehbares Treppenhaus, das zum oberen Stockwerk führte. Am Ende der Halle gewährt ein großes Fenster den Blick auf den einstigen Burghof. Bis 1948 lebte in der Kapelle eine arabische Familie. In einem Nebengebäude steht noch ihre große Ölpresse. Von einer **byzantinischen Kirche** aus der Zeit um 500 blieb ein großartiges Fußbodenmosaik erhalten: Aus einer Amphore ranken sich Weinreben zu Kreisen, in denen sich zwei Hirsche und verschiedene Wildvögel tummeln. Karge Mauerreste stammen von einer **Synagoge** aus dem 3. Jh. Das **Haus der Mosaiken,** ein feudales Landhaus aus dem 4. Jh. auf der Spitze des Hügels von Bet Guvrin, bildet ein großartiges Beispiel für die Mosaikausstattung profaner Bauten in byzantinischer Zeit. Im Mittelfeld des 9,5 × 5 m großen Bildes waren in achteckigen Tafeln jeweils ein gefährliches und ein harmloses Tier dargestellt, z. B. eine Löwin mit einem Widder. In vier Medaillons erkennt man die Symbole der Jahreszeiten. Die Randleiste zeigt Jagdszenen. Die schönsten Stücke des Mosaikbodens kamen nach Jerusalem.

Tel Lakhish

8 km südwestlich von Bet Guvrin erhebt sich inmitten ausgedehnter Wein- und Granatapfelpflanzungen der Tel Lakhish (arabisch Tell ed-Duwer), die Stätte des mächtigen biblischen Lachisch. Lachisch wurde vor allem berühmt durch die erschütternden Nachrichten, die La-chisch-Briefe, die Vorposten in den letzten Tagen des Reiches Juda an den Stadtkommandanten richteten. Sehenswert sind die israelitische Doppelmauer mit Toranlage, der Palast der persischen Hyparchen und der sogenannte Sonnentempel.

Die frühesten Siedlungsspuren auf dem Tel Lakhish stammen aus dem 4. Jahrtausend v. Chr. Später (ca. 2700 v. Chr.) entstand hier eine städtische Siedlung, die die Hyksos um 1700 v. Chr. mit einer gewaltigen Umwallung und einem tiefen Verteidigungsgraben umgaben. Die Ägypter zerstörten die Stadt teilweise und übernahmen die Oberherrschaft. Damals errichteten die Kanaaniter auf einer Aufschüttung des alten Hyksosgrabens einen Tempel. Gegen 1300 v. Chr. wurde die aufsässige Stadt von den Truppen des Herrschers Sethos I. in Trümmer gelegt. Rund hundert Jahre später schloss sich König Jafia von Lachisch einem Bund der Amoriterkönige, einem kanaanitischen Volk an, um gemeinsam gegen die eindringenden Israeliten vorzugehen (Jos 10,3). Unter Josua besiegten diese jedoch die vereinigten Amoriter, und bald darauf brachte Josua Lachisch in seine Gewalt und tötete alle Bewohner (Jos 10,32).

Erst unter König David (um 1004–968) scheinen sich Israeliten vom Stamme Juda in dem Stadtgebiet niedergelassen zu haben. Auf den Fundamenten eines kanaanitischen Gebäudes bauten sie einen Palast. Rehabeam, um 930–10 König von Juda, umgab die Stadt mit ei-

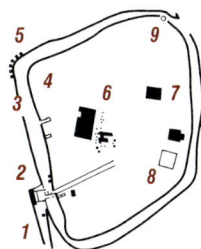

Tel Lakhish

1 Rampe
2 Toranlage
3 Außenmauer
4 Innenmauer
5 Stützpfeiler
6 Palast des persi-
  schen Hyparchen
7 Sonnentempel
8 Zisterne
9 Kanaanitischer
  Brunnen

nem doppelten Mauerring, um sie vor Angriffen der benachbarten
Philister zu schützen (2 Chr 11,9). Lachisch war nun die stärkste Festung im Südwesten des Reiches und sogar größer als Jerusalem und
Megiddo. 701 v. Chr. belagerten die Assyrer unter persönlicher Führung ihres Königs Sanherib die Stadt und eroberten sie (2 Kön 18,14).
Von hier aus befehligte Sanherib die weiteren Operationen gegen die
übrigen Städte Judas. In seinem Palast in Ninive am Tigris fand man
ein Steinrelief, das die Belagerung beschreibt, und am Stadtrand von
Lachisch stießen die Archäologen auf ein Massengrab aus dieser Zeit
mit nahezu 2000 menschlichen Skeletten. Eine Epidemie während
der Belagerung Jerusalems zwang Sanherib zum Rückzug nach Ninive.

Im 7. Jh. v. Chr. war Lachisch wieder judäisch. 588 v. Chr. marschierten die Babylonier unter ihrem König Nebukadnezar II. in Juda
ein und nahmen eine Stadt nach der anderen. Schließlich leisteten
nur noch drei Städte erbitterten Widerstand: das kleine Aseka, das
mächtige Lachisch und die Hauptstadt Jerusalem. Von dieser Situation berichten die berühmten Lachisch-Briefe, mit schwarzer Tusche
beschriebene Tonscherben, die in einem Raum der gewaltigen Toranlage gefunden wurden. Außenposten, die hinter den feindlichen
Verbänden die Nachrichtenverbindung zwischen den belagerten Städten aufrechterhielten, hatten die Meldungen an den Kommandanten
von Lachisch gerichtet. Zunächst fiel Aseka, bald darauf (587 v. Chr.)
ging Lachisch in Flammen auf, ein Jahr später wurde Jerusalem erobert. In der Perserzeit blühte die Stadt noch einmal auf; in dem wiederhergestellten Palast des judäischen Distriktgouverneurs residierte
nun ein Perser. Aus dem Exil heimgekehrte Juden bauten sich ihre
Häuser wieder auf (Neh 11,30), aber die neue Stadt bedeckte nur noch
einen Bruchteil des alten Areals. Im 2. Jh. v. Chr. war Lachisch lediglich ein kleines Dorf im Schatten der benachbarten Bezirkshauptstadt
Marissa (Maresha).

Rundgang

Auf dem Tel Lakhish sind ansehnliche Ruinen freigelegt worden: Da ist die rund 1500 m lange **Doppelmauer** Rehabeams, die ein Gebiet von etwa 7,5 ha Größe umschloss. Die äußere Stadtmauer hatte eine Stärke von 4 m, die innere von 6 m. An der Nordwestecke der Stadt ist noch einer der mächtigen viereckigen Stützpfeiler vorhanden, die auch auf dem Relief aus Sanheribs Palast dargestellt sind (das Relief befindet sich heute im British Museum, London). An einigen Stellen der Mauer erkennt man noch von assyrischen Sturmböcken geschlagene Durchbrüche. Besonders eindrucksvoll wirkt die gewaltige, 27 m breite **Toranlage,** deren mehrstöckige Außenmauer durchschnittlich 7 m stark ist. Über eine mehr als 100 m lange, von Süden ansteigende Rampe längs der Westmauer kam man zum Außentor, musste dann scharf rechts einbiegen und erst die Wachstuben und Torbefestigungen passieren, bevor man das schmalere Innentor erreichte.

Der **Palast** des persischen Statthalters auf einer kleinen Anhöhe in der Mitte der Stadt gelegen, entstand um 400 v. Chr., vermutlich auf den Grundmauern älterer Bauten. Das mindestens zweistöckige Gebäude öffnete sich nach Norden auf einen großen, von zahlreichen Räumen (darunter einem Bad) umgebenen Hof. An dieser Stelle könnte schon König Jerobeam residiert haben, denn die unteren Schichten bargen einen großen Palast aus dem 10. Jh. v. Chr., der auf einer künstlichen Plattform errichtet worden war. Der sogenannte **Sonnentempel** ist ein hellenistischer Bau aus dem 2. Jh. v. Chr. Darunter fand man ein israelitisches Heiligtum. Ein schlichtes Tongefäß zur Aufnahme von Speiseopfern und eine dreizinkige Eisengabel sind der Zeit um 900 v. Chr. zuzuordnen.

Um 1500 v. Chr. errichteten die Kanaaniter auf einer Auffüllung des westlichen Wehrgrabens den sogenannten **Grabentempel.** Er entwickelte sich zwischen dem 15. und 13. Jh. v. Chr. von einer knickachsigen Herdhaus- zur Langhausanlage. Der Kultraum hatte eine Größe von 10 × 5 m; der Altar befand sich im Süden, der Eingang mit Sichtblende im Norden.

Der zweite Tempel (um 1400 v. Chr.) war doppelt so groß und erhielt Anbauten; seine Innenwände trugen eine Holzverkleidung und Elfenbeinschnitzereien. Gegen 1335 v. Chr. bestand er aus vier Räumen, deren südlichster und größter vielleicht das Sanktuarium darstellte. Ein Podium war vor die Südwand gesetzt, davor stand der steinerne Altar. Auf Wandbänken stellten die Kanaaniter ihre Opfergaben ab: Alabastergefäße, Elfenbeinarbeiten, Tonstatuetten, Rollsiegel, Skarabäen (Rockefeller-Museum). Der Tempel wurde um 1220 v. Chr. zerstört und nicht wiederaufgebaut.

Im Grabentempel fand man einen Dolch aus dem 18. oder 17. Jh. mit vier Buchstaben des ältesten Alphabets, weiterhin kamen Gefäße mit Schriftzeichen des weiterentwickelten Alphabets zum Vorschein.

Khirbet Qeiyafa, …

… eine kleine befestigte Siedlung an der Grenze des alten Israel, wird seit 2007 archäologisch untersucht. Die Befestigungsanlage aus einer 4 m dicken Kasemattenmauer und Vierkammertore sowie der Fund eines Ostrakon (beschriftete Tonscherbe) mit protokanaanäischen Schrift werden von den Ausgräbern in das frühe 10. Jh. v. Chr. datiert. Das Ostrakon wäre damit eines der ältesten Zeugnisse der hebräischen Sprache, die Siedlung wäre ein Beleg für die Existenz des davidisch-salomonischen Reiches. Aber diese Datierungen mit ihren Folgerungen sind in der Forschung umstritten und zeigen deutlich die Grenzen der Archäologie in dieser frühen Zeit ohne eindeutig historische Quellen (s. Literaturhinweis: Salomo, König voller Widersprüche, S. 416).

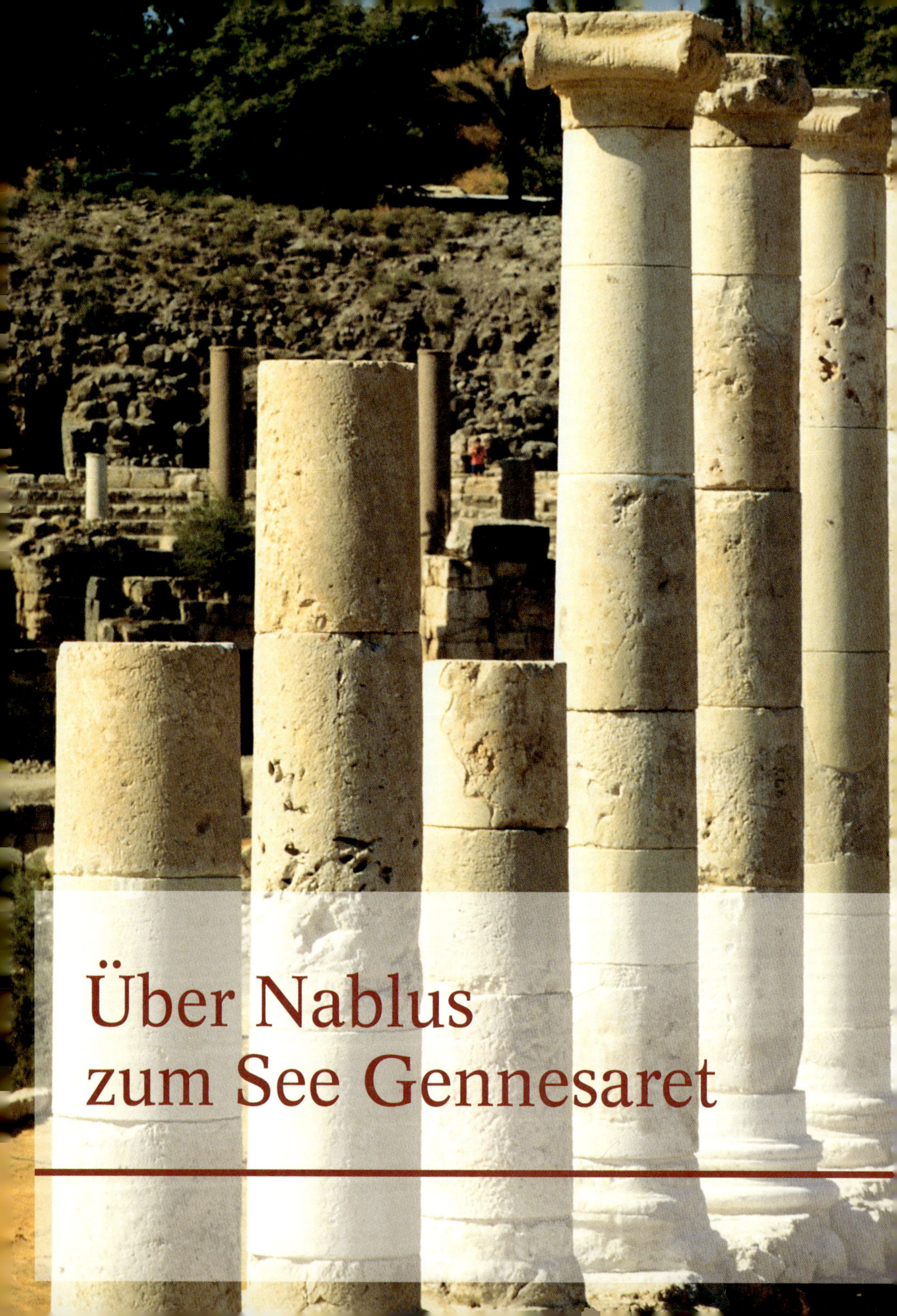

Über Nablus zum See Gennesaret

Nablus

Karte Zum See Gennesaret S. 206

Die mit etwa 140 000 Einwohnern zweitgrößte arabische Stadt im Westjordanland ist die Nachfolgestadt des biblischen Sichem, das auf dem benachbarten Tell Balata ausgegraben wurde. Das alte Sichem wie das neue Nablus schmiegen sich in das Tal zwischen den Bergen Garizim und Ebal. Von der großen Vergangenheit zeugen eindrucksvolle Stadtmauern aus der Hyksoszeit, zwei kanaanitisch-israelitische Tore und der größte bekannte Baaltempel. Am Stadtrand empfiehlt sich ein Besuch des Jakobsbrunnens und des Josefsgrabes. Wer Zeit hat, sollte auf den Garizim fahren, den heiligen Berg der Samaritaner.

Über Nablus zum See Gennesaret

Besonders sehenswert:
Sebastije
Bet Alfa
Bet She'an
Belvoir

Geschichte

An der Kreuzung zweier Karawanenstraßen, die von Ägypten nach Syrien und von Mesopotamien zum Mittelmeer führten, entstand schon im 4. Jahrtausend v. Chr. eine Siedlung von Halbnomaden. Um 1850 v. Chr. brandschatzte Pharao Sesostris III. die strategisch wichtige Stadt. Mit den Hyksos dürfte im 18. Jh. v. Chr. auch Abraham in das Land gekommen sein. Sein Enkel Jakob ließ sich mit seinem Stamm vor Sichem nieder; er kaufte von den Söhnen des hiesigen Königs ein Stück Land, auf dem er seine Zelte aufschlug und einen Altar errichtete (Gen 33,19). Man nannte es später den Jakobsacker. Eines Tages verliebt sich einer der Söhne des Königs in Jakobs Tochter Dina, und bald war der Ehevertrag zwischen dem König und Jakob geschlossen. Die Sichemiter erkannten darin alle Bedingungen der Israeliten an, sie wollten ihren gesamten Besitz mit ihnen teilen und waren sogar bereit, sich beschneiden zu lassen. Am dritten Tag aber, als die Männer von Sichem wegen der Beschneidung an Wundfieber litten, überfielen Jakobs Söhne Simeon und Levi mit ihren Knechten die Stadt, töteten alle Männer, plünderten die Häuser und entführten die Frauen und Kinder (Gen 34). Jakob konnte wegen dieses Vorfalls nicht in Sichem bleiben und zog weiter nach Bet-El, um dort einen Altar zu errichten. Zuvor aber forderte er von seinen Leuten die Übergabe all jener Dinge, die ein Jude weder zum Leben noch für seinen Glauben benötigte, wie Schmuck, kostbare Kleidung usw. Er vergrub dies unter der Eiche (Terebinthe) bei Sichem (Gen 35,4).

Die Hyksosherrschaft (18. und 17. Jh. v. Chr.) brachte Sichem den Höhepunkt seiner Entwicklung. Zwar wurde es 1650 v. Chr. zerstört, aber sofort wieder aufgebaut und mit stärkeren Mauern umgeben, die man in den folgenden Jahrzehnten immer weiter ausbaute. Alle Verteidigungsanstrengungen der Städte Kanaans waren jedoch nutzlos, als Pharao Thutmosis III. um 1468 v. Chr. mit einer unvorstellbar großen Streitmacht und mit modernsten Belagerungsmaschinen das Land überrollte. Nachdem das mächtige Megiddo gefallen war, zerbrach das Städtebündnis, und so wurde auch Sichem eine leichte Beute der Ägypter. Nach der Zerstörung durch Thutmosis' Truppen erstand Si-

Reisehinweis

Sie fahren in palästinensisches Gebiet und müssen mit längeren Aufenthalten an den Checkpoints rechnen. Bitte erfragen Sie vorher die Sicherheitslage.

Unter der Orakeleiche von Sichem erschien Abraham der Herr und sprach: »Deinen Nachkommen gebe ich dieses Land.«
Gen 12,6/7

◁ *Bet She'an, Kolonnaden*

Zum See
Gennesaret

0   5   10 km

chem bald wieder, aber kleiner als zuvor. Als die Ägypter im 14. Jh. v. Chr. ihre Garnisonen aus Kanaan zurückzogen, versuchte Lab'aju, der kanaanitische König von Sichem, die umliegenden Stadtstaaten zu einem größeren, unabhängigen Gebilde zusammenzufassen.

Bei der Landnahme wurde das Königreich Sichem dem Stamm Manasse zugeteilt (Num 26,31), es unterwarf sich vermutlich freiwillig. Hier vollzog Josua den Zusammenschluss der Stämme (Jos 8,30; 24), und für lange Zeit blieb der Ort ihr Zentrum. Nach Josuas Tod begannen die Israeliten, ihren Gott zu verleugnen; sie errichteten in Sichem einen Tempel für Baal (Ri 2,11). Diesem Heiligtum entnahm Abimelech, der Sohn des Richters Gideon, das Geld zum Anwerben einer Bande, die seine 70 Brüder ermorden sollte. Da seine Mutter eine kanaanitische Sichemitin war, ließ er sich zum König von Sichem salben (Ri 9), womit er die erste israelitische Monarchie begründete. Seine Untertanen bereuten die Wahl jedoch bald und erhoben sich gegen den König. Aber dieser tötete alle Einwohner, zerstörte die Stadt und steckte die Burg in Brand. Wohl mehr als ein Jahrhundert verging, bis die Stadt wieder besiedelt wurde.

Nach dem Tode Salomos um 930 v. Chr. trafen sich die Stammesältesten in Sichem, um einen neuen König zu wählen. Dabei vollzog sich die Teilung des Reiches (1 Kön 12). Jerobeam, König des Nordreiches Israel, erhob Sichem zu seiner Hauptstadt (1 Kön 12,25), aber schon 926 v. Chr. fiel Pharao Scheschonk I. in das Land ein und zerstörte den Ort. Baësa, der 905 v. Chr. Jerobeams Sohn Nadab gestürzt hatte, machte Tirza zur Hauptstadt von Nordisrael, und Omri verlegte die königliche Residenz 881 v. Chr. nach Samaria. Sichem war nur noch eine Kleinstadt, behielt aber die Bedeutung eines religiösen Zentrums.

722 v. Chr. eroberten die Assyrer das Nordreich Israel und verschleppten einen großen Teil der Bevölkerung nach Mesopotamien. Dafür siedelten sie eigene Landsleute an, und so entstand im Laufe der Zeit eine Bevölkerung, die nach der Hauptstadt des Nordreiches Samarier genannt wurde. Den Verfall des Assyrerreiches gegen Ende des 7. Jh. v. Chr. nutzte Joschija, König von Juda, um dessen Provinz Israel unter seine Herrschaft zu bringen. Er beseitigte den Jahwetempel auf dem Garizim (2 Kön 23,19), denn nur der Tempel von Jerusalem galt als rechtmäßiges Heiligtum der Juden. Sichem verlor nun auch seine Bedeutung als Kultzentrum. Als Kyros, der persische Großkönig, in allen unterworfenen Ländern Religionsfreiheit versprach, kehrten bald nach 539 v. Chr. viele Juden aus dem Babylonischen Exil zurück. In Jerusalem begannen sie mit dem Wiederaufbau des Tempels, aber ihnen fehlten tüchtige Handwerker. Da erboten sich die Samarier, den Jerusalemer Juden zu helfen, doch diese lehnten jegliche Beziehung zu ihnen ab – die Samarier entwickelten einen eigenen Kult in Anknüpfung an die alten jüdischen Traditionen. Diese religiöse Gruppierung wird, um sie von der gesamten z. T. paganen Bevölkerung begrifflich zu unterscheiden, Samaritaner genannt. Sie pflegten den Glauben in seiner ursprünglichen Form; nur die fünf Bücher Mose und das Buch Josua ließen sie gelten. Ihr Zentralheiligtum auf dem Garizim lebte wieder auf. Der alte Streit zwischen Nord- und Südisrael führte 445 v. Chr. auf Betreiben des Judäers Nehemia zur Trennung zwischen Samarien und Juda. Damit waren die Samaritaner nicht nur glaubensmäßig, sondern auch politisch isoliert. Alexander der Große siedelte 332 v. Chr. die Bevölkerung der Hauptstadt Samaria nach Sichem, das bald wieder zu einer großen, blühenden Stadt wurde, um. Die Samaritaner erneuerten den Tempel auf dem Garizim. Diese Blütezeit währte bis ins 2. vorchristliche Jahrhundert. Unter dem Diadochen Antiochos IV. Epiphanes (175–64) begann das Kesseltreiben gegen die Samaritaner. Antiochos ließ das Heiligtum auf dem Garizim abreißen und an dessen Stelle einen Tempel für Zeus Xenios errichten (2 Makk 6,12). 128 v. Chr. zerstörte der orthodoxe Hasmonäerfürst und Hohepriester Johannes Hyrkanos I. die Stadt Sichem so gründlich, dass sie nie wieder besiedelt wurde.

Während des ersten Jüdischen Krieges im Jahre 67 n. Chr., verschanzten sich die Samaritaner auf ihrem heiligen Berg. Die V. römische Legion stürmte die Stellungen und tötete alle 10 600 Verteidiger (Jüd. Krieg III, 7,32). 72 n. Chr. gründete Titus bei dem Dorf Mabarta auf der Passhöhe zwischen dem Garizim und dem Ebal die Veteranensiedlung Flavia Neapolis, das heutige Nablus. Nach dem Bar Kochba-Aufstand baute Kaiser Hadrian auf dem Garizim einen Jupitertempel. 244 n. Chr. erhielt Flavia Neapolis den Rang einer Colonia.

Im 5. und 6. Jh. waren die Samaritaner ständigen Verfolgungen durch die Byzantiner ausgesetzt, was mehrere blutige Aufstände auslöste, die fast alle von Neapolis aus auf das ganze Land übergriffen. Dabei wurden zahllose Christen umgebracht und viele Kirchen zerstört.

636 kamen die islamischen Araber, die die Stadt Nablus nannten, im Jahre 1100 erschienen die Kreuzfahrer. Um 1150 befestigte Königin Melisende die Stadt gegen ihren Sohn Balduin III. Dieser zwang sie aber, sich von allen politischen Geschäften zurückzuziehen, und überließ ihr Nablus als persönliches Eigentum. Melisende stattete die Stadt mit mehreren großen Kirchen aus. 1187 fiel Nablus wieder in die Hände der Araber, die die Kirchen in Moscheen umwandelten. 1242 überfielen die Tempelritter die Stadt, 1260 brandschatzten die Mongolen. Im 16. Jh. machten die Osmanen Nablus neben Jerusalem, Gaza und Zefat zu einer der vier Bezirkshauptstädte in Palästina. 1936 brach hier der große arabische Aufstand gegen die britische Mandatsregierung aus, 1948 kam die Stadt zu Jordanien, 1967 wurde sie von den Israelis besetzt. Seit Dezember 1995 ist Nablus unter Verwaltung der palästinensischen Autonomiebehörde.

Tell Balata

Unterhalb des heutigen Dorfes Balata liegt die Ausgrabungsstätte von Sichem. Das bronze- und das eisenzeitliche Sichem bedeckte eine Fläche von ungefähr 230 × 150 m. Die gewaltige **Hyksosmauer** (17. Jh. v. Chr.) ist noch bis zu einer Höhe von 10–15 m erhalten. Sie wurde aus unbehauenen riesigen Blöcken gefügt und mit Erdreich abgeschrägt. Das dreifach gegliederte **Hyksostor** im Nordwesten der Stadt besaß vier Kammern und maß 18 × 20 m. Das mächtige **Osttor**, gebildet von zwei hintereinander liegenden Portalen und flankiert von zwei je 7 × 15,50 m großen Türmen, ist ein eindrucksvolles Beispiel für den kanaanitischen Festungsbau. Von den Ägyptern zerstört, wurde Sichem unter König Jerobeam erheblich schwächer wiederaufgebaut. Auf der Akropolis im Nordwesten der Stadt entstand um 1600 v. Chr. ein 26 × 21 m großer, festungsartiger **Tempel** mit mehr als 5 m dicken Wänden, der vermutlich dem El-Berit oder Baal-Berit, dem kanaanitischen Stadtgott von Sichem, geweiht war. Seinen Eingang flankierten zwei Türme. Zweimal drei Säulen stützten das Dach. Jerobeam wandelte den Tempel in einen Kornspeicher um. Interesse verdienen weiter die Fundamente eines **Hyksospalastes** (17. Jh. v. Chr.) und die **Mauerreste israelitischer Wohnhäuser** (9.–7. Jh. v. Chr.).

Tell Balata
tgl. 8–15 Uhr

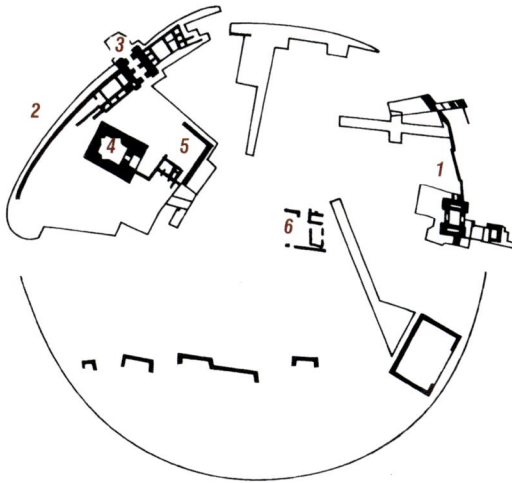

Jakobsbrunnen

Etwa 500 m südöstlich vom Tell Balata trifft man an der Straße zum Jordantal, in jenem Terrain, das Jakob einst von den Söhnen des Königs von Sichem erwarb, auf den Jakobsbrunnen (arabisch Bir Ja'qub), den er für seine Familie und seine Herden grub (Joh 4,12). Hier bat Jesus eine Samaritanerin um einen Schluck Wasser, woraufhin sie erwiderte: »Wie kannst du als Jude mich, eine Samaritanerin, um Wasser bitten?« (Joh 4,9). Hier zeigt sich deutlich der alte Gegensatz, die Feindschaft zwischen Juden und Samaritanern, die Jesus zu überwinden suchte. Über die Identität des Jakobsbrunnens gibt es keinen Zweifel mehr, denn er ist hier der einzige Schöpfbrunnen.

Unter Kaiser Konstantin verbanden die Christen von Neapolis den Brunnen mit einem Baptisterium, und um 380 errichteten sie darüber eine kreuzförmige Kirche. 529 fiel der Bau dem großen Samaritaneraufstand zum Opfer, Justinian I. erneuerte ihn. Um 1150 erbauten die Kreuzfahrer über dem Brunnen eine dreischiffige Kirche, die zu einer Benediktinerinnenabtei gehörte. Sie erhöhten den Boden, sodass der Brunnen nun von der Krypta unter dem Mittelschiff zu erreichen war.

Nach der islamischen Eroberung verfiel die Kirche, die Ruine diente als Steinbruch. Nur die Krypta mit dem Brunnen blieb erhalten und war nach wie vor das Ziel unzähliger Pilger. 1885 erwarben orthodoxe Griechen das Gelände, und 1903 begannen sie mit dem Neubau eines Gotteshauses, das im Grundriss genau dem Kreuzfahrerbau entspricht. Der Erste Weltkrieg verhinderte die Vollendung, heute erhebt sich eine griech.-orthodoxe Kirche über dem Brunnen. Die 6,65 m lange und 2,90 m breite Krypta ist restauriert. Über eine Stufe betritt man den Brunnenraum, den ein Tonnengewölbe bedeckt. Der Brun-

Jakobsbrunnen

Der Jakobsbrunnen befindet sich in der griechisch-orthodoxen Kirche und kann tgl. 8–12 und 14–16 Uhr besichtigt werden.

nenabschluss mit der Schöpfanlage hat eine Öffnung von nur 47 cm, nach unten erweitert sich der Schacht aber bis zu einer Breite von 2,5 m. In etwa 19 m Tiefe trifft der Schöpfeimer auf eine Wasserader, die vom Berg Garizim zum Wadi Far'a verläuft. Der Schacht erreicht insgesamt jedoch eine Tiefe von 50 m.

Josefsgrab

Josefsgrab

Der Zutritt wird von palästinensischen Polizisten bewacht. Kein Jude darf diesen Ort ohne Genehmigung betreten. Da es immer mal wieder zu Zwischenfällen kam, ist das Tor zur Grabanlage meistens verschlossen.

Jakob hatte das bei Sichem erworbene Land seinem Lieblingssohn Josef hinterlassen, und dieser vergaß das Erbe nie, als er in Ägypten war. Bevor er starb, nahm er seinen Brüdern den Eid ab, ihn auf seinem Acker bei Sichem zu bestatten, und als deren Söhne nach vielen Jahren mit Josua in das verheißene Land zogen, begruben sie seine Gebeine auf jenem Grundstück (Jos 24,32). Die Tradition kannte schon in den ersten nachchristlichen Jahrhunderten die Lage des Josefsgrabes, das uns heute etwa 200 m östlich vom Tell Balata gezeigt wird. Zu Beginn des 5. Jh. errichteten die Byzantiner über dem Grab eine Kirche, die später verfiel. Heute gleicht das Josefsgrab einem muslimischen Wali, einem Heiligengrab. Innerhalb der Einfriedung steht seit 1868 ein kleiner, aus Bruchsteinen gemauerter Bau mit einem Kuppeldach. Die Mitte des weiß getünchten Raumes nimmt der mit einem dunkelblauen Tuch bedeckte Sarkophag Josefs ein. Die niedrigen, ebenfalls mit Tuch verkleideten Säulenstümpfe an den Enden sind nach samaritanischer Tradition die Kenotaphe für Manasse und Efraim, die Stammväter jener Stämme, die die Samaritaner als ihre Vorfahren betrachten.

Berg Garizim

Südlich von Sichem/Nablus erhebt sich der 881 m hohe Garizim, den die Araber Djebel et-Tor nennen. Er bildet zusammen mit dem gegenüberliegenden Berg Ebal (Djebel Islamije), dem mit 940 m höchsten Berg Samariens, die Eingangspforte zum Tal von Sichem. Zwischen Garizim und Ebal versammelte Josua, der Anordnung Mose folgend, die zwölf Stämme, um das Volk zu segnen und den Fluch zu sprechen (Dtn 27,12; Jos 8,33). Der Garizim ist ein massiger Gebirgsstock, der von Westen allmählich ansteigt und im Osten seine höchste Erhebung erreicht, um dann 400 m steil zur Ebene el-Machna hin abzufallen.

Berg Garizim

Mo–Fr 8–16 (Sommer), 8–15 Uhr (Winter), am Freitag und vor Feiertagen wird jeweils eine Stunde früher geschlossen

Die heilige Stätte des Garizim war seit alten Zeiten eine kleine Erhebung auf dem Nordhang des Berges, die die Araber Tell er-Ras nennen. Ausgrabungen brachten hier Fundamente – vermutlich eines Zeustempels hadrianischer Zeit – zum Vorschein. Das Heiligtum erhob sich über einer 22,5 m langen, 14 m breiten und 1,5 m hohen künstlichen Plattform. Die sorgfältig behauenen Steine stammen von einem Vorgängerbau, dem Tempel der Samaritaner, den diese unter Alexander dem Großen im Jahre 332 v. Chr. errichtet hatten und der von Johannes Hyrkanos, Hasmonäerfürst und Hohepriester in Jerusalem, zerstört worden war. Die Samaritaner bauten ihn nie mehr auf, der Garizim blieb aber bis auf den heutigen Tag ihr heiliger Berg. Noch im 4. Jh. n. Chr. richteten die Samaritaner ihre Synagogen nicht nach Jerusalem aus, sondern zum Garizim.

Den Zeustempel umgab ein 60 × 40 m großer Hof mit 1,8 m dicken Mauern. Der Eingang lag im Norden, wo eine ca. 600 m lange Treppe von Neapolis heraufführte. Reste einiger in den Fels geschlagener Stufen sind noch zu erkennen. Hadrians Tempel wurde erst im 4. Jh. abgerissen. Im Jahre 484 ließ der byzantinische Kaiser Zenon auf dem Gipfel des Garizim eine Marienkirche errichten. Den oktogonalen Bau von 37 m Länge und 30 m Breite umgab Kaiser Justinian 529 mit einem rechteckigen Kastell, um ihn vor Samaritanerangriffen zu schützen.

Als um die Mitte des 10. Jh. die Christengemeinde von Nablus zerfiel, verfiel auch die Kirche. Die Araber errichteten auf den Fundamenten des nordöstlichen Kastellturms ein Heiligengrab, den Wali des Scheich Abu Ghanem, eines Freundes von Saladin. Westlich des Wali begehen die Samaritaner zur Osterzeit noch heute ihr Pessahfest, genau nach den Vorschriften des Mose (Ex 12).

Pessahfest

Die Samaritaner begehen das Fest nach alter Tradition: In weiße Gewänder gehüllt, ziehen sie auf den Gipfel und braten Lämmer über einem Holzkohlenfeuer. Nach dem Mitternachtsgebet wird das Fleisch verzehrt, und Reste des Opfermahls und alle unreinen Teile werden anschließend verbrannt. Obwohl es eine Tribüne für Zuschauer gibt, sollten Sie das Ritual mit angemessener Zurückhaltung verfolgen.

Stadt Nablus

Das heutige Nablus bietet keine besonderen Sehenswürdigkeiten. Bunte Häuser an engen Gassen bilden den Stadtkern, prächtige Villen bedecken die Hänge des Ebal und des Garizim. Auch die beiden großen Moscheen Kebir und Nasser lohnen keine Besichtigung. Dagegen birgt die Synagoge im samaritanischen Stadtteil Haret es-Samira einen kostbaren Schatz: eine Thorarolle aus dem 2. Jh. n. Chr. Die Synagoge wurde nach dem schweren Erdbeben von 1927 in den 30er-Jahren neu erbaut. Das Oberhaupt der samaritanischen Gemeinde, die in Nablus nur noch etwa 400 Mitglieder zählt – rund 200 weitere Samaritaner leben in Holon bei Tel Aviv –, führt den Titel Hohepriester.

Sebastije

12 km nordwestlich von Nablus, 1 km östlich der Straße nach Nazaret, liegt inmitten von Hügeln eine sanfte Bergkuppe mit dem arabischen Dorf Sebastije. Hier fanden Archäologen das alte Samaria (hebräisch Shomron), die einstige Hauptstadt des Nordreiches Israel, die Residenz der Könige Omri und Ahab. Herodes baute Samaria zu einer großen und prunkvollen Stadt aus, der er den Namen Sebaste (Augusta) gab. Der Palast der israelitischen Könige, einige Bauwerke aus hellenistischer Zeit, vor allem aber die Reste der römischen Stadtanlage hinterlassen einen unauslöschlichen Eindruck. Hierher verlegte die Tradition das Grab Johannes des Täufers, das sich in einer Krypta der einstigen byzantinisch-fränkischen Johanneskirche befinden soll.

Sebastije ★

Sebastije

Die Ausgrabungsstätte gehört zu den israelischen Nationalparks und ist z. Z. offiziell geschlossen. Da es aber keine Absperrung gibt, ist eine Besichtigung jederzeit möglich.

Geschichte

876 v. Chr. kaufte Omri, der König des Nordstaates Israel, den Berg Schemer und gründete darauf seine neue Hauptstadt, die er nach diesem Berg Shomron nannte (1 Kön 16,24). Sie ist also eine relativ junge Stadt und dazu die einzige größere, die von den Israeliten gegründet wurde. Archäologische Untersuchungen haben nur geringe Spuren einer älteren Besiedlung (seit etwa 1200 v. Chr.) ergeben. Omris Sohn Ahab (871–52) baute Samaria zur würdigen Residenz aus. Seine Frau Isebel, eine phönikische Prinzessin, brachte den Baalkult an den Hof.

Um 845 v. Chr. betrieb der Prophet Elischa den Sturz der baalgläubigen Omridendynastie. Er salbte den jahwetreuen Befehlshaber der Streitwagen, Jehu, zum König, der daraufhin den bisherigen Herrscher Joram und dessen Mutter Isebel tötete. Jehu ließ den Baaltempel in Samaria zerstören und dessen gesamte Priesterschaft ermorden. Samaria blieb Hauptstadt des Reiches Nordisrael. 841 v. Chr. erkaufte sich Jehu mit jährlichen Tributzahlungen an die Assyrer eine gewisse Selbständigkeit. Trotz der erheblichen Abgaben entwickelte sich Samaria zu einer reichen Stadt mit prunkvollen Bauten. Doch seine Bewohner entfernten sich wiederum vom wahren Glauben, weshalb die Propheten Amos (Am 3,9), Hosea (Hos 8), Micha (Mi 1,6) und Jesaja (Jes 28,1) göttliche Rache weissagten. Und diese kam 724 v. Chr. mit den Assyrern. Nach dreijähriger Belagerung öffnete Samaria die Tore, womit die Geschichte des Nordstaates endete.

57–55 v. Chr. baute der römische Konsul Aulus Gabinius die völlig zerstörte Stadt wieder auf. 38 v. Chr. hielt sich Herodes, damals Präfekt von Galiläa, in Samaria auf und heiratete hier Mariamme, die Enkelin des Königs Hyrkan II. und ›letzte Makkabäerin‹. 30 v. Chr. erhielt er die Stadt von Octavian, seit einem Jahr Alleinherrscher über das Imperium Romanum, geschenkt, und begann ihren großzügigen Ausbau. Als Octavian 27 v. Chr. zum Augustus (griech. Sebastos) erhoben wurde, nannte Herodes die neue Stadt seinem Gönner zu Ehren Sebaste. Das herodianische Sebaste entwickelte sich zu einer großen und schönen Stadt; auf der Akropolis entstand ein Augustustempel. Hier wirkten der Diakon Philippus und die Apostel Petrus und Johannes.

Die beiden jüdischen Aufstände von 66–70 und 132–35 dezimierten die Bevölkerung von Sebaste so stark, dass die prächtige Stadt schnell zerfiel. Um 200 gab der Kaiser Septimius Severus ihr den Status einer Colonia mit dem offiziellen Namen Lucia Septimia Severa Sebaste, konnte aber damit den weiteren Niedergang nicht aufhalten. Das benachbarte, von Titus gegründete Neapolis (Nablus) übernahm die führende Rolle in Samarien. Zwar hatte Sebaste in byzantinischer Zeit einen eigenen Bischof, doch schon Eusebius († 339) fand nur noch ein verträumtes Städtchen vor. 362 ließ Kaiser Julian Apostata die Kirchen auf der Akropolis niederreißen und die christlichen Gräber verwüsten. Unter Theodosius I. (379–395) erstand über den Gräbern eine Basilika, die Johannesbasilika, in der als kostbarste Reliquie das Haupt des Täufers aufbewahrt wurde. 614 fiel die Kirche dem Persersturm zum

Opfer. Die Kreuzfahrer bauten sie schöner und größer wieder auf, die Araber wandelten sie nach 1187 in eine Moschee um.

Ausgrabungsstätte

Ein geräumiger Parkplatz mit Restaurant und Andenkenverkauf erwartet Sie am römischen Forum oberhalb des Dorfes Sebastije. Sie befinden sich hier bereits inmitten der antiken Stadt, die in israelitischer Zeit bei einer Ausdehnung von rund 400 × 200 m eine Fläche von 6 ha einnahm. In hellenistischer Zeit verdoppelte sich das Areal der Stadt auf etwa 12 ha, unter Herodes dem Großen schwoll es auf fast 80 ha an. Das 128 × 72,5 m große **Forum,** Marktplatz und Mittelpunkt des öffentlichen Lebens, entstand vermutlich unter Herodes und wurde im späten 2. Jh. n. Chr. erneuert. Säulenhallen umschlossen den weiten Platz, dessen Westseite die **Marktbasilika** aus der Zeit des Septimius Severus (um 200) einnahm. Zwei korinthische Säulenreihen teilten das 68 × 32 m große Bauwerk in drei Schiffe. Steinplatten bedeckten den Boden des Mittelschiffs, den der beiden Seitenschiffe schmückten Mosaike. Von der Basilika stehen noch die Grundmauern, eine Exedra im Norden und mehrere Säulen. Das **israelitische Stadttor** südlich der Basilika stammt aus dem 9. Jh. v. Chr. und wurden vermutlich von König Ahab erbaut.

Auf dem Weg zur Akropolis kommt man an einem wuchtigen hellenistischen **Rundturm** vorbei. Das aus Binderreihen (senkrecht vermauerte Ziegel) errichtete Festungswerk, das etwa 12 m durchmisst, ist dem 4. oder 3. Jh. v. Chr. zuzuordnen. Das **römische Theater** gehört der späteren Kaiserzeit an. Sein Zuschauerraum mit 14 gut erhaltenen Sitzstufen schmiegt sich an den Nordhang der Akropolis. Vom Bühnenhaus sind nur noch geringe Mauerreste vorhanden. Aus einem etwa 70 m langen, trapezförmigen Vorhof führte eine 25 m breite Monumentaltreppe zum Augustustempel empor, einem 35 × 24 m

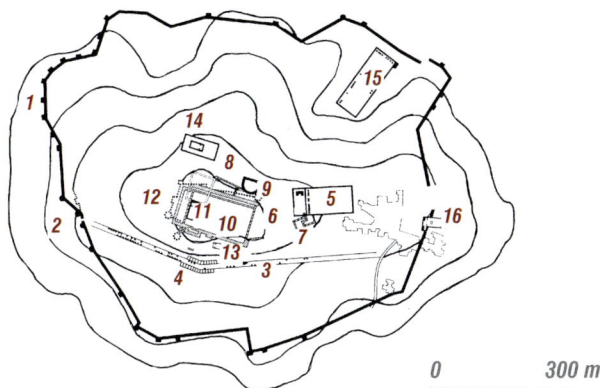

Samaria

1 Römische Stadtmauer
2 Westtor
3 Kolonnadenstraße
4 Läden
5 Forum
6 Marktbasilika
7 Israelitisches Stadttor
8 Römisches Theater
9 Hellenistischer Rundturm
10 Akropolis
11 Augustustempel
12 Paläste der Omriden
13 Johanneskirche
14 Koretempel
15 Stadion
16 Johanneskirche

213

großen Bau auf einem 4 m hohen Podium, das mit Bauschutt der hellenistischen Stadtanlage gefüllt war. Die Treppe fügte wohl Septimius Severus anlässlich von Restaurierungsarbeiten hinzu. Vor ihr stand der große Altar, in dessen Nähe die Archäologen den 3 m hohen Torso einer Kolossalstatue des Kaisers fanden.

Unter dem Podium stieß man auf den **Palast des Königs Omri,** der im Stil der frühorientalischen Hausanlage gehalten war. Omris Sohn Ahab, der erfolgreichste und zugleich umstrittenste König Israels, erweiterte den Palast seines Vaters. Er schuf das berühmte Elfenbeinhaus (1 Kön 22,39) und lebte darin mit seiner phönikischen Gattin Isebel. Wundervoll gearbeitete **Elfenbeinschnitzereien** schmückten die Räume und die Möbel. Die Archäologen fanden viele hundert Bruchstücke flacher, geschnitzter Elfenbeinplatten; die einzigartigen Arbeiten lassen Elemente ägyptischer, syrischer, phönikischer und mesopotamischer Kunst erkennen. Die Pilaster in den Repräsentationsräumen trugen Kapitelle protoionischen Stils. In einem Gebäude des Palastes von Ahab fanden sich zahlreiche **Ostraka** aus der Zeit um 800 v. Chr., mit Tinte beschriebene Tonscherben, Quittungen über Öl- und Weinlieferungen der königlichen Güter. Im nördlichen Teil des Palasthofes stieß man auf ein gemauertes **Wasserbecken** von 10 m Länge, 5,20 m Breite und 90 cm Tiefe. Vielleicht handelte es sich dabei um den ›Teich von Samaria‹ (1 Kön 22,38). Der ganze Palastkomplex war von einer etwa 2,5 m breiten **Kasemattenmauer** umgeben, deren sorgfältig behaue Bossenquader in Läufer-Binder-Technik verlegt waren und ein hohes Niveau der Steinmetzkunst verraten. Auch hier wirkten wohl phönikische Baumeister.

Nördlich vom Augustustempel entstand unter Septimius Severus ein **Koretempel.** Kore (griechisch ›Mädchen‹) ist der Beiname der Persephone, der Göttin der Unterwelt, Tochter des Zeus und der Demeter. Ihre jährliche Rückkehr aus dem Hades zur Oberwelt versinnbildlichte das Wiedererwachen der Natur im Frühling. Der Tempel, von dem nur noch die Fundamente vorhanden sind, erhob sich in einem 95 × 45 m großen, von Säulenhallen eingefassten Temenos.

Südlich der Akropolis verlief zwischen West- und Osttor eine 1700 m lange, von rund 600 Säulen gesäumte **Kolonnadenstraße,** eine Geschäftsstraße aus der Zeit des Septimius Severus. Das Westtor am Ende der Kolonnadenstraße entstand in hellenistischer Zeit, wurde von Herodes dem Großen erneuert und erhielt seine letzte Gestalt um 200 n. Chr. Zwei mächtige Rundtürme, der nördliche davon auf hellenistischen Fundamenten, schützten den Zugang. An die Türme schloss sich die Stadtmauer an, die mit einer Länge von 3700 m das römische Sebaste umschloss. Nördlich vom Tor sind noch Teile der hellenistischen Umfriedung zu erkennen. Eine zweite Kolonnadenstraße verlief nördlich der Akropolis und endete am Forum.

In einer Mulde des nordöstlichen Stadtbereichs lag das **Stadion** mit überdachten Säulengängen. Die Laufstrecke entsprach genau dem klassischen Stadion (= 186 m). Heute ist die herrliche Anlage von Oliven-, Feigen- und Johannisbrotbäumen umgeben. Am Südhang der

Akropolis steht die Ruine einer kleinen **byzantinischen Kirche,** (5.–7. Jh.), die der Auffindung des Hauptes Johannes des Täufers geweiht war. Sie wurde von den Kreuzfahrern erneuert, verfiel aber wieder. Vorhanden sind noch Teile der Apsis und Bruchstücke von Pfeilern, die die Holzkuppel der Vierung trugen. Links vom Altar führen Stufen in eine gewölbte Krypta, an deren östlichem Ende man über einer Nische Reste eines römischen Freskos erkennen kann. Es stellt die Hinrichtung des Täufers und die Auffindung des Hauptes dar.

Johanneskirche

Im heutigen Dorf Sebastije steht außerhalb der römischen Stadtmauer die Ruine der Johanneskirche. Im 4. Jh. bauten die Byzantiner an dieser Stelle über römischen Gräbern ein Gotteshaus, von dem sich einige Steinschichten in den unteren Lagen der Nordmauer bewahrt haben. Es gehörte zu einem Kloster, dessen Fundamente zum Teil unter den Häusern von Sebastije ruhen. Zwischen 1150 und 1160 errichteten die Kreuzfahrer auf den Ruinen eine 48 × 23 m große Basilika, die an Pracht und Schönheit nur von der Grabeskirche in Jerusalem übertroffen wurde. Pfeiler mit vorgesetzten Säulen grenzten die drei Schiffe der Basilika voneinander ab. Einige Pfeilerbündel und Gurtbogen sowie ein Teil der Westfassade blieben erhalten. Der alte Chor ist seit dem 14. Jh. mit einem Dach von acht Kuppeln überwölbt und dient noch heute als Moschee. Die muslimischen Araber nennen sie Nabi Jahia (›Prophet Johannes‹), denn auch sie verehren den Täufer. In der Mitte des offenen Kirchenschiffes steht ein Kuppelbau über einer Grabkrypta. 20 Stufen führen nach unten in ein gewöhnliches Römergrab (2. oder 3. Jh.). Sechs Nischen ordnet die christliche wie auch die islamische Tradition den Gräbern des Propheten Elischa (unten links), des Täufers Johannes (unten Mitte), des Propheten Obadja (unten rechts) sowie den Eltern des Täufers, Zacharias und Elisabet (oben), zu. Die mittlere obere Nische soll das Haupt des Täufers verwahrt haben.

In den letzten Jahren ist das Umfeld der Johanneskirche archäologisch untersucht und anschließend mit italienischer Hilfe im Rahmen von Strukturhilfen nach dem sozialen und wirtschaftlichen Zusammenbruch infolge der zweiten Intifada aufwendig restauriert worden. Bei den Untersuchungen kamen Mosaike, interessante architektonische Bauglieder aus römischer Zeit, die in der byzantinischen Kirche weiterverwendet wurden, Teile einer massiven Befestigungsmauer und auch eine kleine Kapelle zum Vorschein. Letztere entstand vermutlich in der frühen Kreuzfahrerzeit. Die unterschiedlichen Bodenniveaus der Räumlichkeiten sprechen für einen ständigen Nutzungswechsel über die Jahrhunderte. Das restaurierte obere Stockwerk ist z. T. mit dem dahinter liegenden Gebäude als schönes Gästehaus hergerichtet worden.

Nur wenige Meter südlich der Moschee blickt man in ein tiefes Loch mit mehreren Sarkophagen. Hier befand sich einst ein Mausoleum aus dem 2./frühen 3. Jh. Es stand auf Höhe der römischen Straße.

Johannes der Täufer

Die Verehrung des Täufergrabes ist seit dem 4. Jh. bezeugt. Johannes wurde im Jahre 29 n. Chr. in der Festung Machärus (östlich des Toten Meeres) hingerichtet. Die Geschichte von Salomes Tanz vor ihrem Stiefvater Herodes Antipas und der Enthauptung des Täufers erzählt Markus (6,21).

Sabastiya Guest House and Cultural Centre
Tel. 09 253 25 45

215

Bet Alfa

Bet Alfa ★

Bet Alfa
*tgl. 8–17 (Okt.–
März bis 16) Uhr.
Ein kurze audio-
visuelle Einführung
veranschaulicht
das Leben zur
damaligen Zeit
und die Entstehung
des Mosaiks.*

7 km vor Afula, einer kleinen, modernen Einwandererstadt (24 000 Ew.),
biegt man in Richtung Bet She'an ab und erreicht nach etwa 13 km den
Kibbuz Hefzi Bah mit den berühmten Mosaiken der Synagoge von Bet
Alfa. Die Synagoge, die im Gegensatz zu denen von Kafarnaum, Korazim und Bar'am der sogenannten späteren Bauart zugeordnet wird, entstand zu Beginn des 6. Jh., vermutlich unter Kaiser Justinian I. (518–
27). Sie gehörte zu einem wohlhabenden Dorf mit dem Namen Bet
Alfa, der in islamischer Zeit als Beit Ilfa fortlebte. Schon wenige Jahre
nach seiner Fertigstellung wurde das Bauwerk durch ein Erdbeben zerstört. Die Trümmerschicht bewahrte die Mosaike vor ihrer Vernichtung
durch Bilderstürmer. In der Nähe des verlassenen arabischen Dorfes
Beit Ilfa gründeten jüdische Siedler 1921 den **Kibbuz Bet Alfa.** Beim
Ausheben eines Bewässerungskanals stießen die Siedler von Hefzi Bah
im Jahre 1928 auf die Mosaiken der alten Synagoge. Heute sind die
kostbaren Fußböden von einem schützenden Museum umgeben.

Synagoge

Die Synagoge war ein 27,70 m langer und 14,20 m breiter dreischiffiger Bau mit einer Mittelapsis im Süden. In der um drei Stufen erhöhten Apsis stand der Thoraschrein. Zwei Pfeilerreihen trugen die Frauenempore, die über eine Treppe vom westlichen Anbau zu erreichen
war. Im Gegensatz zu den frühen Synagogen lagen die drei Eingang-
sportale der Synagoge von Bet Alfa im Norden. Der Portikus war als
Narthex in den Bau integriert. Die Synagoge wirkte dadurch sehr mas-
sig und verlor an architektonischem Reiz. Die Frauenempore über
den beiden Seitenschiffen setzte sich als Verbindung über dem Narthex fort. Vor dem Bau lag ein 12,50 × 9 m großes Atrium.

*Detail des Fußboden-
mosaiks von Bet Alfa*

Der Fußboden des gesamten Synagogenkomplexes war ursprünglich mit **Mosaiken** ausgelegt. Geometrische Muster bedeckten Atrium, Narthex und die beiden Seitenschiffe. Nur im westlichen Seitenschiff sind sie bemerkenswert gut erhalten, während sich im Hof, im Narthex und im östlichen Seitenschiff nur noch Fragmente finden. Das eindrucksvollste Mosaik schmückt den Fußboden des 10 × 5,30 m großen Hauptschiffes. Es wird von einem breiten umlaufenden Rand mit geometrischen Mustern, Ranken, Tier- und Pflanzendarstellungen eingefasst.

Das Abrahamsopfer

Das große Mosaik besteht aus drei Feldern. Das vordere (nördliche) beschreibt die Opferung des Isaak (Gen 22): Rechts steht ein quadratischer Altar, aus dessen runder Vertiefung Flammen emporzüngeln. Abraham, der als zentrale Figur die ganze Höhe des Mosaikfeldes einnimmt, hebt mit der Linken seinen kleinen Sohn Isaak auf den Altar, in der Rechten hält er das Schlachtmesser. Sein graugesprenkelter Bart lässt ihn als betagten Mann erscheinen. Er trägt ein langärmliges Hemdkleid mit doppelten Manschetten und darüber ein langes, ärmelloses Obergewand mit Zierborten, dazu eine Art Turban (Heiligenschein?). Die Hände des Knaben sind nach vorn gebunden. Der Engel Gottes weist auf den Widder, den Abraham an Stelle seines Sohnes opfern soll.

Ein Streifen mit roten und schwarzen Palmen leitet zum Mittelfeld über, das die zwölf Tierkreiszeichen rings um den frontal abgebildeten Sonnengott Helios in der Quadriga darstellt. Hinter ihm erkennt man Mond und Sterne. In den vier Ecken symbolisieren vier Frauenköpfe die Jahreszeiten. Das hintere (südliche) Feld zeigt die Bundeslade bzw. den Thoraschrein. Zwei Vögel sitzen auf dem Giebel, von dem das ewige Licht leuchtet. Zwei siebenarmige Leuchter flankieren den Schrein. Daneben sehen wir Feststräuße, Schaufeln, Hörner, Palmzweige, Zitrusfrüchte und zwei Löwen. Die Löwen sind Sinnbilder des Stammes Juda, mit der Mahta (Schaufel) gab der Opfernde Räucherwerk auf die Glut des Altars, der Schofar (Widderhorn) erklang bei allen feierlichen Handlungen.

Das große Mosaik von Bet Alfa offenbart uns in naiver und dennoch ausdrucksstarker Weise den jüdischen Glauben: die Opferbereitschaft der Stämme Israel und Gottes Eingreifen zur Errettung seines Volkes, das sichtbare Walten der himmlischen Kräfte und den Kultus der Synagoge, die an die Stelle des zerstörten Tempels von Jerusalem trat. Die Bewohner von Bet Alfa, zumeist einfache Bauern, zogen dabei eine leicht verständliche Darstellung der wichtigsten Inhalte ihres Glaubens der in jener Zeit sonst üblichen, technisch vollkommenen Nachahmung großer byzantinischer Meister vor.

Bet She'an

Von Bet Alfa sind es 8 km bis Bet She'an, das am Westrand der Jordansenke 115 m unter dem Meeresspiegel inmitten einer ungewöhnlich fruchtbaren Landschaft mit zahlreichen Seen liegt. Am Nordrand

Bet She'an ★★

Bet She'an

tgl. 8–17 (Okt.– März bis 16) Uhr. Eine besonderes Erlebnis ist die abendliche Sound- & Lightshow (Infos: Tel. 046 48 11 22).

der modernen Kleinstadt (etwa 16 000 Einwohner) erhebt sich der schroff ansteigende, trostlos kahle Tell el-Husn, von dem aus Ägypter, Kanaaniter und Philister einst den Zugang von der Jesreel-Ebene zum Jordan sowie die alte Karawanenstraße entlang des Flusses beherrschten. Die wichtigsten Sehenswürdigkeiten des Ortes sind das größte römische Theater Israels, die Bauten beiderseits der Säulenstraße, die vier ägyptisch-kanaanitischen Tempel auf dem Tell el-Husn und die mosaikenreiche byzantinische Klosterruine auf dem Tell el-Mastaba.

Im November 1994 wurde bei Bet She'an mit dem Bau einer Brücke über den Jordan eine neue Verbindung zwischen Haifa und Amman geschaffen, die – im Gegensatz zur Allenby Bridge bei Jericho – nicht durch palästinensisches Territorium führt. (s. S. 393).

Geschichte

Die frühesten Siedlungsspuren auf dem Tell el-Husn, dem ›Hügel der Stärke‹, reichen mehr als 5000 Jahre zurück. Die damaligen Siedler bauten winzige Hütten aus luftgetrockneten Lehmziegeln. Bedeutend wurde Bet She'an (›Tempel des Gottes Schahan‹) erst in der Späten Bronzezeit (1550–1200). Schahan war eine ursprünglich mesopotamische Schlangengottheit, die die Kanaaniter hier verehrten. Man fand auf dem Tell el-Husn Kultgeräte mit aufgesetzten Schlangen.

Die Ägypter erkannten schon frühzeitig die strategische Bedeutung der Stadt am Ausgang des Harod-Tales, das die Jesreel-Ebene mit der Jordansenke verbindet. Thutmosis III. (1490–1436) gründete hier nach der Eroberung Kanaans eine Garnison und baute die Stadt zu der wohl stärksten ägyptischen Festung im Lande aus. In den Tempeln und Stelen der folgenden Jahrhunderte zeigt sich eine einzigartige Verschmelzung kanaanitischer und ägyptischer Stilelemente. Fast alle großen Pharaonen verewigten sich hier durch den Bau eines Tempels, nur Ramses II. (1290–24), der größte Bauherr Ägyptens, beschränkte sich auf sein Reich am Nil. Später (nach 1153) verloren sich allmählich die ägyptischen Einflüsse; Bet She'an entwickelte sich wieder zu einer rein kanaanitischen Stadt.

Bei der Landnahme durch die Israeliten kam Bet She'an zum Stamm Issachar, später zum Stamm Manasse (Jos 17,11). Diese Zuteilung war jedoch rein theoretisch, denn der Stadtstaat blieb in der Hand der Kanaaniter (Jos 17,16), und die Israeliten mussten sich noch über Generationen mit den umliegenden Bergen begnügen (Ri 1,27). In der ersten Hälfte des 11. Jh. v. Chr. drangen die Philister in die kanaanitisch-israelitischen Territorien vor, unterwarfen fast ganz Kanaan bis zur Jesreel-Ebene und eroberten dabei auch Bet She'an. Um 1020 v. Chr. begann Saul seinen Kleinkrieg gegen die Besatzer. Gegen 1004 v. Chr. kam es in der Jesreel-Ebene beim Berg Gilboa zum Zusammenstoß mit dem vortrefflich geschulten Söldnerheer der Philister. Die Israeliten wurden vernichtend geschlagen, Sauls Söhne Jo-

Vom Paradies sagte Rabbi Resh Laqish: »Sollte sich der Garten Eden im Israelland befinden, so ist Bet She'an seine Tür ...« Talmud, Eruwin 19a

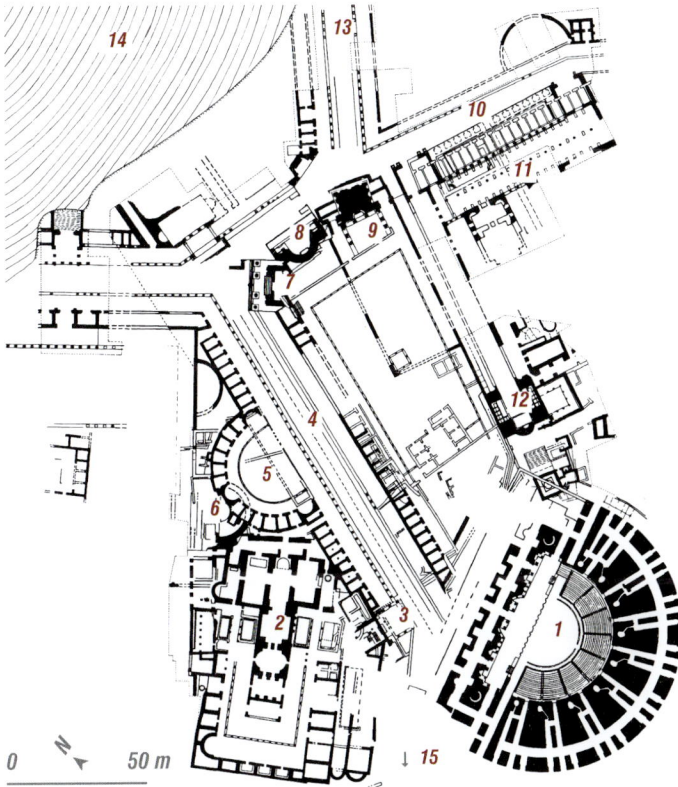

Bet She'an

1 Römisches Theater
2 Byzantinische Thermen
3 Vorhalle (Propylon)
4 Palladiusstraße
5 Exedra
6 Odeum
7 Dionysostempel
8 Nymphäum (Brunnenanlage)
9 Basilika
10 Kolonnaden- straße zum Tal
11 Kolonnade (Stoa)
12 Tetrapylon
13 Aufgang zum Tell
14 Tell el-Husn
15 Amphitheater

natan, Abinadab und Malkischua fielen, Saul selbst stürzte sich verzweifelt in sein Schwert.

David (etwa 1004–968) vertrieb die Philister und schuf ein starkes Israel. In Bet She'an und den anderen großen blieben die Kanaaniter aber weiterhin ihre eigenen Herren. Das änderte sich erst unter Salomo (etwa 968–30), der Bet She'an mit Megiddo, Taanach, Jokneam und anderen Orten dieser Gegend zu einem Verwaltungsbezirk zusammenfasste. Bet She'an gehörte zu den letzten kanaanitischen Städten, die die Israeliten ihrer Herrschaft unterstellten. In der Zeit des Nordstaates Israel war es nur noch ein unbedeutendes Dorf, ebenso unter den Assyrern, Babyloniern und Persern.

In hellenistischer Zeit erwachte Bet She'an unter dem Namen Skythopolis zu neuem Leben, denn die Skythen, ein kriegerisches, aber auch kunstfertiges Nomadenvolk iranischen Ursprungs, hatten sich hier niedergelassen.

Ende des 2. Jh. v. Chr. wurde Skythopolis von Johannes Hyrkanos I. erobert, 63 v. Chr. kamen die Römer. Pompejus fasste Skythopolis mit neun anderen Städten (Abila, Dion, Gadara, Gerasa, Hippos, Kanatha, Pella, Philadelphia und Raphana) zur Dekapolis zusammen, einem von Rom abhängigen, nach innen aber freien Zehnstädtebund, der als Gegengewicht zum hasmonäischen und nabatäischen Reich fungieren sollte. Im 1. Jh. n. Chr. war Skythopolis mit 40 000 Einwohnern die größte Stadt des Bundes und zeitweise auch dessen Hauptstadt. Eine rund 5 km lange Mauer umgab den Ort, der sich rings um den alten Siedlungshügel weit ausgedehnt hatte. Eine hoch entwickelte Landwirtschaft in dem wasserreichen Umland und eine blühende Textilherstellung brachten großen Wohlstand.

In byzantinischer Zeit entstanden mehrere Kirchen, die Stadt wurde Bischofssitz. Nach der arabischen Eroberung 636 nannte man sie in Abwandlung des alten Namens Beisan. Vor dem Zweiten Weltkrieg zählte Beisan etwa 3000 vorwiegend arabische Einwohner. Im Krieg von 1948 verließen sie den Ort, der sich seitdem zu einer modernen jüdischen Stadt entwickelt.

Das moderne Bet She'an umfasst im Süden und Westen Teile des antiken Skythopolis. Die Hauptstraße Sha'ul Hamelekh beginnt am Stadtpark, der ein kleines Freilichtmuseum, ein Lapidarium, enthält. Ganz in der Nähe liegt das Serail, ein türkisches Verwaltungsgebäude aus dem Jahre 1905 mit einem Portal aus antiken Säulen. Das **Museum** neben der kleinen Moschee zeigt Funde aus jüngeren Ausgrabungen.

Antike Stadt

Das **römische Theater,** südlich des hoch aufragenden Tell el-Husn im Tal des Baches el-Melab gelegen, gilt als der besterhaltene antike Theaterbau Israels. Er wurde wohl schon im 1. vorchristlichen Jahrhundert errichtet und unter Kaiser Septimius Severus (193–211) erweitert. Seit dem Ende des 3. Jh. fanden keine Aufführungen mehr statt; erst im 6. Jh., vermutlich unter Justinian I. (518–27), setzte man das Theater wieder instand und stattete es mit zeitgemäßer Technik aus. Eine Wasserleitung aus der nahen Quelle Ain el-Melab lässt vermuten, dass hier auch Wasserspiele zu sehen waren.

Blick von der Palladius-straße auf das Theater

Das Bühnenbild ist rund 90 m breit. Im weiten Halbrund der Cavea (Zuschauerraum) konnten etwa 6000 Besucher den Darbietungen folgen. Zwei Umgänge (Praecinctiones) teilten die Cavea in drei Ränge. Der untere Rang war mit 15 Sitzreihen in den Hang gegraben, die beiden oberen, heute nicht mehr vorhandenen Ränge ruhten auf Substruktionen. Von den neun Ausgängen, die von der unteren Praecinctio in einen inneren Umgang führten, zweigten kurze Gänge ab, die jeweils in einem kleinen Kuppelraum endeten. Diese architektonische Extravaganz, deren Bestimmung noch unbekannt ist, stellt eine einmalige Besonderheit im römischen Theaterbau dar. Ovale Vertiefungen in der Seitenwand der oberen Praecinctio sorgten für eine verbesserte Akustik. Die vorderste Sitzreihe, aus kleinasiatischem Marmor bestehend,

Bet She'an, das römische Theater

war den Ehrengästen vorbehalten; sie konnte durch eine einsetzbare Balustrade von den darüber liegenden Sitzstufen abgeteilt werden.

Hinter dem Proszenium (Bühne) versteckte sich ein gewölbter Gang. In seinem östlichen Teil entdeckte man einen Altar der Göttin Tyche. Das dreitürige Bühnenhaus bestand aus zwei Stockwerken mit korinthischen Säulen. Polychrome Mosaike schmückten die Wandflächen. Von zwei flankierenden Türmen aus wurde die raffinierte Bühnenmaschinerie, die das Herabschweben und Verschwinden von Gottheiten und Heroen ermöglichte, bedient. Zwei Seitenhallen verbanden das Bühnenhaus, das zurzeit rekonstruiert wird, mit dem Zuschauerraum.

Die **byzantinischen Thermen** nordwestlich vom Theater bedecken eine Fläche von rund 700 m² und stehen zum Teil auf den Fundamenten einer römischen Badeanlage des 2. Jh. Hypokausten versorgten die Heiß- und Warmbäder. Farbiger Stuck schmückte die Wände, Marmormosaike belebten die Fußböden der Räumlichkeiten. Säulenhallen mit Springbrunnen umgaben den Hauptbau nach Westen hin.

Hinter dem Theater öffnete sich eine 13 m hohe Vorhalle auf die **Palladiusstraße,** die wohl eleganteste Kolonnadenstraße der byzantinischen Stadt. Dieser mit Basaltsteinen im Fischgrätmuster gepflasterten Ladenstraße gaben die Archäologen den Namen des Provinzgouverneurs Palladius, auf den eine Inschrift (4. Jh.) hinweist. Inzwischen hat man viele Säulen wiederaufgerichtet. Auf halber Länge unterbricht ein halbkreisförmiger, ebenfalls von Säulen und Räumen eingefasster Platz, eine **Exedra,** die Straße. In einem ihrer Räume kam bei den Ausgrabungen ein Mosaikmedaillon mit dem Kopf der Tyche, der griechischen Schicksalsgöttin und Schützerin der Stadt, zum Vorschein. Beim Bau der Exedra wurde das römische Odeum, eine kleine Sprech- und Musikbühne, fast vollständig zerstört. Nur ein Teil der äußeren Mauer, Fundamente der Sitzreihen und der Marmorboden der Orchestra blieben zwischen Thermen und Exedra erhalten.

Die Palladiusstraße mündet am Fuße des Tell auf einen Platz, den ein Tempel, vermutlich für Dionysos beherrschte. Auf dem runden Sockel vor dem Tempel stand eine Statue des Kaisers Marcus Aurelius Antoninus (161–80). Von hier führt eine Straße auf den Tell zur antiken Akropolis. An den römischen Tempel schließt sich ostwärts ein **Nymphäum,** ein prunkvoller Brunnenbau, an. Er entstand im 2. Jh. und wurde im 4. Jh. erneuert. Auf diese Anlage folgt die **Basilika,** die als Markthalle, Börsenplatz und Gerichtssitz, als Treffpunkt und Verhandlungsort diente. In byzantinischer Zeit war die Basilika nur noch Markthalle. Nach dem Erdbeben von 749 entstand auf ihren Grundmauern eine kleine Moschee. Vor der Basilika zweigt eine 24 m breite ursprünglich römische Kolonnadenstraße zum Tal hin ab. Ein **Säulenmonument** markierte hier die Mitte der Stadt. Aus der römischen Stoa wurde eine byzantinische Ladenstraße.

Das Hippodrom lag im Süden der Stadt und stammt aus dem 2. Jh. Mitte des 4. Jh. wurde es zu einem **Amphitheater** umgestaltet.

Im 7. Jh. überzogen die Araber die antike Stadt mit einem dichten Geflecht von Wohnbauten, Werkstätten und Läden. Das schwere Erdbeben von 736 ließ das islamische Beisan samt den römisch-byzantinischen Bauten zusammenstürzen.

Tell el-Husn

Auf dem schroff ansteigenden, kahlen Tell el-Husn lag das biblische Bet She'an. Zu sehen sind Mauer- und Fundamentreste von vier kleinen ägyptischen Tempeln, die nacheinander an derselben Stelle erbaut wurden und wegen ihrer historischen Bedeutung und der Verschmelzung mit kanaanitischen Traditionen höchstes Interesse verdienen. Die Kultbauten kamen unter einem hellenistisch-römischen Dionysostempel zum Vorschein, der von einer byzantinischen Rundkirche und einer um 1400 entstandenen Moschee überbaut war.

Der erste ägyptische Tempelbau von Bet She'an, der **Tempel Thutmosis' III.** wurde um 1450 v. Chr. erbaut. Er war dem kanaanitischen Gott Mekal, dem ›Herrn von Bet She'an‹, geweiht. Hervorragend erhalten hat sich sein großer Stufenaltar, wo noch immer die heilige Steinsäule steht, von der man annahm, dass ein Gott in ihr wohne. Die **Anlage Amenophis' III.** entstand in der ersten Hälfte des 14. Jh. v. Chr. Daneben stieß man auf ein repräsentatives Gebäude, das vermutlich als Residenz des ägyptischen Statthalters diente.

Das **Heiligtum Sethos' I.** (1300 v. Chr.) betrat man durch zwei Vorräume im Süden. In der Mitte der Halle stand der Altar, hinter dem sieben Stufen in das Allerheiligste emporführten. Diese Erhöhung weist auf kanaanitische Einflüsse hin, denn sie war in Ägypten nicht üblich.

Der blau eingefärbte Fußboden zeigte die lebensgroße Darstellung eines Falken mit den Symbolen Ober- und Unterägyptens. Hier kam die Siegesstele Sethos' I. ans Tageslicht, eine 2,42 m hohe Basaltplatte, die zeigt, wie der Pharao dem falkenköpfigen Gott Re-Harachte eine Opfergabe überreicht (heute im Rockefeller-Museum).

Der **Kultbau Ramses' III.** stammt aus dem frühen 12. Jh. v. Chr. und war noch um 1000 v. Chr., also zur Zeit Davids, in Gebrauch. Es handelte sich dabei um einen Doppeltempel, dessen Teile durch einen Hof verbunden waren. Der südliche Bau erhob sich unmittelbar über dem Tempel Sethos' I. Seine 15 × 9 m große Halle war von kleineren Nebenräumen flankiert; fünf Stufen führten zum Altar im Osten empor.

Kloster der Edelfrau Maria

Auf dem Tell el-Mastaba, dem nördlichen Nachbarhügel des Tell el-Husn, erbauten eine adlige Dame namens Maria und ihr Sohn Maximus 567 ein Kloster, das wegen seiner großartigen Mosaike berühmt wurde. Heute ist der Bau eine Ruine, die Mosaikböden werden durch ein Schutzdach gesichert. Man erreicht das Kloster von der nördlichen Umgehungsstraße aus, indem man ein kleines Industriegebiet durchfährt und an dessen Ende links abbiegt. Der Eingang führt in einen trapezförmigen Hof, dessen Boden ein etwa 16 × 10 m großes Mosaik mit hellenistischen Motiven schmückt. Ein Medaillon in der Mitte zeigt Helios, den Sonnengott, und Selene, die Mondgöttin.

Weitere Sehenswürdigkeiten in der Umgebung

Gan HaShelosha

8 km westlich von Bet She'an liegt am Fuße des Berges Gilboa ein Nationalpark mit natürlichen Wasserfällen und Teichen, deren Wasser gleichbleibend 28 °C warm ist. Gan HaShelosha ›Garten der Drei‹ gedenkt dreier Männer, die 1938 bei einem arabischen Angriff auf die neuen jüdischen Siedlungen um Bet She'an ihr Leben ließen. Der arabische Name der Ortschaft lautet Sakhne (›warm‹).

Ma'yan Harod

Die Quelle Ma'yan Harod (arabisch Ein Jalud) am Fuße des Gilboaberges, 9 km südöstlich der Stadt Afula, ist der Mittelpunkt eines Nationalparks und Naturschutzgebietes mit Campingplatz und Schwimmbecken. Von hier breitet sich das fruchtbare Jesreel-Tal aus. Es war Schauplatz unzähliger Schlachten von der biblischen Debora (um 1100 v. Chr.) bis zum englischen General Allenby (1917), und nach der Offenbarung des Johannes (16, 16) soll es dereinst Schauplatz des letzten Kampfes der Menschheit sein, in dem das Gute über das Böse siegen wird. Im Jahre 1260 erfocht der Mameluckengeneral Baibars bei der Harodquelle seinen ersten Sieg über die eingedrungenen Mongolen, wonach er sich selbst zum Sultan von Ägypten und Syrien ernannte und eine bedeutende Dynastie begründete.

An der Quelle des Harod lagerte das Heer des Richters Gideon, bevor es die Midianiter besiegte (Ri 7,1). 1921 entstand der Kibbuz En Harod, und 1949 gründeten jüdische Siedler das Dorf **Gidona,** das den Campingplatz und die Jugendherberge des Nationalparks betreut.

Belvoir

Belvoir ★

Belvoir
tgl. 8–17 (Okt.–
März bis 16) Uhr

13 km nördlich von Bet She'an zweigt von der Route nach Tiberias eine schmale, asphaltierte Straße nach Westen zum 6 km entfernten Kokhav HaYarden ab, einem 530 m hohen Felsen an der Westseite der Jordansenke. Oben steht man vor den restaurierten Ruinen einer der größten Kreuzfahrerburgen des Nahen Ostens. Überwiegend aus schwarzem Basalt erbaut, muss die Burg, die niemals bezwungen werden konnte, einen drohenden Anblick geboten haben.

Zur Zeit des Zweiten Tempels (1. Jh. v. Chr.–1. Jh. n. Chr.) wurden hier die von Jerusalem ausgehenden Feuersignale weitergeleitet, die den Neumond und die hohen Feste ankündigten. Die Stadt hieß damals Gerofina, wahrscheinlich auch Agrippina, nach der Gemahlin des Kaisers Claudius. 1138–40 ließ König Foulques von Anjou auf dem strategisch wichtigen Felsplateau eine kleinere Burg errichten, 1168 kaufte der Johanniterorden das Plateau und baute die Anlage in fünf Jahren zur mächtigsten Festung im Heiligen Land aus. Die Araber gaben ihr den Namen Kochab el-Hawa (›Stern des Windes‹), woraus sich das hebräische Kokhav HaYarden (›Stern des Jordan‹) entwickelte.

Nach der Schlacht von Hattin im Jahre 1187 eroberte Saladin alle Kreuzfahrerburgen in Palästina, nur das mächtige Belvoir hielt noch 18 Monate stand. 1219, als sich der fünfte Kreuzzug ankündigte, schleiften die Araber die wichtige Festung. Als die Christen im Jahre 1240 wieder im Besitz von Belvoir waren, verzichteten sie auf den Wiederaufbau. Belvoir wurde 1966/67 systematisch ausgegraben und bis heute weitgehend restauriert.

Die mächtigen Mauern
der Festung Belvoir

Die Kreuzfahrerburg Belvoir bedeckt eine Fläche von 140 × 10 m; sie hatte die Form eines Fünfecks. Die beiden Seiten im Osten sicherte der Steilabfall zum Jordantal, die im Norden, Süden und Westen ein 20–25 m breiter Graben, der 12 m tief in den Felsgrund gehauen war. Sieben Türme verstärkten die 3 m dicke Burgmauer; der Eckturm im Nord-osten war besonders mächtig und hoch. Für die Verteidigungsanlagen verwendeten die Kreuzfahrer auch älteres Baumaterial, darunter Steinquader mit hebräischen Steinmetzzeichen, die aus einer Synagoge (3. Jh.) des Städtchens Kochava stammen. Das Haupttor der Burg lag in der Südostecke. Es entsprach den neuesten Erkenntnissen der damaligen Festungsarchitektur. Eine gegenläufige Rampe führte

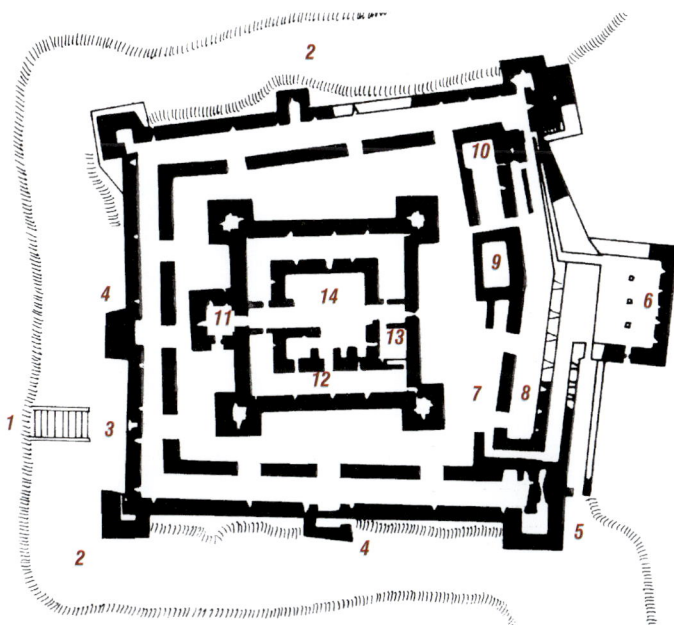

1 Moderne
 Fußgängerbrücke
2 Wehrgraben
3 Westtor
4 Ausfalltor
5 Haupteingang zur
 Burg
6 Ostturm
7 Toranlage
8 Gewölbebauten
 (Ställe, Magazine
 usw.)
9 Zisterne
10 Badehaus
11 Haupttor des
 Donjon
12 Speisesaal
13 Küche
14 Innenhof des
 Donjon

am Rande des Steilabhangs im Osten zu ihm hinauf. Das Tor selbst war zusätzlich durch ein winkeliges System von leicht zu verteidigenden Durchgängen gesichert. Von einem Vorbau konnten die Ritter siedendes Öl auf die Angreifer gießen. Ein schmaler Gang führte unterhalb des Tores zum Graben. Drei Ausfallpforten und mehrere unterirdische Gänge, die erst weit hinter dem Belagerungsring endeten, ermöglichten eine offensive Verteidigung, was Saladin mehrmals schmerzlich zu spüren bekam.

An die Innenseite der Burgmauer hatten die Kreuzfahrer geräumige Gewölbe gesetzt, die als Ställe, Magazine, Arsenale, Truppenunterkünfte und Werkstätten dienten. Kern der Anlage war ein gewaltiger Donjon, eine quadratische Innenburg mit vier Ecktürmen und einem Torturm im Westen. Er bildete eine selbstständige Festung, die noch monatelang verteidigt werden konnte, falls der Feind die äußere Anlage bezwungen haben sollte – wozu es allerdings nie kam. Im Erdgeschoss befanden sich Vorratsräume, Zisternen, Küche, Backstube und ein Speisesaal, im Obergeschoss wohnten die Ritter. Der Westtrakt enthielt eine Kapelle mit Glockenturm. In den Trümmern fand man drei Skulpturen, darunter einen Engel als Symbol des Evangelisten Matthäus. Sie stammen offensichtlich aus der Kapelle und zählen zu den eindrucksvollsten Kunstwerken der Kreuzfahrerzeit; heute sind sie im Israel-Museum in Jerusalem zu bewundern. Der Innenhof des Donjon war vermutlich überdacht. Im äußeren Hof finden sich eine 500 m³ fassende Zisterne und die Reste eines Badehauses.

Blick von der Kreuzfahrerburg Belvoir in die Ebene

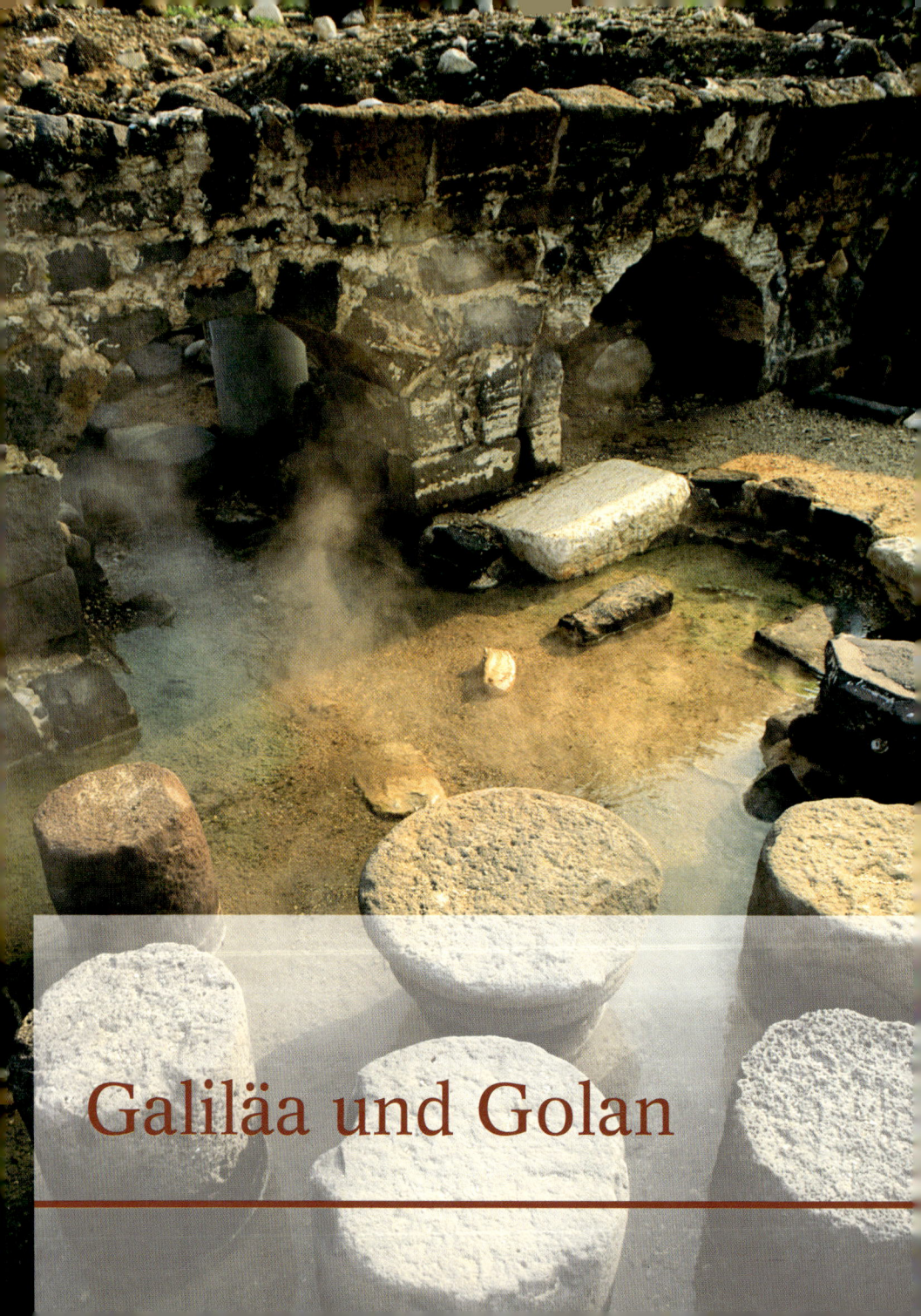

Galiläa und Golan

See Gennesaret

Der 21 km lange und 13 km breite See Gennesaret (Genezareth) ist ein Teil des großen Grabenbruchs, der sich bis hinunter zum Roten Meer erstreckt. Heute heißt der See wie im hebräischen Alten Testament Yam Kinneret (›See von Kinneret‹), was sich auf die bedeutende kanaanitische Stadt Kinneret am Nordwestufer bezieht, die wiederum nach der kanaanitischen Gottheit *kn(r)t* benannt wurde. Die Bibel bezeichnet die kleine, fruchtbare Ebene zwischen Magdala (Migdal) und dem Tell el-Oreme als Ginnesar (von Kinneret), weshalb Flavius Josephus vom See Gennesar bzw. Gennesaret spricht (Jüd. Krieg II, 20,6; III, 10,7). Im Neuen Testament lesen wir den Namen See Gennesaret nur ein einziges Mal (Lk 5,1), denn die Evangelisten nannten ihn meist Galiläisches Meer oder Tiberiassee. Für die Araber gilt er als ›Auge Allahs‹.

Der vom Jordan durchflossene See liegt 212 m unter dem Niveau des Mittelmeeres und ist der tiefstgelegene Süßwassersee der Erde. Seine größte Tiefe beträgt 44 m. Während Nord- und Südufer flach auslaufen, wird er im Osten von den Golanhöhen und im Westen vom galiläischen Bergland begrenzt. Der See Gennesaret war schon im Altertum wegen seines Fischreichtums bekannt.

Die Vegetation am See ist subtropisch. Der Winter kennt keinen Frost, der Sommer bringt Temperaturen um 40 °C. Die verhältnismäßig geringen Niederschläge der letzten Jahre ließen den Wasserpegel des Sees immer weiter sinken, so dass nur noch geringe Mengen Wasser zur Versorgung des Landes entnommen werden durften. Denn sollte die sog. ›**Schwarze Linie**‹ bei knapp 215 m unter dem Meeresspiegel erreicht werden, droht der See zu versalzen und damit als Trinkwasserreservoir unbrauchbar zu werden.

Karte Rund um den See Gennesaret S. 228, Karte Von Tiberias nach Nazaret S. 252, Cityplan Nazaret S. 261

Galiläa und Golan

Besonders sehenswert:
See Gennesaret
Tiberias
Tabgha
Kafarnaum
Gamla
Hammat Gader
Zippori
Berg Tabor
Nazaret

See Gennesaret ★★

Tiberias

Tiberias (hebräisch Teverya), eine Gründung des Herodes Antipas, ist eine malerisch am Westufer des See Gennesaret gelegene Kleinstadt mit 45 000 Einwohnern, ein Ferienort für die kühlere Jahreszeit, berühmt für seine warmen Heilquellen. Es gilt als eine der vier heiligen Städte der Juden. Sehenswert sind die Grabstätten berühmter Rabbis und das große Bodenmosaik der Synagoge von Tiberias-Hammat, das künstlerisch wertvollste der erhaltenen Synagogenmosaike.

Tiberias ★★

Geschichte

An der Stelle des biblischen Hammar-Rakkat, einer Stadt des israelitischen Stammes Naftali (Jos 19,35), gründete Herodes Antipas, ein Sohn Herodes' des Großen, im Jahre 17 n. Chr. eine neue Stadt, die

◁ *Die römischen Thermen von Tiberias*

**Tourist Information
Office**

*Habanim Street
(beim Archäologi-
schen Park)
Tiberias
Tel. 046 72 56 66
So–Do 9–16,
Fr 9–12.30 Uhr
Eine kostenlose
Stadtführung wird
jeden Sa um 10.30
Uhr angeboten
(Treffpunkt ist vor
dem Eingang des
Sheraton Moriah
Hotels).*

er zu Ehren seines Gönners, des römischen Kaisers Tiberius, Tiberias nannte. Er ließ sie im späthellenistischen Stil jener Zeit erbauen,
mit Akropolis, Forum, Theater und Stadion. Kolonnaden schmückten die Straßen, und die ganze Stadt war von einer starken Mauer
umgeben. Wohl um 27 n.Chr. verlegte Herodes Antipas die Residenz
seiner Tetrarchie Galiläa und Peräa in die neue Stadt am See Gennesaret. Da bei den Bauarbeiten der Friedhof von Hammar (Hammat)
eingeebnet worden war, galt Tiberias den gesetzestreuen Juden als unrein. Nur mit Mühe gelang es Antipas, seine prächtige Hauptstadt mit
Einwohnern zu füllen.

Um 39 übernahm Antipas' Schwager Agrippa I. die Tetrarchie; als
geschickter Taktiker konnte er bald auch Samarien und Judäa seinem
Herrschaftsbereich eingliedern. Nach seinem Tode im Jahre 44 stellten die Römer das ganze Land unter Prokuratoren. Agrippas Sohn
Agrippa II., König in Caesarea Philippi, erwarb das Vertrauen seiner
Herren und erhielt die Stadt im Jahre 61 von Nero, der sie damit politisch von Galiläa trennte.

Bei Ausbruch des jüdischen Aufstandes gegen die Römer im Jahre 66 ließ Josef ben Mattatias (Flavius Josephus) die Stadt, die sich
aber schon ein knappes Jahr darauf den Truppen des Vespasian er-

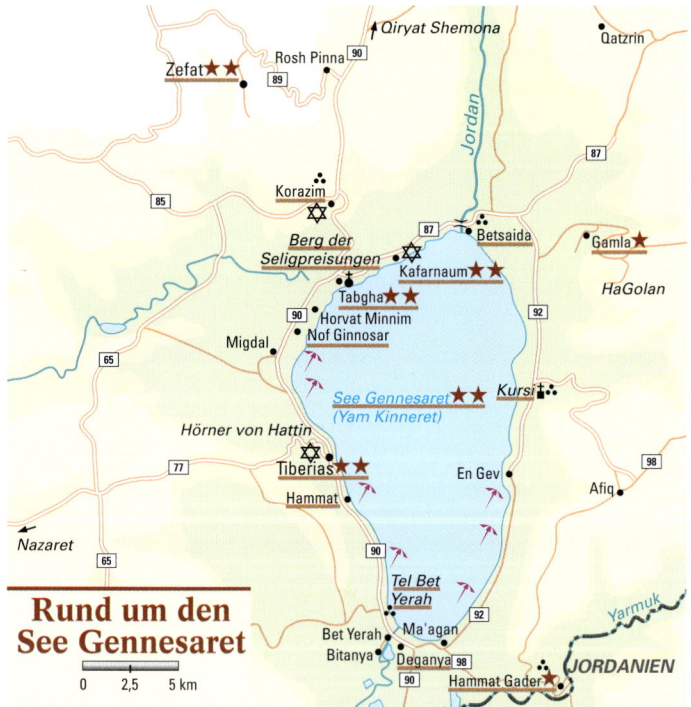

**Rund um den
See Gennesaret**

0   2,5   5 km

gab, befestigen. Agrippa II. blieb auf der Seite der Römer und verlegte die Hauptstadt Nordpalästinas im Jahre 70 nach Zippori. Um die Mitte des 2. Jh. kam der große Rabbi Simeon Bar Yochai aus Zefat nach Tiberias, um in den Thermen von Hammat sein Rheuma zu heilen. Nach seiner Genesung erklärte er die Stadt für ›gereinigt‹ und ermöglichte es damit den aus Jerusalem und Judäa vertriebenen Juden, sich hier ohne Gewissensbisse niederzulassen. Gegen Ende des 2. Jh. verlegte der Hohe Rat der Juden seinen Sitz von Zippori (Sepphoris) nach Tiberias, von Yavne über Bet Shary (Bet She'arim) kam die berühmte Gesetzesschule. Tiberias entwickelte sich damit zum religiösen Zentrum des Judentums. Man nannte die Stadt Teverya und leitete den Namen vom hebräischen *tabur* (›Nabel‹) ab, dem Nabel der Welt. Hier vollendete der große Rabbi Jehuda haNassi um 200 die Mischna, hier entstand im 3. und 4. Jh. die Gemara, ein Kommentar dazu, beide zusammen bilden den Jerusalemer Talmud. In dieser Zeit lebten in Tiberias fast 40 000 Juden, denen 15 Synagogen zur Verfügung standen.

Im 4. Jh., in konstantinischer Zeit, erbaute Josef von Tiberias, ein zum Christentum konvertierter Jude, in Tiberias und anderen Städten Galiläas zahlreiche Kirchen. Die Stadt wurde Bischofssitz, blieb aber trotz starker christlicher Einflüsse eine jüdische Gelehrtenstadt. 636 fiel Tiberias kampflos in die Hände der Araber. Die Rabbiner gingen nach Jerusalem, zum Teil sogar nach Babylon. Tiberias hatte aufgehört, der geistig-religiöse Mittelpunkt der Juden zu sein.

749 zerstörte ein schweres Erdbeben fast alle Wohnviertel, Synagogen und die römischen Bäder, aber Juden und Araber bauten die Stadt sofort wieder auf. Als Tubariya wurde sie das blühende Zentrum Galiläas, dessen Haupteinnahmequellen Fischerei und Landwirtschaft bildeten. Dazu kamen die nach wie vor berühmten Heilquellen, die die Emire mit herrlichen Badehäusern ausstatteten. 1033 wurde Tiberias wiederum von einem schweren Erdbeben heimgesucht. Die neue Stadt entstand weiter nördlich auf dem Gebiet der heutigen Altstadt. 1099 erschienen die Kreuzfahrer unter dem Normannenfürsten Tankred, die Muslime und Juden flohen aus Galiläa. Tankred befestigte die Stadt und machte sie zum Mittelpunkt seines Fürstentums Galiläa. 1187 fiel Tiberias an die Türken, 1247 eroberte ein ägyptisches Heer die Stadt.

Seit der Zeit Süleymans des Prächtigen (1520–66) ließen sich wieder Juden in der heiligen Stadt nieder. Die portugiesisch-jüdische Emigrantin Beatriz de Luna, Dona Gracia genannt, erwirkte vom Sultan die Erlaubnis, Juden aus Spanien und Portugal in Tiberias ansiedeln zu dürfen. 1561 erhielt ihr Neffe Don João Miguez, nach seiner Rückkehr zum Judentum Josef haNasi genannt, Tiberias und sieben umliegende Dörfer als Lehen. Der Ort sollte nach seinen Vorstellungen die Hauptstadt eines halbautonomen jüdischen Staates unter osmanischer Oberhoheit werden. Er befestigte die Stadt, pflanzte Maulbeerbäume, um Seidenraupen zu züchten und baute eine umfangreiche Textilindustrie auf. Unter Murad III. fiel Josef haNasi in Ungnade, und

Josephus schwärmte: »Die Üppigkeit des Bodens erlaubt jede Art von Bepflanzung, und die Einwohner bauen tatsächlich auch alles an, zumal das wohltemperierte Klima den verschiedensten Gewächssorten entgegenkommt. Nicht nur die verschiedensten Obstsorten gedeihen dort, so verschieden, dass sie kaum vereint vorstellbar sind, sondern der Boden schafft auch alle Voraussetzungen für eine lang dauernde Erntezeit und für reife Früchte. Weintrauben und Feigen, die königlichsten Früchte, kann man zehn Monate lang ohne Unterbrechung ernten, die anderen Früchte sogar während des ganzen Jahres.«
Jüd. Krieg III, 10,8

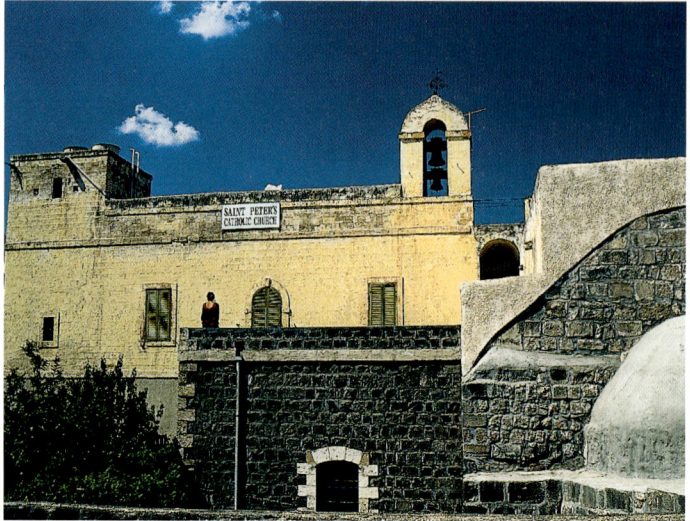

alle seine Pläne wurden zunichte. (Immerhin gilt seine Tätigkeit als frühestes Beispiel einer systematischen Neuansiedlung von Juden im Heiligen Land.) Im Laufe der folgenden Jahrzehnte verließen immer mehr Juden Tiberias; die Stadt verfiel. Erst im Jahre 1738 holte der Drusenemir Dahir el-Omar wieder Juden hierher. Dahir beherrschte von Akko aus ganz Galiläa. In Tiberias erneuerte er die Stadtmauern und die Festung nördlich der heutigen Altstadt. 1765 kamen zahlreiche jüdische Auswanderer aus Polen. Der nächste Förderer der Stadt war Ibrahim Pascha, 1829–40 Vizekönig von Ägypten, der Tiberias zum luxuriösesten Badeort des Orients machte. Selbst die schweren Schäden, die das Erdbeben von 1837 anrichtete, waren bald wieder behoben. Ende des 19. Jh. lebten rund 5000 Juden in der Stadt, also etwa ein Viertel aller Juden in Palästina. Sie kamen aus der Türkei, aus Polen und aus Litauen. 1940 zählte Tiberias 12 000 Einwohner, je zur Hälfte Juden und Araber. Am 19. April 1948, also kurze Zeit vor der Unabhängigkeitserklärung des Staates Israel, verließen die letzten Araber die Stadt.

Stadt Tiberias

Das moderne Tiberias zieht sich von der Altstadt aus die Hänge nach Westen und nach Norden hinauf. In der Altstadt findet man wegen der zahlreichen schweren Erdbeben nur noch wenige alte Gebäude, die am schwarzen Basalt, dem für Galiläa typischen Baumaterial, leicht zu erkennen sind. An der Uferstraße entdeckt man noch kleinere Abschnitte der **Stadtmauer,** die der Drusenemir Dahir el-Omar

1738 errichten ließ. Das **Städtische Museum,** in einer ehemaligen Moschee untergebracht, zeigt Funde verschiedener Epochen aus Tiberias und Umgebung. Das **Franziskanerkloster St. Peter** besitzt einen schönen Kreuzgang; die dreieckige Apsis der Kirche erinnert an den Bug des Fischerbootes Petri. Am Altstadtpier beginnen und enden Bootsfahrten nach En Gev am gegenüberliegenden Ufer des Sees und nach Kafarnaum.

Die moderne Stahlkonstruktion über dem Grab des Maimonides

250 m nordwestlich vom Postamt liegen die Gräber der großen Rabbis, denen Tiberias den Ruf einer der vier heiligen Städte der Juden verdankt. Die eindrucksvollste Anlage ist das **Grab des Maimonides,** eines berühmten jüdischen Philosophen und Arztes (s. S. 64). Maimonides kannte Hammat und empfahl, das warme Quellwasser zu trinken. Bevor er 1204 in Kairo starb, verfügte er seine Bestattung in der heiligen Stadt Tiberias. Auch die Muslime verehren sein Grab. Eine leuchtendrote Stahlkonstruktion beschirmt das Grab des Maimonides (s. Abb.).

Das Kenotaph des Jochanan ben Zakkai erinnert an den großen Rabbi, der nach der Zerstörung Jerusalems im Jahre 70 in Yavne eine theologische Schule gründete. Das weithin sichtbare weiße Mausoleum am westlichen Berghang ist das **Grab des Rabbi ben Akiba,** eines Anhängers des Bar Kochba, der nach der Niederwerfung des Aufstandes im Jahre 137 von den Römern in Caesarea eingerichtet wurde. Zum Grab fährt man auf der Straße in Richtung Nazaret bis zur Polizeistation von Tiberias und biegt dort nach links in das moderne Wohnviertel am Hang ab.

Zwischen der Altstadt von Tiberias und Hammat erstrecken sich rechts der Straße die **Ausgrabungen zur römisch-byzantinischen Stadt.** Neben einem Badehaus, einer Basilika und Straßenzügen ist im Jahr 2009 auch das römische Theater freigelegt worden. Die Lage des Theaters war schon länger bekannt und man vermutete eine Entstehungszeit im 2./3. Jh. n.Chr. Der Fund von Münzen belegt nun jedoch, dass der Bau des Theaters mit fünf- bis siebentausend Sitzplätzen schon kurz nach der Stadtgründung im Jahr 19 n.Chr. erfolgt sein muss. Die Ausgrabungen sollen in absehbarer Zeit für das Publikum geöffnet werden.

Tiberias-Hammat

Die **Thermen** von Tiberias gelten als die ältesten der Welt; der Legende nach soll König Salomo sie geschaffen haben. Da die Quellen von Hammat (hebräisch ham ›warm‹) damals nur kaltes Wasser spendeten, befahl Salomo einer Schar Teufel, das Wasser mit Hilfe des Höllenfeuers zu erhitzen, damit es seine Heilkraft voll entfalte. Er wusste, dass die Teufel ihre Arbeit nach seinem Tode einstellen würden; deshalb machte er sie taub, damit sie nie etwas von seinem Ableben erführen. Und in der Tat heizen sie noch heute so kräftig wie zu Salomos Zeit. Die 18 radioaktiven, schwefelhaltigen Quellen fördern

Tiberias-Hammat Nationalpark
April–Sept. tgl. 8–17 (Okt.–März bis 16) Uhr

231

Schematische Darstellung des Bodenmosaiks (oben) und Detail: der Thoraschrein

täglich rund 250 000 Liter 60 °C heißes Wasser, das sich hervorragend zur Behandlung von Rheumatismus, Gelenk- und Wirbelsäulenschäden sowie von Erkrankungen des Nervensystems und der Atemwege eignet.

Die Thermen bestehen aus einer älteren, im Jahre 1833 von Ibrahim Pascha erneuerten und einer modernen, am Seeufer errichteten Anlage. Das **Lehman Building,** ein kleines Museum galiläischer Volks- und Sakralkunst, bildet den Eingang zum archäologischen Park. Mittelpunkt dieser Zone ist das großartige **Bodenmosaik einer Synagoge** (1962 freigelegt). Schon gegen Ende des 1. Jh. n. Chr. stand hier ein größeres öffentliches Gebäude, von dem ein Raum damals als Bet- und Versammlungsstätte gedient haben könnte; in der Mitte des 2. Jh. wurde es zerstört. Danach (3./4. Jh.) entstand über den Ruinen eine 15 × 13 m große Synagoge in Breithausform. Drei Reihen zu je drei Säulen teilten die Gebetshalle in ein breites Mittelschiff und drei Nebenschiffe. Der ursprüngliche Haupteingang lag an der westlichen Schmalseite; später (4. Jh.) wurde er an die Nordseite verlegt. Der Fußboden erhielt ein Mosaik, der Thoraschrein stand in einem erhöhten Nebenraum, einer Verlängerung des Mittelschiffs.

Das Bodenmosaik ist noch fast vollständig erhalten. Während es in den Nebenschiffen geometrische Muster zeigt, wurde das Mittelschiff mit herrlichen figürlichen Darstellungen geschmückt. Zwei Löwen, Symbole des Stammes Juda, bewachen den Eingang. Das Hauptmosaik zeigt den Sonnengott Helios, umgeben von den zwölf Tierkreiszeichen (leider hat eine später eingefügte Mauer einen Teil des Bildes zerstört). Die vier Ecken füllen Frauenbüsten als Personifizierungen der Jahreszeiten. Im Südteil des Mosaikbodens ist der Thoraschrein mit zwei siebenarmigen Leuchtern, Widderhörnern, Palmzweigen, Weihrauchschaufeln und Zitrusfrüchten abgebildet. Die Thematik ist mit der in anderen Synagogen identisch; sie entspricht der späthellenistischen Tradition in Syrien-Palästina. Die Darstellung verbindet jedoch ›heidnische‹ Motive mit Gegenständen des jüdischen Kultes und zeigt im Gegensatz zum Mosaik von Bet Alfa eine besonders hohe künstlerische Qualität. Die Synagoge wurde im 5. Jh. vermutlich durch ein Erdbeben zerstört. Ein dreischiffiger Neubau mit Mittelapsis, den die Byzantiner um 630 niederrissen, trat an ihre Stelle. Eine letzte Synagoge entstand im 8. Jh.

Den Park beherrscht das mächtige Kuppelgrab des Rabbi Meïr, (2. Jh.), er galt als gefürchteter Rhetoriker und berühmter Kommentator des Gesetzes. Neben Jehuda haNasi war er einer der Verfasser der Mischna. In dem großen Mausoleum steht sein Marmorsarkophag. Eine Mauer trennt den Raum in einen sephardischen und einen aschkenasischen Teil, sodass jede der beiden Gemeinschaften eine Hälfte des Sarkophages besitzt. Ein Besuch der Grabstätte soll schon vielen Frauen geholfen haben, ihren Wunsch nach einem Kind zu erfüllen. Die gleiche Wirkung schreibt man übrigens einer Löwenstatue bei den älteren Thermen zu: Frauen, die sich auf diesen Löwen setzten, sollen bald darauf schwanger geworden sein.

Nof Ginosar

10 km nördlich von Tiberias erreicht der Reisende am Ufer des See Gennesaret den **Kibbuz Ginosar,** eine 1937 gegründete überaus gepflegte Gemeinschaftssiedlung mit modernen Gästehäusern, Restaurant, Badestrand und Museum. Das im Jahr 2000 eröffnete **Yigal Alon Center** enthält neben zahlreichen antiken Fundstücken ein 2000-jähriges Fischerboot. 1986 hatte man es im See entdeckt; es wurde innerhalb von elf Tagen gehoben und über Jahre in einem chemischen Bad präpariert. Zeitlich lässt es sich zwischen 100 v. Chr. und 70 n. Chr. einordnen, was der Vorstellung, Jesus könnte mit einem derartigen Boot auf dem See Gennesaret unterwegs gewesen sein, entgegenkommt (ein Video informiert über die Entdeckung und Konservierung des Bootes).

Führungen durch den Kibbuz, Ausflüge nach Tiberias und um den See, Kletterpartien im 181 m hohen **Har Arbel** und Kamelritte in das **Wadi Hamam,** einen höhlenreichen Cañon am Fuß des Arbelberges, gehören zum touristischen Angebot des rührigen Kibbuz. Auch ein Besuch der 3 km entfernten jüdischen Siedlung **Migdal,** wo vor 2000 Jahren die Stadt Migdal Nunaija (Magdala) lag, die Heimat von Maria Magdalena (Lk 8,1–3), ist empfehlenswert.

Yigal Alon Center
Sa–Do 9–16,
Fr 9–13 Uhr

Pilgerreise per Segelboot
Mit dem Nachbau eines 2000 Jahre alten Fischerbootes kann man eine Rundfahrt auf dem See unternehmen (Tel. 046 72 30 06, Fax 046 79 02 62, www.jesusboats. com)

Tabgha

Am dicht besiedelten Nordwestufer des Sees, zwischen Magdala und Betsaida, wirkte Jesus. Hier fand er unter den Fischern seine ersten Jünger, hier heilte er Kranke, hier lauschte das Volk seinen Worten.

2 km hinter Nof Ginosar, auf dem 81 m hohen **Tell el-Oreme** (hebräisch Tel Kinnorot), lag einst Kinneret, eine der bedeutendsten Städte der frühen Bronzezeit. Deutsche Archäologen erforschen seit 1939 die Stadt, die in der Liste des ägyptischen Königs Thutmosis III. (1490–36 v. Chr.) erwähnt wurde und mit Unterbrechungen über 2500 Jahre bestand (zwischen 3150 und 30 v. Chr.) – die Grabungen werden wohl noch lange nicht abgeschlossen sein. Da die ältesten Siedlungsschichten durch Terrassierungsmaßnahmen im 10. Jh. v. Chr. fast vollständig zerstört wurden, blieben allein Gebäudereste der beiden eisenzeitlichen Städte erhalten, einer älteren, 2,7 ha großen und sehr stark befestigten Stadt aus der Zeit König Salomos (966–26 v. Chr.) und einer jüngeren, nur noch 1 ha bedeckenden Stadt aus dem 9. und 8. Jh. v. Chr. Zu sehen sind Relikte einer Toranlage, mehrere Pfeilerhäuser (Kasernen?) und zahlreiche Wohnhäuser.

Etwa 700 m östlich vom Tell el-Oreme bedecken hohe Eukalyptusbäume das Gelände. Auf einem 250 m langen Uferabschnitt am West- und Südfuß des Kalkhügels von Schech 'Ali, des Berges der Seligpreisungen, entspringen hier sieben Quellen, im Griechischen Heptapegon genannt, woraus sich der arabische Name Tabgha entwickelte. Hier geschah das Wunder der Brotvermehrung (Joh 6,1–15), und

Tabgha ★★

Nachdem Gott die Weltmeere und Ozeane geschaffen hatte, erschuf er zu seiner eigenen Lust den See Gennesaret.
Jüdische Legende

hier erschien Jesus den Jüngern zum dritten Mal nach seiner Auferstehung von den Toten (Joh 21). Die Brotvermehrungskirche mit den schönsten Bodenmosaiken des Heiligen Landes und die Kirche der Erscheinung des Auferstandenen (Primatskapelle) sind heute die sichtbaren Zeugnisse der alten Tradition.

Brotvermehrungskirche

**Brotvermehrungs-
kirche**

*Mo–Fr 8–17
Sa 8–15) Uhr,
am So ausschließ-
lich zur Eucharistie-
feier um 9 Uhr*

**Die Pilgerin Aetheria
(4. Jh.) berichtet**

*»Dort am Meere ist ei-
ne Ebene mit viel Gras
und Palmen und dane-
ben sieben Quellen,
die reichlich Wasser
liefern. In dieser Ebe-
ne hat der Herr mit
fünf Broten und zwei
Fischen das Volk ge-
speist. Der Stein, auf
den der Herr das Brot
legte, ist zu einem
Altar gemacht.«*

*Das berühmte Mosaik
erinnert an das Wun-
der der Brotvermeh-
rung*

Erinnern wir uns: Jesus fuhr zum *Ostufer* hinüber, in eine einsame Gegend, um mit seinen Jüngern allein zu sein. Aber das Volk eilte ihm mit Booten voraus, und als er am jenseitigen Ufer ankam, warteten schon 5000 Menschen auf ihn. Er lehrte sie bis zum Abend, dann baten die Jünger ihn, die Menschen wegzuschicken, damit sie sich etwas zu essen kaufen könnten. Doch Jesus nahm fünf Gerstenbrote und zwei gesalzene Fische, sprach ein Dankgebet und teilte Brote und Fische aus. »Und alle aßen und wurden satt« (Mk 6,42). Als es im 3. und 4. Jh. für die Pilger immer gefährlicher wurde, das einsame Ostufer zu bereisen, verlegte man das Wunder der Brotvermehrung kurzerhand auf das Westufer.

Die erste Brotvermehrungskirche wurde vermutlich um 350 im Auftrag Konstantins des Großen errichtet. Die einschiffige Kirche war 9,5 m breit und mit Apsis 18,1 m lang, ihre dicken Mauern ruhten auf gestampfter Erde. Vor der 2,6 m tiefen Apsis stand der Heilige Stein, auf den Jesus die Brote gelegt haben soll. Der 1 m lange und 57 cm breite, unbehauene Kalksteinfindling diente den frühen Christen als Altar. Diese erste Kirche fiel dem schweren Erdbeben des Jahres 419 zum Opfer. Um die Mitte des 5. Jh. entstand über den Trümmern ein 56 m langer und 24–33 m breiter, in der Richtung um 28° nach Norden verschobener Neubau, dessen Grundriss von den damals üblichen Basiliken völlig abwich. Der Kirche war ein Atrium in der Form eines ungleichmäßigen Vierecks vorgelagert, in dessen Mitte ein Reinigungsbrunnen von etwa 5 m Durchmesser plätscherte. Über einen 3,3 m breiten Narthex betrat man das fast 13 m lange dreischiffige Langhaus, an das sich das 18,7 m breite Querschiff (Transept) mit einer nordsüdlich verlaufenden Pfeiler- und Säulenreihe anschloss. Auf den mächtigen Pfeilern – ein Pfeilerpostament ist noch vorhanden – ruhte die Westhochwand des Transeptes. Anfangs spannte sich ein kühner Bogen zwischen den beiden Mittelpfeilern; nach seinem Einsturz wurde der mittlere Teil der Hochwand durch zwei Marmorsäulen gestützt. Das 6 × 9 m große Presbyterium und die Sakristeien waren von Chorschranken abgeteilt. In die Apsisrundung schmiegte sich eine Presbyteriumsbank. Vor der Apsis stand der Choraltar, der sich auf vier Altarsäulen über dem Heiligen Stein erhob (man hatte ihn aus den Trümmern der ersten Kirche geborgen und nach hier verlegt).

Die ganze Kirche war mit Mosaiken ausgelegt. Gleich vor dem Altarstein sieht man das berühmte **Brot und Fisch-Mosaik** (um 480). Der Boden des Mittelschiffs ist – fast wie ein Teppich wirkend – mit einem

Rautennetz bedeckt, und die Seitenschiffe trugen einen Schmuck aus geometrischen Mosaikmustern. Die **wohl schönsten Mosaike des Heiligen Landes** aber finden wir im nördlichen und südlichen Querschiff (je 6,5 × 5,5 m). In höchster Vollendung sind hier in späthellenistisch-römischem Stil Wasservögel in einer Sumpflandschaft wiedergegeben. Auf dem stark beschädigten Mosaik im südlichen Querschiff erkennen wir ein Nilometer, einen Wasserstandsmesser, wie er im Nildelta üblich war und wohl auch im See Gennesaret Verwendung fand. Dem fast vollständig erhaltenen Nordmosaik ist kaum anzusehen, dass jahrhundertelang ein Bach darüberfloss, bevor man es unter einer Schuttschicht entdeckte. Das große Erdbeben von 551, das das Gebäude völlig einstürzen ließ, bewahrte die Böden vor dem Zugriff der Bilderstürmer. Heute schützt eine neue Kirche die wertvollen Mosaike.

Grotte der Seligpreisungen

Nördlich der Straße nach Kafarnaum liegt am Hang die Grotte der Seligpreisungen. Über ihr erhob sich vom 4. Jh. an die kleine Kirche der Bergpredigt, die zu einem Kloster gehörte. Im 5. oder 6. Jh. erneuert, fiel sie im 7. Jh. dem Persereinfall zum Opfer und wurde nicht wieder aufgebaut. 1935 untersuchte der Franziskanerarchäologe B. Bagatti die Ruine. Die aus schwarzem Basalt erbaute **Kapelle** war 4,5 × 7,2 m groß, die Länge des Atriums betrug 2,65 m. Reste ihres **Mosaikbodens** befinden sich heute im Garten von Kafarnaum. Die quadratische **Sakristei** der Nordseite wurde aus dem ansteigenden Felsen herausgehauen.

Kirche der Erscheinung des Auferstandenen (Primatskapelle)

Kaum 100 m nördlich der Brotvermehrungskirche erhebt sich am Seeufer auf einem kleinen Felsvorsprung die Kirche der Erscheinung des Auferstandenen, auch **Primatskapelle,** Peterskirche oder ›**Mensa Christi**‹ genannt. Nach Jesu Kreuzigung waren die Jünger wieder nach Galiläa zurückgekehrt. Eines Abends fuhr Petrus mit ihnen hinaus auf den See zum Fischen. Sie warteten die ganze Nacht, aber kein Fisch ging ins Netz, und so kehrten sie im Morgengrauen missmutig zurück. Bei Tabgha rief ihnen ein Unbekannter vom Ufer aus zu, sie sollten ihr Netz nochmals auswerfen. Sie taten dies und konnten es wegen der vielen Fische kaum wieder einholen. Da wussten sie, dass der Unbekannte der auferstandene Jesus war. Er hatte bereits ein Feuer entfacht, als die Jünger das Netz an Land zogen. Nachdem sie gegessen hatten, fragte Jesus seinen Jünger Petrus dreimal: »Simon, Sohn des Johannes, liebst du mich mehr als diese?« Und Petrus antwortete jedesmal »Ja, Herr, du weißt, dass ich dich liebe.« Und dreimal erwiderte Jesus: »Weide meine Schafe« (Joh 21,1–17). Die dreimalige Wiederholung vor Zeugen entsprach dem orientalischen Brauch, ein Recht formell zu übertragen. Jesus hatte damit den Primat, seine Nachfolge in der geistlichen Führung der Christenheit, an Petrus übertragen.

Noch heute gehört die Bucht bei der Primatskapelle zu den fischreichsten Plätzen am Westufer des Sees. Auf dem etwa 10 × 15 m großen Plateau, auf dem Jesus die Jünger erwartete, wurden im Laufe der Jahrhunderte sechs Kirchen errichtet, die der Erscheinung des Auferstandenen und der Übertragung des Primats an Simon Petrus geweiht waren. Den Mittelpunkt dieser Kirchen bildete ein Felsen, die Mensa Domini (›Tisch des Herrn‹). Das erste Gotteshaus entstand im ausgehenden 4. Jh. Die zweite Kirche wurde im 5. Jh. errichtet und vermutlich beim Persersturm von 614 zerstört. Ihre 1,45 m starken Mauern bildeten das Fundament für alle nachfolgenden Gebäude. Der dritte Bau wurde um die Wende vom 7. zum 8. Jh. ausgeführt, den vierten, den der russische Abt Daniel um 1106 erwähnte, errichteten die Kreuzfahrer. Zu ihm sollen die ›Throne der Apostel‹ gehören, etwa 1,5 m hohe und 90 cm breite, herzförmig behauene Steine, die wahrscheinlich Basen für Stützpfeiler waren. Diese Kirche stand nur wenige Jahre und wurde bald durch einen Neubau ersetzt, der im Jahre 1263 dem Mameluckensultan Baibars zum Opfer fiel. Erst 1934 errichteten die Franziskaner die sechste Kirche, den heutigen Bau aus schwarzem Basalt.

Primatskapelle
tgl. 8–12 und
14.30–17 Uhr

Kirche der
Seligpreisungen
tgl. 8–11.45,
14–16.45 Uhr

Berg der Seligpreisungen

Tabgha liegt am Fuß des Hügels von Schech 'Ali, der den See Gennesaret um rund 100 m überragt. Hierhin verlegt die Tradition die Bergpredigt Jesu, die große Rede über die wahre Gerechtigkeit, die

Kirche auf dem Berg der Seligpreisungen

von den Seligpreisungen eingeleitet wird. Der Berg, auf dem Jesus lehrte, entspricht dem Sinai des Alten Bundes. In den 1930er-Jahren erbaute der Italiener Antonio Barluzzi eine **Kirche** aus einheimischem schwarzen Basalt. Für die Bogen und den Kuppeltambour verwendete er weißen Nazaret-Kalkstein, die Säulen bestehen aus römischem Travertin. Der Innenraum ist schlicht, nur die Kuppel schmückt ein Goldgrundmosaik. Das von Kolonnaden umgebene Oktogon und das zugehörige Hospiz inmitten eines gepflegten Parks werden von Franziskanerinnen betreut. Auf die Wände des Oktogons sind in lateinischer Sprache die Seligpreisungen (nach Mt 5,3–10) geschrieben.

Kafarnaum

Am Nordufer des Sees Gennesaret liegt an landschaftlich reizvoller Stelle, umgeben von hohen, schattigen Eukalyptusbäumen, das Ausgrabungsgebiet des neutestamentarischen Kafarnaum, der wichtigsten Wirkungsstätte Jesu. Hier legten Archäologen die wohl schönste Synagoge Galiläas, eine byzantinische Basilika über dem Haus des Petrus und ein Wohnviertel aus der Zeit Jesu frei.

Kafarnaum hieß zur Zeitenwende Kefar Nahum (›Dorf des Nahum‹); Nahum war ein jüdischer Prophet, dessen Grab man in diesem Ort verehrte. Jesus predigte hier häufiger als in jeder anderen Stadt, hier gab es mehr Zeichen seiner Allmacht als anderswo. Am Seeufer von Kafarnaum gewann er seine ersten Jünger, die Fischer Simon (genannt Petrus), Andreas, Jakobus und Johannes (Mt 4,18), hier heilte er die fieberkranke Schwiegermutter des Petrus (Mk 1,29) und

Kafarnaum ★★

Kafarnaum
tgl. 8.30–16.30 Uhr

»Ich bin das Brot des Lebens; wer zu mir kommt, wird nie mehr hungern, und wer an mich glaubt, wird nie mehr Durst haben … Wer glaubt, hat das ewige Leben.«

Joh 6,22–59

das sterbende Kind des Synagogenvorstehers Jaïrus (Mk 5,21), den Besessenen (Mk 1,23) und den Mann mit der verdorrten Hand (Lk 6,6). In der Synagoge von Kafarnaum hielt Jesus seine große Rede vom Brot des Lebens (Joh 6, 22–59).

Kafarnaum war zur Zeit Jesu ein relativ großer Ort, der sich über einen Kilometer am Seeufer hinzog. Er besaß einen kleinen Fischerhafen, eine Zollstation und einen Militärposten. Der nur 4 km entfernte Jordan bildete die Grenze zwischen dem Galiläa des Herodes Antipas und der Gaulanitis (heutige Golan) des Philippus, der Fischfang auf dem See und der Warenverkehr über die Grenze waren zollpflichtig. Möglicherweise gab es schon damals eine Brücke über den Jordan oder zumindest eine Furt, die es zu bewachen galt. Im 2. Jh. wuchs der Ort durch den Zustrom von Juden, die Kaiser Hadrian aus Jerusalem und anderen Städten vertrieben hatte. Man erneuerte die Synagoge, die Judenchristen trafen sich im Hause des Petrus. Im 4. Jh. stand Kafarnaum so in Blüte, dass eine neue Synagoge aus weißem Kalkstein erbaut werden konnte; das Haus des Petrus erhielt eine hohe Umfassungsmauer. Unter den Byzantinern nahm die Zahl der Christen zu, und in der ersten Hälfte des 5. Jh. wurde über dem Hause des Petrus eine achteckige Kapelle errichtet. Nach der islamischen Eroberung im 7. Jh. ging die Einwohnerzahl Kafarnaums immer mehr zurück. 1894 erwarben die Franziskaner das Gebiet des einstigen Kafarnaum. Sie bauten westlich des Petrushauses ein kleines Kloster und widmeten sich fortan der Betreuung und Erforschung der wichtigsten Wirkungsstätte Jesu.

Neben dem Franziskanerkloster befindet sich ein schattiger Parkplatz. Die Ausgrabungsstätte ist nur wenige Meter vom See und dem kleinen Hafen entfernt, in dem in der Hauptreisezeit Ausflugsboote aus Tiberias anlegen.

Kapitelle und andere Relikte der Synagoge

Synagoge

Die Synagoge von Kafarnaum gilt neben der von Dura-Europos (syrisches Euphrattal) als ältester erhaltener und zugleich schönster jüdischer Sakralbau. Ab 1905 führten Franziskaner-Archäologen systematische Ausgrabungen durch. In den 20er-Jahren des 20. Jh. wurde die Synagoge teilweise rekonstruiert. Die Untersuchungen zeigten, dass sie in der zweiten Hälfte des 4. Jh. errichtet worden war und mindestens einen Vorgängerbau hatte.

Die Synagoge von Kafarnaum geht auf das antike Versammlungshaus zurück, auf die basilikale Halle. Eine 3,30 m breite Freitreppe mit 13 Stufen führte zu einer 25 m langen Terrasse vor der Hauptfassade im Süden. Die Mauern des 24,40 m langen und 18,65 m breiten Baus waren aus sorgfältig behauenen, blendend weißen Kalksteinblöcken gefügt. Eine umlaufende Abschlussleiste (Sima) gliederte ihn deutlich in zwei Stockwerke. Schlichte Pilaster teilten die Wände unterhalb der Sima in Felder. Eckpilaster und zwei Frontpilaster bildeten auf der Hauptfassade ein großes Mittelfeld, in dem das 1,77 m breite Hauptportal saß, und zwei Seitenfelder mit je einer kleineren Nebentür von 1,20 m Breite. Die Stürze der drei Portale waren reich mit figürlichen Darstellungen sowie Pflanzen- und Bandornamenten geschmückt. Da der jüdische Glaube figürliche Darstellungen verbietet, wurden Tierfiguren und Eroten im 7. Jh. als anstößig empfunden und weggemeißelt. Über das Hauptportal spannte sich ein 8 m breites Halbbogenfenster mit einer Muschelrosette als Schlussstein.

Den Innenraum der Synagoge gliederten Säulenreihen in ein Mittelschiff von 8 m, zwei Seitenschiffe von je 3,60 m und einen nördlichen Umgang von 2,30 m Breite. Die 60 cm durchmessenden Säulen, deren Schafthöhe 3,70 m betrug, standen auf einem 10 cm hohen Sty-

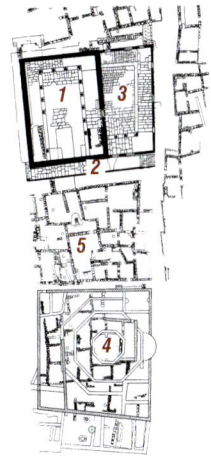

0   20 m

Kafarnaum
1 *Synagoge*
2 *Terrasse*
3 *Atrium*
4 *Haus des Petrus*
5 *Wohnhäuser*
   (2. Jh. v. Chr.–
   4. Jh. n. Chr.)

Kafarnaum, Rekonstruktionszeichnung der Synagoge

239

lobat und etwa 1 m hohen kubischen Sockeln; sie hatten attische Basen und 70 cm hohe korinthische Kapitelle (die vier Säulen an der Rückseite des Mittelschiffes sind wieder aufgerichtet worden). Sie trugen an drei Seiten eine den Frauen zugedachte Empore, die nur über eine Außentreppe im Nordwesten zu erreichen war. Der untere Raum blieb den Männern vorbehalten. Auf den Säulen der Empore ruhte der Dachstuhl. An den Wänden der Seitenschiffe liefen steinerne Sitzbänke entlang. Östlich lehnte sich an den Synagogenbau ein etwa 13 × 24 m großes Atrium mit drei Säulenhallen an, das von Norden, Süden und von der Synagoge aus zugänglich war.

Im Garten sind mehrere Architekturteile der Synagoge aufgestellt, auf denen man das Pentagramm, das Hexagramm, die Menora, die Bundeslade auf einem vierrädrigen Wagen sowie aramäische und griechische Inschriften erkennt. Außerdem wurden hier zwei Mosaikböden aus Kana in die Ecke eingelassen.

In Sichtweite der Synagoge leuchtet die rote Kuppel der **griechisch-orthodoxen Kirche** von Kafarnaum herüber; sie wurde in den 1930er-Jahren erbaut.

Haus des Petrus

1921–26 grub man das Wohnviertel südlich der Synagoge aus und stieß dabei auf drei konzentrisch verlaufende, achteckige Grundmauern. Die bis zu einer Höhe von 1,60 m freigelegten Mauern gehörten zum Oktogon einer byzantinischen Basilika des 5. Jh. Dem ca. 16,50 m durchmessenden Zentralbau war an fünf Seiten ein Portikus vorgesetzt, dessen hohen Architrav acht schlanke ionische Säulen mit Volutenkapitellen trugen. An die drei östlichen Seiten des Oktogons lehnten sich zwei durch einen schmalen Gang miteinander verbundene Sakristeien. An die Stelle des Ganges trat später eine Apsis mit einem in den Boden eingelassenen Taufbecken. Der Zentralbau war massiv gemauert; acht etwa 4 m weite Rundbogen durchbrachen die Wände. Vermutlich bedeckte ihn eine Kuppel, die auf einem Tambour ruhte. Den Fußboden schmückt ein geometrisch gemustertes Mosaik; im inneren oktogonalen Ring entdeckte man das Mosaikbild eines radschlagenden Pfaus.

Unter dem Oktogon fand man ein Gebäude, das mit einer Fläche von 7 × 6,50 m erheblich größer war als die benachbarten Wohnhäuser. Es könnte im 2. Jh. als die Gemeindekirche der Judenchristen von Kafarnaum gedient haben, denn in seiner Südwestecke fand man den in griechischer Schrift in den Putz geritzten Namen Petrus und die Darstellung eines Fischerbootes. Basaltplatten bildeten den Fußboden; darunter kamen acht weitere Schichten zum Vorschein, die bis in das 1. Jh. v. Chr. zurückreichen. Das Haus war also über lange Zeiten als Versammlungsstätte benutzt worden, und es gilt heute als sicher, dass sich hier einst Simon Petrus und Jesus aufhielten und dass schon bald nach der Kreuzigung eine Stätte der Verehrung des Apostels Petrus entstand. Heute bedeckt eine moderne Andachtsstätte das Haus des Petrus.

Korazim

Etwa 3 km nordwestlich von Kafarnaum liegen auf einer schattenlosen, mit Gebäudetrümmern übersäten Bergterrasse die Überreste der Stadt Korazim und ihrer kulturgeschichtlich interessanten Synagoge. Das schwarze Vulkangestein vermittelt selbst bei strahlendem Sonnenschein ein Gefühl unendlicher Trostlosigkeit. Die Ausgrabungsstätte ist von der Hauptstraße Tiberias–Zefat aus zu erreichen. Man zweigt 6 km nördlich von Tabgha zum Moschaw Almagor ab und fährt etwa 2 km bis zum Parkplatz vor dem archäologischen Bereich. Schon von Weitem sind die restaurierten Wohnhäuser und die Stadtmauer zu sehen.

Korazim war schon im Neolithikum bewohnt, worauf eine Nekropole mit Dolmengräbern und megalithische Wohnhäuser hinweisen. Eine Quelle und der fruchtbare Vulkanboden mögen wohl der Anlass für die Siedlungsgründung gewesen sein. Um die Zeitenwende entwickelte sich das Dorf zu einer kleinen Stadt, die im Talmud und in den Evangelien des Matthäus und des Lukas erwähnt wird. Korazim war neben Betsaida und Kafarnaum eine der drei Städte, denen Jesus vorwarf, seine Lehre nicht annehmen zu wollen (Mt 11,20–24). Nach dem zweiten Jüdischen Krieg (132–35) ließen sich zahlreiche aus Jerusalem vertriebene Juden in Galiläa nieder und brachten auch Korazim einen gewissen Wohlstand. Um die Wende vom 2. zum 3. Jh. errichteten die Einwohner eine große Synagoge, die wie alle Häuser der Stadt aus Blöcken schwarzen Basalts bestand. Korazim und seine Synagoge wurden vermutlich um das Jahr 300 durch ein schweres Erdbeben zerstört. Erst viele Jahrhunderte später ließen sich neue Siedler nieder.

Korazim
April–Sept. So–Do 8–17 (Okt.–März bis 16), Fr und vor Feiertagen 8–15 Uhr

›Stuhl des Mose‹

Im 16. Jh. bestand hier eine jüdische Gemeinde, später war das Dorf nur noch von Muslimen bewohnt, die 1948 Korazim verließen.

Korazim bedeckte eine Fläche von etwa 6 ha und war in vier Stadtteile gegliedert. Auf dem höchsten Punkt am Westrand der Terrasse erhob sich die Synagoge über die umliegenden Wohnhäuser. Von dem inzwischen weitgehend restaurierten Bau, der sich kaum von den anderen frühen Synagogen Galiläas unterscheidet, sind noch die etwa 23 × 17 m messenden Fundamente, der Fußboden und zahlreiche Architekturteile erhalten. An seiner Südseite befanden sich die drei Eingänge, die über eine schmale Terrasse zu erreichen waren. Drei Säulenreihen trennten das Mittelschiff von den beiden Seitenschiffen und vom nördlichen Umgang. An den Seiten der Halle waren basaltene Sitzbänke aufgestellt, darunter der 1926 gefundene ›**Stuhl des Mose‹**, wohl der Ehrensitz für den Schriftgelehrten (Mt 23,2). Die Synagoge von Korazim beeindruckt vor allem durch ihren Skulpturenschmuck, der bescheidener im Material, etwas naiver in der Ausführung, aber lebendiger ist als der der benachbarten Synagoge von Kafarnaum.

Weiter um den See Gennesaret

Betsaida/Julias

Bevor der Jordan in den See Gennesaret mündet, überqueren zwei Behelfsbrücken den Fluss. Knapp 2 km östlich davon biegt eine Straße zum Park HaYarden ab. Das Naturschutzgebiet umfasst auch den Siedlungshügel et-Tell, auf dem das Betsaida der Evangelisten vermutet wird, der Geburtsort der Apostel Petrus, Andreas und Philippus, wo Jakobus, Johannes und deren Vater als Fischer arbeiteten. 30/31 n. Chr. wurde das Dorf unter dem Namen »Julias« zur Stadt erhoben.

In byzantinischer Zeit war die Lage des biblischen Ortes noch bekannt, denn um 530 berichtete der Pilger Theodosius: »Von Kafarnaum sind es 6 Meilen bis Betsaida« (= ca. 9 km). Der Name Betsaida (›Haus des Fischers‹) weist darauf hin, dass der Ort am See lag, und tatsächlich bildete der See Gennesaret vor 2000 Jahren hier eine Bucht, die erst allmählich von den Ablagerungen des Jordan aufgefüllt wurde. Dass sich Betsaida auch am Jordan befand, wissen wir von Flavius Josephus (Jüd. Krieg III, 10,7) und aus dem Jerusalemer Talmud (Schekalim IV, 2).

Der 25 m hohe Tell bedeckt eine Fläche von 25 ha. Während der Eisenzeit war der Tell mit einer massiven Mauer umgeben. Im Nordosten des Hügels haben die Archäologen ein monumentales Stadttor mit vier Kammern freigelegt. Den Eingang flankierten Stelen, eine zeigt eine aramäische Gottheit mit Stierkopf und Schwert in Relief (heute im Israel Museum in Jerusalem). Aus hellenistisch-römischer Zeit stammen die Grundmauern mehrerer repräsentativer Hofhäuser, deren Bewohner sich mit der Verarbeitung von Fisch und der Weinkelterei beschäftigten. Etwa 20 m vor dem Eingang zum Ausgra-

Betsaida (im Park Ha Yarden)
tgl. 8–17 (Okt. – März bis 16) Uhr

bungsgelände steht auf der linken Seite ein **Memorialstein der Benediktiner.** Er erinnert an die Heilung des Blinden (Mk. 8,22–26). In den Stein sind verschiedene Zeichen eingemeißelt, darunter das sogenannte Regenbogenkreuz, das die drei Bünde versinnbildlicht, die Gott mit den Menschen geschlossen hat. Im Jordanpark sind zwei restaurierte **arabische Wassermühlen** (18. Jh.) zu besichtigen.

Gamla

Auf einem markanten Hügelrücken erstrecken sich 8 km östlich des Sees Gennesaret die Ruinen des einst bedeutenden jüdischen Ortes Gamla (hebr. Gamal, Kamel). Eine erste befestigte Siedlung konnte bereits für die frühe Bronzezeit nachgewiesen werden. Nach ihrer Zerstörung und Auflassung siedelten in diesem Landstrich in der zweiten Hälfte des 6. Jh. v. Chr. Rückkehrer aus dem babylonischen Exil. Als Provinzhauptstadt des Golan erlangte Gamla nach seiner Neugründung im Jahr 87 v. Chr. an Bedeutung. Durch ihre außergewöhnliche Lage am Südhang des Bergsporns und seine umfangreiche Befestigungsanlage schien der Ort uneinnehmbar zu sein. Und so hielt Gamla auch einer siebenmonatigen Belagerung durch römische Truppen im Jahr 67 n. Chr. stand. Erst als Vespasian mit Verstärkung anrückte, fiel die Stadt. Er ließ sie plündern und zerstören. 4000 Einwohner und Flüchtlinge wurden getötet, der Rest – etwa 5000 Männer, Frauen und Kinder – sprangen vom Gipfel, auf den sie sich geflüchtet hatten, aus Verzweiflung in den Tod (Jüd. Krieg, IV, 1). Gamla wurde nicht wieder aufgebaut und geriet in Vergessenheit. Erst nach dem Sechstagekrieg entdeckten Archäologen auf dem Bergsporn die antike Siedlung.

Unweit des Parkplatzes führt ein steiler Fußweg zu den Ausgrabungen. Neben der Bresche, die die Römer in die Befestigungsmauer schlugen, den zahlreichen steinernen Geschossen, den einst z. T. luxuriösen Wohnhäusern, der Miqwe und den Ölpressen ist vor allem auch die Synagoge sehenswert. Wahrscheinlich zur Zeit Herodes d. Gr. errichtet, gilt sie als älteste Synagoge aus der Zeit des letzten Tempels, die innerhalb einer Stadt in Israel liegt.

Das Naturreservat verlockt auch zum Wandern mit herrlichen Ausblicken über den Golan – hinab zum See Gennesaret. Auf dem Weg zum Mapal Gamla, dem mit 51 m höchsten Wasserfall Israels, entdeckt man seitlich des Weges bronzezeitliche Dolmengräber und wird von Bussarden, Adlern und anderen Raubvögeln begleitet.

Die archäologischen Funde aus Gamla befinden sich alle im besuchenswerten **Golan Archaeological Museum** in **Qatzrin,** etwa 14 km nordöstlich vom See Gennesaret. Neben Unmengen an Haushaltswaren, wie Tongefäßen, Glaswaren, Öllampen, Webgewichten usw. kamen auch mehr als 6300 Münzen bei den Ausgrabungen zu Tage, von denen die meisten aus hasmonäischer Zeit, aus der Regierungszeit Alexander Jannaeus, stammen. Eine audiovisuelle Show lässt die tragische Geschichte der Einwohner Gamlas während des jüdischen

Gamla ★

Gamla
April–Sept. So–Do 8–17 (Okt.–März bis 16), Fr und vor Feiertagen eine Std. früher geschl.

Golan Archaeological Museum
Qatzrin So–Do 8–17, Fr 8–15 Uhr

Ancient Qasrin Park

*Sa–Do 8–16,
Fr –14 Uhr*

Kriegs für die Besucher lebendig werden. Etwas außerhalb von Qatz-rin wurde eine jüdische Siedlung aus dem 5. Jh. n. Chr. ausgegraben, die heute als **Ancient Qasrin Park** mit Synagoge und rekonstruierten Wohnhäusern sehr anschaulich für die Öffentlichkeit präsentiert wird.

Kursi

Kursi

*April–Sept. So–Do
8–17 (Okt.–März bis
16), Fr und vor Fei-
ertagen 8–15 Uhr*

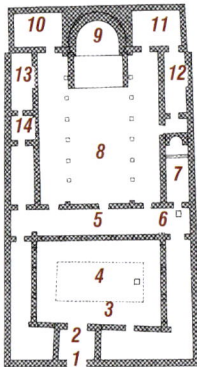

5 km nördlich von En Gev, an der Abzweigung nach Afiq, haben Ar-chäologen eine byzantinische Klosterkirche ausgegraben, die vom 5.–8. Jh. an die Heilung eines Besessenen durch Jesus erinnerte (Mk 5,1). Seine Blütezeit erlebte das Kloster, das aus einem Hospiz für die vie-len Pilger jener Zeit und einer großen Kirche bestand, Ende des 5. bis Mitte des 6. Jh. 1971 begannen Archäologen mit den Ausgrabungen.

Das Kloster war von einer 0,9 m starken und 2–3 m hohen Stein-mauer umgeben, die ein Areal von etwa 145 × 123 m begrenzte. Die Mitte der Anlage nahm die 45 m lange und 23,5 m breite **Kirche** ein, die in den vergangenen Jahren hervorragend restauriert wurde. Vom Haupteingang im Westen gelangt man durch einen kleinen Vorhof in das mit Basaltplatten ausgelegte Atrium, das an drei Seiten von Säu-lenhallen umgeben war und eine mächtige Zisterne bedeckte. Von der östlichen Säulenhalle, die den Narthex bildete, führten drei Portale in den Kirchenraum, den zwei Reihen von je sechs Säulen in drei Schiffe teilten. Das Hauptschiff endete in einer großen Apsis mit dem gemauerten Synthronos im Hintergrund. Der Altarraum war etwa 4 m in das Hauptschiff vorgezogen. Die Seitenschiffe endeten in recht-eckigen Räumen, dem Prothesis im Norden und dem Diakonikon, das als Baptisterium diente, im Süden. An der Ostwand des Baptiste-

Kursi, Klosterkirche

1 *Eingang*
2 *Vorhof*
3 *Atrium*
4 *Zisterne*
5 *Narthex*
6 *Eingang zur Krypta*
7 *Kapelle*
8 *Kirchenraum*
9 *Chor*
10 *Prothesis*
11 *Baptisterium*
12 *Diakonikon*
13 *Wirtschaftsräume*
14 *Hof mit Ölpresse*

Kursi, Klosterkirche

riums ist noch das kleine, aus Ziegeln gemauerte Taufbecken zu erkennen. Den Fußboden der Kirchenräume schmückten Mosaikfelder, von denen sich in den Seitenschiffen und im Baptisterium noch
Teile erhalten haben, auch wenn zur Zeit der Bilderstürmer alle figürlichen Darstellungen herausgerissen wurden. Vom Narthex aus führt
eine Treppe zur Krypta hinab. In den Grabkammern fanden die Archäologen noch unberührte Skelette. Südlich oberhalb der Klosterkirche fanden sich die Reste einer Kapelle, die eine mit Mosaikfußboden geschmückte Höhle umschloss. Hier gedachte man des Wun-
ders von Jesus an dem Besessenen.

Hippos/Susita

Auf Höhe des Kibbuz En Gev erhebt sich 350 m über dem See ein mar-
kanter Hügelrücken vor den Golan-Höhen mit der antiken Stadt Hippos (aramäisch Susita, arabisch Qal´at el-Husn). Sie wurde von den
Seleukiden nach 200 v. Chr. gegründet und gehörte in römischer Zeit
zur Dekapolis, einem Bund von zehn Städten, die als Zentren der griechischen Kultur in einem überwiegend semitisch bevölkerten Landstrich galten. Im 4. Jh. n. Chr. bekannte sich ein Großteil der Einwohner zum Christentum, wovon die Erwähnung als Bischofssitz sowie sieben Kirchen zeugen. Hippos prosperierte, bis im Jahr 749 ein Erdbeben
die Stadt zerstörte. Danach wurde sie nie wieder neu aufgebaut.

Bekannt ist die archäologische Stätte seit 1883, umfangreiche Ausgrabungen finden allerdings erst seit dem Jahr 2000 statt. Das internationale, israelisch-polnisch-amerikanische Ausgrabungsteam hat
bisher die Hauptstraße *(decumanus maximus)* mit Forum, das über
einem großen unterirdischen Wasserreservoir liegt, einer Thermen-
anlage, einem Kaiserkulttempel des 2./3. Jh. und einem hellenistischen Heiligtum, das in byzantinischer Zeit mit einer Kirche überbaut
wurde, ausgegraben. Die weiteren Forschungen widmen sich dem
Straßennetz, den Wohnquartieren, den religiösen Bauten und den Ne-
kropolen, die südlich der Stadt lagen. Die massive Stadtmauer mit ihren Toren ist an einigen Stellen noch sehr gut erhalten.

Hammat Gader ★

Hammat Gader

9 km von der Südspitze des Sees Gennesaret entfernt liegt in den
Schluchten des Yarmuk, eines Nebenflusses des Jordan, das reizvollste
Thermalbad Israels. Die Straße nach Hammat Gader (arabisch el-
Hama) zweigt bei Ma'agan am Südufer des See Gennesaret ab und
führt kilometerweit durch die Bananenplantagen. Dann schlängelt
sich die Straße in Serpentinen zur Yarmukschlucht hinab.

Schon vor 3500 Jahren, wahrscheinlich aber noch früher, suchten
Menschen in den bis zu 52 °C heißen Mineralquellen von Hammat
Gader Heilung von ihren Gebrechen. Hammat Gader bedeutet die

Hammat Gader
www.hamat-
gader.com
Mo–Mi 9.30–16.30,
Do/Fr. 8.30–22.30,
Sa 8.30–17 Uhr,
Juni–Sept. So/Mo
geschl., August
So–Mi 9.30–17 Uhr

245

›heißen Quellen von Gadara‹, einer Stadt der hellenistischen Dekapolis, deren Ruinenstätte heute jenseits der Grenze in Jordanien liegt. Im 2. Jh. machten die Römer die Quellteiche zum Mittelpunkt eines exklusiven Badeortes, den der griechische Historiker Eunapios (etwa 345–420) als zweitgrößtes Heilbad des Imperiums Romanum nach Baiae (bei Neapel) nannte. Vom 9. Jh. an ließ das Interesse an den Heilquellen nach, und die Einrichtungen verfielen. Im Jahre 1977 begannen benachbarte Kibbuzim mit Erfolg die Wiederherstellung der alten Anlagen. Archäologische Untersuchungen sind seit 1979 im Gange.

Hammat Gader ist eine geschlossene Parkanlage (Eintritt) mit großem, schattigem Parkplatz, mehreren Restaurants, Badeteichen, Liegewiesen, Picknickplätzen und viel Sehenswertem. Den Mittelpunkt des weiträumigen und sehr gepflegten Parks bildet der große Badeteich mit dem angeschlossenen Badehaus (überdachtes Becken). Daneben spendet eine Quelle das mineralhaltige, leicht radioaktive, 42 °C heiße Wasser, das vor allem bei rheumatischen Beschwerden hilft. Hinweistafeln machen darauf aufmerksam, dass hier Kreislaufkranke nur nach ärztlicher Anweisung baden dürfen und die Badedauer für Gesunde 20 Minuten nicht überschreiten sollte. Ein beliebter Anziehungspunkt ist der kleine (warme) Wasserfall am unteren Ende des Badeteiches.

Stufen führen zu einem Hügel hinauf, der einen einzigartigen Ausblick auf die Yarmukschlucht und die Gileadberge gewährt. Die Eisenbahnbrücke rechter Hand gehörte zur Bahnlinie Haifa–Damaskus, die im Jahre 1905 von den Türken eröffnet, 1946 aber unterbrochen wurde. Der Hügel birgt die Reste einer Synagoge aus dem 5. Jh.

Erhalten blieb der Mosaikboden mit geometrischen Mustern, Tier- und Pflanzendarstellungen.

Die römischen Bäder von Hammat Gader zählen zu den besterhaltenen Thermen der Welt. Das Tepidarium (Abkühlraum) hinter der Vorhalle stellte den prächtigsten Teil der Thermen dar. Das hohe Portal wurde aus den Originalbauteilen restauriert. Mächtige Pfeiler zu beiden Seiten des Bades trugen das 14 m hoch aufragende Dach; in den Mauernischen der Südwand standen erotische Skulpturen. Das ovale Caldarium (Warmwasserbad) besaß eine außergewöhnlich luxuriöse Ausstattung. Aus der benachbarten 52 °C heißen Quelle, der heißesten von Hammat Gader, wurde das mineralhaltige Wasser durch Tonröhren in das Becken geleitet. Sechs Marmorlöwen am Rand spendeten kaltes Wasser, sodass das Bad immer richtig temperiert war. Leider wurden die Löwen im 7. oder 8. Jh. von Bilderstürmern entstellt. Von dem riesigen Frigidarium (Kaltwasserbad) wurde erst ein Teil freigelegt und restauriert. Zwischen dem Frigidarium und dem Quellteich befindet sich noch ein kleines, ovales Caldarium. In der Ostecke der Anlage entspringt die 52 °C heiße Quelle **Ma'ayan Hagehinom** (›Höllenbad‹), von den Arabern Ain Makleh (›Röstquelle‹) genannt. Vier weitere Quellen im Bereich von Hammat Gader haben Temperaturen zwischen 28° und 42 °C.

Weithin sichtbares Wahrzeichen von Hammat Gader ist das weiße Minarett einer **Moschee,** in der heute nicht mehr gebetet wird. Man plant, diesen Bau in ein archäologisches Museum für die zahlreichen Funde aus römisch-byzantinischer Zeit umzuwandeln. Das kaum mehr erkennbare **römische Theater,** das sich an einen künstlichen Hügel anlehnte und 1500 Zuschauer aufnahm, ist heute ein Freigehege für Gazellen, Steinböcke, Wildschafe usw. Schließlich sei noch der **Alligator-Park** mit Hunderten von Florida-Echsen erwähnt, die man hier wegen ihrer begehrten Haut züchtet.

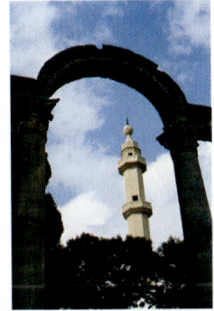

Das Wahrzeichen von Hammat Gader: Das weiße Minarett einer alten Moschee, die demnächst als Museum dienen soll

Deganya

Aus einem Landarbeiterlager am Ausfluss des Jordan aus dem See Gennesaret ging im Jahre 1909 der erste Kibbuz hervor. Deganya wird seitdem ›Mutter der Kibbuzim‹ genannt. Eine intensive Landwirtschaft hat aus der weiten Ebene zwischen Jordan und Yarmuk, auf der früher Schafe und Ziegen weideten, einen einzigen Garten mit Bananen- und Zitrusplantagen, Wein- und Gemüsepflanzungen geschaffen.

Tel Bet Yerah

Westlich der Jordanbrücke erhebt sich am Südufer des Sees Gennesaret der mächtige Tel Bet Yerah, der mit einer Fläche von etwa 20 ha zu den größten Siedlungshügeln Israels zählt.

Bet Yerah (arabisch Khirbet el-Kerak) wird weder in der Bibel noch in den Annalen der ägyptischen Pharaonen erwähnt, obwohl es sich um eine sehr bedeutende kanaanitische Stadt handelte. Der Name Bet Yerah (›Haus des Mondes‹) lässt auf einen entsprechenden Kult der frühen Bewohner schließen. Die vier ältesten der insgesamt 23 Siedlungsschichten reichen 5000 Jahre zurück. Während der Jordan bis dahin westlich von Bet Yerah floss, hoben die Bewohner im Osten ein zweites Flussbett aus, sodass die Stadt nun gut gesichert gleichsam auf einer Insel lag (das ursprüngliche Flussbett im Westen ist heute verlandet). In dieser Periode, aus der ein basaltenes Stadttor im Süden und ein gewaltiger Silo stammen, erlebte die Stadt ihre Blütezeit. Der Mittleren Bronzezeit I (2150–1900) gehören eine gepflasterte Straße und eine Töpferwerkstatt an. Danach blieb Bet Yerah viele Jahrhunderte unbewohnt, bis sich in persischer Zeit (538–332) einige Siedler auf dem Tell niederließen. Im 3. Jh. v. Chr. gründete Ptolemäus II. Philadelphos an der Stelle des alten Bet Yerah eine Stadt, die er nach seiner Schwester Philotereia nannte. Es entstand die 1,5 km lange Stadtmauer, die auf einem massiven Fundament von 5–6 m Breite und 4 m Höhe ruhte und durch sechseckige und runde Türme verstärkt wurde. Die Römer nannten die Stadt vermutlich Sennabris (Jüd. Krieg III, 9,7) und hinterließen hier ein kleines Kastell. Aus spätrömischer Zeit stammen eine Synagoge und Thermen. Die byzantinische Periode ist durch eine dreischiffige Kirche repräsentiert.

Ausgrabungsgelände

Das Ausgrabungsgelände liegt im Park von Oha'lo. Am Südrand des Tell sind noch Reste der frühbronzezeitlichen **Stadtmauer** und das Mauerwerk der hellenistisch-römischen Stadt zu erkennen. Das archäologisch interessanteste und zugleich umstrittenste Bauwerk ist jedoch der sogenannte Silo im Norden des Tell, eine etwa 30 × 40 m große Anlage aus dem 3. Jahrtausend v. Chr. Erhalten hat sich lediglich ein Basaltpflaster mit kreisrunden, weiten Vertiefungen, die durch Trennwände in je vier Abteilungen unterteilt waren. Welchen Zwecken dieses Bauwerk diente, ist noch nicht geklärt. In besonders gutem Erhaltungszustand befinden sich die Thermen aus dem 4.–5. Jh.

Nördlich des kanaanitischen Silos legten die Ausgräber ein römisches **Kastell** aus dem 3. Jh. mit vier Ecktürmen frei. Zwei weitere Türme flankieren das Tor an der Südseite. Im Hof errichtete die jüdische Gemeinde im 5. oder 6. Jh. eine 20 × 33 m große basilikale **Synagoge,** die nach Jerusalem hin ausgerichtet war. Die Überreste des Bodenmosaiks lassen Pflanzen, Löwen und Vögel erkennen, auch einen Menschen und ein Pferd. Das Relief einer Säulenbasis zeigt Kultgegenstände. Im Nordteil des Siedlungshügels kam eine **byzantinische Kirche** zum Vorschein. Der 12 × 13 m große, dreiapsidiale Bau entstand im 5. Jh. und war mit Atrium, Narthex und separatem Baptisterium versehen. Im Jahre 529 erhielt die Kirche unter Justinian I. ihre letzte Gestalt, bei der arabischen Invasion wurde sie zerstört.

Oha'lo II

Bei Bet Yerah entdeckten Archäologen eine Siedlung (Oha'lo II), die wohl schon 19 400 Jahre v. Chr. existierte und damit rund 12 000 Jahre älter ist als Jericho. Die Hütten der damals dort lebenden Fischer gelten als die vermutlich ältesten der Menschheit. Das Ausgrabungsgelände wird zukünftig als Nationalpark zugänglich sein.

Nördlich der Jordanbrücke zweigt eine Nebenstraße nach Bitanya zum **Pilgrim Baptismal Site Yardenit** ab, zur Taufstelle im Jordan. Der Name Bitanya erinnert an das Betanien am Rande des Wadi el-Charrar jenseits des Jordan, wo Johannes taufte. Da die traditionelle Taufstelle Johannes' des Täufers nur an bestimmten Festtagen zugänglich ist, hat das israelische Tourismusministerium 1981 einige hundert Meter südlich des Sees Gennesaret kurzerhand eine neue Taufstelle mit allen Annehmlichkeiten (Parkplatz, bequemer Zugang, Geländer im Fluss, Souvenirshop, WC usw.) eingerichtet. Viele Pilger lassen sich hier taufen.

Pilgrim Baptismal Site Yardenit
März–Nov. Sa–Do 8–18 (Dez.–Febr. –17), Fr 8–16 Uhr

Reisen & Genießen

Hotels

Die Gemäuer von 1894 über dem See Gennesaret beherbergten einst ein schottisches Krankenhaus. 2004 wurden die beeindruckenden Basaltbauten durch die Kirche von Schottland zu einer luxuriösen Hotelanlage umgebaut, in der alt und modern eine gute Symbiose bilden. Ansprechendes Ambiente, sehr gutes Restaurant. Im Gartenbereich werden römische und byzantinische Funde aus der Umgebung ausgestellt.

The Scots Hotel
1 Gdud Barak Street
14100 Tiberias
Tel. 046 71 07 10
www.scotshotels.co.il
DZ ab 1350 NIS

Ruhige Gästehäuser mit allem Komfort des Kibbutz-Hotels, nur preislich etwas günstiger. Am Rande des Kibbutz Ginosar gelegen, gibt es auch einen kleinen eigenen Badezugang zum See Gennesaret, und das Yigal Alon Center mit dem 2000 Jahre alten Fischerboot ist auch gleich um die Ecke.

Nof Ginosar Village Resort
Kibbutz Ginosar
Tel. 046 70 03 20
www.ginosar.co.il
DZ ab 740 NIS

Restaurants

Leckerer Fisch und zartes Fleisch, ob Lamm oder Huhn, vom offenen Holzkohlengrill. Das Restaurant ist direkt am bzw. auf einer Plattform über dem See gelegen. Alle Hauptgerichte werden mit gebackenen Kartoffeln und gegrilltem Gemüse serviert.

Decks
Gdeud Barak Street
Tiberias
Tel. 046 72 15 38
So–Do 19 Uhr bis nach Mitternacht,
Sa nach Sabbat
Hauptgericht ab 70 NIS

Das weitaus beste Restaurant, um Petersfisch zugenießen. Er wird nach Wahl in zwei Größen mit gebackenen Kartoffeln oder Pommes und Salat serviert. Da dieses Restaurant mit schöner Terrasse am See auch bei Reisegruppen beliebt ist, empfiehlt sich eine Reservierung für die frühen Abendstunden, um beim Essen auch noch den Sonnenuntergang über dem See Gennesaret zu genießen.

Kibbutz Ein Gev Fish Restaurant
am mittleren Ostufer des See Gennesaret
Tel. 046 65 80 35
tgl. 10–22 Uhr
Hauptgericht ab 75 NIS

Karte Von Tiberias nach Nazaret S. 253, Cityplan Nazaret S. 261

Vom See Gennesaret nach Nazaret

Hörner von Hattin

Etwa 4 km westlich von Tiberias, oberhalb der heutigen Straße nach Nazaret, erheben sich im untergaliläischen Bergland die Hörner von Hattin (hebräisch Qarne Hittim, ›Weizenhörner‹), die beiden ochsenhornförmigen Gipfel eines 326 m hohen Vulkans. Am Nordwestfuß des Gipfels haben die Drusen ihr großes Heiligtum, ein Wali mit dem Sarkophag des Nabi Shu'eib und seiner Tochter Zippora. Nabi Shu'eib nennen die Drusen ihren ersten und größten Propheten Jitro, den Schwiegervater des Mose. Alljährlich treffen sich hier vom 26. bis 28. April Tausende von Drusen, um ihren wichtigsten Feiertag zu begehen.

Saladin überschreitet den Jordan ...

1186 hatte Rainald von Châtillon, Herr des Ostjordanlandes, eine riesige arabische Karawane, die mit kostbaren Waren durch sein Gebiet zog, überfallen und damit das Waffenstillstandsabkommen zwischen Christen und Muslimen verletzt. Sultan Saladin forderte Schadenersatz und die Freilassung der Gefangenen; Rainald lehnte ab, König Guido konnte sich gegenüber seinem Lehnsmann nicht durchsetzen.

Diesen Vorfall nahm Saladin zum Anlass, am 1. Juli 1187 mit dem größten Heer, das er bis dahin befehligt hatte, südlich des Sees Gennesaret den Jordan zu überschreiten. Er besetzte Tiberias, mit Ausnahme der Burg, und schlug sein Lager in den wasserreichen Auen am Ostfuß der Hörner von Hattin auf. Die Kreuzfahrer zogen mit 1200 Rittern, 2000 einheimischen Reitern und 10 000 Mann Fußvolk von Sepphoris (heute Zippori) dem muslimischen Heer entgegen und ließen sich am Abend des 3. Juli, von Hitze, Durst und pausenlosen Überfällen erschöpft, auf dem Plateau zwischen den beiden Kratergipfeln von Hattin, hoch über Saladins Lager, nieder. Noch in der Nacht schloss Saladin den Ring um das königliche Heer, am nächsten Morgen griff er an. Der arabische Chronist Ibn el-Athir berichtet:

»Am Samstagmorgen ritten die Muslime in Schlachtordnung aus ihrem Lager. Auch die Franken rückten vor, aber schon geschwächt durch den Durst, der sie quälte. Von der einen wie der anderen Seite begann der Kampf mit Wut. Die muslimische Linie schoss eine Wolke von Pfeilen, ähnlich einer Wolke von Heuschrecken. Die Pfeile richteten große Verwüstung unter den christlichen Reitern an. Das christliche Fußvolk hatte sich in Vormarsch gesetzt, um an den See zu kommen und dort Wasser zu schöpfen. (...)

Das christliche Heer war in einer furchtbaren Lage. Da der Boden, auf dem es kämpfte, mit Heidekraut und trockenem Gras bedeckt war, legten die Muslime Feuer darauf und entfachten einen gewaltigen Brand. So vereinigte sich alles gegen die Christen, der Rauch, die Hit-

Saladin lässt nach der Schlacht bei den Hörnern von Hattin die gefangenen Kreuzfahrer in Ketten legen

ze des Feuers, die des Tages und die des Kampfes. Als sie schließlich sahen, dass es keine Rettung gab, stürzten sie sich mit solchem Ungestüm auf die Muslime, dass man ihnen ohne die Hilfe Allahs nicht hätte widerstehen können. Bei jedem Angriff jedoch verloren sie Leute und schwächten sich; endlich wurden sie von allen Seiten eingekreist und auf einen benachbarten Hügel zurückgedrängt. (…) Der König hatte auf dem Hügel bald nur mehr hundertfünfzig der tapfersten Reiter um sich. Die Tapferen, die um ihn waren, warfen sich auf uns und trieben die Muslime bis zum Fuß des Hügels zurück. ›Macht, dass der Teufel lügt!‹ schrie Saladin den Soldaten zu und fasste in seinen Bart. Bei diesen Worten stürzte sich unser Heer auf den Feind und trieb ihn wieder auf den oberen Teil des Hügels. So ging das mehrmals hinab und hinauf. Plötzlich sank die Standarte des Königs. Sogleich stieg Saladin vom Pferd, warf sich vor Allah nieder und dankte ihm unter Freudentränen.

Alle Christen, die sich noch auf dem Hügel befanden, wurden gefangengenommen. (…) Wer die Zahl der Toten sah, glaubte nicht, dass es Gefangene gab, und wer die Gefangenen sah, glaubte nicht, dass es Tote gab. Niemals seit ihrem Einfall in Palästina hatten die Franken eine solche Niederlage erlitten.«

… und erobert Palästina

Saladin schlug Rainald von Châtillon eigenhändig den Kopf ab, weil dieser die Vereinbarung mit dem Sultan nicht eingehalten hatte. Der König und die Barone wurden nach Damaskus gebracht und später gegen hohe Lösegelder freigekauft, das Fußvolk kam auf den Sklavenmarkt. In den folgenden Monaten eroberte Sultan Saladin alle Burgen und Städte Palästinas; am 2. Oktober 1187 fiel auch Jerusalem in seine Hand.

Kafr Kana

An der Straße von Tiberias nach Nazaret liegt inmitten von Oliven- und Granatapfelhainen die kleine Stadt Kafr Kana, die heute etwa 2500 christliche und 5500 muslimische Einwohner zählt. Auf der Hochzeit zu Kana wirkte Jesus sein erstes Wunder, indem er Wasser in Wein verwandelte (Joh 2,1–11). Zwei Kirchen erinnern daran: eine römisch-katholische und eine griechisch-orthodoxe.

Viele Gründe sprechen zwar dafür, dass das Kana des Evangelisten 9 km nordwestlich lag, in der Ruinenstätte Khirbet Kana, aber im 17. Jh. lokalisierten die Franziskaner das Wunder in dem an der Pilgerstraße zum See Gennesaret gelegenen Ort, der eigentlich Kafr Kenna (›Dorf der Schwiegertochter‹) hieß. Beide waren bereits in römischer Zeit besiedelt, Khirbet Kana sogar schon um 1200 v. Chr. Zur Zeit Jesu war dieses sogar bedeutender als Nazaret. 1641 erwarben die Franziskaner in Kafr Kana ein Grundstück neben der Moschee. 1879 gelang es ihnen endlich, die inzwischen verfallene Moschee, an deren Stelle sie das Hochzeitshaus vermuteten, zu kaufen. Beim Bau der heutigen Kirche entdeckten die Franziskaner vorbyzantinische Säulen, Kapitelle, Friese und unter dem Fußboden der Moschee eine aramäische Mosaikinschrift. Alle diese Relikte stammen vermutlich aus einer judenchristlichen Kirche des 3. Jh.; danach geriet die christliche Tradition wohl in Vergessenheit, denn Reste byzantinischer oder fränkischer Kirchen fanden sich nicht.

Von Tiberias nach Nazaret

0   2,5   5 km

Die griechisch-orthodoxe Kirche befindet sich direkt gegenüber der Franziskanerkirche

Kafr Kana, Franziskanerkirche

1 *Eingang zur Kirche*
2 *Treppen zum Chor*
3 *Hebräische Inschrift*
4 *Treppe zur Krypta*
5 *Hauptaltar*

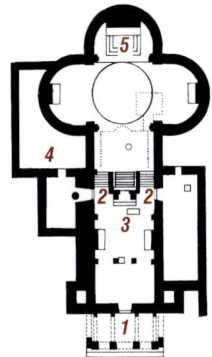

Franziskanerkirche
Mo–Sa 8–12 und 14–17 Uhr

    Die **Franziskanerkirche** in der Mitte des Ortes wurde 1883 geweiht. Über dem Chor wölbt sich eine hohe rote, weithin sichtbare Kuppel. Den Altar schmücken sechs Repliken von antiken Steinkrügen, die an die Umwandlung von Wasser in Wein erinnern sollen. Das Altarbild zeigt die Anwesenheit Marias bei dem Wunder. Die Wandgemälde in den seitlichen Apsiden behandeln die Kreuzesabnahme durch einen Franziskaner und die heilige Familie. Vor den Treppenstufen, die hinauf zum Chor führen, ist im Boden die aramäische Mosaikinschrift zu sehen. Durch eine Tür auf der linken Seite des Kirchenschiffes gelangt man hinab zur Krypta. Hier befinden sich weitere Reste der früheren Bebauung. Die Katholiken von Kafr Kana feiern das Fest des ersten Wunders am zweiten Sonntag nach Epiphanias (6. Januar). Schräg gegenüber steht die griechisch-orthodoxe Kirche aus dem Jahre 1566, die ebenfalls über dem Hochzeitshaus errichtet worden sein soll.

Am Ortsausgang im Norden befindet sich die moderne **Bartholomäuskapelle** der Franziskaner. Bartholomäus alias Natanaël war ein Jünger Jesu und stammte aus Kana. Als er zum ersten Mal mit Jesus zusammentraf, sagte dieser: »Da kommt ein echter Israelit, ein Mann ohne Falschheit.« Und Natanaël antwortete mit dem berühmten Bekenntnis: »Rabbi, du bist der Sohn Gottes, du bist der König von Israel!« (Joh 1,47 und 49). In den Andenkenläden von Kafr Kana wird Wein aus Kana angeboten, weißer und roter, lieblich, süffig, erzeugt und abgefüllt im Trappistenkloster Latrun.

Zippori/Sepphoris

Zippori ★

Zippori
April–Sept. tgl.
8–17 (Okt.–März
bis 16) Uhr

Zippori
1 *Römisches
   Theater*
2 *Kreuzfahrerturm*
3 *Palast*

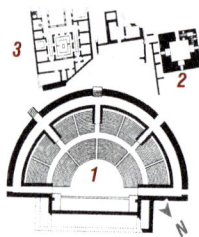

Berg Tabor, im Hintergrund Nazaret ▷

6 km nordwestlich von Nazaret erhebt sich ein Hügel, der die Reste der alten Stadt Sepphoris (Diocaesarea) birgt und seit 1931 archäologisch erforscht wird.

Erstmals erwähnt wurde das hellenistisch geprägte Sepphoris (vom aramäischen *sippor*, ›Vogel‹) im 2. Jh. v. Chr. In römischer Zeit gehörte die bedeutende Handelsstadt zu den größten Orten Palästinas. 56 v. Chr. machte Gambinius, römischer Feldherr und Prokonsul von Syria, die Stadt zur Kapitale von Galiläa. Nach dem Tode Herodes' des Großen wurde Sepphoris nach Niederschlagung eines Aufstandes von den Römern zerstört. Herodes Antipas baute die Stadt wieder auf und erwählte sie als seine Residenz, bis er 26 n. Chr. Tiberias zur Hauptstadt Galiläas erhob. Im ersten Jüdischen Krieg (66–70) stand Sepphoris auf Seiten der Römer und blieb daher unzerstört. Im Jahre 130 kam Kaiser Hadrian auf seiner Nahostreise durch Sepphoris und gab der Stadt den neuen Namen Diocaesarea. Noch im selben Jahrhundert entwickelte sich der Ort zu einem der Mittelpunkte jüdischen Lebens in Palästina: es erhielt eine rabbinische Akademie und wurde zeitweilig Sitz des Sanhedrin. Hier vollendete um das Jahr 218 der Rabbi Juda haNasi, ›der Heilige‹, die Kodifizierung der Mischna, nach seinem Tod verlegten die jüdischen Gelehrten die Akademie nach Tiberias. Diocaesareas Bewohner waren überwiegend Juden, bis ein Aufstand Mitte des 4. Jh. von der römischen Großmacht niedergeschlagen wurde. Für die Zerstörung der Stadt war ein Erdbeben im Jahr 363 verantwortlich. Zum Christentum konvertierte Juden bauten nach und nach die Stadt wieder auf, Joseph aus Tiberias stiftete die Annenkirche, Sepphoris wurde Bischofssitz.

Im 7. Jh. verwandelten die Araber den Ortsnamen in Saffurije. In der Kreuzritterstadt La Saphorie, deren Burg die Straße von Akko nach Nazaret und Tiberias kontrollierte, versammelte sich am 2. Juli 1187 das Christenheer zu jener verhängnisvollen Schlacht bei Hattin. In der zweiten Hälfte des 18. Jh. erneuerte der Emir Dahir el-Umar die Kreuzfahrerburg als letzten Stützpunkt in seinem Kampf gegen den Pascha von Akko.

Ausblick

Vom Dach des Museums in der Zitadelle hat man einen großartigen Rundblick über die Ausgrabungsstätte und die fruchtbare Umgebung der alten Stadt.

Der markierte Rundweg führt zuerst zu der axial angelegten Unterstadt. Hier wurden beiderseits des Cardo maximus die **Fundamente römischer Villen** ausgegraben. Dabei kamen reich mit Mosaiken ausgelegte Fußböden zum Vorschein, wie z.B. das wundervolle Nil-Mosaik, das die Festlichkeiten der Ägypter zur Zeit der Nilflut in kunst- und phantasievoller Weise beschreibt. Der Weg führt weiter durch den Kaktuspark, einen Wald riesiger Opuntien, bis zu einer weiteren römischen Villa mit dem wohl schönsten Mosaik Galiläas. Das einst luxuriös ausgestattete Wohnhaus stammt vom Anfang des 3. Jh. und wurde vermutlich durch das Erdbeben von 363 zerstört. Im Triclinium, dem Speisesaal, legte man einen Mosaikfußboden frei, der den Dionysos-Kult bebildert. Auf diesem großartigen sehr kleinteiligen Mosaik erscheint das Antlitz einer schönen Frau, der ›Mona Lisa von Galiläa‹.

Den Hügel krönt die **Zitadelle,** die Burg der Kreuzfahrer und der letzte Stützpunkt des Emirs Dahir el-Omar. Bei der Errichtung dieses wuchtigen Bauwerks sind auch spätrömische und byzantinische Architekturglieder und Sarkophage verwendet worden. Das obere Stockwerk beherbergt ein kleines Museum zur Ausgrabungsgeschichte von Sepphoris. An der Westseite des Hügels erstrecken sich Wohnbebauungen mit Ritualbädern, die vom 1. Jh. v. Chr. bis zum 4. Jh. n. Chr. datiert werden können. Dann wurde dieser Bereich in ein Gewerbegebiet, vor allem zur Glasherstellung, wie Funde bezeugen, umgewandelt. Dahinter erhebt sich die im Jahre 1860 auf den Grundmauern eines byzantinischen und eines mittelalterlichen Gotteshauses erbaute **Kirche St. Anna.** Sie folgt der christlichen Legende, nach der hier der Wohnort der Eltern Marias und der Geburtsort der Gottesmutter waren.

Die Zuschauerränge des **römischen Theaters** aus dem späten 1. Jh. schmiegen sich auf einer Breite von 72 m in den Nordhang des Stadthügels. Nordöstlich vom Theater, jenseits des Parkplatzes fand man die Grundmauern einer **Synagoge** aus dem frühen 5. Jh. Der Boden des 15 x 7 m großen Baus ist zum großen Teil mit Mosaiken geschmückt, die u. a. das Opfer Isaaks, den Tierkreis und die Darbringung der Brote zum Thema haben.

Vor dem Verlassen des Nationalparks lohnt die Besichtigung der alten **Zisterne.** Über eine Länge von 260 m, einer Breite von 2–4 m und einer Höhe von bis zu 10 m wurde das Wasserreservoir in den anstehenden Kalkfelsen geschlagen. Durch einen 235 m langen, schmalen Tunnel, der über sechs vertikale Schäfte in den Fels geschlagen wurde, floss das Wasser in die Stadt (auch dieser Bereich der Wasserleitung ist z.T. begehbar, dafür Taschenlampe mitnehmen).

Berg Tabor

Berg Tabor ★

21 km nordöstlich von Afula erhebt sich im Nordosten der Jesreel-Ebene als höchster Berg Untergaliläas der 588 m hohe, kuppelförmige Tabor, der Berg der Verklärung Jesu (Abb. S. 255; Mt 17,1–19; Mk 9,2–10; Lk 9,28–36).

Im 2. Jahrtausend v. Chr. besaßen die Kanaaniter auf dem Berg eine Kultstätte des Baal. Der Kult des Baal Tabor verbreitete sich schon früh über den östlichen Mittelmeerraum, so auch bei den Griechen, die Baal als Zeus Atabyrios (Atabyrion ist der griechische Name für Tabor) übernahmen. Ramses II. (1290–24) zählte die Stadt auf dem Gipfel zu seinen Eroberungen. Bei der Landnahme bildete der Tabor die Grenze zwischen den Stämmen Sebulon, Issachar und Naftali (Jos 19,12; 22,34). Nach jahrelanger Unterdrückung durch die Kanaaniter sammelten sich hier die waffenfähigen Männer Israels und zogen auf Weisung der Richterin Debora in die Jesreel-Ebene, wo sie unter dem Heerführer Barak die Truppen des Sisera schlugen (Ri 4). Ihr Sieg wird in einem der schönsten Siegeslieder Israels, dem Deboralied, besungen (Ri 5). 217 v. Chr. entriss der Seleukide Antiochos III. die Stadt den Ptolemäern und stationierte dort eine Garnison. Um 100 v. Chr. wurde der Ort von dem Makkabäerkönig Alexander Jannaios erobert. Flavius Josephus umgab die 1200 × 400 m große Stadt zu Beginn des ersten Jüdischen Aufstandes (66 n. Chr.) innerhalb von 40 Tagen mit einer Mauer; als jedoch die Römer anrückten, mussten sich die Bewohner wegen Wassermangels ergeben (Jüd. Krieg IV, 1,8).

*So gehen all deine
Feinde zugrunde, Herr.
Doch die, die ihn lieben, sind wie die
Sonne, wenn sie aufgeht in ihrer Kraft.*
Ri 5,31

Die christliche Tradition der Verklärung Jesu bezeugte erstmals Kyrillos, Bischof von Jerusalem, im Jahre 348. Die Evangelisten beschreiben den Ort der Verklärung nicht näher, sie sprechen lediglich von einem hohen Berg.

1101 gründeten Benediktinermönche, die im Gefolge der Kreuzfahrer in das Heilige Land gekommen waren, ein großes Kloster, das sie mit massiven Mauern umgaben. 1183 plünderten Saladins Truppen das griechische Nonnenkloster auf der Nordseite des Plateaus, konnten aber nicht die starken Befestigungen der Benediktiner durchbrechen. Erst nach der Schlacht von Hattin (1187) mussten die Mönche weichen. Im Jahre 1211 baute Malik el-Khamil, Sultan von Damaskus, den Gipfel zu einer mächtigen Festung aus, die als eine so

Berg Tabor, in der Verklärungsbasilika

ernste Bedrohung des verbliebenen Kreuzfahrerstaates angesehen wurde, dass sie einen der Anlässe für den fünften Kreuzzug bildete. Durch den 1229 zwischen Kaiser Friedrich II. und dem Sultan geschlossenen Friedensvertrag kam auch der Berg Tabor wieder unter die Herrschaft der Christen. 1263 zerstörte der Mameluckensultan Baibars alle christlichen Gebäude auf dem Berg. 1631 gelang es den Franziskanern, mit Genehmigung des Drusenemirs Fakhr ed-Din ein neues Kloster zu gründen. Wenig später ließen sich auch die Griechen hier nieder; eine Mauer trennte fortan die griechische Hälfte des Plateaus im Norden von der lateinischen im Süden. Heute repräsentieren zwei Kirchen die beiden christlichen Glaubensrichtungen: eine griechisch-orthodoxe aus dem Jahre 1911 und eine römisch-katholische von 1924.

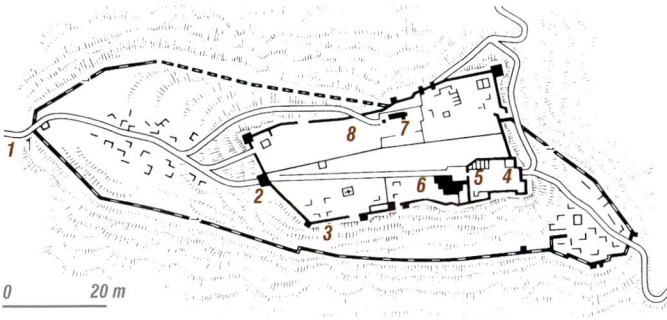

0   20 m

Berg Tabor

1 *Mauer des Flavius
   Josephus*
2 *Tor der Winde*
3 *Arabische Mauer*
4 *Verklärungs-
   basilika*
5 *Benediktinerabtei
   (12. Jh.)*
6 *Franziskaner-
   kloster*
7 *Griechische
   Eliaskirche*
8 *Höhle des
   Melchisedek*

Besichtigung

12 km hinter Afula biegt man von der Straße zum See Gennesaret
nach Norden ab, fährt durch das arabische Dorf **Dabburiya** und dann
auf enger, kurvenreicher Straße nach oben (der Höhenunterschied
zum Tal beträgt etwa 450 m). Kurz vor dem **Tor der Winde** (arabisch
Bab el-Hawa) zweigt eine Nebenstraße zum griechischen Kloster mit
der Eliaskirche ab. Hinter dem Tor der Winde befindet man sich bereits auf lateinischem Gebiet. Die Straße endet auf einem Parkplatz
vor dem Franziskanerkloster. Am östlichen Ende des Plateaus steht
auf den Fundamenten der Kreuzfahrerkirche und byzantinischer Bauten die neue **Verklärungsbasilika,** die der italienische Architekt Antonio Barluzzi in den Jahren 1921–24 nach dem Vorbild syrischer Kirchen des 5. Jh. schuf. Links und rechts des Portals treten zwei quadratische Fassadentürme hervor, deren Fenster mit volutenförmigen
Umrahmungen geschmückt sind. Zwei Säulen stützen den giebelge-
krönten Portalbogen, der die Vorderfront der beiden Türme verbindet. Weitgespannte Bogen trennen die beiden Seitenschiffe vom
Hauptschiff, wo eine Treppe in eine offene Krypta hinabführt. Altar
und Apsis stammen aus byzantinischer Zeit.

Die beiden Fassadentürme stehen auf Kapellen byzantinischen Ur-
sprungs. Die nördliche ist Mose, die südliche Elias geweiht. Mit der
Krypta für Jesus sind das die »drei Hütten«, die Petrus bauen wollte
(Lk 9,33). Von der arabischen Eckbastion hinter der Kirche hat man
einen einzigartigen Rundblick, manchmal bis zum schneebedeckten
Hermon im Hintergrund.

Die griechisch-orthodoxe **Eliaskirche** wurde 1911 auf den Fundamenten einer Kreuzfahrerkirche erbaut, die sich wiederum über einem
byzantinischen Gotteshaus, vielleicht dem ältesten auf dem Tabor, erhob. Zwei Apsiden und der Mosaikboden stammen aus fränkischer
Zeit. Im Westen lehnt sich die Höhle des Melchisedek (›König der
Gerechtigkeit‹) an; dieser war nach Genesis 14,18 zur Zeit Abrahams
Priesterkönig von Jerusalem.

*»Jesus stieg mit
Petrus, Johannes und
Jakobus auf einen
Berg, um zu beten.
Und während er be-
tete, veränderte sich
das Aussehen seines
Gesichtes, und sein
Gewand wurde leuch-
tend weiß. Und plötz-
lich redeten zwei Män-
ner mit ihm. Es waren
Mose und Elija; sie er-
schienen in strahlen-
dem Licht und
sprachen von seinem
Ende, das sich in Jeru-
salem erfüllen sollte«*
Lk 9,28–31

Verklärungsbasilika
tgl. 8–12, 14–17 Uhr

Nazaret

Am Nordrand der Jesreel-Ebene, in einem Seitental der Berge Galiläas versteckt, liegt das malerische Nazaret, in dem der Engel Gabriel Maria die Geburt eines Sohnes verkündigte und in dem Jesus seine Kindheit und Jugend verbrachte. Der Name Nazaret, arabisch En-Nasra, kommt vom hebräischen nasar, ›wachen‹.

Nazaret ist heute die größte arabische Stadt innerhalb der Staatsgrenzen Israels. Von den rund 65 000 arabischen Einwohnern sind nur noch ein Drittel Christen, die restlichen sind Muslime. Zu den besonderen Sehenswürdigkeiten zählen die Verkündigungskirche über dem Haus der Maria, die Josefskirche über dem Wohnhaus der Heiligen Familie, die Synagogenkirchen, die Mensa Christi, die Gabrielskirche und der Marienbrunnen.

Geschichte

Der Stadtkern um die Verkündigungskirche war schon im 3. Jahrtausend v. Chr. bewohnt. Aus ungefähr dieser Zeit stammen 60 Höhlenwohnungen, die zum Teil drei Stockwerke tief und durch Gänge miteinander verbunden waren. Zwei Felsgräber gehören der Mittleren Bronzezeit (18./17. Jh. v. Chr.) an; in ihnen fand man als Grabbeigabe einen ägyptischen Skarabäus. Die in den Fels gehauenen Getreidesilos wurden von etwa 900 v. Chr. bis 600 n. Chr. benutzt. Felsgräber verraten uns auch, dass in Nazaret seit etwa 200 v. Chr. eine jüdische Gemeinde existierte: Von den 23 Gräbern sind 18 sogenannte Kokim (Schiebestollengräber).

Zur Zeit Herodes' des Großen (37–4 v. Chr.) lebte in Nazaret eine junge Frau mit Namen Maria, die mit dem Zimmermann Josef verlobt war. Eines Tages verkündete ihr der Engel des Herrn die Geburt eines Sohnes, den sie Jesus nennen sollte (Lk 1,31). In Betlehem gebar sie das Kind. Vor den Verfolgungen des Herodes musste die Heilige Familie fliehen, nach seinem Tod kehrte sie nach Nazaret zurück. »Das Kind wuchs heran und wurde kräftig; Gott erfüllte es mit Weisheit, und seine Gnade ruhte auf ihm« (Lk 2,40). Nachdem Jesus im Jahre 28 von Johannes dem Täufer im Jordan getauft worden war, zog er durch Galiläa, um in den Synagogen zu lehren (Lk 4,15). Überall fand er Anerkennung, nur in Nazaret waren die Leute empört und jagten ihn fort (Lk 4,28).

Nach der Zerstörung Jerusalems durch den römischen Feldherrn Titus im Jahre 70 kamen viele Juden nach Galiläa und auch nach Nazaret. Der Zustrom verstärkte sich nach dem Bar Kochba-Aufstand (132–135), als Kaiser Hadrian den Juden die Anwesenheit in Jerusalem und Judäa unter Todesstrafe verbot. Nazaret wurde ein fast rein jüdischer Ort und eine Priesterstadt. Die erste byzantinische Basilika, die Verkündigungskirche, entstand zu Beginn des 5. Jh. (mit Si-

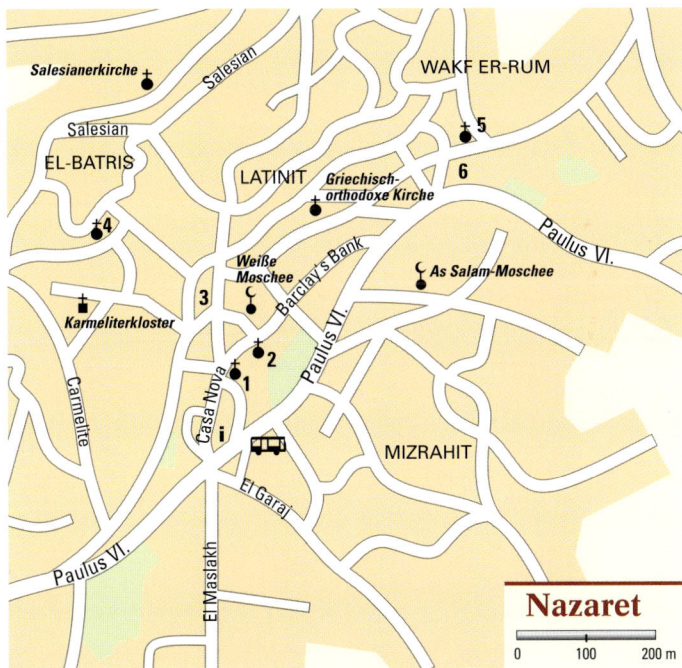

cherheit vor dem Jahre 427). Spätestens um 460 war Nazaret bereits eine Bischofsstadt. Die Kreuzfahrer fanden 1099 nur noch die Ruine der byzantinischen Basilika vor und errichteten an ihrer Stelle eine neue Kirche von außergewöhnlicher Pracht. Nur die Verkündigungsgrotte hatte alle Zerstörungen fast unversehrt überstanden. Sie war den Kreuzfahrern heilig und wurde mit besonderer Liebe ausgestattet. Um 1125 avancierte Nazaret zum Sitz eines Erzbistums.

1187 besetzte Saladin Nazaret, schonte die christlichen Stätten, wies aber alle Priester aus der Stadt. 1212–41 und 1244–49 stand die Stadt unter islamischer Herrschaft, 1251 kehrte der Erzbischof nach Nazaret zurück. 1254 feierte König Ludwig IX. der Heilige in Nazaret das Fest der Verkündigung. 1263 zerstörte dann der Mameluckensultan Baibars die Verkündigungkirche und alle christlichen Einrichtungen. Um 1295 entstand die Legende, dass Engel das Wohnhaus der Heiligen Familie von Nazaret nach Loreto getragen hätten, und noch heute ist das ›Heilige Haus‹ im italienischen Wallfahrtsort Ziel unzähliger Pilger.

1620 erlaubte Fakhr ed-Din, Emir der Drusen und Freund der Medici, die Rückkehr der Christen; 1730 genehmigten die Türken den Franziskanern den Neubau einer Kirche. Da die Bauzeit sechs Monate nicht überschreiten durfte, stellte der Orden in großer Eile einen kleinen Bau quer über die Grotte, die man zu einer Krypta umgestal-

Wandern auf Jesus Spuren

In bzw. bei Nazaret beginnen zwei rund 60 km lange Wanderwege durch Galiläa bis nach Kafarnaum am See Gennesaret *(s. S. 411).*

tete. 1954 wurde er abgerissen, um einem würdigen Neubau Platz zu machen. Diese einmalige Gelegenheit nutzten franziskanische Archäologen, um das ganze Gelände um die Verkündigungsgrotte eingehend zu untersuchen. Die heutige Kirche wurde 1969 geweiht.

1957 gründeten Juden auf einem Berg östlich der Altstadt von Nazaret eine Siedlung, der sie 1962 den Namen Nazerat Illit (›Obernazaret‹) gaben. Heute zählt der Ort, den mit Leverkusen eine Partnerschaft verbindet, bereits 60 000 Einwohner.

Verkündigungskirche

Verkündigungs-kirche

tgl. 8–18 (im Winter bis 17) Uhr

Die heutige **Verkündigungskirche (1),** mit der Archäologen, Baumeister und Geistlichkeit eine großartige Verbindung zwischen Historie und Glauben geschaffen haben, dokumentiert 1800 Jahre Kirchenarchitektur so anschaulich und beeindruckend wie wohl kein anderes Bauwerk. Den Bau führte der italienische Architekt Giovanni Muzio 1960–69 aus. Die blockartige Anlage wurde aus Kalksteinquadern errichtet, die eine auflockernde Struktur aus waagerecht verlaufenden Lagen rötlichen Sandsteins erhielten. Die giebelförmige Westfassade zeigt Reliefs der Verkündigung: links oben den Engel Gabriel, rechts oben Maria, darunter die vier Evangelisten Matthäus, Markus, Lukas und Johannes mit ihren Symbolen Engel, Löwe, Stier und Adler. Die lateinische Inschrift lautet: »Der Engel des Herrn hat Maria verkündet, dass das Wort Fleisch geworden ist und in uns gewohnt hat« (Joh 1,14). Je ein turmartiger Abschluss zu beiden Seiten und die schießschartenartigen Fenster geben der Fassade das Aussehen einer mittelalterlichen Festung. Die drei Westportale sind ein Werk des Münchener Bildhauers Roland Friedrichsen. Auf dem 4,5 m hohen und 3 m breiten Mittelportal sieht man Darstellungen von Christi Geburt, die Flucht nach Ägypten, den jugendlichen Jesus, die Taufe im Jordan, die Bergpredigt und die Kreuzigung; das linke Portal hat den Sündenfall, das rechte die Erlösungsprophetie zum Thema. Auf der Südfassade steht das Gebet ›Salve regina‹. Die Bronzetüren des amerikanischen Bildhauers Frederic Shrady, zeigen am Südportal Szenen aus dem Leben der Maria. Der Architekt gliederte das Bauwerk in eine Unter- und eine Oberkirche. Vom Westportal aus gelangt man durch eine Vorhalle zunächst nach unten zu den Relikten der Vorgängerbauten und der Verkündigungsgrotte; der obere Teil ist modern gestaltet.

Da sagte der Engel zu ihr: »Fürchte dich nicht, Maria; denn du hast bei Gott Gnade gefunden. Du wirst ein Kind empfangen, einen Sohn wirst du gebären: dem sollst du den Namen Jesus geben.«
Lk 1,30 und 31

Die frühesten Spuren am Ort der Verkündigungskirche – Grotten, Silos, Zisternen, Ölpressen und Weinkeltern, die nördlich der Kirchenmauer zu sehen sind – stammen aus herodianischer Zeit. Die Verkündigungsgrotte war damals eine übliche Vorratshöhle, die mit Sicherheit zu einem kleinen Wohnhaus gehörte. Hier könnte Maria gelebt haben, denn schon im 2. Jh. unterhielten die Judenchristen an dieser Stelle eine Kultstätte. Das 2 × 2 m große, in den Felsboden geschlagene Becken, zu dem sieben Stufen hinunterführen, diente ursprünglich als Weinkelter. Im 2. Jh. verband man es mit einer Zisterne und verwendete es als

Taufbecken, dessen Wände wasserdicht verputzt und mit zahlreichen Sgraffiti (Kreuze, Schiffe, Pflanzen) geschmückt sind.

Der ›Schutt‹, der das Becken bedeckte, bestand aus Teilen einer Synagogenkirche des 3. Jh. Die Basen, Kapitelle und Fenstergesimse erinnern an die frühen Synagogen Galiläas, nur war dieses Bauwerk eben dem Marienkult geweiht. Auf einer Säulenbasis entdeckten die Archäologen die griechische Inschrift XE MAPIA (Chaire [Ave] Maria, ›Sei gegrüßt, Maria‹), die älteste bekannte inschriftliche Erwähnung ihres Namens. Zwei kurze Treppen führen zum Vorraum der Verkündigungsgrotte hinab. Eine kleine Nebengrotte wurde von den Judenchristen als Märtyrerkapelle benutzt. An der linken Felswand steht die Mensa Martyrum, ein steinerner Tisch, der der Feier der Eucharistie und der Agape diente. Die rechte Felswand schmückte eine symbolische Darstellung des Paradieses.

Über der **Synagogenkirche,** von der noch eine doppelte Steinreihe der Südmauer erhalten blieb, entstand zu Beginn des 5. Jh. eine **byzantinische Basilika** mit einem etwa 20,5 × 16 m großen, vorgelagerten Atrium. Die Südmauer der Synagogenkirche bildete das Fundament für den südlichen Stylobat des Hauptschiffes, das 19,5 m lang und 8 m breit war und im Osten mit einer Apsis abschloss. An das südliche, 15,35 m lange und 2,85 m breite Seitenschiff lehnte sich ein Kloster an; der rechteckige Raum östlich des Schiffes war die Sakristei. Das nördliche Seitenschiff, von dem kaum etwas gefunden wurde, endete vor den beiden Grotten, die außerhalb der Basilika lagen. Das Hauptschiff war mit einem Mosaikboden ausgelegt, der das alte Taufbecken der Judenchristen verbarg. Ein Fragment des Bodens zeigt das Christusmonogramm in seiner Urform. Es entstand aus dem judenchristlichen Symbol des Sterns, der sich im Laufe der Zeit zu einem griechischen Chi (X) wandelte, und dem griechischen Rho (P) als Geheimzeichen für Jesus. Chi und Rho bilden die Anfangsbuchstaben des griechischen Wortes Christos (›der Gesalbte‹). Das Christusmonogramm war auf das Martyrion ausgerichtet. Für den Vorraum zur Grotte stiftete der Jerusalemer Diakon Konon einen 3,6 × 3,4 m großen geometrisch gemusterten Mosaikboden, das sogenannte **Kononmosaik,** an das im Osten die 2,7 × 7,7 m große Engelskapelle angrenzt.

Die **Verkündigungsgrotte,** etwa 7 m lang, 6 m breit und 3 m hoch, wird heute von einem Kupferbaldachin bedeckt. Das umlaufende Kup-

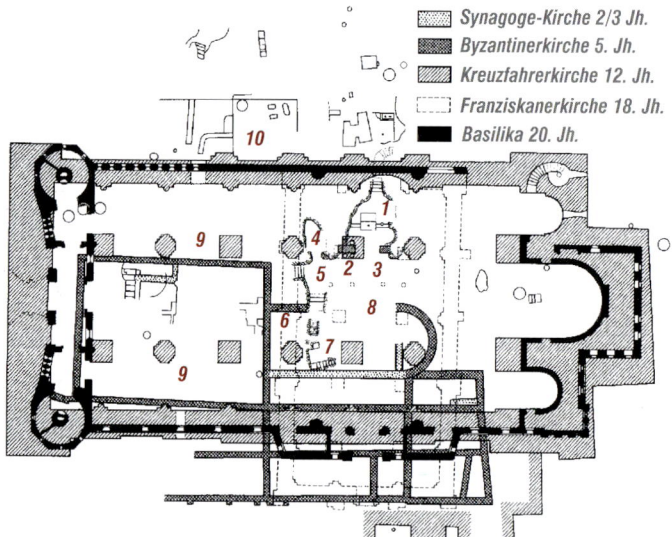

Verkündigungskirche

1 Verkündigungsgrotte
2 Säule Mariens
3 Säule des Erzengels Gabriel
4 Martyrion
5 Kononmosaik
6 Christusmonogramm
7 Taufbecken
8 Engelskapelle
9 Pfeiler der Kreuzfahrerkirche
10 Höhlen und Getreidesilos des alten Nazaret

Synagoge-Kirche 2/3 Jh.
Byzantinerkirche 5. Jh.
Kreuzfahrerkirche 12. Jh.
Franziskanerkirche 18. Jh.
Basilika 20. Jh.

ferband zeigt eine Verkündigungdszene und die Worte »Ave Maria, gnadenvolle – Er ist Mensch geworden durch den Heiligen Geist – Aus der Jungfrau Maria«. Als die Franziskaner 1620 das Areal erwarben, schufen sie als erstes eine unterirdische Verbindung zwischen ihrem Kloster und der Verkündigungsgrotte, um von den Muslimen ungesehen die heilige Stätte betreten zu können. Zeitweise steht der enge Treppengang auch Besuchern zur Verfügung. Man betritt dann die Grotte in der Josefskapelle, wo sich der Altar der Flucht nach Ägypten befindet. Ein schmaler Durchlass öffnet sich zur Verkündigungskapelle mit dem Altar. Die beiden Säulen rechts vom Durchgang zur Engelskapelle, vermutlich byzantinischen Ursprungs, fügten fränkische Baumeister ein, um die Tragfähigkeit der dünnen Felsdecke zu verstärken, da unmittelbar darüber einer der mächtigen Pfeiler der Kreuzfahrerkirche aufsetzte. Die nördliche Säule wird Mariensäule genannt, die südliche Gabrielssäule. Nach der Tradition zeigen sie den Standort der Jungfrau und des Erzengels bei der Verkündigung an. In der Engelskapelle steht im Westen der Gabriels- und im Osten der an Marias Vater erinnernde Jojakimaltar.

Die etwa 70 m lange und 30 m breite **Kreuzfahrerkirche,** im Jahre 1106 fertiggestellt, umschloss mit ihren drei Schiffen die gesamte byzantinische Basilika nebst Atrium und Verkündigungsgrotte. Sechs Pfeiler hatten einen quadratischen, sechs einen sechzehneckigen Grundriss. Den östlichen Abschluss bildeten drei Apsiden, in denen jeweils ein Altar stand. Von der nördlichen Seitenapsis aus führte eine Treppe in dem mächtigen Mauerwerk zu den oberen Räumen. Die Nordwand der heutigen Unterkirche und die drei Apsiden stammen noch von dem Kreuzfahrerbau. In der Nordapsis hängen zwei Reliefs in Betonguss: Anna mit Maria und Jesus auf den Armen und Jojakim mit seinen Schafen. Im Museum der Verkündigungskirche stehen einige schöne, zum Teil noch unvollendete Kapitelle des 12. Jh., herrliche Beispiele burgundischer Kunst, die beim Herannahen Saladins vergraben wurden. Der im Jahre 1730 von den Franziskanern errichtete **Notbau** erhob sich quer über den Ruinen der Kreuzfahrerkirche. Er war 22 m lang und 17 m breit und hatte allein die Verkündigungsgrotte zu beschirmen.

Die 1969 nach fast zehnjähriger Bauzeit fertiggestellte fünfte Verkündigungskirche, der größte christliche Bau des Nahen Ostens, misst etwa 68 × 29 m. Sie ruht auf den Fundamenten der Kreuzfahrerkirche, seine Mauern aber sind wesentlich schmaler als die mächtigen Wände des mittelalterlichen Bauwerks. Die Unterkirche befindet sich auf dem Niveau der byzantinischen Anlage. Sieben Stufen führen zu einem achteckigen Platz hinunter, der die ältesten Stätten des Marienkultes umfasst und der Verkündigungsgrotte sowie dem Martyrion vorgelagert ist. Zwei große Wendeltreppen in den beiden Türmen der Westfassade verbinden die Unter- mit der Oberkirche. Das Treppengeländer der Südtreppe schmückt ein Holzrelief des Pilgers von Piacenza, der 570 nach Nazaret kam. Neben ihm stehen – ebenfalls aus Holz – der Ritter Tankred, der Erbauer der Kreuzfahrerkirche, und

Stadtansicht von Nazaret mit der Verkündigungskirche im Vordergrund

Franz von Assisi. Eine große, achteckige Öffnung gibt den Blick auf die Unterkirche und auf die heilige Stätte der Verkündigung frei. Über der Öffnung wölbt sich bis zu einer Höhe von 57 m, 40 m über der Oberkirche, die 18 m breite Kuppel, die einer nach unten geöffneten Lilie gleicht. Die Lilienblüte, Sinnbild der Reinheit und altes Marien-symbol, hat 16 Blütenblätter, von denen jedes aus zwei abgewinkel-ten Flächen besteht, sodass sich insgesamt 32 Flächen ergeben. In der jüdischen Zahlenmystik wird die 32 als Summe aus den 22 Buchsta-ben des hebräischen Alphabets und den zehn Befehlen Gottes bei der Schöpfung der Welt (Gen 1) erklärt. Das Ebenbild Gottes ist der Mensch, das Spiegelbild von 32 die 23. Und genau 23-mal erscheint auf jeder Blattfläche das M für Maria.

Den Turmkegel tragen acht Betonpfeiler, an denen 14 Keramik-arbeiten eines modernen italienischen Meisters die Stationen des Kreuzweges wiedergeben. Der Fußboden der Oberkirche besteht aus Marmorintarsien. Das 150 m² große Wandmosaik des Chorraumes, ein Werk des Sizilianers Salvatore Fiume, zeigt Christus im roten Gewand des Hohepriesters, wie er mit ausgebreiteten Armen die Men-schen einlädt, zu ihm zu kommen. Neben ihm steht der zweifelnde Petrus, im Hintergrund thront Maria. Vorn rechts erkennt man die fünf Päpste Benedikt XV., Pius XI., Pius XII., Johannes XXIII. und Paul VI. Zu beiden Seiten des allsehenden Auges und der Taube steht das seit dem Konzil von Konstantinopel (381) gültige Glaubensbe-kenntnis. Der Hochaltar aus rötlichem Marmor hat die Form einer Barke und trägt einen von C. Cobruyt gestalteten Tabernakel.

Die **Franziskuskapelle** links vom Chor zeigt Graffiti des Italieners Baruzzi: an der Decke die Vision des hl. Franziskus, den Hintergrund beherrscht das Jerusalemkreuz, das Symbol der Kreuzfahrer und Franziskaner, links pflegt der hl. Franziskus einen Aussätzigen, rechts sieht man zwei Pilger, die Nazaret besuchten: König Ludwig IX. den Heiligen (1252) und Papst Paul VI. (1964). Die **Sakramentskapelle** rechts vom Chor ist mit Fresken ausgestaltet; Kirchenlehrer und Märtyrer der West- und Ostkirche sowie die historische Umarmung von Papst Paul VI. und dem griechisch-orthodoxen Patriarchen Athenagoras auf dem Ölberg (1964) sind abgebildet. Die bis zur umlaufenden Galerie 7 m hohen Wände der Oberkirche sind mit modernen Mariendarstellungen aus aller Welt geschmückt.

Die Haupteingänge zur Oberkirche liegen an der Nordseite. Die trapezförmige **Terrasse** davor schützt die Siedlungsreste des alten Nazaret. Das moderne, fast oktogonale Baptisterium ist eine Schöpfung des deutschen Künstlerpaares Bernhard Hartmann (Bronzearbeiten) und Irma Rochelle (Keramik), das große Glasfenster arbeitete Max Ingrand.

Josefskirche

100 m nördlich der Verkündigungskirche steht die im Jahre 1914 geweihte **Josefskirche (2),** der Tradition nach an der Stelle, an der Josef sein Wohnhaus und seine Werkstatt hatte. Im 17. Jh. bauten die Franziskaner eine kleine Kapelle, nachdem hier schon ein Kreuzfahrerbau und möglicherweise auch ein byzantinisches Gotteshaus gestanden hatten. Der gallische Bischof Arkulf erwähnte nämlich um 670 zwei große Kirche in Nazaret: Die Verkündigungskirche und die Kirche der Ernährung (auch Haus der Heiligen Familie genannt), die auf Gewölben über Josefs Haus gebaut worden war. Zahlreiche Öl- und Weinpressen, Silos, Zisternen und Vorratsgrotten aus der Zeit Jesu bezeugen eine intensive landwirtschaftliche Nutzung des fruchtbaren Ackerlandes dieser Gegend.

Die 29 m × 16,2 m messende Kreuzfahrerkirche des 12. Jh., von deren Säulen bzw. Pfeilern nichts mehr vorhanden ist, besaß wohl nur ein einziges Portal im Westen und vermutlich zweimal fünf Pfeiler; drei Apsiden schlossen sie nach Osten hin ab. Im Mittelschiff entdeckte man ein Taufbecken, in das sieben Stufen hinabführten. Es ist mit Mosaikfeldern ausgelegt und mit Marmorplatten verkleidet. Der schwarze Basalt im Boden symbolisiert den Felsen Christus (1 Kor 10,4).

Südlich vom Taufbecken führt eine schmale Treppe in eine 9–10 m lange, 4–5 m breite und über 2 m hohe **Felsgrotte** hinab, die Licht und Luft durch zwei Öffnungen in der Felsdecke erhielt. Ursprünglich diente sie als Vorratsraum, der Mosaikboden und Graffiti an den Wänden beweisen jedoch, dass hier in den ersten nachchristlichen Jahrhunderten eine Kultstätte der Judenchristen bestand. Beim Betrachten der Grundrisszeichnung fällt auf, dass das Taufbecken, die schmale Treppe, eine quadratische Vertiefung im Nordosten und eine Pfeilerbasis genau parallel zueinander verlaufen, aber etwa 25° von der

*Verkündigungsszene
(Ikone im Katharinen-
kloster auf dem Sinai,
um 1260)*

Kreuzfahrerkirche abweichen. Daraus könnte man schließen, dass
die byzantinische Kirche bzw. die judenchristliche Kultstätte anders
ausgerichtet war als der Kreuzfahrerbau.

Weitere Sehenswürdigkeiten

Etwa 200 m nördlich der Verkündigungskirche steht inmitten des Ba-
sarviertels die **Synagogenkirche (3),** eine Gebetsstätte der griechisch-
katholischen Melchiten. Im Inneren zeigt man die Reste jener Synagoge, in der der junge Jesus Lesen gelernt und als Erwachsener gepre-
digt haben soll (den Zugang bildet eine besondere Tür links vom
Kirchenportal). Die bescheidenen Überbleibsel dieses Baus – etwa 80
Steine und einige Säulenbasen – dürften allerdings erst aus dem 6. Jh.
stammen. Die These, dass an dieser Stelle zur Zeit Jesu tatsächlich die
Synagoge von Nazaret stand, ist jedoch noch nicht bewiesen.

Die 1861 erbaute **Franziskanerkirche Mensa Christi (4)** soll an der
Stelle stehen, an der der auferstandene Christus zum letzten Mal mit
seinen Jüngern beim Abendmahl zusammensaß. Ein hervorspringen-
der, behauener Felsblock bildet den Tisch.

Nazarets einzige Quelle entspringt westlich der griechisch-ortho-doxen **Gabrielskirche (5)** in einer 10 m unter der Erdoberfläche ge-legenen Höhle, von wo aus ein 17 m langer Aquädukt das Wasser an die Oberfläche leitete. Noch heute finden wir die alte Brunnenöffnung in einer Krypta unterhalb des Altars der Gabrielskirche, erreichbar über sechs Stufen. Am Rand des marmornen Brunnendeckels stehen die stark verwitterten Worte: »Gegrüßt seist du, Maria, der Herr ist mit dir.« Nach dem Protevangelium des Jakobus, dass der griechisch-orthodoxen Tradition zugrunde liegt, fand nämlich die Begegnung der Maria mit dem Erzengel Gabriel nicht in ihrem Haus statt, sondern an diesem Brunnen.

Eine Kirche an der Quelle erwähnte erstmals der russische Abt Da-niel im Winter 1106/07. Es handelte sich dabei um einen vermutlich nach 630 errichteten Rundbau, der um die Mitte des 8. Jh. zerstört und später von den Kreuzfahrern erneuert wurde. 1335 berichtete der Pilger Jakob von Verona, dass die Kirche des Erzengels Gabriel eine Ruine sei. Die Griechen bauten im Jahre 1767 die heutige Gabriels-kirche – ihren Verkündigungsort. Die großartige Ikonostase stammt noch aus dem Gründungsjahr. Der ursprüngliche Zugang zum Brun-nen lag im östlichen Hofraum der Kirche; 18 Stufen sind noch vor-handen.

Als das Wasser bei der Gabrielskirche zu versickern drohte, baute man im Jahre 1862 eine 150 m lange Leitung von der Quelle zur Stra-ße nach Tiberias. Es ist noch nicht lange her, dass sich am **Marien-brunnen (6)** nach Sonnenuntergang Frauen und Mädchen trafen, um Wasser zu schöpfen. Heute steht der Brunnen fast unbeachtet am Ran-de der verkehrsreichen Straße, das kostbare Quellwasser (15 000 Li-ter täglich) wird in modernen Zisternen aufgefangen und in das Was-serleitungsnetz eingespeist.

Centre International Marie de Nazareth

Schräg gegenüber der Verkündigungs-kirche ist 2011 ein Zentrum eröffnet worden, das sich der Erforschung des Marienmysteriums widmet. Es wird von der katholischen Chemin Neuf Com-munauté betrieben und von verschiede-nen christlichen Kir-chen des Heiligen Landes getragen (eindrucksvolle Multimedia Show). Archäologen stie-ßen beim Bau des Zentrums auf ein Haus, das in die Zeit Jesu datiert werden kann. www.cimdn.org Mo–Sa 9–17, Mi –21 Uhr

Reisen & Genießen

Hotel
Im Herzen des Marktviertels, keine 500 m von der Verkündigungskirche entfernt, liegt diese schmucke arabische Villa aus dem 19. Jh. Liebevoll restauriert, gleicht kein Zim-mer dem anderen:
Fauzi Azar Inn
mitten in der Altstadt
Nazareth 16125
Tel. 046 02 04 69
www.fauziazarinn.com
DZ ab 350 NIS

Restaurant
Vom schlichten Eingang sollte man sich nicht abschrecken lassen: In diesem etab-lierten Restaurant erwartet den Gast eine unglaubliche Vielfalt an köstlichen Vor-speisen. Empfehlenswert sind auch die le-cker gewürzten Lamm-Kebabs.
Diana
51 Paul VI Street
Tel. 046 57 29 19
tgl. 11–24 Uhr
Hauptgericht ab 60 NIS

Nordgaliläa

Zefat

Karte Nordgaliläa
S. 273
Cityplan Zefat s. S. 274

Das nordwestlich vom See Gennesaret am Westhang des Har Kanaan gelegene Zefat (Safad, Safed) ist der Hauptort Obergaliläas. Im 16. Jh. galt die vierte der Heiligen Städte des Talmud (neben Jerusalem, Hebron und Tiberias) als Stadt der Mystiker und Kabbalisten, als geistiges und religiöses Zentrum der Juden. Heute ist Zefat wegen seiner Höhenlage (800–1000 m) ein beliebter Sommerkurort und wegen seiner malerischen Altstadt ein viel besuchtes Touristenziel. Die Stadt zählt 29 000 ausschließlich jüdische Einwohner. Sehenswert sind vor allem die alten Synagogen und das Künstlerviertel, das berühmte ›Malerviertel von Galiläa‹.

Nordgaliläa
Besonders sehenswert:
Zefat
Tel Hazor
Hule-Naturreservat
Tel Dan
Banyas
Qal'at Nimrud

Geschichte

Der ägyptische Pharao Thutmosis III. (1490–36) erwähnte in seiner Liste der eroberten Städte Kanaans auch Saft, das möglicherweise mit Zefat identisch war, Flavius Josephus nannte Sepph in seinem Werk ›Der Jüdische Krieg‹ (II,20,6). Der Ort war auch zur Zeit des Bar Kochba-Aufstandes (132–35) jüdisch. Hier wurde der große Rabbi Simeon Bar Yochai († 170), ein Anhänger Bar Kochbas, begraben. Ihm wird das Buch »Zohar« (›Glanz, Helligkeit‹), das Grundwerk der Kabbala, zugeschrieben, das allerdings erst 1270, also über tausend Jahre später, Moses de Leon († 1305) in Spanien niederschrieb. Im 3.–5. Jh. war Zefat *(tsafo*, hebräisch für ›Ausguck‹) einer der Orte, die vor großen Festtagen die von Jerusalem ausgehenden Feuersignale weitergaben.

Um 1100 gehörte Zefat, von den Kreuzfahrern Safed genannt, mit Galiläa zum Herrschaftsbereich des Normannenfürsten Tankred. 1102/03 errichtete Hugo von St. Omer auf dem Hügel HaMetzuda eine kleine Burg, die König Foulques von Anjou um 1140 vergrößerte. 1157 konnte sich König Balduin nach seiner Niederlage gegen Nur ed-Din, den Sultan von Damaskus, mit knapper Not hierher retten. 1167 gab König Amalrich I. die Burg den Tempelrittern. Nach der Schlacht von Hattin (1187) konnte sich die Festung noch fast ein ganzes Jahr halten; erst nach zweimonatiger schwerer Beschießung ergaben sich die Tempelherren schließlich am 6. Dezember 1188 den Truppen Saladins. Als Kaiser Friedrich II. einen Kreuzzug ins Heilige Land vorbereitete, schleiften die Muslime im Jahre 1219 die Gebäude bis auf den Grund, um einen etwaigen Wiederaufbau zu erschweren. 1240 vermittelten die Tempelritter ein Bündnis zwischen den Franken und Ismail von Damaskus gegen Sultan Ajjub von Ägypten, wofür sie als Dank die Stadt Safed erhielten. Den Neubau einer modernen Festung lehnte der Großmeister der Templer wegen der hohen Kosten zunächst ab, erst Benoit d'Alignan, Bischof von Marseille, der als Pilger ins Heilige Land gekommen war, konnte ihn durchsetzen. Nach zweieinhalb

Zefat ★★

Tourist Information
Rehov Alkabetz
Zefat
Tel. 046 92 44 27
*www.safed-
home.com*
So–Do 8.30–16 Uhr
*Die private Tourist-
information bietet
auch Stadtführun-
gen an.*

*Informationen zur
Stadt und ihren Se-
henswürdigkeiten
auch unter*
www.safed.co.il

◁ *Kreuzfahrerburg*
Montfort

Abouav-Synagoge

Jahren hatte man die gewaltige Wehranlage, die vor allem Schutz vor Angriffen aus Damaskus bieten sollte, fertiggestellt. Sie bedeckte eine Fläche von über 4 ha, konnte also eine größere Streitmacht aufnehmen, war aber auch für die Verteidigung durch eine kleine Besatzung geeignet.

1266 griff der Mameluckensultan Baibars die Festung, die als uneinnehmbar galt, an. 2000 Flüchtlinge, Christen und auch Juden, hatten hinter den Mauern Schutz gesucht. Als die Vorräte nach drei Wochen aufgebraucht waren, boten die Templer die Übergabe an. Baibars sagte ihnen freien Abzug zu, ließ jedoch später alle, die sich weigerten, zum Islam überzutreten, enthaupten, darunter auch die Nonnen des St. Jakobsklosters. Als Baibars 1267 die Abgesandten der Franken, die einen Waffenstillstand erbitten wollten, empfing, waren die Festungsmauern mit über 1000 Schädeln bestückt. Der Mameluck, erneuerte die Verteidigungsanlagen und machte Safed zur Hauptstadt des Bezirks Galiläa; der Ort wurde dann wegen seiner Gewürze, Früchte und des feinen Olivenöls berühmt.

Im 14. und 15. Jh. entwickelte sich hier eine ansehnliche jüdische Gemeinde. Das Grab des Rabbi Simeon Bar Yochai, inzwischen zu einer heiligen Stätte geworden, zog viele Gläubige von nah und fern an. Als Spanien durch das Edikt vom 31. März 1492 seine jüdischen Bürger vertrieb, kamen zahlreiche dieser Sephardim nach Palästina, wo sie sich in Jerusalem und Hebron, vor allem aber in Galiläa niederließen. Zefat, das in jener Zeit eine größere Anziehungskraft ausübte als das damals unbedeutende Jerusalem, gedieh im 16. Jh. unter den Osmanen zu einer der reichsten Städte Palästinas. Sultan Süleyman II. der Prächtige (1520–66) macht es neben Jerusalem, Nablus

und Gaza zur Hauptstadt eines autonomen türkischen Verwaltungs-
bezirks. Die Osmanen förderten die jüdischen Gemeinden, die immer
mehr Zustrom aus Spanien, Nordafrika und Italien erhielten. Gegen
1550 wohnten in Zefat bereits 12 700 Juden und in den umliegenden
Dörfern nochmals rund 10 000. Mit den Sephardim kamen auch zahlreiche aus Spanien vertriebene Muslime ins Land.

Zefat erlebte aber nicht nur eine wirtschaftliche Blütezeit, sondern
entwickelte sich durch den Zuzug zahlreicher schon in Spanien berühmter Rabbiner zu einem geistigen und religiösen Mittelpunkt. Rabbi Josef Caro schuf um 1560 den »Shulhan Arukh«, ›Der gedeckte
Tisch‹, das Gesetzbuch der orthodoxen Juden, das Rabbi Isserles aus
Krakau später durch sein Werk »Mappa«, ›Tischtuch‹ ergänzte. Rabbi Ya'akov Beirav versuchte gegen den Widerstand der Jerusalemer
Rabbiner, den Sanhedrin hierher zu holen. Er gründete eine theologische Hochschule, an der so berühmte Rabbis wie der aus Jerusalem
stammende Izhak Luria (1534–72) jüdische Mystik lehrten und die
Kabbala interpretierten. Die Kabbala (›Überlieferung‹) entstand zu
Beginn des 13. Jh., als sich provenzalische Juden gegen den nüchter-
nen Talmudismus zu wehren begannen. Diese neue religionsphiloso-
phische Bewegung erfasste bald auch die Juden Italiens und Spaniens.
Die Lehre der Kabbala beschäftigt sich mit dem mystischen Sinn des
Alten Testaments und der talmudischen Religionsgesetze.

1563 begann in Zefat die erste Buchdruckerpresse des Nahen Ostens zu arbeiten. 1578 wurde das erste Buch in hebräischer Sprache
fertiggestellt. Im 17. Jh. verschlechterte sich die Lage in Galiläa. Zefat geriet unter die Herrschaft des Paschas von Damaskus, der die jüdischen Gemeinden mit hohen Abgaben belegte und dadurch viele
Menschen zur Auswanderung zwang. 1738 und 1769 wurde Zefat von
schweren Erdbeben heimgesucht, 1742 raffte eine Pestepidemie ei-

**Die vier heiligen
Städte des Judentums**

*Wenn Jerusalem im
Kreise der vier Ur-
elemente das Feuer,
Hebron die Erde,
Tiberias das Wasser
symbolisierten, war
Zefat die Luft.*

Nordgaliläa

0   5   10 km

LIBANON

Metula
Qiryat
Shemona
Tel Dan
Qal'at Nimrud
Banyas
Hermon
Snir

Huletal
Naturreservat

Montfort
Bar'am

Nahariyya
89

Meron
89
Jordan
Tel Hazor
91
87

Zefat
Rosh Pinna
zum See Gennesaret

Zefat

1 *HaMetzuda*
2 *Kikar HaMeguinim (Markt)*
3 *Sephardische HaAri-Synagoge*
4 *Aschkenasische HaAri-Synagoge*
5 *Abouar-Synagoge (Künstlerviertel)*
6 *Jüdischer Friedhof*
7 *Qiryat Hazaiarim*
8 *Benat Hamid*
9 *Djame el-Ahmar*

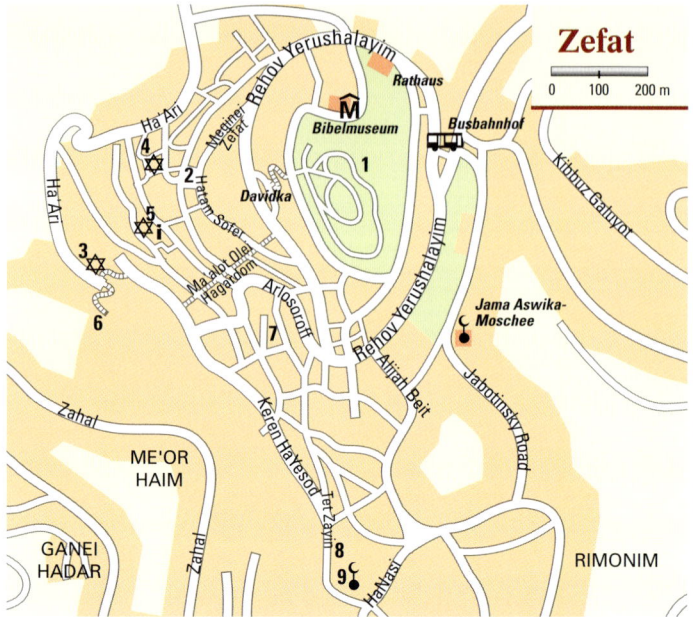

nen großen Teil der Bevölkerung dahin. 1799 besetzte Napoleon die Stadt, 1830 schlug Ibrahim Pascha von Ägypten hier sein Hauptquartier auf. 1833 erhoben sich die Drusen gegen ihn und plünderten Zefat. 1837 fielen ganze Stadtviertel einem schweren Erdbeben zum Opfer, 4000 Menschen wurden unter den Trümmern begraben. Drei Jahre darauf brachte ein neues Erdbeben weitere Häuserzeilen zum Einsturz; das wirtschaftliche und geistige Leben der Stadt erlosch.

Gegen Ende des 19. Jh. zählte Zefat nur noch 12 000 Einwohner, davon weniger als die Hälfte Juden. 1948 wurden alle Araber ausgewiesen. Das moderne Zefat gibt sich nach wie vor traditionsbewusst.

Stadtbesichtigung

Inmitten der Stadt erhebt sich der 834 m hohe Hügel **HaMetzuda (1,** ›Zitadelle‹) mit spärlichen Resten der gewaltigen Kreuzfahrerfestung, deren 850 m lange Mauern von mindestens sieben Türmen verstärkt waren. Hier stand auch das Bollwerk, das Josephus Flavius 66 n. Chr. während des Aufstandes gegen die Römer errichtete. Heute bedeckt ein Park die einstigen Wehranlagen. Den Hügel umgürtet die Hauptstraße von Zefat, die Rehov Yerushalaim. Auf einer Terrasse steht die Davidka, eine kleine, selbstgebaute Kanone, die am 14. Mai 1948 durch ihren gewaltigen Donnerschlag die Unabhängigkeit Israels ankündigte. Der **Kikar HaMeguinim (2)** ist der kleine Markt von Zefat.

Die jüdische Altstadt westlich des HaMetzuda besitzt mehrere interessante Synagogen aus dem 16. Jh. Ihre Fassaden sind vorwiegend schmucklos, und auch die Gebetshallen beeindrucken durch ihre Schlichtheit. Dagegen wurden die Thoraschreine oft verschwenderisch und kunstvoll ausgestaltet. Die pastellfarbenen Innenwände der Hallen sind vielfach mit naiven Fresken bedeckt. Schmale, gepolsterte Sitzbänke laden zum Beten, Meditieren und zum Studium der kostbaren Bücher, die in Wandregalen bereitstehen, ein.

In der Altstadt von Zefat

Das älteste und zugleich schönste der jüdischen Bethäuser ist die **sephardische HaAri-Synagoge (3),** erbaut wohl im 16. Jh. in der Nähe einer Grotte, in der die Rabbis zu meditieren pflegten. Man betritt das Gebäude über einen kleinen, teils von hohen Mauern umgebenen Hof, in dem Orangen- und Zitronenbäume blühen. Eine geschmückte Portalwand öffnet sich zu einem Vorraum, der in die nach Süden ausgerichtete und von zwei Gewölbedecken überdachte Haupthalle führt. Die drei Fenster der Halle bieten einen herrlichen Blick auf die umgebenden Hügel. Die reiche Einrichtung aus geschmiedetem Eisen und geschnitztem Holz stammt aus späterer Zeit. Die Synagoge wurde mehrmals verändert, behielt aber den ursprünglichen Bauplan bei. Vor einigen Jahren erlebte sie eine gründliche Restaurierung. Die **aschkenasische HaAri-Synagoge (4)** entstand einige Jahre nach dem Tod des Rabbi Izhak Luria (Ari) und wurde nach dem großen Erdbeben von 1837 wiederaufgebaut. Der Haupteingang ist von reich geschmückten Fenstern gekrönt. Den Thoraschrein an der Südwand der Gebetshalle schuf ein ukrainischer Bildhauer gegen Ende des 19. Jh. Weitere besuchenswerte Gebetshäuser sind die Caro, die HaAlsheh-, die Bena'a- und vor allem die **Abouav-Synagoge (5),** deren Name auf den großen Rabbi Isaak Abouav zurückgeht. Das Gebäude, das nach dem Erdbeben von 1837 mit Ausnahme der Südmauer neu errichtet wurde, steht in einem kleinen Hof mit schattenspendenden Pi-

Innenansicht der aschkenasischen HaAri-Synagoge

*Im Künstlerviertel
von Zefat*

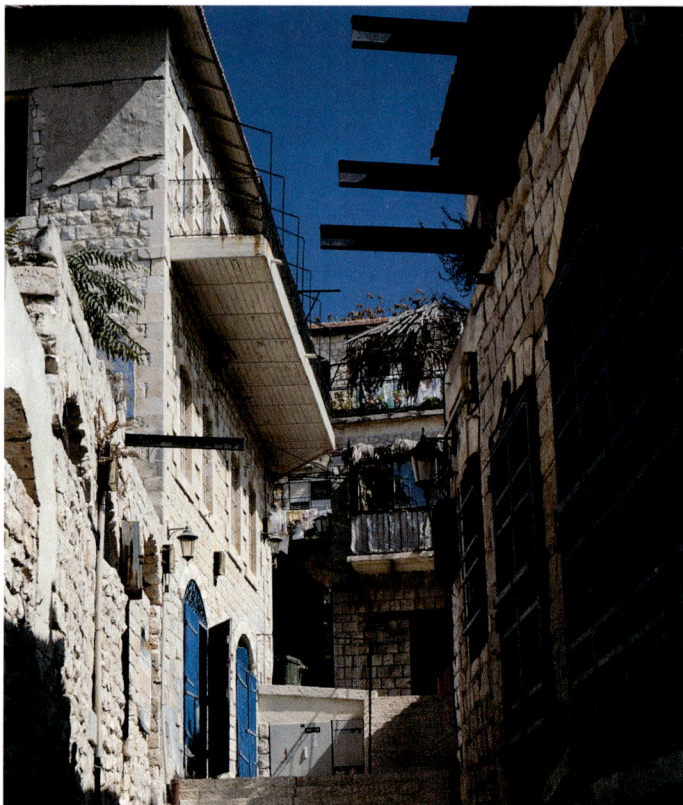

nien. Die Mittelkuppel ist in lichten Farben mit jüdischen Symbolen, Palmen, Feigenbäumen und Inschriften reich geschmückt.

An das Synagogenviertel schließt sich im Westen der alte **jüdische Friedhof (6)** an. Die reine Luft von Zefat lasse die Seele jedes hier Verstorbenen sogleich in den Garten Eden fliegen. Wir finden hier die Gräber von Izhak Luria (Ari; † 1572) und seines Lehrers Moshe Cordovero (Ramak; † 1570), von Ya'akov Beirav († 1546), Josef Caro († 1575), Shelomo Alkavets († 1584), Moshe Alsheich († 1600) und anderen.

Südlich des Hügels HaMetzuda erstreckt sich das **Künstlerviertel (7,** Qiryat HaZaiarim) mit seinen verwinkelten malerischen Gassen und Treppenwegen. In den schönen arabischen Häusern leben und schaffen heute jüdische Maler und Bildhauer aus Polen, Litauen, Deutschland und den USA. In einer ehemaligen Moschee stellen sie gemeinsam ihre Werke aus. Noch weiter südlich trifft man auf **Benat Hamid (8),** das Grab des Emirs Muzaffar ed-Din Musa aus dem Jahre 1372, und wenige Meter weiter auf die **Djame el-Ahmar (9),** die Rote Moschee, die 1275 von Baibars errichtet wurde.

Tel Hazor

23 km nördlich von Tiberias, östlich der Straße nach Qiryat Shemona, erhebt sich das mächtige Plateau des Tel Hazor (arabisch Tell Waqqas oder Tell el-Qedah), die Ruinenstätte der einstigen Hauptstadt aller kanaanitischen Königreiche, die im 14. und 13. Jh. v. Chr. zu den größten Städten des Orients gehörte und unter den Israeliten eine bedeutende Festung war. Seit 2005 ist Hazor UNESCO-Welterbe.

Hazor (hebräisch für Gehöft) entstand vor ca. 4500 Jahren an der alten Handels- und Militärstraße zwischen Ägypten und Mesopotamien. Um 1850 v. Chr. wurde Hazor erstmals in den ägyptischen Ächtungstexten erwähnt; später (1650 v. Chr.) war es eine der stärksten Festungen Kanaans. Aus den Amarnabriefen (14. Jh. v. Chr.) erfahren wir, dass der König von Hazor, ebenfalls ein Vasall der Ägypter, fast ganz Nordkanaan beherrschte. Und wir hören die Klagen über zunehmende Überfälle durch die Habiru, bei denen es sich vermutlich um Israeliten handelte. Ihre höchste Blüte erlebte die Stadt im 14. und 13. Jh. v. Chr. Gegen 1230 v. Chr. kam es an den Wassern von Merom, dem heute trockengelegten Hulesee nördlich von Hazor, zum Zusammenstoß zwischen den Stämmen Israels unter Josua und den vereinigten kanaanitischen Heeren unter Jabin, dem König von Hazor. Die Kanaaniter wurden vernichtend geschlagen, Hazor ging in Flammen auf. Die 40 000 Einwohner wurden getötet oder in die Sklaverei geführt (Jos 11,1–14).

In den folgenden Jahrhunderten blieb Hazor eine Trümmerstätte; lediglich in der einstigen Oberstadt ließen sich israelitische Halbnomaden in bescheidenen Behausungen nieder. Erst König Salomo (etwa 968–930) erbaute auf dem höher gelegenen Teil des Haupthügels wieder eine befestigte Stadt, die Omri (881–71) und Ahab (871–52), Könige des Nordstaates Israel, über den ganzen Haupthügel erweiterten. 733 v. Chr. eroberten die Assyrer Hazor und zerstörten es; die Bewohner verschleppten sie nach Assur. Gegen Ende des 8. oder zu Beginn des 7. Jh. v. Chr. kamen einige israelitische Siedler in die Oberstadt zurück. Zu Beginn des 6. Jh. v. Chr. erbauten die Neubabylonier, die inzwischen die Assyrer abgelöst hatten, eine Zitadelle. In der Folgezeit war Hazor Sitz der babylonischen, persischen und hellenistischen Gouverneure von Galiläa.

Tel Hazor ★

Tel Hazor
*April–Sept. tgl.
8–17 (Okt.–März bis
16), Fr und vor Feiertagen 8–15 Uhr*

Oberstadt

Hazor bestand aus der flaschenförmigen, 600 m langen und bis zu 200 m breiten Oberstadt und der nördlich und östlich davon gelegenen Unterstadt, die eine Ausdehnung von etwa 1000 × 700 m hatte. Der Rundgang beginnt am **Haupttor** der Stadt Salomos. Es besaß mit seiner 4,20 m breiten, gepflasterten Durchfahrt sechs Kammern, die als Wachstuben dienten. Zu beiden Seiten des Eingangs war je ein Turm vorgesetzt. Die angrenzende **Kasemattenmauer** bestand aus

8–10 m langen und 2,50 m breiten Räumen; die Mauern waren bis zu 1,50 m dick. Nach neueren Forschungen geht man bei dem Typ des Sechs-Kammer-Tors jedoch von einer späteren Entstehungszeit (9. Jh. v. Chr.) aus. Unter dem Torbau und der südlich anschließenden Kasemattenmauer kam ein Gebäude, vielleicht ein Tempel, aus der späten Bronzezeit zum Vorschein. Deutlich ist die breite Treppe mit einer basaltenen Türschwelle zu erkennen, die zu ihm führte.

Südwestlich des Tores verbergen sich unter einem riesigen Schutzdach die Mauerzüge eines **kanaanitischen Palastes** aus dem 14./13. Jh. v. Chr. Zwei große Säulenbasen flankieren den Eingang. Im Zentrum befindet sich der Thronsaal. Die massiven Mauerstrukturen östlich des Palastes gehören zu einer Vorgängerbebauung.

Nahe der Südmauer der salomonischen Stadt stießen die Archäologen auf ein gewaltiges **Wasserversorgungssystem.** Hier waren die Baumeister Ahabs 40 m tief durch Felsengestein bis zum Grundwasserspiegel vorgestoßen. Eine breite, gegenläufige Rampe im Eingangsbau endet vor einem 19 x 15 m weiten Schacht. 3 m breite, an den Schachtwänden entlanglaufende Stufen führen 30 m hinab und gehen dann in einen 25 m langen, 4,50 m hohen und 4 m breiten Tunnel über, der über Stufen nochmals 10 m abfällt und in einem etwa 5 m breiten Wasserbecken endet. Die Breite der Treppen lässt darauf schließen, dass das Wasser mit Eseln emporgeholt wurde. Die eindrucksvolle Anlage vermittelt eine Vorstellung von den technischen Fähigkeiten und den geologischen Kenntnissen der israelitischen Baumeister des 9. Jh. v. Chr.

Die Westecke der Oberstadt nimmt die **Zitadelle Ahabs** ein. Da der Hügel hier am steilsten abfällt, brauchte man keine Mauer. Von dem Bauwerk, das eine Fläche von 25 x 21 m bedeckte und bis zu 2 m dicke Mauern hatte, sehen wir heute nur noch das Kellergeschoss. Von der Nordwestecke des Gebäudes führte eine Treppe zum oberen Stockwerk. Im Laufe der Jahrhunderte folgten der Zitadelle Ahabs noch weitere acht Festungsanlagen bzw. Gouverneurspaläste. Nördlich der Zitadelle ersetzten zwei etwa 13 x 13 m große Verwaltungs- bzw. Wohngebäude die Mauer, südlich lehnte sich ein weiterer Verwaltungsbau an. An der Ostseite der Anlage begann die Stadtmauer. Zu Beginn des

Ausgrabungen von Tel Hazor

8. Jh. v. Chr. verstärkte sich die drohende Gefahr aus Assyrien. Der Gouverneur von Hazor erkannte, dass die Zitadelle einem Ansturm nicht standhalten würde, und errichtete deshalb rings um die Zitadelle eine massive Mauer. Vor deren strategisch wichtige Nordwestecke setzte er einen separaten Turm, der aus zwei Kammern bestand.

Der weitere Rundweg führt an zwei **Gebäuden aus dem 9./8. Jh. v. Chr.** vorbei. Sie standen einst an der Stelle des kanaanitischen Palastes und sind, um die Grabungen im Palastbereich weiter fortzuführen, hier im Nordbereich der Oberstadt wieder originalgetreu aufgebaut worden. Das westliche Gebäude ist ein typisches Haus aus der israelitischen Zeit mit Räumen, die an mindestens zwei Seiten um einen Hof gruppiert sind. Dort steht eine rekonstruierte Ölpresse genau an dem Platz, wo sie ursprünglich auch im Haus entdeckt wurde. An der Nordostecke schließt das 20 x 30 m messende **Pfeilergebäude** an. Zwei Reihen monolithischer Pfeiler, viereckig, roh behauen und durchschnittlich 2 m hoch, trugen das Obergeschoss des Vorratshauses.

Wenige Meter weiter östlich ist der **Übergang von der Unter- in die Oberstadt** ausgegraben worden. Eine breite Treppe aus Basalt und Mauerzüge aus spätkanaanitischer Zeit kamen zu Tage. Im Eingangsbereich ist ein Podest mit kleinen Einlassungen zu erkennen. Auf diesem stand wahrscheinlich einst ein Thron oder Kultbild, wie es z. B. auch im Stadttor von Tel Dan (S. 283) zu sehen ist.

Unterstadt

Die Unterstadt auf dem ausgedehnten Plateau nördlich des Tell war im Osten von einem Steilhang gesichert, im Norden und vor allem im Westen bedurfte sie eines künstlichen Schutzes. Dafür hob man im 16. Jh. v. Chr. einen gewaltigen Graben aus und häufte den Boden zu einem **Wall.** Im Ausgrabungsabschnitt K wurde in einer Senke das **Tor der Unterstadt** freigelegt. Die älteste Toranlage entstand wie der Wall im 16. Jh. v. Chr., bis zur Eroberung durch die Israeliten folgten noch vier weitere. Die späteren Anlagen bestanden aus einem Torhaus mit drei Pilasterpaaren, die die Durchfahrt auf 3 m begrenzten, und einem großen Turm mit Doppelräumen. Das mehrstöckige Torhaus war aus lufttgetrockneten Ziegeln gebaut und ruhte auf einem Steinfundament. Eine zusätzliche Sicherheitsmaßnahme bildeten die steilen, von Mauerwerk gestützten Rampen, die von Norden und Süden hinaufführten, wo die Wagen scharf rechts bzw. links in die Einfahrt abbiegen mussten.

Im Ausgrabungsabschnitt C entdeckte Yigael Yadin neben Wohnhäusern aus dem 18. bis 13. Jh. v. Chr. ein **kanaanitisches Heiligtum** des 14. Jh. v. Chr. mit mehreren 22 bis 55 cm hohen Stelen und einer sitzenden Basaltstatue. Eine der Stelen zeigt als Flachrelief zum Gebet erhobene Hände und darüber Abbildungen des Mondes. Im Ausgrabungsabschnitt F stieß Yadin auf ein **weiteres Heiligtum** aus dem 14. und 13. Jh. v. Chr. Ein etwa 5 Tonnen schwerer Altarstein war offenbar zum Darbringen von Trankopfern bestimmt. Auch hier umschlossen

zahlreiche Wohnhäuser den Tempel. Darunter fand man mehrere Grabhöhlen mit einer Fülle von Beigaben ägyptischer, mykenischer, zypri-
scher und kanaanitischer Herkunft. Unter einem quadratförmigen Kultbau (15. Jh. v. Chr.) kam ein großer **Doppeltempel** zum Vorschein, der
46 × 23 m maß und bis zu 3 m starke Mauern hatte. Eine ähnliche Anlage in Assur, der ersten Hauptstadt Assyriens, war dem Sonnengott
Schamasch und der Mondgöttin Sin geweiht; möglicherweise verehrte man im Hazor des 16. vorchristlichen Jahrhunderts dieselben Gottheiten. Unter den Fundamenten erstreckt sich im Fels ein ausgedehn-
tes **Tunnelsystem,** von dem man nicht sagen kann, ob es zur Entwäs-
serung des Stadtbezirks diente oder Teil einer riesigen Nekropole war.

Der Ausgrabungsabschnitt H zeigt die Fundamente eines **Tempels**
aus der Zeit kurz vor der Eroberung durch die Israeliten. Die Ortho-
statenumrandung (hochkant stehende Quader) des Allerheiligsten und
ein basaltener Räucheraltar mit dem Symbol des hethitischen Wetter-
gottes weisen auf enge Beziehungen zum Hethiterreich im Norden hin.
Die Anlage des Heiligtums – Vorhalle, Haupthalle und Allerheiligstes
– entspricht genau dem Tempel Salomos in Jerusalem. Wir wissen aus
der Bibel, dass Salomo phönikische Architekten mit dem Bau beauftragte. Der Tempel von Hazor hatte drei Vorgänger, die bis in das 16. Jh.
v. Chr. zurückreichen. Zu sehen ist von den Ausgrabungen der Unterstadt heute kaum noch etwas. Die Funde aus Hazor sind im Israel-
Museum in Jerusalem und im Hazor-Museum des benachbarten **Kibbuz Ayyelet HaSahar** (zurzeit geschlossen) ausgestellt.

Hule-Naturreservat

Hule-Naturreservat ★

Hule-Naturreservat
*Sa–Do 8–16 (Fr und
vor Feiertagen bis
15) Uhr*

15 km nördlich von Rosh Pinna zweigt nach Osten eine Nebenstraße zum ersten und bedeutendsten der rund 200 Naturschutzgebiete
Israels – vielleicht eines der schönsten der Welt – ab.

Vor etwa 20 000 Jahren blockierten von den Golanhöhen herabströmende Lavamassen im südlichen Huletal den Jordan, sodass ein
großer See mit weiten Sümpfen entstand, in denen sich im Lauf der
Zeit eine artenreiche Fauna und Flora entwickelte. Bis zum Mittelalter identifizierte man mit diesem Hulesee die ›Wasser von Merom‹,
wo Josua bei der Landnahme eine Koalition der Kanaaniter besiegte
(Jos 11,5). In der Mischna- und Talmud-Zeit (1.–5. Jh.) hieß der See
Mei Meron. Der Wasserabfluss war reguliert, die fruchtbaren Land-
flächen wurden intensiv bebaut. Nach der arabischen Invasion ver-
sumpfte das Land wieder. Um 1833 ließ Ibrahim Pascha einen Ab-
fluss sprengen, um den Wasserablauf zu beschleunigen. Im Huletal
siedelte er ägyptische Bauern an, die Papyrus pflanzten und Wasser-
büffel züchteten. Nachdem sich Ibrahim 1840 wieder aus Palästina
zurückgezogen hatte, breiteten sich die Sümpfe erneut aus.

1883 gründeten jüdische Einwanderer aus Polen im südlichen Huletal den Moschaw Yesud HaMa'ala. Sie kämpften verzweifelt gegen

Versumpfung und Malaria, aber alle Bemühungen blieben erfolglos, auch die des Barons Rothschild, der 1890 einen Wald von wasserziehenden Eukalyptusbäumen anpflanzen ließ. 1934 erwarb der Jewish National Fund das Huletal und begann mit der Trockenlegung von 6000 ha Sumpfland. Erst 1951–58 gelang die Rekultivierung des gesamten Tals: das Flussbett des Jordan wurde begradigt, vergrößert und mit zwei Entwässerungskanälen verbunden, ein Teil des Wassers wurde abgepumpt. Der See verschwand, das Tal bot nun bestes Ackerland und viele ergiebige Fischteiche. Nur ein Gebiet von 315 ha bei Yesud HaMa'ala an der Südwestecke der früheren Sümpfe wurde in seinem ursprünglichen Zustand belassen und 1964 zum Naturschutzgebiet erklärt.

Vor dem Eingang zum Naturpark (Eintritt) dehnt sich der Horshat HaMeyasdim aus, der **Eukalyptuswald Rothschilds**. Es empfiehlt sich, ein Fernglas und vor allem Zeit mitzubringen, um die einzigartige Tier- und Pflanzenwelt zu beobachten. Am Eingang stehen schattige Park- und Picknickplätze zur Verfügung. Das ganze Areal kann von einem Beobachtungsturm aus überblickt werden; Besucher werden gebeten, nur die markierten Pfade zu benutzen. In zwei ausgedehnten Teichen mit unzähligen Seerosen tummeln sich Wasservögel aller Art. Durch die Papyrusdickichte und Feuchtwiesen streifen Biber, Wildkatzen, Wildschweine und zahllose Sumpfvögel, in den großen Schilfgebieten leben ganze Herden von Wasserbüffeln. Kaltes Jordanwasser und warmes Wasser aus den nahen Einanquellen lassen eine einzigartige Vielfalt an Wasser- und Sumpfpflanzen gedeihen.

281

Tel Dan

David-Inschrift

In Tel Dan fanden sich Fragmente einer aramäischen Inschrift aus dem 9. Jh. v. Chr., in der das »Haus Davids« erwähnt wird. Dies ist der bisher einzige außerbiblische Beweis für die historische Existenz von König David.

›Kommt vom Dan‹

Von seinem Quellfluss Dan hat der Jordan seinen Namen, er bedeutet nichts anderes als ›Kommt vom Dan‹.

Tel Dan

1 Eingang
2 Byzant.Kanal
3 Dan-Quellen
4 Israelit. Stadttor
5 Heiligtum
6 Kanaanitisches
  Stadttor

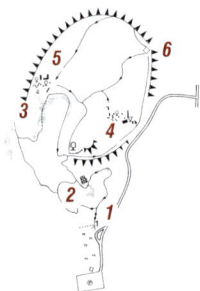

9 km östlich von Qiryat Shemona hat die israelische Nature Reserve Authority den Siedlungshügel der biblischen Stadt Dan (Lais) und das urwaldähnliche Quellgebiet des Flusses Dan am Fuß des schneebedeckten Hermon in einem einzigartigen Park zusammengefasst.

Schon in den ägyptischen Ächtungstexten (19. Jh. v. Chr.) wurde die Stadt Lais erwähnt, später erschien sie auch in der Liste der von Thutmosis III. (1490–36) eroberten Städte Palästinas. Zu Beginn des 1. Jt. v. Chr. vertrieben die Philister den israelitischen Stamm Dan aus seinem Siedlungsgebiet westlich von Jerusalem. Die Daniter zogen daraufhin nach Norden und ließen sich in der überaus fruchtbaren Landschaft zwischen Hermon und Hulesee nieder. Sie bauten das von ihnen zerstörte Lais wieder auf und machten es unter dem Namen Dan zum Hauptort ihres Territoriums (Ri 18,27–29). Dan war die nördlichste Stadt Israels, denn »von Dan bis Beerscheba« erstreckte sich nunmehr das Einflussgebiet der Israeliten (Ri 20,1; 1 Sam 3,20). Nach der Teilung des Reiches Israel wurde Jerobeam I. (um 930–08) König des Nordstaates. Um auch die religiöse Trennung von den Südstämmen zu vollziehen, ließ er zwei goldene Stiere gießen, von denen er je einen als Gottessymbol in den alten Heiligtümern von Bet El und Dan aufstellte. Das Volk zog nun »bis nach Dan, vor das eine Kalb« (1 Kön 12,26–30). Als Kalb verhöhnten die Propheten diese Bildnisse, die ihrer Vorstellung vom unsichtbaren Jahwe widersprachen (Hos 13,2). Die Grenzstadt Dan hatte im 9. Jh. v. Chr. unter den ständigen Kriegen zwischen Israel und Aram sehr zu leiden (1 Kön 15,20). 732 v. Chr. endete mit dem Einmarsch der Assyrer die Geschichte der Stadt.

Tel Dan zählt zu den reizvollsten Naturreservaten Israels. Beim Erfrischungspavillon am Parkplatz beginnen **Rundwege** über 60 bis 120 Minuten. Man sollte unbedingt den längeren Weg durch einen ursprünglichen Wald am rauschenden Dan, dem größten der drei Quellflüsse des Jordan, wählen. Der abenteuerliche Pfad führt auf Bohlen oder Steinplatten über unzählige Bäche und Rinnsale, auf schmalen Stegen über Teiche bis zum paradiesischen Quellsee am Fuße des alten Siedlungshügels. Jährlich strömen aus dieser größten Karstquelle des Nahen Ostens 220 Mio. m^3 Wasser. Über 15 m hohe syrische Eschen, Taboreichen, Lorbeerbäume, Pistazienbäume und riesige Myrtenbüsche hüllen das Reservat in ein märchenhaftes Dämmerlicht.

Auf dem 25 ha großen und etwa 20 m hohen Siedlungshügel von Dan, den die Araber Tell el-Qadi (›Richterhügel‹) nennen, graben seit 1965 israelische Archäologen. Aus der mittleren Bronzezeit stammt das beeindruckende Lehmziegeltor. Auf Grund der Beschaffenheit des Baumaterials sind im Nahen Osten nur wenige Stadttore aus Lehmziegeln bekannt. Treppenstufen führen zum Tor hinauf, Türme flankierten es zu beiden Seiten, die Decke des Durchganges wird durch drei hintereinanderliegende Bögen getragen. Über den mittleren Bogen erhob sich einst ein quadratisches Gebäude. Unweit des

Lehmziegeltors wurden die Überreste eines mächtigen israelitischen Stadttores aus dem 9. Jh. v. Chr. freigelegt. Es war in eine äußere und innere Toranlage mit je vier Kammern unterteilt. Wie in Hazor (S. 277) befindet sich im Eingangsbereich ein Podest für einen Thron oder ein Kultbild. Von diesem Tor führte eine gepflasterte Straße zur Oberstadt hinauf. Sie endet vor einem Heiligtum, in dem das Goldene Kalb des Königs Jerobeam gestanden haben könnte (1 Kön 12,26 ff.).

Banyas/Caesarea Philippi

13 km östlich von Qiryat Shemona entspringt in einer mächtigen Grotte am Fuß des 2814 m hohen Hermon-Massivs der Banyas, hebräisch Nahal Hermon, der zweitgrößte Quellfluss des Jordan.

Seine Quelle war schon in kanaanitischer Zeit, vielleicht auch noch früher, mit dem Heiligtum einer Naturgottheit verbunden, an deren Stelle in hellenistischer Zeit der griechische Gott Pan trat. Stadt und Fluss wurden nach diesem Gott Paneas genannt. Hier siegte im Jahre 198 v. Chr. Antiochos III. über die Ptolemäer, wodurch er Palästina und Phönikien für das Seleukidenreich gewann. Kaiser Augustus schenkte das Gebiet südlich des Hermonberges Herodes dem Großen, der dem Imperator aus Dankbarkeit neben der Quellgrotte »einen weißen Marmortempel errichtete« (Jüd. Krieg I, 21, 3). Herodes' Sohn Philippos (4 v. Chr.–34 n. Chr.) erhob Paneas zur Hauptstadt seiner Tetrarchie Nordtransjordanien und gab ihr den Namen Caesarea Philippi.

Agrippa II. (53–94) baute die Stadt glanzvoll aus und nannte sie Kaiser Nero zu Ehren Neronias. Seit dem 4. Jh. war Caesarea Philippi, jetzt wieder als Paneas bekannt, Bischofssitz. Die Muslime nannten die Stadt später Banias. 1129–32 und 1139–57 gehörte der Ort unter dem Namen Belinas zum fränkischen Königreich Jerusalem.

Banyas ★

Banyas
April–Sept. tgl. 8–17 (Okt.–März bis 16) Uhr

Hier sprach Jesus zu Simon Petrus, was zum Fundament für Kirche und Papsttum werden sollte: »Du bist Petrus (griechisch für ›Stein, Fels‹), und auf diesen Felsen werde ich meine Kirche bauen.«
Mt 16,18

Banyas, Pan-Heiligtum

Weiteres Ausgrabungsareal

Am Parkplatz erstreckt sich linkerhand ein Ausgrabungsareal mit einer byzantinischen Basilika und einem großen Propylon aus der Zeit von Herodes' Sohn Philippos, dessen Säulen auf herzförmigen Basen standen.

Die Banyasquelle ist ein beliebtes Ausflugs- und Wallfahrtsziel der Drusen. Früher einmal entsprang der Fluss in der großen **Pangrotte** oberhalb der Quellteiche. Ein Erdbeben blockierte aber die Quelle, sodass das kristallklare Wasser nun unterhalb der Grotte aus den Felsen tritt und sich in mehrstufigen, schön gefassten Teichen sammelt. Rechts der Pangrotte wurden in hellenistisch-römischer Zeit mehrere **Nischen** kunstvoll in die hohe, graurote Felswand gehauen. Darin standen Statuen des bocksfüßigen Pan und anderer Natur- und Quellgottheiten. Über einigen Nischen sind griechische Inschriften zu erkennen. Während dieser Zeit entstanden im heiligen Bezirks auch verschiedene Tempel und Kultplätze. Links der Grotte führt ein steiler Pfad zu einem Wali empor, in dem die Drusen ihren Propheten el-Khadr verehren. In der Kreuzfahrerzeit stand hier eine Kapelle, die dem hl. Georg geweiht war. El-Khadr und der hl. Georg sind ein und dieselbe Person. Ein Rundweg entlang des Hermon führt zu den eindrucksvollen Mauern des einst luxuriösen Palastes von Agrippa II, einem byzantinischen Badehaus, einer Synagoge aus dem 11. Jh. und dem Cardo, der nord-südlich verlaufenden, mit Säulen gerahmten Hauptstraße der alten Stadt.

Qal'at Nimrud/Subeibe

Qal'at Nimrud ★

Qal'at Nimrud

April–Sept. tgl. 8–17 (Okt.–März bis 16) Uhr

Hinter der Banyasquelle schlängelt sich die kurvenreiche Straße in das Drusengebiet der Golanhöhen empor. Nach etwa 1 km zweigt eine schmale Nebenstraße zum Moschaw Newe Ativ (8 km) ab, dem einzigen Wintersportplatz des Heiligen Landes (Skilifte und Skischule). 2 km oberhalb der Abzweigung sieht man linker Hand auf einem schmalen Felsrücken die Ruinen von Qal'at Nimrud (›Burg des Nimrod‹), der mächtigen Kreuzfahrerburg Subeibe, deren Aufgabe es war, die besonders gefährdete Nordostgrenze des Königreiches Jerusalem zu sichern. Die Burg ist heute ein Nationalpark (Eintritt).

Qal'at Nimrud

Unzählige Sagen ranken sich um den biblischen Städtegründer und großen Jäger Nimrod, einen Urenkel Noahs, der über Babylonien herrschte. So erzählen die Drusen, Nimrod habe auf dem hoch über Banyas gelegenen Plateau eine riesige Burg erbaut, von der aus er seine Pfeile in den Himmel schoss, um Gott seine Macht zu beweisen. Der Allmächtige aber sandte eine Fliege, die durch Nimrods Nase in dessen Gehirn kroch und dort so lange fraß, bis der eitle König unter furchtbaren Schmerzen starb. Daraufhin übernahm die Fliege (hebräisch *zebub*) die Herrschaft über die Burg, die fortan Zubeiba hieß. Qal'at Subeibe bedeutet also ›Fliegenburg‹.

Im Jahre 1126 hatten die Assassinen (arabisch für ›Haschischraucher‹) hier einen festen Stützpunkt. Sie waren eine islamische Bruderschaft, ein Geheimbund, dessen Mitglieder aus Persien stammten und aus den schiitischen Ismaeliten hervorgegangen waren. Ihre außergewöhnliche Grausamkeit – sie verübten zahlreiche religiös bzw. politisch motivierte Morde – veranlasste die Herrscher von Damaskus, gegen sie vorzugehen, woraufhin die Assassinen die Burg 1129 den Christen übergaben, damit sie nicht in die Hände ihrer Verfolger gerate. König Balduin II. übertrug Qal'at Subeibe einschließlich der zugehörigen Stadt Banyas als Lehen dem fränkischen Grafen Renier de Brus, der die Burg vergrößerte und verstärkte. Aber schon im Jahre 1132 wurde sie von Tadsch el-Mulk Bursi, dem Atabeg von Damaskus, erobert. 1139 kam sie wieder in den Besitz der Franken. 1157 belagerte Sultan Nur ed-Din die Burg Subeibe vergeblich, doch 1164 musste sie nach nochmaliger Belagerung kapitulieren. 1219 ließ el-Muazzam, Emir von Damaskus, die Anlage schleifen, damit sie den vordringenden Truppen des fünften Kreuzzugs nicht als Basis für einen Angriff auf Damaskus dienen konnte. 1228/29 bauten die Muslime Qal'at Subeibe wieder auf, 1239/40 verstärkten sie die Wehranlagen, und 1260 ließ Sultan Baibars die strategisch wichtige Burg von Grund auf erneuern. Danach verlor Qal'at Subeibe jede Bedeutung und verfiel.

Die christlich-islamische Burg war 430 m lang und bis zu 150 m breit. Ihre stärksten Verteidigungswerke lagen im Nordosten, in Richtung Damaskus, und im Südwesten, wo sich der heutige Zugang befindet. Neben einer großen Zisterne führt eine überwölbte Rampe zum obersten Wehrstockwerk des wuchtigen, weit vorspringenden **Südturmes.** Darunter liegen noch zwei weitere Etagen mit Schießscharten.

Der **Eingang** zur Unterburg im rechteckigen Turm östlich des Südturms ist kaum mehr zu erkennen. Der Zugang war durch eine Mauer mit schießschartenbestückten Nischen und durch einen stark vorspringenden Rundturm gesichert. Eine Doppeltreppe führt zur oberen Plattform, von der nur noch einige Kragsteine zeugen. Die 4 m dicken Mauern zwischen den Türmen sind sorgfältig aus mittelgroßem Buckelquaderwerk ausgeführt. Auch vom Haupttor, durch das man unmittelbar zur Oberburg gelangte, ist leider nur noch wenig zu sehen. Die Nordostecke der Burg nahm der wuchtige Donjon ein, eine Festung für sich, von schweren Türmen umgeben. Die äußerste Spitze der Burg bildete ein Rundturm, der, auf einer Felsnase ste-

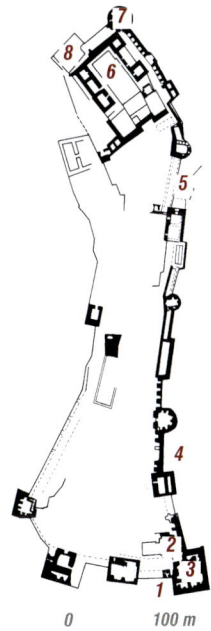

0   100 m

Qal'at Nimrud

1 *Heutiger Zugang*
2 *Zisterne*
3 *Südturm*
4 *Tor zur Unterburg*
5 *Haupttor*
6 *Donjon*
7 *Nordturm*
8 *Saal*

285

hend, fast völlig aus dem Mauerwerk heraustrat. An der steil abfallenden Westseite der Burg genügte eine schwächere, fast turmlose Mauer. Stärker war wieder die flachere Südwestseite gesichert, mit rechteckigen Türmen und einem breiten Graben. Hier begann ein **unterirdischer Gang**, der in Treppen zum Wadi hinabführte.

Bar'am

Bar'am

April–Sept. tgl. 8–17 (Okt.–März bis 16), Fr und vor Feiertagen 8–15 Uhr

23 km nordwestlich von Zefat erhebt sich oberhalb des Kibbuz Bar'am auf einer kleinen, aber markanten Bergkuppe nahe der libanesischen Grenze in einer idyllischen Landschaft die weitgehend restaurierte Ruine der Synagoge von Bar'am. Sie gilt als die am besten erhaltene des frühen Typs (2. oder 3. Jh. n. Chr.) und als wohl älteste Galiläas.

Die jüdische Tradition verlegte die Gräber des Propheten Obadja und der Königin Ester, die im 5. Jh. v. Chr. lebten, nach Bar'am; hier könnte also schon in persischer Zeit eine Ortschaft bestanden haben. Obadja ist als vierter der kleinen Propheten des Alten Testaments kaum bekannt; seine »Vision« umfasst nur 21 Verse. Dagegen hat Esters Geschichte schon manchen Dichter und Komponisten angeregt (Dramen von Racine und Grillparzer, Oratorium von Händel). Eigentlich hieß sie HaDassa (›Myrte‹), ihr Vetter und Vormund Mordechai, der am Hof des persischen Großkönigs Artaxerxes I. (464–424) in Susa diente, nannte sie aber ›Stern‹ – Ester. Artaxerxes hatte seine Frau Waschti verstoßen und Ester aus einer großen Anzahl junger Frauen als neue Gemahlin erkoren. Er wusste allerdings nicht, dass sie eine Jüdin war. Mordechai stand bei Artaxerxes in großer Gunst, weil er vor Jahren eine Verschwörung gegen den König aufgedeckt hatte. Haman, der Wesir des Königs, hasste ihn deswegen, sann auf Rache und erwirkte schließlich einen königlichen Erlass zur Ausrottung aller Juden im persischen Reich, die durch das Los (hebräisch pur) auf den 14. Adar festgesetzt wurde. Ester enthüllte dem entsetzten Artaxerxes nun ihre jüdische Herkunft. Da ein Königserlass unwiderruflich war, ließ der Herrscher ein zweites Dekret folgen, das den Juden erlaubte, sich ihrer Feinde zu erwehren. Haman wurde daraufhin gehenkt und Mordechai zu seinem Nachfolger als Wesir ernannt. Seither feiern die Juden in aller Welt am 14. Adar (Februar/März) das Purimfest, ein weltliches, oft geradezu karnevalistisches Freudenfest.

»Die Synagoge Rabbi Simeon ben Yochai (bar Johais) ist ein besonders prächtiges Bauwerk aus großen, gut gehauenen Steinen mit hohen Säulen. Ich habe niemals ein großartigeres Gebäude gesehen,«
Jüdischer Pilger im 14. Jh.

Historischer Hintergrund der biblischen Erzählung des Buches Ester ist der wachsende Einfluss der Lehren Zarathustras im Persien des 5. Jh. v. Chr. Die Priester des Zoroastrismus forderten die Abschaffung aller fremden Religionen, insbesondere des Judentums. Es kam zu Gewalt gegen die Juden, die nach dem Untergang des neubabylonischen Reiches nach Susa, in die Wirtschaftsmetropole des Achämenidenreiches, gezogen und dort zu großem Wohlstand und Einfluss gelangt waren. Die Pogrome wurden unter Artaxerxes zwar eingestellt, dennoch kehrten in dieser Zeit zahlreiche Juden nach Palästina zurück.

Nach dem Bar Kochba-Aufstand (132–35) kamen viele Juden aus Jerusalem und Juda nach Galiläa und errichteten dort zahlreiche Synagogen, darunter eine besonders große und schöne in Bar'am. Simeon ben Yochai soll ihr Stifter gewesen sein. Bar'am gehört zu den wenigen Orten, die in alten Schriften nicht erwähnt sind; bekannt wurde die hiesige jüdische Gemeinde erst, nachdem Rabbi ben Simeon 1210 Bar'am besuchte und über die große Synagoge berichtet hatte. 1762 wurde die Stadt zerstört. Im 19. Jh. ließen sich christliche Araber (Maroniten) in dem fortan Kafr Bir'im genannten Ort nieder. Im Krieg 1948 mussten sie die Siedlung aufgeben. 1949 wurde neben dem verlassenen Maronitendorf der Kibbuz Bar'am gegründet.

Von der **Bar'am-Synagoge** blieben der untere Teil der Fassade mit den drei Portalen und die Säulenreihe der Eingangshalle sehr gut erhalten bzw. wurden in den letzten Jahren restauriert. Die Synagoge maß 20 × 15,20 m (innen 18 × 13,20 m) und war aus sorgfältig behauenen Quadern gefügt (der harte, gelbe Kalkstein stammt aus dieser Gegend). Ihre Front war nach Süden, nach Jerusalem, ausgerichtet. Eine 5,60 m breite Säulenhalle beschattete die Eingangsterrasse, von der aus drei Portale im römischen Stil in die Gebetshalle führten. Der Sturz über dem Hauptportal zeigt zwei Genien, vielleicht auch Siegesgöttinnen, die einen Kranz tragen. Sie wurden von Bilderstürmern beschädigt und sind nur noch in Konturen zu erkennen. Darüber spannt sich ein Weinrebenfries mit üppigen Trauben. Ein prachtvolles Halbbogenfenster schloss das Hauptportal nach oben ab. Die rechteckigen Fenster über den Seitenportalen waren von kleinen Schmuckgiebeln mit Rankenwerk gekrönt. Die Sima, auf der das Gebälk der Vorhalle ruht, setzte sich nach innen fort und entsprach in der Höhe den Innensäulen, sodass man vermuten kann, dass der Bau einen oberen Umgang besaß.

Der Innenraum der Synagoge war durch Säulenreihen in ein 6,20 m breites Mittelschiff, zwei Seitenschiffe von je 2,85 m und einen nördlichen Umgang von 2,15 m Breite gegliedert. An den beiden Längswänden, die auf einem vorspringenden Toichobat (Standfläche für die Seitenmauern) standen, zogen sich steinerne Sitzbänke entlang. Zu erwähnen sind weiter ein Löwenkopf, der vermutlich den Aufgang zur Eingangsterrasse schmückte, und Fragmente eines Frieses, der innerhalb von drei Mäanderbändern die zwölf Tierkreiszeichen, Muscheln und Rosetten zeigt. Die Fragmente fand man in alten Hausmauern; heute befinden sie sich im Rockefeller-Museum in Jerusalem.

Maronitenkirche

Kaum 100 m von der Bar'am-Synagoge entfernt, steht am Rande des völlig zerstörten Dorfes die kleine, reizvolle Maronitenkirche aus dem 19. Jh. Sie wird von der Gemeinde Haifa betreut, die hier an jedem Sonntag Gottesdienst abhält.

Montfort

23 km östlich von Nahariyya erheben sich inmitten einsamer Berge auf einem Vorsprung über dem Tal des Nahal Keziv (arabisch Wadi Qurein) die Ruinen der Kreuzfahrerburg Montfort, die die Araber Qal'at Qurein nennen. Man erreicht sie am besten von der Straße aus, die nahe der libanesischen Grenze verläuft und 10 km nördlich von

Montfort

1 *Wassermühle der*
  Deutschritter
2 *Haupttor*
3 *Außenmauer*
4 *Bastion*
5 *Kapitelsaal*
6 *Ordenskapelle*
7 *Ritterunterkünfte*
8 *Bergfried*
9 *Burggraben*
10 *Turm (Donjon)*
11 *Heutiger Eingang*

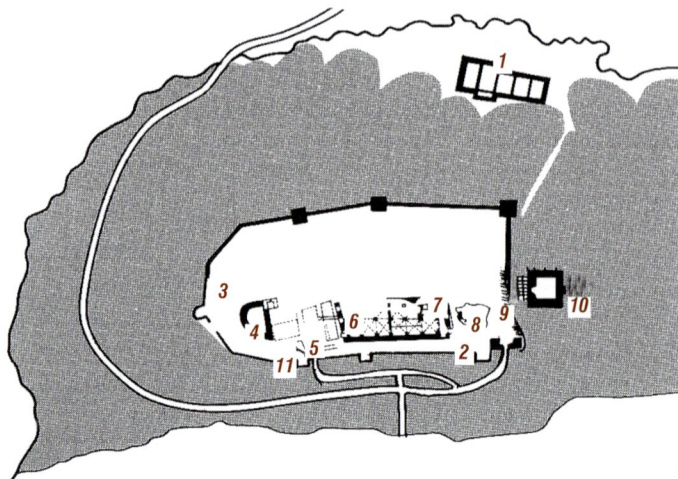

Nahariyya die Küste erreicht (s. auch Karte S. 292). Man biegt in den **Goren Natural Forest** ein und kann das Auto an der Montfort Picnic Area parken. Von hier bietet sich ein prächtiger Blick auf die Burg und die reizvolle Umgebung der alten Anlage (s. Abb. S. 270). Etwa zwei Stunden sind für den steilen Abstieg zum Tal, den Aufstieg zur Ruine und den Rückweg einzukalkulieren (gut gekennzeichnet).

Im 12. Jh. errichtete der französische Kreuzritter Graf Joscelin de Courtenay die kleine Burg Castellum Novum Regis, bald Mons fortis oder Montfort genannt, als Mittelpunkt seiner ertragreichen Güter. Später gelangten Burg und Ländereien in die Hand eines gewissen Jacques de Armigdale, Seigneur de Mandelée. 1187 eroberte Sultan Saladin die Burg, gab sie aber schon fünf Jahre darauf dem französischen Ritter zurück. 1229 kaufte der im Jahre 1198 in Akko gegründete Deutschritterorden den Besitz und baute ihn großzügig aus. Hauptaufgabe von Montfort war es, die Versorgung der nahen Kreuzfahrerstadt Akko mit Lebensmitteln sicherzustellen. Rund 50 Ortschaften verwaltete die Burg Starkenberg, wie Montfort nun hieß.

1266 – kaum 35 Jahre nach Fertigstellung der Burg – belagerte Sultan Baibars das mächtige Montfort. Er konnte es zwar nicht erobern, verwüstete aber die Felder und Dörfer des Ordens. 1270 mussten die Deutschritter von den Hospitalitern Land pachten, um ihr Herbstgetreide auszusäen. 1271 kam Baibars mit Belagerungsmaschinen und ließ Stollen unter die Mauern treiben, um sie zum Einsturz zu bringen. Als die Ritter nach siebentägiger Belagerung keine Möglichkeit mehr sahen, die Burg zu halten, nahmen sie Verhandlungen auf und erwirkten den unbehelligten Abzug mit dem Ordensschatz und dem Archiv.

Montfort wurde seither nie wieder bewohnt. Die Jahrhunderte ließen die Mauern einstürzen und die Gebäude verfallen. 1926 legte das Metropolitan Museum of Art, New York, die Burganlage frei. Dabei kamen zahlreiche Waffen und Rüstungen des Deutschritterordens zum Vorschein. Wegen der einsamen Lage der Ruine, die ihre Verwendung als Steinbruch verhinderte, ist noch das gesamte Baumaterial vorhanden, sodass es möglich wäre, die Kreuzritterburg Montfort eines Tages vollständig zu rekonstruieren.

Die Burganlage von Montfort hat eine Ausdehnung von 160 × 70 m. Von den großartigen frühgotischen Bauten ist ein Teil noch relativ gut erhalten. Am hintersten Ende des Bergsporns schlugen die Ritter einen tiefen Graben in den schwarzen Felsen und errichteten jenseits davon einen massiven **Turm** (Donjon) auf einem schräg abfallenden Fundament. Er war mit der Burg durch eine Zugbrücke verbunden. Unter dem Turm ist noch einer der Stollen zu sehen, den die Mamelucken während der Belagerung unter das Mauerwerk getrieben hatten. Die Burg war von einer Quadersteinmauer mit viereckigen und runden Türmen umgeben. Der Haupteingang lag in der Südostecke nahe dem Graben. Im Westen schob sich eine mächtige, halbrunde **Bastion** in den Abhang vor. An sie lehnte sich ein 18 m hoher Turm, der noch seine ursprüngliche Höhe hat und eine herrliche Aussicht auf die umliegenden Berge und das Wadi bietet. Im Burginnern sehen wir einen Bergfried, die Quartiere der Ritter und Gefolgsleute, Werkstätten und mehrere Zisternen. Etwas tiefer liegt die 23 × 8 m große **Ordenskapelle** mit frühgotischen Spitzbogen und achteckigen Strebepfeilern. Daran schließt sich nach Westen der quadratische Kapitelsaal an, dessen gewölbte Decke ein einziger oktogonaler Pfeiler stützte. Im Kellergeschoss befinden sich die Pferdeställe, Magazine und Arsenale. Im Wadi unterhalb der Burg steht noch immer eine **Wassermühle** (?) mit spitzbogigen Fenstern, die ebenfalls auf die Deutschritter zurückgeht.

Golan Heights Winery Visitor Center

Yarden, Golan und Gamla sind die bekannten Weine, die hier gekeltert und weltweit exportiert werden. Nach einer informativen Einführung, der Besichtigung des Weinkellers und der Abfüllanlage ist die Weinprobe obligatorisch.

Im Industriegebiet von Qatzrin, 2 km nördlich des Zentrums, Tel. 046 96 84 09, dudi@golanwines.co.il nur nach Voranmeldung

Reisen & Genießen

Hotel
Im Herzen von Zefats Altstadt ist eine ehemaligen Karawanserei zu diesem luxuriösen Hotel umgestaltet worden. Die stilvoll eingerichteten Räume mit wunderbarem Blick auf dem Berg Meron versprechen Ruhe und Erholung pur.
Ruth Rimonim Hotel
Artist Colony Road, Zefat 13110
Tel. 046 99 46 66
www.rimonim.com
DZ ab 750 NIS

Café
Das Café mit einfachem Restaurantbetrieb verlockt vor allem wegen der Aussicht: Von hier kann man über ganz Nordisrael bis zum Libanon und nach Syrien blicken. Oder man kann in den Bunkeranlagen des Militärs auf dem Gipfel herumklettern.
Coffee Anaan
auf dem Berg Bental, oberhalb vom Kibbutz Marom Golan
Tel. 046 82 06 64
tgl. 9 Uhr bis Sonnenuntergang

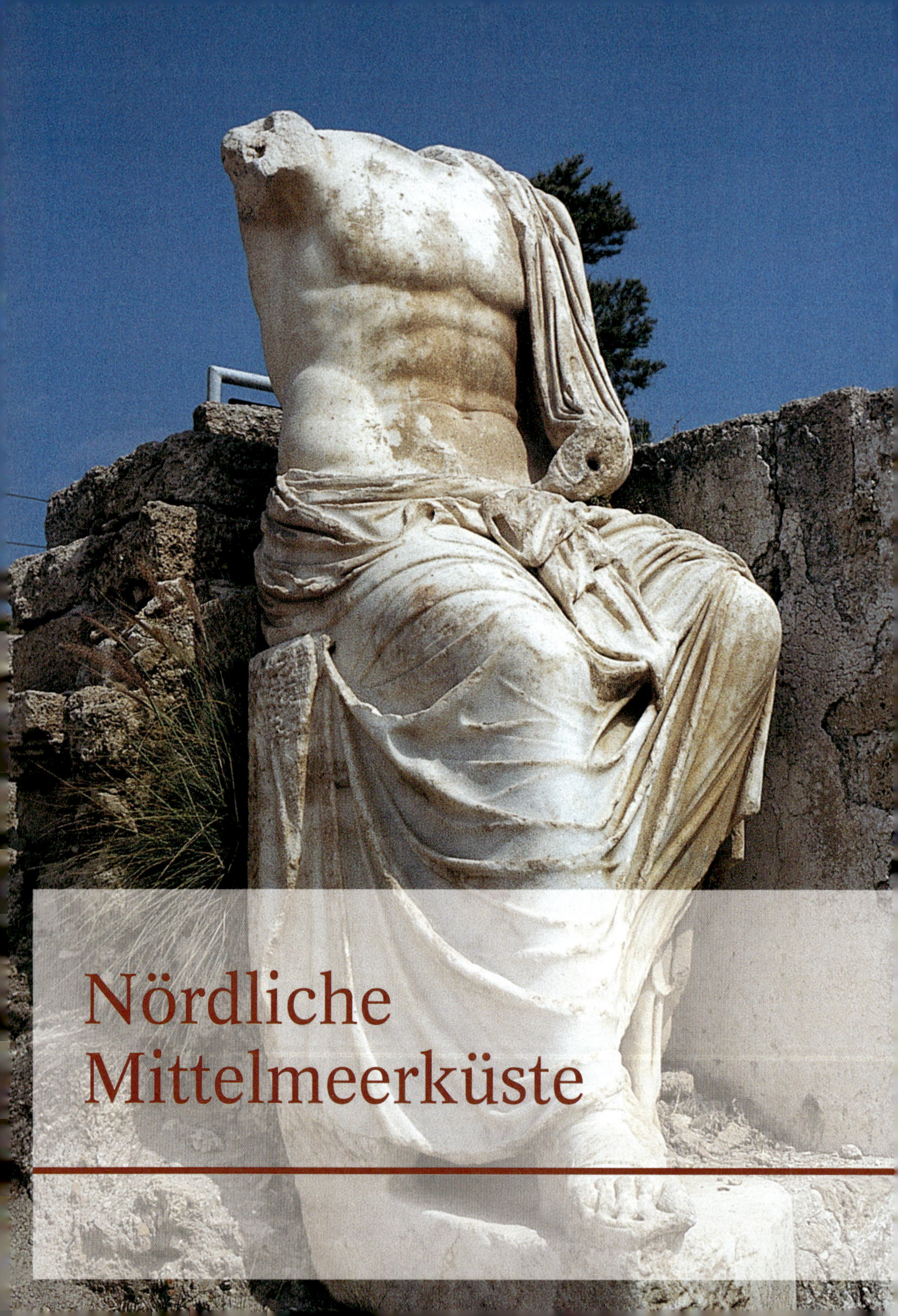

Nördliche Mittelmeerküste

Von Rosh HaNiqra nach Akko

Rosh HaNiqra

Rosh HaNiqra (›Höhlenkopf‹) ist ein weithin leuchtender, weißer Kreideberg, der steil zum Meer abfällt; er bildet die Grenze zum Libanon. Jede Handelskarawane und jede Armee, die den Küstenweg zwischen Syrien und Palästina wählte, musste diese natürliche Sperre überwinden. Alexander der Große ließ auf seinem Marsch nach Ägypten Treppen in den Felsen schlagen, der seitdem auch die ›Leiter von Tyros‹ (lateinisch Scala Tyriorum, hebräisch Sulam Tsur) genannt wird. Über diese Treppen marschierten die Truppen der Seleukiden, die Legionen Roms und auch die Kreuzfahrer.

Erst 1918 bauten die Truppen der Engländer eine Straße über den Berg. 1942 konnten sie durch den Bau eines Tunnels eine Eisenbahnverbindung zwischen Haifa und Beirut herstellen, die aber 1947 von israelischen Widerstandskämpfern unterbrochen wurde, um das Eindringen arabischer Einheiten aus dem Libanon zu verhindern.

Eine **Aussichtsterrasse** (mit Restaurant) am Steilabbruch des Kreideberges bietet einen großartigen Blick auf die zerklüftete Küste. Seit 1968 führt eine Seilbahn von hier 102 m zum Meer hinab. Unten kann ein 200 m langes System von Grotten, die das Meer im Laufe von vielen Jahrtausenden aus den weicheren Kreideschichten gewaschen hat, besichtigt werden. Je nach Sonnenstand und Wellen glitzert und leuchtet das Meer in den halboffenen Grotten in vielen Farben, das Schwarzviolett, Rosa und Grün der algenüberzogenen Felsen bildet einen schönen Kontrast.

Tel Akhziv

3 km südlich von Rosh HaNiqra, kaum 6 km von Nahariyya entfernt, markieren auf einer Anhöhe an der Mündung des Flusses Keziv die beachtlichen Reste der Kreuzfahrerburg Casal Imbert (Lambert) eine Siedlung der Kanaaniter. Auf den vorgelagerten Inseln gewannen Phönizier Purpur. Bei der Landnahme durch die Israeliten im ausgehenden 2. Jahrtausend v. Chr. konnte der Stamm Ascher die kanaanitische Bevölkerung von Akhziv nicht vertreiben und lebte unter ihr (Ri 1, 31 und 32). Vom Ende des Kreuzfahrerreiches (1291) bis 1948 wohnten arabische Fischer in dem Ort, den sie A-Zib nannten und den Israel zum Nationalpark bestimmte.

Heute bevölkern den herrlichen Strand mit Campingplatz und Feriendorf vor allem Einheimische, aber auch Gäste aus aller Welt. Sie leisten sich das Vergnügen, nördlich des Parks ein auffallendes Haus zu betreten, das sein Pächter Eli Avivi 1952 zur **Autonomen Republik Ahzivland** ausgerufen hat, zum kleinsten Staat der Welt. Man lässt sich gern die Ein- und Ausreisestempel in den Pass drücken

Karte Nördliche Mittelmeerküste S. 292 Citypläne Akko S. 299, Haifa S. 305

Nördliche Mittelmeerküste

Besonders sehenswert:
Akko
Haifa
Karmel
Megiddo
Bet She'arim
Caesarea

Rosh HaNiqra
Sa–Do 9–18 (im Winter bis 16), Fr 9–16, vor Feiertagen bis 12 Uhr

Tel Akhziv
April–Juni tgl. 8–17 (Juli/Aug. bis 19) Uhr

Eli Avivi

◁ *Im Ausgrabungsgelände von Caesarea*

Nördliche Mittelmeerküste

0   7,5   15 km

LIBANON

Casal Imbert   Rosh HaNiqra
Tel Akhziv   Keziv   Montfort
                    4   70
Nahariyya   Ga'atot   89
                                        Yehi'am
Lohame HaGeta'ot
Akko ★ ★   El Bahji   Korazim

Mittelmeer   85

Haifa ★ ★   70
SHIQMONA   79
                    4   Tiberias
                                        77
Karmel ★   Zippori ★
Bet Oren
En Hod   Isfiya   Qiryat Tiv'on   Nazaret ★ ★
Daliyat el-Karmil   Bet She'arim ★ ★
                    Muhraqa   75   Tavor
                    2   60   65
                    4   66
                        Jesreel-Ebene   Afula
Zikhron Ya'aqov   71
            Megiddo ★ ★   66   60
                        65   Bet She'an
Caesarea ★ ★   Jenin
                    Hadera   6
Netanya
                    57
                    4   Tulkarm
                    2   57
                                Sebastije ★
Apollonia   55
Herzliyya   60
                            Nablus
                    40   Garizim
            Petah Tiqwa   55
                    4
        Tel Aviv-Yafo ★ ★
44   6   Bir Zeit
    Ashqelon   Jerusalem

– gegen ein maßvolles Honorar, das auch zum Besuch des kleinen Museums, das mehr einem Kuriositätenkabinett ähnelt, berechtigt. Das Museum ist gleichzeitig Wohnhaus des Ehepaares – überall finden sich archäologische Relikte, Alltagsgegenstände vergangener Zeiten und Zeugnisse der Seefahrer vom nahen Mittelmeer.

Nahariyya

10 km nördlich von Akko gründeten aus Deutschland eingewanderte intellektuelle Juden im Jahre 1934 die landwirtschaftliche Siedlung Nahariyya, die sich seither zu einem der schönsten und beliebtesten Seebäder Israels entwickelte und heute etwa 51 000 Einwohner zählt.

Von der Durchgangsstraße zweigt am Bahnhof die breite Hauptpromenade Sderot HaGa'aton zum Meer hin ab. In der Mitte der von Eukalyptusbäumen bestandenen Allee mit ihren gemütlichen Restaurants und Cafés sowie attraktiven Geschäften fließt gemächlich der Nahar Ga'aton, der dem Badeort den Namen gab *(nahar* bedeutet Fluss). Unter Schellengeläut fahren Pferdedroschken die Badegäste durch den freundlichen Ort, der noch immer als die ›deutscheste‹ Stadt Israels gilt. Die reizvolle Promenade Rehov HaMa'apilim zieht sich am breiten, feinsandigen Strand entlang. Ein großes Meerwasserschwimmbad ergänzt den durch Wellenbrecher geschützten kilometerlangen Badestrand.

Unweit des Schwimmbades entdeckten Bauarbeiter im Jahre 1947 einen **kanaanitischen Tempel** aus dem 15. Jh. v. Chr., der vermutlich der Fruchtbarkeitsgöttin Astarte geweiht war. In dem 6 × 11 m großen, dreiteiligen Heiligtum, dem eine Werkstatt für Votivgaben angeschlossen war, fand man Hunderte von einzigartigen Kultgeräten und Weihgeschenken, die heute im Israel-Museum in Jerusalem zu bewundern sind. Dazu gehören ein Krug, dessen Hals die Form eines sitzenden Affen hat, ein Behältnis aus sieben Tassen, die wahrscheinlich Duftstoffe enthielten, und eine 22 cm lange und 7 cm breite Steinform, mit der die Bronzefiguren der Gottheit gegossen wurde; sie war nackt und trug eine hohe, kegelförmige und gehörnte Kopfbedeckung.

Yehi'am

18 km östlich von Nahariyya erreicht der Reisende den Kibbuz Yehi'am mit einem Nationalpark, in dessen Mittelpunkt die Kreuzfahrerburg Castellum Judin – die Israelis nennen sie Mezudat Gadin – steht. Der Kibbuz wurde Ende 1946 gegründet, sein Name erinnert an den Haganah-Führer Yehi'am Weiz, der im Kampf gegen die britische Besatzungsmacht fiel. Damals zerstörte die jüdische Organisation Haganah aus Protest gegen die britische Mandatspolitik die elf strategisch wichtigsten Brücken Palästinas.

Yehi'am
April–Sept. tgl. 8–17 (Okt.–März bis 16), Fr und vor Feiertagen bis 15 Uhr

*Modell der Mordstätte
Treblinka im Kibbuz
Lohame HaGeta'ot*

Das Castellum Judin erbaute der Templerorden im Jahre 1192 als sichernden Vorposten für Akko, das kurz zuvor Hauptstadt des Restkönigreiches der Kreuzfahrer geworden war. 1265 eroberte Sultan Baibars die Burg, die er weitgehend zerstörte. Im 18. Jh. baute sie Fürst Dahir el-Omar als Stützpunkt in seinem Kampf gegen die Türken wieder auf. Im arabischen Aufstand von 1936 gegen die britische Mandatsregierung diente die Burg den Arabern als Gerichtssitz und Gefängnis. Im Unabhängigkeitskrieg 1948/49 war sie schützender Unterschlupf für die Kibbuzniks von Yehi'am.

Lohame HaGeta'ot

Lohame HaGeta'ot

*So–Do 9–16,
Fr 9–13 Uhr
nur mit Voranmel-
dung
Tel. 049 95 80 80*

Die Straße nach Akko begleitet ein mächtiger **Aquädukt,** der schon in römischer Zeit Trinkwasser von Kabri nach Akko (Ptolemaïs) leitete und um 1780 von Pascha Ahmed el-Jezzar erneuert wurde. 3 km nördlich von Akko hat der Kibbuz Lohame HaGeta'ot (›Kämpfer der Gettos‹) ein bemerkenswertes **Dokumentationszentrum** eingerichtet. Der Kibbuz wurde am 6. Jahrestag des Aufstandes im Warschauer Getto, also am 19. April 1949, von 200 Überlebenden aus 89 Vernichtungslagern gegründet. Das mehrstöckige Zentrum enthält die wohl größte Sammlung von Dokumenten über die nationalsozialistischen Konzentrationslager und den jüdischen Widerstand in Polen und Litauen.

Akko

Akko ★★

23 km nördlich von Haifa liegt die alte Hafenstadt Akko, das hellenistisch-römische Ptolemaïs, das berühmte St. Jean d'Acre der Kreuzfahrer, das Akka der Araber und Türken. Heute ist es ein Fischerhafen und Seebad mit einer betriebsamen, im Jahr 2001 von der

UNESCO zum Welterbe erklärten Altstadt und einer modernen Neustadt. Von den 46000 Einwohnern sind 11 000 Araber, die vorwiegend
im historischen Kern der Stadt leben. Mächtige Verteidigungsanlagen, ein pittoresker, kleiner Hafen, zahlreiche Bauwerke des türkischen Rokoko und die von Menschen wimmelnden Gassen machen
die Reize des heutigen Akko aus. Sehenswert sind vor allem die restaurierten Land- und Seemauern, die Ahmed Jezzar-Moschee, die türkischen Karawansereien und die ›unterirdische‹ Kreuzfahrerstadt mit
dem Refektorium der Johanniter. Auch sollte man einen Bummel
durch den Suq el-Abijad nicht versäumen und am Hafen eine Tasse
türkischen Mokka schlürfen.

Tourist Information Office

*1 Weizmann St.
Akko
Tel. 049 95 67 06
oder 17 00 70 80 20
(gebührenfrei)
www.akko.org.il
So–Do, Sabbat und
Feiertage 8.30–18
(im Winter bis 17),
Fr und vor Feierta-
gen 8.30–17 (im
Winter bis 16) Uhr.
Hier sind auch
Kombitickets für die
verschiedenen Se-
henswürdigkeiten
Akkos einschließ-
lich Rosh HaNiqra
erhältlich. Eine
Dauerausstellung
im Besucherzent-
rum widmet sich
den archäologi-
schen Funden aus
der Altstadt.*

Geschichte

Die kanaanitische Hafenstadt Akko wurde schon in den ägyptischen
Ächtungstexten des 19. Jh. v. Chr. und in den Listen der von Thutmosis III. (1490–36) eroberten Städte erwähnt. Im 14. Jh. v. Chr. teilte
der König von Akko dem ägyptischen Pharao Echnaton mit, dass er
dem König von Jerusalem mit 50 Streitwagen ausgeholfen habe. Auf
seinem Feldzug gegen die Hethiter besetzte Pharao Sethos I. (1305–
1290) die Stadt. Ein Relief zeigt die Eroberung durch Ramses II. (1290–
23). Zur Zeit der Landnahme wurde Akko dem Stammesgebiet Ascher
zugeteilt, aber nie von den Ascheritern erobert (Jos 19,30; Ri 1,31).
König Salomo (um 968–930) trat die Stadt mit ihrem Hinterland an
das phönikische Tyros ab. 640 v. Chr. verschleppte der Assyrerkönig
einen Teil der Bevölkerung, was die weitere Entwicklung Akkos aber
nicht beeinträchtigte. 532 v. Chr. eroberte Kambyses, Statthalter von
Babylon und späterer Großkönig von Persien, auf seinem Ägyptenfeldzug die Stadt und baute sie zu einem Flottenstützpunkt gegen
Ägypten aus. 332 v. Chr. besetzte Alexander der Große Akko, das nach
der Zerstörung von Tyros zur bedeutendsten Stadt an der palästinensisch-syrischen Küste aufstieg. Es erhielt sogar das Recht, eigene Münzen zu prägen. 312 v. Chr. machte der Diadoche Ptolemaios I. Soter
die Stadt dem Erdboden gleich, sein Sohn Ptolemaios II. Philadelphos (285–46) baute sie prachtvoll wieder auf und gab ihr im Jahre
261 den Namen Ptolemaïs. 219 v. Chr. kam sie unter die Herrschaft
der Seleukiden, bis der Verfall dieses Reiches nach 162 v. Chr. dann
die Unabhängigkeit brachte.

65 v. Chr. brachte Pompejus den Ort als Freie Stadt unter römischen
Einfluss; 48 v. Chr. landete hier Julius Caesar mit seinen Legionen.
Schon 60 n. Chr. bestand in Ptolemaïs eine Christengemeinde, die Paulus auf seiner Reise von Tyros nach Caesarea besuchte (Apg 21,7).
67 n. Chr. verlieh Kaiser Nero der Stadt den Status einer römischen Colonia (Colonia Claudia Ptolemaïs), und noch im selben Jahr zogen Vespasians Legionen von hier aus durch Galiläa, um den jüdischen Aufstand niederzuschlagen. 190 wurde Ptolemaïs als Bischofssitz erwähnt,
und auch in byzantinischer Zeit war es eine blühende Hafenstadt.

Uhrturm

636 kam die Stadt als Akka unter islamische Herrschaft und wurde Haupthafen der Omajjadenresidenz Damaskus. Im Jahre 1099 zog das Kreuzfahrerheer an der Hafenstadt vorbei, nachdem der Emir von Akka seine Unterwerfung zugesichert hatte, wenn Jerusalem fallen sollte. Da er jedoch sein Wort nicht hielt, begann König Balduin im Frühjahr 1103 die Belagerung. Eine Flotte der Fatimiden brachte daraufhin Truppen und technisches Gerät, was den König zum Abzug zwang. Erst 1104 gelang es den Christen, mit Unterstützung von 70 genuesischen Galeeren die Stadt zur Übergabe zu zwingen. Akkon wurde Haupthafen des fränkischen Königreiches und trat damit an die Stelle des ungeschützten Hafens von Jaffa. Nach wie vor trafen hier auch die Karawanen aus Damaskus ein, deren Waren für den Westen bestimmt waren, und viele arabische Kaufleute blieben ansässig. Der erste westliche Stadtstaat, der in Akkon eine Niederlassung gründete und Handelsvorrechte erhielt, war Genua, danach bemühten sich weitere italienische Städte (Venedig, Pisa, Amalfi, Ancona, Florenz u. a.) um eigene Handelskontore.

Im Jahre 1110 versuchten die Fatimiden, die Stadt zurückzuerobern, wurden aber mit Hilfe einer normannischen Flotte zurückgeschlagen. Akkon entwickelte sich nun zur reichsten Stadt des Königreiches und zum Lieblingsaufenthalt der fränkischen Könige; auch immer mehr Juden ließen sich hier nieder. 1167 bestand die jüdische Gemeinde bereits aus 200 Familien.

1187 fiel Akkon dem Sultan Saladin kampflos in die Hände und dieser baute dann die Befestigungsanlagen aus. Trotzdem wagte König Guido 1189 mit seinen verbliebenen Truppen die Belagerung. Aber erst als der englische König Richard Löwenherz, der französische König Philipp II. August und der österreichische Herzog Leopold V. 1191 mit frischen Truppen und schweren Wurfgeschützen eintrafen (Dritter Kreuzzug), änderte sich die Lage. Am 12. Juli bot die Stadt die Übergabe an. Akkon wurde Hauptstadt des nun kleineren Königreiches der Kreuzfahrer. 1198 gründeten deutsche Ritter und Kaufleute in Akko einen geistlichen Orden, der sich zum mächtigen Deutschen Orden entwickelte.

1219 gründete Franz von Assisi in Akkon ein Kloster der Klarissinnen, das erste Franziskanerkloster im Heiligen Land. 1228 traf Kaiser Friedrich II. im Hafen ein, und nach zähen Verhandlungen mit Sultan el-Malik el-Kamil erreichte er am 18. Februar 1229 die Rückgabe der christlichen Stätten und Überlassung entsprechender Korridore zum Meer. Die fränkischen Barone und die lateinische Kirche, die das ganze Heilige Land in ihrer Hand wissen wollten, waren jedoch über den Vertrag empört, und als sich Friedrich in Jerusalem die Krone des Kreuzfahrerreiches selbst aufs Haupt setzte, quoll der Zorn über. Am 1. Mai 1229 musste der Kaiser mit seinen engsten Begleitern Akko verlassen, um nach Italien zurückzukehren, wo Papst Gregor IX. Friedrichs Sizilien bedrohte. Im Jahre 1250, nach seinem erfolglosen Kreuzzug nach Ägypten, ging der französische König Ludwig IX. der Heilige in Akkon an Land; während seines vierjährigen Aufenthaltes

in der Stadt ließ er die Befestigungen ausbauen und die im Norden neu entstandene Vorstadt von einer Mauer umschließen. Akkon hatte inzwischen 50 000 Einwohner.

1263 und 1266 griff der Mameluckensultan Baibars Akko erfolglos an. 1290 ermordete neu eingetroffene Kreuzzugssoldateska zahlreiche muslimische Bürger der Stadt. Dies veranlasste den Mameluckensultan el-Ashraf Khalil 1291 zum Angriff, am 18. Mai 1291 nahm er die Stadt. Die Ritterorden hielten ihre Festungen bis zum Schluss, nur wenigen Rittern gelang die Flucht nach Zypern. Der Sultan ließ die Stadt systematisch zerstören.

Im 16. Jh. entwickelte sich Akka unter den Osmanen zu einem bescheidenen Seehafen. Der Drusenemir Fakhr ed-Din baute den Stadtkern auf der Halbinsel wieder auf und machte Akka zur Residenz seines Emirats. Um den Aufbau zu beschleunigen, holte der Freund der Medici europäische Kaufleute und Franziskaner hierher.

1749–75 residierte der türkische Pascha Dahir el-Omar in Akka und umschloss den Ort, dessen Fläche kaum ein Drittel der Kreuzfahrerstadt einnahm, mit einer neuen Mauer. Sein Mörder und Nachfolger el-Jezzar (›der Schlächter‹) beherrschte 1775–1805 von Akka aus ganz Palästina und große Teile Syriens. Ahmed Jezzar bereicherte die Stadt durch zahlreiche Bauten, darunter die große, nach ihm benannte Moschee, die Zitadelle und mehrere Karawansereien. 1799 drang Napoleon auf seinem Ägyptenfeldzug bis Akka vor, das sich mit Hilfe der englischen Flotte trotz fast dreimonatiger Belagerung halten konnte. Anschließend setzte Ahmed die Verteidigungsanlagen wieder instand und verstärkte sie. 1833 verdrängte Ibrahim Pascha, Vizekönig von Ägypten, die Türken aus Palästina. 1840 beschoss die vereinigte englische, österreichische und türkische Flotte Akka und zwang Ibrahim dadurch zum Rückzug.

Im späten 19. Jh. verlor die Stadt ihre Bedeutung als Haupthafen an Beirut und Haifa, weil das Hafenbecken versandete und für die großen Dampfschiffe nicht tief genug war. 1918 zählte Akka nur noch 8000 fast ausschließlich arabische Einwohner.

Am 17. Mai 1948 nahmen israelische Truppen Akka, das seitdem wieder seinen alten Namen Akko trägt. Im Norden und Westen der Stadt entstanden moderne jüdische Wohnviertel. Die Altstadt hat nach wie vor eine vorwiegend arabische Bevölkerung.

In der Stadt

Das biblische Akko entdeckten die Archäologen auf dem Tel Akko (arabisch Tell es-Fukhar, ›Hügel der Tonscherben‹) am Stadion, etwa 1,5 km östlich der Altstadt. Der Siedlungshügel wird seit 1973 erforscht. Oberflächenfunde lassen schon heute darauf schließen, dass der Ort zwischen 2000 und 900 v. Chr. besiedelt war. Das hellenistische und römische Ptolemaïs lag an der Stelle der heutigen Altstadt. In byzantinischer und arabischer Zeit, während der Kreuzzüge, vor allem aber seit dem 17. Jh., wurde es restlos überbaut, sodass kaum noch damit zu rechnen ist, auf antike Funde zu stoßen. Die Geschichte der Stadt lässt sich aber an den Prägungen der örtlichen Münzanstalt, die von etwa 330 v. Chr. bis 268 n. Chr. in Betrieb war, sehr genau verfolgen.

Die heutige Altstadt von Akko geht bis auf wenige Ausnahmen auf Pascha Ahmed Jezzar zurück (18. Jh.). Die einst mächtige **Stadtmauer (1),** die sogar Napoleons Angriffen widerstand, ist heute von einer gepflegten Parkanlage umgeben. Die Nordostecke der Mauer beherrscht die mächtige Bastion **Burj el-Kummander (2),** in deren Gewölben ein **Ethnografisches Museum** untergebracht ist. Es widmet sich anschaulich den verschiedenen Handwerkskünsten des 19. und frühen 20. Jh. sowie dem Möbiliar der damaligen Zeit. Der Westen und Süden der Stadt waren durch das Meer und durch die gewaltige, noch heute beeindruckende **Seemauer (3)** geschützt, die auf fränkischen Fundamenten ruht. Ihre Nordecke bildet der **Burj Kuraijim (4).** ihre Südspitze der **Burj es-Sanjak (5),** neben dem sich ein **Leuchtturm (6)** aus dem 18. Jh. erhebt. Die Seemauer setzt sich auf der Südostecke über das sogenannte Seetor bis zum Landtor fort. Der klotzige **Burj es-Sultan (7)** vor dem Khan es-Shawarda ist das einzige fast vollständig erhaltene Festungsrelikt der Kreuzfahrer. Die frühere Hafenmole verlief bis zum **Fliegenturm (8),** einer kleinen Seefeste mit Leuchtfeuer, deren Ruine heute einsam aus dem Wasser ragt. Der malerische kleine Hafen, in dem nur noch Fischerboote und gelegentlich ein paar Segeljachten vor Anker gehen, lässt nicht vermuten, dass im Mittelalter von hier aus ganze Handelsflotten in See stachen. Von den zahlreichen Cafés und Restaurants am Kai aus kann man den Fischern zusehen.

Unter der Zitadelle befindet sich die sogenannte **Kreuzfahrerstadt (9),** das einstige Hauptquartier des Johanniterordens. Der Rundgang

Ethnografisches Museum

*Burj el-Kummander
Sa–Do 10–17, Fr
und vor Feiertagen
10–15 Uhr*

Kreuzfahrerstadt

*tgl. 8.30–17
(im Winter bis
16) Uhr*

durch die Hallen und Säle, die heute etliche Meter unter dem Straßenniveau liegen, führt zunächst durch zwei Hallen mit fränkischen Fundamenten und arabischen Aufbauten. In einem Teil der Säle, die einst 500 m² groß und 8 m hoch waren, finden heute Konzerte statt. Die sogenannte Krypta des hl. Johannes war im 12. und 13. Jh. das Refektorium des Ordens, vielleicht auch der Zeremoniensaal. Drei schwere Rundpfeiler von etwa 3 m Durchmesser tragen das frühgotische Spitzbogengewölbe. An der Südseite des einst 12 m hohen Saals führten drei Türen ins Freie. In der Ostwand sieht man drei Kamine. Zwei Lilienreliefs in der Nordost- und Südostecke erinnern an den Aufenthalt des französischen Königs Ludwig VII. im Jahre 1148. (Die Lilie war ursprünglich das Emblem Saladins. Ludwig soll das Symbol nach Frankreich gebracht haben, wo es die Bourbonen – damals noch ein Herzogsgeschlecht – 30 Jahre später in ihr Wappen aufnahmen.) In der südöstlichen Ecke des benachbarten Hofes beginnt ein unterirdischer Gang, der zum Teil gemauert und zum Teil in den Felsen gehauen war. Er führte bis zur äußeren Stadtmauer im Norden und – schon seit persischer Zeit – bis zum Hafen im Süden. Heute geht der Besucher nur bis zur 65 m entfernten Bosta, einer ursprünglich fatimidischen Karawanserei (11. Jh.), die die Johanniter in ein Spital und eine Meldestelle für Pilger umwandelten.

Altstadt von Akko

1 Stadtmauer
2 Burj el-Kummander (Ethnografisches Museum)
3 Seemauer
4 Burj Kuraijim
5 Burj es-Sanjak
6 Leuchtturm
7 Burj es-Sultan
8 Fliegenturm
9 Kreuzfahrerstadt
10 Zitadelle (Israelisches Heldenmuseum)
11 Hammam el-Basha
12 Okashi-Museum
13 Ahmed-Jezzar-Moschee
14 Khan el-Afrandschi
15 Khan el-Umdan
16 Templertunnel
17 Suq el-Abijad
18 Georgskirche
19 Andreaskirche
20 Johanneskirche
21 Franziskanerkloster
22 Hof Argaman

**Israelische Helden-
museum (Museum
of Underground
Prisoners)**
*Zitadelle
So–Do 8–16.30, Fr
und vor Feiertagen
8.30–13.30 Uhr*

Hammam el-Basha

*Sa–Do 9–18 (im
Winter bis 17), Fr
und vor Feiertagen
9–17 (im Winter bis
16) Uhr*

Okashi-Museum

*So–Do 9.30–18 (im
Winter 8.30–16), Fr
und vor Feiertagen
9.30–17 (im Winter
8.30–15) Uhr*

**Ahmed-Jezzar-
Moschee**

*Sa–Do 8–17,
Fr 8–11 und 13–
17 Uhr*

1785 errichtete Ahmed Jezzar über dem Johanniterzentrum eine 40 m hohe **Zitadelle (10).** Da die türkischen Architekten den Kreuzfahrergewölben eine solche Last nicht zumuten wollten, füllten sie die Hallen und Säle mit Sandsäcken und Bauschutt. In der britischen Mandatszeit diente die Zitadelle als politisches Gefängnis, in dem zahlreiche jüdische Untergrundkämpfer gefangengehalten und einige auch hingerichtet wurden. Heute befindet sich hier das **Israelische Heldenmuseum.** Von der Terrasse der Zitadelle bietet sich ein schöner Rundblick über die Altstadt.

Das **Hammam el-Basha (11),** ein bis 1947 in Betrieb befindliches öffentliches Bad, ließ Ahmed Jezzar 1780 nach türkischem Vorbild erbauen. Den Gang durch die verschiedenen Räume des Bades begleiten Schauspieler in Film und Ton. Sie schildern als Familie von Hammamverwaltern lebendig die Geschichte Akkos seit dem Ende des 18. Jahrhunderts und die Bedeutung eines Hammams als gesellschaftliches Zentrum. Das um die Ecke liegende **Okashi-Museum (12)** ist in schön überwölbten Hallen aus osmanischer Zeit untergebracht. Es widmet sich dem israelischen Künstler Avshalom Okashi (1916–80), der hier zu Lebzeiten sein Studio hatte und tragendes Mitglied von ›Neue Horizonte‹, einer der ersten nach dem Unabhängigkeitskrieg gegründeten Künstlergruppen Israels, war. In Wechselausstellungen werden auch andere zeitgenössische Künstler präsentiert.

Die **Ahmed-Jezzar-Moschee (13)** neben der Zitadelle, die größte der vier Moscheen von Akko, ließ der Pascha 1781/82 an der Stelle der Kreuzfahrerkathedrale zum hl. Kreuz errichten. Sie gilt als besonders schönes Beispiel des türkischen Rokoko; als einzige Moschee in Israel besitzt sie eines jener hohen, schlanken Minarette, die für diesen Architekturstil typisch sind. Rechts vom Treppenaufgang zum Hof steht ein winziger Rokoko-Kiosk. Der große Hof wird von kuppelbedeckten Arkadenhallen umschlossen, wo einst in kleinen Zellen islamische Theologiestudenten wohnten und arbeiteten. Vor der Moschee befindet sich ein eleganter Reinigungsbrunnen mit grazilen Säulen, die das kupferne Kuppeldach tragen. Die Wände des Portikus schmücken kunstvoll bemalte Fliesen. Die aus italienischen Steinbrüchen stammenden Marmorsäulen ließ der Pascha aus den Ruinen von Caesarea herbeischaffen. Ein kleines Mausoleum rechts vom Eingangsportikus enthält die Sarkophage von Ahmed Jezzar Pascha († 1804) und seinem Adoptivsohn und Nachfolger Suleiman Pascha († 1819) sowie drei Barthaare des Propheten Mohammed als verehrungswürdige Reliquie.

Am Hafen liegen mehrere alte Karawansereien mit Unterkünften für die Kaufleute und deren Begleiter und mit Ställen für die Lasttiere im Untergeschoss. Der **Khan el-Afrandschi (14,** ›Frankenkarawanserei‹), um 1600 von Fakhr ed-Din für europäische Kaufleute erbaut, ist die älteste Anlage dieser Art in Akko. Den hervorragend restaurierten **Khan el-Umdan (15,** ›Säulenkarawanserei‹) ließ Ahmed Jezzar über einem mittelalterlichen Dominikanerkloster errichten, das in einem zugeschütteten Hafenbecken erbaut worden war. Die Gra-

nit- und Porphyrsäulen des Arkadenhofes stammen aus byzantinischen Hausruinen Caesareas. Das Nordtor des Khan krönt ein Uhrenturm, der 1906 anlässlich des Thronjubiläums von Sultan Abdul Hamid II. (1876–1918) geschaffen wurde und der einen herrlichen Blick auf Stadt und Bucht gewährt.

Der **Templertunnel (16),** ein Wasserversorgungskanal, der erst 1994 entdeckt wurde, verläuft zwischen dem Khan el-Umdan und der Seemauer. Er wurde in den Felsen geschlagen und mit einem gemauerten Gewölbe überdacht. Ein Teilstück ist für die Besucher zugänglich.

Der malerische **Suq el-Abijad (17,** ›Weißer Markt‹), ein 100 m langer, kuppelbedeckter Markt, wurde 1750 von Dahir el-Omer gegründet und 1818 von Suleiman Pascha erneuert. Zu beiden Seiten der

Templertunnel
im Sommer: Sa–Do
9.30–18.30, Fr und
vor Feiertagen
9.30–17.30 Uhr;
im Winter: Sa–Do
8.30–17.30, Fr und
vor Feiertagen
8.30–16.30 Uhr

Gärten von Bahji

Innere Gärten:
Fr–Mo 9–12
Äußere Gärten:
tgl. 9–16 Uhr

breiten Mittelstraße ziehen sich Arkaden hin. Die griechisch-ortho-doxe **Georgskirche (18)** inmitten der Altstadt steht auf Fundamenten des 13. Jh., die griechisch-katholische **Andreaskirche (19)** wurde über dem mittelalterlichen Gotteshaus der hl. Anna, einem Templerbau, errichtet. Die **Johanneskirche (20)** am Südende der Altstadt erbau-ten die Franziskaner im Jahre 1737, vermutlich ebenfalls auf den Mau-ern des 13. Jh. Das kleine **Franziskanerkloster (21)** nördlich des Khan el-Afrandschi erhebt sich an der Stelle des Klarissinnenklosters, das Franz von Assisi 1219 gegründet hatte.

Östlich der Altstadt erstreckt sich längs der Bucht von Akko ein ki-lometerlanger Sandstrand, der **Hof Argaman (22,** ›Purpurküste‹), mit modernen Hotels.

3 km nördlich der Stadt liegen rechts der Straße nach Nahariyya hinter kunstvoll geschmiedeten Eisentoren die Persischen **Gärten von Bahji.** In einem Schrein ruht hier seit 1892 Baha-Ullah der Gründer der Bahai-Religion. Die Gärten der Baha'i in Akko und Haifa sind 2008 von der UNESCO in die Liste des Weltkulturerbes aufgenom-men worden.

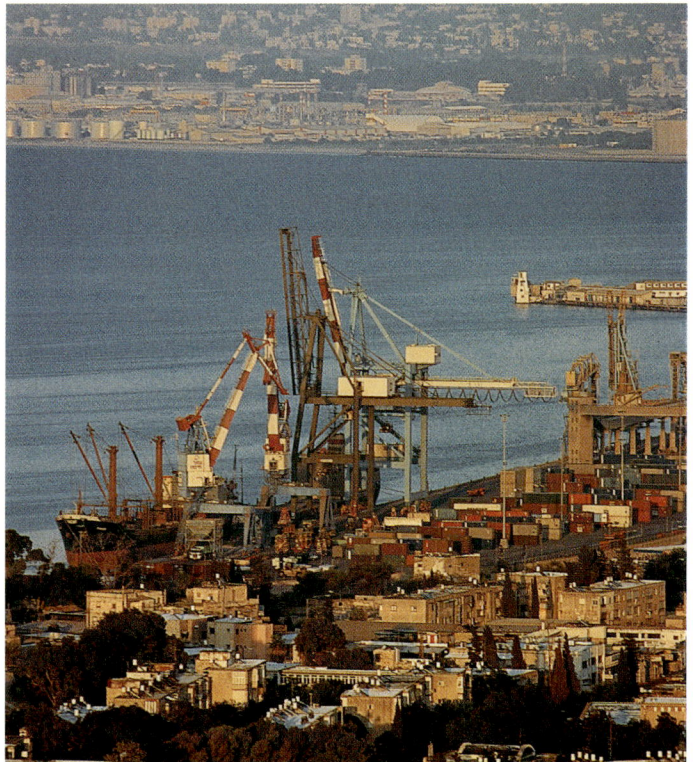

Haifa, die Partnerstadt von Bremen, hat den größten Hafen Israels

Haifa

Die europäischste und mit 272 000 Einwohnern drittgrößte Stadt des Landes, Haifa (hebräisch Hefa), zieht sich in eleganten Windungen von der Meeresküste die Hänge des Karmel hinauf. Die Partnerschaft von Bremen hat den größten Hafen Israels und eine beachtliche Industrie, eine Universität und die bedeutendste Technische Hochschule des Landes. Unvergesslich bleibt für jeden Besucher der Blick von der Panoramastraße auf den Bahai-Schrein und über das Häusermeer der Unterstadt bis zum riesigen Dagon-Silo am Hafen. Und nicht weniger faszinierend ist der Blick vom Schiff auf das funkelnde Lichtermeer des abendlichen Haifa.

Haifa ★★

Tourist Information Office
*48 Ben Gurion St.
German Colony
Haifa
Tel. 048 53 56 06
www.tour-haifa.co.il
So–Do 9–17, Fr 9–13*

Geschichte

Im heutigen Stadtgebiet von Haifa bestanden im Altertum zwei Siedlungen: Shiqmona (von hebräisch *shiqma*, ›Sykomore‹, ein Maulbeerfeigenbaum) im Westen und Zalmona im Osten. Shiqmona hatte seit dem 11. Jh. v. Chr. den schmalen Durchgang zwischen Kap Karmel und dem Meer zu bewachen. In hellenistischer Zeit hieß es Sykamion, woraus sich in byzantinischer Zeit der Name Sykaminos entwickelte. Zalmona, an der Mündung des Qishon auf dem Tell Abu Hawam gelegen, war im 14. Jh. v. Chr. vermutlich der Hafen der mächtigen Kanaaniterstadt Megiddo. Die Römer verlegten Hafen und Siedlung an die windgeschützte Westseite der Bucht (heute ist der Hügel abgetragen und mit Industrieanlagen überbaut). Den Namen Haifa lesen wir erstmals im Talmud (3. Jh. n. Chr.). Möglicherweise ist er aus *hof yafe*, ›schöne Küste‹, entstanden. Im 4. Jh. waren Shiqmona und Haifa bereits miteinander verschmolzen. Im 7. Jh. brannten die Araber die Glasbläser- und Fischerstadt nieder.

Erst im frühen 11. Jh. tauchte Haifa in den Berichten persischer Reisender wieder als Hafenstadt mit rühriger Schiffbauindustrie auf. 1084 bestand hier eine berühmte Talmudschule. Als im Jahre 1099 das Kreuzfahrerheer nach Jerusalem zog, blieb die inzwischen stark befestigte Stadt zunächst unbehelligt. Ihre Einwohner waren hauptsächlich Juden, die Garnison bestand aus Ägyptern. Erst im Juli des Jahres 1100 erstürmten die Christen unter Dagobert und Tankred nach kurzer, heftiger Belagerung die Stadt. Bis zur Eroberung Akkos im Jahre 1104 war Haifa nach Jaffa der wichtigste Hafen des Königreiches Jerusalem. 1155 gründete der Mönch Berthold von Kalabrien in Haifa den Karmeliterorden. Im Jahre 1187 fiel die Stadt an Saladin, 1191 konnten die Kreuzfahrer unter Richard Löwenherz kampflos einmarschieren, nachdem Saladin die Mauern der Stadt hatte schleifen lassen.

1252 erneuerte Ludwig IX. der Heilige die Befestigungen. Inzwischen bestand jedoch das christliche Königreich nur noch aus einem schmalen Küstenstreifen zwischen Jaffa und Akko. 1265 eroberte der Mame-

Haifa

1 *Kikar Paris*
2 *Gan Ha'em*
3 *M.-Stekelis-
Museum für Vor-
geschichte*
4 *Tikotin Museum of
Japanese Art*
5 *Mané-Katz-
Museum*
6 *Skulpturengarten*
7 *Bahai-Schrein*
8 *Bahai-Archiv*
9 *Chagall House*
10 *Haifa Museum
of Art*
11 *Haifa City Museum*
12 *Dagon-Silo*
13 *Karmeliterkloster*
14 *Elija-Höhle*
15 *Clandestine Immi-
gration and Navy
Museum*
16 *National Maritime
Museum*
17 *Hecht Museum*

**M.-Stekelis-
Museum für
Vorgeschichte**

*Mo–Do 10–15, Fr
10–13, Sa 10–15
Uhr (Eingang durch
den Gan-Ha'em-
Zoo)*

**Tikotin Museum of
Japanese Art**

*So–Mi 10–16, Do
10–19, Fr 10–13,
Sa 10–17 Uhr*

luckensultan Baibars Haifa, und nachdem Akko, der letzte große Stütz-punkt der Christen im Heiligen Land, im Jahre 1291 gefallen war, ver-nichtete Baibars alles, was an die Kreuzfahrer erinnerte; die Karmeli-termönche flohen nach Europa. Von da an war Haifa nur noch ein un-bedeutender Fischerort, zu dessen heiligen Stätten, der Höhle des Elija und dem Grab des Elischa, Juden wie Muslime pilgerten. Unter Pascha Dahir el-Omar, der den Weizenexport stark förderte, nahm die Hafen-stadt im 17. Jh. wieder einen Aufschwung. Im 18. Jh. kehrten die Kar-meliter zurück und erhielten die Genehmigung, über der Grotte des Elija Kirche und Kloster zu errichten. 1799 pflegten sie Napoleons Ver-wundete. Nach dem Abzug Bonapartes ließ Jezzar das Kloster zerstö-ren, aber schon 1827 errichteten die Karmeliter neue Gebäude.

Mit dem Aufkommen der Dampfschifffahrt wuchs Haifas Bedeu-tung als Hafenstadt. 1868 gründete die deutsche Tempelgesellschaft, eine religiöse Reformbewegung, hier eine eigene Ansiedlung. Wegen des deutsch-türkischen Bündnisses genoss sie die Unterstützung des Deutschen wie des Osmanischen Reiches. 1898 kam Kaiser Wilhelm II. nach Haifa, um von hier aus eine Rundreise durch das Heilige Land zu unternehmen. 1904 wurde die Eisenbahnlinie Haifa–Damaskus eröffnet, was einen gewaltigen Aufschwung zur Fol-ge hatte: Geschäfts- und Wohnviertel wuchsen die Hänge des Karmel empor; 1912 wurde die Technische Hochschule gegründet. 1918 rück-ten englische Truppen in Haifa ein. Schon ein Jahr später wurde die Stadt an die Bahnlinie Kairo–Gaza–Lod angeschlossen. 1931 war die Einwohnerzahl auf 50 000 gestiegen, darunter 20 000 Muslime, 16 000 Juden und 14 000 Christen.

1933 erhielt Haifa einen modernen Überseehafen, 1934 den An-schluss an eine irakische Öl-Pipeline. Bei Gründung des Staates Is-rael im Jahre 1948 lebten hier bereits über 100 000 Juden, und in der Folgezeit kamen immer neue Einwanderer durch das ›Tor Israels‹. Die alten Stadtviertel wurden abgerissen, eine neue Stadt mit Gärten und breiten Boulevards entstand. Sie ist eine ›Stadt der Zukunft‹, wie sie Theodor Herzl schon im Jahre 1902 nannte.

In der Stadt

Mittelpunkt von Haifa ist der unscheinbare **Kikar Paris (1)**. Hier beginnt die 1,8 km lange Carmelit Subway, eine unterirdische Standseilbahn, die mit einer Steigung von 12 % über vier Zwischen-stationen zum 280 m hoch gelegenen **Gan Ha'em (2)** führt, einem hübschen Park mit einem kleinen Zoo. Beachtung verdient auch das **M.-Stekelis-Museum für Vorgeschichte (3)** in der Hatishbi Street 124 mit archäologischen Funden aus den Grotten des Karmel und Gali-läas sowie einer biologischen Abteilung mit Dioramen der Flora und Fauna Israels. Das **Tikotin-Museum (4,** Hanassi Avenue 89) beher-bergt eine umfangreiche Sammlung japanischer Kunst. Die nahe Pa-noramastraße Yefe Nof bietet großartige Blicke auf Stadt, Hafen und

Haifa

0   250   500 m

Mittelmeer

Hafen

BAT GALIM

Bat Galim Promenade

Bat Galim HaSheniyya

HaAliyya HaSheniyya

Busbahnhof (Egged)

Sderot HaHaganah

Derekk Yafo

Hei Halam

14

M 15

M 16

13

Jo'av

Sahal

Tel Aviv

Derekh Stella Maris

Derekh Allenby

Saul

Derekh Yafo

RAMAT SHA'UL

QIRYAT ELIEZER

QIRYAT ELIAHU

Sderot Rothschild

Sderot HaMeginim

M 11

M 12

Ha'Atzmaut St.

Tchernichovsky St.

GERMAN COLONY

Lohame HaGeta'ot

Sderot Ben Gurion

WADI NISNAS

FRENCH CARMEL

HaGefen

1

ALTSTADT

6

Sderot HaZiyyonut

Abbas

7

M 9

M 10

HaParitsanim

Shabbetai

HaNevi'im

Seilbahn

Kikar Feisal

Istiqal Moschee

WESTERN CARMEL

Yefe Nof St.

8

Bahai Park

Bahai Gericht

Herzlia

Levi St.

HADAR

Flughafen

M 4

5 **M**

Yefe Nof St.

Arlosoroff

Arlosoroff

Balfour

Herzl St.

Nordau Mall

M 3

2

CARMEL CENTER

Seilbahn

KABABIR

Bikurim

Bikurim

RAMAT HADAR

Leon Blum

Derekh Ruppin

CARMELIA

Sderot Moria

17

SHAMBUR

WARDIYA

*Der Bahai-Schrein
ist das Wahrzeichen
Haifas*

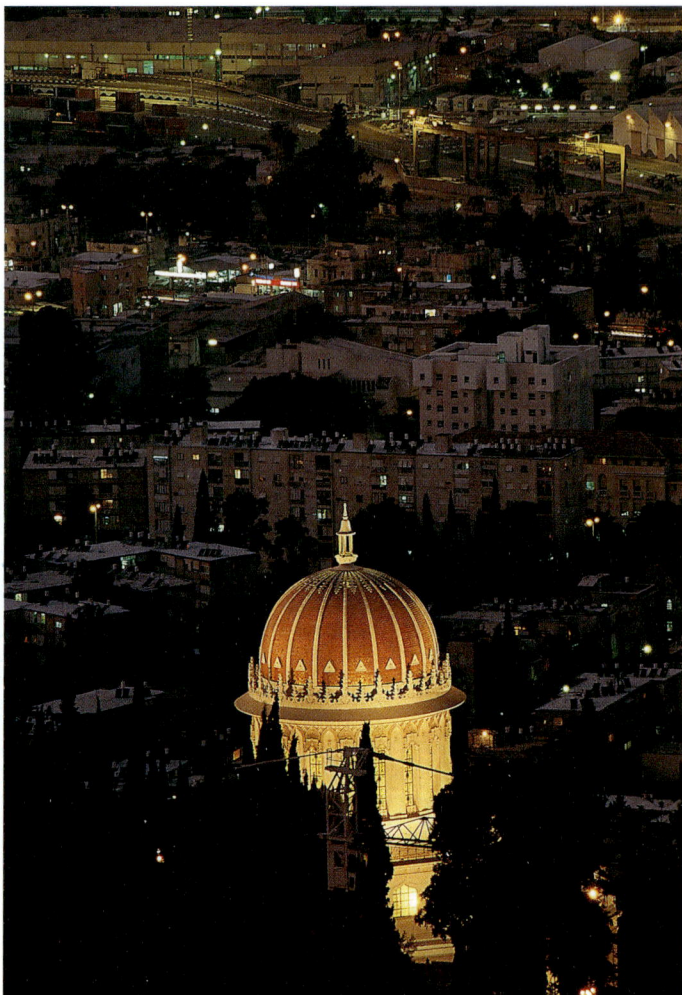

Meer. Das **Mané-Katz Museum (5)** in der Yefe Nof Street 89 zeigt
Werke jüdischer Maler und Bildhauer der Gegenwart. Am westlichen
Ende des Yefe Nof, der den vornehmen Stadtteil Ramat Hatishbi
durchquert, erreicht man den Sderot HaZiyyonut mit dem **Garten der
Skulpturen (6).** Dort befinden sich in einer Parkanlage ausdrucksstar-
ke Plastiken der Bildhauerin Ursula Malbin, die Kinder darstellen.

*Mané-Katz Museum
So/Do/Sa 10–16,
Fr 10–13 Uhr*

Dem Sderot HaZiyyonut weiter abwärts folgend, kommt man zum
Bahai-Schrein (7), dem Wahrzeichen Haifas, das mit seinen Gärten
im Jahr 2008 in die Liste des Weltkulturerbes der UNESCO aufgenommen wurde. Inmitten der persischen Gärten erhebt sich das strah-

lendweiße, von einer vergoldeten Kuppel gekrönte Mausoleum des Mirza Ali Mohammed el-Bab, des Märtyrers der Bahai-Religion. Der heutige Bau (1948–53) vereinigt europäische und orientalische Stilelemente. Im Inneren mit prächtigem Grabschmuck ist der Bab in einem abgeteilten Raum beigesetzt. Die märchenhaften Gärten zieren bronzene Pfauen-, Adler- und Blumenskulpturen. Jenseits des Sderot HaZiyyonut wurde 1957 das im Stil griechischer Tempel errichtete **Bahai-Archiv (8)** vollendet. In dem Garten stehen vier kleine Kenotaphe aus weißem Carraramarmor für die engsten Familienangehörigen des Baha-Ullah (s. S. 21).

Folgt man dem Sderot HaZiyyonut abwärts, so gelangt man am **Chagall House (9,** Wechselausstellungen) vorbei zum **Haifa Museum of Art (10,** Shabbetai Levy Street 26). Etwa 7500 plastische Werke, Gemälde, Zeichnungen und Drucke (z.B. Herman Struck, Honoré Daumier, Marc Chagall, Käthe Kollwitz und Max Liebermann) umfasst die Sammlung. Interessant ist neben den engagierten, zum Teil höchst aktuellen Wechselausstellungen auch das New Media Center, das sich insbesondere der Videokunst widmet.

Unterhalb des Bahai-Schreins, um die heutige Sderot Ben Gurion, erinnern die schmucken, in den letzten zwei Jahrzehnten restaurierten Häuser mit ihren roten Ziegeldächern an die Gründung der deutschen Templerkolonie am 30. Oktober 1868 unter Christioph Hoffmann, dem Initiator der Templergesellschaft, und seinem Gefährten Georg David Hardegg. In der **German Colony** (HaMoshava HaGermanit) finden sich heute schöne Cafés, Restaurants, Boutiquen sowie die **Touristeninformation** und in der ehemaligen Schule des Templerviertels das **Haifa City Museum (11).** Jährlich wechselnde Ausstellungen widmen sich verschiedenen Aspekten zur Stadtgeschichte.

Am Hafen neben dem Plumer Square erhebt sich das eindrucksvolle **Dagon-Silo (12).** Der 69 m hohe Speicher (1955) fasst 100 000 Tonnen Getreide und gehört damit zu den größten Silos der Welt. Im Erdgeschoss ist ein Museum eingerichtet, das die Lagerung und Verarbeitung des Getreides im Laufe der Jahrtausende zeigt.

Neben dem Leuchtturm Stella Maris – das erste Leuchtfeuer brannte hier im Jahre 1821 – liegt am Hang des Kap Karmel die ausgedehnte Anlage des **Karmeliterklosters (13,** 1827–67); ein byzantinisches Kloster gab es hier wohl schon um 570. Es ist den Propheten Elija und Elischa geweiht (Elija soll in der Grotte unter dem Chor gelebt haben). Den Hauptaltar der Kirche schmückt die Madonna vom Karmel (1836).

Am Fuß des Kap Karmel befindet sich die **Elija-Höhle (14),** auch Schule des Propheten genannt, weil der Prophet hier im 9. Jh. v. Chr. seine Schüler unterrichtete. Sie wird von Juden, Christen und auch Muslime als heilige Stätte verehrt. In der Nacht vom 19. auf den 20. Juli treffen sich Christen und Muslime vor der Höhle beim Mar-Elias-Fest.

Das **Clandestine Immigration and Navy Museum (15)** in unmittelbarer Nähe (Allenby Road 204) ist der Geschichte der illegalen Ein-

Gärten der Bahai
*Innere Gärten: tgl. 9–12
Äußere Gärten: tgl. 9–17 Uhr
tgl. außer Mi kostenlose Führungen in Englisch und Hebräisch (Infos unter Tel. 048 31 31 31 oder www.gan bahai.org.il)*

Chagall House
So–Do 10–13 und 16–19, Sa 10–13 Uhr

Haifa Museum of Art
So–Mi 10–16, Do 10–19, Fr 10–13, Sa 10–17 Uhr

Haifa City Museum
Mo–Do 10–16, Fr 10–13, Sa 10–15 Uhr

Dagon-Silo
nur mit Führung, So–Do 10.30 Uhr (Infos: Tel. 048 66 42 21)

Karmeliterkloster
tgl. 8.30–12 und 15–18 Uhr

Elija-Höhle
Mo–Sa 8–12.30 und 14.30–17 Uhr

Clandestine Immigration and Navy Museum
So–Do 8.30–16 Uhr

Das Dagon-Silo, einer der größten Vorratsspeicher der Welt

wanderung während der britischen Mandatszeit und der Entwicklungsgeschichte der israelischen Flotte gewidmet. Das Motorschiff ›Af 'Al Pi‹, Wahrzeichen dieses Museums, durchbrach im Jahre 1940 mit jüdischen Flüchtlingen aus Europa die britische Blockade. Nicht weit davon zeigt das **National Maritime Museum (16)** in der Allenby Road 198 zahlreiche Schiffsmodelle, Karten, nautische Instrumente und archäologische Funde aus der Geschichte der mediterranen Seefahrt.

An der engsten Stelle zwischen Karmel und Meer schlägt die Brandung gegen den Tel Shiqmona. Den kleinen Hügel hat man bisher nur bis zur Siedlungsschicht der hellenistischen Periode untersucht. Aus byzantinischer Zeit stammen wundervolle Mosaikböden, die zu einer großen Synagoge gehörten und deren schönste Teile jetzt im Haifa-Museum untergebracht sind.

Das moderne Haifa dehnt sich immer weiter über den Karmel aus. Hier entstand in den 1950er-Jahren das neue **Technion,** die größte Technische Hochschule Israels. Die zahlreichen Institute, Studentenwohnheime und Sportplätze sind in einen großen Park eingebettet. 1970 wurde noch weiter im Süden, an der Straße nach Isfiya, die **Universität von Haifa** eröffnet. Die Bauten auf dem 500 m hohen Kamm des Karmel, überragt von einem hohen Turm, schuf der brasilianische Architekt Oscar Niemeyer (1907–2012). Hier im **Eshkol Tower** befindet sich auch das **Hecht Museum (17),** dessen Stifter Reuben und Edith Hecht eine beachtliche archäologische Privatsammlung zusammengetragen haben, deren Stücke die kulturellen Hinterlassenschaften Israels in alter Zeit repräsentieren. Wechselnde Sonderausstellungen zu archäologischen Themen und eine Sammlung von impressionistischen Gemälden bereichern das Museum.

Karmel

Der Karmel (hebräisch *kerem el*, ›Garten Gottes‹) ist ein etwa 35 km langer, 8 bis 10 km breiter und über 500 m hoher Bergrücken aus Kreidekalk, der von Südosten nach Nordwesten allmählich ansteigt, um im Stadtgebiet von Haifa unvermittelt zum Meer hin abzufallen. Er trennt die Jesreel-Ebene von der Sharon-Ebene. »Dein Haupt gleicht dem Karmel ... wie schön bist du«, hauchte die junge Frau in König Salomos ›Lied der Lieder‹ ihrem Geliebten ins Ohr (Hld 7,6/7). Und schön ist der immergrüne Berg noch an vielen Stellen, sogar dort, wo der Mensch ihn mit modernen Stadtteilen verändert hat. Die herrlichen Kiefernwälder um den 598 m hohen Gipfel, den Rom Karmel, und um die Orte Bet Oren und Isfiya sind als Nationalpark geschützt.

Schon im mittleren Paläolithikum zogen die Höhlen des wald- und wildreichen Karmel den Menschen an. Die interessantesten **prähistorischen Höhlen** entdeckte man 1931 am **Nahal Me'arot** unweit der Küstenstraße nach Tel Aviv. In drei Höhlen (Tannur, Gamal und Gedi) fanden sich Relikte einer Zivilisation, die über 150 000 Jahre zurückreicht: Skelette von dem Neandertaler vergleichbaren Menschen, Sichelklingen und Fischspeere aus Feuerstein, Angelhaken aus Knochen, Steinschalen, Muschelhalsbänder usw. In der Tannur- oder Tabun-Höhle lag ein Skelett aus dem Natufien (etwa 10 000 v. Chr.), die ›Frau von Tabun‹, geschmückt mit einem Stirnband aus Steinperlen. Das Höhlengebiet von Me'arot Karmel ist heute ein Naturpark; die Funde werden im Rockefeller-Museum und im Haifa-Museum gezeigt.

Der Karmel war zu allen Zeiten ein heiliger Berg, den Naturgöttern, später den westsemitischen Gottheiten Baal und Aschera und in hellenistisch-römischer Zeit dem Zeus bzw. Jupiter geweiht. Hier lebten die biblischen Propheten Elija und Elischa, hier konzipierte der Grieche Pythagoras einige seiner Lehrsätze, hier befragte der römische Feldherr und spätere Kaiser Vespasian das Orakel des unsichtbaren Gottes vom Karmel. In byzantinischer Zeit ließen sich in den Höhlen viele Eremiten nieder, und als das christliche Königreich Jerusalem im 13. Jh. nur noch einen schmalen Streifen der palästinensisch-syrischen Küste umfasste, konzentrierte sich der Zustrom der Mönche auf den Karmel, wo zahlreiche Klöster entstanden. Hier wurde im Jahre 1155 der Karmeliterorden gegründet.

3 km nördlich der Höhlen von Me'arot Karmel zweigt von der Küstenstraße eine Nebenstraße nach **En Hod** ab, einem verlassenen arabischen Dorf, in dem jüdische Maler, Bildhauer und Literaten eine reizvolle Künstlerkolonie geschaffen haben. Das sehenswerte Museum der Agudat Shitufi (Dorfkooperative) ist dem Dadaismus gewidmet, jener literarisch-künstlerischen Bewegung, die 1916–22 die bürgerliche Kultur Europas der Lächerlichkeit preiszugeben versuchte. In einem kleinen Amphitheater finden an Sommerabenden Konzerte und Theateraufführungen statt. Die Straße längs des Karmelkammes führt von Haifa nach Isfiya und Daliyat el-Karmil, zwei großen Drusensiedlun-

Karmel ★

Nahal Me'arot
Die prähistorischen Karmelhöhlen im Nahal Me'arot stehen seit dem Jahr 2012 auf der Liste des UNESCO-Welterbe.
tgl. 8–17 (Okt.–März bis 16) Uhr

*Drusenmarkt bei
Daliyat el-Karmil*

gen, deren prachtvoll bunte Wohnhäuser von einem gewissen Wohlstand zeugen. Isfiya, in dem auch christliche Araber leben, entstand an der Stelle des alten jüdischen Ortes Huseifa, der im 7. Jh. zerstört wurde. Im Ortszentrum von **Daliyat el-Karmil** reihen sich Läden mit orientalischen Waren aneinander. Da gibt es lange, hauchdünne Gewänder, Perlenvorhänge, gewebte Teppiche und Läufer, geometrisch gemusterte Eseltaschen, geschnitzte Holztischchen, Kupfer- und Messingarbeiten, jemenitische Gläser, Teeservice und vieles andere. Die Frauen tragen vielfach ein Tülltuch um den Kopf, die schnurrbärtigen Männer bedecken den Kopf mit der weißroten Keffije, einer Art Fes.

Etwa 2 km hinter Daliyat zweigt links eine 2 km lange, schmale Straße nach **Muhraqa** (arabisch für ›Ort des Verbrennens‹) ab. Hier soll der Prophet Elija die Priester des Baal zu einem Gottesurteil herausgefordert haben (1 Kön 18,16–46). Elija gewann und ließ die »450 Propheten des Baal« am Ufer des nahen Qishon töten. Dieser Begebenheit ist das kleine Karmeliterkloster auf einer 482 m hohen, weithin sichtbaren Bergspitze geweiht. Es wurde im Jahre 1886 über den Trümmern einer älteren Kirche errichtet. Von der Klosterterrasse hat man eine herrliche Aussicht auf die Jesreel-Ebene bis zum Berg Tabor.

Megiddo

Megiddo ★★

Megiddo
*tgl. 8–17 (Okt.–
März bis 16) Uhr*

Am Ende des Hauptpasses von der südlichen Küstenebene in die Jesreel-Ebene (Emeq Yizreel) erhebt sich einer der größten und bedeutendsten Siedlungshügel des Heiligen Landes, der Tel Megiddo. Über 3000 Jahre, vom Neolithikum bis in die persische Zeit, beherrschte Megiddo, zeitweise die mächtigste Festungsstadt Kanaans, die wichtigste Handels- und Heeresstraße zwischen Ägypten und dem Zweistromland, die hier durch das Wadi Ara führt. Megiddo war auch das mythologische Harmagedon der Offenbarung des Johannes (16,16). Berühmt ist die heutige Ausgrabungsstätte vor allem wegen der Pferdeställe Ahabs, des eindrucksvollen Wasserversorgungssystems aus kanaanitisch-israelitischer Zeit und wegen anderer einzigartiger Funde. Seit 2005 ist Meggido UNESCO-Welterbe.

Geschichte

Erste Siedlungsspuren reichen bis in das ausgehende Neolithikum (vor 4000 v. Chr.) zurück. Nach seiner Zerstörung wurde Megiddo an der Schwelle zum 2 Jt. v. Chr. erneut besiedelt, vermutlich von Kanaanitern. Noch im 18. Jh. v. Chr. umgaben die Hyksos die Stadt mit einem gewaltigen Erdwall und verbreiterten das Stadttor, um mit ihren schnellen, pferdebespannten Streitwagen hindurchfahren zu können. Ihr Palast unterschied sich von den Wohnhäusern der Kanaaniter nur durch seine Größe und durch sorgfältigere Ausführung.

In der Späten Bronzezeit wurde der Palast wesentlich vergrößert und mit einem Bad versehen. Um 1468 v. Chr. eroberte Pharao Thutmosis III. Megiddo, um die Macht der Hyksos in Kanaan zu brechen und den Landweg nach Syrien zu öffnen. Seinen entscheidenden Sieg in der Schlacht bei Megiddo ließ er in einer Inschrift im Amontempel von Karnak, die erstmals den Namen Megiddo erwähnt, verewigen. Unter den Amarnabriefen des 14. Jh. v. Chr. fand man auch solche, in denen Biridja, der Vasallenkönig von Megiddo, seinen Oberherrn, den Pharao Echnaton, um militärische Unterstützung gegen die Habiru (Israeliten?) bat, die das Land zunehmend verunsicherten. Im heiligen Bezirk entstand damals ein neuer, 10 × 12 m großer Tempel. Hier fand man Gegenstände aus Gold und Lapislazuli, vor allem aber 200 großartige Elfenbeinschnitzereien (um 1140 v. Chr.). Bis etwa 1130 v. Chr. blieb die Stadt unter ägyptischem Einfluss und erreichte im 13. und 12. Jh. v. Chr. ihre höchste Blüte.

Josua eroberte inzwischen das verheißene Land. An den ›Wassern von Merom‹ siegte gegen 1230 v. Chr. der israelitische Bund über die Koalition der Kanaaniterkönige (Ri 5,19), alles Land wurde auf die Stämme Israels aufgeteilt. Das Gebiet von Megiddo erhielt zunächst Ascher, dann Manasse (Jos 17,11; Ri 1,27), die Stadt selbst blieb aber wie die meisten anderen großen Orte im Besitz der Kanaaniter. Erst den Philistern gelang es, zur Jesreel-Ebene vorzustoßen und auch das mächtige Megiddo ihrer Herrschaft zu unterwerfen. Wahrscheinlich geschah das um 1130 v. Chr. Unter König David, der um das Jahr 1004 v. Chr. die Philister besiegte, wurde Megiddo dem Reich Israel einverleibt. Salomo vereinigte Megiddo mit weiteren Städten der Jesreel-Ebene zu seinem fünften nordisraelitischen Besitztum (1 Kön 4,12) und ließ es als dessen Hauptstadt ausbauen und befestigen (1 Kön 9,15).

Einer der ältesten christlichen Sakralbauten

Bei Erweiterungsarbeiten für ein israelisches Gefängnis bei Megiddo stießen Archäologen auf einen 10 x 6 m großen Mosaikfußboden, der mit drei griechischen Inschriften, die Jesus Christus erwähnen, zwei Fischen im Kreis, einem urchristlichen Symbol, und geometrischen Mustern verziert ist. Die Ausgräber datieren es in das 3. oder frühe 4. Jh. und vermuten hier einen der ältesten christlichen Sakralbauten.

Die Ausgrabungen von Megiddo

311

Megiddo

1 *Museum*
2 *Rampe*
3 *Treppenaufgang*
4 *Nordtor*
5 *Kanaanitisches*
   Stadttor
   (15. Jh. v. Chr.)
6 *Kanaanitisches*
   Stadttor
   (18. Jh. v. Chr.)
7 *Pferdeställe; da-*
   runter Zeremoni-
   enpalast Salomos
8 *Schumacher-*
   Graben
9 *Kanaanitischer*
   Tempel
10 *Chalkolithischer*
    Tempel
11 *Haus des ›Befehls-*
    haber der Wagen‹
    (10. Jh. v. Chr.)
12 *Gebäude*
    (10. Jh. v. Chr.)
13 *Getreidesilo*
14 *Palast des Stadt-*
    oberhauptes
15 *Pferdeställe*
16 *Wasserversor-*
    gungssystem

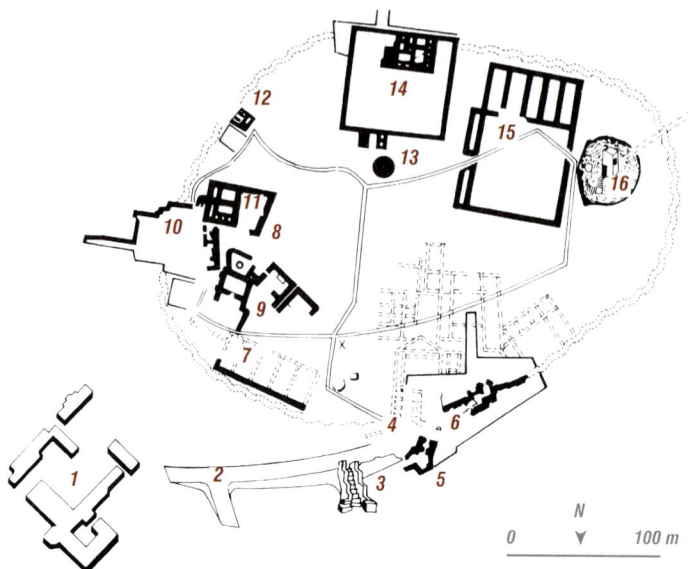

Im 9. Jh. v. Chr. bauten die Könige Nordisraels, Omri und vor allem sein Sohn Ahab, Megiddo zu einer gewaltigen Festung mit noch stärkeren Mauern, mit Vorratshäusern, Pferdeställen und einem großartigen Wasserversorgungssystem aus. Inzwischen stießen aber die Assyrer bis an das Mittelmeer vor und bedrohten nun auch Israel. 845 v. Chr. rief der Prophet Elischa den Offizier Jehu zum neuen König von Israel aus, um die Omridendynastie, die den Baalkult förderte, zu stürzen. 841 v. Chr. sah König Jehu keine Möglichkeit mehr, sich der massiven Bedrohungen Assurs zu erwehren und verpflichtete sich zu hohen Tributzahlungen.

Unter Jerobeam II. (787–47) erblühte Megiddo zum letzten Mal. Unter König Pekach (736–32) erhob er sich gegen die Assyrer. Die Tributzahlungen wurden eingestellt. Aber Tiglatpileser III. schlug sofort zu und besetzte fast ganz Israel. 732 v. Chr. ging Megiddo in Flammen auf. Nach dem Abzug der Assyrer wurde die Stadt in alter Pracht wiederaufgebaut. Als Tiglatpileser 727 v. Chr. starb, versuchte Hosea, der letzte König des Nordstaates Israel, das Joch der Assyrer abzuschütteln, aber deren Herrscher Šalmanassar V. löschte den Staat Israel 723 v. Chr. endgültig aus, und Megiddo sank in Trümmer.

Mit dem Niedergang des Assyrerreiches annektierte Joschija, König von Juda, kurzentschlossen dessen ehemalige Provinzen Samaria und Megiddo. Im Jahre 609 v. Chr. eilte ein großes Heer des Pharao Necho durch Palästina, um noch vor den Neubabyloniern, die dem Assyrerreich gerade den Todesstoß versetzten, Syrien und Palästina zu besetzen. Bei Megiddo lockten sie Joschija in einen Hinterhalt und töteten ihn (2 Kön 23,29).

Ausgrabungsstätte

Der riesige Tell von Megiddo birgt 21 Siedlungsschichten. Es empfiehlt sich, vor Beginn des Rundganges durch die Ausgrabungsstätte das Museum neben dem Parkplatz zu besuchen. Es bietet wertvolle Informationen, darunter auch ein anschauliches Modell der Ausgrabungsstätte. Eine etwa 130 m lange Rampe führt zum **Nordtor** der Stadt. Bisher vermutete man, dass Salomo es auf den Fundamenten einer kanaanitischen Anlage aus dem 15. Jh. v. Chr. errichten ließ. Nach neueren Erkenntnissen wird das Tor nun ins 8. Jh. v. Chr. datiert. Aus sechs Kammern und zwei Türmen bestehend, glich es in seiner Konzeption fast völlig den Stadttoren von Hazor und Gezer. Ein im rechten Winkel angeordneter Vorbau mit zwei Kammern diente der zusätzlichen Sicherheit. Die Durchfahrt war gepflastert. Westlich davon stieß man auf je ein Tor aus dem 15. und dem 18. Jh. v. Chr. Die 8 m breite **kanaanitische Stadtmauer,** die das 300 × 225 m große Areal umgürtete, ist noch in einer Höhe von 4 m erhalten. Die Stadt Salomos umgab eine **Kasemattenmauer.** Auf ihre Fundamente setzte König Ahab im 9. Jh. v. Chr. eine massive Mauer mit regelmäßigen Vor- und Rücksprüngen.

Der heilige Bezirk der Kanaaniter lag im Osten, im ältesten Bereich der Stadt. Im Schumacher-Graben (benannt nach dem deutschen Archäologen, der 1903 mit den Ausgrabungen begann) erhebt sich auf einer elliptischen Plattform von etwa 10 m Länge der frei stehende, aus kleineren Bruchsteinen konisch gefügte **Rundaltar,** der 1,25 m hoch ist und etwa 7 m durchmisst. Er gehört der ausgehenden Frühen Bronzezeit (um 2200 v. Chr.) an. An seiner Ostseite führen Stufen hinauf. Neben dem Rundaltar entstanden in der Mittleren Bronzezeit drei schlichte **Tempel.** Zwei von ihnen sind eng benachbart und von gleichem Grundriss; der dritte gliederte sich in drei Teile und ähnelt dem Tempel Salomos in Jerusalem.

Berühmt ist die Ausgrabungsstätte von Megiddo vor allem durch die **Pferdeställe,** die man ursprünglich König Salomo zuschrieb, die aber wohl unter König Ahab entstanden. In Megiddo waren allein 450 Pferde in riesigen Ställen untergebracht. Es handelte sich dabei um lange Hallen, die durch monolithische Kalksteinpfeiler in drei Schiffe geteilt wurden. Im 2,50 m breiten Mittelgang parkten die Streitwagen, in den Seitenschiffen befanden sich die Pferdeboxen. Die Tiere standen mit dem Kopf zum Mittelgang, angebunden an den Pfeilern, vor sich steinerne Futtertröge. Östlich davon kam ein 22 × 22 m großes Bauwerk zum Vorschein, das möglicherweise der **Palast** des Stadtoberhauptes war. Unter den Nordställen legte man den 600 m^2 großen **Zeremonienpalast** frei; sein Stil verrät phönikisch-hethitischen Einfluss. In der Mitte der Stadt wurde zu der Zeit des Königs Jerobeam II. ein riesiger **Getreidesilo** in den Boden gegraben. Er ist 7 m tief und durchmisst oben 11 m, unten 7 m. Zwei Treppen liefen an der gemauerten Wand hinab.

Das gewaltige **Wasserversorgungssystem** von Megiddo ist wohl das eindrucksvollste Relikt aus israelitischer Zeit. Südwestlich des Tell ent-

sprang in einer Höhle eine reichlich fließende Quelle, zu der die Kanaaniter einen schmalen Gang mit Stufen getrieben hatten. Allerdings
lag sie außerhalb der Stadtmauer und war bei Belagerungen für die Verteidiger nicht erreichbar. Salomo ließ deshalb den Abhang hinab die
›Galerie‹ bauen, einen gut getarnten Gang; von außen kaum zu erkennen, stellte sie die einzige Verbindung zur Quelle her. Vermutlich entdeckten die Ägypter des Pharaos Scheschonk die Anlage dennoch, was
die Verteidiger zur Aufgabe zwang. Ahabs Ingenieure trieben daher einen mächtigen Schacht fast 45 m in die Tiefe und von dessen Grund
einen 70 m langen, ebenen Tunnel bis zur Quellhöhle. Zur Sicherheit
verschlossen sie die Öffnung der Quellhöhle nach außen. Schacht und
Tunnel sind über Treppen und Stege für Besucher zugänglich.

Bet She'arim

Bet She'arim ★★

Bet She'arim
*tgl. 8–17 (Okt.–
März bis 16) Uhr*

An die südöstlichen Abhänge des Karmel schmiegt sich die antike
Stadt Bet She'arim, einst über viele Jahrzehnte das geistig-religiöse
Zentrum der Juden, mit der bedeutendsten jüdischen Nekropole des
2. bis 4. Jh. Nirgendwo sonst lässt sich die jüdische Gräberkunst besser kennen lernen als in den hiesigen Katakomben. Man erreicht Bet
She'arim auf der Straße von Haifa nach Nazaret über eine Abzweigung bei Qiryat Tiv'on.

Geschichte

Die jüdische Siedlung Bet She'arim entstand vermutlich schon im 1.
oder gar im 2. Jh. v. Chr.; sie hieß damals Bet Shary. Nach dem Bar
Kochba-Aufstand (132–135) ließen sich hier zahlreiche wohlhabende Juden nieder, die Kaiser Hadrian aus Jerusalem vertrieben hatte.

*Nekropole von
Bet She'arim*

314

Yavne, Sitz des Sanhedrin und geistige Quelle des Aufstandes, war von den Römern zerstört worden. Seine führenden Rabbiner kamen nach Bet Shary, das sich nun zum religiösen Zentrum entwickelte und schließlich zum Sitz des Sanhedrin avancierte. Um 170 wurde der große Rabbi Juda haNasi Oberhaupt des Sanhedrin. Hier schrieb er die Mischna, eine Sammlung der bis dahin nicht kodifizierten religiösen Gesetze, nieder. Bet Shary wurde eine bedeutende Stadt, die bald den ganzen Hügel mit einer Fläche von rund 10 ha bedeckte. Die verstorbenen Gelehrten wurden in Katakomben unterhalb der Stadt beigesetzt. Nun wollten sich immer mehr Juden aus allen Teilen Palästinas und den umliegenden Ländern in der Nähe der großen Rabbis bestatten lassen, und so entstand bis zum 4. Jh. eine riesige Nekropole mit ausgedehnten Katakomben. Da jede Grabanlage durch ein steinernes Tor gesichert war, entwickelte sich aus Bet Shary der Name Bet She'arim (›Haus der Tore‹). 352 schlug Flavius Claudius Constantius Gallus, seit einem Jahr Caesar für den östlichen Reichsteil, einen jüdischen Aufstand in Galiläa nieder und zerstörte Bet She'arim.

Ausgrabungsstätte

Den Wagen lässt man auf dem großen Parkplatz unterhalb der Anlage in der Talsohle stehen. Die **Nekropole** von Bet She'arim besteht aus mindestens 26 Katakomben, in denen jeweils zwischen 40 und 400 Tote bestattet waren. Alle Katakomben besitzen Vorhöfe oder in die Felsen eingeschnittene Korridore; Steintüren verschlossen sie. Die Verstorbenen wurden in Sarkophagen aus Holz, Stein, Terrakotta oder Blei beigesetzt. Auch wurden Familiensärge mehrfach benutzt, indem man die Gebeine der früheren Toten in ein kleines Ossuarium (Knochenurne) umbettete (Zweitbestattung). Die Särge standen meist in kleineren oder größeren Seitenhöhlen oder in Nischen. Gelegentlich setzte man die Toten auch unter dem Boden der Höhlen und Gänge bei. Sämtliche Sarkophage waren schon vor ihrer Entdeckung beraubt und auch beschädigt worden; die Archäologen fanden weder Gebeine noch irgendwelche Grabbeigaben.

Die Särge, aber auch die Kammerwände waren reich mit Reliefs und Zeichnungen geschmückt. Die Arbeiten der Steinmetze sind volkstümlich und naiv. Nur wenige Särge, offenbar Importstücke aus den phönikischen Küstenstädten, verraten die Hand erfahrener Meister. Diese Särge bestehen zumeist aus Marmor oder Blei, während das einheimische Material örtlicher Kalkstein war. Bei den Motiven herrschen jüdische Symbole wie z. B. siebenarmige Leuchter, Feststräuße, Widderhörner und Thoraschreine vor, aber man sieht auch römische Legionäre, einen schwertschwingenden Reiter, einen Frauenkopf, Amazonen, sogar Leda mit dem Schwan (Rockefeller-Museum). Diese – eigentlich nicht erlaubten – Menschendarstellungen lassen auf eine gewisse Liberalität jener Zeit schließen.

Die **Katakombe 20,** nahe am Parkplatz, ist die größte bisher freigelegte Grabanlage. Hinter dem 17 × 12 m großen Vorhof erhebt sich eine aus großen, glattbehauenen Quadersteinen gefügte arkadenförmige Fassade mit drei Portalen. Die Kalksteintür des niedrigen linken Portals aus Monolithen ist so raffiniert bearbeitet, dass man eine eisenbeschlagene Holztür zu sehen glaubt. Wir betreten die Katakombe durch das Mittelportal und befinden uns in einer vielfach verästelten Grabanlage aus 26 Räumen. Vollständig aus dem weichen Kalkstein herausgehauen, bergen sie rund 130 Kalksteinsärge. Von einer unbekannten Anzahl von Marmorsärgen blieben nur Bruchstücke; die schönsten Fragmente befinden sich im Israel-Museum und im örtlichen Museum. Die Sarkophage tragen Inschriften in griechischer, aramäischer, hebräischer und palmyrenischer Sprache. Diese verweisen auf die Herkunft der Verstorbenen, deren einbalsamierte Leichname aus Südarabien, Babylonien, Ägypten und Kleinasien hierher gebracht wurden.

Die benachbarte **Katakombe 14** besitzt ebenfalls eine mächtige, dreitorige Arkadenfassade, die inzwischen weitgehend restauriert wurde. Hier waren u. a. die Rabbis Simeon und Gamaliel, Söhne des berühmten Rabbi Juda haNasi, beigesetzt. Deren Särge waren anhand von Inschriften zu identifizieren, hingegen blieb der Sarg des berühmten Vaters bislang unauffindbar. Ein besonders reizvoller, in den Felsen eingeschnittener winziger Hof bildet den Eingang zur **Katakombe 13.** Eine Treppe verbindet ihre zwölf in drei verschiedenen Ebenen angeordneten Grabkammern. Alles ist hier aus Stein: herausgemeißelt, eingeschnitten, gebohrt und gesägt – sogar die Türen und deren Angeln! Oberhalb dienten Höfe mit Steinbänken und auch ein Mausoleum (über Katakombe 11) den Zeremonien zum Gedächtnis der Verstorbenen. In der runden, unterirdischen Zisterne etwa 50 m nördlich der Katakombe 20 ist ein **Museum** mit Skulpturen, Architekturteilen und Sargfragmenten aus dem alten Bet She'arim untergebracht. Hier fand man einen gewaltigen Glasrohling, etwa 3,30 × 2 × 0,45 m groß und 9 t schwer. Er diente vermutlich als Rohstoff für die Glasindustrie am Ort.

An der Straße oberhalb der Nekropole sieht man die Fundamente der **Synagoge** von Bet She'arim. Sie wurde in der Mitte des 3. Jh. aus Quadersteinen erbaut und ähnelt im Grundriss der Synagoge von Kafarnaum. Ein großer, offener Vorhof führte zum Eingang, der aus drei monumentalen, nach Jerusalem ausgerichteten, Torbogen bestand. Den Chor am Nordende des Hauptschiffes hatte man erhöht. In der ersten Hälfte des 4. Jh. wurden die Wände des dreischiffigen Bauwerks farbig verputzt und mit Marmorplatten verkleidet.

Zikhron Ya'aqov

Die kleine Stadt an der Küstenstraße, etwa 33 km südlich von Haifa, ist besuchenswert wegen Rothschilds Grab inmitten der herrlichen Parkanlage von Ramat Hanadiv. Auch ist ein Besuch der Karmel-Weinkellereien (mit Weinprobe) sehr zu empfehlen.

1882 kauften rumänische Juden das sumpfige Gebiet, um Weizen anzubauen, aber es gelang ihnen nicht, das Land zu entwässern. 1884 kam ihnen Baron Edmond de Rothschild zu Hilfe. Durch Drainagen wurde die Erde bebaubar, und die Siedler konnten Weinreben und Mandelbäume pflanzen und 1893 sogar den ersten israelischen Wein nach Europa exportieren. Rothschilds Vater Jakob zu Ehren nannten sie ihre Siedlung Zikhron Ya'aqov, ›Jakobs Denkmal‹. Die Straße zum **Grabe Rothschilds** zweigt am südlichen Ortseingang nach Westen ab (2 km).

Caesarea

Der öde, mit Ruinen und Trümmern übersäte Küstenstrich etwa auf halbem Weg zwischen Tel Aviv und Haifa lässt kaum noch ahnen, dass hier einst die schönste und prächtigste Stadt lag, die Herodes der

Caesarea ★★

Caesarea, Zitadelle

Caesarea

*April–Sept. 8–18
(Okt.–März bis 16)
Uhr, am Fr jeweils
eine Stunde früher
geschl.*

Caesarea

1 *Mauern der Kreuz-
   fahrerstadt*
2 *Haupttor*
3 *Herodianische
   Stadtmauer*
4 *Zitadelle*
5 *Kreuzfahrerhafen*
6 *Hafen des
   Herodes*
7 *Künstliche
   Akropolis*
8 *Kathedrale
   St. Paulus*
9 *Amphitheater des
   Herodes*
10 *›Felsenpalast‹*
11 *Theater*
12 *Hippodrom*
13 *Amphitheater*
14 *Byzantinische
   Geschäftsstraße*
15 *Stratonturm*
16 *Kirche Extra
   Muros*
17 *Synagoge*
18 *Hoher Aquädukt*
19 *Tiefer Aquädukt*

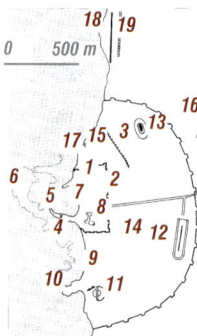

Große erbauen ließ: Caesarea Maritima. Caesarea war Residenz der römischen Prokuratoren von Judäa und Samaria und zeitweise der wichtigste Hafen Palästinas. Eine letzte Blüte erlebte die Stadt unter den Kreuzfahrern. Besonders sehenswert sind die mächtige und hervorragend erhaltene Stadtbefestigung (Ludwig IX.), der Kreuzfahrerhafen mit seinen verfallenen Molen, die riesigen Gewölbe der herodianischen ›Akropolis‹ mit den drei Apsiden der Pauluskathedrale, das Theater des Herodes, eine byzantinische Geschäftsstraße und die Aquädukte im Norden der Stadt.

Geschichte

Im 4. Jh. v. Chr. gründeten phönikische Kaufleute aus Sidon den befestigten Hafenplatz Migdal Sharshan. Der Römer Octavian, der spätere Augustus, schenkte das Gebiet im Jahre 31 v. Chr. seinem ergebenen Vasallen Herodes, der die einzige Hafenstadt seines Reiches zwischen 22 und 10 v. Chr. großzügig ausbaute und ihr den größten Hafen des östlichen Mittelmeers gab. Augustus zu Ehren nannte er die schönste und prächtigste Stadt der syrisch-palästinensischen Küste Caesarea Maritima.

6 n. Chr. wurde Caesarea Hauptstadt der römischen Provinz Judäa und damit Residenz des Prokurators. 26–36 amtierte Pontius Pilatus als Prokurator; er residierte in dem von Herodes erbauten Palast. In Caesarea lebten meist syrische Griechen und Römer, aber auch Juden. Der Diakon Philippus besaß hier ein Haus und gründete eine christliche Gemeinde, die schon bald 120 Mitglieder zählte. Petrus kam um 35 nach Caesarea und taufte den ersten ›Heiden‹, Cornelius, Hauptmann der Italischen Kohorte (Apg 10,1). Unter dem Prokurator Felix (52–60) wurde Paulus zwei Jahre in Caesarea gefangengehalten, bevor man ihn zur Aburteilung nach Rom brachte (Agp 27,1); er war wegen Beleidigung der Priesterschaft in Jerusalem verhaftet worden, unterstand als römischer Bürger aber nicht der jüdischen Gerichtsbarkeit.

Der ständige Streit zwischen Griechen und Juden über ihren Anteil an der Verwaltung der Stadt führte im Jahre 63 zu einem Bürgerkrieg, in dem nach Josephus 20 000 Juden umgekommen sein sollen (Jüd. Krieg II, 18,1). Die römische Garnison unterstützte die Griechen. Der Pogrom von Caesarea war einer der Anlässe, die 66 zum ersten Aufstand der Juden gegen Rom führten. Vespasian, Neros Feldherr in Syrien, richtete in Caesarea sein Hauptquartier ein, von dem aus er die aufständischen Städte Galiläas besetzte. Nach Neros Selbstmord riefen die syrischen Legionen am 1. Juli 69 Vespasian in Caesarea zum Kaiser aus. Aus Dankbarkeit verlieh er der Stadt den Status einer Colonia (›Colonia Prima Flavia Augusta Caesarea‹) und machte sie zur Hauptstadt der ›Provincia Judaea‹. Caesarea unterstand fortan einem römischen Senator.

Nach 135 wurde Caesarea Mittelpunkt der christlichen Gemeinden Palästinas; der hiesige Bischof führte in der palästinensischen

Hierarchie den Vorsitz. Auf der Synode von 195 wurde unter Bischof Theophilos die Feier des Osterfestes auf den Sonntag festgelegt. Im 3. Jh. erlangte Caesarea den Rang einer Metropolis. Im Jahre 231 gründete der Grieche Origines hier eine Theologenschule. Von 314 bis 339 war Eusebius, der Vater der Kirchengeschichte Bischof von Caesarea. Um das Jahr 500 zählte Caesarea etwa 50 000 meist christliche Einwohner und war mit einer Fläche von über 100 ha die größte Stadt des byzantinischen Palästina.

613 kamen die Perser, aber schon 639 nahmen die Araber die Stadt ein. Sie wiesen dem nunmehr Qaisariya genannten Ort nur noch die Aufgaben einer unbedeutenden Bezirkshauptstadt zu. 1101 erstürmten die Kreuzfahrer nach kurzer Belagerung die Stadt, in der sie den Heiligen Gral, einen kostbaren Pokal, aus dem Jesus beim letzten Abendmahl getrunken haben soll, entdeckt zu haben glaubten.

1187 besetzte Saladin die Stadt und zerstörte die alten Befestigungen, 1191 zog Richard Löwenherz in das verlassene Césarée ein und baute es wieder auf. 1218 erneuerten Gautier d'Avesnes und Jean de Brienne die Zitadelle, aber schon zwei Jahre darauf ging die Stadt an den Emir von Damaskus verloren. Unter Kaiser Friedrich II. kam Césarée 1229 durch Vertrag wieder unter christliche Herrschaft. Ludwig IX. ließ jene gewaltigen Mauern errichten (1252–54), die uns noch heute beeindrucken. 1265 eroberte der Mameluckensultan Baibars das Caesarea der Kreuzfahrer; die Stadt fiel bereits am ersten Tag der Belagerung – die Zitadelle hielt sich allerdings noch sieben Tage, und

Größer als Athen

Vor 2000 Jahren war der Hafen von Caesarea größer als der von Athen und damit der größte im östlichen Mittelmeer.

man gewährte den Christen freien Abzug. 1291 zerstörte Sultan el-Ashraf Khalil Stadt und Hafenanlagen, um den Christen jegliche Möglichkeit einer erneuten Landung zu nehmen. Caesarea war fortan eine verlassene Trümmerstätte, die allmählich in Sand und Sümpfen versank.

Ende des 18. Jh. verwendete der türkische Pascha Ahmed Jezzar die schönsten Säulen Caesareas für seine Bauten in Akko. 1884 siedelten die Türken muslimische Flüchtlinge aus Bosnien auf dem Gebiet der ehemaligen Kreuzfahrerstadt an; sie bauten am Hafen eine kleine Moschee. 1940 gründeten israelische Siedler südlich der Ruinenstätte den Kibbuz Sedot Yam.

Ausgrabungsstätte

Die eindrucksvollsten Überreste des alten Caesarea sind die **Mauern der Kreuzfahrerstadt (1).** Die Mauern umschlossen ein trapezförmiges Terrain an der Hafenbucht, das etwa ein Achtel des römisch-byzantinischen Stadtgebietes einnahm. An die äußere Mauer von 4–6 m Höhe schloss sich ein (am Grund) 7 m breiter Graben an, aus dem mit einer Neigung von etwa 60° ein 8 m hoher, gemauerter Talus aufstieg, den wiederum eine ungefähr 10 m hohe Mauer krönte, die den Vor- und Rücksprüngen der Bastionen folgt. 16 Türme verstärkten sie, drei im Norden, neun im Osten und vier im Süden. Die Stadt hatte drei Tore. Das **Haupttor (2)** befand sich im Osten. Die den Wehrgraben überspannende Brücke ruhte auf steinernen Bogen; die äußere Brückenhälfte bestand aus schweren Holzbohlen, die man im Verteidigungsfall leicht entfernen konnte. Das Haupttor selbst war ein hohes Gebäude mit Kreuzrippengewölben, das durch Vorkammern, einen winkelförmigen Gang und einen starken Turm zusätzlich gesichert wurde. Im Norden führte eine kleine Zugbrücke mit einer einzigen Säule als Stütze über den Graben, und auch das Südtor besaß eine derartige Sicherung. In der Südostecke und beim Haupttor kann man die Mauern besteigen und von oben aus die Stadt überblicken.

Die **herodianische Stadtmauer (3)** umgab ein Gebiet, das etwa halb so groß war wie die spätere römisch-byzantinische Stadt. Im Norden konnten die Archäologen ein Teilstück dieser Mauer und zwei runde Tortürme von 10 m Durchmesser freilegen. Die **Zitadelle (4)** der Kreuzfahrer am Hafen wurde inzwischen mit Restaurants, Souvenirläden und dem ›Time Tower‹, einer computergestützten dreidimensionalen Animation über die Bauaktivitäten des Herodes, überbaut; der 19 × 19 m große Donjon ist völlig zusammengefallen. Das heute sichtbare Hafenbecken war der **Kreuzfahrerhafen (5).** Der **Hafen des Herodes (6)** lag etwa 250 m weiter im Westen und ist heute völlig vom Meer überspült.

In Ermangelung einer natürlichen Anhöhe für Tempel und Palast errichtete Herodes der Große nahe dem Hafen aus gigantischen Gewölbesubstruktionen eine über 15 m hohe **Terrasse,** ein etwa 300 m² großer Abschnitt davon ist noch erhalten. Darüber ließ er einen Tempel für Augustus und Roma sowie den königlichen Palast erbauen. Mar-

»Gegenüber der Hafeneinfahrt stand auf einer Anhöhe ein besonders großer und schöner Tempel des Caesars, und darin befand sich seine Kolossalstatue, die hinter ihrem Vorbild, dem olympischen Zeus, nicht zurückblieb, ebenso eine Statue der Göttin Roma, der Hera von Argos nachgebildet. Die übrigen Bauwerke, das Amphitheater, das Theater und die Marktplätze, gestaltete er alle so, dass sie dem Namen (der Stadt) entsprachen.«
Jüd. Krieg I, 21,8

morreste der zerstörten Anlage fanden sich in den Befestigungswerken der Kreuzfahrer. In byzantinischer Zeit stand auf der Terrasse ein mächtiges Bauwerk mit Marmorbogen und kreuzgeschmückten Marmorkapitellen. Um einen zentralen Hof gruppierten sich zahlreiche größere und kleinere Räume. Im Westen lag eine große polygonale Apsis. Da Kirchenapsiden stets nach Osten ausgerichtet sind, ist ganz sicher, dass die Anlage kein christliches Bauwerk gewesen sein kann.

Ein ähnliches Gebäude erhob sich südlich der späteren Kreuzfahrermauer. An einen Säulenportikus im Osten schlossen sich kleinere Vorräume an, die sich zu einer großen Halle mit polychromen Bodenmosaiken öffneten. Auch hier war eine Apsis nach Westen orientiert; ihre Wände und die Kuppel schmückten Mosaike aus Glasfluss mit christlichen Motiven. Hier entdeckten die Archäologen eine stark verwitterte Statue des Guten Hirten. Dieser Bau könnte die kirchliche Akademie oder gar die berühmte Bibliothek von Caesarea gewesen sein, die Origenes im 3. Jh. gegründet hatte.

An der Südkante des erhöhten Geländes stehen noch Teile der **Kathedrale St. Paulus (8).** Die Kreuzfahrer errichteten sie auf den Fundamenten der großen Moschee, die sich ihrerseits wohl über einer byzantinischen Kirche erhob. Die Kathedrale mit ihrem mehr als 20 m langen Hauptschiff blieb unvollendet; ihr Gewicht war so gewaltig, dass ein Teil der Terrassengewölbe zusammenstürzte. Heute stehen noch die drei Apsiden im Osten und vier Strebepfeiler der Westfassade.

Die südlich der Kreuzfahrermauer liegenden Überreste eines Prätoriums aus dem späten 1. Jh. n.Chr. wurden in spätantiker Zeit dem Palast eines Provinzgouverneurs angegliedert. Hier grub man das sogenannte **Archiv** aus, dessen Räume z.T. mit Fußbodenmosaiken geschmückt waren, deren Inschriften Auskunft über die verschiedenen Verwaltungsabteilungen geben. Sehenswert ist auch das nahegelegene, byzantinische Badehaus mit gut erhaltenen Mosaiken.

Entlang der Küste erstreckt sich das sogenannte **Amphitheater des Herodes (9),** welches eventuell mit dem von Flavius Josephus erwähnten übereinstimmt. In der Typologie erinnert es eher an ein Hippodrom, mit seinen Ausmaßen an ein Stadion. Dementsprechend war der Bau auch polyfunktional, es konnten Wagenrennen, sportliche Wettkämpfe, aber auch Gladiatorenkämpfe und Tierhatzen, wie Reste von Malereien an der Ballustrade bezeugen, stattfinden. Oberhalb des Amphitheaters erhebt sich der ›**Felsenpalast**‹ (10), ebenfalls im Auftrag von Herodes erbaut. Es war eine zweistöckige Anlage, deren Räumlichkeiten sich um ein Peristyl und ein Becken gruppierten, und deren nach Westen offene Galerie eine herrliche Sicht über das Meer bot.

Im Süden der Stadt erbaute Herodes ein frei stehendes **Theater (11),** das etwa 5000 Zuschauern Platz bot. Treppenaufgänge teilten den Zuschauerraum in gleich große Teile. Der Ehrenplatz des Königs, später des Prokurators, lag in der Mitte. Die 30 m breite Orchestra hatte einen mit vielfarbigen geometrischen Ornamenten bemalten Estrich. Das Bühnenhaus, dessen Fassade eine halbrunde Exedra und quadratische Nischen gliederten, wurde im 4. Jh. abgerissen. Gleichzeitig erweiterte

Mit diesem Aquädukt wurde Wasser aus über 12 km Entfernung in die antike Stadt geleitet

man die Orchestra durch ein großes Halbrund nach hinten, um Platz für Tierhatzen und Gladiatorenkämpfe zu erhalten, und baute das Theater für Wasserspiele um, worauf ein großes Reservoir hinweist. Das Bauwerk hatte jetzt eine Breite von 62 m und eine Länge von 95 m. Bei einer Ausbesserung der Treppen verwendeten die Architekten alte Steinquader. Einer davon schmückte einst das Gebäude, das der Prokurator Pontius Pilatus zu Ehren des Kaisers Tiberius (14–37) errichtet hatte; er trägt die einzige bekannte Namensinschrift jenes Mannes, der Jesus zum Tod am Kreuz verurteilte. Am Eingang des Theaters steht eine Kopie des Steines; das Original befindet sich im Israel-Museum, Jerusalem. Im Jahre 404 verbot Kaiser Honorius die Gladiatorenkämpfe, bald danach wurde das Theater zu einer Zitadelle umgebaut. Das römische Theater ist heute weitgehend restauriert; im Sommer finden hier Konzerte im Rahmen des israelischen Musikfestivals statt.

Nordöstlich der Stadt baute Herodes ein kaum noch erhaltenes **Amphitheater (13),** dessen Arena mit einer Länge von 95 m und einer Breite von 62 m selbst die des Kolosseums (86 × 54 m) in Rom übertraf.

Das 320 × 80 m große **Hippodrom (12)** fasste rund 20 000 Zuschauer, die auf hohen, von Steinmauern gestützten Erdwällen im Osten, Süden und Westen saßen. Die 220 m lange und 4,20 m breite Spina bildete die Mittellinie des Rundkurses. An ihrem nördlichen Ende liegen drei mächtige, zugespitzte Säulen aus rotem Granit, die vermutlich das Ziel markierten. Ein 10 m hoher, zerbrochener Obelisk war wohl der Wendestein im Süden der Bahn, der große, quadratische Granitblock von 2,2 m Seitenlänge und 1,2 m Höhe inmitten der östlichen Bahn vielleicht der gefürchtete Taraxippos, der, in der Sonne spiegelnd, die Pferde zum Scheuen bringen sollte.

Hinter dem Parkplatz am Haupttor der Kreuzfahrerstadt trifft man auf eine 130 m lange **byzantinische Geschäftsstraße (14),** die zur einen Hälfte mit Marmorplatten aus römischen Gebäuden belegt war und zur anderen ein weißes Mosaikpflaster trug. Ein dreifaches Tor mit Stufen verband die verschieden gepflasterten und unterschiedlich

hohen Straßenabschnitte, die von Läden und Werkstätten gesäumt
waren. Zwei sitzende Statuen von Überlebensgröße flankierten das
Tor. Da sie keine Köpfe mehr haben und keine Inschriften tragen, ist
eine Identifizierung erschwert.

Nordöstlich der byzantinischen Stadt finden sich auf einer kleinen
Erhebung die Reste eines Gotteshauses aus dem 5. oder 6. Jh., die
Kirche Extra Muros (16) (lateinisch für ›außerhalb der Mauern‹). Ein
Mosaik mit reizvollen Vogeldarstellungen, Obstbäumen und allerlei
Getier (heute im Israel-Museum) schmückte den Kirchenraum. Nördlich der Kreuzfahrerstadt lag seit alter Zeit das Judenviertel Caesareas. Seine **Synagoge (17)** stammt aus dem 3. Jh.; sie wurde in der zweiten Hälfte des 4. Jh. zerstört. Man fand noch den Mosaikboden und
zwei Kapitelle mit der Abbildung einer Menora.

1 km nördlich der Kreuzfahrermauern ragen 28 Bogen des **Hohen
Aquäduktes (18),** mit dem Herodes Trinkwasser aus Quellen der südlichen Karmelausläufer über eine Entfernung von 12 km heranführ-
te, aus den Sanddünen. Der Aquädukt überquerte auf niedrigen Bogen die sumpfige Küstenebene, durchbrach als Tunnel eine Hügelkette und wandte sich auf hohen Bogen zur Stadt. Die Spannweite
der auf mächtigen Pfeilern ruhenden Halbbogen beträgt 4,25 m.

Als Caesarea 6 n. Chr. Hauptstadt der römischen Provinz Judäa wurde, trat an der Seeseite eine zweite Rinne mit entsprechendem Unterbau hinzu. Der bis zu 6 m hohe Doppelaquädukt war 5 m breit. Zur
Zeit Hadrians bauten die Stadtväter eine zweite Wasserleitung, den
sogenannten **Tiefen Aquädukt (19).** Dazu stauten sie den Nahal Tan-
ninim (›Krokodilfluss‹, weil hier noch im 19. Jh. Krokodile lebten)
mit zwei Dämmen, um dem Wasser über eine Strecke von 10 km das
nötige Gefälle zu geben. Der Aquädukt war am Anfang offen, wurde
dann 1,9 m breit in den Felsen geschlagen und lief schließlich, um das
Wasser vor Flugsand zu schützen, in einem geschlossenen gemauerten Kanal zur Stadt, wo sein Wasser hauptsächlich zur Bewässerung
der ausgedehnten Gärten und Felder diente. Die Straße zu den Aquädukten führt rechterhand an einem kleinen Park mit modernen
Sitzskulpturen und einem gut erhaltenen byzantinischen Mosaik vorbei. Das »**Haus mit Vogelmosaik**« datiert in das späte 6./frühe 7. Jh.
und lag außerhalb der Stadtmauern von Caesarea. Die Räume gruppierten sich um einen Hof, dessen Mosaikboden mit einem schönen
Tierfries und vielfältigen Tieren in Medaillons gestaltet ist.

Ralli Museum
*Unweit befindet
sich das private,
nicht kommerzielle
Ralli Museum mit
Bildern und Skulp-
turen von Salvatore
Dali, modernen, la-
teinamerikanischen
Künstlern sowie
klassischer euro-
päischer Kunst.
Mo/Di, Do–Sa
10.30–15 Uhr,
Jan./Febr. nur Fr/Sa
10.30–15 Uhr*

*Netanya, das größte
Seebad Israels*

Südlich von Caesarea

Netanya

32 km nördlich von Tel Aviv liegt an einem 11 km langen, breiten Sandstrand Netanya, das größte Seebad Israels mit heute etwa 180 000 Einwohnern. 1928 legten hier junge Siedler aus Petah Tiqwa erste Zitrus-

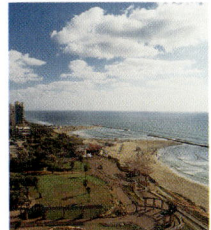

Schauspiele und Konzerte

Nördlich vom Kikar HaAtzmaut in Netanya bietet das zum Meer hin geöffnete moderne Amphitheater den Sommer über Schauspiele und Konzerte.

Diamantenschleifereien

… können im Süden der Stadt Netanya, in Rehov Yahalom, besichtigt werden.

plantagen an. In den 1930er-Jahren kamen belgische und niederländische Diamantenschleifer nach Palästina und gründeten in Netanya eine rührige Schmuckindustrie. Die von der Autobahn abbiegende Hauptstraße Rehov Herzl führt zum Meer und mündet in den Platz Kikar HaAtzmaut, den touristischen Mittelpunkt der Stadt.

Herzliyya

Die Stadt Herzliyya (85 000 Einwohner), 10 km nördlich von Tel Aviv, entwickelte sich in den 1970er-Jahren zu einem der modernsten Seebäder des Landes und zum Hollywood Israels. 1924 wurde der Ort als landwirtschaftliche Siedlung gegründet und nach Theodor Herzl (1860–1904) benannt. Nach 1948 entstand in der östlichen Kernstadt eine rege Industrie, am kilometerlangen, breiten Sandstrand schossen luxuriöse Villen, Pensionen und Hotels in die Höhe. Im Stadtteil Pituah entstanden Film- und Fernsehstudios.

Im Norden erhebt sich im Stadtteil Reshef über den Küstenfelsen die **Moschee von Sidna Ali,** eines islamischen Heiligen, der in Saladins Heer gegen die Kreuzfahrer kämpfte. 500 m weiter nördlich findet man am Rande der Steilküste in einem Nationalpark die Ruinen von **Tel Arshaf (Apollonia),** einer Kanaaniterstadt, deren Name sich von Reshef, dem semitischen Gott des Feuers und des Lichtes, ableitet. Als die Assyrer 701 v. Chr. bis zur Mittelmeerküste vorstießen, hieß die Stadt Rishpona. Die Griechen setzten Reshef ihrem Apollon gleich und nannten die Stadt im 4. Jh. v. Chr. Apollonia. Sowohl in hellenistischer als auch in römischer Zeit hatte sie eine erhebliche Bedeutung als Hafen. Im 7. Jh. erinnerten sich die Araber des ersten Namens und tauften das byzantinische Sozusa (›Erlöser‹) in Arsuf um. Nachdem die Kreuzfahrer im Jahre 1099 Jerusalem erobert hatten, wandten sie sich den noch immer islamischen Küstenstädten zu. Arsuf schickte, um den Frieden zu erhalten, Geiseln und ließ den Ritter Gerhard von Avesnes, einen Freund des Königs Gottfried, in seine Mauern. Als der König dennoch angriff, stellten die Muslime den Ritter auf die Zinnen. Gottfried aber brach den Ansturm nicht ab, und Gerhard wurde von zwölf Pfeilen seiner Landsleute durchbohrt. Die Stadt war jedoch nicht zu bezwingen, und die Christen beschränkten sich nun darauf, Arsuf und die anderen Häfen auszuhungern. Als erste Stadt bot Arsuf im März 1100 die Kapitulation an. Als Zeichen ihres guten Willens schickten sie Gerhard von Avesnes, inzwischen von arabischen Ärzten geheilt, zu den Christen zurück. Der König war überrascht, seinen totgeglaubten Freund wiederzusehen, und gab sich mit Tributzahlungen zufrieden.

Arsuf blieb also islamisch und nahm bald darauf Verbindung zum fatimidischen Ägypten auf. Als die Stadt nicht mehr zahlte und die Verkehrswege bedrohte, erschien im Frühjahr 1101 ein christliches Heer vor den Mauern. Mit Unterstützung einer genuesischen Flotte gelang diesmal die Eroberung der Stadt. Die Einwohner mussten Arsuf räumen und erhielten freies Geleit in das islamische Gebiet von

Apollonia

April–Sept. 8–17 (Okt.–März bis 16) Uhr, Fr und an Feiertagen jeweils eine Std. früher geschl.

Askalon. Aus Arsuf wurde Arsur. 1191 errang Richard Löwenherz bei Arsur in der ersten großen offenen Feldschlacht seit Hattin einen Sieg gegen Saladin. 1251 schuf Ludwig IX. der Heilige jene mächtigen Befestigungen, deren Kraft die gewaltigen, übereinander getürmten Steinblöcke noch erahnen lassen. 1265 stand Baibars vor den Toren, die von 270 Hospitalitern verteidigt wurden. Die Mauern hielten den Belagerungsmaschinen des Sultans nicht stand; die Ritter ergaben sich nach Zusicherung freien Abzugs. Baibars brach sein Wort und führte sie in die Gefangenschaft.

1950 brachten umfangreiche Grabungen Ruinen aus römischer und fränkischer Zeit zum Vorschein: Mauerzüge einer römischen Villa und die mächtigen Burgmauern der Kreuzfahrer, von denen man einen guten Blick auf die alte Mole des mittelalterlichen Hafens im Meer hat.

Reisen & Genießen

Hotels

In der Altstadt von Akko, mitten im UNESCO-Weltkulturerbe, lässt dieses ansprechende Hotel die Kreuzfahrerzeit erleben. Das Gebäude aus der zweiten Hälfte des 18. Jh. diente während der osmanischen Zeit als Zollstation und wurde 2007 als Boutique-Hotel eröffnet. Vom Dachcafé hat man einen herrlichen Blick über das Meer.

Akkotel
1 Salahuddin St., Akko
Tel. 049 87 71 00
www.akkotel.com
Dz ab 700 NIS

Das Colony Hotel in Haifa liegt sehr zentral, keine 300 m von den Bahai-Gärten entfernt mitten in der German Colony. Das Huas bietet höchsten Standard, der kleine Garten lädt zum Entspannen ein, und vom Dach kann man einen herrlichen Blick über Haifa genießen.

Colony Hotel
28 Ben Gurion Blvd., Haifa
Tel. 048 51 33 66
www.colony-hotel.co.il
DZ ab 630 NIS

Restaurants

In dem alten türkischen Haus in Akko mit Blick auf das offene Meer gibt es die leckersten und unkonventionellsten Fisch- und Schalentiergerichte weit und breit. Wem die Wahl unter den exotisch gewürzten Gerichten schwer fällt, seien halbe Portionen der Köstlichkeiten empfohlen.

Uri Buri
93 Haganah St, beim Leuchtturm in der Altstadt, Akko
Tel. 049 55 22 12
Mi–Mo 12–23 Uhr
Hauptgericht ab 100 NIS

Saftige Steaks und andere köstliche Fleischgerichte werden auf Mini-Grills direkt auf den Tischen dieses Argentinischen Steakhauses in En Hod serviert. Freitagabends gibt es dazu Live-Musik (reservieren) und die Stimmung in dem alten Haus am zentralen Platz des Künstlerdorfs ist perfekt.

Dona Rosa
Tel. 049 54 37 77
So–Do 12–21.30, Fr 12–17, Sa 18–20 Uhr
www.donarosa.co.il
Hauptgericht ab 80 NIS

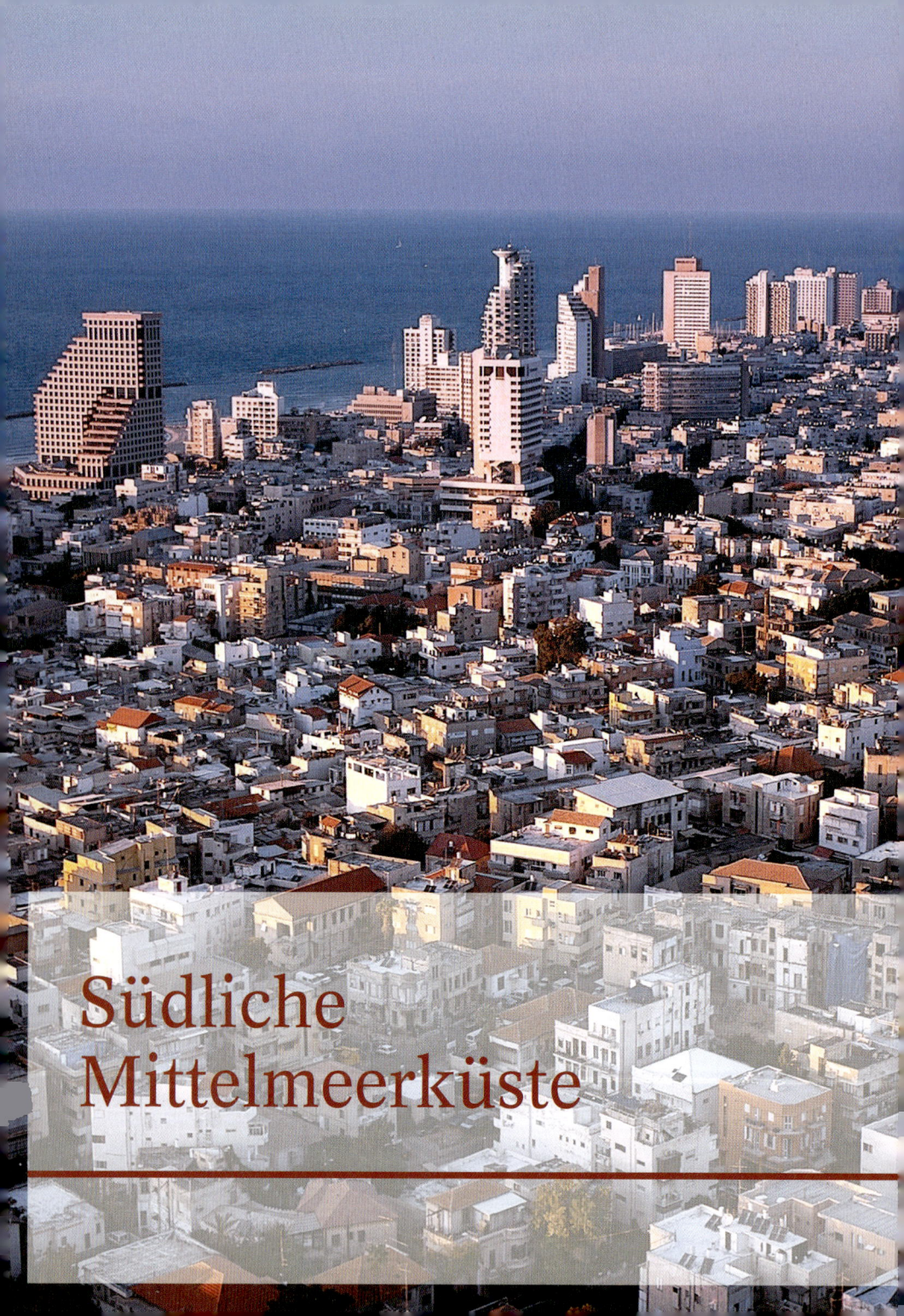

Südliche
Mittelmeerküste

Tel Aviv-Yafo

Tel Aviv-Yafo ist die wirtschaftliche und kulturelle Metropole des heutigen Israel; alle großen Unternehmen, Banken und Versicherungsgesellschaften haben hier ihre Zentrale. Auch die meisten Botschaften sind in Tel Aviv, das nach wie vor als die inoffizielle Hauptstadt Israels gilt, geblieben. Die Doppelstadt, die aus dem alten, zum Teil noch malerischen Yafo und dem modernen Tel Aviv besteht, stellt wegen ihrer zahlreichen Sehenswürdigkeiten, dem vielseitigen Unterhaltungsangebot und den feinsandigen Stränden ein wichtiges touristisches Ziel dar. Während Yafo (Jaffa) über viele Jahrtausende gewachsen ist, wurde Tel Aviv in 100 Jahren als erste rein jüdische Stadt des Landes in die Sanddünen gebaut. Im Jahr 2009 feierte Tel Aviv seinen 100. Geburtstag. Es präsentiert sich heute als ein Konglomerat von Geschäfts- und Wohnhäusern, die unter dem Druck der Einwandererströme möglichst schnell und billig erstellt werden mussten. Erst in den letzten Jahren versucht die Stadtverwaltung, das bauliche Chaos der Innenstadt zu entwirren. Schöne Boulevards, großzügige Plätze und gepflegte Parks entstanden, architektonisch interessante Großbauten lockerten das Stadtbild auf. Tel Aviv – Yafo zählt heute über 400 000 Einwohner, mit seinen Vorstädten Bene Beraq, Ramat Gan, Giv'Atayim, Holon, Bat Yam u.a. sogar rund 3,5 Millionen.

Geschichte

Yafo (arabisch Jaffa) rühmt sich, die älteste Hafenstadt der Erde zu sein, denn nach der jüdischen Überlieferung wurde es von Jafet, dem dritten Sohn Noahs, gegründet, von dem auch der Name stammen soll. Plinius d. Ä. (23–79) nennt sogar das Entstehungsjahr: 40 Jahre nach der Sintflut. Auf dem Tell von Jaffa haben Archäologen Stadtbefestigungen der Hyksos entdeckt (Mittlere Bronzezeit, 1750–1550), im Gebiet der modernen Schwesterstadt Tel Aviv fanden sie sogar Siedlungsspuren aus dem 5. Jahrtausend v. Chr. Nach der Karnakliste zählte Jaffa zu den 113 Städten, die Thutmosis III. im Jahre 1468 v. Chr. eroberte. Jaffa wurde auch in den Amarnabriefen (14. Jh. v. Chr.) erwähnt, Ramses II. hinterließ im Jahre 1270 v. Chr. auf einem Bronzetor seinen Namen. Anschließend kam die Stadt unter die Herrschaft der Philister. Bei der Landnahme wurde sie dem Stamm Dan zugeteilt (Jos 19,46), aber vermutlich nie von den Israeliten besetzt.

Im 10. Jh. v. Chr. war Jaffa unter dem Namen Yapu ein phönikischer Hafen. Über ihn erhielt König Salomo das Bauholz aus dem Libanon für seinen Jerusalemer Tempel (2 Chr 2,15). In Jaffa ging der Prophet Jona an Bord eines phönikischen Schiffes, um vor dem Auftrag Gottes, in Ninive, der Hauptstadt des Assyrerreiches, zu predigen, nach Südspanien zu fliehen. Das Buch Jona (1 und 2) erzählt die Geschichte der vergeblichen Flucht, das Abenteuer Jonas mit dem großen Fisch.

Karte Südliche Mittelmeerküste S. 329
Cityplan Tel Aviv s. 330

Südliche Mittelmeerküste

Besonders sehenswert:
Tel Aviv-Yafo
Ramla, Ashqelon

Tel Aviv-Yafo ★★

Tourist Info- Center
46 Herbert Samuel Street
Tel Aviv/Yafo
Tel. 035 16 61 88,
www.visit-tlv.com
So–Do 9.30–18.30
(Nov.–März –17.30),
Fr 9–13 Uhr
2 Marzuk and Azar Street (Clock Tower, Jaffa)
So–Do 9.30–18.30 (von Nov.–März nur bis 17.30), Fr 9.30–14, Sa 10–16 Uhr (nur April–Okt.)
Kostenlose Führungen auf Englisch ohne Voranmeldung: Mo 11 Uhr: Tel Aviv Universität (Kunst und Architektur), Treffpunkt vor dem Dyonon-Buchladen auf dem Campus; Di 20 Uhr: Tel Aviv bei Nacht, Treffpunkt Rothschild Boulevard/ Ecke Hertzel Street; Mi 10 Uhr: Altstadt von Jaffa, Treffpunkt Uhrturm; Sa 11 Uhr: Die weiße Stadt, Treffpunkt 46 Rothschild Bvd.

◁ *Tel Aviv*

In der zweiten Hälfte des 8. Jh. v. Chr. befand sich die Stadt wieder in den Händen der Ägypter. Die Krone trug damals der äthiopische Pharao Pianchi (751–716), und auch der Statthalter von Jaffa war ein Äthiopier, der griechischen Sage nach ein König namens Kepheus. Seiner Frau Kassiopeia zuliebe nannte er die Stadt Iopeia, woraus in hellenistischer Zeit Joppe wurde. Im Jahre 702 v. Chr. eroberten die Assyrer die Stadt. Vom 6. bis 4. Jh. v. Chr. gehörte sie erneut den Phönikern, und wieder wurde hier Zedernholz aus dem Libanon für den Neubau des Jerusalemer Tempels umgeschlagen (Esra 3,7).

Seit Alexander dem Großen (332 v. Chr.) stand die Stadt unter hellenistischem Einfluss; die Ptolemäer verluden hier Weizen für Alexandria. In der ersten Hälfte des 2. Jh. v. Chr. kam es in Joppe zu einem Pogrom: Die griechischen Einwohner luden die 200 Mitglieder der jüdischen Gemeinde zu einer Bootsfahrt auf dem Meer ein und versenkten die Schiffe. Um den Mord zu rächen, überfiel Judas Makkabäus den Hafen und verbrannte alle griechischen Schiffe; die Stadt selbst konnte er aber nicht erstürmen (2 Makk 12,3–7). Erst seinem Bruder Jonatan gelang einige Jahrzehnte später die Eroberung (1 Makk 10,76). 142 v. Chr. siedelte Simeon, Bruder und Nachfolger Jonatans, in Joppe Juden an und ließ die Stadt befestigen (1 Makk 14,34).

63 v. Chr. brachte Pompejus Joppe unter römische Herrschaft. Julius Caesar gab die Stadt den Juden zurück und unterstellte sie unmittelbar dem Hohepriester (Jüd. Altert. XIV, 10,6). Mit dem Ausbau von Caesarea als Haupthafen von Judäa durch Herodes den Großen verlor Joppe an Bedeutung. 66 n. Chr., gleich zu Beginn des jüdischen Aufstandes, zerstörte der römische Legat Cestius Gallus die Stadt, die Einwohner kehrten jedoch zurück und führten von Joppe aus einen erfolgreichen Kaperkrieg gegen Rom. 68 n. Chr. erschien Cestius' Nachfolger Vespasian vor der kaum befestigten Stadt. Die Bewohner entwichen mit ihren Schiffen auf das Meer, wo ein gewaltiger Sturm die Flotte vernichtete.

Vespasian errichtete auf dem Stadthügel eine Zitadelle (Jüd. Krieg III, 9,2–4). Schon bald wurde Joppe wieder aufgebaut und hatte auch eine jüdische Gemeinde, die sogar den Bar Kochba-Aufstand (132–35) überdauerte. Im 4. Jh. ließen sich babylonische Juden in Jafo nieder, zur gleichen Zeit residierte hier ein Bischof. Im Jahre 636 kam die Stadt unter die Herrschaft der Araber, die ihr den Namen Jaffa gaben. Mit der Gründung von Ramla als Hauptstadt des islamischen Palästina stieg auch wieder die Bedeutung des Hafens.

Am 17. Juni 1099 liefen sechs christliche Schiffe in Jaffa ein, das von nun an für lange Zeit der wichtigste Nachschub- und Pilgerhafen der Kreuzfahrer bleiben sollte. 1187 fiel ganz Palästina an Saladin, doch schon 1191 nahm Richard Löwenherz beim erneuten Vordringen der Christen Jaffa kampflos ein und baute die Befestigungswerke wieder auf. 1192 stand Saladin abermals vor den Mauern der Stadt, aber Richard Löwenherz nahm den Kampf wieder auf, Saladin befahl den Rückzug. 1198 tauschten die Kreuzfahrer Jaffa gegen Beirut ein, aber bereits sechs Jahre später war Jaffa wieder christlich. 1228

Neot Kedumim

Auf halbem Weg zwischen Tel Aviv und Jerusalem liegt an der Straße 443 Neot Kedumim. In dem biblischen Park wird die Landschaft mit all ihren Pflanzen, zahmen und wilden Tieren, wie sie vor etwa 2000 Jahren hier vorherrschte, wieder lebendig www.neot-kedumim.org.il, So–Do 8.30– 16, Fr und vor Feiertagen bis 13 Uhr

Südliche Mittelmeerküste

0   2,5   5 km

erneuerte Kaiser Friedrich II. die Befestigungen der Stadt, aber 40 Jahre später ging Jaffa den Christen nach nur 12-stündiger Belagerung durch Baibars endgültig verloren.

Jaffa, das sich wegen seiner ungeschützten Reede nicht besonders gut als Hafen eignete, blieb in der weiteren Zeit ein kleiner, unbedeutender Fischerort, in dem nur gelegentlich ein Pilgerschiff festmachte. 1650 errichteten die Franziskaner ein Hospiz für die Reisenden, um das sich eine allmählich wachsende Siedlung entwickelte. Am 3. März 1799 zerstörte Napoleon die Mauern der wiedererstandenen Stadt. 1807 etablierte Aga Mahmud, Gouverneur des Bezirkes Gaza, seine Residenz in Jaffa. 1818 hatte Jaffa bereits 6000 Einwohner und war der Haupthafen des Landes, über den vor allem Baumwolle und Orangen verschifft wurden.

Tel Aviv-Yafo

1 Migdal Shalom
2 Hauptsynagoge
3 Haganah-Museum
4 Bibelmuseum
5 Karmelmarkt
6 Beit Ha'ir
7 Bialik House
8 Rubin Museum
9 Nationaltheater
   Habimah
10 Frederick-Mann-
   Auditorium
11 Helena-Rubin-
   stein-Museum
12 Tel Aviv Museum
   of Art
13 Rathaus
14 Eretz Israel
   Museum
15 Tel Qasile
16 Israeli Museum
   im Yitzhak Rabin
   Center
17 Palmach Museum
18 Universität
19 Diaspora-Museum
20 Andromeda-Felsen
21 St. Peterskloster
22 Archäologisches
   Museum
23 Große Moschee
24 Uhrturm
25 Azrieli Center

Tel Aviv-Yafo

0   250   500 m

Flughafen

18, 19

14 M 15 16 17

Shay 'Agnon

Sderot Yisrael Rokach

Sderot Yisrael Rokach

Yarqon

Derekh Mordechai Namir

alter Hafen

Ussishkin

Yehuda HaMakkabi

Pinkas

Weizmann

De Haas

David Remez

Yehoshua Bin Nur

Ibn Pinkas

Sderot Nordau

Hebelar

Hebelar

St.

Ben Yehuda

Sderot

Jabotinsky

Hilton

Arlosoroff

St.

Arlosoroff St.

Carlton

Moriah Plaza

Sderot David

Ben Gurion

13

Kikar
Yitzhak
Rabin

12
Tel Aviv
Performing
Arts Center

M

Dizengoff

Reines

Adam HaCohen

Shlomo HaMelech

25

Holiday Inn
Crowne Plaza

Ramada Continental

Frishman

Sderot Hen

Shaul HaMelech

Derekh Petah Tiqwa

Dan Tel Aviv

Bauhaus
Center

11
M

HAQIRYA

Bograshoff

Pinsker

HaYarqon St.

Ben Zion

10
9

Ibn Gvirol

Carlebach

Ayyalon

6
M

HATEMANIM

MONTEFIORE

7
8

Herbert Samuel St.

Kikar
Magen
David

Sheinkin St.

5

Sderot Rothschild

Rehov Ahad Ha'am

Sderot Ha'am

HARAKKEVET

Hadogesmim

Karmel St.

Allenby Rd.

2

1

3 M

M 4

Yehuda HaLevi

HaSefira

Derekh Petah Tiqwa

Mittelmeer

Dan Panorama

MANSHIYA
NEWE
SEDEQ

Herzl St.

Yafo

Levinsky
St.

Busbahnhof

Susan Dellal
Center

FLORENTIN

HaZion

Prof. J. Kaufmann

Derekh Eilat

SHAPIRA

21 23
20 24
22
M

Mitzratz Shlomo

YAFO

Sderot Le Zion Ben

Pasteur

Sderot Yerushalayim

HaJamit

Ben Tsvi

Derekh
Kibbuz
Galujot

Sderot

QIRYAT
SHALOM

1852 gründeten amerikanische Siedler am Westufer des Ayyalon im heutigen Stadtteil Shekhunat Montefiore eine Farm, von der sie schon nach wenigen Jahren von den Beduinen wieder vertrieben wurden (der Nobelpreisträger John Steinbeck war ein Nachkomme dieser Siedler). 1890 entstanden nördlich von Jaffa die jüdischen Siedlungen Newe Zedek und Newe Shalom, die allmählich zu Städten heranwuchsen und 1910 unter dem Namen Tel Aviv (›Hügel des Frühlings‹) zusammengefasst wurden. Dieser soll an Tell Abib, einen Ort des babylonischen Exils, und zugleich an die Vision des Propheten Ezechiel von der Auferweckung Israels erinnern (Ez 3,15; 37,1–12). Nach dem Ersten Weltkrieg bildeten sich neue Wohnviertel; immer schneller folgten die Einwanderungswellen aufeinander, und immer größer wurden sie. Als Reaktion darauf sperrten die Araber den Hafen und vertrieben alle Juden aus Jaffa. 1948 zählte Tel Aviv bereits 230 000 Einwohner, Jaffa nur 100 000. Am 14. Mai 1948 proklamierte David Ben Gurion in Tel Aviv die Unabhängigkeit Israels (davor waren fast alle arabischen Bewohner aus Jaffa geflohen). Tel Aviv wurde provisorische Hauptstadt. 1950 erfolgte der Zusammenschluss zum heutigen Tel Aviv-Yafo.

»In Haifa arbeiten die Israelis, in Jerusalem beten sie, und in Tel Aviv amüsieren sie sich«, so sagt man jedenfalls.

Stadtrundgang

Als Ausgangspunkt für eine Stadtbesichtigung eignet sich der 142 m hohe, 34-stöckige **Migdal Shalom (1)**, ›Friedensturm‹, der – 1959 errichtet – zu seiner Zeit das höchste Gebäude Israels und des Nahen Ostens war. Im Eingangsbereich des Erdgeschosses informieren Pläne, Zeichnungen und Modelle über mögliche Großbauvorhaben in Tel Aviv. Die Aussichtsplattform des Turms ist zur Zeit geschlossen. Neben den großen Hotelkomplexen, die sich an der Strandpromenade entlangreihen, sind in den letzten Jahrzehnten weitere architektonisch interessante Großbauten in Tel Aviv entstanden. Imposant ist das zwischen 1996 und 1999 errichtete **Azrieli Center (25)** im Ostteil der Stadt. Der Unterbau beherbergt ein riesiges Einkaufszentrum. Aus ihm wachsen drei Türme mit jeweils einem dreieckigen, einem runden und einem quadratischen Grundriss empor, der quadratische wurde nach einer Bauunterbrechung erst im Jahr 2007 fertiggestellt. Von der Aussichtsplattform (Azrieli Observatory) bzw. dem Panoramarestaurant des runden, 187 m hohen Turms bietet sich ein wunderbarer Blick über Israels lebendige Stadt.

In unmittelbarer Nähe des Migdal Shalom an der Allenby Road/ Ecke Rehov Ahad Ha'am steht die **Hauptsynagoge (2)** von Tel Aviv, 1923–26 erbaut und 1970 renoviert. Die Allenby Road, benannt nach Lord Allenby, der als Befehlshaber der britischen Streitkräfte in den Jahren 1917/18 den Türken Palästina entriss, ist die Hauptgeschäftsstraße von Tel Aviv.

2003 ist das historische Zentrum von Tel Aviv mit seinen 4000 zum großen Teil sehenswerten Gebäuden im Bauhaus-Stil von der UNESCO zum Welterbe erklärt worden. Diese **Weiße Stadt** entstand

Azrieli Observatory
Di–So 9.30–18 Uhr

Nationaltheater
Habimah

in den 1930er-Jahren, als viele deutsche Juden vor dem Naziregime nach Palästina flüchteten und die Idee der Bauhausarchitektur – schlicht und funktional – mitbrachten. Tel Aviv erlebte zu dieser Zeit aufgrund der Immigrantenwelle einen Bauboom, der durch das von Erich Mendelsohn bereits in Berlin entwickelte Formenvokabular eine gewisse Einheitlichkeit erlangte. Es zeichnet sich aus durch klare, aber meist asymmetrische Formen, tiefe Balkone, die teilweise über Eck laufen, Flachdächer, auf denen häufig Dachgärten zu finden sind, und – angepasst an das Wüstenklima – kleinere Fenster sowie weißen oder hellen Anstrich, der die Sonnenstrahlen reflektiert. Mendelsohn selbst zeigte sich wenig begeistert von der Tel Aviver Bauhausarchitektur. Seiner Meinung nach fehlte ihr eine Synthese zwischen europäischer und arabischer Architektur, welche vor allem den klimatischen Bedingungen gerecht werden müsste. Mendelsohn setzte diese Auffassung in seinen israelischen Architekturen um. In Rehovot, südlich von Tel Aviv, entstand sein erstes Werk auf israelischem Boden: die **Villa für Chaim Weizmann** (Yad Chaim Weizmann), dem späteren Präsidenten Israels. Sie steht im grünen Campus des Weizmann Instituts der Wissenschaften und gibt den Besuchern einen kleinen Einblick in das Leben des ersten Präsidentenpaares vom Staat Israel.

Zum 100-jährigen Geburtstag von Tel Aviv wurden viele Häuser aus dieser Zeit renoviert, aber für einen großen Teil fehlt leider immer noch das Geld, sodass sich heute die Häuser in sehr unterschiedlichem Zustand präsentieren. Einen Einblick in Tel Avivs Bauhausarchitektur vermitteln die Gebäude entlang des Rotschild Boulevards, um den Dizengoff Platz und an der Rehov Bialik.

Südwestlich der Herzl Street erstreckt sich **Newe Sedeq.** Hier erbauten sich Juden im späten 19. Jh., noch bevor Tel Aviv gegründet wurde, eine erste Siedlung außerhalb von Jaffa. Heute laden Boutiquen, Galerien, Cafés und Restaurants zu einem Bummel durch die engen Gassen mit den schön renovierten Häusern.

Yad Chaim Weizmann
So–Do 9–16
Besichtigung nach vorheriger Anmeldung
Tel. 089 34 32 30

Bauhaus Center
99 Dizengoff Street
Tel. 035 22 02 49
www.bauhauscenter.com
So–Do 10–19.30,
Fr 10–14.30,
Sa 12–19.30 Uhr
Angebot von geführte Touren oder auch Audioguide; hier gibt es auch einen Stadtplan, in dem alle Bauhaus-Gebäude mit Hausnummern eingezeichnet sind.

Das **Haganah-Museum (3)** auf dem Sderot Rothschild 23 erläutert die Geschichte und Bedeutung der Haganah (›Selbstschutz‹), die nach dem Ersten Weltkrieg als militärische Organisation zum Schutz der jüdischen Siedlungen in Palästina gegründet wurde und 1948 den Kern der jungen israelischen Armee bildete. Bet Dizengoff im Sderot Rothschild 16 war das Wohnhaus des Bürgermeisters Dizengoff. Hier befindet sich die **Unabhängigkeitshalle,** in der David Ben Gurion am 14. Mai 1948 den Staat Israel proklamierte. Im ersten Stock des Hauses ist hier ein **Bibelmuseum (4,** Bet Tanach) untergebracht. Folgen Sie nun der Allenby Road nach Norden bis zum Kikar Magen David (King David Square). Westlich erstreckt sich das Gassenviertel des **Karmelmarktes (5,** Suq HaKarmel), eines orientalischen Marktes, auf dem vorwiegend Obst, Gemüse und Textilien angeboten werden. Das jenseits der Allenby Road liegende Bialik-Viertel ist als Ensemble von der UNESCO zum Welterbe erklärt worden. Im Zentrum steht das **Beit Ha'ir (6),** der ehemalige, 1925 im eklektischen Stil erbaute Sitz der Stadtverwaltung. Heute beherbergt es neben einer Rekonstruktion des Büros vom ersten Bürgermeister der Stadt, Meir Dizengoff, verschiedene Ausstellungsräume, in denen geschichtliche Zeugnisse zum städtischen Leben aber auch moderne Kunst vorgestellt werden.

In der Rehov Bialik befinden sich zwei weitere renovierte Häuser, die sich in ihrer originalen Ausstattung und mit umfangreicher Bibliothek bzw. interessantem Studio präsentieren und heute als Museen zugänglich sind. Im **Bialik House (7)** lebte einst der bedeutende israelische Dichter Chaim Nachman Bialik (1873–1934), im **Rubin Museum (8)** wirkte der bekannte Maler Reuven Ruben (1893–1974).

Auf dem Sderot Tarsat befindet sich das Kulturzentrum von Tel Aviv mit dem israelischen **Nationaltheater Habimah (9,** ›die Bühne‹), das 1917 in Moskau als hebräisches Theater gegründet worden war und 1929 nach Israel kam, mit dem **Frederick-Mann-Auditorium (10)** für

Haganah-Museum
So–Do 8–16 Uhr

Unabhängigkeitshalle
So–Do 9–17,
Fr –14 Uhr

Bibelmuseum
So–Fr 9.30–
12.30 Uhr

Bei Ha'ir
Mo/Mi/Do 9–17,
Di 9–20, Fr/Sa/Fei
10–14 Uhr

Bialik House
Mo–Do 11–17,
Fr/Sa 10–14 Uhr

Rubin Museum
Mo/Mi/Do 10–15,
Di 10–20, Sa 11–
14 Uhr

Helena-Rubinstein-Museum

Mo, Mi, Sa 10–16,
Di und Do 10–22,
Fr 10–14 Uhr

Tel Aviv Museum of Art

www.tamuseum.
com
Mo, Mi, Sa 10–16,
Di und Do 10–22,
Fr 10–14 Uhr

Eretz Israel Museum

www.eretzmuseum.
org.il
So–Mi 10–16, Do
10–20, Fr und Sa
10–14 Uhr

Konzertveranstaltungen, erbaut von den Architekten Karmi und Meltzer, und dem **Helena-Rubinstein-Museum (11),** einer Abteilung des Tel Aviv-Museums, das wechselnde Ausstellungen zeitgenössischer Kunst zeigt. Der nahe Sderot Dizengoff gilt als eine der schönsten Geschäftsstraßen Tel Avivs; er führt in weitem Bogen zum Meer hin, um schließlich parallel zur Küste zu verlaufen. Unterbrochen wird der Boulevard vom Kikar Dizengoff, dem Mittelpunkt der City, mit schönen Brunnen und hohen Palmen. Architektonisch wird der Platz von Gebäuden im Bauhausstil gerahmt. Das ehemalige 1939 errichtete Esther-Kino ist nach der Renovierung als geschmackvolles Cinema Hotel wiedereröffnet worden.

Das **Tel Aviv Museum of Art (12)** auf dem Sderot Shaul Hamelekh 27 ist der bildenden Kunst der Moderne und der vergangenen vier Jahrhunderte gewidmet. Es enthält u. a. Werke von Pissarro, Degas, Rodin, Leger, Picasso, Kokoschka, Archipenko, Chagall, Ernst und Moore. Das Gebäude, 1971 nach Plänen von J. Yashar und D. Eytan erbaut, wird flankiert von der Zentralbibliothek (Sha'ar Zion) und dem Gerichtshof von Tel Aviv. Einen großartigen Rundblick über das moderne Tel Aviv bietet die Aussichtsterrasse des zwölfstöckigen **Rathauses (13).** Der frühere Kikar Malkhe Yisra'el – heute heißt er Yitzhak Rabin-Platz – zu Füßen der City Hall ist an den Festtagen Purim und Yom Kippur Treffpunkt Tausender fröhlicher Israelis. Eine **Gedenkstätte** erinnert an die Ermordung (4. November 1995) des damaligen Premierministers **Yitzhak Rabin.**

Auf keinen Fall sollten Sie es versäumen, die prachtvolle **Küstenpromenade HaYarqon** mit ihren Hotels, Botschaften, dem Jachthafen und den breiten Badestränden entlangzuschlendern. Die Hotelgiganten Dan und Hilton sowie das Gebäude der israelischen Fluggesellschaft EL AL bestimmen die Silhouette der Millionenstadt. Am nördlichen Ende der Promenade befindet sich der **alte Hafen** von Tel Aviv. Bis 1965 wurden hier Waren umgeschlagen, dann übernahm ein neuer, großer Hafen in Ashdod seine Funktion. Heute beleben Designerläden, Cafés und Tanzclubs die alten Hallen.

Im nördlichen Stadtteil Ramat Aviv liegt jenseits des Nahal Yarqon das **Eretz Israel Museum (14),** ein weiträumiger Komplex mit verschiedenen Sammlungen: Das Museum für Ethnografie und Volkskunst ist der religiösen und weltlichen jüdischen Kunst gewidmet; das Glasmuseum veranschaulicht die Geschichte der Glasverarbeitung, im Keramikmuseum ist u. a. eine rekonstruierte Wohnung aus der Zeit der Könige Israels zu sehen; das Kadman Numismatic Museum illustriert die Entwicklung des Münzwesens; das Museum der Wissenschaft und Technik enthält eine reichhaltige Sammlung aus den Bereichen Mathematik, Flugwesen, Energie und Transportwesen; der Nechushtan-Pavillon zeigt archäologische Funde aus den frühgeschichtlichen Kupferbergwerken von Timna; ein weiterer Pavillon ist der Verwendung von Werkzeugen und dem Einsatz von Energie durch den Menschen seit vorgeschichtlichen Zeiten gewidmet. Auch das interessante Lasky-Planetarium gehört zum Komplex des Eretz Israel Museum.

An den Museumsbereich grenzt die Ausgrabungsstätte **Tel Qasile (15)** am Nordufer des Yarqon. Hier war im 12. und 11. Jh. v. Chr. eine blühende Philistersiedlung. In den zwölf Siedlungsschichten, die eine fast ununterbrochene Besiedlung des Hügels vom 12. Jh. v. Chr. bis in das 15. Jh. n. Chr. dokumentieren, kamen auch Relikte aus der Ära König Salomos (10. Jh. v. Chr.) zum Vorschein.

In direkter Nachbarschaft befindet sich das **Israeli Museum** im **Yitzhak Rabin Center (16).** Es widmet sich als erstes und bisher einziges Museum des Landes der chronologischen Aufzeichnung der Geschichte des modernen Staates Israel und dem damit verbundenen, politischen Leben von Yitzhak Rabin. Im nahe gelegenen **Palmach Museum (17)** an der Rehov Levanon wird die Rolle der paramilitärischen Palmach-Brigaden von ihrer Gründung im Jahr 1941 bis zum Ende des Unabhängigkeitskrieges in Filmen mit Originaldokumenten und mit multimedial realistisch dargebotenen Szenen anschaulich präsentiert.

Vom Palmach Museum führt die Rehov Levanon in weitem Bogen zur **Universität (18)** von Tel Aviv mit ihren modernen Bauten. Wer sich über die Geschichte der jüdischen Gemeinden in aller Welt seit der Zerstörung des Zweiten Tempels (70 n. Chr.) informieren möchte, wird im hiesigen **Nahum Goldmann-Museum der jüdischen Diaspora (19,** Bet HaTefutsot) jede gewünschte Auskunft erhalten; moderne Museumspädagogik mit Computern, Videos und Grafiken macht den Besuch sehr informativ und kurzweilig.

Israeli Museum im Yitzhak Rabin Center

www.rabincenter.org.il
So/Mo/Mi 9–17, Di/Do 9–19, Fr 9–14 Uhr

Palmach Museum

www.palmach.org.il
So–Fr nur nach voriger Anmeldung, kein Zutritt für Kinder unter 6 Jahre
Tel. 036 43 63 93

Nahun Goldmann-Museum der jüdischen Diaspora

www.bh.org.il
So/Mo/Di 10–16, Mi/Do 10–19, Fr 9–13 Uhr

Yafo

Der Stadtteil Yafo hat trotz vieler Neubauten und Sanierungsmaßnahmen noch immer arabische Atmosphäre bewahrt. Seit dem Mittelalter war Jaffa für die tief gehenden Hochseeschiffe nicht mehr besonders geeignet, denn sie mussten weit vor den Klippen ankern und ihre Güter auf kleine Schiffe umladen. Am Ende der Mole ragt der bizarre **Andromeda-Felsen (20)** aus dem Meer. An diesen Felsen hatte König Kepheus der Legende nach seine Tochter Andromeda anketten lassen, um sie einem Meeresungeheuer zu opfern. Ihre Mutter Kassiopeia hatte nämlich behauptet, sie sei schöner als die Nereiden. Die anmutigen Meernymphen beklagten sich daraufhin bei Poseidon, der in seinem Zorn ein Ungeheuer entsandte, um das Land des Königs zu verwüsten. Als sich das Untier auf die Prinzessin stürzen wollte, erschien Perseus, ein Sohn des Zeus und König von Mykene und Tiryns, befreite sie und nahm sie als seine Frau mit nach Griechenland. Die arme Kassiopeia aber zieht seitdem als Sternbild über den nächtlichen Himmel, zumeist mit den Füßen nach oben, als immerwährende Strafe.

Die einstige Hafengegend hat sich unter Gestaltung israelischer Architekten in ein malerisches Künstlerviertel verwandelt, mit zahlreichen Ateliers und Galerien, die zur Besichtigung und zum Kauf der

Visitor Center

Tel. 035 18 40 15
www.oldjaffa.co.il
So–Do, Sa 9–20
(im Winter bis 17),
Fr 9–17 (im Winter
–15) Uhr

**Archäologisches
Museum**

z. Zt. nur für Grup-
pen zugänglich
Tel. 036 82 53 75
naam@oldjaffa.
co.il

ausgestellten Werke einladen. Das **St. Peterskloster (21)** der Franziskaner wurde im 17. Jh. auf den Mauern einer Kreuzfahrerfestung erbaut und 1894 erneuert. Vom Hof aus erreicht man über eine Treppe
zwei guterhaltene Säle der mittelalterlichen Zitadelle. In der kleinen,
gewundenen Gasse, die von hier zum alten Leuchtturm am Hafen
führt, steht eine 1730 entstandene Moschee. Unter ihr soll sich das
Haus des Gerbers Simon befunden haben, in dem der Apostel
Petrus längere Zeit lebte, nachdem er die Jüngerin Tabita wieder zum
Leben erweckt hatte (Apg 9,36–43).

Die archäologische Zone Gan HaPisga auf einer Anhöhe beim Hafen ist der Kern des alten Jafo/Joppe/Jaffa. Hier entdeckte man ein
Teilstück der 6 m dicken Hyksosmauer aus dem 18. vorchristlichen
Jahrhundert, das Stadttor einer ägyptischen Festungsanlage, das nach
den Ergebnissen von aktuellen Grabungen mindestens viermal im
2. Jahrtausend v. Chr. zerstört und wieder aufgebaut wurde, Überreste
einer jüdischen Siedlung aus dem 5. Jh. v. Chr., Mauerwerk der Hasmonäer und römische Relikte. Ausgrabungen sind heute in dem schön
angelegten Park mit herrlichem Blick auf die Silhouette von Tel Aviv
und im **unterirdischen Visitor Center** am Kikar Kedumim nahe dem
St. Peterskloster sichtbar. Archäologische Relikte und im jeweiligen
Zeitstil gekleidete Puppen veranschaulichen hier die Geschichte Ya-
fos. Das **Archäologische Museum (22)** im ehemaligen Regierungs-
palast des osmanischen Gouverneurs Abu Nabut untergebracht, beherbergt eine sehenswerte Sammlung örtlicher Funde. Von besonde-
rem Interesse sind die Venus von Jafo, eine Fruchtbarkeitsgöttin aus
dem 5. Jahrtausend v. Chr., und eine Öllampe aus der Zeit der Kanaaniter (Anfang 3. Jahrtausend v. Chr.). Ebenfalls aus der Zeit des Abu
Nabut stammt die **Große Moschee (23),** auch Mahmudiya genannt.
Einige ihrer Säulen ließ der Gouverneur aus den Ruinen von Caesarea und Ashqelon herbeischaffen; sie wurden bewusst verkehrt auf-

Blick auf die Altstadt

gestellt, sodass die alten Kapitelle als Säulenbasen fungieren. Beachtung verdient außerdem ein schöner Wandbrunnen im Stil des türkischen Rokoko. Der **Uhrturm (24)** wurde 1906 zum 30-jährigen Thronjubiläum des Sultans Abdul Hamid II. erbaut. Südlich der Großen Moschee beginnt der Trödelmarkt (Shuq HaPishpeshim), ein einzigartiger Flohmarkt, der täglich bis zum Sonnenuntergang geöffnet ist. In den engen Gässchen dieses Viertels mit seinen zahllosen kleinen Läden und Verkaufsnischen ist noch ein wenig orientalischer Zauber zu verspüren.

Reisen & Genießen

Hotels

Was liegt näher, als in Tel Avivs ›Weißer Stadt‹ in einer Bauhaus-Architektur zu wohnen? Das renovierte und modern eingerichtete Hotel bietet mit seiner Bibliothek in der Lobby und dem Blick von den Balkonen, die in Richtung Dizengoff-Platz mit seinen interessanten Häusern weisen, den Einstieg in die Kultur und das Leben der Stadt.

Center Chic Hotel
2 Zamenhoff Street
Tel. 035 26 61 00
www.atlas.co.il/center-hotel-tel-aviv
DZ ab 730 NIS

Das christliche Hospiz bietet einfache Zimmer und ein Dormitorium. Das historische Gebäude hat eine wechselvolle Geschichte hinter sich, u. a. als Hauptquartier der Templer. 1878 kaufte der russischstämmige und zum Protestantismus übergetretene Baron Plato von Ustinov (Großvater des Schauspielers Peter Ustinov) das Haus, und ließ es zum ›Hotel du Parc‹ umbauen. Hier logierten 1898 Kaiser Wilhelm II. und seine Gemahlin. Sehr schöner Garten.

Beit Immanuel
8 Auerbach St., Jaffa, Tel Aviv 61027
Tel. 036 82 14 59
www.beitimmanuel.org
DZ 350 NIS

Restaurants

Gefilte Fisch, Tscholent, Kugel, Kishke oder auch gehackte Leber – all diese köstlichen Gerichte aus der osteuropäisch-jüdischen Küche schmecken in den schlicht eingerichteten Gasträumen mit Bildern einheimischer Künstler an den Wänden nicht nur am Sabbat.

Keton
145 Dizengoff, Tel Aviv
Tel. 035 23 36 79
tgl. 12–22 Uhr
Hauptgericht ab 42 NIS

Fischrestaurant der absoluten Spitzenklasse (nicht koscher). Der hochgelobte Küchenchef Yoram Nitzan sorgt mit Gerichten wie Barsch auf Spargel oder in Tomatenbutter gebratene Garnelen nicht nur für einen unübertrefflichen Gaumen- sondern auch für einen herrlichen Augenschmaus. Die erlesenen Speisen werden durch einen hervorragenden Weinkeller ergänzt.

Mul Yam
Hangar 23/24,
im alten Hafen
Tel. 035 46 99 20
www.mulyam.com
tgl. 12.30–15.30, 19.30–22.30 Uhr
Menü ab 175 NIS

In der Umgebung von Tel Aviv

Petah Tiqwa

Petah Tiqwa gilt als eine der schönsten Satellitenstädte von Tel Aviv. Die ›Haupstadt der Orangen‹ inmitten riesiger Plantagen zählt heute gut 190 000 Einwohner, verfügt aber über keine nennenswerten Sehenswürdigkeiten, wenn man vom Gan HaMeyasdim, dem Gründergarten mit der benachbarten ersten Synagoge der Stadt absieht. 1878 begannen jüdische Siedler, Einwanderer aus Ungarn, die malariaverseuchten Sümpfe am Yarqonfluss trockenzulegen und das Land zu bestellen, das sie Petah Tiqwa, ›Tor der Hoffnung‹, nannten. Nach 1904, als die zweite Alijah (Einwanderungswelle) einsetzte, kamen viele Juden in die Ansiedlung, die zum Geburtsort der zionistischen Arbeiterbewegung wurde. In den 20er-Jahren entwickelte sich Petah Tiqwa zu einem Zentrum für den Anbau von Südfrüchten, vor allem Apfelsinen, die als ›Jaffaorangen‹ in alle Welt gingen. Aber auch Industrie siedelte sich am Yarqon an. 1937 wurde Petah Tiqwa Stadt die zweite jüdische Stadt nach Tel Aviv.

Tel Afeq

Tel Afeq

April–Sept tgl. 8– 17, Okt.–März tgl. 8–16 Uhr

5 km östlich von Petah Tiqwa erhebt sich der Tel Afeq mit den Ruinen einer **Kreuzfahrerburg** und den Resten einer Siedlung aus vorchristlicher Zeit. Von der Höhe der Burg hat man einen großartigen Ausblick bis zum Mittelmeer, bis Ramla und Lod und über die Orangenplantagen von Petah Tiqwa. Aus mehreren Quellen entsteht hier der nur 30 km lange Yarqon. Der Siedlungshügel wie die Quellen inmitten einer gepflegten Grünanlage sind heute **Nationalpark.**

Von Afeq aus griffen die Philister um das Jahr 1050 v. Chr. die vereinigten Israeliten an, die bei Eben-Ezer eine vernichtende Niederlage erlitten und die Bundeslade einbüßten (1 Sam 4,1–11). Gegen 333 v. Chr. segnete der Hohepriester in Afeq Alexander den Großen. 35 v. Chr. ließ Herodes die Stadt erneuern und nannte sie nach seinem Vater Antipatris. Wohl um das Jahr 57 n. Chr. übernachtete Paulus in Afeq auf seinem Weg nach Caesarea als Gefangener der Römer (Apg 23, 31). Die Kreuzfahrer errichteten am strategisch wichtigen Antipatris die Burg Surdi Fontes, ›Festung der Quellen‹. Heute befindet sich hier eine Pumpstation der 104 km langen Wasserleitung vom See Gennesaret in den Negev.

Mausoleum von Mazor

An der Straße von der modernen Stadt Rosh Ha'Ayin nach Lod sieht man linker Hand bei Elad das römische Mausoleum von Mazor. Der

zweistöckige Bau wurde im 2. Jh. n Chr. in der Form eines Antentempels für einen unbekannten Römer errichtet. Zwei korinthische Säulen stützen den Architrav. Die Treppe zum oberen Stockwerk ist noch vorhanden, ebenso das Postament für den Sarkophag. Bei dem Mausoleum handelt es sich um das einzige römische Gebäude in Israel, dessen Dach noch erhalten blieb. Die Araber wandelten den Grabbau in eine Moschee um, die sie nach Nabi Yehia (›Prophet Johannes‹) benannten. Der Mihrab in der Südwand ist noch deutlich zu erkennen. Das Mausoleum liegt am Rande einer makkabäischen Nekropole, von der zahlreiche Schachtgräber zeugen.

Lod

Die Stadt mit langer Geschichte, 22 km südöstlich von Tel Aviv gelegen, ist heute vor allem durch den internationalen Flughafen Ben Gurion bekannt. Die interessantesten Sehenswürdigkeiten sind die Grabstätte des hl. Georg, die von Christen wie von Muslime gleicherweise verehrt wird, und die Baibarsbrücke. Die Stadt zählt heute etwa 67 000 Einwohner, darunter 13 000 Araber.

Lod gehörte zu den zahlreichen kanaanitischen Städten, die Pharao Thutmosis III. (1490–36) eroberte. Nach der Landnahme erneuerte der Israelit Schemed vom Stamme Benjamin die Siedlung (1 Chr 8,12). Im 8. Jh. v. Chr. wurde Lod von den Assyrern zerstört und im 5. Jh., nach dem Babylonischen Exil, neu besiedelt (Esra 2,33; Neh 7,37; 11,35). 157 v. Chr., während des Makkabäeraufstands, musste der Seleukidenherrscher Demetrios I. Soter die von den Griechen Lydda genannte Stadt an den Makkabäer Jonatan abtreten (1 Makk 11,34). 43 v. Chr. unterwarf der Römer Cassius den Ort, weil dieser seine maßlosen Geldforderungen zurückwies (Jüd. Altert. XIV, 11,2).

*Lod, Georgskirche und
El-Khadr-Moschee*

Der Apostel Petrus besuchte die christliche Gemeinde von Lydda und heilte den gelähmten Aeneas (Apg 9,32–35). Nach Plinius (Naturgeschichte 5, 14, 70) und Josephus (Jüd. Krieg III, 3,5) war Lydda Hauptort einer Toparchie der Provinz Judäa. Im ersten Jüdischen Krieg gegen Rom wurde es von Cestius Gallus niedergebrannt und an Vespasian übergeben (Jüd. Krieg II, 19,1; IV, 8,1). In Lydda wirkten so berühmte Rabbis wie Elieser ben Hyrkanus und Akiba. Unter Kaiser Septimius Severus (193–211) wurde die Stadt römische Kolonie mit dem offiziellen Namen Colonia Lucia Septimia Diospolis; sie entwickelte sich zu einer blühenden Handelsmetropole, die im 4. Jh. sogar einen eigenen Bischof besaß. Im 7. Jh. kam Lydda unter islamische Herrschaft und hieß fortan El-Ludd. Die Briten machten El-Ludd zur Hauptstadt eines Distrikts, dem die rivalisierenden Städte Jaffa und Tel Aviv angehörten. Seit 1948 trägt die lebendige Einwandererstadt wieder den biblischen Namen Lod.

Georgskirche und El-Khadr-Moschee

Mittelpunkt von Lod ist die Grabstätte des hl. Georg. Georg trat als junger Mann in die römische Armee ein, wurde in Kleinasien zum Christentum bekehrt und starb im Jahre 303 den Märtyrertod. Sein Leichnam wurde in seinem Geburtsort Lydda beigesetzt. Schon früh machte ihn die Legende zum Drachentöter. Im 4. oder 5. Jh. errichteten die Byzantiner über dem Grab des hl. Georg eine Kirche, die nach verschiedenen Zerstörungen immer wieder aufgebaut wurde. Zwischen 1150 und 1170 schufen die Kreuzfahrer eine neue Georgskirche, eine 30 m lange, dreischiffige Basilika mit zwei Reihen zu je fünf kreuzförmigen Pfeilern. Nachdem die Kirche im Jahre 1191 unter Saladin schwer beschädigt worden war, ließ Richard Löwenherz sie in neuem Glanz erstehen. Der hl. Georg wurde zum Schutzpatron des Kreuzfahrerheeres.

Im 13. Jh. errichteten die Mamelucken über den Trümmern der unter Baibars zerstörten Basilika die El Khadr-Moschee und eine Karawanserei. Unter dem Namen El Khadr (›der Grüne‹) verehren auch die Muslime den hl. Georg, von dem sie erwarten, dass er am Jüngsten Tag bei Lod den Dämon Dadjal töten werde. Im 19. Jh. erwarben die Griechisch-Orthodoxen die Karawanserei, die im östlichen Teil des noch vorhandenen Nord- und Hauptschiffes des Kreuzfahrerbaus eingerichtet war, und erweiterten sie zur heutigen Georgskirche. Mehrere Architekturteile der mittelalterlichen wie auch der byzantinischen Basilika sind im Vorhof der Moschee und neben der Georgskirche zu sehen. Eine Säule in der Moschee trägt eine griechische Inschrift aus dem 5. Jh.

Beide Gotteshäuser liegen einträchtig beieinander, haben aber getrennte Eingänge. Über dem Portal der Georgskirche zeigt ein Relief den drachentötenden Ritter Georg. Im Mittelteil des Hauptschiffes führen zwei Treppen zur Krypta hinab, in der der leere Sarkophag des Heiligen steht. An der Ostwand der Kirche hängen die Ketten des hl. Georg, an die früher Geisteskranke gekettet wurden, damit St. Georg

Mosaikfund

In Lod fand man 1996 bei Straßenarbeiten ein 180 m² großes, einmaliges Mosaik mit Darstellungen von Handelsschiffen und Tierszenen. Datiert wird es nach einem Münzfund in das späte 3. Jh. Da zunächst keine finanziellen Mittel für die Konservierung zur Verfügung standen, schüttete man es erst mal wieder zu. Eine erneute Freilegung erfolgte im Sommer 2009. Nach der aufwendigen Restaurierung soll es ab 2013 in einem Besucherzentrum ausgestellt werden. www.lodmosaic.org

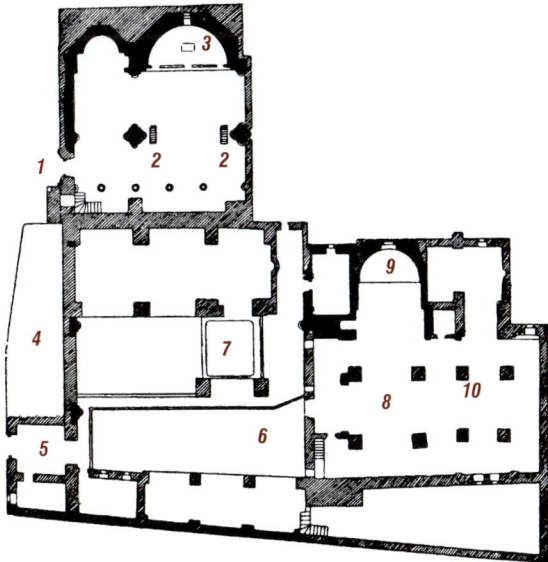

Lod, Georgskirche und El-Khadr-Moschee

1 *Eingang zur Georgskirche*
2 *Treppen zur Krypta*
3 *Altar*
4 *Läden*
5 *Eingang zum Bereich der Moschee*
6 *Hof der Moschee*
7 *Reinigungsbrunnen*
8 *El-Khadr-Moschee*
9 *Byzantinische Apsis*
10 *Säule mit griechischer Inschrift*

sie heile. Die El Khadr-Moschee wurde 1983 restauriert; das schlanke, weiße Minarett, weithin sichtbares Wahrzeichen von Lod, stammt aus dem Jahre 1928 (der alte Turm war kurz zuvor bei einem Erdbeben eingestürzt). Die Altstadt von Lod rings um das Doppelheiligtum hat man inzwischen weitgehend abgerissen; sie wird durch Neubauten und Parkanlagen ersetzt.

Baibarsbrücke

Nördlich der Altstadt von Lod überquert die Straße den schmalen Fluss Ayyalon auf der Baibarsbrücke, die im Jahre 1273 von den Mamelucken auf römischen Fundamenten erbaut wurde. Sie ist die älteste noch benutzbare Brücke Israels. Als Baumaterial verwendeten die muslimischen Architekten Steinblöcke einer Kreuzfahrerkirche. Über dem Spitzbogen sind auf beiden Brückenseiten Steintafeln mit einer arabischen Widmungsinschrift angebracht, die Sultan el-Malik ed-Dahar Rukh ed-Din Baibars als Erbauer nennt (an keinem anderen Bauwerk finden wir den vollen Namen von Baibars). Die Tafeln werden von je zwei Löwen, seinen Wappentieren, flankiert. Der seit Josua berühmte Ayyalon (Ajalon; Jos 10,12) ist hier leider nur noch ein kümmerliches Rinnsal.

Ramla

Ramla ★

Im Südwesten von Lod schließt sich das etwa gleichgroße Ramla an, die einzige rein islamische Stadtgründung in Israel. Der Weiße Turm der Mamelucken, die Große Moschee, hervorgegangen aus einer Kreuzfahrerkirche, und die einzigartige Zisterne aus der Zeit Harun al-Raschids lohnen den Besuch.

Geschichte

Zwischen 715 und 717 gründete der Omajjadenkalif Suleiman, Bruder und Nachfolger des großen Walid, auf Sanddünen die Stadt Ramla *(ramle,* arabisch für ›Sand‹), die bereits zu jener Zeit ihre heutige Ausdehnung erreichte. Muslime, Juden, Samariter und Christen strömten aus allen Teilen des Landes in die neue Hauptstadt, um hier Färbereien, Keramikmanufakturen und andere Handwerke zu betreiben. Rund 300 Jahre blieb Ramla die Hauptstadt Palästinas, eine blühende Metropole an der großen Karawanenstraße von Ägypten nach Syrien und an der Pilgerstraße von Jaffa nach Jerusalem. Als das islamische Großreich zerfiel, begann jedoch der wirtschaftliche Abstieg. Die Kreuzfahrer fanden 1099 nur noch Ruinen vor. Sie bauten Ramla kleiner und bescheidener wieder auf und errichteten die Johannesbasilika, die heutige Große Moschee. 1187 marschierten Saladins Truppen in Ramla ein, 1192 unterschrieb hier Richard Löwenherz den Vertrag, der dem Kreuzfahrerreich wenigstens

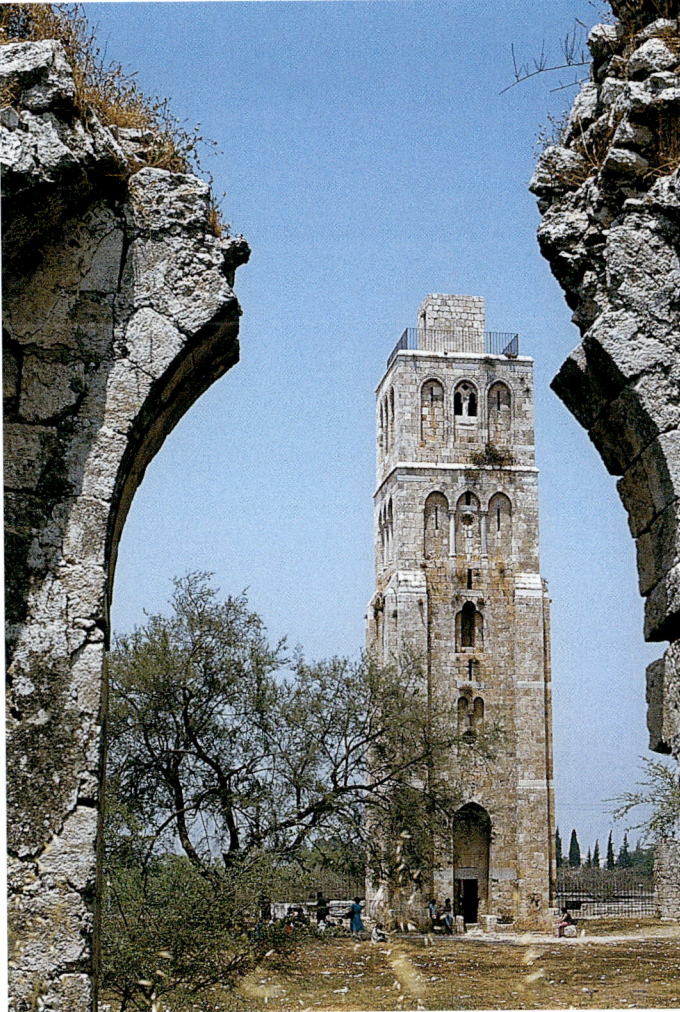

noch den Küstenstreifen sicherte. 1267 erschienen die Mamelucken und bauten eine Moschee. Ramla gelangte wieder zu einem gewissen Wohlstand.

Während der Türkenherrschaft im 17. Jh. verlor Ramla jegliche Bedeutung; erst Ende des 19. Jh. begann es sich wieder zu erholen. Während der arabischen Unruhen von 1936 verließen die Juden die Stadt, seit 1948 ließen sich hier wieder zahlreiche jüdische Einwanderer nieder. Heute zählt Ramla 65 000 Einwohner, darunter 13 000 Araber, viele davon Christen.

Stadtrundgang

Das schönste Bauwerk von Ramla ist der **Weiße Turm,** erbaut um 1268 von Baibars und fertiggestellt im Jahre 1318 unter el-Nasir. Der 27 m hohe und fast quadratische Turm mit seinen sechs Stockwerken, deren Bogenfenster starke Einflüsse der Kreuzfahrerarchitektur verraten, heißt auch Turm der Vierzig, weil zu seinen Füßen nach islamischer Tradition 40 Gefährten Mohammeds, nach christlicher Überlieferung 40 Märtyrer beigesetzt sind. Von dem Turm, der als Wachtturm und zugleich als Minarett diente, bietet sich ein herrlicher Rundblick über Ramla und die üppigen Plantagen der Umgebung. 1799 erklomm ihn Napoleon, und 1917 hatte der britische General Allenby hier einen Beobachtungsposten. Unterhalb des Turms erstreckt sich der 93 × 84 m große Komplex der **Weißen Moschee** (Djami el-Abiad). Der weiträumige Hof war im Westen, Norden und Osten von Arkaden eingefasst und im Süden von dem langgestreckten Gebetssaal begrenzt. Dieser maß in der Grundfläche 90 × 12 m und hatte an seiner Nordseite 13 Eingänge. Unter dem Hof verstecken sich drei riesige Zisternen, die seit Suleimans Zeit über eine Wasserleitung von den Quellen bei Gezer gespeist wurden. Über schmale, ausgetretene Treppen kann man hinabsteigen. Schöpföffnungen in den Gewölbedecken sorgen für ein geheimnisvolles Dämmerlicht. Im 17. Jh. dienten die inzwischen ausgetrockneten Reservoire als ›Irrenanstalt‹, im 19. Jh. lebte hier eine Gruppe Derwische. In der Nordwestecke des Hofes liegt das Grab des Nabi Saleh, eines islamischen Heiligen, das am Freitag nach Ostern das Ziel Tausender muslimischer Pilger ist.

Die **Große Moschee** (Djami el-Kebir) am betriebsamen Markt war früher die Kreuzfahrerkirche St. Johannes, die sich in der Obhut von Zisterziensermönchen befand. Die 48 × 24 m große dreischiffige Basilika des 12. Jh. blieb bis heute im großen und ganzen unverändert, nur hat die einst herrliche Fassade ihren Schmuck verloren, und an die Stelle des quadratischen Glockenturms links vom marmornen Hauptportal ist ein hohes, rundes Minarett getreten.

Durch eine Gasse, die östlich der Polizeistation von der Rehov Herzl abzweigt, führt der Weg zu den unterirdischen **Teichen der Helena** (Brekhat Hakeshatot), einer gewaltigen Zisterne aus der Herrschaftszeit des großen Kalifen Harun al-Raschid (786–809). 15 im Wasser stehende Säulen tragen die sechs Kreuzgewölbe, von denen jedes in vier Zellen unterteilt ist. Jede der 24 Gewölbezellen hat an ihrem Scheitelpunkt eine Schöpföffnung. In diesem Bauwerk sehen wir die ältesten Spitzbogen, die erst Jahrhunderte später in die gotische Architektur Europas eingingen. Eine Treppe führt in die 9 m tiefe, 24 × 20,5 m große Zisterne hinab, in der man mit einem Boot umherfahren und sich in die Märchenwelt aus Tausendundeiner Nacht versetzen kann.

Schließlich sei noch die **Josefskirche** erwähnt, die Josef von Arimatäa geweiht ist, jenem jüdischen Ratsherren, der den Leichnam Jesu

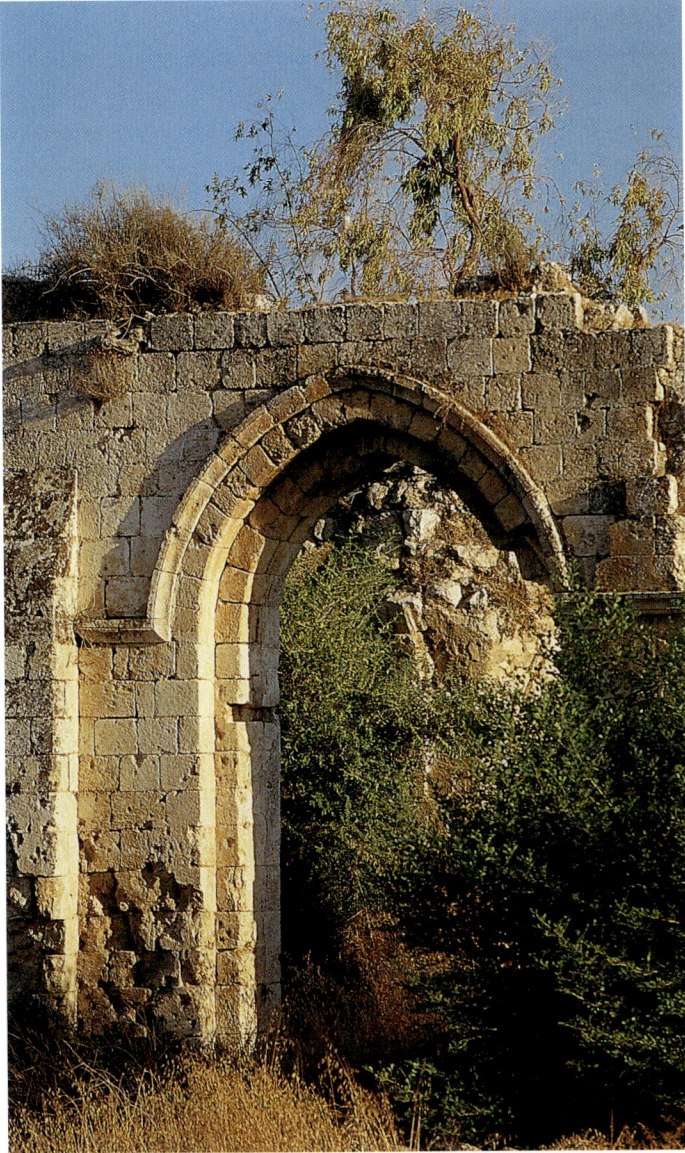

in seiner eigenen soeben vollendeten Grabstätte in Jerusalem beisetzen ließ (Mt 27,57). Die Kirche wurde von den Franziskanern, denen auch das benachbarte Kloster des hl. Nikodemus mit dem viereckigen Uhrturm anvertraut ist, wiederaufgebaut.

345

Ashqelon

Ashqelon ★

Ashqelon

*tgl. 8–22 Uhr
mit Camping-Mög-
lichkeit an den
Wochenenden von
April bis Oktober*

56 km südlich von Tel Aviv erstreckt sich zwischen der Fernstraße nach Gaza und dem Meer, inmitten von Zitrusplantagen und Parkanlagen, das weiträumige Ashqelon, einst eine bedeutende Stadt der Kanaaniter und der Philister, das Askalon der Griechen, Römer und Byzantiner, das Escalon der Kreuzfahrer, das Asqalan der Araber, gelegen an der alten Handels- und Heeresstraße zwischen Ägypten und Syrien. Heute ist Ashqelon eine moderne Industriestadt und vor allem ein beliebtes, sonnensicheres Seebad mit kilometerlangem Sandstrand.

Ausgrabungen auf dem Tell el-Khadra haben bewiesen, dass Ashqelon schon zwischen 7500 und 4000 v. Chr. besiedelt war. Im 19. Jh. v. Chr. erwähnen die ägyptischen Ächtungstexte die kanaanitische Stadt, die trotz mehrerer Befreiungsversuche immer wieder die Oberhoheit der Pharaonen anerkennen musste. Aus der Amarnazeit (14. Jh. v. Chr.) kennen wir einen Briefwechsel des Vasallenkönigs von Ashqelon mit dem ägyptischen Herrscher. Ein Flachrelief im Palast Ramses' II. in Karnak zeigt die Eroberung der aufständischen Stadt durch die Ägypter 1280 v. Chr., und auch auf der Siegesstele des Pharao Merenptah (1224–04) ist sie aufgeführt. Ab dem 12. Jh. v. Chr. gehörte Ashqelon (neben Ashdod, Ekron, Gat und Gaza) dem Fünfstädtebund der Philister an, vielleicht war es zeitweise sogar dessen Hauptstadt.

Die Könige von Ashqelon verstanden es meisterhaft, sich fremden Eroberern anzupassen, und so überstand die Stadt ohne größeren Schaden die assyrischen Vorstöße der Jahre 734 und 701 v. Chr., den Überfall der Skythen um 626 v. Chr., die nach der Plünderung des berühmten Ischtartempels wieder abzogen (Herodot I, 105), und auch die Besetzung durch Alexander den Großen im Jahre 332 v. Chr. Unter den Ptolemäern und den Seleukiden entwickelte sich das hellenistische Ashqelon durch den Zuzug griechischer Gelehrter zu einem geistigen Zentrum des Ostens. Die Stadt erlangte erstmals für lange Zeit ihre Unabhängigkeit und sogar das Recht, eigene Münzen zu prägen. Im 2. Jh. v. Chr. stellte sie sich unter den Schutz der Römer, um der Zerstörungswut der Makkabäer zu entgehen. Im 4. Jh. war Ashqelon Bischofssitz. 638 wurde es von den Arabern besetzt und zu einer stark befestigten Hafenstadt ausgebaut.

*Phönizische
Schiffsfunde*

Vor der Küste von Ashqelon fanden Meeresarchäologen 1999 in nur 305 m Tiefe zwei phönizische Schiffe, die um 750 v. Chr. mit einer Amphorenladung Wein von Tyros nach Karthago segeln wollten, jedoch in einen Sturm gerieten und untergingen. Die 18 und 15 m langen Schiffe sind die ältesten Schiffwracks, die jemals gefunden wurden.

Nach Gründung des Königreiches Jerusalem durch die Kreuzfahrer im Jahre 1099 war Ashqelon über ein halbes Jahrhundert der wichtigste Stützpunkt der Fatimiden in Palästina. Erst 1153 gelang es König Balduin III., die mächtige Stadt nach siebenmonatiger Belagerung zu nehmen. 1187 fiel Ashqelon kampflos an Saladin, von 1192 bis 1247 war es noch einmal christlich. Unter den Mamelucken übernahm Gaza die Rolle Ashqelons, das allmählich verfiel. Als im Jahre 1517 die Türken ins Land kamen, war die Stadt bereits vergessen.

1951 gründeten jüdische Einwanderer aus Südafrika bei Migdal, einer bis 1948 arabischen Kleinstadt, die Siedlung Afridar. Bald darauf wurden beide unter dem alten Namen Ashqelon zusammengefasst.

Heute leben rund 105 000 Menschen in Ashqelon, dessen Stadtgebiet zu 80 % aus Grünflächen besteht.

Im Süden Ashqelons liegt an der Küste der Nationalpark mit dem Antikengebiet, das von den Mauern der 55 ha großen, halbkreisförmigen **Kreuzfahrerstadt** umschlossen wird. Die Mauern ließ König Balduin III. auf byzantinischen und arabischen Fundamenten errichten, unter Richard Löwenherz wurden sie 1192 restauriert, Sultan Baibars ließ sie 1270 weitgehend niederreißen. Größere Abschnitte krönen noch die Dünen; ein besonders schönes Teilstück steht am Meer; kleine, grob behauene Steine sind durch Hartmörtel miteinander verbunden; römische Säulen, die wie Kanonenrohre aus der Mauer ragen und auf das Meer gerichtet sind, verstärken die Anlage. Die Kreuzfahrerstadt hatte vier Tore; der alte Hafen lag am Südende. Vom Meer umspülte Säulen weisen auf die einstige Hafenmole hin. Hier ragt auch noch die Ruine des mächtigen Hospiteriterturmes hoch empor. Ebenfalls am Steilabfall des Küstensaumes entdeckte man die Fundamente der mittelalterlichen Marienkirche. Sie erhob sich auf dem 6 ha großen **Tell el-Khadra,** dem Standort des biblischen Ashqelon.

Mittelpunkt des Antikengebietes ist die 110 m lange und 35 m breite **Basilika** mit im Süden anschließender Apsis. Mehrere Säulen wurden inzwischen wieder aufgerichtet. Neuere Grabungen zeigen, dass die Basilika aus herodianischer Zeit in ihrem südlichen Apsisbereich im 3. Jh. n.Chr. zu einem kleinen **Odeon** umgebaut wurde. Hier fanden sich Reliefs mit der ägyptischen Göttin Isis und der griechischen Siegesgöttin Nike.

Etwas abseits sind in einem weiteren Grabungsschnitt Mauerzüge einer **byzantinischen Villa** mit Fußbodenmosaiken zu Tage gekommen. Diese Villa wurde über mehrere Terrassen gebaut und bot den Bewohnern einst einen wunderbaren Blick auf das Meer.

Im Norden des Nationalparks kam bei Ausgrabungen ein heute z.T. rekonstruiertes **kanaanitisches Stadttor** zu Tage. Der Durchgang aus Lehmziegeln gilt als die bisher älteste bekannte Bogenkonstruktion. Auf der Außenseite des Tores findet sich ein Schrein, in dem ein kleines mit Silber überzogenes Bronzekalb, ein Symbol für den kanaanitischen Gott Ba'al, gefunden wurde (heute Israelmuseum Jerusalem).

Im Zentrum des Stadtteiles **Afridar,** gegenüber dem modernen Uhrturm am Kikar Zefanja, wurde hinter einer Arkadenstraße ein kleines Freilichtmuseum eingerichtet. Hier stehen zwei schöne römische Sarkophage, die man 1972 beim Bau eines Wohnhauses fand. Das Seitenrelief des einen stellt den Kampf der Griechen mit den keltischen Galatern dar, ein seit dem 2. Jh. v. Chr. beliebtes Thema der hellenistischen Bildhauerei, der andere zeigt die Persephone-Entführung durch Hades.

1936 entdeckte man am Strand von Afridar ein leeres **römisches Grab** des 3. Jh. mit bemerkenswert gut erhaltenen Wandmalereien. Auf beiden Seiten des Eingangs sind bewaffnete Wächter zu erkennen, die gegenüberliegende Wand zeigt zwei Nymphen, die aus Krügen Wasser in einen Bach mit Fischen gießen, den Syrinx spielenden Pan, die Erdgöttin Demeter und das Schlangenhaupt einer Gorgo.

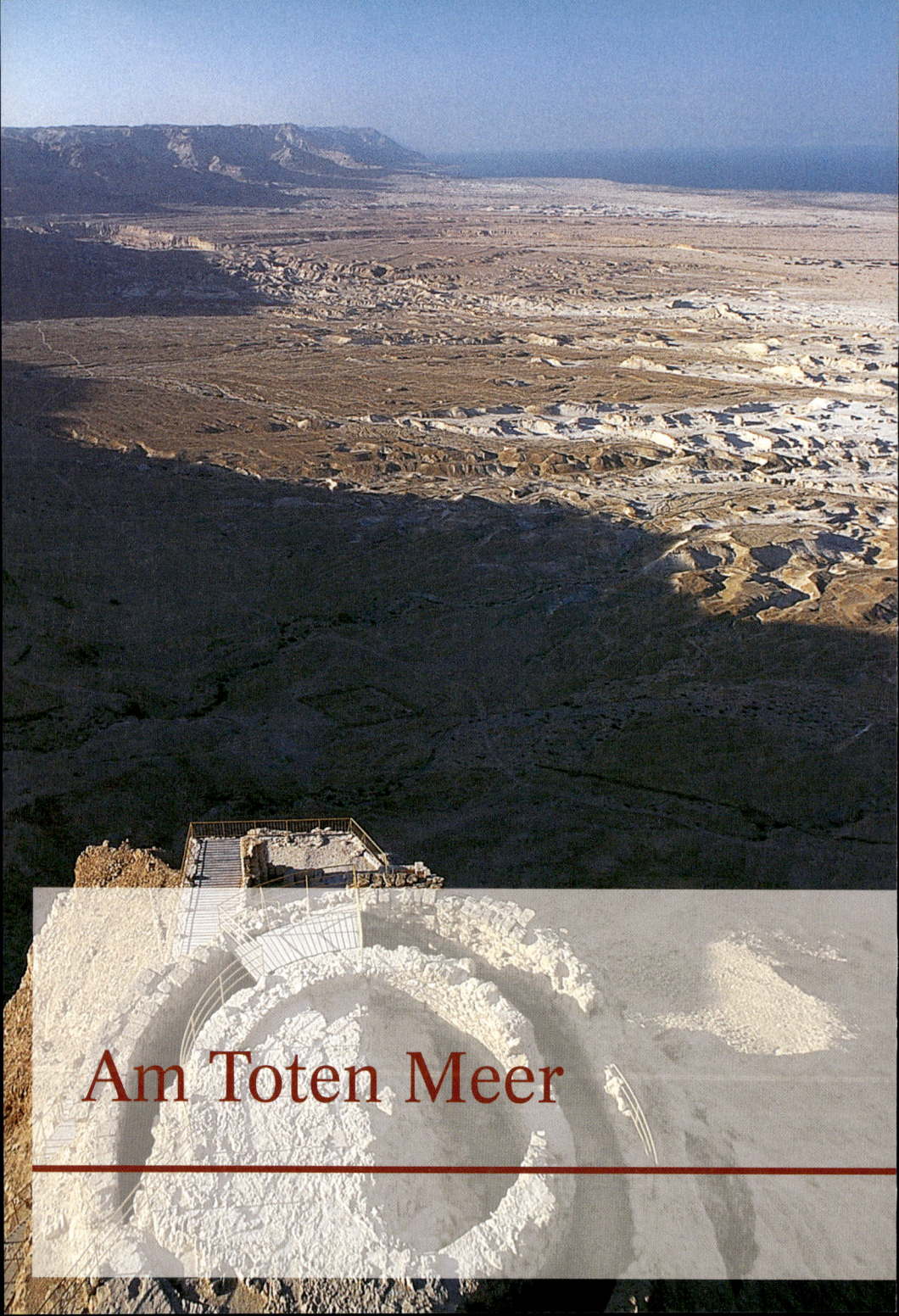

Am Toten Meer

Von Sedom nach Masada

Karte Totes Meer
S. 351

Totes Meer

Das **Tote Meer** (hebräisch: Yam HaMelah, ›Salzmeer‹, arabisch: Bahr Lut, ›Meer des Lot‹), dessen Spiegel im Durchschnitt 420 m unter dem des Mittelmeeres liegt, ist der tiefstgelegene Binnensee der Erde. Der bis zu 67 km lange und 18 km breite große See mit seinem überaus salzhaltigen Wasser lässt weder irgendein Tier noch Pflanzen gedeihen. Ein Liter Wasser aus dem Toten Meer enthält 212 g Chlor, 41 g Magnesium, 39 g Natrium, 17 g Kalzium, 7,3 g Kalium und 5,1 g Brom.

Am Toten Meer
Besonders sehenswert:
Tel Arad
Masada
En Gedi
Qumran

Die vom jordanischen Ufer – die heutige Grenze läuft mitten durch den See – vorspringende Halbinsel Lashon teilt das Tote Meer in ein größeres Nordbecken (max. 330 m tief), das vor rund 23 000 Jahren entstand, und ein kleineres Südbecken, das sich vor etwa 4000 Jahren bildete (max. 10 m tief). Der Salzgehalt des Toten Meeres beträgt 30 % (Mittelmeer 3,5 %), die Umgebung ist das sauerstoffreichste Gebiet der Erde. Die durchschnittlichen Temperaturen sinken im Winter selten unter 10 °C und erreichen im Sommer 45 °C und mehr. Der **Jordan** ist der einzige größere Fluss, der den rund 800 km² großen abflusslosen See speist. Starke Verdunstung und der durch die zunehmende Entnahme von Trinkwasser bzw. zur Bewässerung auf israelischer wie jordanischer Seite schwindende Zufluss von Jordanwasser lassen den Wasserspiegel im nördlichen Becken von Jahr zu Jahr sinken. Die Uferlinie entfernt sich stetig von den Badestellen. Für das südliche Becken ist dagegen festgestellt worden, dass der Wasserspiegel zunehmend steigt. Durch die industrielle Mineraliengewinnung lagern sich in viel stärkerem Maße Salze auf dem Boden ab. Für die anliegenden Kurorte droht damit in absehbarer Zeit eine Überflutung.

Josephus berichtet über das Tote Meer, den ›Asphaltsee‹ (Jüd. Krieg IV, 8.4): »Er enthält zwar bitteres Wasser, dem keine lebenfördernde Kraft innewohnt, aber, da es leichttragend ist, lässt es auch die schwersten Dinge, die man hineinwirft, wieder nach oben gelangen; man kann selbst dann kaum untertauchen, wenn man sich alle Mühe gibt …

Dazu kommt, dass auch der Wechsel der Farbe wundersam ist; dreimal am Tag ändert nämlich das Wasser seine Farbe und reflektiert die Sonnenstrahlen jedesmal in anderer Weise. Hinsichtlich des Asphalts ist zu berichten, dass der See mehrfach schwarze Brocken nach oben kommen lässt, die dann an der Oberfläche schwimmen. Die Arbeiter am See fahren auf ihren Nachen heran, ergreifen die kompakte Masse und bringen sie in die Boote. …

Man kann ihn nicht nur zum Abdichten von Wasserfahrzeugen, sondern auch gegen körperliche Leiden verwenden, weshalb er zahlreichen Arzneien beigegeben wird.«

In der Tat kann man im Wasser des Toten Meeres auf dem Rücken liegend Zeitung lesen. Schwimmbewegungen sind allerdings fast un-

◁ *Blick von der Festung Masada auf die Ebene und das Tote Meer*

möglich, sodass das Baden wegen gefährlicher Strömungen an vielen Stellen verboten ist. Das Wasser fühlt sich unangenehm ölig an (Kalziumchlorid) und schmeckt stark bitter (Magnesiumchlorid). Der penetrante Geruch nach Schwefelwasserstoff weist auf Thermalquellen hin, die schon im Altertum genutzt wurden und um die sich heute moderne Badeanlagen gruppieren, z. B. in Newe Zohar, En Boqeq und En Gedi.

Sedom

Gott wollte Abrahams Neffen Lot und dessen Familie retten. Die Engel warnten die Familie, weder stehenzubleiben noch sich umzuschauen. »Als Lots Frau zurückblickte, wurde sie zu einer Salzsäule «

(Gen 19,26).

Jede Karte von Israel verzeichnet den Ort Sedom oder Sodom, und auch Wegweiser an den Straßen im Gebiet des Toten Meeres nennen den Namen dieser biblischen Stadt. Aber Sedom, mit 394 m unter dem Meeresspiegel die tiefstgelegene Siedlung der Erde, ist heute eine Industrieanlage (Dead Sea Works).

Weil es nicht einmal zehn Gerechte in Sodom und Gomorra gab, ließ Gott die beiden Städte durch Schwefel und Feuer vernichten (Gen 18 und 19). Das geschah zu der Zeit, als Abraham durch Kanaan zog, also wohl um 1800 v. Chr. Und in der Tat verursachte ein Erdbeben in der Mittleren Bronzezeit das Einsinken der Erdkruste und damit die Entstehung des südlichen, flachen, von einer Landzunge begrenzten Teiles des Toten Meeres. Die tektonische Bewegung wird wohl brennbare Gase, Erdöl und Asphalt freigesetzt haben, sodass die kanaanitischen Städte dieses Bereiches in »Schwefel und Feuer« untergingen. Heiße, schwefelhaltige Quellen am Südwestrand des Toten Meeres unterstreichen diese Theorie. Sodom und Gomorra konnten,

Typische Landschaft am Toten Meer

350

wie auch die Nachbarstädte Adma, Zebojim und Bela (Gen 14,2), bis heute nicht lokalisiert werden.

Ein neues Sedom entstand 1934 am Fuß des Har Sedom für Arbeiter, die Salz aus den Felsen brachen und mit Schiffen in eine Düngemittelfabrik im Norden des Meeres brachten. Die Dead Sea Works gewinnen aus dem mineralreichen Wasser des Toten Meeres vor allem Brom, Tafelsalz und Magnesiumoxid. Das Wasser wird vom tieferen nördlichen Teil des Meeres über einen Kanal in riesige Verdunstungsbecken geleitet. Die Beschäftigten wohnen in den klimatisch angenehmeren, modernen Städten Dimona und Arad. Westlich erhebt sich der 10 km lange und bis zu 3 km breite Har Sedom, dessen Gipfel das Tote Meer um 239 m überragt. In einer der vielen bizarren Salzsäulen dieses Berges glaubt man Lots Frau zu erkennen. Der Har Sedom besteht zu 98 % aus Salz, das hier seit alters her abgebaut wurde. Bei Newe Zohar beginnt ein Weg durch das Gebiet, das einer fremden Welt anzugehören scheint. Man kommt an Salzgalerien vorbei, die bis zu 300 m tief hinabreichen. Der Pfad endet in Lots Höhle, einer etwa 20 m hohen Salzhalle mit einem Kamin in der Decke.

Totes Meer

Tel Arad

Abseits der großen Touristenwege erhebt sich nördlich der Straße von Newe Zohar nach Be'er Sheva inmitten der ockergrauen Felswüste der gewaltige Ruinenhügel der mächtigen kanaanitischen Königsstadt Arad. Auf der Akropolis des israelitischen Arad erhob sich ein Jahwetempel, der uns ein ziemlich genaues Bild des salomonischen Tempels in Jerusalem vermittelt. 10 km westlich der Stadt Arad zweigt die Straße zum 3 km entfernten Tel Arad ab.

Der Hügel von Arad war schon im späten 4. Jahrtausend v. Chr. bewohnt. Ihre Blütezeit erlebte die Stadt unter den Kanaanitern zwischen 1900 und 1750 v. Chr. Aus dieser Periode stammen Paläste, Tempel und ausgedehnte Wohnviertel sowie die Stadtmauer mit halbrunden Türmen. Arad war damals ein bedeutender Handelsplatz an der Karawanenstraße von Ägypten nach Syrien; Asphalt vom Toten Meer wurde hier offenbar gegen ägyptisches Getreide getauscht.

926 v. Chr. wurde die Festung Arad von Pharao Scheschonk I. zerstört. 587 v. Chr. ließ der Babylonier Nebukadnezar II. die Wehranlagen endgültig schleifen. Aus dieser Zeit stammt eine Keramikschale, auf der in aramäischer Schrift siebenmal der Name ›Arad‹ erscheint – bisher der einzige Anhaltspunkt dafür, dass die entdeckte Stadt das biblische Arad ist.

Das Gebiet des alten Arad besteht, soweit bisher erforscht, aus der kanaanitischen Stadt und der israelitischen Akropolis. Im Nordwesten sieht man die kargen Reste des Königspalastes und mehrerer Tempel, den Südwesten nimmt die ausgedehnte Wohnstadt ein. Eine 2,50 m dicke Kasemattenmauer mit halbrunden Türmen zieht sich bis

Tel Arad ★

Tel Arad
tgl. 8–17 (Okt.–März bis 16) Uhr

351

zur **Akropolis** hinauf. Hier oben finden wir israelitische Bauten, die
auf das 10. bis 7. Jh. v. Chr. zurückgehen. Auch sie sind von Kase-
mattenmauern umschlossen. In der Nordwestecke der Akropolis stieß
man auf einen **Jahwetempel** aus der Mitte des 10. Jh. v. Chr., der dem
dreiteiligen Schema des salomonischen Tempels in Jerusalem – wenn
auch mit Abweichungen – entspricht. Auch dieses Heiligtum besaß
einen offenen Vorraum, der aber von kleinen Räumen flankiert war;
rechts steht noch immer der aus Bruchsteinen und Lehm zusam-
mengesetzte Brandopferaltar. Vor dem Eingang zur Haupthalle fand
man die Basen für zwei Kultsäulen. Zwei steinerne Räucheraltäre flankierten den Eingang zum Allerheiligsten (Hekal), das man über vier
Stufen erreichte. Auf einer gepflasterten Plattform erhoben sich zwei
etwa 70 und 110 cm hohe, rot bemalte Steinsäulen (Masseben). (Die
Räucheraltäre und Masseben sind Repliken; der Eingang ist im Israel-
Museum originalgetreu wiederaufgebaut worden.) Im Tempel fanden
die Ausgräber über 200 beschriebene Tonscherben aus der Zeit vom
10. bis zum 7. Jh. v. Chr.

Da der Tempel Salomos in Jerusalem nur von zeitgenössischen Be-
schreibungen und von Münzbildern her bekannt ist, kommt der Entdeckung dieses Gebäudes in Arad besondere Bedeutung zu.

En Boqeq

6 km nördlich von Newe Zohar entsteht seit einigen Jahren am Westufer des Toten Meeres der hochmoderne Bade- und Kurort En Boqeq, dessen Name auf eine heilkräftige Thermalquelle zurückgeht. Im
Norden des Ortes erinnern die **Ruinen von Mezad Boqeq** an eine
Burg, die das Reich Juda vor Angriffen der Moabiter schützen sollte.

Masada

20 km nördlich von Newe Zohar erhebt sich das wuchtige Felsmassiv von Masada (hebräisch Mezada), auf dem Herodes eine fast un-
einnehmbare Festung errichten ließ, die einer Zelotengruppe im ersten jüdischen Aufstand gegen Rom als letzter Zufluchtsort diente. Sie
gilt heute als **Symbol der Freiheit Israels.** Das 440 m hohe Massiv
unterscheidet sich kaum von den benachbarten Wüstenbergen, die
alle schroff zum Toten Meer hin abfallen. Nur an den drei stufenför-
migen Etagen des Nordpalastes ist Masada zu erkennen.

Die nahezu unerreichbaren Höhlen des Felsmassivs waren schon vor
6000 Jahren bewohnt, und zwischen 1000 und 700 v. Chr. lebten auch
auf dem 600 m langen und bis zu 230 m breiten Gipfelplateau Menschen. Der Makkabäer und Hohepriester Jonatan (161–43) baute auf
dem Plateau eine Burg (aramäisch *m'sada*), die der Hasmonäer Johannes Hyrkanos (135–04) verstärkte. 40 v. Chr. brachte Herodes auf der
Flucht vor Parthern und Juden seine Familie nach Masada, bevor er
nach Rom ging, um Antonius und Octavian durch reiche Geschenke
davon zu überzeugen, dass er der rechtmäßige König von Judäa sei.
Nachdem Herodes in den folgenden Jahren ganz Judäa und auch Galiläa befriedet hatte, baute er zwischen 36 und 30 v. Chr. Masada mit
Hilfe Tausender Sklaven zur stärksten Festung des Landes aus, denn
als Sohn einer Nabatäerin fürchtete er die Juden. Außerdem musste er
sich vor der ägyptischen Königin Kleopatra in Acht nehmen, die von

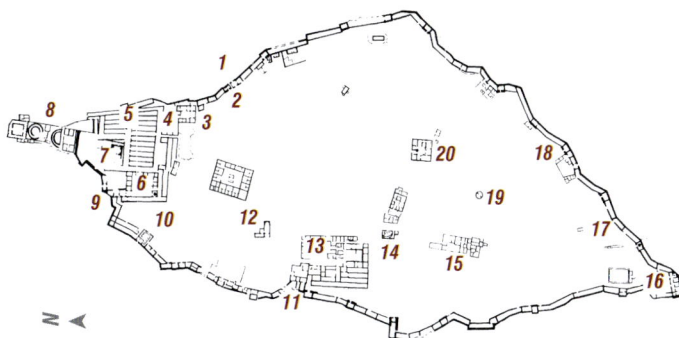

Tipp

*Ein Kuraufenthalt in
En Boqeq hilft Men-
schen, die an Pso-
riasis (Schuppen-
flechte) leiden.
Deutsche Kranken-
kassen übernehmen
auf Antrag die Be-
handlungskosten.*

Masada ★★

Masada

*8–17 (Okt.–März bis
16) Uhr, am Fr und
vor Feiertagen wird
jeweils eine Stunde
früher geschl.*

Masada

1 Schlangenpfadtor
2 Kasemattenmauer
3 Gebäude VIII
4 sog. Kanzlei der
   Kommandanten
5 Lagerhäuser
6 Verwaltungsge-
   bäude, später
   Ritualbad
7 Thermen des
   Herodes
8 Nordpalast
9 Wassertor
10 Synagoge
11 Westtor
12 Byzantinische
    Kapelle
13 Westpalast
14 Schwimmbad
15 Südvilla
16 Zitadelle
17 Zisterne
18 Ritualbad
19 Kolumbarium
20 Gebäude XII

Masada Sound and Light Show

Von März bis Oktober erweckt zweimal wöchentlich die »Masada Sound and Light Show« mit modernsten Klang- und Lichteffekten die Geschichte des Felsens zum Leben. Di/Do 20 (Sept/Okt. 21) Uhr nähere Informationen und Reservierung unter Tel. 089 95 93 33

Antonius immer wieder seine Absetzung forderte. Nach Herodes' Tod wurde die Bergfeste römische Garnison. 66 n. Chr., gleich zu Beginn des jüdischen Aufstandes gegen Rom, brachte eine Gruppe von Zeloten Masada in ihre Gewalt. Sie behaupteten den Felsen auch nach dem Zusammenbruch des Aufstandes im Jahre 70 als letzte jüdische Bastion. Im Herbst 72 erschien Flavius Silva, der römische Provinzstatthalter von Judäa, mit der X. Legion vor dem Felsmassiv und ließ sofort eine Rampe bis zum Plateau aufschütten, weil ein Aushungern der Verteidiger wegen ihrer unermesslichen Vorräte nicht möglich war. Mit Belagerungsmaschinen schlugen die Römer Anfang 73 eine Bresche in die Mauer und brannten eine eilends dahinter errichtete Holzbarriere nieder. Als sie am folgenden Morgen die Festung stürmten, hatten die Eingeschlossenen – 960 Männer, Frauen und Kinder – unter ihrem Anführer Eleazar ben Yair bereits Selbstmord begangen. Nur zwei Frauen und fünf Kinder hatten sich in einer Zisterne versteckt und somit das furchtbare Blutbad überlebt (Jüd. Krieg VII, 8).

Masada steht seit 2001 auf der Liste des UNESCO-Welterbes. Ausgangspunkt für die Besichtigung ist der östliche Eingangsbereich mit Parkplatz, Restaurant und archäologischem Museum am Ostfuß des Felsens, von wo aus auch eine **Drahtseilbahn** zum Plateau hinaufführt. Reizvoller ist der Aufstieg über den steilen Schlangenpfad (von Osten) oder längs der Römerrampe (von Westen). Der **Schlangenpfad** überwindet auf einer Strecke von etwa 3 km einen Höhenunterschied von fast 400 m (45–60 Minuten veranschlagen!). Auf dem Plateau sorgen schattige Ruheplätze und Wasserspender für eine Erfrischung der Besucher.

Schlangenpfad und Seilbahn enden vor dem **Schlangenpfadtor (1)**, das gewissenhaft restauriert wurde. An das Tor schließt sich eine Kasemattenmauer **(2)** an, die mit einer Länge von 1300 m das gesamte Plateau umzieht. Die Zeloten bauten sie zu Wohnungen aus.

Symbol der Freiheit Israels

1963–65 erforschte der Archäologe, General und Politiker Yigael Yadin mit Tausenden von Jugendlichen aus aller Welt die historische Stätte Masada, die heute als Symbol israelischer Freiheit gilt.

Der von der Naturparkbehörde vorgeschlagene Rundweg beginnt bei einem luxuriösem Wohnhaus (Gebäude VIII; **3**) herodianischer Zeit. Der Mittelhof ging nach Süden in eine geräumige Halle über; die beiden Gebäudeteile waren durch je zwei schwarze Säulen und rote Pilaster voneinander getrennt. Fresken schmückten die Wände. Hinter dem Haupteingang zum Nordareal befinden sich links drei nebeneinander liegende Räume, die **sog. Kanzlei der Kommandanten, (4)**, deren Wände ebenfalls reich mit Fresken geschmückt waren. Hier fand wahrscheinlich die Waren- und Besuchskontrolle statt. Die Lagerhäuser **(5)** von Masada hatte Herodes mit Lebensmittelvorräten für viele Jahre, mit Waffen aller Art, mit Roheisen, Kupfer und Blei gefüllt. Als die Zeloten ein Jahrhundert später die Festung im Handstreich nahmen, fanden sie die Lager wohlversorgt vor. Selbst die Lebensmittel waren »noch völlig unverdorben« (Jüd. Krieg). Im Westen schließt sich an die Lagerhäuser ein Verwaltungsgebäude **(6)** an, in dessen Hof die Zeloten ein Ritualbad einrichteten.

Die **Thermen des Herodes (7)**, ein typisch römisches Badehaus, besaßen eine luxuriöse Ausstattung. Schwarze, weiße und rote Mosaiken bedeckten den großen, an drei Seiten von Säulen umgebenen Vorhof. Das Bad wurde, wie damals üblich, durch Hypokausten beheizt. Die Fußböden der Baderäume waren mit farbigen Fliesen ausgelegt, die Wände mit Fresken geschmückt.

An der nördlichen Spitze des Felsmassivs klebte wie ein Adlernest der dreistöckige **Nordpalast (8)**, die Privatresidenz des Herodes. An die obere Terrasse lehnten sich die Wohnräume des Königs. Von dem halbkreisförmigen Balkon geht der Blick an klaren Wintertagen bis zur Oase von Jericho. Eine Treppe führt zur 21 m tiefer gelegenen mittleren Terrasse, die im Wesentlichen aus einem Rundbau mit Säulenumgang bestand. Hier sieht man noch die ursprünglichen Treppen, die – von außen nicht einsehbar – in den Fels gehauen waren. Wiederum 13 m tiefer besteht ein quadratischer Säulenhof, dessen Wände marmorimitierende Fresken bedeckten. Die Säulen sind korinthisch. Auf der Oberseite der Terrasse führen einige Stufen zu dem kleinen, aber kostbar ausgestatteten Privatbad des Herrschers.

Vom **Wassertor (9)** lief ein Pfad, durch Mauern gut gesichert, zu zwölf riesigen Zisternen, die 80 bzw. 115 m unter dem Plateau aus dem Felsen des Westhanges gebrochen waren. Die **Synagoge (10)**, unter Herodes erbaut und von den Zeloten umgestaltet, ist eine der ältesten bisher entdeckten und stammt wie die Synagoge in Gamla (s. S. 244) aus der Zeit des letzten Tempels. Man hatte sie in die Kasemattenmauer integriert und nach Jerusalem ausgerichtet. Unter dem Fußboden des kleinen Nebenraumes stieß man auf Schriftfragmente des Deuteronomiums (5. Buch Mose) und des Buches Ezechiel. Das heutige **Westtor (11)** ist byzantinischen Ursprungs; das Tor der herodianischen Festung lag wenige Meter weiter nördlich. Nördlich davon durchbrachen die Römer 73 n. Chr. die Mauer. Die **byzantinische Kapelle (12)** stammt aus dem 5. Jh. Von einem Vorraum mit weißem Mosaikboden betrat man den einschiffigen Kirchenraum mit einer Apsis im Osten. Bemerkenswert ist ein kleiner Nebenraum im Norden der Halle: Seine Wände waren mit einem Putz versehen, in den die Erbauer Scherben und Steinchen in einfachen geometrischen Mustern eingelassen hatten; der Mosaikfußboden zeigt sechzehn Medaillons mit schlichten Darstellungen von Pflanzen und Früchten.

Der **Westpalast (13)** war die offizielle Residenz Herodes' des Großen, eine repräsentative Anlage auf einer Fläche von fast 4000 m². Der Haupteingang lag im Norden. Von hier aus betrat man einen großen, langen Hof. Der königliche Trakt im Süden gruppierte sich um einen quadratischen Hof mit Kopfsteinpflaster. Östlich des Hofes lag ein eleganter Empfangsraum mit dem ältesten Mosaikboden, der bisher in Israel gefunden wurde. An der Südseite des Hofes führte ein prächtiger, von roten Säulen und schwarzen Pfeilern gesäumter Eingang in eine Halle, von der aus der Besucher den Thronsaal betrat. Neben dem Westpalast hatte sich Herodes ein großes Schwimmbad anlegen lassen, mit breiten Stufen und kostbaren Fliesen.

Die Südspitze Masadas beherrschte eine **Zitadelle (16)**, die den weniger steilen Südwesthang des Felsmassivs zu sichern hatte. Die gro- *Masada* ▷

Masada-Museum
tgl. 8–16 Uhr

ße, in den Felsen getriebene **Zisterne (17)** am Südende des Plateaus ist ein eindrucksvolles Beispiel für das umfangreiche Wasserversorgungssystem der Festung. Die wenigen, aber starken Regenfälle reichten aus, um diese und zahlreiche andere Wasserreservoire innerhalb und außerhalb der Mauern zu füllen. Das **Ritualbad (18;** Mikwe) der Zeloten zählt zu den ältesten seiner Art, die bisher gefunden wurden. Es bestand, den Vorschriften des Talmud entsprechend, aus drei Becken: dem Sammelbecken für Regenwasser, das den orthodoxen Juden allein als rein galt, dem Becken für die Hand- und Fußwaschung vor der Zeremonie und dem eigentlichen rituellen Tauchbecken. Das Ritualbad im Hof des Verwaltungsgebäudes zeigt dieselbe Aufteilung. Das **Kolumbarium (19),** ein Rundbau mit zahlreichen Nischen, diente zur Beisetzung der Asche nichtjüdischer Bediensteter des Herodes. Das **Gebäude XII (20)** ist eine typisch römische Villa.

Rings um die Felsenfestung Masada wurden acht **Römerlager** und der 3500 m lange Erdwall freigelegt. Die beiden großen Unterkünfte B (135 × 170 m) und F (125 × 150 m) errichteten die Römer im Osten und Westen der Festung jenseits der Umwallung; sie ähnelten den üblichen Legionslagern. Nach dem Fall der Festung blieb eine römische Kohorte in Masada und richtete sich das verkleinerte Lager F 2 ein. Deutlich sind die beiden Lagerstraßen Via praetoria (Ost-West-Achse) und Via principalis (Nord-Süd-Achse) zu erkennen, die bei den vier Toren endeten.

Das **Masada-Museum** am Fuße der Seilbahn ist dem Ausgräber Yigael Yadin gewidmet. In ungewöhnlicher aber sehr anschaulicher Weise werden die Funde aus den Ausgrabungen der 1960er-Jahren inmitten von neun figürlichen Szenen lebendig präsentiert. Der Besucher soll auf diese Weise in die Vergangenheit, in die dramatische Geschichte Masadas mitgenommen werden.

En Gedi

En Gedi ★

En Gedi
*tgl. 8–17 (Okt.–
März bis 16) Uhr*

Die größte und schönste Oase am Toten Meer ist das 38 km nördlich von Newe Zohar gelegene En Gedi (›Quelle des Zickleins‹), ein wasserreiches Gebiet, in dem seit mehr als 6000 Jahren Menschen siedeln. Thermalquellen und ein Naturpark von einzigartiger Schönheit mit Relikten vergangener Epochen lohnen den Besuch.

Ein chalkolithisches Heiligtum weist auf eine sesshafte Bevölkerung im 4. Jahrtausend v. Chr. hin. Am Ma'ale Mishmar, etwa 12 km südwestlich von En Gedi, fanden Archäologen in einer schwer zugänglichen Höhle 429 Kupfergegenstände, die offensichtlich aus diesem Heiligtum stammen: Zahlreiche Keulenköpfe, 80 kunstvoll gravierte Stäbe, zehn Kronen und ein von Gazellenköpfen gekröntes Zepter. Bei der Landnahme der Israeliten fiel En Gedi an den Stamm Juda (Jos 15.62). In den nahen Wüstenbergen versteckte sich David, nachdem er bei König Saul in den Verdacht geraten war, ihn vom

Thron stürzen zu wollen. Saul kam mit 3000 Kriegern, um David gefangenzunehmen. Als der König in einer Höhle seine Notdurft verrichtete, ahnte er nicht, dass David mit seinen Männern darin weilte. David hätte Saul töten können, aber er schnitt ihm nur heimlich ein Stück seines Mantels ab. Nachdem der König die Höhle wieder verlassen hatte, eilte David ihm nach, warf sich ihm zu Füßen und wies auf den abgeschnittenen Zipfel. Da wusste Saul, dass David ihm nicht nach dem Leben trachtete, und söhnte sich mit ihm aus (1 Sam 24).

Auf dem Tel En Gedi nördlich des Kibbuz kamen fünf Siedlungsschichten vom 7. Jh. v. Chr. bis zum 5. Jh. n. Chr. zum Vorschein. Die erste Siedlung wurde 582 v. Chr. von den Truppen Nebukadnezars II. zerstört, die zweite erlebte ihre Blüte unter persischer Herrschaft, die dritte, hellenistische, endete mit dem Panthereinfall des Jahres 40 v. Chr. Herodes baute die vierte Stadt, Engaddai, die die Römer zum Hauptort einer der elf Toparchien Judäas erhoben. Sie wurde 68 n. Chr. von Aufständischen geplündert (Jüd. Krieg IV, 7,2). Die letzte Siedlung bestand vom 2. bis zum 5. Jh.

1949 richteten die Israelis in En Gedi, das damals nur knapp 4 km südlich der jordanischen Grenze lag, ein Militärlager ein, aus dem 1953 ein landwirtschaftlicher Kibbuz hervorging. Heute bilden Fremdenverkehr und Kurbetrieb (heiße Schwefelquellen) die Haupteinnahmequellen des Kibbuz, dem ein Institut für die Erforschung der Tier- und Pflanzenwelt in der Judäischen Wüste und im Bereich des Toten Meeres angeschlossen ist. Im Kibbuz entstand in den letzten Jahren ein einzigartiger botanischer Garten.

Die Straße zum 2 km entfernten **Naturpark** von En Gedi zweigt nördlich der Tankstelle ab. Ein beschilderter Pfad führt am Nahal Dawid entlang durch subtropische Wildnis zu einem 185 m hohen Wasserfall, der in einem natürlichen Becken endet (Baden erlaubt!). Früher wuchsen hier Balsam- und Kampferbäume sowie Hennasträucher, die den begehrten orangeroten Farbstoff liefern. Nach etwa 30-minütigem steilem Aufstieg erreicht man Davids Quelle (En Dawid). Südlich davon entspringt unter dichtem Schilf die **Shulamit-Quelle**. Shulamit (›Mädchen aus Sunem‹) war die schöne Dienerin des greisen David und Geliebte Salomos. Wendet man sich etwa 150m nach Norden, so stößt man auf ein **chalkolithisches Heiligtum** aus dem 4. Jt. v. Chr. Vielleicht wurde hier später die byzantinisch-westsemitische Göttin Sʿulmanita (auf die man den Namen Shulamit ebenfalls zurückführen kann) verehrt. Ein Torweg mit Warteraum führte zum Temenos, der das 2 × 5 m große Sanktuar umschloss. Dem Eingang gegenüber stand der hufeisenförmige Altar. Für den Besuch des Naturparks (Eintrittsgebühr) sollte man mindestens drei Stunden einplanen.

Auf dem **Tel En Gedi** (Tell Goren) zwischen den beiden kleinen Flüssen Arugot und Dawid lag das En Gedi der vor- und nachchristlichen Jahrhunderte. 1961/62 und 1964/65 stießen die Archäologen hier auf zahlreiche Bottiche, in denen Balsam für kosmetische und medizinische Zwecke hergestellt wurde. Bei den Ausgrabungen der Jahre 1970–72 kamen am nordöstlichen Fuß des Tell zwei **Synagogen** zum Vor-

Tipp

Wer im Kibbuz übernachtet, kann die heißen Schwefelquellen von Hamme Mazor gratis benutzen.

»Eine Hennablüte ist mein Geliebter mir, aus den Weinbergen von En Gedi.«

Hld 1,14

schein. Die jüngere, basilikale, die eine Grundfläche von 12,5 × 13,5 m hatte, stammt aus dem 5. oder 6. Jh., die ältere darunter aus dem späten 2. Jh. Hervorragend erhalten ist der Mosaikboden der Haupthalle. Ein geometrisches Kreismuster wird von Zickzacklinien eingerahmt. Das quadratische Mittelfeld zeigt eine Windrose, in deren Ecken acht Pfauen Weintrauben picken. Im Mittelkreis scheinen zwei Vogelpaare miteinander zu kämpfen. Im westlichen Seitenschiff entdeckten die Ausgräber fünf Mosaikinschriften auf Aramäisch und Hebräisch.

Etwa 6 km südwestlich von En Gedi befinden sich an den schwer zugänglichen Felswänden des **Nahal Hever** zahlreiche Höhlen. In einer davon, der 150 m tiefen **Briefhöhle** an der Nordwand des Wadi, fand der israelische Archäologe Yigael Yadin im Jahre 1960 15 Briefe des Bar Kochba (heute im Schrein des Buches in Jerusalem).

Qumran

Qumran ★★

Qumran
tgl. 8–17 (Okt.–März bis 16) Uhr

Auf einem 60 m hohen Plateau am Westufer des Toten Meeres, 20 km südlich von Jericho, haben Archäologen eine Siedlung ausgegraben, die Bedeutung erlangte, als in mehreren umliegenden Höhlen die berühmten Schriftrollen von Qumran gefunden wurden, die bisher ältesten bekannten Bibelhandschriften. Aufgrund dieser Funde hielt man jahrzehntelang die Gebäude für eine klosterähnliche Anlage der Essener, einer strenggläubigen jüdischen Gemeinschaft, die sich in Opposition zum Jerusalemer Priestertum gestellt hatte und Armut, Heiligkeit und levitische Reinheit erstrebte. Verschiedentlich wird die Ansicht vertreten, dass das frühe Christentum seine Wurzeln im Gedankengut der Essener gehabt habe, da einige Schriften textlich mit Teilen des Neuen Testaments übereinstimmen. Auch soll Johannes der Täufer bis zu seinem öffentlichen Auftreten im Jahre 28 n. Chr. in Qumran gelebt haben. Allerdings waren die Essener in einer Zeit großer politischer und religiöser Umwälzungen nur eine von vielen Gruppen, denen das Christentum seine geistigen Grundlagen verdankte.

Qumran war bereits im 8. und 7. Jh. v. Chr. eine bedeutende Siedlung. Als 586 v. Chr. die Neubabylonier unter Nebukadnezar II. Juda eroberten, wurde der Ort aufgegeben. Eine Neubesiedlung, wahrscheinlich als Militärlager, fand im 2. Jh. v. Chr. statt, 31 v. Chr. wurde Qumran Opfer eines schweren Erdbebens. Nachdem Herodes der Große, der im nahen Jericho residierte, 4 v. Chr. gestorben war, kehrten die Bewohner zurück und nutzten das Lager als Gutshof mit Töpferfabrikation, wie der Fund von unzähligen Krügen und Fehlbränden sowie die Deutung der zahlreichen Becken als Absatzbecken zum Reinigen von Ton nahe legen. Demnach lebte hier keine asketische Männersekte, wie man lange vermutete, sondern die Bewohner von Khirbet Qumran waren in das wirtschaftliche Leben ihrer Zeit voll eingebunden. Diese neue Interpretation des Grabungsareals zieht die Schlussfolgerung nach sich, dass die Schriftrollen nicht in Qumran angefertigt wurden, sondern aus

Bibliotheken Jerusalems stammen und auf der Flucht vor den Römern 70 n. Chr. in den Höhlen um Qumran versteckt wurden.

Die Auffindung dieser Handschriften ist so abenteuerlich, dass wir sie kurz erwähnen wollen: Im Sommer 1947 fand ein Beduine in einer Höhle etwa 1,5 km nördlich von Qumran einen verschlossenen Krug mit alten Bibelhandschriften. Die Beduinen boten diese einem Antiquitätenhändler in Betlehem an, der sie an das syrische Markuskloster in Jerusalem verwies. Der syrisch-orthodoxe Erzbischof Mar Athanasios kaufte die Manuskripte, ließ sich die Fundstätte zeigen und entdeckte unter Bergen von Scherben und Geröll weitere Tonkrüge mit Handschriften. Als sein Kloster im arabisch-israelischen Krieg von 1948 zerstört wurde, ging Athanasios in die USA und verkaufte die Schriften für 250 000 US$ an den israelischen General und Archäologen Yigael Yadin. Seit 1965 werden die Schriftrollen zusammen mit allen danach gefundenen Texten im Schrein des Buches (Israel-Museum) aufbewahrt. Die Entdeckung war eine Sensation, da die Schriften aus dem 1. vorchristlichen Jahrhundert datierten, wäh-

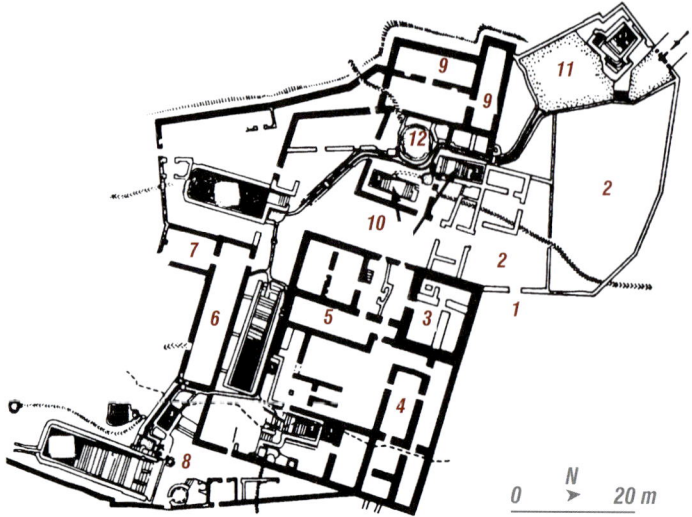

Khirbet Qumran

1 Eingang
2 Hof
3 Turm
4 Küche
5 Scriptorium
6 Versammlungs-
 raum
 (Refektorium)
7 Geschirraum
8 Töpferei
9 Vorratsräume
10 Badebecken
11 Klärbecken
12 Zisternen

0   N →   20 m

Essener

Für Plinius den Älteren sind die Essener »ein einsames und in der ganzen Welt vor allen anderen merkwürdiges Volk, ohne alle Frauen, das jeder Liebe entsagt hat und ohne Geld bei den Palmen wohnt. Tag für Tag wird in gleichem Maß die Schar derer, die zusammenkommen, wiedergeboren durch zahlreiche Hinzukommende, die das Schicksal, da sie des Lebens müde geworden sind, in Strömen zu ihrer Lebensweise hinzubringt« (Historia naturalis V, XV, 73).

rend alle bis dahin bekannten Bibeltexte rund 1000 Jahre später geschrieben worden waren. Die wichtigste der in Qumran entdeckten Handschriften ist die 7,35 m lange Jesaja-Rolle von St. Markus, die älteste aller gefundenen Schriftrollen und zugleich das früheste vollständige Manuskript eines Buches der Bibel.

1951 begann man die Ruinenstätte Khirbet Qumran, die man bislang für ein verfallenes Römerkastell gehalten hatte, auszugraben. Nachdem Beduinen eine zweite Höhle mit Handschriften entdeckt hatten, wurde die nähere Umgebung von Qumran untersucht. In der Höhle 3 stießen die Wissenschaftler auf zwei Kupferrollen, die sich heute im Nationalmuseum von Amman befinden. Diese Rollen enthielten ein Verzeichnis der geheimen Orte, an denen der Jerusalemer Tempelschatz zu Beginn des ersten jüdischen Aufstandes gegen Rom versteckt worden war. Bis heute konnte allerdings keines der Verstecke, in denen vielleicht mehr als 200 Tonnen Gold und Silber lagern, identifiziert werden. In der Höhle 4, nahe der Siedlung, kamen mehr als 20 000 Fragmente von rund 400 verschiedenen Handschriften zum Vorschein. Insgesamt fanden Beduinen und Wissenschaftler elf Höhlen mit mehr oder weniger vollständigen Texten. (Im Jahr 2000 stiftete die Bundesregierung der israelischen Qumran-Forschung ein Spezial-Mikroskop der Firma Leica, das unlesbar gewordene Schriftteile der berühmten Rollen wieder sichtbar macht.)

Das Ausgrabungsgelände liegt 50 m über dem Toten Meer auf einem Plateau in Ufernähe (Parkplatz, Restaurant). Die von einer Mauer umgebene Anlage bestand im Wesentlichen aus dem 30 × 37 m großen Hauptgebäude im Osten und einem Nebenbau im Westen. In der Nordwestecke des ursprünglich zweistöckigen Hauptgebäudes erhob sich ein wuchtiger, dreigeschossiger Turm, der den Eingang zu sichern hatte. Dieser Turm war nur vom Obergeschoss des Hauptgebäudes aus zu erreichen. Mehrere Feuerstellen östlich des Turmes lassen vermuten, dass sich hier die Küche befand. Über dem Raum 5 vermutete man das sog. Scriptorium, denn in den Trümmern fanden sich Lehmziegelbänke, Tintenfässer, Tonscherben mit Schreibübungen und einen Deckelkrug für die Aufbewahrung von Schriftrollen.

Der 22 × 4,5 m große Saal südlich des Hauptgebäudes wurde bisher als **Versammlungsraum** (Kapitelsaal, Refektorium) der Gemeinschaft interpretiert. Im anschließenden Raum 7 standen wohlgeordnet rund 1700 Tongefäße. Zwischen Saal und Hauptgebäude erstreckte sich ein 17 m langes, 3,6 m breites und 4,35 m tiefes **Becken.** In der Südostecke des Areals war eine Töpferei mit Lehmschwemme und Brennöfen eingerichtet. Besonderen Wert legte man auf eine zuverlässige **Wasserversorgung.** Über einen 700 m langen Aquädukt wurde der winterliche Regen aus einem Seitental des Wadi Qumran in ein Netz von Klärbecken, Zisternen und Badebecken geleitet. Ein großes Reservoir im Wadi sorgte für eine gleichmäßige Zufuhr über das ganze Jahr. Die Schäden des Erdbebens von 31 v. Chr. sind an vielen Stellen erkennbar. So hat sich die östliche Hälfte der Stufen zum Wasserbecken B6 um 40–50 cm gesenkt. Nach der Wiederbesiedlung behoben die Bewohner nur einen Teil der Schäden. Östlich der Mauer lag der Friedhof, in dem über 1100 Gräber gefunden wurden. Von der Terrasse südlich der Anlage hat man eine großartige Aussicht auf die Höhlen jenseits des tiefen Bergeinschnitts. 3 km südlich von Qumran entspringt die **Quelle Ain Feshkha,** die diesen Uferabschnitt damals in eine Oase verwandelt hat. Nördlich davon legte man 1958 einen Gutshof frei.

Reisen & Genießen

Hotel

Schlammpackungen und mineralische Heilquellen im Thermalbad direkt am Toten Meer, Wüstensafaris, Wanderungen durch den Naturpark, Ayurveda-Massage – Erholung pur. Viele Zimmer öffnen sich zum Botanischen Garten, andere bieten einen herrlichen Blick in die Wüstenlandschaft.

En Gedi Country Resort Hotel
Kibbuz En Gedi
Tel. 086 59 42 30
www.ein-gedi.co.il
DZ ab 870 NIS

Restaurant

Es ist schon etwas Besonderes, im kleinen Rahmen bekocht zu werden. Cheja bewirtet bis zu acht Gäste auf der Terrasse oder in ihrem Privathaus innerhalb des Kibbutz. Ihre Gerichte (nach Absprache mit dem Gast) bestehen immer aus saisonalen und heimischen Produkten.

Chaja
im Botanischen Garten
Kibbuz En Gedi
Anmeldung über die Hotelrezeption
im Kibbutz

Negev

Ruinenstädte der Nabatäer

Karte Negev S. 369

Be'er Sheva

Negev
Besonders sehenswert:
Be'er Sheva
Mamshit
Shivta
'Avedat
Makhtesh Ramon
Timna
Elat
Katharinenkloster

Der **Negev** – das hebräische Wort bedeutet ›trocken‹ – ist eine Wüstenlandschaft, die mit 12 000 km² mehr als die Hälfte des israelischen Staatsgebietes umfasst. Von Be'er Sheva im Norden erstreckt sich der hügelreiche Negev bis nach Elat am Roten Meer. Seine höchste Erhebung ist der Ramon (1053 m), der längste Fluss ist der Nahal Zin (320 km), der bei 'Avedat (En 'Avedat) entspringt, ostwärts zur Aravasenke fließt und ins Rote Meer mündet.

Die kürzeste Strecke von Tel Aviv nach Elat am Roten Meer führt über **Be'er Sheva**, die Hauptstadt des Negev. Aus der 6000-jährigen Geschichte der Stadt sind außer einigen interessanten Museumsstücken keine sehenswerten Relikte mehr vorhanden. Heute ist Be'er Sheva eine moderne Großstadt an der Grenze zwischen Kultur- und Weideland und zählt mehr als 200 000 Einwohner.

Die bisher älteste Siedlung fanden Archäologen am nördlichen Ufer des Nahal Be'er Sheva. Hier lebten im 4. Jt. v. Chr. Halbnomaden, die in der sommerlichen Trockenzeit mit ihren Herden nordwärts zogen. Die israelitische Siedlung lag auf dem Tel Be'er Sheva (arabisch Tell es-Sab'a, ›Hügel der Sieben‹) etwa 6 km nordöstlich der heutigen Stadt. Hier schloss Abraham mit dem kanaanitischen König Abimelech von Gerar jenen berühmten Vertrag, der Abrahams Stamm die alleinige Nutzung eines Brunnens zusicherte (Gen 21,22–32). Abraham nannte den Ort Be'er Sheva (›Brunnen der Sieben‹), jetzt auch in der Bedeutung ›Brunnen des Eides‹. Isaak wiederholte später den Vertrag mit Abimelech (Gen 26,28–31). Bei der Landnahme wurde Be'er Sheva dem Stamm der Simeoniter zugeteilt (Jos 19,2) und bildete die Südgrenze des israelitischen Siedlungsraumes (Ri 20,1). Der Ort entwickelte sich im 11. Jh. v. Chr. zu einer Stadt, in der Joël und Abija, die Söhne Samuels, Richter waren. Nach der Rückkehr aus dem Babylonischen Exil ließen sich viele Juden in Be'er Sheva nieder (Neh 11,27).

Be'er Sheva ★

Visitor Center
Abraham's Well,
1 Hevron Road
Be'er Sheva
Tel. 086 87 98 97
So–Do 8–16 Uhr

Stadtrundgang

Im Jahre 1900 gründeten die Türken hier die kleine arabische Stadt Bir Seb'a, die sich allmählich zum beliebten Handelsplatz der Beduinen entwickelte. 1907 konzipierte ein deutscher Architekt eine rechtwinklige Stadtanlage, die heutige Altstadt. Byzantinische Ruinen lieferten das Baumaterial für die öffentlichen Gebäude (Bahnhof, Krankenhaus, Kaserne, Moschee). Zu dieser Zeit entstand auch eine kleine jüdische Gemeinde, die sich bei den Unruhen des Jahres 1929 zwar auflöste, nach 1948 aber ständig wuchs. Be'er Sheva wurde zum Handels- und Kulturzentrum des Negev. 1957 gründete der Staat Israel das Institut zur Erforschung der Wüste, das Arid Zone Research Centre, 1968 folgte die Ben Gurion-Universität.

◁ *Landschaft
bei En'Avedat*

Tel Be'er Sheva
*tgl. 8–17 (Okt.–
März bis 16) Uhr*

**Negev Museum
of Art**
*www.negev-mu
seum.org.il
So/Mo/Mi/Do 8.30–
15.30, Di 8–14,
16–18, Sa 10–
14 Uhr*

So imponierend die modernen Bauten am Rande des Sderot Ha-nessi'im, des aus Richtung Tel Aviv die Neustadt durchziehenden Boulevards, auch sind – z. B. die Universität, der Campus des Medizinischen Zentrums Soroka, das Rubin-Konservatorium, das neue Rathaus –, der Reisende wird doch der Altstadt am nördlichen Ufer des Nahal Be'er Sheva zustreben. An jedem Donnerstag ab 7 Uhr morgens bis Sonnenuntergang treffen sich auf dem **Beduinenmarkt** an der Ecke Derekh Hevron/Derekh Elat neben unzähligen Händlern, die Alltagsgegenstände, Kleidung u. Ä. anbieten, auch noch einige Nomaden, um geschmackvoll gearbeiteten Schmuck, handgetriebene Kupferwaren, bestickte Kameltaschen und handgewebte Teppiche feilzubieten. Der **Abrahamsbrunnen** an der westlichen Flussbrücke stammt aus türkischer Zeit. Nach aufwendiger Restaurierung ist in ihm das Besucherzentrum untergebracht. Die archäologischen Funde waren ursprünglich in der ehemaligen Moschee aus dem Jahre 1915 am Sderot HaAtzmaut ausgestellt. Heute sind sie im Israel Museum in Jerusalem. In direkter Nachbarschaft zur Moschee wurde im 1906 errichteten und grundlegend renovierten Palast des türkischen Gouverneurs das **Negev Museum of Art** eingerichtet, in dem häufig wechselnde Ausstellungen bedeutender Künstler aus Israel und dem Negev zu sehen sind. In der Rehov Smilansky drängen sich Galerien, Cafés und Souvenirläden, die bis Mitternacht geöffnet sind.

Der **Tel Be'er Sheva**, 6 km östlich der heutigen Stadt am Nordufer des Nahal Be'er Sheva als Nationalpark geschützt (2005 zum Weltkulturerbe ernannt), birgt in zahlreichen Siedlungsschichten seit 6000 Jahren den biblischen Ort. Die Ausgrabungen begannen in den 1960er-Jahren und dauern noch an. Inzwischen wurden mehrere Bauwerke weitgehend restauriert. Ein Rundweg führt durch die große Toranlage vorbei an den Grundmauern repräsentativer Häuser und Lagerhallen bis zum sehenswerten unterirdischen Wasserreservoir in der östlichen Ecke der Stadt. Ein stählerner Aussichtsturm bietet einen eindrucksvollen Rundblick über den Tel und den Negev.

Mamshit

Mamshit ★

Mamshit
*tgl. 8–17 (Okt.–
März bis 16) Uhr*

Mamshit (arabisch Kurnub), das alte Mampsis, war die nördlichste und zugleich östlichste der Nabatäerstädte im Negev. Die besonders sehenswerte Ruinenstadt (seit 2005 Weltkulturerbe) liegt weithin sichtbar auf einer hohen Terrasse zwischen einem Hügel und dem Wadi Kurnub. Einen Besuch lohnen die frühchristlichen Kirchen, vor allem aber nabatäische Häuser und Pferdeställe aus dem 2. und 3. Jh. sowie die eindrucksvolle Wasserauffanganlage im Wadi.

Mampsis wurde wohl schon zu Beginn des 3. Jh. v. Chr. von den Nabatäern als Karawanserei an der Straße gegründet, die die östlicheren Länder mit dem Mittelmeer verband. Im späten 1. Jh. n. Chr. verließen die Nabatäer die Stadt aus unbekannten Gründen. Der Wiederaufbau erfolgte erst nach dem Einzug der Römer im Jahre 106. Sie sta-

tionierten in Mampsis eine Einheit der Legio III Cyrenaica. Zwei große Ställe lassen vermuten, dass sich der Wohlstand von Mampsis, der
sich in großzügigen Hausanlagen widerspiegelt, auf die Zucht von
arabischen Rennpferden gründete, die in den Hippodromen des Imperiums Romanum sehr gefragt waren. Die Römer bereicherten die
Stadt mit Thermen; die Byzantiner bauten im 4. Jh. zwei Kirchen. In
dieser Zeit zählte die Stadt etwa 2000 Einwohner.

Bei der Eroberung von Mampsis durch die Araber im Jahre 634 müssen heftige Kämpfe stattgefunden haben, denn ein Teil der Stadt ging
damals in Flammen auf. Die Araber wandelten die beiden Kirchen in
Moscheen um, wie einige in die Wände geritzte Koranverse bezeugen.
In den folgenden Jahrhunderten verfiel der heute Kurnub genannte Ort.

Die **nabatäischen Häuser,** mindestens zwei Stockwerke hoch, bestanden meist aus einem kleinen Innenhof, um den sich die Wohn-,
Geschäfts- und Wirtschaftsräume gruppierten. Ein schmaler Zugang,
dicke Außenmauern und hoch gelegene, schlitzartige Fenster machten jedes Haus zu einer kleinen Burg, in der bis 300 n. Chr. unbefe-
stigten Stadt wohl eine Notwendigkeit zur Abwehr der häufigen Be-
duinenüberfälle. Der große nabatäische Wohnsitz im Osten der Stadt
entstand im frühen 2. Jh.; ab dem 4. Jh. residierte hier der Bischof von
Mampsis. Die Wände des Innenhofes und der anschließenden Räume waren mit großartigen Fresken geschmückt, die leider stark ver-
wittert sind. Nur in dem kleinen Vorraum zum Treppenhaus erkennt
man die Wandmalereien zum Teil noch gut, z. B. Amor und Psyche
auf einem Ruhebett. Auch die Bogen, die das Obergeschoss trugen,
waren bemalt. Die Fresken werden dem frühen 3. Jh. zugeordnet. In
dem Gebäudetrakt fand man ein Bronzegefäß mit 10 500 römischen

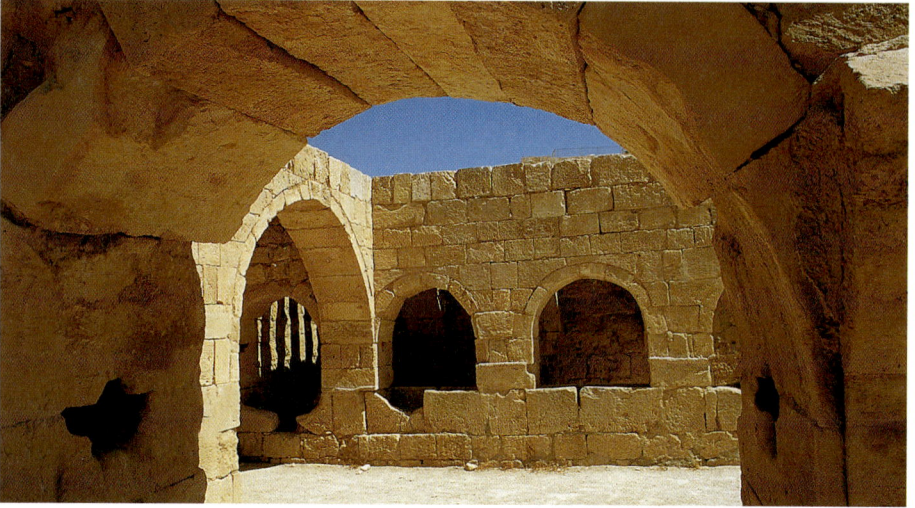

Ruinenstadt Mamshit

Silbermünzen aus der Zeit um 300 n. Chr. Westlich schloss sich an den Wohnsitz eine nabatäische **Markthalle** an, die in byzantinischer Zeit in ein Kloster umgewandelt wurde.

Die beiden frühchristlichen Gotteshäuser von Mampsis, die Ostkirche (Martyrion) und die Westkirche (Kirche des Neilos) entsprachen dem basilikalen Typus. Zwei Säulenreihen teilten sie in drei Schiffe; das Hauptschiff endete in einer Apsis, die Seitenschiffe waren mit Prothesis und Diakonikon versehen. Die monoapsidiale Bauweise entsprach der Frühphase der christlichen Kirchenbaukunst (etwa 350–450); nach einer Übergangsphase wurde im Nahen Osten nur noch dreiapsidial gebaut (etwa 550–636). Das hervorragend gearbeitete Quadermauerwerk beweist das hohe Niveau nabatäischer Steinmetzkunst.

Die **Ostkirche** (4. Jh.) war die Bischofskirche der Stadt. Zwischen alten nabatäischen Bauwerken und der Stadtmauer am Steilhang zum Wadi – ein Teil von ihr musste beim Bau der Kirche abgebrochen werden – hat hier der Architekt ein großartiges Beispiel frühchristlicher Kirchenbaukunst gegeben. Eine breite Freitreppe führte zum Atrium empor, das an drei Seiten von einer Säulenhalle umgeben war und unter dem sich eine 80 m³ fassende Zisterne befand. Das Zisternendach bildete zugleich den Boden des Atriums. Drei Portale öffneten sich zu den drei Schiffen der Basilika, die mit 14,70 × 27 m zu den größten Kirchenbauten im Negev zählt. 18 Säulen stützten ihr Dach; sie stehen auf hohen Plinthen. Das den Frauen vorbehaltene Südschiff besaß eine lange, steinerne Sitzbank. Beide Seitenschiffe endeten in rechteckigen Räumen, die zwei Stufen höher lagen und durch einen Rundbogen zu betreten waren. Auch den Altarraum vor der Apsis hatte man um zwei Stufen erhöht; eine Chorschranke umschloss ihn. Die Basis des Bischofsthrons und der dreistufige Synthronos sind in der

Apsis gut zu erkennen. Der Fußboden der Seitenschiffe war mit Steinplatten belegt, das Mittelschiff schmückte ein Mosaik aus Rhomben mit Rosetten darin. An das südliche Seitenschiff lehnten sich eine kleine Kapelle und ein kreuzförmiges Baptisterium. Schlanke Säulen an den vier Ecken der Einfriedung trugen einen Baldachin.

Die Ostkirche war Teil eines geschlossenen Komplexes, der fast ein Fünftel der bebauten Stadtfläche einnahm und ein Kloster, die Bischofsresidenz und wohl noch weitere bisher nicht freigelegte Gebäude in der Nähe der Ostmauer umfasste. An der Westseite des Komplexes befand sich eine Toranlage, im Süden flankiert von einem hohen Turm.

Die **Westkirche,** nach ihrem Erbauer auch ›Kirche des Neilos‹ genannt, entstand zur gleichen Zeit, vermutlich sogar nach den Plänen desselben Baumeisters; sie ist gewissermaßen eine verkleinerte Nachbildung. 634 ging sie in Flammen auf. Das Atrium war von vier Säulenhallen umgeben; in seiner Mitte befand sich eine kleine Zisterne. Eine Treppe an der Westwand, der Stadtmauer, führte zu einer Plattform empor, über der ein schwerer Holzbalken die Glocken trug. Drei schön gerahmte Portale öffneten sich zur 10,75 m × 15,75 m großen Basilika, die durch zwei Reihen zu je vier Säulen und zwei Pfeilern in drei Schiffe geteilt wurde. Kalksteinplatten bedeckten den Fußboden der Seitenschiffe; das Hauptschiff schmückte ein noch gut zu erkennendes Mosaik mit Tier- und Pflanzendarstellungen und einem Spruchmedaillon.

Im südlichen Teil des großen Gebäudes, in das die Westkirche hineinragte, befindet sich ein hervorragend erhaltener **nabatäischer Pferdestall,** ein zweiter nimmt die Ostecke des Wohnsitzes neben der Markthalle ein. Nördlich der Klosteranlage stießen die Archäologen auf **römische Thermen** mit einer 10 × 18 m großen und 3 m tiefen Zisterne in direkter Nachbarschaft.

Im Wadi sollte man sich unbedingt die gut erhaltene und zum Teil wieder restaurierte **Wasserauffanganlage** ansehen, die von den Nabatäern geschaffen und auch in byzantinischer Zeit genutzt wurde. Im Negev regnet es nur an wenigen Tagen im Jahr, meist zwischen Dezember und Februar, und durchweg sehr kräftig. Die ausgetrockneten Wadis werden dann für einige Stunden zu reißenden Flüssen. Es galt also, die Wassermassen des Winters zu sammeln. Dazu sperrten sie das Wadi durch mehrere (vollständig restaurierte) Dämme und erhielten so verschiedene Speicherbecken, die in Mamshit rund 10 000 m³ Wasser fassten. Einer der drei Staudämme im Westen ist 24 m lang, oben 7 m breit und bis zu 11 m (!) hoch. In Tonkrügen brachte man das kostbare Nass zu den Hauszisternen und den großen öffentlichen Wasserreservoiren, deren Volumen dem Jahresverbrauch entsprach. Jedes Haus besaß mindestens eine Zisterne, die sich im Keller oder unter der Straße befand.

In der Umgebung von Mamshit fand man drei Friedhöfe, einen nabatäischen etwa 1 km nördlich der Stadt, einen römischen Militärfriedhof im Nordosten und eine byzantinische Gräberstätte im Westen. Der nabatäische Friedhof barg reiche Funde (goldene Ohr- und Nasenringe, Münzen, Tonsiegel), die einen guten Einblick in die damalige Kultur erlauben. Zu sehen sind Reste einfacher Grabmonumente.

Negev

Shivta

Shivta ★

Shivta

*Tag und Nacht
geöffnet*

Abseits der großen Karawanenstraßen des Altertums liegt 53 km süd-westlich von Be'er Sheva die Ruinenstadt Shivta. Das nabatäische Shivta, von den Byzantinern Sobata, von den Arabern Subeita ge-nannt, war einst die größte Stadt des Negev und ein bedeutendes Landwirtschaftszentrum. Drei kulturgeschichtlich interessante byzan-tinische Kirchen, zwei davon mit gut erhaltenen Baptisterien, und zahlreiche restaurierte nabatäische Wohnhäuser bilden die eindrucks-vollsten Relikte. Seit 2005 steht die nabatäische Ruinenstadt auf der Liste des UNESCO-Weltkulturerbes.

Von Be'er Sheva führen zwei Straßen nach Elat, die eine über Di-mona, die andere über Sede Boqer. Wir fahren durch eine wüstenar-tige Landschaft Richtung Sede Boqer und folgen an einer Gabelung nach etwa 34 km der verkehrsarmen Route in Richtung Nizzana. Beim Hinweisschild Horvot Shivta biegt man links ab und durchquert auf schmaler, aber asphaltierter Straße (8 km) ein Truppenübungsgelän-de bis zur Ausgrabungsstätte von Shivta.

Die Stadt Shivta (von nabatäisch shevet, ›Stamm‹) wurde gegen Ende des 1. Jh. v. Chr. während der zweiten Welle nabatäischer Kolo-nisation wohl von König Obodas III. (30–9 v. Chr.) gegründet (s. S. 365). Sie entwickelte sich zum landwirtschaftlichen Zentrum des Ne-gev. Die Wasserversorgung der Bevölkerung und der umliegenden Gü-ter basierte auf einem riesigen Doppelreservoir, um das sich zu bei-den Seiten des Wadi die verschiedenen Stadtviertel bildeten. Shivta war eine unbefestigte Stadt. Da sie keine strategische Bedeutung hat-te, blieb sie unzerstört, als Trajan im Jahre 106 n. Chr. das nabatäische Reich besetzte und zur Provinz Arabia Petraea machte.

Zu Beginn des 4. Jh. begann mit der Christianisierung der nabatäi-schen Bevölkerung die Blütezeit der Stadt, die nun Sobata hieß. Sie diente als Rastplatz für die Pilgerzüge zum Sinai. Um 350 entstand die erste, südlich gelegene Kirche, bald darauf gründeten griechisch-orthodoxe Mönche im Norden der Stadt ein Kloster und bauten die große Nordkirche. Im Laufe des folgenden Jahrhunderts bildeten sich zwischen beiden Gotteshäusern neue Quartiere. Die scheinbar unge-ordneten Straßen folgten dem Lauf der Kanäle, die das seltene Re-genwasser von den sanften Hängen in das Reservoir leiteten; alles war auf das lebenswichtige Wasserversorgungssystem hin angelegt. Im 6. Jh. wurde die Zentralkirche gebaut. In seiner Blütezeit zählte So-bota 6000 bis 7000 Einwohner, also doppelt so viele wie das nahe 'Avedat/Oboda. Die Araber ließen Sobata, nun Subeita genannt, bei ihrem Einzug im Jahre 634 unbehelligt und errichteten neben der Süd-kirche eine Moschee. Aber die Bedeutung der Stadt ließ nach, weil die nahen Handelsstädte nach Verlegung der Karawanenstraßen all-mählich aufgegeben wurden und die Pilger ausblieben. Niemand war mehr an den landwirtschaftlichen Erzeugnissen der Stadt interessiert, und so verfiel auch das Wasserversorgungssystem. Seit dem 10. Jh. ist Subeita eine verlassene Stadt.

Lawrence of Arabia

1914 besichtigte der Engländer Thomas Edward Lawrence die Ruinen von Shivta. Er war zu Beginn des Ersten Weltkrieges von Großbritannien in den Nahen Osten ent-sandt worden, um ei-nen Araberaufstand gegen die Türken zu organisieren und da-mit die Nahostfront aufzubrechen. Zwar kam es 1916–18 zu dem Aufstand, doch Lawrence identifizier-te sich mit den Ara-bern und kämpfte nun für deren Unabhängig-keit. In seinem Buch »Die sieben Säulen der Weisheit« be-schrieb der als Law-rence of Arabia zu Weltruhm gelangte Sprachforscher den arabischen Freiheits-kampf.

Das alte Shivta/Sobata hatte eine Ausdehnung von etwa 330 × 450 m. Sein Mittelpunkt war das große **Doppelreservoir.**

Um 350 n. Chr. errichteten die Nabatäer auf dem alten Marktplatz der Stadt, unmittelbar neben dem Doppelreservoir, die sogenannte **Südkirche.** Dem Bau fehlte jegliche Symmetrie, weil die beiden Becken im Westen sowie ältere Gebäude im Süden und Osten eine elegantere Planung nicht zuließen. Das Atrium vor der Kirche war sehr schmal und nur über einen Eingangsraum zu betreten. Zwei Portale öffneten sich zur Basilika, deren drei Schiffe in Apsiden endeten. Die kleinen Seitenapsiden kamen erst bei einem Umbau der Kirche im späten 5. Jh. hinzu. Das Dach der Basilika wurde von zehn Säulen und vier Pfeilern getragen (die Säulen stehen zum Teil noch). Der Altarraum war weit vorgezogen, die Chorschranke umschloss auch die beiden Seitenapsiden. Die Standfläche für die rechteckige Kanzel befand sich an der üblichen Stelle nördlich vor der Schranke. Im Hintergrund der Mittelapsis sehen wir Reste des Bischofsthrons, auch Spuren der Presbyteriumsbänke sind noch zu erkennen. Die Wände waren verputzt und bemalt. Bei dem Gebäudekomplex, der sich im Norden an die Südkirche anschloss, handelte es sich wohl um die Residenz des Bischofs von Sobata. An dieser Stelle erhob sich auch ein (Glocken?)Turm. Im Westen des Komplexes lag das **Baptisterium,** das vom Eingangsraum aus zu betreten war. Stufen führen in das kreuzförmige Taufbecken hinab, denn die Täuflinge – meist Erwachsene – wurden im 4. und 5. Jh. untergetaucht. An das Baptisterium bauten die Araber im 9. Jh. eine kleine **Moschee** an. Das scheint die Annahme zu bestätigen, dass den vorwiegend christlichen Einwohnern von Subeita die Kirche noch immer zur Verfügung stand. Den Mihrab setzten die islamischen Baumeister in die starke Nordwand des Baptisteriums.

Die **Nordkirche** oder Georgskirche wurde ebenfalls im 4. Jh. als monoapsidiale Basilika erbaut. 506, bei Ausbesserungsarbeiten nach einem schweren Erdbeben, erhielt sie zwei Seitenapsiden und ringsum starke Stützmauern. Davor lag ein ungewöhnlich großes Atrium. Es begrenzte im Norden und Westen ein zweistöckiges Gebäude, das in zahlreiche Zellen aufgeteilt war. Ein Treppenhaus im Süden führte zum oberen Stockwerk hinauf. Kolonnaden umfassten das Atrium an drei Seiten; die Mauern zwischen den Säulen wurden nach dem Erdbeben aus statischen Gründen eingefügt. Vom Atrium aus führen drei Portale in die 12 × 17 m große Basilika. Am Haupteingang liegt ein Gebälkstück mit dem Christusmonogramm XP und den Buchstaben Alpha und Omega. Zwei Reihen von je sechs Säulen und zwei Pfeilern teilten die Basilika in drei Schiffe. Der Altarraum war weit in das Mittelschiff vorgezogen; auch hier umgab die Chorschranke die Seitenapsiden, die im 6. Jh. aus ursprünglich rechteckigen Räumen hervorgegangen waren. Platten aus grauem Marmor bedeckten Boden und Wände. Im Norden lehnten sich zwei Kapellen mit je einer Apsis an die Basilika an. Die äußere diente im Ostteil als Baptisterium, im Westteil als Totenkapelle. Das kreuzförmige Taufbecken war aus einem einzigen Steinblock

Tipp

*Im ehemaligen Gra-
bungshaus, benannt
nach dem britischen
Unternehmen Colt,
kann man logieren
wie die Ausgräber
in den 1930er-Jah-
ren.*

gemeißelt. Die innere Kapelle ist mit einem geometrisch gemusterten Mosaik ausgelegt. An die Kirche schloss sich ein großer Gebäude-komplex mit klösterlichen Werkstätten an.

Die zwischen zwei Hauptstraßen gedrängte **Zentralkirche** entstand im 6. Jh. als dreiapsidialer Bau. Die Gläubigen betraten das 22 m × 12 m große Gotteshaus durch ein schmales, zur Straße hin offenes Atrium. Zwei Reihen von je fünf Säulen trugen das Dach. Die Zister-ne lag im Mittelschiff nahe dem Hauptportal. Von der Zentralkirche stehen nur noch die Südapsis und einige Mauern.

Einige der zum Teil zwei- bis dreistöckigen **Wohnhäuser** an den ge-pflasterten Straßen wurden inzwischen restauriert. Mehrere große **Kelteranlagen,** darunter die doppelte Presse am Westrand der Stadt, bezeugen einen umfangreichen Weinanbau in byzantinischer Zeit. Etwa 500 m im Nordosten der Stadt können noch die Grundmauern eines **byzantinischen Bauernhofes** besichtigt werden.

Sede Boqer

51 km südlich von Be'er Sheva erreicht man die inmitten des Negev gelegene Midreshet Sede Boqer, die Negev-Hochschule, die Natur-wissenschaften, Geschichte, Soziologie und Archäologie lehrt. Die Hochschule wird in wirtschaftlicher Hinsicht von dem nahen Kibbuz Sede Boqer (›Feld der Hirten‹) betreut, dessen berühmtestes Mitglied **David Ben Gurion,** der erste Ministerpräsident Israels, war. Sein klei-nes **Wohnhaus** mit originaler Einrichtung ist zu besichtigen. In einem Nachbarhaus sind Photos und andere Zeitzeugnisse rund um sein Le-ben ausgestellt. Vor der Bibliothek der Midreshet Sede Boqer hat Da-vid Ben Gurion zusammen mit seiner Frau die letzte Ruhestätte ge-funden. Von der Terrasse bietet sich ein atemberaubender Blick auf die cañonartigen Schluchten des Wadi Zin.

*Ben Gurions Haus
in Sede Boqer*

En 'Avedat

Vor dem Parkplatz beim Grabe Ben Gurions zweigt eine schmale Straße ab, die in steilen Serpentinen zum Wadi Zin hinabführt. Nach 3 km endet sie. Von hier aus geht es zu Fuß das Wadi aufwärts. Die Schlucht wird immer enger, die Vegetation üppiger. Nach etwa 15 Minuten steht man vor einem tiefen Teich, in den das – ungenießbare – Wasser der Quelle En 'Avedat von hohen Felsen hinabstürzt. Baden ist im Quellteich verboten, aber kaum jemand kümmert sich bei 45 °C im Schatten darum!

En 'Avedat
tgl. 8–17 (Okt.–März bis 16) Uhr

'Avedat

Von der Midreshet Sede Boqer sind es 12 km nach Horvot 'Avedat, den Ruinen der nabatäisch-byzantinischen Stadt Oboda auf einem zerklüfteten Bergplateau inmitten des Negev, seit 2005 auf der Liste des UNESCO-Welterbes. 'Avedat (arabisch Abda) war ein bedeutender Umschlagplatz an der Karawanenstraße von Petra und Elat nach Gaza, in byzantinischer Zeit Festung und Verwaltungszentrum. Eindrucksvolle Relikte sind ein nabatäischer Tempel und zwei frühchristliche Kirchen.

'Avedat ★

'Avedat
tgl. 8–17 (Okt.–März bis 16) Uhr, am Fr und vor Feiertagen wird jeweils eine Stunde früher geschl.

Im 5. und 4. vorchristlichen Jahrhundert kamen die Nabatäer unter dem Druck anderer Völker aus Arabien in das Ostjordanland und ließen sich an der Grenze des Kulturlandes nieder. Die Nabatäer leiteten ihre Herkunft von Nabat ab, einem Enkel Abrahams. Im ausgehenden 4. Jh. v. Chr. schlugen sie Angriffe des Diadochen Antigonos Monophthalmos erfolgreich zurück, drangen in den Negev ein und errichteten am Rande der Handelsstraßen Karawansereien, aus denen sich im 3. Jh. v. Chr. die sechs Städte 'Avedat (Oboda), Shivta (Sobata), Nizzana (Nessana), Mamshit (Mampsis), Haluza (Elusa) und Rehovot (Ruheiba) entwickelten. Die Nabatäer wurden wohlhabende Kaufleute, die bald den Handel mit Gold, Edelsteinen und Gewürzen beherrschten. Dem steigenden Bedarf an Lebensmitteln begegneten sie in dem regenarmen Negev mit raffinierten Bewässerungssystemen und einzigartigen Anbaumethoden. Unweit der Akropolis baute man in den 1950er-Jahren einen nabatäischen Gutshof wieder auf, setzte die alten Bewässerungsanlagen instand und kultivierte hier mit Erfolg Nutzpflanzen, die schon die Nabatäer anbauten. Das über 2000-jährige System war so sinnvoll angelegt, dass es mit einem Minimum an Regenwasser auskam.

Die Nabatäer lebten mit den Judäern in Frieden und beteiligten sich im 2. Jh. v. Chr. an den Kämpfen der Makkabäer gegen die Seleukiden. Im 2. und besonders im 1. Jh. v. Chr. erreichte das nabatäische Königreich, das nun das nördliche Arabien, ganz Edom, das südliche Moab, den Negev und den Sinai umfasste, seine größte Machtentfaltung, von der heute noch die prachtvollen Ruinen der Hauptstadt Petra (Jordanien) zeugen. Nach der siegreichen Schlacht bei Moto (Sy-

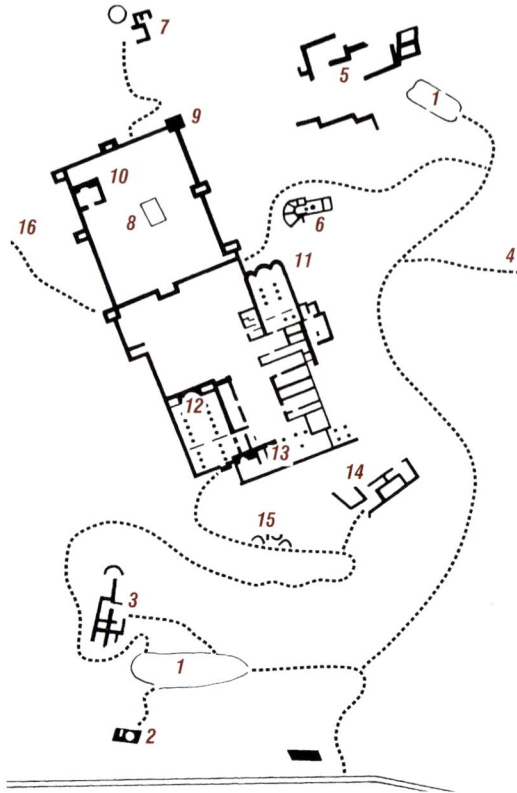

rien) im Jahre 85 v. Chr. konnten die Nabatäer unter ihrem König Aretas III. den Seleukiden sogar Damaskus entreißen, das bis 69 v. Chr. in ihrem Besitz blieb. Den vordringenden Römern waren sie allerdings nicht gewachsen. Nachdem Pompejus 65 v. Chr. das morsche Seleukidenreich zermalmt und ganz Syrien und Palästina besetzt hatte, machte er die Nabatäer zu Vasallen, beließ ihnen aber weitgehende Selbstständigkeit. Sie erfreuten sich sogar der Unterstützung durch die Römer, die in ihnen ein Bollwerk gegen die übrigen Araber sahen. Eine lange Periode des Friedens und des Wohlstandes begann.

9. v. Chr. bestatteten die Nabatäer ihren vergöttlichten König Obodas III. in 'Avedat. Sein Grab wurde zur Wallfahrtsstätte; die Stadt erhielt den Namen Oboda. Unter Obodas III. (30–9 v. Chr.) und seinem Nachfolger Aretas IV. (9 v.–40 n. Chr.) erreichte 'Avedat seine größte Blüte; es dürfte damals etwa 3000 Einwohner gezählt haben. Thronwirren nach dem Tode des Königs Rabilos (75–105) führten 106 n. Chr. zum Einmarsch römischer Truppen. Das Nabatäerreich wurde zur römischen Provinz Arabia. 'Avedat verlor damit seine Bedeutung. Im späten 3. Jh. richteten die Römer im Norden der Stadt ein Militärlager ein

und setzten an die Stelle des Tempels, der Zeus, Aphrodite und dem Gottkönig Obodas geweiht war, ein Jupiterheiligtum. Allmählich erholte sich 'Avedat wieder. Unter Kaiser Theodosius I. (379–95) wurden die Nabatäer christianisiert; die Nordkirche entstand. Um die Mitte des 5. Jh. kam die Südkirche hinzu. Unter Justinian (527–64) gründeten Mönche auf der Akropolis ein Kloster und widmeten sich den umliegenden Feldern und Weinbergen. 636 eroberten islamische Araber die Stadt; sie verfiel und wurde im 10. Jh. endgültig aufgegeben.

Vom unteren Parkplatz aus führt ein Pfad zu den byzantinischen **Thermen** nahe der Hauptstraße. Die einzelnen Räume sind eindeutig zu bestimmen; sie waren noch in arabischer Zeit in Betrieb. In unmittelbarer Nähe der Thermen entspringt eine Quelle. Nördlich vom Parkplatz erreicht man ein großes **byzantinisches Wohnhaus.** An dieses schließt sich ein Höhlensystem an, das die Bewohner aus dem weichen Kalkstein gebrochen hatten und das vor allem der Lagerung von landwirtschaftlichen Erzeugnissen diente. An der Straße zum oberen Parkplatz trifft man auf eine **nabatäische Grabanlage.** Hinter dem aus Kalksteinquadern errichteten Vorraum liegt die Grabkammer. Ihren Türsturz ziert ein Relief, auf dem ein Hörneraltar abgebildet ist, flankiert von einer Mondsichel mit Stern und einer Sonnenscheibe sowie von zwei Säulen. In der 10 × 8 m großen Kammer sind zahlreiche Nischen in das Gestein getrieben.

Am Südfuß der Akropolis steht ein großes **Kelterhaus** aus byzantinischer Zeit; ein besonders gut erhaltenes Beispiel für viele gleiche oder ähnliche Anlagen. Die Akropolis wird von einer mächtigen **byzantinischen Zitadelle** beherrscht, die eine Fläche von 61 × 41 m bedeckt. Vom Wachtturm in der Südostecke hat man einen guten Überblick über die ganze archäologische Stätte. An die Nordmauer lehnt sich eine spätbyzantinische Kapelle, in der Mitte des Hofes befindet sich eine große Zisterne. Die Zitadelle entstand unter Konstantin dem Großen (306–37), vielleicht auch schon unter Diokletian (284–305) an der Stelle eines nabatäischen Militärlagers.

Westlich der Zitadelle erstreckte sich der geistliche Bezirk mit zwei Kirchen und einem Baptisterium. Die **Nordkirche,** das früheste christliche Gotteshaus in 'Avedat, wurde im 4. Jh., möglicherweise schon zur Zeit Konstantins, in der Nordwestecke der Akropolis errichtet. Hier stand seit 267 der nabatäische Tempel für Zeus, Aphrodite und Obodas, der sich auf den Fundamenten eines älteren Heiligtums erhob.

18 Stufen führten vor der Nordkirche zur Terrasse empor. Durch ein Portal betrat man das von Kolonnaden flankierte Atrium, in dessen Mitte eine kleine Zisterne lag. Drei Türen öffneten sich zur 13 × 18 m großen Basilika, die durch zwei Reihen zu je fünf Säulen aus weichem Kalkstein in drei Schiffe geteilt wurde. Leider fanden die Archäologen keine Säule in situ. Die jeweils fünfte Säule gehörte zum Bema, dem Allerheiligsten, das man hier um zwei Stufen erhöht hatte. Es ragte teilweise in die Seitenschiffe und besaß somit einen T-förmigen Grundriss; es war von einer marmornen Chorschranke umgeben. Hinter dem Altar führten innerhalb der 4,50 m breiten Apsis fünf Stufen zum Bischofs-

Säulen in 'Avedat

thron empor. An der Apsiswand fanden die Archäologen Überreste eines hölzernen Synthronos. Die Wände und auch das Bodenpflaster übernahmen die Baumeister vermutlich vom Tempel. Um den wunderbaren, aber vorchristlichen Steinschmuck der Tempelarchitektur zu verbergen, brachten sie die Platten mit der Schauseite nach hinten bzw. unten an. Trommeln der dicken Tempelsäulen aus besonders hartem Kalkstein fügten sie in das Mauerwerk ein. Die Halle südlich der Basilika diente möglicherweise als Kapelle. Ihr Dach wurde von zwei Säulen gestützt. Den nördlichen Teil des alten **Tempelportikus,** dessen Säulen man inzwischen wieder weitgehend aufgerichtet hat, nahm das **Baptisterium** ein. In den Boden einer kleinen Apsis ist das kreuzförmige Taufbecken eingelassen. Südlich des Portikus lag die nabatäische Eingangshalle mit einem Treppenturm.

Die rund 100 Jahre jüngere **Südkirche** war dem Martyrium des hl. Theodoros gewidmet. Sie entstand um 450 und gilt als das am besten geplante frühchristliche Bauwerk im Negev. Das Atrium ist auf drei Seiten von Säulenhallen umgeben, an die sich Klostergebäude anschließen; die Säulen und auch das Hauptportal stammen aus älteren nabatäischen Gebäuden. In der Westecke des Atriums erhebt sich ein (Glocken-?)Turm. Das Pflaster des Atriums bedeckt eine große, vollständig erhaltene Zisterne, deren verputzte Innenwand ein Kreuz aus Kieselsteinmosaik schmückt. Die dreischiffige Basilika misst 12,75 × 18 m. Jede der beiden Säulenreihen bestand aus fünf Säulen und zwei Halbsäulen an den Enden. Die Chorschranke, die weitgehend in situ erhalten ist, umschloss auch die beiden Räume links und rechts der Apsis. Vor der Chorschranke erkennt man im Mittelschiff die runde Basis des Lesepults. Kalksteinplatten bedeckten den Boden, die Wände waren verputzt und bemalt. An der Wand des nördlichen Seitenraumes sind noch Freskospuren zu sehen.

Nördlich der Akropolis entstand im ausgehenden 3. Jh. unter Kaiser Diokletian ein 90 × 90 m großes **Römerlager.** Östlich der Akropolis kann man eine **antike Töpferei** besichtigen (nabatäische Keramik war hochberühmt).

Makhtesh Ramon

22 km südlich von 'Avedat erreicht man bei der Bergarbeitersiedlung Mizpe Ramon (›Aussicht auf Ramon‹) die steile Nordwestkante des Makhtesh Ramon (›Krater von Ramon‹, arabisch Wadi Ruman), eines 35 km langen und 10 km breiten Einbruchsbeckens. Von hier aus führt der Ma'ale HaAtzmaut (›Pass der Unabhängigkeit‹) über 300 m tief in den größten Krater des Negev hinab. Das Besucherzentrum vermittelt einen eindrucksvollen Überblick über Geologie, Fauna und Flora des Makhtesh Ramon. Von seinem Dach hat man eine atemberaubende Aussicht auf diese faszinierende Steinwüste.

Der Makhtesh Ramon ist kein Vulkankrater. Er entstand vor 70 Millionen Jahren durch Erdsenkungen über gewaltigen Hohlräumen. Man fand hier Fossilien von Lebewesen, die vor 190 Millionen Jahren (im Trias) gelebt haben.

Makhtesh Ramon ★★

Mizpe Ramon Visitor Center
So–Do, Sa 9–17, Fr und vor Feiertagen 9–16 Uhr

Hai Bar Yotvata
tgl. 8.30–17 (im Winter bis 16) Uhr

Hai Bar

52 km nördlich von Elat richtete der Kibbuz Yotvata das Wildreservat Hai-Bar ein. 1977 wurde das Biblical Wild Life Reserve für Besucher geöffnet. Eine 10 km lange, gut befahrbare Piste führt durch eine großartige Savannenlandschaft. Die Kulissen bilden die mächtigen

Bergwände des Sinai im Westen und die jordanischen Felsmassive im Osten. Schirm- und Kegelakazien, unter deren schattigen Laubdächern Oryx- und Addax-Antilopen lagern, prägen diese Gegend. Ganze Herden von Somali-Wildeseln tummeln sich auf weiten, steinigen Flächen, Strauße rennen über die Piste.

Der **Kibbuz Yotvata** wurde 1951 als Armeesiedlung gegründet. Mehrere reichlich strömende Quellen bewässern nicht nur einen Palmenhain, sondern versorgen auch Elat mit Trinkwasser. Es erfrischte schon Mose, der »nach Jotbata« zog, »einer Gegend, wo es Bäche gab, die immer Wasser führten« (Dtn 10,7).

Timna

Timna ★★

Timna
tgl. 8–16 (Fr und vor Feiertagen bis 13), Abendöffnung tgl. außer Fr 18– 20.30 Uhr

Das 30 km nördlich von Elat gelegene Biqeat Timna ist eine Landschaft von großartiger, herber Schönheit mit phantastischen, oft skurrilen Felsformationen, die im Laufe von Jahrmillionen durch Erosion entstanden sind. Hier befanden sich die größten Kupferminen des Altertums. Alle wichtigen Sehenswürdigkeiten, darunter die berühmten Säulen Salomos, sind auf einem 35 km langen, gut beschilderten Rundweg mit dem Auto zu erreichen.

Vor ungefähr 6000 Jahren zogen erstmals Nomaden durch die Täler rings um den Har Timna, um die vom Wind freigelegten Kupfererzklumpen einzusammeln und das Metall herauszuschmelzen. Bald begannen sie, nach dem Erz zu graben. In der Frühen Bronzezeit (3100–2850 v. Chr.) trieben bereits erfahrene Bergleute erste Galerien und Schächte in den weißen Sandstein. In 50 cm tiefen und 40 cm weiten Gruben schmolzen sie das zerstampfte Erz mit Holzkohle, pulverisierten Muschelschalen und Eisenoxiden, denn sie hatten herausgefunden, dass Kalk und bestimmte Oxide die Nebenbestandteile des Erzes binden und das Kupfer freisetzen. Blasebälge mit tönernen Rohren brachten das Gemisch auf Temperaturen zwischen 1180 und 1350 °C (Kupfer schmilzt bei 1083 °C). Diese Öfen von Timna sind die ältesten bisher entdeckten.

Die Pharaonen des Neuen Reiches (14.–12. Jh. v. Chr.) entsandten Expeditionen nach Timna, um das begehrte Metall zu gewinnen. In den Fels gemeißelte Königskartuschen markieren den Weg, den ihre Karawanen quer durch den Sinai nahmen. Schon früh überließen die Ägypter die Kupfergewinnung den Midianitern, die aus dem Hedschas (Region um Mekka und Medina) in die Arava gekommen waren und mit denen sie sich arrangiert hatten.

1974 und 1976 entdeckten Bochumer Bergwerksexperten auf einer Fläche von 4 km² rund 3000 kaminartige Einstiegsschächte der ägyptisch-midianitischen Ära, mit Trittstufen an den Wänden. Von den 5–36 m tiefen Schächten zweigen seitlich Schürfstollen ab, in denen man Kupferpickel zum Herausbrechen des Erzes und Unmengen von Dattelkernen fand. Seit dem 10. Jh. v. Chr. widmeten sich die israelitischen Könige, allen voran Salomo, dem hiesigen Kupferabbau.

Die Felsformationen in Timna sind im Laufe langer Zeit durch Erosion entstanden

1955 nahm der israelische Staat den 6000 Jahre alten Kupferbergbau erneut auf, musste ihn jedoch wegen fallender Weltmarktpreise im Jahre 1976 wieder einstellen.

Das Timna-Tal (arabisch Wadi Mene'ije) ist eine riesige Erosionsmulde von etwa 70 km² Ausdehnung. Vier Wadis öffnen sie zur Aravasenke hin, im Norden, Westen und Süden bilden 500–700 m hohe Dolomit- und Kalkfelsen die Begrenzung. In der Mitte des Tales erhebt sich der 453 m hohe Har Timna, dessen vielfarbiges Granitgestein sich reizvoll von der ockergelben Umgebung abhebt.

Etwa 3,5 km hinter dem Haupteingang des Timna-Parks (Eintrittsgebühr) biegt man rechts ab und fährt zu den **ägyptischen Kupferminen** in der Nordwestecke des Tales. Vom Parkplatz am Ende der Straße sind es 200 m bis zu einem großen, natürlichen Sandsteinbo-

Stiftshütte

Der Timna-Park beeindruckt nicht nur durch seine einzigartigen Felsformationen, antiken Relikte und seine zahlreichen wilden Steinböcke, sondern auch durch die Stiftshütte, das heilige Zelt Israels zur Zeit der Wüstenwanderung, das hier die deutsche Theologische Fachschule Breckerfeld/Nordrhein-Westfalen nach biblischen Angaben (Ex 26) rekonstruierte.

gen. Ein markierter Pfad führt 500 m steil hinauf zu den alten Schächten und Galerien. Eine Seitenstraße durch das breite Wadi Timna endet vor den nördlichen Klippen. In einem Felsspalt, 50 m vom Parkplatz entfernt, sind **ägyptische Steinzeichnungen** aus dem 13./12. Jh. v. Chr. zu erkennen: Eine Prozession pferdebespannter Streitwagen mit je zwei ägyptischen Soldaten zieht vorüber, rechts davon ist eine Jagdszene mit Bogenschützen, Hunden, Steinböcken, Antilopen und Straußen dargestellt. Die kleinen Abbildungen in der linken oberen Ecke stammen von Beduinen, die die ägyptischen Originale in späterer Zeit nachzuahmen versuchten.

Eine markante Felsbildung ist der 6 m hohe, rote Pilz in der Nähe des Hauptweges. Nahebei finden sich alte Schmelzöfen, Werkstätten und Vorratsgruben aus dem 14.–13. Jh. v. Chr. Auch ein kleiner kanaanitischer Schrein mit Altar, Opferbank und Priesterzelle wurde hier freigelegt.

Der Höhepunkt der Fahrt durch das Timna-Tal sind die **Säulen Salomos,** purpurfarbene Felssäulen, die über 50 m steil emporragen. Eine Treppe führt zu einem Relief, das in etwa 30 m Höhe in eine glatte Wand gemeißelt wurde: Pharao Ramses III. (1184–53) bringt der Göttin Hathor, die auch Schutzpatronin der Bergleute war, ein Opfer dar. Hinter den Säulen führt die Treppe wieder hinab, um neben einem 9 × 7 m großen **Hathortempel** aus dem 13. und 12. Jh. v. Chr. zu enden. Nach 1150 v. Chr. wandelten midianitische Bergleute den Tempel in ein Zeltheiligtum um, das an die Stiftshütte der Israeliten erinnerte. Jitro, Schwiegervater des Mose, war midianitischer Priester (Ex 3,1). Auf die Midianiter gehen die Stelenreihe, eine Opferbank und der Priesterraum zurück, und auch die Kupferschlange mit vergoldetem Kopf, die man in dem Heiligtum fand, war midianitischen Ursprungs. Die Untersuchung der frühesten Schichten ergab, dass der Platz unter dem Felsvorsprung schon vor 6000 Jahren ein Heiligtum war.

Elat

Elat ★

Tourist Information Office

8 Beit HaGesher Street (beim Bridge House Tel. 086 30 91 11 So–Do 8.30–17, Fr 8–13 Uhr

An dem 13 km langen Küstenstreifen zwischen Ägypten und Jordanien entwickelte sich seit 1949 Israels einziger Überseehafen am Roten Meer, zugleich die südlichste Stadt und das größte und sonnenreichste Seebad des Landes (nur 8–10 Regentage im Jahr). Wie das geschwungene Rund eines antiken Theaters umschließen die modernen Stadtviertel die äußerste Nordwestspitze des Golfes von Elat (Golf von Aqaba), den im Westen die farbigen Berge des Sinai und im Norden die weite Aravasenke begrenzen. Abends funkelt auf der anderen Seite des Golfs das Lichtermeer der 6 km entfernten jordanischen Hafenstadt Aqaba, die mit Elat durch eine gemeinsame Geschichte und seit Herbst 1994 auch durch einen Grenzübergang verbunden ist, was interessante Ausflüge dorthin und auch in die berühmte Felsenstadt Petra ermöglicht.

Auf seinem Zug von Ägypten in das verheißene Land kam Mose mit den Israeliten auch nach Elat (Dtn 2,8); hier legten seit dem 14. Jh. v. Chr. ägyptische Schiffe an, um das begehrte Kupfer aus den Minen von Timna zu laden. König Salomo (etwa 968–930) gründete in der Nachbarschaft die neue Stadt Ezjon-Geber mit einem Verhüttungswerk, das als die fortschrittlichste Anlage ihrer Art im Altertum gilt. Und hier ließ er eine Flotte bauen, die aus Ofir – das vermutlich in Südarabien oder an der gegenüberliegenden afrikanischen Küste lag – Gold herbeischaffte (1 Kön 9,26; 2 Chr 8,18). König Hiram von Tyros stellte ihm für dieses Vorhaben seine erfahrenen phönikischen Schiffbauer und Seeleute zur Verfügung. In Ezjon-Geber ging wohl auch die legendäre Königin von Saba an Land, um sich in Jerusalem von Salomos Weisheit zu überzeugen (1 Kön 10,1–13). Auch König Joschafat von Juda (868–47) baute in Ezjon-Geber eine Flotte, die in Ofir Kupferbarren gegen Gold eintauschen sollte. Sie zerschellte aber schon bei der Abfahrt in einem Sturm (1 Kön 22,49). Unter seinem Nachfolger Joram (847–45) fiel der Hafen in die Hände der Edomiter (2 Kön 8,22); König Ussia (Asarja; 786–36) konnte ihn zurückerobern (2 Kön 14,22), König Ahas (736–26) verlor ihn aber wieder an Edom (2 Kön 16,6).

Im 5. Jh. v. Chr. übernahm das benachbarte Elat wieder die Rolle der führenden Hafenstadt am Roten Meer. Die Ptolemäer gaben ihm den Namen Berenike. Im 3. Jh. v. Chr. kam die Stadt unter die Herrschaft der Nabatäer, die sie Aila nannten. Für die Römer hatte Aila große strategische Bedeutung; sie stationierten hier die Legio X Fretensis, der auch die Bewachung der nahen Kupferminen von Timna oblag. In byzantinischer Zeit nahmen die Bischöfe von Aila an den ersten Konzilien teil. 634 begann in Aila, das fortan Aqaba hieß, die arabische Eroberung Palästinas. 1116 baute Balduin I., König von Jerusalem, in der jetzt Elyn genannten Stadt eine Zitadelle. Von hier aus plünderte Rainald von Châtillon, Herr über das östliche Jordanland, mit fünf Schiffen, die er zerlegt durch den Negev herangeschafft hatte, die Häfen der arabischen Küsten, führte einen erfolgreichen Kaperkrieg im Roten Meer und bedrohte sogar Mekka und Medina. Nach dem Zusammenbruch des Kreuzfahrerreiches im Jahre 1187 hieß der Hafen wieder Aqaba. Er gehört heute zu Jordanien.

Das heutige Elat ging 1949 aus der britischen Polizeistation Umm-Rashrash hervor. 1964 erhielt die Stadt einen Überseehafen, der durch eine Pipeline mit Ashqelon verbunden wurde. Nach der Wiedereröffnung des Suezkanals im Jahre 1975 verlor der Tiefseehafen seine Bedeutung. Elat hat heute 49 000 Einwohner, die überwiegend vom Fremdenverkehr leben.

Am Südrand von Elat entstand 1976 am Korallenstrand (Hof HaAlmog) das berühmte **Unterwasser-Observatorium** (Underwater Observatory Marine Park). Ein 100 m langer Steg führt zu einer Art Taucherglocke, in der man in 6 m Tiefe die farbenprächtige und formenreiche Fauna und Flora des Roten Meeres beobachten kann. Riesige Aquarien, darunter eine abgedunkelte Abteilung mit phosphoreszierenden Tiefseefischen, ergänzen das Observatorium. Die faszinieren-

Unterwasser-Observatorium
www.coralworld.co.il
Sa–Do 8.30–17, Fr und vor Feiertagen 8.30–16 Uhr

Dolphin Reef
Im Dolphin Reef, nordöstlich des Observatoriums, ist es möglich, mit Delfinen zu schwimmen und zu tauchen. Tel. 086 37 59 21
So–Do 9–17, Fr/Sa 9–16.30 Uhr
Wer zu den Tieren ins Wasser möchte, sollte mindestens zwei Tage im Voraus buchen.

Reisen & Genießen

Hotel

Elats Strand säumen luxuriöse Hotelanla-
gen, die keinen Wunsch offen lassen. Ge-
mütlicher und ruhiger geht es im Kibbuz
Hotel mit seinen ebenerdigen, höchstens
zweistöckigen Appartmentanlagen zu, die
in Grünflächen eingebettet sind. Wer mindestens zwei Nächte bleibt, erhält freien
Eintritt in den Timna-Park.

Kibbutz Country Lodging
Elat (3 km nördlich des Zentrums)
Tel. 086 35 88 16
www.eilot.co.il
DZ ab 500 NIS

Restaurant

Besonders nach Sonnenuntergang lassen
die vielen Lichter, die sich im Wasser spie-
geln, auf diesem schwimmenden Restaurant
Südseeromantik aufkommen. Die reichhaltige international beeinflusste Speise-
karte wird durch Sushigerichte ergänzt.

Pago Pago
North Beach (nahe Crown Plaza Hotel)
Eilat
Tel. 086 37 66 60
www.pagopagorest.com
tgl. 13–3 Uhr
Hauptgericht ab 74 NIS

de Unterwasserwelt der Korallenbänke lässt sich von einem speziel-
len Unterseeboot aus oder, preisgünstiger, auch auf Schiffen mit Glas-
böden erleben oder natürlich als Taucher. Elat ist ein geeigneter Ort,
diesen Sport zu erlernen und zu betreiben.

Koralleninsel

15 km südlich von Elat ragen 275 m vor der Küste auf Granitfelsen
die mittelalterlichen Ruinen der Koralleninsel in den tiefblauen Himmel. Die 320 m lange und 150 m breite Koralleninsel (I HaAlmogim,
auf arabisch Jezirat Fara'un, ›Pharaoneninsel‹) genannt, wurde 1982
wieder an Ägypten zurückgegeben; man kann sie jedoch über die Küstenstraße (Checkpoint Taba) oder auf Schiffsausflügen besuchen (das
erforderliche Besuchervisum erhalten Sie im Tourist Information Office von Elat und in den Reisebüros). Ruderboote fahren vom Festland hinüber.

Die Insel, von der aus stets die Seewege im nördlichen Golf von Aqaba kontrolliert werden konnten, wurde im 12. Jh. v. Chr. wohl unter
Pharao Ramses III. von einer mächtigen, 4 m dicken **Kasemattenmauer** umgeben. Sieben quadratische Türme, die in das Meer vorspran-
gen, verstärkten die Befestigung, zwei weitere flankierten die schmale
Hafeneinfahrt. Reste des Mauerwerks sind noch an mehreren Stellen
zu erkennen. Der kleine **Hafen** an der dem Festland zugewandten
windgeschützten Seite der Insel entstand durch Ausbau einer natürlichen Meeresbucht. Heute ist er wieder eine flache Lagune, in der

Blick auf die
Koralleninsel

man Tausende von Seesternen und Seeigeln sieht. Archäologen haben vor der Hafeneinfahrt steinerne Dalben entdeckt, an denen die Schiffe festmachten, bevor sie zum Entladen in den Hafen gezogen wurden. Die nördliche Granitkuppe der Insel trägt die Ruinen der mameluckischen **Zitadelle** aus dem 15. Jh.

Ausflug zum Katharinenkloster auf dem Sinai

Inmitten der wildzerklüfteten Zentralgruppe des ägyptischen Sinaigebirges liegt am Nordostfuß des Djebel Musa (›Mosesberg‹) in einer Höhe von 1528 m das Katharinenkloster, das größte und berühmteste Kloster des Nahen Ostens. Hier offenbarte sich nach dem Glauben der Juden, Christen und Muslime Gott den Menschen. In der Abgeschiedenheit der Wüste Sinai hüten griechisch-orthodoxe Mönche eine der bedeutendsten Handschriftensammlungen und die ältesten Ikonen der Welt. Die byzantinische Kirche hier ist das einzige christliche Gotteshaus, in dem seit anderthalb Jahrtausenden ununterbrochen Messen zelebriert werden.

Reisegesellschaften und Verkehrsbüros vermitteln Busreisen von Tel Aviv, Jerusalem und Elat aus (sie besorgen auch das ägyptische Visum). Der kleine, etwa 15 km vom Kloster entfernte Flugplatz besteht seit 1967, aber die zu geringe Passagierzahlen veranlassten die Egypt Air zur Einstellung des Linienverkehrs. Mit dem Pkw ist das Katharinenkloster von Elat aus über eine 220 km lange Straße zu erreichen, die wenige Kilometer hinter Nuweiba abbiegt. Das Gästehaus bietet

Katharinenkloster ★★

Katharinenkloster
www.sinai
monastery.com
Mo–Do, Sa 9–12,
Fr, So und an Feiertagen geschl.

Camp Santa Katharina nahe dem Katharinen-kloster

rund 250 Personen eine bescheidene Übernachtungsmöglichkeit; in der Nähe des Klosters gibt es außerdem gepflegte Ferienanlagen (etwa das Camp Santa Katharina) und verschiedene Hotels.

Im Djebel Musa sah die christliche Tradition schon sehr früh den Berg Horeb, wo Mose die Schafe und Ziegen seines Schwiegervaters Jitro, eines Midianiterpriesters, weidete und wo Gott ihm in einem brennenden Dornbusch erschien (Ex 3,1 ff.). Auf diesem Berg schloss Gott später mit den Menschen seinen Bund und gab ihnen durch Mose das Gesetz (Ex 19 und 20). Seit dem frühen 2. Jh. hausten in den Felshöhlen rings um den Mosesberg Eremiten. Um ihnen ein eigenes Gotteshaus zu geben und sie vor Überfällen räuberischer Beduinen zu schützen, soll ihnen die Kaiserinmutter Helena um 324 eine Kirche und einen Wehrturm gestiftet haben. Zwischen 548 und 565 beauftragte Kaiser Justinian I. den Architekten Stephanos aus Aila, die heutige Kirche zu bauen. Er weihte sie der Gottesmutter, fügte ein ansehnliches Kloster hinzu und umgab alles mit einer mächtigen Mauer. Zugleich stationierte er hier eine 200 Mann starke Garnison, die als Vorposten des Imperiums auf dem Sinai die alte Karawanenstraße von Ägypten nach Aqaba zu sichern hatte. Unter der Seldschukenherrschaft versiegte im späten 11. Jh. der Pilgerstrom, das Kloster geriet durch den Ausfall der Spenden in arge Bedrängnis. Dennoch harrten die Mönche aus und arrangierten sich mit den Muslimen, für die sie innerhalb der Klostermauern sogar eine Moschee einrichteten.

Im 14. Jh. wurde die Kirche der hl. Katharina von Alexandria geweiht. Katharina – als historische Person ist sie nicht fassbar – war eine hochgebildete alexandrinische Aristokratin, die bedeutende Gelehrte und Mitglieder des römischen Herrscherhauses zum Christentum bekehrte und deshalb im Jahre 310 unter Kaiser Maxentius den Märtyrertod erleiden musste.

In byzantinischer Zeit, aber auch im 14. Jh., lebten bis zu 400 Mönche am Berg Horeb. Heute leben hier nur noch wenige, ausschließlich aus Griechenland stammende Mönche, die die heilige Stätte hüten und gemeinsam mit den Beduinen die baulichen Anlagen instand halten und den von Jahr zu Jahr anwachsenden Pilger- und Touristenstrom betreuen. Zu keiner Zeit wurde das Kloster geplündert, entweiht oder gar zerstört. Den klugen Äbten gelang es stets, sich immer rechtzeitig unter den Schutz der jeweils Herrschenden zu stellen. So können die Mönche über 100 Schutzbriefe und Firmane aus dem 12.–19. Jh. zeigen, darunter auch ein Schreiben Napoleons.

Seit dem 6. Jh. genießt das Katharinenkloster völlige Unabhängigkeit von Staat und Kirche. Der von der Bruderschaft des Sinaitischen Ordens gewählte Klosterabt hat den Rang eines Erzbischofs; er residiert in Kairo und bildet zusammen mit vier Archimandriten den Rat der Väter. Die Mönche arbeiten in Bibliothek und Werkstatt. Kleinere Besitzungen auf Zypern, Kreta und anderen griechischen Inseln sichern die wirtschaftliche Unabhängigkeit des Klosters, das heute unter dem Schutz der UNESCO steht.

Besichtigung

Das Katharinenkloster bedeckt eine Fläche von 84 × 74 m. Die Mauer aus mächtigen Granitblöcken (außen) und Bruchsteinen (innen) geht zu einem großen Teil (Südwestmauer) auf das 6. Jh. zurück. Die tiefste Stelle des Areals nimmt die Verklärungsbasilika ein. Etliche Stufen führen zum zweiflügeligen Portal aus der Fatimidenzeit (12. Jh.), das mit Szenen aus dem Alten und Neuen Testament bedeckt ist, hinab. Den Narthex schmücken kostbare **Ikonen,** meist Arbeiten kretischer Mönche. Die Doppeltüren zum Kirchenraum stammen aus der Zeit Justinians; das Mittelportal ist 3,63 m hoch und 2,40 m breit. Die kunstvoll geschnitzten Zedernholztüren zeigen üppige Tier- und Pflanzenornamente.

Zweimal sechs Säulen gliedern den Raum in ein breites, hohes Mittelschiff und zwei schmale, niedrigere Seitenschiffe. Die Monolithe aus rosafarbenem Sinaigranit werden von korbförmigen und tiergestaltigen Kapitellen gekrönt. Die Säulen symbolisieren die zwölf Apostel und entsprechen den zwölf Monaten des Sonnenjahres; Tafeln mit Abbildungen der Tagesheiligen hängen unterhalb der Kapitelle. Die reich geschnitzten und mit Farbe ausgelegten Deckenbalken gehen ebenfalls auf die Basilika Justinians zurück; die Holzdecke mit naiv-heiteren Astronomiedarstellungen wurde erst im 18. Jh. eingezogen. Der farbig gemusterte **Fußboden** mit Marmor- und Porphyr-Intarsien stammt aus dem Jahre 1714.

Vor der vergoldeten und mit Heiligenbildern behängten **Ikonostase,** einer kretischen Arbeit aus dem Jahre 1612, stehen zwei große **Leuchter,** die 1799 der Nürnberger Matthäus Bleyel stiftete. Hinter der Ikonenwand (meist kein Zutritt) bewahrt ein Schrein die Reliquien der hl. Katharina von Alexandria, die einmal jährlich, am 8. Dezember, in prunkvoller Zeremonie den Gläubigen gezeigt werden. Der byzantinische **Marmoraltar** ist seit 1675 mit perlmuttbelegtem Holz verkleidet, der Baldachin darüber ebenfalls mit Perlmutt besetzt. Zwei russische Silberschreine (1691 und 1890) enthalten Geschenke für die Heilige. Die Apsis mit dem typisch byzantinischen **Synthronos** wird von einem großartigen Mosaik beherrscht, das im 6. Jh. geschaffen wurde und die Verklärung Jesu auf dem Berg Tabor zeigt. Jesus ist von Elija und Mose sowie seinen Jüngern Johannes, Petrus und Jakobus umgeben. Eine Gloriole aus 31 Medaillons mit den Porträts von Propheten und Aposteln umrahmt die Szene. Neben dem Doppelfenster sind die beiden Ereignisse am Berg Horeb wiedergegeben: Mose geht auf den brennenden Dornbusch zu, und Mose empfängt das Gesetz. Zwei Medaillons zeigen Kaiser Justinian und seine Gemahlin Theodora. Hinter der Apsis entstand, vermutlich an der Stelle der ersten, von Helena gestifteten Kapelle, im 13. Jh. die **Kapelle des Brennenden Dornbuschs,** das größte Heiligtum des Sinai. Die Wände sind mit blaugrünen Iznik-Fayencen verkleidet und mit unzähligen Ikonen behängt, den Boden bedecken alte Teppiche. Reliefierte Silberplatten unter dem Altartisch zeigen die Stelle, an der der

Katharinenkloster

1 Verklärungs-
   basilika
2 Portal
3 Narthex
4 Kapelle des hl.
   Kosmas und des
   hl. Damian
5 Kapelle des hl.
   Simeon Stylites
6 Kapelle der
   hl. Anna und des
   hl. Jojakim
7 Schatzkammer
8 Kapelle der
   hl. Maria
9 Kapelle des
   hl. Konstantin und
   der hl. Helena
10 Kapelle des
   hl. Antipas
11 Sakristei
12 Ikonostase
13 Reliquienschrein
14 Kapelle Johannes
   des Täufers
15 Kapelle des
   hl. Jakobus d. J.
16 Kapelle des
   Brennenden
   Dornbusches
17 Moschee
18 Mosesbrunnen
19 Refektorium
20 Museum und
   Bibliothek
21 Gästetrakt
22 Küche und Wirt-
   schaftsräume
23 Wohn- und Emp-
   fangsräume
24 Heutiger Eingang
25 Kléber-Turm

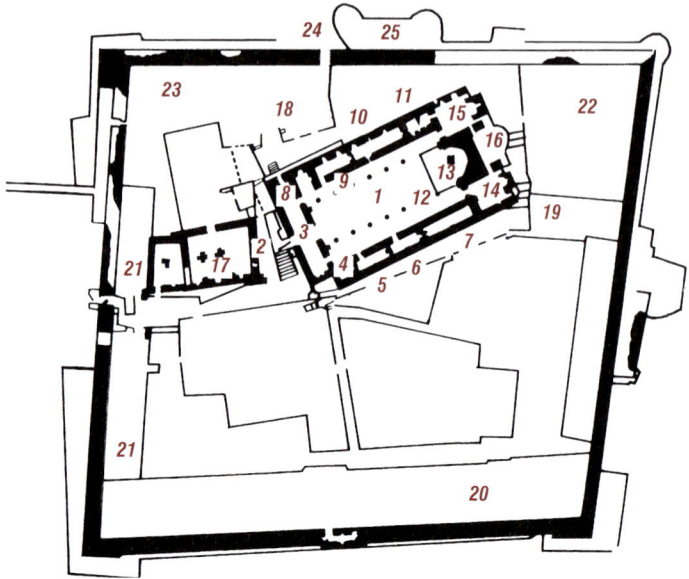

Heilige Dornbusch stand. An der Außenwand der Kapelle rankt sich ein dorniger Syrischer Blasenstrauch (Colutea istria) empor. Er soll ein Spross des biblischen Dornbusches sein.

Der dem Barock nachempfundene **Glockenturm der Verklärungs-basilika** und die acht Glocken, die den Tag einläuten, sind Geschenke des Zaren Alexander II. (1871). Ein hölzerner Gong ruft zu den Messen (4.30–7.30, 14.30–16 Uhr). Die Moschee neben der Kirche ging im 10. Jh. aus einem Gästehaus für muslimische Besucher hervor. Das Katharinenkloster ist das einzige christliche Kloster, in dem Kreuz und Halbmond einträchtig beieinander existieren (diese noch heute geübte Toleranz ermöglichte der Bruderschaft ein ungestörtes Wirken durch die Jahrhunderte). Beachtenswert sind der Mimbar und der Koranständer aus dem 12. Jh. Das 17 m lange, frühgotische **Refektorium** zeigt an der Stirnwand ein Fresko aus dem Jahre 1573, das das Jüngste Gericht darstellt. Auf Türrahmen und Blendarkaden haben sich europäische Pilger des 12.–16. Jh. durch Wappen und Inschriften verewigt.

Das **Museum** enthält die größte und bedeutendste Ikonensammlung der Welt. Unter den rund 2000 Tafelbildern befinden sich einige besonders kostbare, im antiken Enkaustik-Verfahren hergestellte Ikonen (5./6. Jh.). Dabei werden in Wachs gebundene Pigmente auf Holz, Stein usw. heiß aufgetragen; auch ägyptische Mumienporträts sind nach diesem Verfahren hergestellt. Einzigartig ist auch die Sammlung liturgischer Geräte und Kleidung. Die im Allgemeinen nicht zugängliche **Bibliothek des Klosters** umfasst über 3400 Handschriften. Zu den wertvollsten zählen das Buch Hiob (11. Jh.), die (›Leiter zum Paradies‹, 12. Jh.) und die 16 Homilien des Gregor von Nazianz (12. Jh.). Von dem berühmtesten »Codex Sinaiticus«, einer griechischen Bibelhandschrift des 4. Jh., ist nur eine Faksimileausgabe vorhanden (der überwiegende Teil des Originals befindet sich heute im British Museum, London, 43 Blätter sind als »Codex Friderico-Augustanus« im Besitz der Universitätsbibliothek Leipzig).

Im schattigen Klostergarten außerhalb der Mauern steht inmitten von Ölbäumen und hohen Zypressen die Kapelle des hl. Tryphon, deren zwei Krypten als **Beinhaus** dienen. Seit vielen Jahrhunderten werden hier die Schädel und Knochen der verstorbenen Mönche aufbewahrt. Die sterblichen Überreste der Äbte haben ihren Platz in kleinen, vergitterten Wandnischen.

Aufstieg zum Djebel Musa

Vom Kloster führen zwei Wege zum Gipfel des 2285 m hohen Djebel Musa empor. Für den Auf- und Abstieg muss man je etwa 2–3 Stunden rechnen, denn der Höhenunterschied beträgt mehr als 750 m. Besonders beeindruckend ist es, auf dem Gipfel den Sonnenaufgang zu erleben. Den großen **Treppenweg** mit seinen 3000 oft bis zu 40 cm hohen Stufen wählt man am besten für den Abstieg. Hinauf geht es über den zwar längeren, aber weniger beschwerlichen **Serpentinenpfad**, den Siqqet Saidna Musa, ›Pfad unseres Herrn Mose‹. Vor dem Gipfel trifft der Pfad auf den Treppenweg, dessen letzte 734 Stufen, die sogenannte Bußtreppe, jeder ersteigen muss, der an der Stätte stehen möchte, wo Mose von Gott die Zehn Gebote empfing. Den Gipfel, von dem man eine atemberaubende Aussicht auf die wilde, öde Bergwüste hat, krönt eine bescheidene Kapelle, die 1934 unter Verwendung alter Bauteile errichtet wurde. Eine winzige Andachtsstätte stand hier schon im Jahre 363; sie wurde um 530 durch eine Basilika ersetzt, die den ganzen Gipfel einnahm. Da die Muslime Mose als einen ihrer Propheten verehren, befindet sich neben der Kapelle auch eine kleine Moschee.

Der Treppenweg führt durch zwei **Steintore,** das Tor des Glaubens und das Stephanstor, vor dem nach christlicher Überlieferung im 6. Jh. der Abt Stephanos saß, der den Pilgern erst nach Beichte und Absolution den Weg zum Gipfel freigab (daher auch Beichtpforte genannt). Heute bewacht das Skelett des Stephanos, mit Mantel und Mönchskappe bekleidet, das Beinhaus des Klosters.

Katharinenberg

6 km südlich des Klosters erhebt sich der Katharinenberg (Djebel Katrina), der Mons Sinai, mit 2642 m die höchste Erhebung des Sinai. Auf seinem Gipfel sollen Mönche zwischen dem 7. und 9. Jh. die Gebeine der hl. Katharina von Alexandria, die von Engeln hierher gebracht worden waren, gefunden haben.

Hinweis

Falls Sie die Nacht hier oben verbringen: Nach islamischer Tradition sind auf dem Djebel Musa gezeugte Kinder mit Weisheit gesegnet.

Glossar religions- und kunstgeschichtlicher Begriffe

Agape Liebesmahl der Urchristen, von wohlhabenden Gemeindemitgliedern für Arme gestiftete gemeinsame Mahlzeit als Ausdruck brüderlicher Liebe

Akanthus distelartige Pflanze, deren Blätter als Vorlage für ein weit verbreitetes Architekturornament dienen

Alijah jüdische Einwanderungswelle nach Palästina

Almemor Vorlesepult in der → Synagoge

Ambo Podest zum Vorlesen des Evangeliums, Vorläufer der Kanzel

Amphiktyonie Verband von Stämmen zum Schutz und zur Pflege eines gemeinsamen Heiligtums

Antependium den Altarunterbau schmückende Verkleidung aus Stoff oder Metall

Apodyterium Umkleideraum der römischen Thermen

Apsis halbrunder, auch mehreckiger mit einer Halbkuppel überwölbter Raumteil

Architrav den Oberbau tragende Steinbalkenlage

Arkosolgrab Grab in bogenförmig überwölbter Nische

Aschkenasim aus Mittel- und Osteuropa stammende Juden → Sephardim

Astarte kanaanitische Fruchtbarkeits- und Kriegsgöttin

Atrium von Säulenhallen umgebener Vorhof einer Kirche

Baptisterium christliche Taufstätte als selbstständiges Bauwerk oder Anbau einer Kirche

Basilika große, rechteckige Hallenkirche, die durch Säulenreihen in ein erhöhtes Mittelschiff und zwei (gelegentlich auch vier) Seitenschiffe eingeteilt ist

Bema erhöhter Altarraum der Ostkirchen

Bossenquader gerändete Steinquader, deren Außenfläche nur roh behauen ist

Bouleuterium Gebäude für die Ratsversammlung

Caldarium Warmwasserbad, zentraler Teil der römischen Thermen

Cardo maximus in Nord-Süd-Richtung verlaufende zweite Hauptstraße des Römerlagers und der römischen Stadt → Decumanus maximus

Cavea Zuschauerraum des römischen Theaters, bestehend aus terrassenartig aufsteigenden Sitzreihen (Sitzstufen)

Cella Hauptraum des antiken Tempels, in dem die Gottheit wohnte bzw. ihr Abbild stand

Chor den Geistlichen vorbehaltener Teil des Kirchenraumes mit Altar und Chorgestühl, meist um einige Stufen erhöht und durch Chorschranken abgegrenzt

Ciborium Ziborium

Columbarium römische und frühchristliche Gemeinschaftsgrabanlage, die im Aussehen einem Taubenschlag ähnelt

Decumanus maximus in Ost-West-Richtung verlaufende Hauptstraße des Römerlagers und der römischen Stadt → Cardo maximus

Diakonikon Sakristeiraum der byzantinischen Kirchen

Dolmen vorgeschichtliche Grabkammer aus ein oder zwei mächtigen Decksteinen auf senkrechten Tragsteinen

Donjon innerer Hauptturm der Kreuzfahrerburg

Dreikonchenbau Bauwerk mit kleeblattförmigem Grundriss

Drusen islamische Glaubensgemeinschaft

Epitaph Erinnerungsmal für einen Verstorbenen oder Grabinschrift

Etrog Zitrusfrucht, die beim Laubhüttenfest eine Rolle spielt

Eucharistie Abendmahl; Leib und Blut Christi in der Gestalt von Brot und Wein

Exedra große, halbrunde oder mehreckige Nische

Forum Marktplatz römischer Städte, zugleich Mittelpunkt des öffentlichen Lebens

Fries waagerecht verlaufender Bauteil, der zur Raumgliederung und als Schmuck dient

Frigidarium Kaltwasserbad der römischen Thermen

Gemara Auslegung der → Mischna (3.–5. Jh.)

Gesims über das Gebälk vorspringendes bzw. aus der Mauer hervorstehendes Bauglied, meist aus Steinplatten gefügt

Glacis aus Steinquadern gebildete Böschung zur Verstärkung einer Mauer

Hexagramm Sechszackstern, Davidstern

Holocaust eigentlich Brandopfer, verwendet jedoch insbesondere für die Vernichtung des jüdischen Volkes

Hypokausten Fußbodenheizung mit Heißluftkanal-System

Ikonostase Bilderwand zwischen Gemeinde- und Altarraum

Judenchristen Christen jüdischer Herkunft zur Zeit der Urkirche

Kabbala mystisch geprägte Auslegung des Alten Testaments und des → Talmud (13.–16. Jh.)

Kantharos Trinkgefäß mit zwei senkrechten Henkeln, meist auf hohem Fuß

Kapitell oberster Teil einer Säule, eines Pfeilers oder Pilasters, Bindeglied zwischen Stütze und Gebälk

Kenotaph Erinnerungsmal für einen Toten, der an anderer Stelle begraben wurde

Khan Karawanserei; Herberge für Kaufleute und ihre Transporttiere

Kibbuz selbstverwaltete Siedlung in Gemeinschaftsbesitz → Moschaw

Kibla die Mekka zugewandte Mauer im Gebetssaal der Moschee, mit → Mihrab und → Mimbar versehen

Kippa kappenartige Kopfbedeckung der Juden

Kokim Schiebestollengräber

Konche muschelartig gestalteter Abschluss der → Apsis

Koran heiliges Buch des Islam, dem Propheten Mohammed verkündete göttliche Offenbarung

Krypta Grabkammer unter dem Altar

Kurtine Teil eines Walles, der zwei Bastionen verbindet

Lisene senkrechter Mauerstreifen zur Wandgliederung

Lulav Feststrauß, der beim Laubhüttenfest getragen wird

Mahta zu rituellen Zwecken benutzte Räucherschaufel

Masseben prähistorische kultische Steinpfeiler, Phallussymbole

Mesusa Kapsel am rechten Türpfosten jüdischer Häuser mit Text Dtn 6,4–9 und 11,13–21

Mazzebot → Stele

Medrese theologisch-juristische Hochschule im Islam, Koranschule

Menora (meist) siebenarmiger Leuchter

Mihrab Gebetsnische der Moschee → Kibla

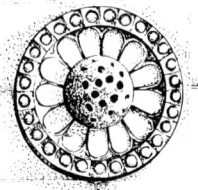

Mimbar Kanzel der Moschee → Kibla

Minarett Turm der Moschee

Mikwe rituelles Bad

Mischna Aufzeichnung der jüdischen Religionsgesetze aus dem 1.–2. Jh., bestehend aus Seraim (Grund und Boden), Moëd (Feste), Naschim (Ehe), Nesikin (Zivil- und Strafrecht), Kodaschim (Tempelkult und Speisevorschriften), Toharot (levitische Unreinheit)

Monolith aus einem einzigen Block gemeißeltes Bauglied

Moschaw Genossenschaftssiedlung von Kleinbauern mit Privatbesitz → Kibbuz

Naos griechische Bezeichnung für → Cella

Narthex Vorhalle der Kirche

Nekropole große Begräbnisanlage des Altertums

Obergaden Fensterzone der überhöhten Mittelschiffswand in der Basilika

Oktogon Bauwerk über achteckigem Grundriss

Onomastikon antikes oder mittelalterliches Namen- oder Wörterverzeichnis

Opus reticulatum römisches Mauerwerk mit netzartig diagonal vermauerten Steinen

Orthostaten hochkant stehende Steinquader oder -platten, oft mit Reliefs versehen

Ossuarium Gefäß zur Aufbewahrung der Gebeine Verstorbener (Zweitbestattung)

Ostraka Keramikscherben, die im Altertum als billiges Schreibmaterial anstelle des teuren Papyrus verwendet wurden

Peies lange Schläfenlocken orthodoxer Juden

Pentagramm fünfeckiger Stern, magisches Zeichen

Pentateuch → Thora

Peristyl Säulenumgang, von Säulenhallen umgebener Hof

Pfeiler freistehende senkrechte Stütze mit meist eckigem Querschnitt

Pilaster Wandpfeiler zur Versteifung und zum Schmuck der Wände sowie zur Rahmung von Fenstern und Türen

Plinthe quadratische oder rechteckige Sockelplatte unter der Basis von Säulen, Pfeilern und Statuen

Portikus Säulenhalle mit geschlossener Rückwand

Prothesis Tisch oder kleiner Altar zur Bereitung der Gaben und zur Ablage des Opferbrotes (byzantinische Liturgie)

protoionisch Architekturstil (besonders bezüglich der Kapitelle), Vorläufer der ionischen Ordnung

Quadriportikus vierseitige Säulenhalle

Rabbi Ehrenname bedeutender Gelehrter

Rabbiner religiöser Lehrer, zu dessen Aufgaben bestimmte Handlungen im Gottesdienst, Trauungen usw. gehören

Risalit aus der Fluchtlinie einer Gebäudefront leicht vorspringender Gebäudeteil

Sanhedrin Hoher Rat, jüdische Verwaltungs- und Gerichtsbehörde im Jerusalem der hellenistisch-römischen Zeit

Sanktuar Heiligtum, das Allerheiligste des Tempels

Säule walzenförmige senkrechte Stütze

Schoah hebräisch für ›Verderben‹ → Holocaust

Schofar Widderhorn, jüdisches Kultinstrument

Sebil öffentliche Brunnenanlage

Sephardim aus Spanien und Portugal stammende Juden → Aschkenasim

Sgraffito Kratzputz
Sima oberster Teil des Gebälks, Regenrinne
Soreg Chorschranke, meist aus Marmorplatten zwischen kleinen, viereckigen Säulen
Stele Steinsäule oder aufrecht stehende Steintafel, mit Relief versehen, häufig beschriftet
Stoa langgestreckte Säulenhalle
Streimel Pelzmütze der chassidischen Juden
Sturz waagrechter oberer Abschluss einer Tür- oder Fensteröffnung
Stylobat Standfläche für Säulen
Synagoge Versammlungs- und Bethaus der Juden
Synthronos Bank für die Kirchenältesten (Presbyter)
Tabernakel Baldachin über Hochaltar, Statuen usw.
Tallit großes, helles Gebetstuch mit dunklen Randstreifen und Fransen
Talmud Zusammenfassung der Lehren, Vorschriften und Überlieferungen des nachbabylonischen Judentums (1.–5. Jh.). Der Text des Talmud besteht aus → Mischna und → Gemara
Talus schräg abfallendes Fundament
Tambour zylindrischer oder polygonaler Unterbau einer Kuppel, meist mit Fenstern versehen
Tefillin Gebetsriemen aus Leder mit Kapsel, die Thoratexte enthält

Tell (hebräisch Tel): Siedlungshügel, künstliche Erhebung, die durch übereinander liegende Siedlungsschichten entstanden ist
Temenos: heiliger Bezirk, zumeist von einer Mauer umgeben
Tepidarium Abkühlraum der römischen Thermen
Tetrastylos viersäuliger Bau
Tholos Rundbau mit Säulenumgang
Thora die fünf Bücher Mose (Pentateuch), wichtigste Grundlage der jüdischen Religion → Talmud
Thronos Bischofssitz in frühchristlichen Kirchen
Toichobat Standfläche für die Seitenmauern der frühen Synagogen und Kirchen
Triglyphen Steinplatten zur Verkleidung der Stirnseiten der Deckenbalken, meist mit drei senkrechten Rillen geschmückt
Vierung Raumteil der Kirchenbauten, in dem sich Längs- und Querschiff vereinigen
Volute Ornament in Form einer Spirale, eines Schneckenhauses (Volutenkapitell)
Wadi Trockental; Flusslauf, nur nach Regenfällen mit Wasser gefüllt
Wali Grab eines islamischen Heiligen
Yeshiva (Plural Yeshivot) Talmudlehrstätte
Ziborium Hostiengefäß; Baldachin über einem Altar oder Taufbecken

Trinkbrunnen auf dem Tempelberg (15. Jh.)

Morgendämmerung im Jordantal ▷

Reiseinformationen
von A bis Z

Anreise

Zahlreiche Veranstalter bieten Pauschalreisen nach Israel an. Individualreisen sind mit dem Flugzeug, dem Schiff und dem Wagen möglich. Beliebt ist die Flug-Mietwagen-Kombination (Fly & Drive), besonders reizvoll in Verbindung mit Kibbuz-Übernachtungen. Mit dem Wagen kommt man nur per Schiff nach Israel oder über Ägypten bzw. Jordanien. Die Landverbindung über die Türkei und Syrien ist z. Zt. unterbrochen.

... mit dem Flugzeug

Die schnellste und bequemste Anreisemöglichkeit bietet das Flugzeug. Alle großen Fluggesellschaften fliegen mehrmals in der Woche nach Israel. Ziel-Flughafen ist der Ben Gurion International Airport bei Lod (18 km von Tel Aviv) bzw. der Airport Elat. Der Flug von Frankfurt nach Tel Aviv dauert ungefähr 3,5 Stunden. Bei Ein- und Ausreise muss aus Sicherheitsgründen mit einer ausgiebigen Befragung und Untersuchung des Gepäcks gerechnet werden.

... mit dem Schiff

Schiffsverbindungen bestehen von mehreren Mittelmeerhäfen aus, u. a. von Venedig, Brindisi und Piräus. Alle Fährschiffe nehmen auch Kraftfahrzeuge mit. Allerdings sind in den letzten Jahren die Fährverbindungen deutlich zurückgegangen. Eine Alternative kann der Transport auf einem **Frachtschiff** sein. Diese Möglichkeit bestand auch noch im Jahr 2012. Hierbei muss jedoch mit einer Anreise von etwa 6 Tagen gerechnet werden. Neptunia Cruises & Ferries (Bodenseestr. 3a/I, 81241 München, Tel. 089 89 66 47 35, www.grimaldi-lines.de) bietet die Überfahrt (max. 12 Personen pro Überfahrt) von Monfalcone (Italien) nach Ashdod bzw. Haifa an.

Israel ist auch ein Ziel vieler **Mittelmeer-Kreuzfahrten.** Hierbei braucht sich der Reisende meist um keinerlei Formalitäten zu kümmern.

Wer Israel mit der **eigenen Jacht** besuchen möchte, muss zuerst einen Grenzhafen zur Abwicklung aller Formalitäten anlaufen. Als Grenzhafen fungieren Haifa, Ashdod und Elat sowie der Jachthafen Atarim von Tel Aviv. Danach können die anderen Jachthäfen angesteuert werden:

Akko:	Tel. 049 91 92 87, Fax 048 25 83 82
Ashdod:	Tel. 088 55 72 46, Fax 088 55 68 10, www.bluemarina.co.il
Ashkelon:	Tel. 086 73 37 80, Fax 086 73 38 23, www.ashkelon-marina.co.il
Elat:	Tel. 086 37 67 61, Fax 086 31 51 38
Haifa:	Kishon-Jachthafen, Tel. 048 42 21 06, Fax 048 41 27 30
Herzliyya:	Tel. 099 56 55 91, Fax 099 56 55 93, www.herzliya-marina.co.il
Jaffa:	Tel. 036 83 22 55, Fax 036 83 03 77
Tel Aviv:	Tel. 035 27 25 96, Fax 035 27 24 66, www.telaviv-marina.co.il

Es empfiehlt sich, den gewünschten Liegeplatz schon mehrere Wochen vor dem Eintreffen unter Angabe aller Schiffsdaten reservieren zu lassen. Die Hafenzollämter sind Tag und Nacht geöffnet.

... mit dem Auto

Wer das Auto mitnimmt, sollte eine zusätzliche Seetransportversicherung abschließen, da die Reedereien nur mit sehr geringen Summen und für das Gepäck im Auto gar nicht haften.

Einreise auf dem Landweg von Ägypten:
Mit dem in Europa zugelassenen Kraftfahrzeug kann man von Ägypten aus bei Taba (südlich von Elat, geöffnet 0–24 Uhr, außer an Jom Kippur, dem jüdischen Versöhnungstag, und am 'Aid al-Adha) und bei Rafiah-Sadot (Gaza 8.30–17 Uhr, aber z. Zt. nicht regelmäßig geöffnet) nach Israel einreisen. Ausreisen (auch vorübergehend) darf man nicht mit einem Mietwagen oder einem Allradfahrzeug. Für Ägypten sind ein Visum und ein Carnet de Passages erforderlich.

Wer mit dem Mietwagen nur den Sinai besuchen möchte, erhält am Grenzübergang Taba gegen Gebühr eine Einreiseerlaubnis für einen Aufenthalt von bis zu 7 Tagen; ein Visum ist dabei nicht nötig.

Einreise auf dem Landweg von Jordanien:
Jordanien hat drei Grenzübergänge nach Israel: Yitzhak-Rabin (Aqaba-Elat, geöffnet So–Do 6.30–20, Fr/Sa 8–20 Uhr), Allenby Bridge (bei Jericho, geöffnet So–Do 8–24, Fr/Sa 8–15 Uhr, hier ist nur die Passage mit einem vorher beantragten Visum möglich) und Jordan River Crossing (bei Bet She'an, geöffnet So–Do 6.30–21, Fr/Sa 8–20 Uhr). An Yom Kippur und 'Aid al-Adha sind alle drei Übergänge geschlossen. Die Öffnungszeiten

können sich ändern. Für den Ausflug nach Jordanien sind Visum und Ausreisegebühr nötig. Mietwagen oder eigenes Kfz dürfen nicht mit über die Grenze genommen werden. Weitere Informationen zu den Grenzformalitäten finden Sie unter www.iaa.gov.il.

Auskunft

Staatliches Israelisches Verkehrsbüro
Friedrichstr. 95
10117 Berlin
Tel. 0 30 203 99 70, Fax 0 30 20 39 97 30
www.goisrael.de
zuständig für Deutschland, Österreich und die Schweiz

Generaldelegation Palästinas
Ostpreußendamm 170
12207 Berlin
Tel. 030 206 17 70, Fax 030 20 61 77 10
www.palaestina.org

Seelsorgestelle Jerusalem
Paulushaus, 2 Nablus Road
P. O. Box 19070
91190 Jerusalem
Tel. 026 26 78 00, Fax 026 27 23 97
info@paulus-haus.de
Informationen für Pilger

Internet
www.goisrael.de (Seite des Staatlichen Israelischen Verkehrsbüros)
www.travelpalestine.ps (Seite des Ministeriums für Tourismus und Antiquitäten in Palästina)
www.hagalil.com (deutschsprachiges Internetmagazin)
www.israelnetz.de (deutschsprachiges Internetmagazin)
www.thisweekinpalestine.com (Nachrichten und Infos aus den palästinensischen Autonomiegebieten)

Periodika
Gute Informationen über Land und Leute, über Kultur, Wirtschaft und Politik bieten folgende Periodika:

Das Heilige Land.
Zeitschrift des Deutschen Vereins vom Heiligen Lande, erscheint dreimal jährlich für Mitglieder des Vereins (Kontaktadresse: Deutscher Verein vom Heiligen Lande, Generalsekretariat, Postfach 10 09 05, 50449 Köln, Tel. 0221 995 06 50, www.heilig-land-verein.de).

Im Land des Herrn.
Franziskanische Zeitschrift für das Heilige Land, erscheint viermal jährlich (Kontaktadresse: Kommisariat Wien, Franziskanerplatz 4, 1010 Wien, Tel. 01 512 19 17, www.pilgerreise.at).

NAI. Nachrichten aus Israel.
Monatliche Presseinformationen in deutscher Sprache (Kontaktadresse: 1 Shmuel Hanagid St., P.O.Box 7555, 91074 Jerusalem, Tel. 026 22 68 60, www.israelheute.com).

Bäumepflanzen

Mit Hilfe in- und ausländischer Spenden forstet der Jüdische Nationalfonds ausgewählte Gebiete auf. Er pflanzte bisher über 240 Millionen Bäume, schuf unzählige Parkanlagen und Erholungsgebiete und optimierte den Wasserhaushalt des Landes. Für eine Spende von 10 US-$ kann man an zugewiesenen Stellen Bäume pflanzen (tgl. außer Sa und an den jüdischen Feiertagen 8–14, Fr und vor Feiertagen 8–12.30 Uhr). Der Spender erhält eine Urkunde. Informationen sind erhältlich bei:
Keren Kayemeth LeIsrael (KKL)
Jewish National Fund
Keren Kayemeth Street, Jerusalem
Tel. 026 24 17 81, Fax 026 70 74 02

96 HaYarqon Street, Tel Aviv
Tel. 035 23 43 67, Fax 035 24 60 84
www.jnf-kkl.de
   Am Nordrand der Negev-Wüste östlich von Be'er Sheva entsteht seit 1991 der **Wald der deutschen Länder,** wo Deutsche bisher mehr als 450 000 Bäume gepflanzt haben. Eine Baumpflanzung kostet 10 ℵ Information erteilt der **Jüdische Nationalfonds e. V.**
Hohenzollerndamm 196

10717 Berlin
Tel. 030 883 43 60, Fax 030 883 68 81
www.jnf-kkl.de

Diplomatische Vertretungen

... in Israel
Deutsche Botschaft
3 Daniel Frisch St., 19 Stock
64731 Tel Aviv
Tel. 036 93 13 13, Fax 036 96 92 17
www.tel-aviv.diplo.de

Deutsches Honorargeneralkonsulat
Michael Pappe
98 Sderot Hanassi
P. O.Box 6240
31061 Haifa
Tel. 048 38 14 08, Fax 048 37 13 53
www.pappelaw.com

Deutsches Honorarkonsulat
Barbara Pfeffer
5 Neviot St.
88000 Elat
Tel. 086 37 45 36, Fax 086 34 27 61
barbara.pfeffer@gmail.com

Österreichische Botschaft
Sason Hogi Tower
12 Abba Hillel Silver St.
52506 Ramat Gan, Tel Aviv
Tel. 036 12 09 24, Fax 037 51 07 16
www.bmeia.gv.at

Österreichische Honorarkonsulate
Technology Park
Manahat Building No.1
96958 Jerusalem
Tel. 026 49 06 49, Fax 026 49 06 59

c/o Ofer Brothers
9 Andre Saharov St.
31905 Haifa
Tel. 048 61 06 10, Fax 048 61 06 27

The Red Canyon Offices
Shderat Hatmarim

88000 Elat
Tel. 086 37 51 53, Fax 086 37 51 57

Schweizer Botschaft
228 Rehov HaYarqon
63405 Tel Aviv
Tel. 035 46 44 55, Fax 035 46 44 08
www.eda.admin.ch/telaviv

Konsulat der Schweiz
P. O. Box 3079
88130 Elat
Tel./Fax 086 37 27 49

... in den Palästinensischen Autonomiegebieten
Vertretung der Bundesrepublik Deutschland
13 Berlin St.
Ramallah
Tel. 022 97 76 30, Fax 022 98 47 86
www.ramallah.diplo.de

Botschaften des Staates Israel
... in Deutschland
Auguste-Victoria-Str. 74–76
14193 Berlin
Tel. 030 89 04 55 00, Fax 030 89 04 53 09
www.israel.de

... in Österreich
Anton-Frank-Gasse 20
1180 Wien
Tel. 01 47 64 6-0, Fax 01 47 64 65 75
http://vienna.mfa.gov.il

... in der Schweiz
Alpenstr. 32
3000 Bern 6
Tel. 031 356 35 00, Fax 031 356 35 56
http://bern.mfa.gov.il

Botschaften der Palästinensischen Autonomiegebiete
... in Deutschland
Ostpreußendamm 170
12207 Berlin
Tel. 030 206 17 70, Fax 030 20 61 77 10
www.palaestina.org

... in Österreich

Palästinensische Generaldelegation
Josefgasse 5
1080 Wien
Tel. 01 408 82 02/03, Fax 01 408 81 19
www.filastin.at

... in der Schweiz

Palästinensische Generaldelegation
96 Route de Vernier Chatelaine
Case Postal 1828
1211 Genf
Tel. 031 352 14 07, Fax 031 352 14 09
gdpalestine@swissonline.ch

Einkaufen

In Israel kann man in Läden und Shopping-Centers westlichen Stils oder in Basarstraßen und Märkten orientalischer Prägung einkaufen. Handeln ist fast überall möglich.

Auf alle Waren und Dienstleistungen wird eine Mehrwertsteuer (VAT) erhoben (z. Zt. 16,5 %), die im jeweiligen Preis enthalten ist. Touristen sind von der VAT (value added tax) befreit, wenn sie folgende Dienstleistungen in ausländischer Währung bezahlen: Unterkunft (incl. Mahlzeiten), organisierte Fahrten, Autovermietung usw. Beim Kauf von Waren wird die Mehrwertsteuer unter bestimmten Bedingungen unmittelbar vor der Ausreise erstattet.

Als Mitbringsel eignen sich Kupfer-, Silberarbeiten, Keramikwaren, Malachitarbeiten, gestickte Decken, Kelims, typische jüdische und arabische Kleidungsstücke, Batiken, Modeschmuck, Schnitzereien aus Olivenholz und Perlmutt, Glaswaren aus Hebron usw. Für die Ausfuhr von Antiquitäten ist eine schriftliche Genehmigung, erforderlich, die aber keine Gewähr für die Echtheit gibt:

The Antiquities Authority
Rockefeller Museum
P. O. Box 586
91004 Jerusalem
Tel. 02 29 26 07, Fax 02 29 26 28
www.antiquities.org.il

Qualitätvolle Souvenirs erhält man in Jerusalem z. B. im näheren Umkreis des King David Hotels, im Cardo (Altstadt) und in der Arts & Crafts Lane, Yemin Moshe.

Ein beliebtes Mitbringsel sind auch Kosmetik-Produkte vom Toten Meer.

Einreise und Zoll

Für den Besuch Israels ist der Reisepass erforderlich. Deutsche Staatsbürger, die vor dem 1. 1. 1928 geboren sind, müssen bei der israelischen Vertretung in Deutschland ein Visum beantragen; Der Reisepass muss noch mindestens sechs Monate über die Reise hinaus gültig sein. Allein bzw. nur mit einem Elternteil reisende Jugendliche unter 16 Jahren benötigen eine Einverständniserklärung ihrer bzw. des jeweils nicht mitreisenden Erziehungsberechtigten. Besondere Einreisebestimmungen für die palästinensischen Autonomiegebiete (Gaza und Teile der Westbank) gibt es nicht. Ein Aufenthalt bis zu drei Monaten ist ohne Visum möglich.

Der persönliche Reisebedarf kann vorübergehend zollfrei eingeführt werden. Dazu gehören auch die Fotoausrüstung, ein Fernglas sowie Sport- und Campingausrüstung. Eine Video-Kamera und den Laptop sollte man deklarieren, für sie kann eine Kaution bis zu 1000 US-$ gefordert werden. Auch andere wertvollere Gegenstände, wie eine Taucherausrüstung, sind zu deklarieren und ggf. kautionspflichtig. Die Höhe der Kaution bestimmt die Zollbehörde. Die Kaution ist in bar, mit Reisescheck oder per Kreditkarte zu hinterlegen; sie wird bei der Ausreise erstattet.

Zollfrei bleiben Tabakwaren aller Art bis zu 250 g/Pers. und 2 Liter Wein sowie 1 Liter Spirituosen (für Einreisende ab 17 Jahre), ferner 0,25 Liter Eau de Cologne oder Parfüm. Geschenke und Lebensmittel dürfen insgesamt nicht schwerer als 3 kg sein (je Sorte nicht mehr als 1 kg) und den Gesamtwert von 200 US-$ nicht überschreiten. Frisches Fleisch und frische Früchte, Narkotika und in arabischen Ländern erschienene Druckschriften (ausgenommen Publikationen über Sehenswürdigkeiten, z. B. Katharinenkloster, Petra) stehen unter Einfuhrverbot. Stichwaffen (z. B. Dolche) und Klappmesser mit mehr als 10 cm langer Klinge sind von der Einfuhr ausgeschlossen.

Elektrizität

Die elektrische Spannung in Israel beträgt 220 Volt Wechselstrom. Es empfiehlt sich, einen Adapter mitzunehmen.

Essen und Trinken

Die verschiedenen Religionen und die unterschiedliche Herkunft der Bewohner haben auch die einheimische Küche geprägt, die sehr abwechslungsreich und schmackhaft ist. An erster Stelle steht die **jüdische Küche,** die überwiegend koscher ist. Das Wort bedeutet rituell rein, entsprechend den religiösen Vorschriften (Dtn 14,3–21a). Als koscher gelten Gemüse, Obst, Nüsse und Getreide, Kaffee und Tee; Schweinefleisch ist nicht koscher, weil Schweine keine Wiederkäuer sind. Auch Kamele und Hasen gelten als unrein, weil sie keine gespaltenen Klauen haben. Koscher sind Rind, Schaf, Ziege, wenn sie vorschriftsmäßig durch einen Fachmann, den Schochet, geschlachtet wurden. Blut ist *trefli,* d. h. nicht koscher. Fische sind nur koscher, wenn sie Flossen und Schuppen besitzen; der Aal ist also für strenggläubige Juden verboten. Auch Austern, Krabben, Hummer, Langusten und Muscheln haben auf einem jüdischen Tisch keinen Platz. Huhn und Gans, Truthahn und Ente fehlen dagegen selten auf dem Esstisch.

Ein wichtiger Grundsatz ist ferner, dass Fleisch niemals mit Milch oder Milchprodukten in Berührung kommen darf. So wird eine Bratensauce niemals mit Sahne verfeinert, und auch eine Käseplatte wäre nach würzigen Lammkoteletts undenkbar. Nach einem Fleischgericht ist nicht einmal Kaffee mit Sahne zulässig! Wer Fleisch oder Wurst gegessen hat, muss fünf Stunden warten, bis er Milch oder ein Milchprodukt zu sich nehmen darf, im umgekehrten Falle kann man sich schon nach einer halben Stunde an ein Fleischgericht wagen. Dieses Verbot verlangt eine größere Küchenausstattung, praktisch zwei Küchen, eine für Fleisch- und eine für Milchspeisen.

Nicht alle jüdischen Restaurants kochen koscher. Manche legen ›liberalere‹ Speisekarten aus und kennzeichnen die koscheren Speisen mit einem ›K‹. Doch kein strenggläubiger Jude würde hier dinieren, müsste er doch befürchten, dass ein Teller, auf dem ein Steak serviert wurde, zusammen mit einem Milchglas in derselben Spülmaschine abgewaschen wurde. Konserven mit koscheren Fertiggerichten tragen den Prüfvermerk des zuständigen Rabbinats. Gefillte Fisch, Falsche Leber (aus Eiern, Auberginen und Zwiebeln), Scholet (aus weißen Bohnen oder Graupen und Gänsebrust), Matschanka (Gänsesülze), Glingl (Kalbslunge mit Kartoffeln), Tzibel (hartgekochte Eier mit Gänseleber püriert), Tschol Memula (gefüllte Rindermilz), Cherimsel (Klöße mit Apfel-Mandel-Füllung) oder Lekach (Honigkuchen) sollten Sie einmal probieren! Die Namen vieler Gerichte verraten noch ihre Herkunft aus Osteuropa.

Überaus schmackhaft ist auch die **arabische Küche.** In den versteckten Luxusrestaurants von Jaffa und Jerusalem erhält man Leckerbissen aus Tausendundeiner Nacht, wie z. B. Lammköpfe Sidi Baraya, Chickschouka, ein raffiniert gewürztes Hammelhack mit Auberginen in Teighülle, Camberi Jambalaya, große Krebsschwänze mit würzigen Dips, und andere Köstlichkeiten. In den Suqs der großen Städte kommt der Reisende an unzähligen Buden vorbei, wo es die leckeren Falafel gibt, meist in Pita gefüllt. Es sind kleine, in Öl gebackene Bällchen aus Kichererbsenbrei mit pikantem Gemüse und einer scharfen Sauce. Wer möchte, lässt sich vor oder zum Essen drei, vier kleine Teller mit diversen Vorspeisen servieren, wie das bekannte Humus, Kichererbsenpüree, gebunden mit Olivenöl und gewürzt mit Zitrone und Paprika, oder das nicht weniger beliebte Tehina aus zerdrückten Sesamkörnern mit Petersilie. Hammelfleischstückchen, mit Tomaten und Paprikaschoten auf Spieße gesteckt und über Holzkohlenglut gegrillt, heißen Shishlik, würzige Hackfleischklößchen Kabab. Und Shawarna, am senkrechten Drehspieß geröstetes Lammfleisch, in hauchdünnen Scheibchen geschnitten, schmecken noch besser als heimische Döner.

Getränke: Je heißer es ist, desto mehr sollte man trinken, um den Flüssigkeitsverlust auszugleichen. Mineralwasser, Softdrinks und Obstsäfte gibt es an jedem Kiosk. Besonders köstlich sind frisch gepresste Orangen, Grapefruits und Granatäpfel. Auch frischer Möhrensaft schmeckt delikat, löscht den Durst, ist gesund und zudem preiswert. Wasser darf man fast überall in Israel gefahrlos trinken, zumindest aus den öffentlichen Trinkwasserspendern.

Warme Getränke sind allerdings bekömmlicher! Daher löschen vor allem die Araber ihren Durst mit einem Glas Tee, häufig mit Minzblättern aromatisiert.

Versuchen Sie auch israelisches Bier: ein köstliches Maccabee oder Goldstar. Zum Essen sind die wunderbaren Rotweine Israels zu empfehlen, die überwiegend unter der Obhut französischer Kellermeister (Carmel) oder von erfahrenen Mönchen des französischen Trappistenordens (Latrun) zur Reife gelangen. Erwähnen muss man auch die heimischen Brandys und den in Ramallah dreifach gebrannten Arak, einen arabischen Anisschnaps, der als Digestif pur oder mit Wasser verdünnt, gute Dienste leistet!

Feiertage und Feste

Jüdische Feste

Am 1. und 2. Tishrei wird an zwei Tagen Rosh HaShanah, das Neujahrsfest, begangen, am 10. Tishrei Yom Kippur, der Versöhnungstag. Sukkot, das Laubhüttenfest, ist eines der drei Erntefeste. Es findet vom 15. bis 21. Tishrei statt, dauert also sieben Tage, wobei am ersten und siebenten Tag Geschäfts- und Verkehrsruhe herrschen. Besonders am siebenten Sukkot-Tag, Hoshanna Rabba, beten die Juden, dass Gott ihnen einen regenreichen Winter senden möge. **Simchat Thora,** das Thorafreudenfest oder Fest der Gesetzesfreude, fällt auf den 23. Tishrei.

Chanukka, das Lichterfest, erinnert an die Wiedereinweihung des geschändeten Tempels durch Judas Makkabäus; es wird vom 25. Kislev bis zum 2. Tevet, also an acht Tagen, mit festlicher Beleuchtung der öffentlichen Gebäude gefeiert. An jedem Tag wird an dem achtarmigen Chanukka-Leuchter eine neue Kerze entzündet. Die Geschäfte sind geöffnet, die Kinder haben schulfrei. Purim gedenkt der Errettung der Juden im persischen Weltreich durch Ester. Es ist ein karnevalähnliches Kostüm- und Freudenfest am 14. Adar.

Pessah, das zweite Erntefest und zugleich größte Fest der Juden, erinnert an den Auszug der Israeliten aus Ägypten. Es dauert sieben Tage (ab 14./15. Nisan), wobei am ersten und am letzten Tag Geschäfts- und Verkehrsruhe herrschen. Zu Pessah darf kein Sauerteigbrot gegessen werden, dafür reicht man die knusprigen Matzen (Mazzot).

Yom HaAtzma'ut, der Unabhängigkeitstag, ist ein nationaler Feiertag, der an die Proklamation des Staates Israel durch David Ben Gurion (14. Mai 1948) erinnert. Die Geschäfte sind geschlossen, der öffentliche Verkehr wird aber voll aufrechterhalten.

Shavu'ot ist das dritte Erntefest, das man auch Hag HaBikurim (Fest der ersten Früchte) nennt. Es findet am 6. Sivan statt und erinnert an die Gesetzgebung auf dem Berg Horeb. Die Geschäfte sind geschlossen, der Verkehr ruht.

Zu **Tish'a BeAv** am 9. Av versammeln sich fromme Juden vor der Klagemauer und gedenken der Zerstörung des Tempels im Jahre 587 v. Chr. durch die Babylonier und 70 n. Chr. durch die Römer.

Am 29. Heshwan feiern die äthiopischen Juden **Sigd,** einen Fasten- und Bettag für ihre Rückkehr nach Zion, also nach Eretz Israel.

Christliche Feste

7.5.: Kreuzauffindung, Pontifikalamt in der Grabeskirche (Grotte der Kreuzauffindung)

31. 5.: Mariä Heimsuchung, Hochamt in der Kirche Mariä Heimsuchung in En Kerem

29. 6.: Peter und Paul, Pontifikalamt in St. Peter in Jaffa

15. 8.: Mariä Himmelfahrt, Hochamt in der Getsemani-Kirche

8. 9.: Mariä Geburt, Hochamt in St. Anna in Jerusalem

14. 9.: Kreuzerhöhung, Hochamt in der Grabeskirche (Grotte der Kreuzauffindung)

Islamische Feste

Ramadan ist der Fastenmonat. Von Sonnenaufgang bis Sonnenuntergang darf weder gegessen noch getrunken werden. Er endet mit dem dreitägigen **'Aid al-Fitr,** dem Fest des Fastenbrechens. Es werden Geschenke und Süßigkeiten verteilt. **'Aid al-Adha,** das Opferfest, beschließt die Pilgerfahrt nach Mekka. Der **29.11.** ist ein palästi-

	2013	2014	2015
Jüdische Feste			
Purim.	24.02.	16.03.	05.03.
Pessah (1. Tag)	26.03.	15.04.	04.04.
Shavu'ot (1. Tag)	15.05.	04.06.	24.05.
Tish'a BeAv	16.07.	05.08	26.07.
Rosh HaShana	05./06.09.	25./26.09.	14./15.09.
Yom Kippur	14.09.	04.10.	23.09.
Sukkot (1. Tag)	19.09.	09.10.	28.09.
Simchat Thora	26.09.	17.10.	06.10.
Chanukka (1. Tag)	28.11.	17.12.	07.12.
Christliche Feste			
Palmsonntag	24.03.	13.04.	29.03.
Ostersonntag	31.03.	20.04.	05.04.
Christi Himmelfahrt	09.05.	29.05.	14.05.
Pfingstsonntag	19.05.	08.06.	24.05.
Fronleichnam	30.05.	19.06.	04.06.
Islamische Feste			
Geburtstag des			
Propheten	24.01.	13.01.	03.01.
Ramadan (1. Tag)	09.07.	28.06.	17.06.
'Aid al-Fitr (1. Tag)	08.08.	28.07.	17.07.
'Aid al-Adha	15.10.	04.10.	23.09.

nensischer Nationalfeiertag. Er erinnert an den 29. November 1947, als die UNO den Teilungsplan für Palästina verkündete.

Festivals und andere Veranstaltungen

Januar in Tiberias: Tiberias Marathon, www.tiberias-marathon.co.il
Februar in Jerusalem: Internationale Buchmesse, www.jerusalembookfair.com
Mai am See Gennesaret: Jacob's Ladder Folk Festival, www.jlfestival.com/index.asp
Mai in Elat: International Film Festival, www.eilatfilmfest.com
Mai/Juni in Jerusalem: Israel Festival. Größtes Kulturereignis in Israel, Tel. 025 66 31 98, www.festival.org.il
Juni in Caesarea: Jazz Festival, www.caesarea.org.il/jazz
Juli in Jerusalem: International Film Festival, Tel. 025 65 43 33, www.jff.org.il

August in Jerusalem: International Arts and Crafts Fair, http://artfair.jerusalem.muni.il
September/Oktober in Jerusalem: Festlicher Marsch anlässlich des Laubhüttenfestes.

Filmtipps

Alles für meinen Vater von Dror Zahavi, 2008. Für die Ehre seines Vaters will sich der junge Palästinenser Tarek im Trubel eines Marktes in Tel Aviv in die Luft sprengen. Der Zünder versagt und auf der Suche nach einem Ersatz lernt er die jüdische Lebensweise und ganz unterschiedliche Menschen kennen. Hoffnung und die Möglichkeiten eines Neubeginns keimen auf. Trotz der Kritik an zu viel Verständnis für Selbstmordattentäter, wird durch diesen Film in wunderbarer Weise deutlich, dass hinter ihnen Menschen mit ganz persönlichen Schicksalen stehen.

Das Herz von Jenin von Marcus Vetter und Leon Geller, 2008. Im Flüchtlingslager von Jenin wird der 12-jährige Ahmed von Kugeln israelischer Soldaten tödlich getroffen. Sein Vater Ismael Khatib entscheidet, dass die Organe seines Sohnes kranken israelischen Kindern das Leben retten sollen. Zwei Jahre später sucht er die geretteten Kinder auf und kommt auf diese Weise auch wieder seinem Sohn nahe. Dieser Dokumentarfilm beschreibt eindrücklich eine menschliche Geste im größten Unglück.

Die syrische Braut von Eran Riklis, 2004. Mona kommt aus einem drusischen Dorf in dem von Israel besetzten Gebiet der Golanhöhen. Sie soll nach Damaskus verheiratet werden, was für sie die endgültige Trennung von ihrer Familie bedeutet, denn eine Rückkehr in die Heimat wäre nicht mehr möglich. Die mutige Entscheidung der Braut scheint fast an der Bürokratie der Grenzbeamten zu scheitern. Dieser Film widmet sich urkomisch und doch nachdenklich den lebenspraktischen Auswirkungen des Nahost-Konfliktes mit seinen durch die Politik geschaffenen Absurditäten.

Lemon Tree von Eran Riklis, 2008. Ein Zitronenhain in der Westbank, seit 50 Jahren im Familienbesitz, direkt an der Grenze zu Israel, dahinter der Garten mit der neuen Villa des israelischen Verteidigungsministers. Der Hain soll abgeholzt werden, da er ein Sicherheitsrisiko darstellt. Das ist die Ausgangssituation für den symbolträchtigen Film, in dem die arabische Besitzerin Selma vor den Obersten Gerichtshof von Israel zieht, dadurch die Aufmerksamkeit der Medien auf sich lenkt und am Rande ganz langsam ein Band der Sympathie mit der Frau des Verteidigungsministers wächst.

Fotografieren und Filmen

Grundsätzlich kann man bis auf militärische Anlagen alles fotografieren. In Synagogen, Kirchen und Moscheen ist Fotografieren und Filmen im Allgemeinen erlaubt, doch das Gebet der Gläubigen sollte ungestört bleiben. In Museen darf man – sofern überhaupt – nur ohne Stativ und Blitzlicht fotografieren.

Dass man Menschen nur mit deren Erlaubnis fotografiert, versteht sich von selbst. Besonders rücksichtsvoll sollte man in Mea Shearim und in den arabischen Ortschaften sein.

Geld

Die israelische **Währung** ist der Schekel (Plural: Schekelim), offiziell Neuer Israelischer Schekel (NIS). Er setzt sich aus 100 Agorot (Sing.: Agora) zusammen.

Wechselkurs (in Israel):
1 א = 4,98 NIS; 1 CHF = 4,13 NIS; 1US-$ = 3,92 NIS (Redaktionsschluss).

Im Umlauf sind Münzen zu 10 Agorot, 1/2 Schekel, 1 Schekel, 2 Schekel, 5 Schekel und 10 Schekel sowie Scheine zu 20, 50, 100 und 200 Schekel.

Einkäufe und Dienstleistungen können oft auch in **ausländischer Währung** bezahlt werden. Schekel oder US-$ sollte man bei sich haben.

Fast alle Geschäfte akzeptieren **Kreditkarten.** Inhaber von Visa oder MasterCard/Eurocard können an Bankschaltern und Automaten israelisches Bargeld abheben, doch sind die Gebühren nicht unerheblich. Reiseschecks von Visa und American Express sind die beste Möglichkeit, Bargeld zu erhalten, vor allem bei denjenigen Stellen, die keine Provision verlangen, z. B. bei Postämtern.

Die meisten Banken und offiziellen Wechselstuben haben So–Do jeweils 8.30–12 Uhr, So, Di und Do auch 16–18 Uhr, Fr und vor Feiertagen 8.30–12 Uhr geöffnet. Auf dem Ben Gurion Flughafen sind die Banken durchgehend offen. In den Hotels kann man nahezu rund um die Uhr Geld wechseln, allerdings sind hier die Wechselkurse ungünstiger.

Gesundheit

Das Gesundheitswesen Israels zeichnet sich durch ein hohes Niveau aus. Jede Stadt hat eine oder mehrere Stationen der Magen David Adom, des Roten Davidsterns, der dem christlichen Roten Kreuz bzw. dem islamischen Roten Halbmond entspricht. Auch am Sabbat und an den jüdischen Feiertagen ist die Versorgung sicher gestellt. Zu erreichen ist die Notfallhilfe über Tel. 101.

Die meisten Ärzte sprechen Englisch und weitere Fremdsprachen. Die englischsprachige Tagespresse veröffentlicht täglich die Öffnungszeiten der Apotheken. Vor Reiseantritt sollte man sich mit seiner Krankenversicherung in Verbindung setzen und eine Auslandskrankenversicherung für die Reisedauer abschließen, zumal die Arzthonorare in Israel nicht gerade niedrig sind.

Heilbäder

Israel verfügt über Heilbäder am Toten Meer, am See Gennesaret und am Mittelmeer. Die besonderen Höhenlagen, das sonnige, trockene Klima und heilkräftige Thermalquellen bieten einzigartige therapeutische Möglichkeiten.

Am **Toten Meer** (420 m unter NN) helfen die heißen Quellen von Zohar in Newe Zohar bei Muskel- und Gelenkbeschwerden, traumatischen Störungen, Allergien und Hautkrankheiten. Die heißen Quellen von Yesha südlich des Kibbuz En Gedi nützen bei Muskel- und Gelenkbeschwerden. En Boqeq ist ein weltberühmtes Zentrum zur Behandlung der Schuppenflechte.

In der Wüstenstadt **Arad** (620 m über NN), eine halbe Fahrstunde vom Toten Meer entfernt, heilt die trockene, pollenfreie Luft Asthma und andere Atemwegserkrankungen.

Am **See Gennesaret** werden die heißen Quellen von Tiberias für die Behandlung von Muskel- und Gelenkbeschwerden, traumatischen Störungen und Nebenhöhlenentzündungen eingesetzt.

Die schon von den Römern geschätzten heißen Quellen von **Hammat Gader** gehören heute zu den beliebtesten Wellness- und Erholungsorten Israels. Ein Bad in den Thermalbecken lindert rheumatische Beschwerden, regt den Stoffwechsel an.

Das einzige Heilbad in der judäischen Ebene, **Hame Yo'av,** gehört zum 1956 gegründeten Kibbuz Sede Yo'av und liegt 13 km östlich von Ashqelon und etwa ebensoweit vom Mittelmeer entfernt. Das mineralreiche Quellwasser fließt durch eine Reihe von Becken, die bequemes Baden bei unterschiedlichen Temperaturen ermöglichen.

Hobby-Archäologie

Wer nach interessanten Dingen aus vergangener Zeit graben möchte, kann das in Israel nach Herzenslust tun, aber nur an bestimmten Stellen und unter sachkundiger Anleitung. Wer mitmachen möchte, muss mindestens 18 Jahre alt sein und ein paar Brocken Englisch sprechen. Er muss die Anreise bezahlen und auch einen Teil der Übernachtungs- und Verpflegungskosten (Kibbuz, Moschaw oder Jugendherbergen) tragen, sofern nicht ein Sponsor zur Verfügung steht. Wer die Sache nicht übertreiben möchte, wählt ›Dig for a day‹. Hier dürfen auch Kinder ab 5 Jahren teilnehmen. (Informationen unter: www.antiquities. org.il, http://digs. bib-arch.org und www.arche sem.com/dig.asp).

Internationales Begegnungszentrum Betlehem

Dar annadwa Aduwalia
P. O. Box 162
109 Paul VI. Street
Betlehem
Tel. 022 77 00 47, Fax 022 77 00 48
info@annadwa.org
www.annadwa.org

Das ökumenisch-lutherische Internationale Begegnungszentrum Betlehem fördert den interkulturellen Dialog von Menschen unterschiedlichster Herkunft. Es sieht seine Aufgabe darin, der lokalen Gesellschaft Impulse zur Selbstgestaltung ihrer Zukunft zu geben.

Karten

Neben dem umfangreichen Material an Landkarten und Stadtplänen, die über das Staatliche Israelische Verkehrsbüro (s. S. 394) und die Generaldelegation Palästinas bezogen werden können, sind für Alleinreisende folgende Karten zu empfehlen: ›Israel‹, Reise Know-How Verlag (Maßstab 1 : 250 000); ›Israel-Palästina-Heiliges Land‹, Freytag & Berndt Autokarten (Maßstab 1 : 150 000); ›Jerusalem‹, Freytag & Berndt (Maßstab 1 : 10 000), ›Jerusalem‹, Borch Maps (Maßstab 1 : 8000).

In Israel selbst wird in den Buchhandlungen umfassendes und aktuelles Kartenmaterial zu einzelnen Städten und ganz Israel bzw. zu bestimmten Themen, etwa den Nationalparks, vom Verlag Carta angeboten.

Literatur im Handgepäck

Hanan Ashrawi: Ich bin in Palästina geboren, München 2001. Autobiografie. Die palästinensische Politikerin schreibt sehr persönlich über ihr Leben und den Nahostkonflikt und setzt sich intensiv für eine friedliche Zwei-Staaten-Lösung ein.

Sumaya Farhat-Naser: Thymian und Steine, Basel 2012. Autobiografie. Eine palästinensische Frau berichtet über ihr Leben, das 1948 mit der Staatsgründung Israels beginnt und unausweichlich mit der Leidensgeschichte des palästinensischen Volkes verquickt ist.

David Grossmann: Eine Frau flieht vor einer Nachricht, Frankfurt a. M. 2011. Das Schicksal der Menschen in Israel ist unauflöslich mit Politik und Krieg verbunden. In dem Roman versucht eine Frau verzweifelt, sich und ihre Familie vor der gewalttätigen Realität im Land zu schützen. Grossmann erhielt 2010 den Friedenspreis des Deutschen Buchhandels.

Sahar Khalifa: Heißer Frühling, Zürich 2010. Kraftvoller Roman, der den Terror als Folge der Hoffnungslosigkeit während der zweiten Intifada nachvollziehbar bloßlegt.

James A. Michener: Die Quelle. Die Kulturgeschichte Israels wird in dem historischen Roman anhand einer fiktiven archäologischen Grabung am Tell Makor in Galiläa auf besondere Art lebendig. Bereits kurz nach Erscheinen (1965) ein Welterfolg.

Eshkol Nevo: Vier Häuser und eine Sehnsucht, München 2009. Ein buntes Kaleidoskop des alltäglichen nachbarschaftlichen Lebens zwischen Juden und Palästinensern in einem Vorort Jerusalems.

Mitri Rahep: Bethlehem hinter Mauern. Geschichten der Hoffnung aus einer belagerten Stadt, Gütersloh 2005. Die Berichte vom Leben der Palästinenser unter israelischer Belagerung klagen an, geben aber auch Hoffnung, da die Sehnsucht nach Frieden und einer Zukunft für die Kinder letztendlich allen gemeinsam ist.

Tom Segev: Es war einmal ein Palästina, München 2006. Eindrückliche Beschreibung der britischen Herrschaft in Palästina bis zum Jahr 1948, die die Wurzeln des heutigen israelisch-palästinensischen Konflikts bilden.

Amoz Oz: Geschichten aus Tel Ilan, Berlin 2010. Die poetischen und miteinander verquickten Erzählungen spielen in einem kleinen Ort irgendwo im Norden Israels. Sie beschreiben den provinziellen Kosmos und berichten von den Sehnsüchten und dem Scheitern seiner Einwohner.

Angelika Schrobsdorff: Wenn ich dich je vergesse, oh Jerusalem…, München 2004. Eine Liebeserklärung an Jerusalem und seine Bewohner mit all ihren Problemen.

Leon Uris: Exodus, München 2007. Internationaler Bestseller über die Neugründung des Staates Israel, verfilmt mit Paul Newman in der Rolle des Ari Ben Canaan, eines Kommandeurs der jüdischen Untergrundarmee in Palästina.

Dieter Vieweger: Streit um das Heilige Land, Gütersloh 2011. Überschaubare und in ihrer Vielschichtigkeit nachvollziehbare Darstellung des Konfliktherds Israel–Palästina.

Meet the Israeli at his home

Die Begegnung mit Israelis in ihrer Wohnung ist die beste Gelegenheit, die Menschen im Heiligen Land und ihre Probleme kennenzulernen. Nähere Einzelheiten über solche Treffen, die unter dem Motto stehen »Als Fremde kommen, als Freunde gehen«, erfährt man in bestimmten Staatlichen Verkehrsbüros oder an den Volunteer Desks der größeren Hotels. Um von vornherein eine gewisse Harmonie herzustellen, sollte der Gast seine beruflichen und kulturellen Interessen angeben.

Nationalparks und Naturschutzgebiete

Israel besitzt zurzeit 65 Nationalparks und Naturschutzgebiete. Im Gegensatz zu unserem eingeschränkten Verständnis der Worte bedeutet es in Israel, dass Landschaft und antike Stätten gezeigt werden. Auf die Nationalparks weisen blaue Schilder hin, auf die Naturschutzgebiete braune Schilder. 1963 rief die Knesset die Nationalparkbehörde ins Leben und heute besuchen jährlich mehr als 7 Millionen Menschen – Israelis und ausländische Touristen – diese geschützten Landschaften.

Von April bis September 8–17, von Oktober bis März 8–16 Uhr sind sie täglich geöffnet. Freitags und am Vorabend der Feiertage schließt man eine Stunde früher, an Vorabenden von Rosh HaShanah, Yom Kippur und Pessah zwei Stunden früher. Am Yom Kippur sind alle Parks geschlossen.

Mit einer ›Green Card‹ können innerhalb von zwei Wochen sämtliche Nationalparks besucht werden. Diese Eintrittskarte erhält man an den Kassenhäuschen der Nationalparks.

Israel Nature & National Parks Protecting Authority
3 Am VeOlamo Street
Givat Shaul
95463 Jerusalem
Tel. 025 00 54 44, Fax 026 52 92 32
www.parks.org.il

Nationalparks
(von Norden nach Süden)

Qal'at Nimrud (Subeibe, Nimrodsburg): Archäologische Ausgrabungen an den Abhängen des Hermon, Straße 989. Die mächtige Burganlage aus der Kreuzfahrer- und Mameluckenzeit kontrollierte das nördl. Huletal und den Weg nach Damaskus. Nach 1291 verlor die Burg ihre Bedeutung.

Hurschattal: Reizvoller Erholungsplatz im nördlichen Huletal, Straße 99. Der Dan-Fluss, der hier in üppiger Landschaft über kleine Kaskaden zahlreiche Teiche füllt, lädt zum Baden und Angeln ein. Campingplatz.

Bar'am: Archäologische Stätte in Obergaliläa, Straße 899, mit den eindrucksvollen Resten einer Synagoge aus dem 2./3. Jh.

Tel Hazor: Archäologische Stätte im Huletal, Straße 90. Hazor war eine der bedeutendsten Städte der kanaanitischen und israelitischen Zeit.

Tel Akhziv: Erholungspark mit den Resten einer Sicdlung aus kanaanitischer und israelitischer Zeit sowie der Kreuzfahrerburg Casal Imbert.

Yehi'am: Archäologische Ausgrabungen in Westgaliläa, Straße 8833. Die Kreuzfahrerburg aus dem 12. Jh. diente im 18. Jh. dem Fürsten Dahir el-Omer als Stützpunkt und im Unabhängigkeitskrieg 1948/49 den Angehörigen des Kibbuz Yehi'am als Schutz.

Korazim: Ruinenstadt aus dem 4./5. Jh. im östlichen Galiläa unweit des Sees Gennesaret

Kursi (Gergesa): Klosterruine am Ostufer des Sees Gennesaret aus dem 5.–7. Jh.

Hammat Tiberias: Die heißen Quellen von Tiberias am See Gennesaret, Straße 90. Berühmt ist der Mosaikboden einer Synagoge aus dem 4. Jh.

Belvoir: Mächtige Kreuzfahrerburg oberhalb des Jordantals, Straße 90.

Bet She'an: Alte Stadt (4. Jahrtausend v. Chr. bis heute), zwischen den Straßen 71 und 90 mit dem besterhaltenen römischen Theater Israels.

Gan HaShelosha: Erholungspark am Fuße des Gilboagebirges, Straße 669.

Synagoge von Bet Alfa: Reste einer Synagoge des 6. Jh. mit eindrucksvollem Mosaikboden.

Ma'yan Harod. Erholungsort am Fuße des Gilboagebirges, Straße 71.

Tel Megiddo: Eine der wichtigsten archäologischen Stätten, am Rande der Jesreel-Ebene, Straße 66, mit Palästen, Tempeln und Mauern aus der Zeit von 4000 v. Chr. bis 400 n. Chr.

Bet She'arim: Umfangreiche jüdische Nekropole (Katakomben) in den Hügeln bei Qiryat Tiv'on, Straßen 75 und 722.

Karmel Park: 200 Hektar großes, waldreiches Territorium auf dem Karmel mit Siedlungen und Ausgrabungsstätten, an den Straßen 672 und 721.

Caesarea: Antike Stadt am Mittelmeer mit römischem Theater, byzantinischer Straße und Kreuzfahrerbefestigungen.

Samaria: Ausgrabungsstätte auf dem Berg Samaria, 12 km westl. von Nablus, Straßen 57 und 60.

Apollonia (Tel Arshaf): Reste einer römischen Villa und Kreuzfahrerburg.

Afeq: Erholungsort mit archäologischer Stätte bei Petah Tiqwa, Straße 444.

En Hemed: Erholungsort an einer Quellengruppe westl. von Jerusalem an der Straße 1 nach Tel Aviv.

Altstadtmauer Jerusalems: Ein Grüngürtel von ca. 250 ha Fläche zieht sich um die Mauern der Hauptstadt.

Herodeion: Bergfestung Herodes' des Großen am Rande der Judäischen Wüste, Straße 356.

Tel Jericho: Archäologische Stätte in der Ebene von Jericho, Straße 90. Relikte einer der ältesten Städte der Menschheit (8. Jahrtausend v.Chr.).

Synagoge in Jericho: Mosaikboden einer Synagoge aus dem 6. Jh., Straße 90.

Khirbet el-Mafjir: Reste eines Winterpalastes der Omajjadendynastie (8. Jh.), 3 km nördlich von Jericho, Straße 90.

Qumran: Archäologische Ausgrabung einer Siedlung der jüdischen Gemeinschaft der Essener (150 v. Chr.–70 n. Chr.) am Toten Meer, Straße 90. In den umliegenden Höhlen fand man Schriftrollen mit Bibeltexten.

Masada: Archäologische Ausgrabung einer jüdischen Festung oberhalb des Toten Meeres, Straße 90. Symbol des Freiheitskampfes der Juden.

Bet Guvrin: Erholungsort und archäologischer Park in der Judäischen Ebene, Straße 35.

Ashqelon: Archäologischer Park mit den Relikten einer der ältesten Städte in Israel.

Eschkol: Erholungspark im nordwestlichen Negev, Straße 241, mit Quellen und Ruinen aus kanaanitischer bis byzantinischer Zeit.

Tel Arad: Archäologische Ausgrabung einer 5000 Jahre alten Stadt im nordöstlichen Negev, nahe der modernen Wüstenstadt Arad, Straße 31.

Mamshit: Ruinen einer Nabatäerstadt im östlichen Negev, 7 km von Dimona, Straße 25.

Shivta: Ruinen einer Nabatäerstadt im westlichen Negev, Straße 211.

Grabstätte Ben Gurions in Sede Boqer: Nationaldenkmal im zentralen Negev, Straße 40, 51 km südlich von Be'er Sheva.

En 'Avedat: Schlucht des Wadi Zin zwischen 'Avedat und Sede Boqer im zentralen Negev, Straße 40.

'Avedat: Ruinen einer Nabatäerstadt im Negev, Straße 40.

Nahal Alexander: Erholungspark und Badestrand an der Mündung des Alexanderflusses, etwa 8 km nördlich von Netanya, Straße 2.

Tel Be'er Sheva: Reste einer städtischen Siedlung aus dem 4. Jahrtausend v. Chr., 8 km östlich von Be'er Sheva.

Zippori: Archäologische Stätte aus römisch-byzantinischer Zeit im unteren Galiläa, nahe der Straße 79.

Yarqon-Quellen: Bei Petah Tiqwa, Straße 444.

Naturschutzparks

Israels Wildnis in einen Garten zu verwandeln, sahen die Israelis nach ihrer Staatsgründung im Jahre 1948 als nationale Aufgabe an. Inzwischen erkannten sie jedoch die ökologische Bedeutung unberührter Landschaften und stoppten die rasante Entwicklung der Landwirtschaft. 1963 verabschiedete die Knesset ein Gesetz, nach dem inzwischen über 3000 km² Landfläche als Naturschutzgebiet ausgewiesen wurden. Die Naturschutzparks (NSP) sind gleichzeitig Erholungsgebiete für die Bevölkerung und verfügen über Picknickanlagen, Kioske, Toiletten und beschilderte Wanderwege unterschiedlicher Länge (Eintrittsgebühr). Nachfolgend einige der schönsten Naturschutzparks:

Nahal Ayoun (Ha'tanur-NSP) östlich von Metulla, mit mehreren bis zu 30 m hohen Wasserfällen, Tel. 066 95 15 19

Nahal Hermon (Banyas NSP), Tel. 066 95 14 10 Tel Dan beim Kibbuz Dan, Tel. 066 95 15 79

Hule-Park, Tel. 066 93 70 69

Gamla im Golan nordöstlich vom See Gennesaret, mit einem bronzezeitlichen Dolmenfeld und Resten einer jüdischen Stadt aus dem 1. Jh.

En Afeq mit Nahal Naaman-Quelle und einer mittelalterlichen Wassermühle

Nahal Mearot im Karmelgebirge mit Höhlen Soreq-Höhle (Mearot Hanetifim), Tropfsteinhöhle 2 km östlich von Bet Shemesh

En Gedi an der Küste des Toten Meeres mit den Flüssen Nahal David und Nahal Arugot Arad mit Besucherzentrum

Makhtesh Ramon bei Mizpe Ramon, der größte Einbruchskrater der Welt, Besucherzentrum

Hai Bar (Neot Kedumim), Wildreservat in der Aravasenke nördl. von Elat beim Kibbuz Yotvata Korallenriff-Park, Unterwasserschutzgebiet südlich von Elat

Notruf

Polizei	100
Unfallrettung	101
Feuerwehr	102
Notarzt	911

Medizinische Beratung für Touristen: Tel. 17 70 22 91 10

Beratung bei Schlangenbissen und anderen Vergiftungen (rund um die Uhr): National Poison Control Centre, Haifa, Tel. 04 85 29 29 5

Öffnungszeiten

Die meisten **Geschäfte** sind So–Do 9–19 Uhr geöffnet. Manche Geschäfte, wie Souvenirläden z. B., schließen erst gegen 22 Uhr oder später. Viele Geschäfte legen zwischen 14 und 16 Uhr eine Mittagspause ein. Jüdische Geschäfte haben an Samstagen und an den hohen Feiertagen ganz, an den jeweiligen Vortagen ab Mittag oder Nachmittag geschlossen. Muslimische Geschäfte sind freitags, christliche sonntags geschlossen. **Banken:** So–Do 8.30–12.30, So, Di und Do 16–18, Fr und vor Fei 8.30–12 Uhr, Sa geschlossen.

Post

Ein weiße Gazelle auf rotem Grund ist das Logo für die israelische Post. Geöffnet sind die größeren Ämter So/Mo/Di/Do 8–12 und 15.30–18.30 (Mi 8.30–12), Fr und vor Feiertagen 8–12 Uhr; die kleineren Ämter haben nur am Vormittag geöffnet. Sa und an jüdischen Feiertagen sind die Postämter geschlossen. **Briefmarken** bekommt man außer bei den Postämtern überall dort, wo Postkarten verkauft werden. Das Porto für eine/n Postkarte/Brief nach Europa beträgt 4,60 NIS.

Reisen mit Handicap

Viele Hotels und öffentliche Institutionen sind behindertengerecht ausgestattet. Nähere Informationen erhalten Sie bei Milbat, The Advisory Center for the Disabled at Shebe Medical Center (Tel Aviv, Tel. 035 30 37 39, Fax 035 35 78 12, www.milbat.org.il).

Umfassende Informationen über behindertenfreundliche Unterkünfte, Hotels, Restaurants und touristische Sehenswürdigkeiten bietet auch die Organisation Access Unlimited (Jerusalem, Tel. 025 66 01 80, www.access-unlimited.co.il).

Gehhilfen, Rollstühle und andere Geräte verleiht: Yad Sarah Organization (Jerusalem, Tel. 026 44 44 44, Fax 026 44 45 08, www. yadsarah.org.il).

Reisen im Heiligen Land ...

Die israelische **Eisenbahn** verbindet Tel Aviv mit Nahariyya, Ashqelon, Be'er Sheva und Jerusalem. Moderne Züge, erweiterte Fahrpläne und kürzere Fahrzeiten bewirken, dass immer mehr Reisende von den beliebten Egged-Bussen und Sammeltaxis (Sherut) auf die Eisenbahn umsteigen (www.rail.co.il).

Alle **Überlandbusse** starten und enden im Busbahnhof der jeweiligen Städte. Die in die Westbank fahrenden Busse und Sherut starten in Jerusalem überwiegend am Busbahnhof Nablus Road, nahe dem Gartengrab.

Wer es sehr eilig hat, benutzt das **Flugzeug**. Die Gesellschaften Arkia (www.arkia.com) und Israir (www.israirairlines.com) betreiben den Inlandsflugverkehr von Tel Aviv bzw. Haifa nach Elat.

Den öffentlichen Nahverkehr bewältigen **Busse** und Taxis. Fast alle Buslinien (Überland u. Stadtverkehr) betreibt die Egged-Genossenschaft. Nur der Großraum Tel Aviv wird durch die Dan-Genossenschaft bedient, und in Be'er Sheva sowie in Nazaret sind unabhängige Busunternehmen tätig. Günstig für Vielfahrer sind Monatskarten sowie Zeitkarten für 7, 14, 21 und 30 Tage, die auf allen Egged-Buslinien gültig sind (Auskünfte erteilt: Egged-Zentrale, Tel. 036 94 88 88, www.egged.co.il).

Sammeltaxis (Sherut) ergänzen den Überland- und Stadtverkehr der Busse. Solche Sherut (Kleinbusse, oft auch normale Busse) fahren auf bestimmten Strecken zu festen, niedrigen Preisen. Die normalen Taxis – Spezial – sind durchweg mit Taxameter ausgestattet. Für Überlandfahrten gilt eine amtliche Preisliste. Nachtfahrten (21– 5.30 Uhr) werden mit 25 % Aufschlag berechnet. Israelische Taxis verkehren im Allgemeinen nur auf israelischem Territorium.

Mietwagen (Avis, Hertz u. a.) für Reisen durch Israel mietet man am besten vor Reisebeginn; das Fahrzeug erwartet einen dann schon am Ben Gurion Airport, Tel Aviv. Sonst bekommt man einen Mietwagen in jeder Stadt. Erforderlich sind der Führerschein (es reicht der nationale) und eine Kreditkarte (Visa, American Express o. a.). Der Mieter muss mindestens 21 Jahre alt und seit einem Jahr im Besitz des Führerscheins sein.

Am Sabbat und an den jüdischen Feiertagen ist mit Einschränkungen zu rechnen. Von Sonnenuntergang am Vortag bis zum Einbruch der Dunkelheit am Feiertag ruht der Busverkehr; Taxis sind jedoch immer zu bekommen.

Das israelische **Straßennetz** ist sehr dicht und in gutem Zustand. Alle wichtigeren Wegweiser sind dreisprachig beschriftet (hebräisch, arabisch und englisch): Die **Verkehrsbestimmungen** entsprechen den europäischen. Abweichung: Höchstgeschwindigkeit auf Landstraßen ist 80, auf Autobahnen 100, Motorräder dürfen höchstens 70, Pkw mit Anhänger bis 60 km fahren. Alkohol am Steuer ist verboten.

Tankstellen sind ausreichend vorhanden; geöffnet sind sie im Allgemeinen So–Do bis 18, Fr bis 13 Uhr. Bleifreies Benzin ist überall erhältlich. Die Oktanzahlen betragen 91 bis 98.

… und den palästinensischen Gebieten

In Jerusalem befinden sich im Umkreis des Damaskustores der palästinensische Busbahnhof sowie Taxi- und Sherutstände. Wer mit israelischen Verkehrsmitteln unterwegs ist, muss an den Checkpoints (z. B. vor Betlehem und Jericho) in palästinensische Busse oder Taxis umsteigen und mit langen Wartezeiten rechnen (bei der Reiseplanung unbedingt mit zu berücksichtigen). Israelische Mietwagen sollten besser nicht mit in die palästinensischen Gebiete genommen werden, da die Versicherungen im Schadensfall evtl. nicht zahlen.

Der Besuch von Stätten in den palästinensischen Gebieten ist in der Regel problemlos. Die Bevölkerung ist Touristen gegenüber sehr freundlich und aufgeschlossen. Allerdings ist es ratsam, sich vorher über die Sicherheitslage in den zu bereisenden Gebieten zu erkunden.

Auskunft in Jerusalem:
Christian Information Center, Jaffa Gate, Tel. 026 27 26 92
Tourist Information Office, Jaffa Gate, Tel. 026 27 14 22
AIC-The Alternative Information Center, 4 Shlomo HaMelech (beim Rathaus), Tel. 026 24 11 59. Das AIC hat auch eine Adresse in der Westbank: Building 111 Main Street, Beit Sahour, Tel. 022 77 54 44; www.alternativenews.org.

Israelische Mietwagen dürfen aus Versicherungsgründen zeitweise nicht in die palästinensischen Gebiete mitgenommen werden (einzige Ausnahme: Autovermietung Green Peace, www. greenpeace.co.il, die Autos mit israelischen und arabischen Kennzeichen vermietet). Für welches Kennzeichen man auch immer sich entscheidet, mit mit Steinen werfenden Kindern muss sowohl in den palästinensischen Gebieten als auch in den jüdischen Siedlungen gerechnet werden. Einfacher reist man mit öffentlichen Verkehrsmitteln wie Bus oder Taxi.

Das monatlich erscheinende Heft ›This Week in Palestine‹ enthält ausführliche Informationen zu Veranstaltungen in den größeren palästinensischen Städten.

Reisezeit

Israel liegt im Übergangsbereich vom Mittelmeerklima zum Wüstenklima. In den Küstenebenen herrschen warme trockene Sommer und milde, niederschlagsreiche Winter, im Bergland heiße, niederschlagsfreie Sommer und kühle, regnerische Winter mit gelegentlichem Schneefall; das untere Jordantal hat subtropisches Klima. Große Hitze kennzeichnet den Sommer im Negev, auch im Winter kühlt es kaum ab; hier regnet es nur zwei- oder dreimal im Februar/März. Die höchsten Temperaturen werden in Sedom an der Südspitze des Toten Meeres, die niedrigsten in Obergaliläa gemessen. Zwischen März und Oktober kann der gefürchtete Sharav (arabisch: Hamsin), ein Wüstensturm, in weiten Teilen Israels die Temperaturen für vier bis fünf Tage auf über 40 °C treiben. Die Luftfeuchtigkeit liegt wegen der angrenzenden ausgedehnten Trockengebiete sehr niedrig, das Klima ist daher auch im Sommer im Allgemeinen gut verträglich.

Reisezeit ist das ganze Jahr über. Nur im Juli und August wird es im Süden des Landes unangenehm heiß. Und zwischen November und Februar kann es im ganzen Land stundenweise regnen. Die Badesaison am Mittelmeer und am See Gennesaret reicht von Anfang März bis Ende Oktober, am Golf von Elat von Anfang September bis Ende April.

Rückreise

Ob der Rückflug vom Beb Gurion Flughafen bei Tel Aviv bzw. von Elat mindestens 72 Stunden vor dem Abflug **rückbestätigt** werden muss, hängt von der jeweiligen Fluggesellschaft ab. Für Linienflüge ist das in der Regel nicht nötig.

Mit dem **Check-in** sollte man mindestens zwei, besser drei Stunden vor dem Abflug beginnen. Das Langwierigste ist der Sicherheits-Check, bei dem man einer eingehenden Befragung (in der gewünschten Sprache) unterzogen wird: Wo waren Sie in Israel? Was haben Sie dort getan? Wo haben Sie gewohnt? Haben Sie jemanden kennengelernt? Hat man Ihnen etwas mitgegeben? War Ihr Gepäck gestern und heute unbeaufsichtigt? Alle Fragen sollten ruhig und bestimmt beantwortet werden, wer ungeduldig wird, verzögert nur das Verfahren; auf Abflugzeiten nehmen die Sicherheitsbeamten allerdings nicht immer Rücksicht. Das Gepäck wird vor dem Rückflug nur stichprobenweise kontrolliert.

Wer in bestimmten Geschäften, die ein entsprechendes Emblem führen, Waren im Wert von mehr als 100 US-$ (mit ausländischer Währung, bar oder mit Kreditkarte) kauft, erhält mindestens 5 % Rabatt und eine Quittung, die die entrichtete **Mehrwertsteuer** (VAT) ausweist. Die zugehörige Ware ist in einem transparenten Beutel einzuschließen und ggf. zu versiegeln. Auf dem Ben Gurion Flughafen bzw. im Hafen Haifa wird vor der Ausreise der MwSt.-Betrag erstattet. Dazu wendet man sich nach der Sicherheits- und Passkontrolle an den Schalter der Leumi-Bank und erhält bei Vorlage der Einkaufsbelege den MwSt.-Betrag abzüglich einer Provision bar in US-$. Die Beutel mit der gekauften Ware sollte man bereithalten, meistens kümmert sich der Schalterbeamte aber nicht darum. In Elat sind alle von Touristen erworbenen Waren von der MwSt. ausgenommen. Übrigens: Für Dienstleistungen (Unterkunft, Mietwagen, Ausflüge), die in ausländischer Währung bezahlt werden, braucht man keine MwSt. zu entrichten. Währungsnachlässe und MwSt.-Erstattungen sind nicht möglich beim Kauf von Tabakwaren, elektrischen Geräten, Kameras u. Ä.

Für Antiquitäten ist eine schriftliche Ausfuhrgenehmigung der Antiquitätenbehörde in Jerusalem erforderlich. Die Ausfuhr von archäologischen Fundstücken ist verboten und wird schwer bestraft.

Sicherheit

Über die aktuelle Sicherheitslage in Israel und in den palästinensischen Gebieten informiert das **Auswärtige Amt**
Bürgerservice, Referat 040
11013 Berlin
Tel. 030 18 17 20 00
(Mo–Fr 9–15 Uhr)
Fax 030 18 17 34 02
www.auswaertiges-amt.de

Telefonieren

Fern- und Auslandsgespräche führt man am besten vom Postamt oder vom Hotel aus, wobei das Hotel aber berechtigt ist, eine höhere Gebühr zu verlangen. Mit Telefonkarte (Telecard), die in den Postämtern, Supermärkten oder Kiosken erhältlich ist, kann man Auslandsgespräche auch problemlos in den besonders gekennzeichneten internationalen Telefonzellen führen. Die Vorwahlnummern für die Durchwahl ins Ausland lauten:

Deutschland	00 49
Österreich	00 43
Schweiz	00 41

Danach wählt man die Ortskennzahl ohne Anfangsnull und schließlich die Rufnummer. Statt der Vorwahl 00 kann man auch die Nummer preisgünstigerer Anbieter wählen, z. B. Golden Lines (mit der Vorwahl 012), Barak (Vorwahl 013) und Bezeq (Vorwahl 014).

Vom Ausland her sind Anschlüsse in Israel mit der Vorwahlnummer 0 09 72 und in den palästinensischen Gebieten mit 00970 zu erreichen.

Die Fernsprechdienste der israelischen Post haben folgende Rufnummern:

Inlandsauskunft	144
Auslandsauskunft	188
Telegramme	171
Weckdienst	174

Ortsgespräche kann man von jedem öffentlichen Fernsprecher aus führen – auch in Cafés, Bars und Restaurants. In einigen Telefonzellen braucht man noch Telefonmünzen (Assimonim), die bei der Post und an den meisten Kiosken erhältlich sind. **Handys** sind in Israel sehr verbreitet.

Und es ist auch durchaus von Vorteil eins dabei zu haben, denn es kann vorkommen, dass man vor einer interessanten Einrichtung steht, z. B. einem kleinen Museum oder einer Krokodilfarm, mit Hinweisschild und Angabe einer Telefonnummer, unter der man jemanden mit Schlüssel erreicht. Handys von den Anbietern Orange, Cellcom und Pelephone kann man auch für den Aufenthalt bereits am Flughafen mieten. Weitere Informationen und Angebote z. B. unter www.rentcenter.co.il oder www.israelphones.com. Die beste Netzabdeckung auch für die palästinensischen Gebiete bietet zur Zeit Cellcom. Wenn für das eigene Handy mit Israel ein Roaming-Abkommen besteht, prüfen, ob israelische Prepaid-Karten eventuell günstiger sind.

Trinkgeld

Wie in den meisten Ländern, ist auch in Israel für guten Service ein angemessenes Trinkgeld üblich. In Restaurants, im Café, in der Bar gibt man etwa 10–15 %. Häufig sind auf den Rechnungen (auch vom Hotel) bereits 15 % Service Charge enthalten. Dann erübrigt sich natürlich das Trinkgeld. Wenn man mit dem Service allerdings nicht zufrieden war, kann man von der Bezahlung des ausgewiesenen Trinkgeldes auch Abstand nehmen. Gepäckträger im Hotel oder auf dem Flugplatz erwarten 4 NIS für jedes Gepäckstück. Zimmermädchen bekommen 10 NIS pro Tag. 1 NIS zahlt man im Allgemeinen für die Benutzung öffentlicher Toiletten. Taxifahrer erwarten übrigens kein Trinkgeld.

Unterkunft

In Israel steht dem Reisenden eine große Bandbreite von einfachen Unterkünften (z. B. in Dormitorien), über Mittelklassehotels (mit z. T. sehr schönen Boutique-Hotels) bis zur Luxusherberge zur Verfügung. Je nach Jahreszeit können die Preise deutlich schwanken. Während des jüdischen Neujahrsfestes, zu Ostern, in den Sommermonaten und zu Weihnachten liegen sie am höchsten. Die Israel Hotel Association (29 Hamered St., 61500 Tel Aviv, Tel. 035 17 01 31, www.israelhotels.org.il) listet alle Luxus- und Mittelklassehotels, sodass man sich hier einen ersten Überblick verschaffen kann.

Wer außerhalb oder am Rande der großen Städte wohnen möchte, bevorzugt die Unterkunft im **Kibbuz.** Neben Gästehäusern stehen dem Reisenden hier z. T. auch Hotels mit einem recht hohen Standard und die B&B-Variante inmitten der Kibbuz-Bewohner zur Verfügung. Die Unterkunft im Kibbuz bietet die Möglichkeit, das Leben in einer israelischen Gemeinschaftssiedlung kennenzulernen und herrliche Ausflüge in die Umgebung zu unternehmen. Kibbuz-Gästehäuser befinden sich an allen landschaftlich schönen und kulturell interessanten Stellen des Landes. Besonders eignet sich die Kombination mit einem Mietwagen: ›Kibbuz Fly & Drive‹, wobei man entweder die genaue Route vorher festlegen muss oder ein Gutscheinheft (open voucher) bevorzugt, bei dem man von jedem Gästehaus aus ein Zimmer im nächsten bucht. Seit einigen Jahren haben auch mehrere Moschawim Gästehäuser eingerichtet. Außerdem vermitteln etliche Kibbuzim und Moschawim Privatunterkünfte zu günstigen Preisen (www.zimmeril.com).

Kibbuz Hotels
41 Montefiori St.
65202 Tel Aviv
Tel. 035 60 81 18, Fax 035 60 77 10
www.kibbutz.co.il

Nicht nur Jugendliche, auch Erwachsene und ganze Familien bevorzugen häufig das preiswerte Wohnen in **Jugendherbergen.** Der israelische Jugendherbergsverband IYHA betreibt 18 Häuser. Angeboten wird ein Tourenpaket ›Israel auf dem Jugendherbergs-Pfad‹ für die Dauer von 7, 14 oder 21 Tagen.

IYHA Main Offices
Binyanei Ha'mah, P. O. Box 6001
91060 Jerusalem
Tel. 02 6 55 84 00, Fax 026 55 84 32
www.iyha.org.il

Die israelische Naturschutzgesellschaft SPNI betreibt ein Netz von 26 **Field Schools,** in denen man wohnen und essen kann und interessante, lehrreiche und schöne Wüsten- und Gebirgstouren durchführen.

SPNI Tourist Service
4 Hashefela Street
66183 Tel Aviv
Tel. 036 38 86 53, Fax 035 37 43 02
www.aspni.org.il

Reine **Campingplätze** mit guten sanitären Anlagen sind in Israel rar. Vereinzelt findet man welche am Mittelmeer und am See Gennesaret. Während des Sabbat sind sie häufig mit Jugendgruppen und Großfamilien überfüllt. Einige Kibbuze und Naturschutzparks (www.parks.org.il) bieten an ausgewiesenen Orten ebenfalls die Möglichkeit zu zelten.

In den Orten mit christlichen Stätten findet der Reisende zahlreiche **Hospize** der verschiedenen Bekenntnisse. Allein Jerusalem zählt 29 christliche Gästehäuser; weitere Häuser befinden sich in Betlehem, Nazaret, Akko, Tiberias, Haifa, Ramallah und bei Tel Aviv:

Christian Information Centre
Jaffa Gate, P. O. Box 14308
91142 Jerusalem
Tel. 026 27 26 92, Fax 026 26 58 16
www.cicts.org

Austrian Hospice
37 Via dolorosa, P. O. Box 19600
91194 Jerusalem
Tel. 026 26 58 00, Fax 026 27 14 72
www.austrianhospice.com

Custodia di Terra Santa, Casa Nova
10 Casa Nova Road, P. O. Box 1321
91043 Jerusalem
Tel. 022 74 39 81
www.custodia.org

Franciscaines de Marie
9 Nablus Road, P. O. Box 19049
91190 Jerusalem
Tel. 026 26 01 66, Fax 026 27 48 28

Lutheran Guest House
7 St. Mark's Road, P. O. Box 14051
91140 Jerusalem

Tel. 026 26 68 88, Fax 026 28 51 07
www.guesthouse-jerusalem.com

Notre Dame of Jerusalem Center
Paratroopers Street, P. O. Box 20531
91204 Jerusalem
Tel. 026 27 91 11, Fax 026 27 19 95
www.notredamecenter.org

St. Georgs Cathedral G. H.
20 Nablus Road, P. O. Box 19018
91190 Jerusalem
Tel. 026 28 26 27, Fax 026 28 22 53

Urlaubsaktivitäten

Angeln
Freunde des Sportangelns kommen in Israel an jedem öffentlichen Gewässer auf ihre Kosten. Sie müssen mit Rute angeln; eine Angelgenehmigung ist nicht erforderlich.

Bootfahren
Auf dem oberen Jordan, z. B. im Park HaYarden, kann man sich in Kajak, Paddelboot oder auf prallen Autoschläuchen durch mehr oder weniger gischtendes Wasser bis zum See Gennesaret hinabtragen lassen. Ein ideales Revier für Kajak-Fahrten ist der Banyas, einer der drei Quellflüsse des Jordan. Immer beliebter wird auch das Riverrafting, das Bezwingen von Wildwasserstrecken im Schlauchboot. Touren veranstaltet der Kibbuz Kefar Blum, 7 km südöstlich Qiryat Shemona.

Drachenfliegen und Fallschirmspringen
In Israel gibt es auch Paragliding, Parasailing, Hanggliding, Skydiving usw.
Agur Hang Gliding School
124 Balfour Street
59561 Bat Yam
Tel. 03 86 52 62

Aero Club of Israel
67 HaYarqon Street
61263 Tel Aviv
Tel. 035 17 50 38, Fax 035 17 72 80
www.aeroclub.org.il

The Israeli Skydiving Centre
Habonim Beach, P. O. Box 48268
30845 Tel Aviv
Tel. 066 39 10 68
www.paradive.co.il

Golf

Der einzige, aber schöne Platz (18-Loch) des
Nahen Ostens liegt nördlich des antiken
Caesarea:
Caesarea Golf Club
P. O. Box 4858, 30889 Caesarea
Tel. 046 10 96 00
www.caesarea.com

Klettern

Kletterkurse und -touren jeden Schwierigkeits-
grades werden am Toten Meer, z. B. im Kibbuz
Metzoke Dragot, etwa 22 km südlich von Qumran, angeboten. Die bizarren Felsen und cañonartigen Schluchten des Negev bieten ein ideales
Gelände für diesen Sport.
Israeli Climbers Club
PO Box 1572, Hod Hasharon 45 115, Tel Aviv
www.ilcc.co.il

Radfahren

kann man in Israel fast überall. Eine schöne Strecke startet hoch oben bei den Banyasquellen und
folgt dem Jordan hinab bis zum Toten Meer. Der
Höhenunterschied beträgt über 1000 m. Auch
organisierte Rad-Ferien sind möglich. Von Jerusalem aus werden ein- und zweiwöchige Touren
durchgeführt (www.israelcycling.com)

Reiten

In jedem größeren Ort Israels und in zahlreichen
Kibbuzim gibt es Reitställe, die Ausflüge hoch zu
Ross veranstalten, in Galiläa durch sattgrüne Täler und Wälder, im Negev durch einsame Wadis
und bizarre Schluchten.

Schwimmen

ist an allen Küsten Israels, im See Gennesaret, in
den Badeteichen der Nationalparks und auch im
Toten Meer möglich. Doch das Wasser ist oft un-
berechenbar, deshalb sollte man nur an den genehmigten Badestränden schwimmen, an denen
Lebensrettungswachen stationiert sind und bei
denen die Schwimmsicherheit durch Flaggen an-
gezeigt wird (weiß = sicher, rot = gefährlich,
schwarz = verboten). Besonders gefahrvoll ist das
Baden im Toten Meer, weil man sich nur schwer
bewegen kann und daher an bestimmten Küsten-
bereichen leicht abgetrieben wird.

Baden kann man in Israel das ganze Jahr über.
Die Wassertemperaturen liegen am Mittelmeer
durchschnittlich zwischen 17 °C (März) und
28 °C (Juli/August), am Toten Meer zwischen 21
(März) und 31 (September) und am Golf von Elat
zwischen 21 (März) und 27 °C (September).

Segeln

Der See Gennesaret, das Rote Meer und das Mit-
telmeer sind Hochburgen für Segler. Boote aller
Klassen werden in vielen Küstenorten angeboten.
Sailing Yacht Club
Sdot Yam
M.P. Hefer 858
Tel. 036 48 28 60, Fax 03 48 28 54

Skilaufen

Im Gebiet des Hermonberges (2224 m), der auf
israelischer Seite eine Höhe von 2100 m erreicht,
kann man Skilaufen (Saison von Dezember bis
März/April). Zentrum des Skigebietes ist der Moschaw Newe Ativ 9 km nördlich der Stadt Banyas. Er betreibt ein Feriendorf mit Skischule, Ski-
verleih und einem 1,5 km langen Sessellift. In der
schneefreien Jahreszeit ist Newe Ativ eine beliebte Sommerfrische und Höhen-Luftkurort.
Hermon Ski Site Newe Ativ
Tel. 06 74 01 21

Surfen

Surf-Paradiese sind Elat am Roten Meer und die
Kibbuzim HaOn und En Gev am Ostufer des
Sees Gennesaret. An der Mittelmeerküste wird
bei Caesarea und Nahariyya gesurft.

Tauchen

Flora und Fauna des kristallklaren Roten Meeres
sind einzigartig. Wer neugierig ist und sich fit
fühlt, sollte unbedingt an einem Tauchlehrgang
teilnehmen. Mit entsprechender Vorbildung kann
man überall in Elat eine Ausrüstung leihen.

Federation for Underwater Activities in Israel
P. O. Box 6110
61060 Tel Aviv Port
Tel. 03 45 74 32

Tennis

Alle größeren Hotels und fast sämtliche Kibbuz-Gästehäuser haben eigene Plätze.
Israel National Tennis Association
P. O. Box 20073
61200 Tel Aviv
www.ita.one.co.il

Wandern

kann man in Israel überall, am schönsten in Obergaliläa, im Umland von Jerusalem, im Judäischen Bergland und im Negev. Jährlicher Höhepunkt für alle Wanderer ist der Jerusalem Marsch, an dem Tausende von Israelis und Besucher aus dem Ausland teilnehmen.

Einige beliebte Touren: durch den **Naturschutzpark Gamla** auf dem Golan (2–3 Std.); auf dem **Bental-Vulkan** über dem Kibbuz Merom-Golan wenige Kilometer westlich der syrischen Stadt Kuneitra; mit dem BMX-Rad vom Moschav Ramot am See Gennesaret über den **Golan** (Stunden- bis Tagestouren); von der obergaliläischen Siedlerstadt Qiryat Shemona aus mit der längsten Drahtseilbahn Israels auf das **Manara-Kliff,** dort Kletterwand und Schwimmbad, Abfahrt auf Schienenschlitten oder per Fahrrad; entlang dem **Fluss Amud** unweit des Kibbuz Ginnosar am See Gennesaret (3 Std.); **Quellen Afek** nahe Qiryat Bialik zwischen Haifa und Akko (1–2 Std.); durch den **Kanada-Park** nahe der Autobahn Jerusalem-Tel–Aviv, Ausfahrt ›Latrun‹ (1–2 Std.); durch das **Wadi el-Kelt** (S. 156) vom Georgskloster bis Jericho entlang der herodianischen Wasserleitung (5–6 Std.); im **Makhtesh Ramon,** dem Einbruchsbecken des Negev.

Sport for all Association
›Beit Maya‹
74 Derech Petach-Tikva Street
67215 Tel Aviv
Tel. 035 62 14 41, Fax 035 62 16 25
www.isfa.co.il

Wandern auf Jesus Spuren findet seit einigen Jahren immer größere Beliebtheit. Eine private Initiative hat den 65 km langen **Jesus Trail** (www.jesustrail.com) eingerichtet, das staatliche Fremdenverkehrsamt den etwa 60 km langen **Gospel Trail** (www.gospeltrail.com). Beide beginnen in Nazaret, der Jesustrail nahe der Verkündigungskirche, der Gospeltrail am Mt. Precipice südlich der Stadt, und enden in Tabgha bzw. Kafarnaum am See Gennesaret. Für die jeweils etwa 5–6-tägige Wanderung werden Einkehrmöglichkeiten aufgeführt und Unterkünfte, z. T. auch privat, vermittelt.

Wasserski

kann man überall an den Küsten und am See Gennesaret betreiben.

Zeitungen

Deutschsprachige Tageszeitungen und Illustrierte sind nur in den großen Buchhandlungen und in größeren Hotels erhältlich. Die ›Israel Nachrichten‹ sind die einzige israelische Tageszeitung in deutscher Sprache. Politische, wirtschaftliche und kulturelle Ereignisse in Israel stehen hier im Mittelpunkt. Informative englischsprachige Zeitungen sind die an Kiosken erhältlichen ›Jerusalem Post‹ (www.jpost.com), ›Ha'Aretz‹ (www.haaretz.com) sowie ›Jerusalem Report‹ (www.jrep.com). Aktuelle Veranstaltungen werden in den Publikationen des Tourismus-Ministeriums beworben. Dazu gehören ›Israel Today‹, ›Israel this Week‹ und ›Time out Israel‹. Sie liegen auch in den Hotels aus.

Das monatlich erscheinende Heft ›This Week in Palestine‹ enthält ausführliche Informationen zu Veranstaltungen in den größeren palästinensischen Städten.

Zeitunterschied

Die Uhrzeit in Israel unterscheidet sich von unserer Mitteleuropäischen Zeit (MEZ) um plus eine Stunde. Die Sommerzeit dauert von etwa Mitte März bis etwa Mitte September.

Geografisches Vokabular

Hebräisch

En	Quelle
Bayit (Beit)	Haus
Be'er	Brunnen
Bereikha(t)	Teich
Bik'a(t)	Tal
Derekh	Weg, Straße
'Emeq	Tal
Gan	Garten
Gay	Schlucht
Giv'a(t)	Hügel, Berg
Har	Berg, Gebirge
Hof	Küste
Horva(t)	Ruine
'Ir	Stadt
Kefar	Dorf
Kikar	Platz
Ma'ale	Passstraße
Migdal	Turm
Nahal	Bach

Nahar	Fluss
Qiryat	Stadt, Stadtteil
Rama(t)	Hochfläche
Rehov	Straße
Sderot	Boulevard
Sha'ar	Tor, Tür
Tel	Siedlungshügel
Ya'ar	Wald
Yam	Meer

Arabisch

Abu	Vater
Ain	Quelle
Bab	Tor, Tür
Bahr	Meer
Balad	Stadt, Dorf
Bet	Haus
Bir	Brunnen
Birket	Teich
Burj	Turm

Dahr	Passhöhe
Deir	Kloster
Djami	Moschee
Djebel	Berg
Kafr	Dorf
Khan	Karawanserei
Khirbe(t)	Ruine
Mar	Heiliger
Mughara	Höhle
Nahr	Fluss
Nabi	Prophet
Qala'at	Festung
Qasr	Burg
Qubba	Kuppelbau
Ras	Kap, Gipfel
Sheik	Scheich
Suq	Markt
Tell	Siedlungshügel
Wadi	Trockental
Wali	Heiligengrab

Abkürzungen aus der Bibel

Am	Buch Amos
Apg	Apostelgeschichte
Chr	Buch der Chronik
Dtn	Buch Deuteronomium (5. Buch Mose)
Esra	Buch Esra
Est	Buch Ester
Ex	Buch Exodus (2. Buch Mose)
Ez	Buch Ezechiel
Gen	Buch Genesis (1. B. Mose)
Hld	Das Hohelied
Hos	Buch Hosea
Jer	Buch Jeremia

Jes	Buch Jesaja
Joh	Evangelium nach Johannes
Jos	Buch Josua
Koh	Buch Kohelet
Kön	Buch der Könige
Kor	Brief an die Korinther
Lev	Buch Levitikus (3. B. Mose)
Lk	Evangelium nach Lukas
Makk	Buch der Makkabäer
Mi	Buch Micha
Mk	Evangelium nach Markus
Mt	Evangelium nach Matthäus

Neh	Buch Nehemia
Num	Buch Numeri (4. Buch Mose)
Offb	Offenbarung des Johannes
Ps	Psalmen
Ri	Buch der Richter
Röm	Brief an die Römer
Rut	Buch Rut
Sam	Buch Samuel
Sir	Buch Jesus Sirach
Tob	Buch Tobit
Zef	Buch Zefanja

Schreibweisen

Die im vorliegenden Buch gewählte Schreibweise der Orts- und Personennamen entspricht der heute in Israel verwendeten englischen Form bzw. dem »Ökumenischen Verzeichnis der biblischen Eigennamen nach den Loccumer Richtlinien« (1981). Die Bibelzitate wurden der Einheitsübersetzung (Stuttgart 1980) entnommen.

Verzeichnis der Karten und Grundrisse

Kartografie
DuMont Reisekartografie,
Fürstenfeldbruck
© DuMont Reiseverlag,
Ostfildern

Abbildungsnachweis

action press, Hamburg:
S. 61 u., 64, 67(3x), 68, 69
akg-Images, Berlin: S. 25, 26,
27, 29, 40, 42, 43, 48, 61 o.,
62, 65 (2), 232, 242, Rück-
seite unten
Badische Landesbibliothek,
Karlsruhe: S. 76
Bildagentur Huber, Garmisch-
Partenkirchen: S. 178
(Schmid)
Mauritius-Images, Mittenwald:
S. 116/117 (Imagebroker/
von Poser); 70/71, 326
(Kord); 356/357 (Super-
Stock)
picture-alliance, Frankfurt/
Main: S. 1 (Jensen); 15
(Fishman/Ecomedia); 255
(Lonely Planet Images/
Isachar)
Elisabeth Gilbert, Jerusalem:
S. 196
Andrea Gorys, Berlin: Um-
schlagklappe hinten, S. 186,
190, 283, 317
Christel Gorys, Krefeld:
S. 12 o., 20 o., 21, 93, 102,
115, 124, 126, 135 (2),
136 o., 137 u., 141, 148, 157,

160, 164, 172, 187, 216, 217,
234, 238, 244, 247, 276, 284,
290, 311, 314, 315, 339, 340,
343, 372, 378, 383, 384
Oleg Grabar, Die Entstehung
der Islamischen Kunst.
Köln 1977: S. 120
iStockphoto, Calgary: S. 8/9
(Kavram); 392 (Lane)
Werner Keller, Und die Bibel
hat doch recht. Wien/Düs-
seldorf 1963: S. 106
Gerhard Kroll, Auf den Spuren
Jesu. Leipzig 1979: S. 78,
134 o., 173, 183, 184, 197,
239 o., 257, 264
laif, Köln: S. 87, 121, 127, 165,
168, 176, 191, 220, 224, 231,
266, 270, 275, 291, 295, 302,
306, 319, 336, 345, 348, 352,
361, 368, 375, 376, 377, 379,
Rückseite o. (Krause)
Look, München: S. 56
(Fleisher); Titelbild, 246
(age fotostock)
Dinu Mendrea, Jerusalem:
S. 13, 20 u., 78, 83, 86, 88,
89, 103, 123, 128, 136 u.,
140, 143, 145, 145 (2), 230,
235, 253, 294, 308, 332, 333

Radu Mendrea, München:
S. 364
Sandu Mendrea, Jerusalem:
S. 11, 16, 41, 66, 72, 90, 92,
97, 111, 118, 133, 149, 152,
199, 204, 221, 225, 226, 237,
240, 258, 263, 275, 272, 278,
281, 310, 322, 323, 350, Um-
schlagklappe vorne
Rudolf Pörtner, Operation Heiliges Grab. Wien/Düsseldorf
1977: S. 177
Angelika Regel, Berlin:
S. 12 u., 108, 297, 301
Bo Reicke und Leonhard Rost
(Hrsg.), Biblisch-Histori-
sches Handwörterbuch.
3 Bde. Göttingen 1962–66:
S. 35, 202, 239 u., Rückseite
M.
Hermann Teifer, Israel mit
dem Westjordanland. Zü-
rich/ München 1981: S. 107

Alle übrigen Abbildungen
stammen aus dem Archiv
der Autoren und des
Verlages.

Danksagung

Allen, die unsere Arbeit mit Rat und Tat unterstützten, sei an dieser Stelle gedankt. Nennen möchten wir vor allem die Botschaft des Staates Israel und das Staatliche Israelische Verkehrsbüro in Berlin, die Ministerien für Erziehung und Kultur und für Touristik in Jerusalem, das Kommissariat des Heiligen Landes in Köln, das Presseamt des Erzbistums Köln, das Mohammedanische Zentrum in München, das Jüdische Museum in Berlin und die vielen Franziskanerpatres an den heiligen Stätten, die uns manche Tür öffneten und uns auf interessante Details aufmerksam machten. Auch den Geistlichen anderer christlicher Konfessionen sei herzlich gedankt. Danken möchten wir ferner den Lesern, die uns auf Neuerungen hingewiesen haben sowie namentlich Prof. Dr. Bernhard Weisser und Yoav Fahri, die uns vor Ort immer hilfreich zur Seite standen und uns ergänzende Informationen besorgt haben.

Literaturauswahl

Geschichte

Hannah Arendt: Eichmann in Jerusalem. München [15]2006
Uri Avnery: Ein Leben für den Frieden. Klartexte über Israel und Palästina. Heidelberg 2003
Ralf Balke: Israel. München 2010
Ulrike Bechmann/Mitri Raheb (Hrsg.): Verwurzelt im Heiligen Land. Einführung in das palästinensische Christentum. Frankfurt/Main 1995
Schalom Ben-Chorin: Ich lebe in Jerusalem. München 1998
Meir Ben-Dov: Jerusalem. Man and Stone. Tel Aviv 1990
Marcus Braybrooke/James Harpur: Der große Bibelatlas. Augsburg 1998
Jörg Bremer: Israel und Palästina. München 2000
Jörg Bremer: Unheiliger Krieg im Heiligen Land. Der Nahe Osten zwischen Hoffnung und Verzweiflung. Berlin 2010
Hendrik Budde/Andreas Nachama (Hrsg.): Die Reise nach Jerusalem. Eine kulturhistorische Exkursion in die Stadt der Städte. 3000 Jahre Davidsstadt. Ausstellungskatalog. Berlin 1995
Walter Bühlmann: Wie Jesus lebte. Vor 2000 Jahren in Palästina Wohnen, Essen, Arbeiten, Reisen. Luzern/Stuttgart [3]1994
Peter Connolly: Living in the time of Jesus of Nazareth. Bnei Brak 1993
Ruth Elias: Die Hoffnung erhielt mich am Leben. Mein Weg von Theresienstadt und Auschwitz nach Israel. München [10]2006
Amos Elon: Nachrichten aus Israel. Frankfurt/Main 1998
Dietmar Herz: Palästina. Gaza und Westbank. Geschichte, Kultur, Politik. München 2003
Teddy Kollek: Jerusalem und ich. Memoiren. Berlin 1998
Helmut Mejcher (Hrsg.): Die Palästina-Frage 1917–1948. Paderborn [2]1993
Mordecai Noar: Eretz Israel. Das 20. Jahrhundert. Köln 1998
Eyal Ofer (Hrsg.): Israel – Palästina. Die Mauer. Neu Isenburg 2004
Shimon Peres: Zurück nach Israel. Eine Reise mit Theodor Herzl. München 1998
Régine Pernoud (Hrsg.): Die Kreuzzüge in Augenzeugenberichten. München 1982
Jakob J. Petuchowski/Clemens Thoma: Lexikon der jüdisch-christlichen Begegnung. Hintergründe – Klärungen – Perspektiven. Freiburg i. Br. 1997
Steven Runciman: Geschichte der Kreuzzüge. München 1989
Joe Sacco: Palästina. Eine Comic-Reportage. Frankfurt/Main 2004
Amos Schliack: Die Juden von Mea Shearim. Hamburg 1986
Julius H. Schoeps: Theodor Herzl. 1860–1904. Wenn Ihr wollt, ist es kein Märchen. Wien 1995

Kulturgeschichte und Archäologie

Karen Armstrong: Jerusalem – die heilige Stadt. München 1999
Aviva Bar-Am: Jenseits der Mauern. Kirchen Jerusalems. Jerusalem 2000
Dan Bahat: The illustrated Atlas of Jerusalem. Jerusalem 1996
Israel Finkelstein: Keine Posaunen vor Jericho. Die archäologische Wahrheit über die Bibel. München 2004
Karl-Heinz Fleckenstein: Wanderer, kommst du nach Jerusalem. Anekdoten und Geschichten aus der Heiligen Stadt. Freiburg i. Br. 1990
Volkmar Fritz: Die Stadt im alten Israel. München 1990
Nachum Tim Gidal: Jerusalem. In 3000 Jahren. Köln 1995
Martin Gilbert: Jerusalem. Illustrated History Atlas. Bnei Brak [3]1994
Rivka Gonen: Jerusalem gestern und heute. Zeichnungen und Stiche aus der Sammlung des Israel-Museums und Photographien von heute. Jerusalem 1993
Erhard Gorys/Udo Haafke: Israel. München 1991
Itamar Grinberg: Israel aus der Luft. Erlangen 1998
Roberta L. Harris: Exploring the World of the Bible Lands. London 1995
Kurt Hennig (Hrsg.): Jerusalemer Bibel-Lexikon. Neuhausen–Stuttgart [3]1995
Elijahu Kitov: Das jüd. Jahr. Gesetz u. Brauch. Basel 2002

Gerhard Konzelmann: König Davids Erbe – 3000 Jahre Jerusalem. 1998

Gerhard Kroll: Auf den Spuren Jesu. Sein Leben – sein Wirken – seine Zeit. Leipzig 2002

David Kroyanker: Die Architektur Jerusalems. München 1996

Jürgen Krüger: Die Grabeskirche zu Jerusalem. Geschichte – Gestalt – Bedeutung. Regensburg 2000

Hannelore Künzl: Jüdische Kunst von der biblischen Zeit bis in die Gegenwart. München 1992

Hans-Peter Kuhnen und Wolfgang Zwickel (Hg.): Archäologie im Heiligen Land. 60 Jahre Gründung des modernen Staates Israel. Kamen 2009

Almuth Lessing (Hrsg.): Jerusalem. Wege in die heilige Stadt. Stuttgart 2000

Erich Lessing: Das Heilige Land. Landschaften, Archäologie, Religion. München 2000

Ariel Lewin (Hrsg.): Palästina in der Antike. Stuttgart 2004

Alan Millard: Schätze aus biblischer Zeit. Ihre Entstehungsgeschichte – ihre Bedeutung. Gießen ²1994

Alan Millard: Die Zeit der ersten Christen. Ausgrabungen, Funde, Entdeckungen. Gießen ²1994

Heinz Mode (Hrsg.): Erzählungen aus dem alten Israel. Frankfurt am Main/Leipzig 1991

Kenneth Nebenzahl: Atlas zum Heiligen Land. Karten der Terra Sancta durch zwei Jahrtausende. Stuttgart 1995

Avraham Negev (Hrsg.): Archäologisches Bibel-Lexikon. Holzgerlingen 1995

Stefan Nink/Jan Greune: Israel. Würzburg 1998

Leo Prijs: Die Welt des Judentums. Religion, Geschichte, Lebensweise. München ³1992

Jos Rosenthal/Ferdinand Dexinger: Als die Heiden Christen wurden. Zur Geschichte des frühen Christentums. Wien 1992

Ulrich W. Sahm: Jerusalem und die heiligen Stätten. München 2000

Beate und Winrich Scheffbuch: Israel mit der Bibel entdecken. ⁴1998

Hershel Shanks: Jerusalem, an archaeological Biography. New York ³1995

Salomo, König voller Widersprüche. Welt und Umwelt der Bibel. Stuttgart 4/2012

Wolfgang Sotill/Shimon Lev: Das Land der Bibel – verheißen und umkämpft. Köln/Graz/Wien 1995

Hans-Peter Stähli: Antike Synagogenkunst. Stuttgart 1988

Günter Stemberger: Jüdische Religion. München 2009

Carsten Peter Thiede/Matthew d'Ancona: Der Jesus-Papyrus. München 1996

Dieter Vieweger: Wenn Steine reden. Archäologie in Palästina. Göttingen 2004

Peter Walker: Unterwegs im Heiligen Land. Das illustrierte Sachbuch zu den Orten Jesu. Stuttgart 2008

Jürgen Zangenberg (Hrsg.): Das Tote Meer. Kultur und Geschichte am tiefsten Punkt der Erde. Mainz 2010

Yigael Yadin: Hazor. Die Wiederentdeckung der Zitadelle König Salomos. Hamburg 1976

Yigael Yadin: Masada. Der letzte Kampf um die Festung des Herodes. Hamburg 1983

Reiseberichte

Evelyne Coquet: Wir ritten nach Jerusalem. Auf den Spuren der Kreuzritter von Paris zum Heiligen Grab. Augsburg 2000

Herbert Donner (Hrsg.): Pilgerfahrt ins Heilige Land. Die ältesten Berichte christlicher Palästinapilger (4.–7.Jh.). Stuttgart 2002

Peter Gradenwitz (Hrsg.): Das Heilige Land in Augenzeugenberichten. München 1984

Ferdinand Gregorovius: Eine Reise nach Palästina im Jahre 1882. München 1995

Klaus Polkehn: Damals im Heiligen Land. Reisen ins Alte Palästina. Berlin 2005

Gerhard E. Sollbach: In Gottes Namen fahren wir … Die Pilgerfahrt des Felix Faber ins Heilige Land und zum St.-Katharina-Grab auf dem Sinai A. D. 1483. Kettwig 1990

Sylke Tempel: Israel. Reise durch ein altes neues Land. Berlin 2009

Der Babylonische Talmud. München 1963

Die Bibel. Einheitsübersetzung. Stuttgart 1980

Der Koran. Stuttgart 1966

Register

Der Haupteintrag ist **fett** hervorgehoben

Der Haupteintrag ist **fett** hervorgehoben

Der Haupteintrag ist **fett** hervorgehoben

Das Klima im Blick

atmosfair

Reisen bereichert und verbindet Menschen und Kulturen. Wer reist, erzeugt auch CO_2. Der Flugverkehr trägt mit bis zu 10 % zur globalen Erwärmung bei. Wer das Klima schützen will, sollte sich – wenn möglich – für eine schonendere Reiseform entscheiden. Oder Projekte von *atmosfair* unterstützen: Flugpassagiere spenden einen kilometerabhängigen Beitrag für die von ihnen verursachten Emissionen und finanzieren damit Projekte in Entwicklungsländern, die dort den Ausstoß von Klimagasen verringern helfen *(www.atmosfair.de)*. Klar – auch der DuMont Reiseverlag fliegt mit *atmosfair!*

Umschlagvorderseite: Felsendom, Jerusalem
Vordere Umschlaginnenklappe: Kirche der Nationen, Jerusalem
Vignette: In der Grabeskirche, Jerusalem
Hintere Umschlaginnenklappe: Bahai-Tempel in Haifa
Umschlagrückseite: Lagekarte Heiliges Land,
    Russisch-orthodoxe Kirche bei Kafarnaum am See Gennesaret,
    Rekonstruktion der Synagoge von Kafarnaum,
    »Aufbruch König Ludwigs IX. zum Kreuzzug ins Heilige Land«
    (Buchmalerei des 14. Jh.)

Über die Autoren:

Erhard Gorys (1926–2004) studierte Kunstgeschichte und Rechtswissen-
schaften in Göttingen und Cambridge. Zahlreiche Studienreisen führten
ihn nach Osteuropa und in den Nahen Osten. Er verfasste u. a. »Lexikon
der Heiligen«, »Zu Gast in Klöstern« und »El Camino – Der Jakobsweg
nach Santiago de Compostela«.

Andrea Gorys studierte Klassische Archäologie, Alte Geschichte sowie
Ur- und Frühgeschichte in Göttingen, Bonn und München. Zahlreiche
Studien- und Forschungsreisen führten sie in die Mittelmeerländer, vor
allem nach Israel und in die Türkei. Im DuMont Reiseverlag erscheint von
ihr das »Reise-Taschenbuch Istanbul«. Ferner verfasste sie ein Wörterbuch
Archäologie.

9., aktualisierte Auflage 2013
© DuMont Reiseverlag, Ostfildern
Alle Rechte vorbehalten
Grafisches Konzept: Ralf Groschwitz, Hamburg
Printed in China

FSC
www.fsc.org
MIX
Paper from
responsible sources
FSC® C002957